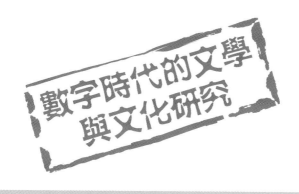

数字时代的文学与文化研究

中外文化与文论
Cultural Studies and Literary Theory

第 **45** 辑

中国中外文艺理论学会

四川大学国家级重点学科
比较文学研究基地

主办

四川大学出版社

项目策划：黄蕴婷　罗永平
责任编辑：罗永平
责任校对：黄蕴婷
封面设计：墨创文化
责任印制：王　炜

图书在版编目（CIP）数据

中外文化与文论．45 / 曹顺庆主编．— 成都：四
川大学出版社，2020.6
　ISBN 978-7-5690-3779-1

　Ⅰ．①中… Ⅱ．①曹… Ⅲ．①文化研究－世界－文集
②文学理论－文集　Ⅳ．① G112-53② I0-53

中国版本图书馆 CIP 数据核字（2020）第 111820 号

书　名	中外文化与文论（45） Zhongwai Wenhua Yu Wenlun (45)
主　　编	曹顺庆
出　　版	四川大学出版社
地　　址	成都市一环路南一段 24 号（610065）
发　　行	四川大学出版社
书　　号	ISBN 978-7-5690-3779-1
印前制作	四川胜翔数码印务设计有限公司
印　　刷	郫县犀浦印刷厂
成品尺寸	165mm×240mm
插　　页	2
印　　张	30.75
字　　数	584 千字
版　　次	2020 年 9 月第 1 版
印　　次	2020 年 9 月第 1 次印刷
定　　价	128.00 元

扫码加入读者圈

◆ 读者邮购本书，请与本社发行科联系。
　电话：(028)85408408/(028)85401670/
　(028)86408023　邮政编码：610065
◆ 本社图书如有印装质量问题，请寄回出版社调换。
◆ 网址：http://press.scu.edu.cn

四川大学出版社
微信公众号

目　录

特别策划　VR/MR 学会影像志
——纪念四川省比较文学学会成立三十周年

数字时代的比较文学与文化

数智时代的文学与幻想

数字时代的文化与创意

数字时代的文学与文化教学

数字媒介时代的视觉文本与审美文化

多元思想视野下的生态批评与文学

四川省比较文学学会第十二届年会
VR/MR 学会影像志

学会秘书处

数字时代的文学与文化学术研讨会暨四川省比较文学学会第十二届年会合影

曹顺庆教授　　　　　　　　　　　　宋炳辉教授

数字时代的文学与文化学术研讨会暨四川省比较
文学学会第十二届年会概况

会议时间：2019 年 4 月 19—21 日

会议地点：电子科技大学清水河校区

主办单位：四川省比较文学学会

承办单位：数字文化与传媒研究基地

　　　　　电子科技大学公共管理学院、外国语学院

会议主题：数字时代的文学与文化

主要议题：数字时代的比较文学研究　　数字时代的传播与符号研究

　　　　　数字时代的文化与创意研究　　数字时代的幻想文学研究

　　　　　生态文学文化研究　　　　　　文学与文化教学研究

　　　　　文学与文化译介研究　　　　　族裔文学研究

　　本次会议由四场主题报告和八个小组讨论组成。曹顺庆教授、傅勇林教授、赵毅衡教授、徐新建教授、宋炳辉教授、金慧敏教授、伍晓明教授等来自国内各大高校的比较文学领域近 200 位学者齐聚一堂，围绕"数字时代的文学与文化"这一主题展开了深入讨论。本次会议还展示了比较文学最新研究成果与著作。会议期间，还召开了四川省比较文学学会理事会工作会议，对理事人员进行了增补与调整。

第十二届年会 VR/MR 学会影像志

　　（请用 Android 系统手机 QQ 或微信扫描上述二维码，下载并安装 App "四川大学中外文化与文论"，并根据提示使用 App 扫描本书前一页图片，即可在手机上观看年会开幕式致辞。）

贺词：纪念四川省比较文学学会成立三十周年

中国比较文学学会文学人类学研究分会
四川省文艺理论研究会

中国比较文学学会文学人类学研究分会贺词

四川省比较文学学会：

　　值此四川省比较文学学会成立三十周年之际，我谨代表中国比较文学学会文学人类学研究分会，向贵学会表示衷心的祝贺。

　　中国的比较文学事业是在改革开放四十年大潮中获得蓬勃发展的。就全国范围看，各省的比较文学学会曾在 20 世纪 90 年代迎来发展高潮，形成总会与地方省级分会互动共赢的有利局面，大大促进了中国比较文学队伍的壮大和研究成果的丰富积累。

　　进入 21 世纪以来，由于新老交替的原因，各省的比较文学学会多数已停止活动，而四川省比较文学学会能在几任会长的坚强领导下，薪火相传四十载，坚持不断地组织会员活动，而且不断发展壮大，出现风景这边独好的局面，推出一批又一批研究成果，十分可喜可贺！

　　文学人类学研究会作为中国比较文学学会的二级分会，自 1996 年在长春成立以来，就一直和四川省比较文学学会保持密切合作互动关系，展开充分的学术对话和人员交流，目前已经发展成为我国文科方面跨学科研究的杰出代表，承担着多项国家重大项目，并有多项重要成果连续入选国家哲学社会科学成果文库和中华学术外译项目，由陕西师范大学出版社 2018 年推出的中国文学人类学原创书系目前已出版 40 部专著，给文学理论和比较文学的教学与研究带来创新引领的作用。希望在未来的学术拓展中，能够继续和四川省比较文学学会保持密切合作，携手共进，共创新时代中国人文学科的辉煌。

　　此贺！

叶舒宪

文学人类学研究会会长，中国比较文学学会副会长

2019 年 10 月 7 日

四川省文艺理论研究会贺词

四川省比较文学学会：

值此贵学会成立三十周年之际，四川省文艺理论研究会向贵学会表示热烈的祝贺！

改革开放四十一年来，作为中国比较文学研究的重要组成部分，四川省比较文学学会立足四川，面向全国，放眼世界，不仅为中国比较文学界贡献了一系列具有全局性和开创性的学术成果，而且对世界比较文学的发展也产生了很大的学术影响。学会成立三十年来，无论社会经济环境发生什么样的变化，四川省比较文学学会都能够广泛团结全省比较文学学者，连续十二届召开年会从不间断。同时，学会成员不断推出一批又一批影响广泛的研究成果，堪称我省乃至全国各级学会的榜样！

四川省文艺理论研究会成立于20世纪80年代初，是四川乃至西南地区成立最早、最权威的学术团体之一。长期以来，我会与贵学会保持着紧密的学术联系。在团结协作的学术氛围中，我会坚持团结全省广大文艺理论工作者，追踪学术前沿，致力学术研究，主持国家社科基金重大项目、教育部重大项目及其他省部级课题多项，多次获省部级优秀成果高等次奖励，在国内外学术界具有广泛影响和良好声誉。

祝愿四川省比较文学学会取得更多的学术成果！

期待兄弟学会携手同进，为西部乃至中国文学研究做出更大的贡献！

此贺！

四川省文艺理论研究会

2019年9月1日

四川省比较文学学会三十年

曹顺庆　夏　甜

摘　要： 四川省比较文学学会自成立至今已有三十年的历史，学会始终以扎实稳健的步伐向前发展，不仅形成以"跨文明研究""变异学"为核心的特色学科理论话语体系，而且在比较文学研究各领域，如歌德研究、文学人类学研究、符号学研究、比较诗学等百花齐放，取得一系列丰硕的成果，不仅对四川的比较文学研究贡献极大，而且对中国，甚至对世界的比较文学的发展都起到了推动作用。"三十而立"，四川比较文学以三十年作为节点，面向世界、面向未来的四川比较文学正迈向新的起点。

关键词： 四川省比较文学学会　三十年　学术成果　变异学

一、四川省比较文学学会的发展和成果回顾

回顾三十年，四川省比较文学学会历经了"川军崛起"和"走出失语"的道路摸索期，历经了"拓展视野"和"走向世界"的理论升华期，历经了"多元文化对话"和"世界文学建构"的全球交流期，学会始终以扎实稳健的步伐向前发展，取得了一系列独具特色的丰硕成果，强有力地推动着中国比较文学的发展，并积极融入世界比较文学的发展过程中。

（一）四川省比较文学之奠基与学会的诞生

四川是中国比较文学发展的先驱和前沿阵地，早在 20 世纪前半叶，"四川学者郭沫若、陈铨以及晚年一直生活在四川的吴宓等"就"曾与全国其他先驱人物一道在比较文学这块园地里辛勤耕耘，为中国比较文学的诞生做了重要的开拓工作"。[①] 1978 年党的十一届三中

---

① 陈厚诚：《比较文学在四川》，《中国比较文学》，1995 年第 1 期。

全会后，四川比较文学学术从停滞中走出，逐渐复苏并发出思想解放的先声，越来越多的学者开始致力于比较文学研究。从老一辈学者杨明照先生，到曹顺庆、杨武能、陈厚诚、朱徽、何开四、王锦厚、龚翰熊、李敬敏、张良春、徐其超、王泉根、肖明翰等一批中青年比较文学研究者，十年间，四川比较文学形成了实力雄厚的学术研究梯队，涌现出一大批可喜的研究成果，[①] 不仅为中国比较文学的兴起提供了重要力量，也为四川省比较文学学会的诞生奠定了深厚基础。

在充分的学术积淀与学科复苏的基础上，四川省比较文学学会于 1989 年 5 月成立，并在四川外语学院召开学会的成立大会暨首届学术讨论会，"龙学"泰斗杨明照先生任荣誉会长，著名的歌德研究专家杨武能先生任第一任会长，曹顺庆任常务副会长。四川省比较文学学会的成立受到国内外著名比较文学学者的热情支持，学会特聘了季羡林、杨周翰、李达三（J. Deeney）、周英雄、王润华等蜚声国际比较文学界的中外学者担任顾问，时任中国比较文学学会副会长兼秘书长的乐黛云先生应邀参加并在成立大会的致词中对四川比较文学的学术成就表达了高度的认可，而且赞扬了四川比较文学的五个"第一"，即：举办了全国第一次国际学术讨论会（由杨武能主持、四川外语学院承办的"席勒与中国·中国与席勒"国际学术讨论会），培养了我国第一个比较文学研究方向的博士（四川大学中文系的曹顺庆博士），出版了国内第一本比较文学专著（曹顺庆的《中西比较文学》），创办了全国第一份比较文学的报纸（四川省比较文学学会编辑出版的《比较文学报》），第一个从事中英诗歌艺术的比较文学研究和教学（四川大学外语系的朱徽）。另外，乐黛云先生还称"川军"是全国比较文学研究的四大方面军之一。[②]

（二）四川省比较文学学会发展历程的三个阶段

回顾三十年，四川省比较文学学会的发展经历了三个阶段：

第一阶段（1989—1999）是"川军崛起"和"走出失语"的道路摸索期。该阶段，四川学会在已有的比较文学学术积淀中稳步前进，成长为中国比较文学中一支强有力的生力军，不仅在中外文学关系、比较诗学等研究领域涌现出以杨武能的中德文学关系研究和曹顺庆的中西比较诗学研究等为代表的突出学术成果，还提出了"失语症""重建中国文论""建立比较文学的中国学派"等重大学术命题。这十年间，四川学会积极回应世界比较文学的学科

---

① 参见曹顺庆、王涛：《四川比较文学三十年》，《天府新论》，2009 年第 5 期。

② 参见陈厚诚：《比较文学在四川》，《中国比较文学》，1995 年第 1 期。

危机问题，并努力摸索适合中国比较文学和学会自身发展的特色道路，尝试从深陷西方中心主义的"失语"迷雾中走出。这些命题在学术界引起巨大反响，不仅进一步提升了学会在国内比较文学的地位和影响力，还有力推动着中国比较文学的发展。

第二阶段（1999—2009）是"拓展视野"和"走向世界"的理论升华期。针对上一阶段所提出的中国文论和文化的"失语"症状以及重建的设想，该阶段，四川学会继续提出"异质性""跨文明研究""变异学"等重要观点，并在继承和超越法、美比较文学学派的研究范式基础上，创建性地建立以"变异学"为核心的比较文学研究新范式，点明了"比较文学中国学派"的特色发展道路且不断进行比较文学学科理论的完善和升华，积极参与世界比较文学的体系建构与学术争鸣。除了比较文学的理论建设和学科建设方面的突出成就外，该阶段，四川学会的中外文学关系研究迈向新高潮，同时在译介学、生态学、文学人类学、流散文学等比较文学的新领域也进行了广泛研究。学会学者积极融入世界，在捕捉世界比较文学的最新动态中拓宽视野，并加强和西方学者的交流和对话，努力在比较文学的世界格局中发出"中国声音"。

第三阶段（2009—2019）是"多元文化对话"和"世界文学建构"的全球交流期。这一阶段，学会密切结合当代多元文化语境，继续在比较文学的跨文化和跨学科研究领域取得突出成就，如赵毅衡的符号学研究、徐新建的文学人类学研究、刘亚丁的俄罗斯文学研究都获批国家社科基金重大招标项目；四川的比较文学进一步融入当今全球化趋势，在加强中西方文化交流的同时推进海外汉学研究，曹顺庆带领的"英语世界中国文学的译介与研究"团队写出了几十篇博士学位论文，并获批教育部重大攻关项目；另外，以曹顺庆、尹锡南为代表的学者在该阶段推进了此前一直被西方比较文学学者忽视的东方文论和文学研究，曹顺庆主持的"东方古代文艺理论重要范畴、话语体系研究与资料整理"于 2019 年获批国家社科基金重大招标项目。在比较文学学科理论方面，曹顺庆带领学会成员及其硕博士研究生团队不断完善"比较文学变异学"的学科理论体系，在此阶段创建性地提出"他国化"，重申"世界文学"的理论构想。这十年间，学会召开了多场国际性的学术会议和讲座，如 2016 年在四川大学举办的第七届中美双边会议，给川内乃至全国的比较文学研究者提供广阔的国际交流平台；学会学者还积极奔赴海内外参加各种国际性会议，在刚结束的 2019 年澳门国际比较文学学会第二十二届大会中，曹顺庆、赵毅衡、徐新建、叶舒宪、赵渭绒、梁昭、邹涛、关熔珍、刘颖等学会学者均主持了带有学会研究特色的圆桌论坛，如"比较文学变异学研究""民间与民族：世界少数族裔文学比较""文学人类学研究""比较文学视野下民族翻译研究""他者眼中的中国文学"，并和来自全球的比较文学者进行友好交流。此外，学会学者努力将中国学者的研究成果推广至世界比较文学学界，并逐渐获得世界性的认可，如 2014 年曹顺庆的英文著作《比较文学变异学》（*The Variation Theory of Comparative Literature*）由斯普林格（Springer）出版社出版，并在美国、英国、德国同时发行，2017 年曹顺庆的著作《中西比较诗学》俄文版在莫斯科出版，四川学会的代表性学术成果在全球的影响力日渐增强。

（三）四川省比较文学学会的学术特色与成果回顾

自 1989 年 5 月成立至今，四川省比较文学学会已走过三十年的历程，这支在成立之初被乐黛云先生盛赞的"川军"，如今也更为成熟和强劲，彰显着其丰硕的学术成果和浓厚的学术特色，形成了实力愈加雄厚、老中青为一体的学术梯队，并已开展多场与国际接轨的高规格学术会议。学会不仅创建了在国内外颇具影响力的以"变异学"为核心的特色学科理论体系，还在中外文学关系、比较诗学、符号学与叙述学、文学人类学、跨文化与跨学科研究等领域各有建树，均取得较高成就，不断壮大学会的学术力量，提升学会在中国乃至世界比较文学界的地位和影响力。另外，学会还搭建了以"两刊一报"为重点的媒介多样的学术交流平台，川内的多所高校也不断完善着比较文学的教学和人才培养机制。这些学术成就都是学会三十年来不断发展的结果。

1. 实力雄厚、持久稳固的学术梯队

三十年来，四川省比较文学学会形成了健全有力的组织机构、相对稳定的学术梯队，培养了一大批优秀的学术人才，发表、出版了大量有价值的研究论文与专著，并拥有多个较为稳定且在国内颇具影响力的研究群体，如曹顺庆领军的比较文学研究团队，赵毅衡、唐小林领衔的符号学研究团队，徐新建、罗庆春带领的多民族国家文学与文化研究团队，以王晓路、徐行言、邓时忠、杨荣、吴兴明、阎嘉、傅其林、钟华、支宇为代表的比较诗学与比较文学团队，以谢梅、周涛为代表的数码传播研究团队，以胡志红、嵇敏为代表的生态学、后殖民研究团队，等等。如今学会继续巩固老中青为一体、可持续发展的比较文学学术研究梯队，不仅有上述分散在各个领域的中青年学者；还有如赵渭绒、黄立、刘颖、何敏、梁昭、李菲、王一平、赵星植、万燚、李媛、郭恒、聂涛、庄佩娜、李泉、卢婕等新生学术力量，他们是正崭露头角的一批青年才俊；杨武能、徐其超等老一辈学者也仍痴心学术，壮

心不已。① 正是实力雄厚、持久稳固的学术梯队，给学会和四川比较文学的发展壮大奠定了坚强有力的基础和保障，长江学者金惠敏和新西兰籍学者伍晓明等学术精英的融入，以及长江学者讲座教授、欧洲科学院院士拉森（Svend Erik Larsen）和长江学者讲座教授、欧洲科学院院士德汉（Theo D'haen）的加盟，必将推动四川比较文学研究更上一层楼。

2. 与国际接轨的高规格学术会议

四川省比较文学学会的建设与发展，离不开一系列紧跟学科前沿、促进国内外比较文学学者交流的学术活动的开展。自 1989 年至今三十年间，四川省比较文学学会在重庆、成都、乐山、宜宾、达州、汶川等地，共召开了十二届年会，承办了其中 1999 年 8 月在四川大学举行的中国比较文学学会第六届年会暨国际学术研讨会，及 2016 年 7 月在四川大学举行的第七届中美双边比较文学国际学术研讨会。历届年会的主题包括"东西文学及文论比较"（重庆，1989）、"文学关系和文学规律"（乐山，1991）、"研究文化交流，促进中西文化对话"（成都，1995）、"迈向新世纪：多元化时代的比较文学"（成都，1999）、"当代语境中的比较文学"（宜宾，2001）、"比较文学与比较文化"（乐山，2004）、"跨文明对话——视界融合与文化互动"（成都，2007）、"比较文学研究与比较文学教学三十年"（达州，2009）、"世界少数族裔文学研讨会"（成都，2011）、"多元文化时代的文化研究"（汶川，2013）、"跨文化语境中的比较文学"（成都，2016）和"数字时代的文学与文化"（成都，2019）。这些会议一方面为海内外学者认识和了解四川比较文学提供了平台，使得学会内部的研究特色和学术成就得以彰显，并推动学会在比较文学领域的重要学术成果走向世界；另一方面又为学会和川内学者提供与国内外学者交流与对话的机会，在对国内外最新学术信息的动态捕捉中扩大研究视野。四川省比较文学学会虽深居内陆，却有着开放和包容的国际视野，所举办的会议和当代全球化及文化多元化语境密切结合，并紧跟世界比较文学发展态势，不断吸引着国内外的比较文学来川进行学术的争鸣与探讨。由会议主题可见学会一直积极探索比较文学学科的"中国道路"和中国文论话语的重建问题，在走出西方中心主义的努力中推动中西异质文化交流，并和世界比较文学学者共同致力于走出比较文学的学科危机、探讨世界比较文学的未来发展。

3. 以"变异学"为核心的特色学科理论体系

三十年来，学会积极探索中国比较文学的发展道路，在多元文化蓬勃发展的当代语境中主动开阔视野和进行理论升华，在比较文学的学科建设中，

---

① 参见成良臣：《好样的，我们的学会（学会回眸）》，《中外文化与文论》，2017 年第 2 期。

以曹顺庆为带头人的比较文学研究团队，不断完善以"变异学"为核心，包含"失语症""话语重建""比较文学中国学派""异质性""跨文明研究"等重要理论观点的特色学科理论体系，积极回应世界比较文学的学科危机问题，不仅推动了四川和全国比较文学的发展，也具有国际影响力，得到国外学者认可。以"变异学"为核心的比较文学特色理论体系，是四川省比较文学学会对中国和世界比较文学的重要理论贡献，如今也愈加成熟，并作为比较文学学科的"中国话语"，和世界比较文学的未来密切相连。

4. 百花齐放的研究领域及其学术成果

除了比较文学学科建设上特色理论体系的提出和完善外，四川学会及川内学者在比较文学研究的诸多领域都做出了杰出贡献。三十年来，学会学者研究领域各有所专，研究成果百花齐放，学者们专注地进行具体国别文学、文论的研究，为进一步的宏观比较研究奠定了扎实的基础。四川比较文学的传统优势领域，如中外文学关系、比较诗学、西方马克思主义理论等研究领域，多年来高歌猛进、人才辈出、成果显著；跨文化和跨学科研究也逐渐发展为学会和四川比较文学的新强势领域，符号学与叙述学、文化人类学、生态批评等领域对于全国比较文学来说具有开拓性意义；学会也将带领国内比较文学研究走向数字时代。此外，在译介学、流散文学、海外汉学等研究领域，学会也有着出色的学术成果，同时还立足于成都科幻文学发展和研究的土壤与资源，在近年来的科幻文学热潮中开创出一片新的研究天地。

5. 媒介多样的学术交流平台

四川省比较文学学会十分重视学术平台的搭建，不仅举办各种与国际接轨的学术会议、学术讲座，还充分发挥报刊及新媒体对学术交流的推动作用。学会自成立以来，定期出版集刊《中外文化与文论》，创办了国内最早的比较文学的全英文刊物《比较文学：东方与西方》(*Comparative Literature：East and West*)，创办了国内第一份比较文学界的报纸《比较文学报》。除传统的"两刊一报"外，近十年来学会还创办了《符号与传媒》《艺术研究与评论》等具有国际视野的高端学术刊物，此外还充分利用当代新媒体平台，创办《符号与传媒》电子月刊，组建"川大比较文学""艺术研究与评论"微信公众号，定期进行比较文学学术前沿文章的推送。

6. 高水平的教学和人才培养机制

四川培养了我国第一个比较文学研究方向的博士（四川大学中文系的曹顺庆博士），同时也在2000年最早成立了国内第一个比较文学系，获得全国第一个比较文学国家级重点学科，经过不断地推进与完善，如今已形成高水平的教学和人才培养机制。四川大学在2001年早已形成比较文学的学士—硕士—博士—博士后人才培养机制，与此同时具有实力雄厚的师资资源，大力培养和锻炼出一批在国内外学术界积极开展学术活动、具有相当影响力的青年学者。而四川师范大学、西南民族大学、西南交通大学、电子科技大学、西华大学、西华师范大学、西南科技大学、四川文理学院等川内高校紧跟其后，相继开展比较文学的教学教研工作，高质量、高水平的比较文学教材如曹顺庆主编的"马工程"教材《比较文学教程》也应运而生，并推广至全国。

回顾三十年，四川省比较文学学会以其实绩强有力地推动着中国比较文学的发展，并在所开创的比较文学"中国道路"上越走越远，雄居中国比较文学学科发展建设的前列，同时还积极在世界比较文学格局中发出"中国声音"，在世界比较文学深陷学科危机时，丰富和完善着世界比较文学的学科建制与理论体系，具有相当的国际影响力。如今，四川省比较文学学会将肩负责任、志存高远，紧跟比较文学研究的新前沿与新方向，进入比较文学研究的新阶段，积极探讨数字时代与文学、文化的关系，继续为中国比较文学走向世界、推动世界比较文学发展而努力奋斗。

二、以"变异学"为核心的特色学科理论体系

20 世纪七八十年代，比较文学研究在国内陆续复兴，学者们积极探讨了比较文学中国学派的理论建设和学科建设，但仍受制于法、美的影响研究和平行研究的理论话语。1995 年 10 月四川省比较文学学会在成都主办四川国际文化交流暨比较文学研讨会，会上，曹顺庆在题为"比较文学的中国学派"的大会发言中强调，"目前，建立中国学派的一个急迫任务，就是要在中国传统的基础上建立中国自己的话语体系"[①]；次年，曹顺庆在《文艺争鸣》发表《文论失语症与文化病态》一文，正式提出"失语症"，并将其作为当前中国文化中的一种非正常、病态的集体症候。"失语症"的提出，是四川学者对全国学术研究格局的一个重大冲击和震撼；此后，四川省比较文学学会的研究者就围绕着"失语"和"重建"问题进行深入研究，继《文论失语症与文化病态》后，学会学者陆续发表《重建中国文论话语》（曹顺庆，载《中外文化与文论》1996 年第 1 期）、《重建中国文论话语的基本路径及其方法》（曹顺庆、李思屈，载《文学评论》1997 年第 4 期）、《融汇中西，自铸伟词》（曹顺庆、傅勇林、李思屈、李清良，载《中国文化报》1996 年 3 月 6 日）等一系

---

① 参见李思屈、刘亚丁：《比较文学：跨越第三堵墙——四川国际文化交流暨比较文学研讨会综述》，《中国比较文学》，1996 年第 3 期。

列文章，① 文章中关于"失语"和"重建"的诸多观点独特新颖、发人深省，在比较文学界乃至整个文学界，及历史、哲学等人文社会科学领域，都极富挑战性，引起学界包含争议在内的巨大反响。"失语症"和"重建中国文论话语"也成为 1999 年 8 月在成都召开的"中国比较文学学会第六届年会暨国际学术研讨会"的热点问题，并得到不断深化，学会学者在比较文学的前沿问题和学科建设思考上观点新颖且自成体系，"'川军'的崛起和在本次大会上的整体亮相形成了本次大会的一道亮丽的风景线，以曹顺庆教授为首的博士群体和一批川籍学者对中国传统诗学的'异质性'、'汉语批评'和'边缘批评'等研究特别惹人注目"②，将"失语"和"重建"问题推向深入，并展开全方位、多角度、多层面的研究。

针对"失语""重建"和"比较文学中国学派"等问题的探讨，曹顺庆在 1995 年提出比较文学中国学派的基本特征是跨异质文化，也即跨文化研究（跨越中西异质文化）；2003 年在中国比较文学学会第七届年会暨国际学术研讨会上，曹顺庆对这一观点进行了深化和补充，正式提出"跨文明研究"，并在《跨文明比较文学研究——比较文学学科理论的转折与建构》（载《中国比较文学》2003 年第 1 期）一文中对"跨文化"和"跨文明"做了区分；在"跨文明"的基础上，曹顺庆于 2004 年在乐山召开的四川省比较文学学会第六届年会上，"首次提出比较文学的'变异学'研究领域问题"③，并在 2005 年出版的《比较文学学》一书中，完整地提出"变异学"的概念，2006 年由曹顺庆主编、高等教育出版社出版的《比较文学教程》将"中国学派"作为比较文学学科发展的第三阶段，并打破过去历时性地描述比较文学的学科建构模式，结合变异学研究，从共时角度重新整合比较文学三个阶段的理论资源，建构起比较文学学科研究的新范式。

十余年来，曹顺庆带领学会的研究者们及历届硕博士研究生团队，不断深化变异学研究，完善变异学的理论体系建构，持续提出如"他国化""世界文学"等具有创见性的理论命题，以变异学理论为指导的文学批评、文化研究等具体学术实践成果也相当丰硕，有力推动了中国比较文学的发展，与此

---

① 参见胡志红、关熔珍：《在比较中求汇通，在辨异中显特色——追踪四川省比较文学的发展轨迹》，曹顺庆主编，《跨文明比较文学研究：四川省比较文学学会第六届年会暨国际学术研讨会论文集》，巴蜀书社，2005 年，第 32 页。

② 姜源、刘荣：《迈向新世纪：多元化时代的比较文学——中国比较文学学会第六届年会暨国际学术讨论会综述》，《西南民族学院学报（哲学社会科学版）》，1999 年第 6 期。

③ 李卫涛：《比较文学学科建设和学科生长点问题新进展——四川省比较文学学会第六届年会暨国际学术研讨会会议综述》，曹顺庆主编，《跨文明比较文学研究：四川省比较文学学会第六届年会暨国际学术研讨会论文集》，巴蜀书社，2005 年，第 486 页。

同时，以变异学为理论核心的比较文学的中国学派也切实推进了世界比较文学学科理论建设。变异学从最初的学界争议到如今理论的逐步完善和影响的扩大，不仅获得了国内学者的认可，还得到了世界比较文学研究者的称赞。2014 年，曹顺庆的英文著作《比较文学变异学》（*The Variation Theory of Comparative Literature*）由全球著名出版社斯普林格（Springer）出版社出版，在美国纽约、英国伦敦、德国海德堡同时发行，并由国际比较文学学会前任主席（2005—2008）、荷兰乌特勒支大学（Utrecht University）比较文学荣休教授杜威·佛克马（Douwe W. Fokkema）亲自作序，佛克马评价此书的出版"打破了长期以来困扰现在中国比较文学学者的语言障碍，并通过此力图和来自欧洲、美国、印度、俄罗斯、南非以及阿拉伯世界的各国学者展开对话"[①]。这部著作首次用英语书写了"比较文学变异学"理论，积极在世界比较文学中发出"中国声音"，将"彰显中国特色的比较文学学科理论话语及研究方法呈现给世界"，使得比较文学开始走出西方中心主义的话语体系，并"推向一种更为普遍的理论"，比较文学变异学已逐渐成为一个具有世界影响的"中国话语"。[②] 在 2016 年 7 月奥地利维也纳大学举行的第二十一届国际比较文学学术会议上，时任中国比较文学学会会长的曹顺庆代表中国比较文学学会成功申请到第二十二届国际比较文学学术会议的举办权；在 2019 年 7 月 25—29 日深圳举行的国际比较文学学会执委会会议暨国际比较文学高峰论坛上，曹顺庆以"世界文学经典实则是各国文学交流变异的结果"为题进行主旨发言，向来自全球 19 个国家或地区的比较文学顶尖学者们阐述了比较文学变异学的最新理论成果，在与世界文学研究的融合中，进一步推进变异学理论的发展；在 2019 年 7 月 29 日—8 月 2 日澳门举行的第二十二届国际比较文学大会上，由曹顺庆主持的"比较文学变异学"分论坛得到了国内外学者的积极响应，诸多青年学者也积极参与"变异学"最新理论成果的探讨和理论的实践与应用中。

　　以变异学为核心的比较文学特色理论体系，是四川省比较文学学会对中国和世界比较文学的重要理论贡献，如今也愈加成熟，并作为比较文学学科的"中国话语"，和世界比较文学的未来密切相连。

---

① Cao Shunqing，*The Variation Theory of Comparative Literature*. Heidelberg：Springer Press，2014，p. V. 参见王苗苗：《"中国话语"及其世界影响——评中国学者英文版〈比较文学变异学〉》，《比较文学与跨文化研究》，2018 年第 2 期。

② 王苗苗：《"中国话语"及其世界影响——评中国学者英文版〈比较文学变异学〉》，《比较文学与跨文化研究》，2018 年第 2 期。

三、百花齐放的研究领域及其学术成果

比较文学学科本身就具有跨国界、跨学科、跨文化、跨文明的"跨越"特征，而且离不开对具体文本的文学性之探讨。因此，比较文学研究不能只有学科理论建设，而需要具有跨越、开放、包容的视野和思维，需要在正视不同文明的差异性基础上进行比较，需要和其他学科的研究方法合理地结合，同时也需要立足实践，深入具体的文学文本案例的批评研究。以变异学为核心的比较文学学科理论特色是四川省比较文学学会的特色学术成果，也是在国内外极具影响力的学术成就，但四川比较文学和四川学会的兴起与壮大，除了三十年来坚持不懈、不断完善的基本理论建设之外，还离不开中外文学关系、比较诗学和东方文论、西方马克思主义理论等传统强项的支撑，离不开对中西方文学、文论具体个案的探讨，更离不开近二十年来发展壮大的跨文化与跨学科批评研究，如海外汉学研究、生态批评、符号学研究、文学人类学研究等。跨文化与跨学科研究经过多年来的发展和学术人才的不断加入，如今已成为四川省比较文学研究的新强项，并推动四川比较文学迈向数字时代。

（一）中外文学关系、比较诗学和东方文论、西方马克思主义理论等传统研究

1. 中外文学关系研究

四川省比较文学学会成立初期，中外文学关系研究就是四川比较文学的强项领域，前任会长杨武能先生关于德国与中国的一系列研究取得了引人注目的成果。除了重点研究的歌德和席勒外，杨武能先生还研究了如卡夫卡、黑塞、史托姆等其他德语作家，并深入研究这些作家的书写及德语文学与中国文学的关系，撰写、编写了诸多如《歌德与中国》（生活·读书·新知三联书店，1991 年）和《席勒与中国》（会议选编，四川文艺出版社，1989 年）等具有相当影响力的著作，还写了不少有分量的文章，成为中德文学关系研究的重要学者之一。另外，四川学者还对中外文学关系进行了大型的综合研究，如王锦厚的《五四新文学与外国文学》（四川大学出版社，1989 年）实证性地论述了中国新文学与印度、日本、希腊、俄苏、欧美等国家及地区的文学关系，被称为国内第一本对五四新文学与外国文学关系进行全面综合研究

的专著。① 进入 21 世纪后，四川学会和川内学者对中外文学关系的研究进入新高潮，杨武能、程锡麟、石坚、冯宪光、袁德成、刘亚丁、易丹、伍厚恺、杨亦军、侯洪、杨荣、朱徽、嵇敏、邱晓林、张怡、卢迎伏、王一平等学者在欧洲文学与文化的各个具体领域都有大量突出成果问世，赵毅衡、戴前伦、徐其超、邓经武、林广泽、傅勇林、王晓路、徐新建、吴兴明、徐行言、成良臣、曾永成、陈俐、邓时忠、靳明全、罗庆春、肖薇、尹锡南、胡志红、钟华、冯文坤、翁礼明、谢梅、唐小林、黄立、邹涛、刘颖、梁昭、赵渭绒等学者，发表了大量中外文学作品及中外文学和文论关系比较研究的相关论文，涉及中德、中法、中英、中美、中苏/俄、中希（腊）、中加、中印、中日等中国与世界主要国家文学或诗学的比较。② 这些研究方法多样、视角广阔，大大拓宽了文学研究的视野。近十年来，学会和川内学者有意规避"比附"研究中的失语状态，并注重考察不同文化的异质性，自觉和学会在比较文学学科建设方面的特色理论相结合，如尹锡南对中印文学关系的深入研究，就表现出了突破西方中心主义学术研究方式的新尝试。以尹锡南为代表的一些学者在全球西方文学和文论的研究热潮中，转而攻向研究资源丰富的东方文学和文论领域，探讨中印、中日、中韩等文学、文论关系。

2. 比较诗学和东方文论研究

比较诗学在学会成立前期和初期，就是四川比较文学最为海内外学者所瞩目的研究领域，曹顺庆的著作《中西比较诗学》（北京出版社，1988 年）从艺术本质论、起源论、思维论、风格论和鉴赏论五个方面对中西文学理论进行了系统的比较，填补了我国中西文论比较研究的空白，并阐明了中国古代文论的世界意义。该书的出版获得了中外著名学者的高度评价，也为学会的比较诗学研究奠定了坚实的学术基础。而由曹顺庆任主编、季羡林任名誉主编的《东方文论选》（四川人民出版社，1996 年），是全国第一本东方文论的选集，收录了印度、日本、阿拉伯、波斯、朝鲜等国文论研究的相关论文一百多篇，并对整个东方文论进行概述和比较，有力地推动了四川及全国的东方文论方面的比较诗学研究。东方文论具有丰富的研究资源和广阔的研究空间，对东方文论的理解和研究能有效弥补过于侧重西方文论研究所带来的缺陷，能有效推动世界比较文学发展及走出学科危机。这三十年来，比较诗学和东方文论研究一直是学会的重点研究领域，其间学会招纳与培养了不少学术精英和人才，如余虹、朱徽、尹锡南等，不断壮大比较诗学和东方文论研

---

① 参见陈厚诚：《比较文学在四川》，《中国比较文学》，1995 年第 1 期。
② 参见曹顺庆、王涛：《四川比较文学三十年》，《天府新论》，2009 年第 5 期。

究的学术队伍。2019 年，曹顺庆主持的"东方古代文艺理论重要范畴、话语体系研究与资料整理"获批国家社科基金重大招标项目，也象征着学会在这一方面出色的学术成果和之后的努力方向。

3. 西方马克思主义理论研究

对作家和作品的探讨，需要与其受到的文艺思潮影响密切结合，中西的交汇，也体现在文艺理论的交互影响层面，比较文学离不开对西方文论的深入研究探讨，在西方文艺思潮领域，学会学者在西方马克思主义研究方面有着享誉全国的杰出贡献。冯宪光、李益荪等老一辈学者长期致力于西方马克思主义研究，密切关注西方马克思主义思潮的最新发展，并与中国当代的文学实际和思想发展相联系，写出一系列扎实厚重的专著和论文。冯宪光先生曾主持"中国新时期文论与西方马克思主义文论比较研究""20 世纪马克思主义文艺理论本体论形态研究""语言学转向与马克思主义文艺学""全球化语境中的中西文艺美学比较研究"等国家社科基金项目和教育部项目，著有《"西方马克思主义"美学研究》（重庆出版社，1997 年）、《马克思美学的现代阐释》（四川教育出版社，2002 年）、《马克思主义文艺学的当代问题》（中国社会科学出版社，2005 年）、《西马文论与中国当代文论建设》（复旦大学出版社，2016 年）等具有全国影响力的巨著。李益荪先生先后主持过"马克思主义文艺社会学"和"马克思的'艺术生产'理论与当代中国文学的深层转型"两项国家社科基金项目，著有《马克思主义文学社会学原理》（四川文艺出版社，1992 年）、《马克思艺术生产理论研究》（巴蜀书社，2010 年）等力作。新一代中青年学者傅其林、阎嘉、邱晓林、张怡等，则继续在西方马克思主义的学术领域耕耘，并已卓有成就，如傅其林主持了"东欧马克思主义美学文献整理与研究""国外马克思主义文论的本土化研究——以东欧马克思主义文论为重点""东欧新马克思主义文艺理论研究"等多项国家社科基金项目和教育部项目，在东欧马克思主义研究上开辟出一片新领地；阎嘉则跟进当代西方马克思主义地理和空间研究的最新理论，独立完成"大卫·哈维与西方新马克思主义文论研究""大卫·哈维的空间理论与西方新马克思主义文论研究""大卫·哈维'时空压缩'理论与新马克思主义文论研究"等多项国家级、教育部、四川省哲学社会科学项目，成为国内研究大卫·哈维的首席专家。

（二）国别文学和译介学、流散文学、科幻文学等具体研究

1. 国别文学和译介学研究

四川省比较文学学会在中外文学关系等研究领域的丰硕成果，离不开川

内学者对各国文学具体作家和文学文本的译介与钻研，学会学者们在美国文学、英国文学、俄苏文学、法国文学、印度文学等国别文学领域都有相当出色的成就，完成多项国家社科基金项目、教育部项目，并获得了诸多奖项。如程锡麟和王晓路合著的《当代美国小说理论》获 2003 年四川省政府哲学社会科学优秀成果奖，程锡麟的专著《赫斯顿研究》获 2007 年四川省社会科学界优秀成果奖和第一届全国美国文学研究会优秀学术成果奖，刘亚丁的专著《肖洛霍夫研究史》为 2008 年国家社科基金项目优秀成果，杨荣的"茨威格研究"系列成果均为教育部课题及四川省哲学社会科学项目的优秀学术成果，尹锡南的专著《世界文明视野中的泰戈尔》获 2004 年四川省哲学社会科学优秀成果奖等。学会学者在国别文学领域各有所专，学术成果百花齐放，为进一步的中外关系比较和学科理论研究，奠定了深厚的基础。

另外，川内学者对外国文学的翻译也有十分丰硕的成果，如杨武能翻译的歌德名篇《少年维特的烦恼》，侯洪翻译的诗学论著《法国诗学概论》等。随着外国文学和诗学译著成果的增加，一些学者开始将翻译作为一门独立学科进行研究，冯文坤、傅勇林、段峰等学会学者开始就翻译与翻译的生存本体论意义、文学翻译中译者的双重性、翻译研究与文化转向等问题进行了深入研究与探讨，丰富了译介学的研究，并取得突出成果，如：冯文坤的专著《翻译与翻译之存在》曾获 2009 年四川省翻译协会优秀成果一等奖、四川省教育厅哲学社会科学优秀成果二等奖；段峰的专著《文化翻译与少数民族文学对外译介研究——基于翻译研究和民族志的视角》从少数族裔文学出发探讨译介问题，获四川省第十八次哲学社会科学优秀成果二等奖；傅勇林则率先开始从译介学角度考察翻译中的文化变异问题，在专著《郭沫若翻译研究》中探讨了作为译者的郭沫若的观念和思想对其所翻译的作品的影响。

2. 全球化语境中的流散文学研究

流散现象及伴随而来的流散写作，是全球化语境中比较文学和文化研究领域内出现的一种新的文化现象，[①] 近几十年来不少诺贝尔文学奖的获得者都是流散作家，海外华文作家也是一批庞大的流散文学创作群体，流散文学的书写中所展现出的文化与身份的认同焦虑问题，是异质文明、文化相互冲突、交融在文学上的体现，因此，流散文学研究逐渐成为世界比较文学和国内比较文学新兴的研究重点所在，川内学者如张放、魏全凤、邹涛等在流散文学研究方面也取得了较为出色的成就。魏全凤曾发表多篇论文探讨美国的华裔写作，并主持"华裔文学的符号学研究""华裔文学研究的符号学视角"等科

---

① 参见王宁：《流散文学与文化身份认同》，《社会科学》，2006 年第 11 期。

研项目,从符号学视角探讨华文文学书写;邹涛的著作《美国华人商文学:跨文明比较研究》则从跨文明视角进行美国华人商文学的研究,此外,邹涛还深入非洲流散文学的研究领域,曾于 2011 年主持四川省哲学社会科学"十二五"规划项目"叙事身份理论视野下伊萨克·迪内森研究",并在 2019 年澳门大学召开的第二十二届国际比较文学大会上发起和主持分论坛"比较文学视野下的非洲文学及非洲流散文学",和国内外非洲流散文学的研究者展开了深度互动与交流。

3. 科幻文学研究的新开拓

随着科技的发展和近十年来中国科幻创作的突飞猛进,中国的科幻小说创作开始登上世界舞台,国内掀起一股科幻小说的研究热潮,对世界各国科幻小说的研究,以及对中国科幻小说在海外的翻译与影响的探讨,成为中国比较文学研究内容的重要组成部分。而成都,恰恰是中国当代科幻小说的诞生之地,"中国科幻四大天王"王晋康、何夕、韩松和刘慈欣的小说作品,都起步于成都本土杂志《科幻世界》,川内聚集了一批热衷于科幻的作家和读者,也为科幻小说的研究和比较提供了资源和土壤。2019 年 8 月 16 日,成都正式申办 2023 年第八十一届世界科幻大会,同年 11 月 24 日,国内首创的"中国科幻研究院"在四川大学文学与新闻学院成立,四川省科幻学会会长经戈、著名符号学家赵毅衡、《科幻世界》副主编姚海军、南方科技大学教授吴岩、日本"中国科幻研究会"会长林久之、欧洲科幻协会主席拉格洛夫、以色列科幻大会秘书长卡什坦等来自全球多个国家的科幻作家、科幻研究学者、科幻教育学者、科幻编辑相聚于川大进行深入的交流和讨论。四川为科幻小说的爱好者和研究者提供了广阔的和世界交流的平台,四川省比较文学学会在科幻小说中也涌现出以王一平等为代表的青年优秀人才。王一平曾主持国家社科基金项目"21 世纪西方科幻小说研究""20 世纪西方科幻小说之乌托邦与反乌托邦思想研究",并发表了《"世界文学"的"科幻维度"——以当代中国科幻小说名家刘慈欣作品为例》《从"赛博格"与"人工智能"看科幻小说的"后人类瞻望"——以〈他,她和它〉为例》等多篇观点新颖、角度前沿的论文,在全国科幻小说研究领域具有一定影响力。

(三)跨文化研究和跨学科研究的新发展

1. "亚文化"和少数族裔文学研究

"发展跨越汉文化本位的'亚文化'研究维度和跨越传统比较的学科本位

主义的'跨学科'研究，是四川比较文学学者一贯的学术追求。"① 在会长曹顺庆的带领下和比较文学中国学派学科理论的指导中，学会学者一直致力于在比较文学研究中跨越"第三堵墙"，即异质文化、文明之墙，致力于在理解和尊重异质文化、文明的基础上进行比较研究，无论是在中外文学关系、比较诗学等传统宏观上的关系、理论研究领域，还是在译介学、流散文学、海外汉学等微观上的具体研究领域，学会学者都始终秉承着跨文化、跨文明的研究精神，努力突破西方中心主义的偏见和禁锢，在平等尊重不同文化、文明的基础上进行中西文学、文论的比较研究。在跨文化方面，学会一些学者开始不再局限于汉文化本位，而是跨越汉文化，研究中国的亚文化，如徐其超在藏族文化研究方面就有相当出色的学术成果，其论文《游牧民族的人道主义——意西泽仁和艾特马托夫小说之人文精神比较》（载《比较文学新开拓——四川国际文化交流暨比较文学研讨会文集》，重庆大学出版社，1996年）跳出了传统的"中"即为"汉文学"、"西"多为"欧美文学"的局限，进行了藏族作家和俄国作家作品中蕴含的人文精神的比较，在"藏－俄"跨文化研究方面具有重要的学术价值。在基于亚文化及跨学科而新兴的文学人类学领域，学会涌现出了徐新建、叶舒宪、彭兆荣等著名学者。徐新建曾长期在贵州研究少数民族的文学与文化，积累了相当丰富的亚文化研究经验，他的《苗疆考察记》（上海文艺出版社，1997年）、《罗史实录》（贵州人民出版社，1998年）都是对贵州少数民族文化考察的第一手资料。二十年来，徐新建及其团队继续围绕着"多民族国家的文化与文学"进行教研，撰写了《多民族国家的文学与文化》（人民出版社，2016年）等一系列的著作和论文，参与组织并主持了系列会议和项目，不断壮大着学会和四川比较文学在文学人类学和世界少数族裔文学研究领域的实力，其丰硕的研究成果同时体现着四川学会学者追求不同文化的平等与沟通、努力倾听边缘声音的学术精神。

2. 生态批评和符号学、叙事学等跨学科研究新声

自美国学派平行研究起，比较文学的跨学科研究在西方就日益兴盛，四川省比较文学学会成立初期，也有学者在跨学科研究方面进行了大胆探索，如王世德先生曾发表一系列有关自然科学与美学、文学关系的论文。学会的中青年学者一代，在比较文学的跨学科研究领域也有相当杰出的贡献，如胡志红敏锐捕捉到 21 世纪西方文学生态批评的发展势头，其著作《西方生态批评研究》（中国社会科学出版社，2006年）对西方近二十年来的生态批评状况

---

① 胡志红、关熔珍：《在比较中求汇通，在辨异中显特色——追踪四川省比较文学的发展轨迹》，曹顺庆主编，《跨文明比较文学研究：四川省比较文学学会第六届年会暨国际学术研讨会论文集》，巴蜀书社，2005 年，第 44 页。

进行了细致、深入、系统的分析、梳理与阐释，并从跨学科、跨文化、跨文明的视角对西方生态批评特征进行了高度概况，是国内第一部对西方生态批评进行全面深入研究的学术论著，具有开拓性意义，也开启了四川比较文学研究的新维度。2006年，原英国伦敦大学教授、国际著名符号学家赵毅衡来四川大学任教，加入四川省比较文学学会并成立符号学－传媒学研究所，其间主持"符号学理论进展""一般叙述的符号研究""当代文化发展的符号学研究""当今中国文化现状与发展的符号学研究"等多项国家社科基金项目、四川大学中央高校基本科研专项，出版《符号学：原理与推演》（南京大学出版社，2011年）、《当说者被说的时候》（四川文艺出版社，2013年）、《广义叙述学》（四川大学出版社，2013年）、《趣味符号学》（四川大学出版社，2015年）、《断无不可解之理——赵毅衡诗话》（陕西人民教育出版社，2015年）、《哲学符号学：意义世界的形成》（四川大学出版社，2017年）等多本理论巨著，组建了实力雄厚、在国内外都颇具影响力的符号学研究团队，强势发出了四川比较文学跨学科研究的符号学与叙述学之新声。

3. 走向数字时代的比较文学研究

在2016年7月四川大学举办的"第七届中美双边比较文学国际学术研讨会"上，众学者在会议最后的跨文化对话圆桌会议中就"数字化时代的比较文学"进行了热烈讨论。数字化是人类历史上的新变革，比较文学学科作为一门面向未来、将世界连接在一起的学科，应当主动面对世界范围内由新技术带来的知识转向问题，回应由信息、网络社会、消费主义等组成的新时代所带来的挑战，并积极探讨数字时代下文学的形式和体裁以及传统阅读、学习和研究模式的改变及其影响。[①] 2019年4月19—21日，四川省比较文学学会第十二届年会在以电子信息技术见长的电子科技大学召开，并就"数字时代的文学与文化"的会议主题，围绕"数字时代的比较文学研究""数字时代的传播与符号研究""数字时代的文化与创意研究""数字时代的幻想文学""数字时代的文学与文化教学研究""数字时代的文学与文化译介研究"等议题展开讨论。四川学会在"电子信息技术＋文科"的新文科发展方向中，积极融入世界比较文学的发展趋势，领跑中国比较文学学科的学术前沿，探讨数字时代给人文领域带来的机遇和挑战，重点开拓科幻文学、网络文学及游戏研究等新研究领域，并在人工智能时代重新反思艺术与伦理的本质。就像中国比较文学学会副会长、《中国比较文学》常务副主编宋炳辉在会议的发言

---

① 参见陈聃：《中西世界的跨文化对话——"第七届中美双边比较文学国际学术研讨会"综述》，《中国比较文学》，2017年第1期。

中所提到那样，"四川比较文学学会无论在人才培养，还是学科发展的前沿性、跨学科性方面，都堪称全国各级比较文学学会的表率"①，过去三十年，四川省比较文学学会不断完善比较文学的学科理论，积极开拓比较文学研究的新领域，和全国比较文学学者一道取得了诸多成就，并有力回应了世界比较文学学科"消亡论"的挑战，无论是对中国比较文学还是世界比较文学的发展都做出了巨大贡献。正如曹顺庆会长在会议中所说的，"此次会议主题意味着四川省比较文学学会一个新的学术增长点正在形成"②，探讨数字与文学、文化的关系，既是比较文学的学科前沿，也是比较文学跨文化与跨学科研究非常重要的研究方向，新任四川省比较文学学会执行会长徐新建指出，"今后的三十年将迎来数字时代下比较文学研究的新生"③，四川比较文学研究将努力推动"数字技术＋文学""数字技术＋文化"的发展，四川省比较文学学会的学者们也将志存高远、肩负重任，继续推动中国比较文学走向世界，并为世界比较文学在数字时代的发展努力奋斗。

作者简介：

曹顺庆，四川大学文科杰出教授，博士生导师，欧洲科学与艺术院院士，教育部长江学者特聘教授，国家级教学名师，享受政府特殊津贴专家，中国比较文学学会第四任会长。

夏甜，四川大学比较文学与世界文学专业硕士研究生。

---

① 邹涛：《"数字时代的文学与文化学术研讨会暨四川省比较文学学会第 12 届年会"综述》，《中国比较文学》，2019 年第 3 期。

② 邹涛：《"数字时代的文学与文化学术研讨会暨四川省比较文学学会第 12 届年会"综述》，《中国比较文学》，2019 年第 3 期。

③ 邹涛：《"数字时代的文学与文化学术研讨会暨四川省比较文学学会第 12 届年会"综述》，《中国比较文学》，2019 年第 3 期。

"却顾所来径，苍苍横翠微"

——杨武能教授文学翻译六十载的访谈录

杨武能　张　意

　　中国文学的现代性追求与西风东渐有很深的关联，现代白话文创作与翻译文学的兴起也脱不开干系。从洋务运动时期如林琴南等的翻译小说影响国人，到"新文化运动"之后，域外小说的翻译蔚然成风，中国的新文学开始大胆借鉴域外文学的文体特点和叙述风格，翻译文学渐渐成为白话文创作的一支重要文脉，影响、浸润着中国现代文学和文化。一百多年的中西文化交流史中，无数翻译家薪火相传，经由他们对异域文学、文化的翻译、阐释和推介，国人得以开启新的文化视野，观看和体悟别样、异质的文化和文学文本，在文化意义上的"自我"与"他者"的循环互视中不断生成自觉、自知与自明，因而翻译家于中国文化绵绵不绝的现代性追求实在是功不可没，令人敬畏。

　　2019 年 6 月，杨武能教授应邀在四川大学图书馆和四川大学文学与新闻学院做学术报告。杨教授鹤发童颜，精气神很好，他在讲座中娓娓道出从译之路，用他的话说，最初与德语文学邂逅，竟是"走投无路，因祸得福"，此后便一见倾心，成为德语文学的挚爱者和译介者。翻译的道路漫长而寂寞，杨教授说促使他历经岁月洗礼，走过漫漫译途的不懈动力是热爱，对文学翻译的热爱。

　　杨武能教授从译六十载，曾先后获得德国总统授予的"国家功勋奖章"、德国人文学术界的殊荣——洪堡奖金和国际歌德学会授予的"德国金质奖章"。2018 年 11 月，他又获得了中国翻译界的个人最高荣誉——"翻译文化终身成就奖"。已近耄耋之年的杨武能先生是名副其实的"著译等身"，这位德语文学的优秀翻译家和研究者，曾出版过译著如《少年维特的烦恼》《浮士德》《德语文学中短篇小说集》《格林童话全集》《纳尔齐斯与歌尔德蒙》《魔山》《歌德谈话录》等，以及《杨武能译文集》（11 卷），此外有多部学术著作如《歌德与中国》《走近歌德》《三叶集》和随笔札记如《圆梦初记》

《译海逐梦录》等行世。

报告会后，笔者采访了杨武能教授。

张：杨教授，我曾在重庆图书馆的"杨武能翻译馆"的陈列室内，看到您翻译了数量可观的德语文学作品，有不同年份、不同出版社推出的各式各样的译本，以及德语文学研究的学术著作，此外您对自己的生命点滴常怀感念，并不断记录和追忆过往，最终集腋成裘，积攒为几本文笔清通、颇有生趣的随笔文集。您是如何看待自己的文学翻译、文学研究和文学创作的关系呢？

杨：我的主业是文学翻译，而"文学翻译必须是文学"，我一直坚持文学翻译的审美性、文学性。我从 1958 年在大学时代业余做翻译开始，积累了一些经验后，就意识到优秀的翻译者应该同时拥有学者和作家的素养与能力。林语堂先生曾称文学翻译为"艺术"，李健吾先生认为"原作是表现，翻译是再现"，克罗齐认为"翻译即创作"……他们的这些说法都从不同侧面道出文学翻译与创作、文学技艺的关系。在翻译之余，我常常思考文学翻译究竟是什么，按我的理解，严复的"雅"、傅雷的"神似"和钱锺书的"化"所强调的恰恰是再现或再创原著的文学性。文学翻译除了做到其他翻译都要求的准确和达意之外，还必须是文学。

文学翻译家要创造能流传久远、被纳入本民族文学宝库的翻译作品，创造翻译的"美玉"，当然这不是指辞藻堆积、雕饰浮华的译文，而是指符合原著整体风格、适宜的美文。翻译家首先要对原著的各种信息，如艺术流派、文体风格、文字神韵等有整体的理解和把握，这就要求翻译家在翻译前对作者和原著的方方面面进行研究、判断和梳理。在动笔翻译时，翻译家更是要字斟句酌、小心翼翼地对文本局部或细节进行判断或选择，形诸文字时一定要注意贴近原文风格和神韵，所以翻译的过程兼顾着学术性和文学性，兼顾着学术认知和文学想象。其实翻译史上的杰出翻译家，如马君武、郭沫若、傅雷、季羡林、戈宝权等莫不如此。我这么说不是抬高翻译家，而是说翻译家所完成的看似"文化苦力"的工作，实则包含巨大的艰巨性和创造性，然而我们社会对翻译家的认识却是不够充分的，还存在一些偏见。

我在念高中时就有当作家的梦想，后来经我的中学老师点拨，决定先做翻译家再圆作家梦，这些我在《圆梦初记》和《译海逐梦录》里都有谈到，可能跟我喜欢写作有关。绕道文学翻译虽然暂时远离作家梦，但又何尝不是命运的眷顾呢？除了翻译作品，我也很珍爱我那几本散文随笔集，那是我的亲身体验的汇集，是我这个"巴蜀译翁"六十年逐梦、圆梦的实录。

张：您刚才提到学术认知和文学想象能力是翻译家的重要素养，这正使优秀的文学翻译作品区别于市面上不少味同嚼蜡、滋味贫乏的译作。翻译家的理性觉知和想象连缀使翻译摆脱表层的文字搬运，深入文化交流和文化阐释。您是较早进行翻译反思和提出"翻译者主体性"的翻译家，能否再谈谈翻译者的自觉对文学翻译的影响呢？

杨：老实说在翻译观念、译学研究方面，最初我只是以"票友"自居。1987年我写了《阐释、接受和再创造的循环》等发表在《中国翻译》上，当时这个观点不无新意。1998年应香港中文大学金圣华教授邀请参加"海峡两岸翻译研讨会"，我提交论文《翻译·解释·阐释》，对之前的各种翻译断想再反思。我将这些想法比较系统地表述为"译即释"的观点，这些文章收录在2005年出版的《三叶集》中，你若有兴趣，可以翻阅参考。翻译家应是作家、原著与译本、读者之间的桥梁，他是原著在异域文化的早期读者，他需要主动地理解作者的语境、风格和表述的意义，同时他兼有学者、作家两种意识，以尽力完成阐释、接受和再创造的任务。翻译家的"语际转换"除了尽可能贴近作者的意思，传递其文字神韵，还应考虑本国文化中的读者接受。经由翻译家的主动阐释，原著的意义才能被创造性地传递和接受。文学翻译借助语言文字进行有所依凭也有所创造的阐释、转换，由于翻译的对象是文学作品，须满足文学艺术在审美方面的诸多要求，在这点上翻译和艺术表演不无相似。翻译界常说，译者应像戏剧演员一样进入角色，并将优秀的译者喻为杰出的表演艺术家，其实这种借喻之说体现了翻译作为一种阐释具有演绎性、表演性的特点。越是具有浓郁的民族文化、地域文化特色的事物与词语，其翻译就越是离不开阐释，越是晦涩困难的文字越是离不开"释"。杰出的翻译作为"释"，不应该是稀释，而是善用翻译技巧的恰到好处的阐释。

我以前写过《美玉与蜡泥》一文，提到翻译必然面临原文的多义性、歧义性以及言外之意的难题，翻译在阐释时难免会丢失一些原意或疏漏，这是翻译作为一种跨文化阐释和转换的先天缺陷。不过好的翻译是主动的创造性阐释，是译者在尊重原文的风格、韵味、格调或内在精神的基础上，对意义的主动阐释和翻译，这么说来，翻译过程中也可能产生原著没有的新的意义。没有任何译者能保证自己的翻译和原作绝对等值，因此经典作品的翻译很难有"定本"，我一直认为优秀经典应该有几种译本存在，不同的阐释并存可以弥补翻译中出现的疏漏或理解的不足。总体忠实而富有文学性的译文就是"美玉"，虽有缺憾、有瑕疵，但仍不失为美玉，相反，亦步亦趋的、连标点符号都拘泥原作、似乎照搬无误的译作，却很可能是没有生趣、缺乏韵味的蜡泥。我常常对一些自以为是、吹毛求疵的所谓"文学翻译批评"充耳不闻，因为他们所言根本就背离翻译之道，只是充满学究气的"挑毛病"。这么说并非我不欢迎那些严肃真诚、与人为善的批评，而是对很多打着批评的幌子，眼高手低、唯名是图者的言论"不感冒"而已。

张：您认为译者是在作者–原著、译本–读者之间搭建桥梁的主体。我们注意到除了主动研究作者的文化、社会历史语境，您一直心存读者、关注传播，那么译者的主观情思、审美趣味会如何影响译本选择，译者的关怀、视野如何体现在文学翻译中呢？

杨：讲文学翻译不能只看到文本、语言、技巧等而见物不见人。文学翻译的主体是人，即作家、翻译家和读者，在翻译活动中，翻译家处于枢纽位置，发挥积极作用。翻译家既是读者也是作者，即是阐释者也是接受者。我在《尴尬与自如，傲慢与偏见——文学翻译家人格初探》一文里就提出"翻译活动的主体即译家；只有把翻译家作为人的精神和心智的方方面面也纳入观察的视野，才可能解答种种触及文学翻译本质的微妙问题"，"在文学翻译这一特殊艺术创造过程中，翻译家处于最积极能动的位置，没有译家全身心地投入，只有机械地操作，就没有艺术"。

比如我重译歌德的《少年维特的烦恼》就是很好的例证。我最初提出重译，并非一时狂妄冲动，实在是因为当时（20 世纪 80 年代，改革开放初期）社会氛围解冻，读者对德语文学一方面渴求，另一方面又存在很多隔膜，因而让我有了这个想法。那时我在中国社会科学研究院，跟从冯至先生专攻歌德研究，社科院没有研究生宿舍，我们借住在北师大校园内，我听到大学生们聊郭老译的《少年维特的烦恼》不好懂、不好看，我意识到郭老的译本曾经筚路蓝缕，功不可没，但是时代变了，读者的意识和话语方式也变了，我们需要新的适宜的译本。我想重译《维特》的想法得到了人民文学出版社编辑绿原同志的支持，绿原曾是七月派诗人，后来改行做编辑，我的许多翻译离不开他的理解和支持，我至今非常感激他。绿原看了我交出的约一万字的试译稿后，提了一两点具体要求，即这是两百多年前的经典，重译时一定要在保持原著的格调上狠下功夫，要做到"化"。歌德这本仅十几万字的感伤小说写于狂飙突进时代，充满浪漫的抒情色彩，主人公维特时而欢欣沉醉，时而郁闷寂寥，时而憧憬追求，时而愤懑绝望。我考虑到译本的读者应多是青年人，要他们能读能接受，朗朗上口是关键。在具体翻译的几个月中，我使出浑身解数不断打磨译本，力求"忠实得以至于读起来不像译本"，"而精神情致依然故我"。这样的翻译体会还有很多，比如后来译黑塞的《纳尔齐斯与歌尔德蒙》，译托马斯·曼的《魔山》，都有不少这样的例证。傅雷先生主张坚持只译经典，译有价值的、精神气质与自己比较接近的作品，我非常认同这一原则，由于长期坚持，自己的翻译才有了文学性，也有了系统性和学术性。

我很珍惜读者的回馈，除了《维特》外，我在读者中产生很大影响的译本还有黑塞的《纳尔齐斯与歌尔德蒙》《格林童话》等。旅德画家程丛林说他们当年四川美术学院的同学排着队等着看这本书；《四川日报》的编辑李中茂一下就抢购了十本新书；很多读者写来热情洋溢的信，就因为我是这本书的译者；甚至有位藏族青年在大夏天来重庆拜访我，专门献上哈达，说这本书给他带来人生的启示……这些故事或情形让我始终萦怀，那个藏族青年的模样我已记不清了，但是他来看我的情形给我无比的鼓舞和感动。

张：的确，读者的喜爱与肯定就是颁给翻译家的奖章。您长期潜心翻译和研究德语文学尤其是歌德作品，已是国内歌德翻译和研究领域当之无愧的佼佼者。1999 年中国召开第一次真正意义上的歌德国际研讨会，会上北京大学教授和德语文学界前辈严宝瑜提出"歌德在中国三阶段"说，他认为歌德在中国的接受分为三阶段，即郭沫若阶段、冯至阶段和杨武能阶段。此后叶隽教授在《中国的歌德译介与研究现状综述》中推进严宝瑜的提法，那么您怎么看待自己的歌德翻译和研究呢？

杨：1978 年我已是讲师，家有妻儿老小，仍然负笈北上，以四十岁的"大龄"考取中国社会科学院冯至先生的研究生，师从冯先生翻译和研究歌德，从此便和歌德这位大诗人、大文豪、大思想家结下不解之缘。当时社科院的条件还比较艰苦，但我们这些研究生能从事自己热爱的事业，真是如鱼得水，在精神上非常快乐。1981 年我以评述《维特》的毕业论文获得硕士学位，同年出版《少年维特的烦恼》译著，翌年受邀参加海德堡的纪念歌德的学术研讨会，那次与会的经历让我领悟到参加国际学术会议来不得半点"中国式的谦虚"。很快我写出《歌德与中国》，梳理了歌德乃至德国对中国文化的认识和理解，歌德的作品、文艺观念与中国文化的渊源，中国现代以来对歌德作品的译介、接受，以及重要的作家和诗人对歌德的接受、想象和阐释，等等。

1999 年实为歌德在中国接受的新纪元，适逢歌德二百五十周年诞辰，国内出版了一批译介歌德的作品。我在 1998 年推出《歌德精品集》（安徽文艺出版社）；1999 年，内容不同的三套多卷本的《歌德文集》同时由人民文学出版社、译文出版社和河北教育出版社推出。其中我和刘硕良主编的十四卷《歌德文集》被誉为代表当时国内歌德译介的最高水平，实现了郭沫若等前辈许下的"把歌德所有的一切名著杰作翻译介绍到中国"的宏愿。那一年，河北教育出版社出版了我的《走近歌德》，这是我继承冯至先生的歌德研究，积累多年的成果汇集。这之后，我受邀出席魏玛的"《浮士德》译者工场"和艾尔福特的"国际歌德翻译研讨会"，在国际范围内为中国的歌德翻译和研究赢得尊重。鉴于我的《歌德文集》（编著）、《歌德精品集》（译著）、《走近歌德》《歌德与中国》和 *Goethe in China*（德文版）等成果，2000 年我获得德国总统授予的"国家功勋奖章"，2001 年获得具有终身成就奖性质的洪堡奖金。

严宝瑜教授和叶隽博士对我的歌德翻译和研究的肯定，令我感动和受鼓舞，不过这些成绩都是大家努力的结果，此外在这个领域还有其他优秀译介者，如高中甫、余匡复、顾正祥等翻译家也颇有建树，余匡复先生 1999 年出版的《〈浮士德〉——歌德的精神自传》，研究价值尤为突出。21 世纪以来我指导了两位博士研究生做歌德研究方面的论文，希望能让这一学术传统薪火相传。2014 年，我曾经的学生、西南交大德语系主任莫光华教授和他的团队申请到国家社会科学基金重大项目"歌德及其作品汉译研究"，国家给予雄厚的资金支持这一研究，为此我怎么能不高兴呢？

张：您多次提到之所以能长年专注于德语文学翻译和研究，是因为热爱，您爱所翻译的文学作品，热爱您的翻译对象，甚至成为翻译对象的代言人，思他们所思，感他们所感，以致常常忘记翻译的辛苦，忘记时间的流逝。对德语文学的热爱一直贯穿您的翻译和研究。为了让中国读者了解和理解德语文学总体风貌，您先后编选了《德语中短篇小说选》《德语文学大花园》等书，能否介绍一下这两本书的编选思路和立意所在？

杨：一般而言，德语文学与其他欧美民族的语言文学相比，给人的印象比较沉郁深邃、艰深晦涩，这当然与德语文学中长于思辨、具有冥想气质有关，也与读者对德语文学多种面相的不了解有关。我把德语文学称为"思想者的文学"，以此来概括德语文学的特点。其实"思想者的文学"很耐看、耐寻味，如同一杯酽茶或浓咖啡，需要品惯龙井或铁观音的读者主动变换一下鉴赏趣味、阅读习惯，方能体会其中的美感，所以我说"思想者的文学"好看，既有审美价值又有思想价值，可读性很强！

20 世纪 70 年代末，乍暖还寒的时候，我不知哪里来的冲动和胆量，毛遂自荐地与人民文学出版社联系，想编选一些优秀的德语文学短篇小说，很快就收到绿原编辑的回复。当我来到心目中的神圣之地——人民出版社那间简朴的办公室，见到平和素净的绿原时，真是万般感慨。在绿原的支持下，我很快选出德国、瑞士和奥地利三国的德语短篇小说 34 篇，其中 20 篇由我自行翻译，应绿原要求，我还为选本写了序言，这在那个"一本书主义"的时代，绝非等闲之事。这是我第一次从德语文学角度编选作品，我没有像德国有些学者将独立了的奥地利抽离出德语文学，另立"奥地利文学"，而是仍然视德语文学为一个整体，从中拣选嘉蕙、含英咀华。

近年,我再次编选《德语文学大花园》,向读者热情推介德语文学的佳篇妙文。这本书第一部分介绍德语作家擅长的两种传统文体,即抒情诗和 Novelle(德语文学特有的文体,篇幅介于几千字到三五万字,讲究故事情节铺陈和矛盾的戏剧性转折,译为中短篇小说更妥),选出歌德、海涅的抒情诗名篇,以及霍夫曼的志异小说、克莱斯特的传奇小说和豪夫的童话小说、施笃姆的诗意小说和黑塞的艺术家小说等十一家不同风格的 Novelle。而第二部分介绍德语文学的丰厚土壤——民间文学,主要以《格林童话》为中心。第三部分则是德语文学最有代表性的思想者文学,从使德语文学获得世界性声名的莱辛、歌德、席勒的作品开始,驻足体会 20 世纪的里尔克、卡夫卡和托马斯·曼的作品。因篇幅有限,《德语文学大花园》以"导游者"的评述作为主线,连缀相关的文学背景、文史内容,并辅以图片的形式,希望带领读者浏览 18 世纪以来德语文学的精品,使其对德语文学产生兴趣,再去寻索完整的作品来深度阅读。你可以从我的大致介绍了解我对德语文学的感情,这份热爱支撑我当好中德文化交流的导游,为读者翻译出好作品来。

张:您从译多年,有哪些佩服的翻译家?您写过不少师友忆旧的散文随笔,文笔或诙谐轻快,或惆怅沉郁,或灵动旷达,在您的记叙中,很多生命瞬间像传奇一般,这缘于您总是充满感激地看待人和事,能再说说您所感念铭记的那些"贵人"吗?

杨:已故的翻译家中对我影响较大的有傅雷、丽尼、戈宝权、田德望等。傅雷是学贯中西的大家,他的译作堪为"神品",他是现代翻译史中的杰出人物,是我的榜样。丽尼现在不太为人所知,他翻译的屠格涅夫的《贵族之家》是我年轻时促使我走上翻译之路的诱因。戈宝权翻译的高尔基的《海燕》和普希金的抒情诗,堪称妙品佳译。田德望从意大利语翻译了不朽经典《神曲》,在德语文学翻译中,他翻译凯勒等的中短篇小说,成就不输傅雷。其他,我举一些我相对熟悉的翻译家吧,比如傅惟慈,他的重要翻译作品是英语文学作品,从德语翻译的《布登勃洛克的一家》,几十年来无人来重译。张玉书翻译海涅的《论浪漫派》和茨威格的小说如《象棋的故事》等也是文学翻译的佳作。李文俊成为福克纳翻译和研究的专家,其成就令我钦佩。其他语种有很多优秀的翻译家,但我不太熟悉,不能妄议。

你问我生命中的"贵人",我在散文集里都有写过。尽管一生经历了不少坎坷,但我自认为是个很幸运的人。我在南京大学的老师张威廉、叶逢植,是我走上文学翻译道路的引路人,是我感激一生的"贵人"。张威廉先生是博学而仁厚的老学者,而叶逢植老师多才多艺,与我亦师亦友。1978 年,年已不惑的我成了冯至先生的研究生,能够成为这位大学者、大诗人的学生是幸运的，冯至先生在我心中如严师慈父，他给了我很多启示和帮助，后来我写了《厚实温暖的大手——冯至师杂忆》，你可以去看看。在社科院读书时，精神上是非常充实的，我能够登门拜谒宗白华、朱光潜、钱锺书、季羡林，还与冯亦代、董乐山、傅惟慈、梅绍武等一代译坛巨匠成为朋友，我称他们为"北京的老哥们儿"。我遇到的几位杰出编辑也让我非常感激，没有他们的奉献就没有我的成绩，像绿原、李文俊和张佩芬夫妇等。我在《圆梦初记》和《译海逐梦录》里记录过我遇到的学友、老师、老哥们儿和翻译同行的故事，他们给我点点滴滴的启发让我倍感珍惜……

　　张：谢谢杨教授接受我的采访。回望您走过的文学翻译之路，真如李白诗中所言"却顾所来径，苍苍横翠微"。

作者简介：

杨武能，四川大学外国语学院教授，四川省比较文学学会名誉会长。

张意，四川大学文学与新闻学院教授。

比较：文在多元样态中

——比较文学散论*

彭兆荣

摘　要：比较文学这一学科经历了两百年的发展，蔚为大观。今日之学科、学术、学者遇到了历史上从未有过的大幅度"震荡性"转型，理念更新、知识更新、方法更新皆时不待我。四川省比较文学学会经历了三十年风雨，可喜可贺。借此时机，以比较为名，以学科发展、学理逻辑为经纬，专稿以就教于学术界。

关键词：比较文学　人（类）学　民族－族群　表述范式

"比较"本为生境之常态，认知之逻辑，知识之镜像。人们在任何语境中无不相"比"：媲美、献丑，斗法、策谋，战争、胜负，武功、荣耀，嫉妒、挤兑，区分、排斥，竞争、名次，发达、落后，愚笨、聪明，进步、落后……从人类学的角度看，无论人作为生物之人，还是社会之人，皆有"比"性，皆由"比"出，亦皆在"比"中。"进化"乃"比较"之相对论，甚至可以这么说，人通过比较，方能认识和定义自我。"比"，甲骨文为"𠤎"，字形与"从"相似，像两个"人"比肩而立。《说文解字》释："比，密也。二人为从，反从为比。"在甲骨文卜辞中，"比"常与"从"混用。①

"比"之"人人"，形如"文"之义理。故"人"与"文"难舍难分，故常以"人文"称用。在中国，"人文"涉及三才，所谓天文、地文、人文通以观之。"人文"一词最早出现在《周易》"贲"卦，"文明以止，人文也"，专指美饰，引为贯通。《易·贲》曰："观乎天文以察时变，观乎人文以化成天下。"《左传·昭公二十八

＊　本文系国家社会科学基金（艺术类）重点项目"中国特色艺术学体系研究"（17AA001）的阶段性成果。

①　徐中舒：《甲骨文字典》，四川辞书出版社，2014年，第920页。

年》云："经纬天地曰文。""文"之本义为表述，甲骨文"𣥂"为象形字，字形像众多线条交错表述的图案，描绘出多样的表意图画。中国的文字乃"刻画"而出，远古祖先在岩壁或龟甲兽骨上，刻画能表现事物形象特征的线条、图案，用来记录战争、天象、祭祀等重大历史事件。因此，"文"的造字本义为：名词，远古时代刻画在岩壁、甲骨上的图画性表义符号，即最早的象形汉字。《说文解字》曰："文，错画也。象交文。"

概而言之，比较文学原为人学，尽在人文比较中。无论从人的生物性抑或社会性，无论言"比"还是论"文"，皆然。比较文学原为认知之学，没有比较，何言认知？无论我者抑或他者，无论近还是远，皆然。因此，以今日学术发展观之，比较文学切勿自我窄化。即使是比较文学家、理论家们，也不可将"比较"简单化。"比较"不是一个简单的工具，不能将其视为一种新型关系学说。①

一、比较文学的人学谱系

文学是一个综合概念，在西方当代的文学理论中，它包含了众多的领域和主题、对象和目标。② 中国的情形愈发如此，更是多元。只不过，我们自己常常将其窄化，萎缩在文学学科的范畴之中，龟息于文人的象牙之塔。从哲学角度看，"文学是人学"不独为箴言，而且化为学者们的自觉行动。从历史角度看，"文学的诗学"构成了西方文明的重要知识源头。及至晚近，诗学与人类学的关系经过分析时代的学科离散、分隔后，又开始走近。③ 从学科角度看，人类学与文学的链接和网络关系已经逐渐形成学术研究的新景观。值得关注的是，1987 年国际比较文学年会首次组织了"人类学与文学"专题④，而"第三世界文学"（third world literature）亦同步走上了历史的前台。虽然"三个世界"的政治划分似乎已经成为褪色的话语，但"第三世界"的文化表述却相对经久地遗存了下来。显见，文化并不因为某种政治话题的变化而逊色、消声。第三世界的文学也一样，在新的历史语境中建构出自己独特的语

---

① 参见曹顺庆等：《比较文学论》，四川教育出版社，2002 年，第 19—23 页。

② I. R. Makaryk (ed.), *Encyclopedia of Contemporary Literature Theory：Approaches, Scholars, Terms*. Toronto：University of Toronto Press，1993，p. 581.

③ R. Wagner, *Poetics and the Recentering of Anthropology*. in I. Brady (ed.), *Anthropological Poetics*. Bollman Place：Rowman & Littlefield Publishers, Inc.，1991，pp. 37—46.

④ I. Brady (ed.), *Anthropological Poetics*. Bollman Place：Rowman & Littlefield Publishers, Inc.，1991，p. xi.

义①，而我国需要找到应对策略和方案②。

在这样的背景下，"全球化""后现代""后殖民主义""东方主义"等，都无妨于一个事实的呈现和表达：新知识化的学科转型已成难以阻挡之势，而且，比较、整合和协同也越来越表现出一种学术自觉。比如在今日之中国，文学人类学已经不再是一个简单的学科（分支），而是成为一种新知识体的尝试性实践，包括视域宽广、知识整合、理论协作、文本田野、国际眼界、本土回归、学科交叉、学术转型、范式更新、表述多元、方法采借、证据多样、媒体介入、数字演绎等多样化、多元化整体研究。

于是，"比较"也需要重新加以定义和定位，其中文学的文化化是一个重要的逻辑前提。如果经院式的文学（被窄化的文学）作为"文人"（letters）的范式表述今已显得局促，那么，回归"人文"无疑是一条重要的路径。维柯在《新科学》里对"人"有一个经典的知识考古：

> 跟着这种神的时代来的是一种英雄的时代，由于"英雄的"和"人的"这两种几乎相反的本性的区别也复归了。所以在封建制的术语里，乡村中的佃户们就叫做 homines（men，人们），这曾引起霍特曼（Hotman）的惊讶。"人们"这个词一定是 hominium 和 homagium 这两个带有封建意义的词的来源。Hominium 是代表 hominis dominium 即地主对他的"人"或"佃户"的所有权。据库雅斯（Cujas）说，赫尔慕狄乌斯（Helmodius）认为 homines（人们）这个词比起第二个词 homagium 较文雅，这第二个词代表 hominis agium 即地主有权领带他的佃户随便到哪里去的权利。封建法方面的渊博学者们把这后一个野蛮词译成典雅的拉丁词 obsequium，实际上还是一个准确的同义词，因为它的本义就是人（佃户）随时准备好由英雄（地主）领到哪里就到哪里去耕地主的土地。这个拉丁词着重佃户对地主所承担的效忠，所以拉丁人用 obsequium 这个词时就立即指佃户在受封时要发誓对地主所承担的效忠义务。③

这一段"词与物"的知识考古将"人"的语义从"神－英雄"的时代带回到了"人的"自我层面，回归人的日常生计层面，即回归"文明的日常"之中。这样的考述也与我国传统的农耕文明相契合，"文"回归于土地。《易·乾》云：

---

① A. Ahmad, *In Theory*: *Classes*, *Nations*, *Literature*. London and New York: Verso, 1992, p. 43.
② 参见王宁:《当代比较文学中的"世界"转向》,《浙江社会科学》,2019 年第 1 期。
③ 维科:《新科学》,朱光潜译,人民文学出版社,1987 年,第 542 页。

"见龙在田，天下文明。"这或许是农耕文明最具代表性的景观表述。"文学－文化－文明"无形之中成了大范围、长时段的回归－拓展线路。在中国，"文"更表现出世界上独一无二的景象，这就是"文化－文画－纹划"。中国的"文"是画出来的，中国的文字与绘画同源，"文化"与"文画"理与脉相通相识，形与意同构同体。传统"文化－文画"，如甲骨符号，以及在陶器、青铜器和各类礼器上所刻画的纹饰、图饰都表明："文化－文画－纹划"分明为中国范式，迄今依旧赫然。

文化人类学自我定位于对"自然/文化"（nature/culture）的全方位观照，是因为人类具有两种基本属性：自然（生物）属性和社会（文化）属性。人类被认定为生物种类中的一种，即"人类"（man-kind），首先强调人类的生物性（animalism）。人类学家利奇把人的生物性需求视为人类在社会结构关系中的基本行为，即生物本能。文化则凸显和包容于社会性之中。人类生物传承必然延伸出社会性，特别是人类学研究中所说的"世系"（lineage），指依据一个可知的共同祖先的代际传承原则建立起以非血缘群体为基础的社会组织。① 人的社会群体特性因此在关系中生成，仿佛脉络，是贯穿，也是继承。而这一切关系的认知和定格，无不产生于比较，又生产出比较，因为没有比较，认知便无以生成。

文化的生产与延续是一种社会关系的延伸，其中，比较无论是一种关系，还是一种认知，抑或是一种方式，皆融化其中。与比较文学相同，文化人类学也具有比较的特性，只是不予标榜而已。大致上说，文化人类学在四个层面上凸显比较的意义。一是整体（holistic）。人类学是一个讲求整体的学科，整体研究包含着对各个部件的参照和比较。二是整合（integration）。人类学也是一门整合的学科，一方面讲究对人类不同"属性"的比较研究，包括体质的和文化的；另一方面，强调多元"声音"的"社会对话"。② 三是他文化（other culture，也译为"异文化"）。"他文化"分明嵌着比较性，即以"我者/他者""主位/客位"为基本单元和视角的多元文化对话与交流。这种对他文化的质性研究，建立在人类学者的深度体验和隐性比较的基础之上。四是田野作业（field work）。要做到对他文化的了解与体认，田野作业必不可少。与其他学科相比，它成了文化人类学标签式的方法，而就方法论而言，田野作业也具有比较性。

---

① T. Barfield（ed.），*The Dictionary of Anthropology*. MA and Oxford：Blackwell Publishing Ltd.，1997，pp. 288－289.

② W. A. Haviland，*Cultural Anthropology*. New York：Holt，Rinehard and Winston，1986，p. 118.

概而言之，从古至今，人类的认知、表述都无法脱离比较的特性。也因此，在 19 世纪，随着分析时代的到来，学科日趋细化，人们意识到，知识的"被肢解"虽不得已，却必须坚守比较与借鉴，以"比较"命名学科遂成时尚。① 也可以这样说，"比较"之命名并没有遮蔽名下之认知－表述的基本属性和原初样态。

二、比较文学的族群单位

人的生存必有所属，其所归属之特定群体，学界常称为"共同体"（community）。这个概念极其复杂和多义。"社区"亦承袭之。今天通行于世的民族国家（nation-state）被学者称为"想象的共同体"（imagined communities）。而"民族"与"文学"并置（民族文学），便鲜明地突出了民族国家的政治属性，理由是以由国家确定的政治边界为前提，"民族属性（nation-ness）是我们这个时代的政治生活中最具有普遍合法性的价值"②。它有一个先决条件：文字——隐喻、书写、叙事成为影响文化现象"注册"的一种行为和权力方式。③ 所以，当"民族"与"文学"放在一起时，便宣示出鲜明的政治性。比较文学的产生契合着"民族国家"的生成时代，然而，将二者置于一并，虽不错，却过于单一。

从历史的线索看，人的族群作为一个基本的生存性表述特征，首先是功能的需求（basic needs）之功能主义。无论是血缘、亲缘、地缘的关系，还是生产、生计、生活的需要，都决定了人的群体性。民族性只是群体属性之一种，而且是相当晚近的，它与文学并非同时产生。因此，文学的民族性是延伸性的，不是原生性的。简言之，虽然人类的生存会自然导致政治的需要，但"民族性"这一概念分明肇始于近代。

古代西方历史说明，"蛮族"首先构成了西方民族的基础。众所周知，作为西方渊薮的古希腊文明原生于爱琴海——地处欧、亚、非交错地带，多民族、多族群，跨域、跨国共同体并存，构成古代希腊文明的人种学和人类学之依据。在罗马帝国（欧洲中心）的历时性叙事中，"蛮族"成为其建构和比况的必要条件。而在近代国家体制的生成过程中，欧洲人一直在寻找一个可

---

① 参见曹顺庆等：《比较文学论》，四川教育出版社，2002 年，第 13 页。

② 班纳迪克·安德森：《想象的共同体：民族主义的起源与散布》，吴叡人译，时报文化出版企业股份有限公司（台北），1999 年，第 8 页。

③ J. Clifford and G. Marcus, *Writing Culture*: *The Poetics and Politics of Ethnography*. Berkeley: University of California Press, 1986, pp. 4—5.

以替代新型国家的群体单位。他们终于发现新的政治实体——民族（nation）能够体现新的目标。所以，在以 19 世纪的法国大革命为代表的现代国家的遴选中，"民族"被选中，作为政治实体的现代概念应运而生。民族与国家因此找到了契合点，并成功地在现代历史的进程中合二为一。①

"民族国家"这一政治群体单位更容易在比较中定位，这种国家性的政治话语最为直接的表述，就是在比较中的"区分－排斥"，这也因此成为民族主义（nationalism）的滥觞。伴随着殖民主义的世界性扩张，民族国家逐渐成了欧洲（中心）赠送给全世界的一个礼物，因为它完全是欧洲政治历史的产物。② 今天世界上的其他国家、地区皆成为这一"礼赠"的接受者，他们在编织自己的现代历史时必须将它视作价值圭臬，即以民族国家作为基本的表述单位，哪怕是"原住民"（indigenous peoples）也无例外地以民族国家为体制背景和言说依据。比较文学史上的法国学派、美国学派，在今天看起来皆存在隐性的民族国家的因素。

然而，中国的历史并非只是近代以降的"西学东渐"的短时段呈现，中华民族的转型与转变，即从自在到自觉的过程说明了这一点。费孝通认为，"中华民族多元一体"之自觉的民族实体是在近百年来与西方列强对抗中出现的，但作为一个自在的民族实体则有几千年的历史。③ 徐新建教授认为："对历史延续的中国而论，所谓'多元一体'的说法，用来指称'王朝'、'国家'或'帝国'要比指称'民族'更为确切。"④ 毕竟我们今天所语用的"民族"（此指民族－国家背景下的操控性工具概念）等语汇都是晚清以后由西方所转借⑤，是外力作用的产物，具有历史的被动性和仓促感。我们不得不采借"民族国家"这一概念，因为这是国际通用的政治单位，但我们又不能全盘接受，因为我们有自己的历史表述。

于是，一个反思性主题随之凸显：文学，无论是口头的还是书面的，无论是属于"大传统"还是"小传统"⑥，无论民歌与国学如何走到一起⑦，都

---

① 参见彭兆荣：《论民族作为历史性的表述单位》，《中国社会科学》，2004 年第 2 期。

② P. Chatterjee, *The Nation and Its Fragments*. New York: Oxford University Press, 1999, p. 4.

③ 参见费孝通主编：《中华民族多元一体格局》，中央民族大学出版社，1999 年，第 3 页。

④ 徐新建：《从边疆到腹地：中国多元民族的不同类型》，《广西民族学院学报》，2001 年第 6 期。

⑤ 沈松侨：《"我以我血荐轩辕"：黄帝神话与晚清的国族建构》，《台湾社会研究季刊》，1997 年第 12 期。

⑥ 唐启翠、叶舒宪：《文学人类学新论——学科交叉的两大转向》，复旦大学出版社，2019 年，序言。

⑦ 徐新建：《民歌与国学：民国早期"歌谣运动"的回顾与思考》，花木兰文化出版社，2014 年。

宣告一个历史的事实：文学是群体性的、比较性的，却远远早于民族性而存在，只不过在悠久的历史中我们并不采用"民族"这一表述单位。又由于文学表述中虽然避免不了政治性，它却只是有限的部分，在绝大多数情况下，文学更具有文化性。于是，为了避免将文学陷入强烈的政治表述的"单行线"，人类学选择了另一个表述单位——族群（ethnic group），一个更加靠近文化表述的群体单位，也是更接近文化认同的存续单位。窃以为，中国的比较文学需兼顾二者。

族群存续的基本特性之一正是比较性。因为任何一个族群对"我们的历史"都有一个朝向一致的认同，一方面建立自己的谱系，另一方面区别"他者的历史"。这也成为人类学建构族群单位的一条倾向于文化的边界（boundaries）。巴斯认为："族群认同的最重要价值与族群内部相关的一些活动联系在一起，而建立其上的社会组织同样受到来自族群内部活动的限制。另一方面，复合的多族群系统，其价值也是建立在多种族群不同的社会活动之上。"① 换言之，族群的单位边界更重要的任务是依靠族群之间认知、表述、存续的社会文化关系确立族群认同。

概而言之，文化人类学的这种策略性的设计和使用，即以族群为叙事单位，无形中将文学的叙事扩展到一个更加广阔的空间，也将比较性延伸到了更为多元、多样、多维的语境之中。这也使得比较文学拥有了一个崭新的表述前景，它不仅映衬出多民族文学的政治性色彩，也将多族群文学推到了"前民族文学"这一更大的历史场域。毕竟，"族群"比"民族"更具有历史的表述性，也更便于进行多元文化的研究。

三、比较文学的表述范式

文学的特征是表述。作为一种特殊和特定的表述方式，经过历史的固囿，特别是国家化和印刷技术的介入，书写文字被历史性地确定为一种公认的、权力化的表述方式，并固然成型。因此，今天的经院式文学表述有一个无须累述的限定：文字。正因为如此，今天的反思人类学有一个重要的趋向，即对"书写文化"（writing culture）的表述话语进行批判。② 众所周知，文字作为一种表述范式的时间非常短（小传统），而"无文字"形态

① P. L. Wagner, F. Barth, "Ethnic Groups and Boundaries: The Social Organization of Culture Difference", *Geographical Review*, 1969, Vol. 62, No. 1, p.140.

② 参见詹姆斯·克利福德、乔治·E.马库斯：《写文化——民族志的诗学与政治学》，高丙中等译，商务印书馆，2006年。

（大传统）却悠久得多，也经久得多，比如口述传统，不仅与音声的自然属性联系在一起，同时又成为文字文学的重要源头。《诗经》中的《风》，诸如《周南》《召南》《邶风》《郑风》《卫风》《秦风》等原都是流传于民间的歌谣，而且还遗留着大量民间民俗的"模仿自然"之音声、景象的痕迹，比如《关雎》《桃夭》。

今日比较文学之精进，当然包含着表述范式的多样性，同时还承担着一个重要使命：多元表述的回归。众所周知，在中国的神话传说中，文字是仓颉创造的，《春秋纬元命苞》说他："四目灵光，生而能书。于是穷天地之变，仰观奎星圆曲之势，俯察龟文鸟羽、山川指掌而创文字。"根据传说，仓颉造字所倚者为原始巫术，包括卜术、邪技、口占、灵异、天象等在内的多种多样的表述与自然现象，巫术、口诵、歌唱、舞蹈、图画等都成了创造文字的历史佐证。虽然正统需要正名之先行铺垫，却无妨将某一种事物的发明集结到一个符号之上。中国任何重要事物的产生都有一个"英雄祖先"作为发明者，首推者为黄帝。[1]

在这些诸多事物的发明之中，"物"值得一说，所以"物的叙事"不可缺席，原因是在前文学表述时代，"物"是一个重要的历史物体、载体和介体，是文明的见证。在早期的进化论流派中，"物"的发明常常带动文明的升级。唯物主义其实亦承此理。但是，在人类文明的演化过程中，人类并非满足于简单的对物的使用功能和工具层面的需求，同时也重视对物的认知前提和实践逻辑。如果说象征是人类最重要的、最具标志性的、区别于其他动物种类的表述方式的话，即人类通过象征符号以确认和区隔与其他物种的差异，那么"器物象征"和"物质表达"无疑成为人类赖以在文明的定义中说明自我的一种专属性符号系统。人类学家因此提出了"物的民族志"（objects of ethnography）[2]。

"物"的表述之所以重要，理由有三。第一，在中国的传统中，"物"与"礼"相携。"物"之为"礼"的基本特征之一就是物可以享，可以用，可以交通。张光直认为，神属于天，民属于地，二者之间的交通要靠巫觋的祭祀。而在祭祀上的"物"与"器"都是重要的工具，"民以物享"，于是"神降之嘉生"。[3] 第二，"物"也构成中国美学（审美）的重要范畴。如果说西方的美学明显包含着美与用的分离，那么，中国的美学则是美用一体。到博物馆里

---

① 参见钱穆：《黄帝》，生活·读书·新知三联书店，2004 年，第 23 页。

② B. Kirshenblatt-Gimblett, *Destination Culture*. Berkeley：University of California Press, 1998，p. 2.

③ 张光直：《考古学专题六讲》，文物出版社，1986 年，第 99 页。

看看礼器专区便大抵明白，文物即为代表性展示。更有甚者，中国尚有"无用之用"，《庄子·人间世》曰："人皆知有用之用，而莫知无用之用也。"第三，"格物致知"是中国传统的一种治学认知与态度，《大学》有"致知在格物，物格而后知至"，与"实事求是"相仿，都是根据事物的表象以探索内在规律。

至于文物与考古学的关联，已属常识，不必多说。然而，"地下之文物"作为一种有价值的材料，近代以降已经成为学人之比较性材料的重要凭证，并由此生成出"二重考据法"。1925 年，王国维在清华研究院讲"古史新证"时曾有这样的总结：

> 吾辈生于今日，幸于纸上材料之外更得地下之新材料。由此种材料，我辈固得据以补正纸上之材料，亦得证明古书之某部分全为实录，即百家不雅驯之言亦不无表示一面之事实。此二重证据法，惟在今日始得为之。虽古书之未得证明者，不能加以否定，而其已得证明者，不能不加以肯定可以断言。①

此后的三重、四重考据皆在此基础上而层出。无论材料的考证有多少重，皆使文学表述在方式上更全面，也更科学。比如一个历史事件，可以借助符号、体姿、音声、色彩等元素，配以文字、绘画、雕塑、口述、歌唱、舞蹈、仪式等，现在还可以采用影视、数字等不同的方式加以表现。甚至还可以"多元一体"，比如仪式历来被视为文化表述的重要综合形式，仪式中可能出现口述、巫技、歌唱、跳舞等，联袂出演一个更为复杂的、元素多样的表述。比较文学天然包括了多种材料的考证和多种方式的表述。某种意义上说，今天的比较文学已经挣脱了单一性表述樊篱的羁绊，文字权力话语独领风骚的时代已经一去不返。

值得特别强调的是，在比较文学的多元表述中，地方叙事也是表述范式的重要依据。今天，"地方研究"已经被公认为当代人类学研究的一个新范式。"在当代人类学的分析中，地缘性（locality）无疑成为一个关键性视角。"② 因为地方的他者性成为"那里""外在"的存在，并由此建构出我者性，仿佛东方成为建构西方中心的必要条件。而最具代表性的"地方性知识"

---

① 王国维：《古史新证》，北京来薰阁书店，1934 年。

② M. Silverman and P. H. Gulliver, *Historical Anthropology and Ethnographic Tradition：A Personal，Historical and Intellectual Account. in Approaching the Past：Historical Anthropology through Irish Case Studies*. New York：Columbia University Press，1992，p. 21.

便顺理成章地成了人类学的一种表述体系，而且超出人类学的学科边界和范畴。[①] 吉尔兹的"地方性知识"不是指任何特定的、具有地方特征的知识，而是一种新型的知识观念，是认知世界的一种方式，其特点是：第一，强调知识是建构于特定的场域，在特定的群体中生成并得到辩护的，而在今天，着眼于知识形成的具体的情境比关注普遍准则更重要；第二，指知识的生成与维护所依托和形成的特定语境，包括由特定的历史条件所形成的文化与地缘性群体的价值观。

比较文学的多层次表述包括地方或者区域声音。特别在我国，人群与地缘的结合既反映出"一点四方"的方位律制，也成为区分"我群/他群"的一道历史边界。背离这样一个历史结构，也就背离了传统的规约与历史的归属。今日之学术研究已经自觉地将"地方性力量"（regional force）纳入研究范畴，因为"区域存在着深刻的差别，这是因为每一个区域都有它自身的情感价值。在各种不同情感的影响下，每一个区域都与一种特定的宗教本原联系起来，因而也就赋有了区别于其他区域的独具一格的品性。正是这种观念的情感价值，发挥着至关重要的作用，决定了观念联系或分离的方式。它是分类中的支配角色"[②]。当然，"地方研究"要在"小地方"与"大历史"之间建立起逻辑性的纽带关联，地方性的比较文学研究应将"地方中的全球"（global in the local）和"全球中的地方"（local in the global）同置一畴。

概而言之，比较文学不仅包含比较研究的视野，无论是早先的"影响研究""平行研究"，还是今天的学科整合，特别是文学人类学的范式创新与实验，都在尝试以一种全新的表述方式——既表现为研究视野上对传统表述多样性的反思原则，也表现为对表述方式的"多重考据"，同时以一种全新的整合性方式进行表述的实践。

四、结语

四川省比较文学学会已经走过了三十年，这是一个里程碑式的时刻。庆贺之际，笔者希望学会在未来的发展，特别是学科转型过程中，本着学术自觉的理念，根据学业推进的需要，努力摸索学脉分布，着力培养学者群体，建立特色地缘学派。四川大学是中国高校创立、发展文学人类学学科的重镇，

---

① 克利福德·吉尔兹：《地方性知识——阐释人类学论文集》，王海龙、张家瑄译，中央编译出版社，2004 年。

② 爱弥尔·涂尔干、马塞尔·莫斯：《原始分类》，汲喆译，上海人民出版社，2000 年，第 93 页。

四川省比较文学学会在过去的三十年中，在中国比较文学这一学科中无疑是最有成就的地方性学会，四川的学术界也聚集了一批中国少有的，最为集中、最有分量、代际接替人才不乏的比较文学学者群，同时，在国际化与地方化两方面都到达了相应的高度。因此，笔者有理由期待未来。

作者简介：

彭兆荣，四川美术学院中国艺术遗产研究中心首席专家，厦门大学人类学系教授（一级岗）、博士生导师，主要研究方向为文化人类学、文学人类学。

文学人类学："反身转向"的新趋势

徐新建

　　摘　要：在比较文学及文化人类学等新老学科带动下，经过改革开放的四十年发展，文学人类学作为新兴交叉学科取得了长足进步，同时也存在许多理解、阐释和践行方面的问题。如何在多样化扩展的进程中把握学科边界、凸显自我特征，已成为这门学科从业者们的新议题和新担当，需要集思广益，群策群力，既不定一尊，亦不各自为政。面对从文学到人类学都受到的科技挑战，未来的目标应是携手共建，不同而和，既五彩缤纷，又交相辉映。这一点，对文学人类学如此，其余人文学科亦不例外。作为一门力图打通中外古今，同时强调文本与田野结合的前沿学科，文学人类学需要不断确立自己的学术专长及未来走向。其中，尝试以整体论为基础，关注人类学的"反身转向"，从自我民族志视角重释文学，或许便是值得探求的路径之一。

　　关键词：文学人类学　比较文学　反身转向

　　在改革开放后的中国学术进程中，文学人类学可谓比较文学催生的产物，对于地处四川的地方团队而言更是如此。正是在比较文学平台的推动下，文学人类学作为新成长的分支之一进行了长期的跨学科尝试。其中最为持久的一个方向就是使文学与人类学连成一体，在田野与文本、神话与史诗、实证与虚构的交融间阐释文学，理解人类。这一点，在中国比较文学学会这样的全国性团体里已有充分体现，在作为地方学术机构的四川省比较文学学会等组织中更是如此。

　　2019 年 4 月，笔者应邀出席中国比较文学学会文学人类学研究分会举办的神话研讨会，其间就"文学人类学的发展趋势"话题与学生进行访谈。本文以访谈稿为基础改写而成，保留一定的问答形式。小标题为改写时所加。[①]

文学人类学：学科界定与现实处境

有关文学人类学的学科定位问题尚难结论。第一，从认识论层面讲，这个问题非常重要同时也无定论。这种未决的、无答案的学科定位问题，并非文学人类学独家所有，而是一种学科常态。也就是说，这涉及对"有定义的学科"的认知，取决于我们对学科评判的标准。在某些时期、某一圈子内，某些学科需要做到也能够做到这种定位，尤其是自然科学。因为它需要学术共同体的契合，需要有共同方法、共同概念和共同理论，否则无法工作。因此要透明，词要达意。而人文领域一般不致力于此，相反会像百家争鸣一样，需要理解和阐发上的多元性，一如诗无达诂，言不尽意。它不信任语言，不追求定义，所以我们就不能或不愿去问它的定义问题。现在很多人把文学人类学放在社会科学与人文学科中间，认为社会科学具有科学性，需要追求相对的稳定、透明和相对的完整。

第二，从方法论上讲，我个人不太用"定义"这个词，而会用"解释"，因此愿把问题改为关于"什么是文学人类学的解释"，或者关于"什么是文学人类学的描述"，而不说"什么是文学人类学的定义"，这是另一种转换思路的回答。我个人的看法是，关于"什么是文学人类学"的问题，本就是一个开放的场域，是一个旧话新说的过程：昨天大家的共识，明天可能就成为旧说。既然是旧话就要不断新说，是允许也必须不断有新话语加入的一个场域、一个容器。为此，有的人感到很紧张，会焦虑地问："徐老师，我们这么多年到底在学什么？"他之所以焦虑，是由于没有一种方法论和认识论的底气。

我们继续问下去：什么是文学？什么是历史？什么是哲学？同样没有统一答案。不过尽管如此，我们还是要尽量追求社会科学话语的准确和相对的共识，因为它还是需要言说、讨论和交流的。作为一家之言，无论你是解答或阐释，你都必须要"说"。只是你问十个学者，可能会得到十种说法。你也不要吃惊于"怎么徐老师和叶老师说得不一样"，不一样就对了！用新批评的方式来说，在一个多元的作品整体中，与任何一个读者建立的都是对话关系，解释者跟接受者是在对话中产生意义的。我们写的书、发表的文章，其含义都是由阅读者根据自己的理解和语境来接受的。你要带着独自判断的眼光去

① 上海交通大学人文学院研究生戾昊、王浩、张丹丹等参与访谈交流。戾昊同学协助完成录音整理，特此致谢。

听叶老师讲"文学人类学的四重证据和 N 种编码",然后再听徐老师、彭老师讲不一样的文学人类学表述与仪式。你或许会疑惑:"到底谁说得对?"其实,没有哪一个更对或更错,你把它们看作是对话的不同产物就好了。

对于接受者或者更广的大众来说,最大的难题是如何化解差异造成的紧张和不透明,否则将难以达成共享的话语空间。我鼓励学生学会体会,与语言进行化合,从而产生关于它的理解。我们平时可能教学生阅读十本专著,总结五家学说,最后考试却是这样考的:你认为的文学人类学是什么?你对它的理解如何?这是你的权利,也是你的责任。当然,我们进行差异性的解读,最后还是要达成共识,搭建能对话的结构。可以各说各话,但要相互理解。如果只是各说各话,互相却不能理解,公说公有理,婆说婆有理,是无法达成社会交往或学术交流的。

在学术界,我们不能要求每一个老师所传授的观点一致。思想不一样才能使共同体具有意义,学术共同体需要的是在不一样中实现"不同之和"。"和"是从音乐上升为哲学和人类学的概念。两音相遇为和,但相和之后却产生第三音。比如,单独的两个音分别是"哆"(C)和"嗦"(G),它们的共振即产生纯五度之"和"。"和"的古字为"龢",在古代就是多支吹管在一起,彼此协调,发出不一样的"和音"。[1] 这个道理对学术界也是一样,如果大家都只发出同一个音的话就会兴味索然。"和"这个词是哲学概念,同则不继,人类就没有发展,这就是要强调多样性的原因。要学会在杂乱中看到有序,不然会被格式化,沦为被干扰的无效程序。无论是学习还是学术,我们都要学会自己解构自己。

第三,学科定义的问题还可从知识论的角度来回答。对我来说,我非常清醒地了解到,在我的前后左右有很多关于文学人类学的描述、界定和解释。我也试图得出一个自己的说法。为此,我尝试从结构上来予以解答,把它转换为文学人类学的四个问题,即:文学的问题,人类学的问题,文学与人类学的问题,最后完成词组合并,进入文学人类学的问题。当包含两个关键词的时候,它们各是一个问题,用"与"连接后产生新问题,最后把连接词"与"去掉,才成为真正的学科问题。[2]

文学人类学发展到今天,我认为正逐渐迈出最后一步。在文学问题与人

---

① 徐新建:《和而不同:论儒学境界与世界文明》,《中外文化与文论》,2001 年第 1 期。

② 直到 2003 年,在文学和人类学之间还保留着"与"字之用。尽管全国学会的名称为文学人类学研究会,但四川大学相关机构的名称仍为"文学与人类学研究所"。学者们的论著里也多有对"与"的保留。参见叶舒宪:《文学与人类学——知识全球化时代的文学研究》,社会科学文献出版社,2003 年。

类学问题逐渐明晰的前提下，为去掉中间这个"与"，实现二者之间的打通，学者们努力了许多年，发表了很多论述，如"文学与符号""文化与文本""人类学与诗学""虚构与想象"，等等。[①] 正因为有着这样的居中性努力，文学与人类学才互相开放，敞开胸怀，容纳进性别、身份、仪式、口传，乃至少数族裔、虚拟幻想等跨学科问题，才最终逐渐糅合成为一门新兴的交叉学科。

去掉"与"之后的文学人类学

那该怎么看待"文学人类学"的问题，即去掉了"与"字的文学人类学？

这才是问题的核心所在，但要以动态眼光来认知，也就是把"与"的去掉视为一个演变的过程。在初期，把人类学加入文学更多是单方面行为，主要是文学研究者的努力和尝试，因此所谓的文学人类学研究，也大多是指用人类学方法来解决文学问题，人类学只是"在场的缺席者"，其中没有多少真正或"硬核"的人类学。后来情况慢慢改变，一方面是有专业的人类学家加入进来，开始关注文学问题；另一方面文学研究者逐渐认真研习人类学，掌握人类学，并且还日益把社会学、民族学与历史学、心理学的议题和方法吸纳进来，将其综合之后直接从人类学提问，也就是把文学转换为人类学问题。

什么问题呢？很多，比如：人类为什么要写作？为什么要歌唱？为什么要作诗、表演？这些是文学问题吗？是，也不全是。从人类学角度来看，作诗、歌唱和表演等都是人类学问题。由此便推出我对文学人类学的第一判断，即：

人是文学动物

这个问题很多人拗不过来，因此无法从人类学角度进入文学。文学人类学作为一个问题，不是"problem"，而是"issue"，是一个对象和议题。

人类学是以"人"为主体和对象的学科。研究"人"的存在，是人对于自我及其价值和意义的探寻。很多人把人类学理解为仅仅研究少数民族、原始社会或研究他者和异文化的学科，这是不对的。人类学研究的"人"是指作为所有个体之和的全体。人类学的问题就是人的问题。在这个意义上，文

---

① 参见波亚托斯：《文学人类学源起》，徐新建、史芸芸译，《民族文学研究》，2015 年第 1 期；叶舒宪：《文化与文本》，中央编译出版社，1998 年；伊万·布莱迪：《人类学诗学》，徐鲁亚等译，中国人民大学出版社，2010 年；伊瑟尔：《虚构与想象：文学人类学疆界》，陈定家等译，吉林人民出版社，2011 年。

学人类学也不例外，其所研究的也是人的问题，只不过更专注于人的文学问题。所以我的观点是，人类学解释人何以成人，文学人类学则进一步阐述文学在此过程中的作用，由此推出我对文学人类学的第二判断，即：

文学使人成人

就目前的学科分野及其相互干扰的术语体系而论，我比较担忧文学人类学会"自我埋葬"，因为它不得不借现有的文学话语来解释人类学问题，反之也一样，不得不套用人类学的现成方法来破译文学。现实的情况如何呢？真实的状况是，无论"文学"还是"人类学"，作为与现代西学密切联系的汉语新词都不再稳固，都在多次的"词变"中渐行渐远①，以至于日益影响学界内部的有效交流，彼此之间不是相互误读就是各说各话——当有人提到诗歌时，指的其实只是文字文本，与整体的声音、场景和授受功能完全无涉；而在有人以人类学之名解析国别文学之作时，提出的结论往往也与人类无关，更多传递的是本土国学、汉人社会学或某一少数民族学。

从现行的学科设置看，目前只有四川大学设立有去掉"与"字的"文学人类学"学科点，而且是从硕士、博士到博士后流动站的完整平台，是国内唯一被教育部特批的新兴二级学科。它在一定程度上担任着高校的学科教育任务，所以我们也有责任来完善这个体系。然而即便如此，我们仍不希望也不愿意把文学人类学变成一个教材式、被定义化了的名词，还是要把它看作一个开放和流动的概念。因为社会是动态的，人对自己的认知也是演变的。学科发展常常需要新材料的加入。如今，"基因编辑""电脑写诗"等成了社会现实的新产物、新材料。如果以往的教科书把文学的主要功能定义为对人物形象的刻画，面对克隆人、生化人、机器人、基因编辑人这些"新人类"乃至"后人类"的出现，面对互联网、人工智能、大数据的新技术所关联的诸多挑战，我们还能一味固守五四以来由西学引进的文学词义，固守小说、诗歌、散文、戏剧这样的印刷文类及其代表的人类文明和文学边界吗？显然不能。

就目前的演化趋势来看，文学人类学的阵营也在改变。目前大家努力推进的主要内容是在做多种"打通"，想要超越五四时期，要重新看待近代以来由西方现代性所定义的"literature"，力图打破那种以小说、诗歌、戏剧、散文四大部类为代表的文学体系，超越单一、封闭、狭隘、精英的文字中心和书写系统，重塑从古至今的文学史。各地学者团队的工作有分有合，共同的

---

① 关于"词变"的讨论，可参阅徐新建：《"文学"词变——现代中国的新文学创建》，《文艺理论研究》，2019 年第 3 期。

愿望就是将文学与人类学整合为一体，既凸显人类学学脉，又融入文学传统。

相比之下，叶舒宪教授团队的方向主要是多重证据、神话历史、文化文本、N 级编码直至如今的玉帛中国。这些分支成果显著，相互关联，即将形成完整体系，代表着文学人类学的一种可能、一个维度、一套话语。除此之外，还有许多其他的并置维度和可能，如厦门大学彭兆荣教授的团队开拓的文学仪式、艺术遗产及学科关键词体系等。在港台地区，自 20 世纪 80 年代以来开启的口述传统、展演理论和身体研究等也同样代表了文学人类学研究的不同方向。长期以来，四川大学团队关注的主要集中于多民族文学、少数族裔文化、口头传统、民间叙事，最近开始考察文学生活、史诗传承、多民族生死观以及数智文学等。这些多样化的关注体现了文学人类学的诸多可能，同时也提出了可供交流与对话的议题。比如研究史诗，把诵唱视为一种身体演述，其中的文学性如何理解？其与文字文本的边界该如何看待？

我在相关文章里论述过，《格萨尔》其实不应简单地归为史诗，至少不应与西方美学意义上的史诗（epic）画等号。[①] 如若一定归为史诗的话，就不得不顾及史诗的特征和功能。史诗是要诵唱的，诵唱的主体是身体性的现实存在，是肉眼可见、可感、可沟通的"人"。以此观照，《格萨尔》以及类似的《江格尔》《玛纳斯》《亚鲁王》等的最大特征就是诵唱，是口传的文本、场景的呈现和世袭的民俗。概括而言，它是通过故事讲述，在演唱与倾听中实现交往互动的文学生活。由此便可引申出对文学人类学的第三判断，即：

文学是表述的生活

相比之下，现代小说的划分将读者和作者割裂。作家垄断了诗人（歌者）的权利，同时断送了其他大众的文学才能。而在人类学意义上来说，每一个个体的存在都是"文学的"，只要具备创造性想象和表述互动，人人都"文学地活着"，这就是我们正在考察和讨论的文学生活。文学生活是一种状态，是人与自然、社会及自我的诗意关联。

作为"反身人类志"的文学和人类学

文学的意义何在，作用是什么？从人类学视角来看，不妨把文学视为人类的自画像或自我民族志，更严谨些，则可称为"反身式人类志"。

所谓"反身"，在语言学意义上可指一种词语类别，如反身代词

---

① 　参见徐新建、王艳：《格萨尔：文学生活的时代传承》，《民族艺术》，2017 年第 6 期。

（reflexive pronoun）。其功能是通过反身（反射、映照），指代主语，"使施动者把动作在形式上反射到施动者自己"，由此形成主语与宾语（代词）的互指关系，延伸来看亦即产生主体与对象的对照同一。反身式表达的例子，西语中有"ego cogito ergo sum"（Je pense, donc je suis，意为"我思故我在"）。[①]在《论语》中则为"吾日三省吾身"。前面的言说主语（主体）与后面的被言说宾语（对象）即构成反身关系。它的重点在于，被言说及被施动的对象其实就是"本人""本身""我自己"。将此沿用于文学及人类学表述，所谓反身式写作的特点即为展示"我"和"我自己"（另一个我）的对照与关联。由此观之，"反身"的含义又与"反省"对应，而文学与民族志则相当于生命的自我投射和人类的表述自观。

如今的世界使人类自我主体构成的反省与自观出现了断裂。外向度的喧嚣（传播、宣泄）掩盖主体自我的反身回溯，现实的生活越来越远离文学。即便在打着专业旗号的高校文学院，师生整天说理、辨析，哪还有多少诗意的栖居和浪漫想象？作为具有文学动物属性的个体，每个人原本都可以是诗人、作家、表演者，但现代性的社会改造却使多数人变成了单一的读者、受众和学究。高校文学院重视理论，没有文学性，不培养文学家，有学无文。所以站在人类学立场来看，现今的文学教育已背离目标，出了问题，需要改造、回归，返回至创造性想象和反身式自观，通过诗意表述，重新踏上使人成人的轨道。

最近，人类学学界出现了对民族志文类的再度关注。其中日益凸显的一个类型是"自我民族志"[②]。什么是自我民族志呢？如果把其中的"民族"淡化，只保留"志"作为人类学写作的文体意义的话，"自我民族志"的含义即为人类的自表述、自描写和自画像。在这个过程中，人类同时既为主体又是对象，完成的是自我的反身式写作。[③] 当然，若要显得严谨，称作"自我志""人类志"更好。

用这样的道理来推，文学的性质也同样如此。文学就是"人类自我志"，或"自我人类志""反身人类志"，在其中，人把自己当作一类，在与现实对应的镜像中或逼真或超验地塑造他者，反观自身，同时又通过反观调整方向，

---

① 与西语在形态上便具有较明确的主格、宾格不同，汉语的反身语式每每通过特定词汇如"身""己""吾"等表现出来。参见李计伟：《论反身代词"身"及复合形式反身代词》，《语文研究》，2012年第 4 期。

② 徐新建：《自我民族志：整体人类学的路径反思》，《民族研究》，2018 年第 5 期。

③ 参见马腾嶽：《论现代与后现代民族志的客观性、主观性与反身性》，《思想战线》，2016 年第 3 期。

改变自我。在我看来，这就引申出了对文学人类学的第四判断，即：

文学是一种"反身人类志"

在人类学维度上，我倾向于人的整体观与学科整体论。整体指对象的整体，也包括主体的整体。除此之外还存在自我对象化的整体。我们要看到他者中的我性、我者中的他性。如今很多人在追根溯源。后现代主义、后殖民主义一派率先反思，以民族志为靶子来抨击人类学，其中很多本身就是人类学家。他们自我抨击，抨击自己的作品、自己的过程（参与式观察）以及抨击自己的身份和权力——凭什么替他者代言？在我看来，这其实代表了人类学"反身转向"的又一次重大变化。[①] 当然，"反身转向"不仅限于人类学，在其他人文学和社会科学领域也多有表现，只不过人类学的反身转向展现得更激烈和突出罢了。概括地说，人类学"反身转向"最显著的表现就是"自我民族志"的涌现。越来越多的人类学家从以往具有殖民色彩或等级区划的"异文化"场景里撤出来，返回到自身的"本文化"当中，将过去的田野方法用于自己，进行以自我为对象的参与观察，然后完成反身式民族志，对身处其中的社会文化进行反观和批判。

对于这样的趋势，格尔兹写了不少文章加以解析，以"人类学写作"（anthropological writing）为聚焦，进一步将文学与人类学连为一体。尤其是他的《论著与生活：作为作者的人类学家》一书，把从列维－斯特劳斯到本尼迪克特等为代表的人类学家都视为写作者，揭示了在他们民族志写作中蕴含的表述意义。[②] 有意思的是，从反身性书写的角度看，格尔兹这部著作本身就是人类学的自我民族志了，只不过其反身主体和对象都是一门学科、一个学术共同体及其发明和实践的一种知识话语。

小　结

最后，可以对本文的议题做一个开放性小结，内容就是在本文摘要里写了的话。

---

① 有关人类学"反身转向"已有一些汉语译介，可参见曾晓强：《拉图尔科学人类学的反身性问题》，《科学技术与辩证法》，2003 年第 12 期。

② 格尔兹原著名称为 "*Works and Lives：The Anthropologist as Author*"，汉译本为《论著与生活：作为作者的人类学家》。译者解释说，面对人类学与文艺理论出现的话语纠结，汉译的名称是一个遗憾之选，会出现因中文限制所带来的转译上的意味丢失。参见克利福德·格尔兹：《论著与生活：作为作者的人类学家》，方静文、黄剑波译，中国人民大学出版社，2013 年，译后记。

　　经过改革开放的四十年发展，文学人类学作为新兴交叉学科取得了长足进步，同时也存在许多理解、阐释和践行方面的问题。如何在多样化扩展的进程中把握学科边界、凸显自我特征，已成为这门学科从业者们的新议题和新担当，需要集思广益，群策群力，既不定一尊，亦不各自为政。

　　面对从文学到人类学都受到的科技挑战，未来的目标应是携手共建，不同而和，既五彩缤纷，又交相辉映。这一点，对文学人类学如此，其余人文学科亦不例外。作为一门力图打通中外古今，同时强调文本与田野结合的前沿学科，文学人类学需要不断确立自己的学术专长及未来走向。其中，尝试以整体论为基础，关注人类学的"反身转向"，从自我民族志视角重释文学，或许便是值得探求的路径之一。

　　我在 2018 年发表的一篇文章中讨论过人类学问题的一分为四与一分为三，即北美的语言、体质、考古、文化与欧洲的生物、文化和哲学（神学）。最近我又归纳出一个新的一分为二，即科学维度与文学维度，也就是科学的人类学与文学的人类学，后者也可以叫作诗学的人类学。科学维度研究理性的人、逻辑的人、实证的人，文学维度研究诗性的人、灵性的人。[1]

　　人类学家到一个特定地区研究"父权制度""库拉圈"抑或"代际矛盾""差异格局"，这是研究"理性的人"。但人只有理性的一面吗？人类生活只是生产和生育吗？人跟其他物种有所不同，除了这些以外，人类会崇拜日月、幻想星空，会沟通神灵、创作诗歌，是"诗性的人"，体现出文学面向。可惜，这一面在以往的人类学中大都被遮蔽和忽略，不是视而不见便是无从下手。

　　有鉴于此，文学人类学的任务便是将人还原为整体，把理性和诗性打通。于是从学科的理想上说，或许会强调"去学科无边界"，而在现实操作中，更可能探寻"有边界无学科"。

　　总之，我们放弃对文学人类学进行终结性定义，但不表示对它不理解、不言说，而是主张从认识论、方法论和知识论等层面去阐述相关规则。规则具有原本性和共识性，不止今天可以用，明天也可以用。这就是说，不是我们的学科不讲"科学"，而是我们的表述和分类不能简单地与"科学"画等号。作为有着相同目标的学术共同体和奠基于共同问题的知识话语，我们拥有共同的场域和平台，有着终极意义上的统一。这样的统一可称为学科的元

---

[1]　参见徐新建：《一己之见：中国文学人类学的四十年和一百年》，《文学人类学研究》，2018 年第 1 期。

话语，一套基础范畴和基本概念。在这个元话语的起点上，我们就可互相对话。如果缺乏这样的根基，还停留在中间阶段，彼此只能隔行隔山，自说自话。

作者简介：

　　徐新建，四川大学文学与新闻学院教授，文学人类学专业博士生导师，中国比较文学学会文学人类学研究分会副会长，四川省比较文学学会执行会长，人类学高级论坛学术委员会主席团主席。

数字时代的比较文学与文化

曹顺庆　　主持

　　无可否认，我们当前已经进入以"数字"为表征的时代。无论是人们的日常生活还是人文社科各个领域都面临着数字化不断加剧的形势。具体到比较文学与文化，进入数字时代意味着文本的生成、传播、消费、研究等环节已经发生根本性的质变。我们欣喜地看到以下六篇文章围绕数字化问题从不同的角度展开讨论，这些研究的出现有力地推进了比较文学与文化的结构化转型。王超的《数字媒介与比较文学变异学之传播变异》一文，从比较文学变异学角度较深刻地解释了超链接、媒介场、次文本、遍历性、元叙事、共叙事、线性结构、播散结构等数字话语范畴，并从媒介变异、文本变异和阐释变异三个方面论证了变异学的传播变异，对数字时代的比较文学理论创新有一定参考意义。杨清的《英语世界数字人文莎士比亚研究》一文，从数字人文的角度对英语世界莎士比亚研究进行梳理，强调了其对世界莎学研究的意义，对中国数字人文的研究亦具有启发意义。高小珺的《数据主义时代下"智人"与人文主义的困境》一文，以《未来简史》为例，尝试对数据主义语境下形成的"后人文主义"世界观、"智人"认知革命、主体性身份以及由此引发的人文主义危机等话题展开讨论。陈思宇的《数字时代的超文本文学研究》一文，从具体个案入手，结合叙述学理论，解构超文本文学的叙事格局与时空关系，反思超文本技术带来的利与弊。赵渭绒、叶诗嘉的《数字人文时代四川比较文学：学科动态及发展前景》一文，考察了21世纪以来四川比较文学在数字人文领域的学术成果，并对数字化语境中比较文学研究的转型和发展进行了学术反思与展望。熊璨的《论人工智能翻译的可能性》一文，探讨了人工智能如何应对文学翻译的问题，从翻译策略、翻译理论、译者的生成空间等方面对人工智能对文学翻译造成的影响进行了总体思考。

数字媒介与比较文学变异学之传播变异

王　超

摘　要：传播变异是比较文学变异学的重要分支，主要研究源文本经由某种媒介向新文本传播的过程中，源文本受到媒介的影响而发生的意义变异的现象。不同的媒介形态产生不同的变异形态，而数字时代的媒介，已经从中间体转为新主体，从意义传递者转为话语生产者，实现了从单一实体模式到多元虚拟模式的根本性变革。数字媒介通过数字化、超链接、多界面等路径，构建新的媒介场、次文本、遍历性和超文本符号变异体系，并推进文学传播从线性结构到播散结构、从可读文本到可写文本、从元叙事到共叙事三大转向。

关键词：数字媒介　比较文学　变异学　传播变异

跨越性和文学性是比较文学变异学的两个基本立足点。某一国文学在另一国被译介、传播和接受的过程中，传播媒介起着非常关键的作用。传播媒介处于放送者与接受者之间，但不能将之简单理解为"二传手"，它往往还具有意义的转换、变异和再生产功能。法国学派影响研究的主要奠基者梵·第根，精心刻画出放送者、传递者、接受者之间的"经过路线"，并从这个路线考证不同国家文学的同源性，但是他对传播环节发生的意义变异和再生产机制并未做深入探讨。比较文学变异学是中国比较文学群体做出的学科理论创新，它重点研究异质文学在影响交流和平行阐释中发生的意义变异问题，包含流传变异、传播变异、阐释变异和他国化变异等基本范型。传播变异就是对传统影响研究之媒介学的包容式创新，主要研究不同媒介形态对源文本的改编、重组和再生产机制。当前我们已进入数字时代，数字时代产生了全新的数字媒介形态，那么，数字时代的文学媒介具有怎样的形式特征？数字媒介怎样导致文本变异？文本变异又怎样导致阐释变异？本文将围绕这几个向度分析数字媒介与传播变异的逻辑关联。

一、媒介场：数字时代的媒介变异形态

　　数字媒介产生之前，比较文学影响研究中的媒介学所指的"媒介"，主要是指实体媒介，例如译本、书信、传记等，这些媒介大多是纸质的、实在的、可触的符号形态。进入数字时代之后，传播媒介发生根本性变化。从概念上分析，数字媒介（Digital Media）是数字时代的媒介形态，它主要包含以数字形式存在的文学文本，其存储、传输、接收等诸环节很大程度和数字技术发生关联。而以数字媒介进行呈现、传播的文学形态就是数字文学，数字文学是比较文学跨学科、跨文化研究的一种重要对象。值得注意的是，数字媒介与电子媒介（Electronic Media）、网络媒介（Networked Media）不同，三者的关联在于：19 世纪中叶，电报、电话、电影、电视、广播等的诞生，标志着电子媒介时代的到来；20 世纪中叶，计算机及数字电视、数字电影等一系列基于数字技术的高新技术产物，标志着数字媒介时代的到来；20 世纪后期，以互联网的出现为代表，各种实体符号被整合成庞大的数字系统，数字媒介推进各国、各民族文学走向全球化、一体化的信息共享时代。因此，数字媒介是基于电子媒介和网络媒介的更广泛、更前沿、更复杂的媒介形态。事实上，早在 1998 年，美国前副总统戈尔在加州就做了题为"The Digital Earth：Understanding Our Planet in the 21st Century"的长篇演讲，对 21 世纪的"数字地球"概念进行了展望。进入 21 世纪之后，数字时代滋生了数字媒介，而数字媒介又产生了数字文学。数字技术的发展推进了比较文学的研究转型，因为比较文学本身就是跨学科或超学科的文学研究，杨周翰先生曾指出："我们需要具备一种'跨学科'（Interdisciplinary）的研究视野：不仅要跨越国别和语言的界限，而且还要跨越学科的界限，在一个更为广阔的文化背景下来考察文学。"[①] 数字时代在媒介形式上发生了变异，而这种变异也正是比较文学变异学研究的重点。因为不同的媒介会导致不同的传播效应，研究比较文学变异学中的传播变异，首先就要研究数字时代的媒介形态发生了怎样的变异。总体说来，这种变异体现在以下三个方面。

　　第一，从传递者到生产者。虽然梵·第根意识到了媒介的重要作用，并将放送者与接受者构成的"两点一线"拓展为"三点一线"，但他还是将文本媒介称为"传递者"。在他看来，从放送者经传递者再到接受者这个传播过

---

　　① 乐黛云、王宁：《超学科比较文学研究》，中国社会科学出版社，1989 年，序。

程，是一个相对清晰的"经过路线"，尽管源文本意义在传播过程中可能发生了变异，但是这种变异无伤大雅，不能从根本上改变源文本的潜在制约作用，源文本与新文本之间的通约性、同源性大于异质性、变异性。然而，当代国际比较文学研究已经发生重大变革，学界已经不再着力于清算跨国文学间的"贸易往来"，而是更加注重比较文学中的创造性叛逆和传播媒介中的意义变异。例如，哈佛大学比较文学教授丹穆若什就认为："我们需要的可能还不止一条线，而是许多条线来调弦正柱：一条条超越国界、文化冲突界限的连接线；跨越世界文学超经典与反经典这一顽固鸿沟，并使之形成比较的新的连接线。"[1] 可见，丹穆若什认为当今比较文学已经不再聚焦于某一条"经过路线"，而是努力构建多元化的连接线。并且，这些连接线不是映射、反射或直射，而是椭圆形的折射形态："我由此提出以世界、文本和读者为中心的世界文学三重定义：1. 世界文学是民族文学间的椭圆形折射。2. 世界文学是从翻译中获益的文学。3. 世界文学不是指一套经典文本，而是指一种阅读模式——一种以超然的态度进入与我们自身时空不同的世界的形式。"[2] 之所以会发生折射，就是因为中间体媒介起了作用，中间体通过文化过滤和文学误读，让源文本意义在传播方向上发生了改变，从一条清晰的直线变成了一条播散的曲线。

第二，从单一性到多元性。传统媒介往往是单一形态，但是在数字时代，比较文学研究面对的可能并非一个单一的文字文本，它可能通过图像、动画、视频、超链接等媒介形式，让一个文本包含众多潜文本、次文本或二级文本，这就让阅读活动更加多元化，更具有不确定性。数字媒介能够提供各种形态的符号形式，这些形式不是在传递，而是在生产、传播各种意义，让各种意义交互在一起，形成一个超文本结构。这个结构是复合式、交叉式的意义杂糅聚合体，而且它可能不是实体媒介，而是某种虚拟化的媒介形态，例如，三维立体的数字化空间可以让源文本表现得更直观、更可感、更真切。我们知道，唐诗讲究"言不尽意""立象尽意""言外之意"，总之是要以无为有、计白当黑、以少总多，甚至是"不著一字，尽得风流"。但是在数字时代，很多不可言说的对象，都可以用数字手段进行填充，例如配图、声音、动画、视频、3D技术等，不再拘泥于文字媒介的言不尽意，而是尽可能地通过技术手段让文本"尽意"，弥补作者之意、文本之意与读者之意三者之间的阐释鸿沟，让文本媒介更利于接受、感知和认同。所以，消费社会或者说媒介时代

---

① 丹穆若什：《后经典、超经典时代的世界文学》，苏源熙主编，《全球化时代的比较文学》，任一鸣、陈琛等译，北京大学出版社，2015年，第67页。

② 丹穆若什：《什么是世界文学？》，查明建等译，北京大学出版社，2014年，第309页。

的文学文本，通过大量的信息化、图像化、视觉化、知觉化的传播媒介，让源文本进入文化传播和消费领域，受众从被动接受者变成主动消费者、意义建构者。例如，中国南北朝乐府民歌《花木兰》1998 年被美国迪士尼公司改编成动漫电影 *Mulan*，这个文本之前在美国并没有产生多么重要的影响，但是传统文化相对匮乏的美国却非常善于利用自身的数字技术优势，让老酒换新瓶，用别人的题材来讲好自己的故事。他们以美国本土价值观为基本导向，采用动漫电影等数字媒介形态，创造性转化和传播中国古代文化，以现代传播媒介实现了中国传统文化的美国化变异。例如花木兰替父从军在中国体现的主要是孝道，而在美国电影 *Mulan* 情节展开之前，花木兰说道 "Now I see if I were to be myself, I would break my family's heart"，可见，花木兰形象具有新的价值内涵，她不再是"克己复礼"的道德形象，而是追求自我、追求真爱与自由的"洋木兰"形象。与之类似的还有《功夫熊猫》（*Kung Fu Panda*），以及国产动漫《宝莲灯》等。在采用数字技术之前，这些源文本并没有产生很大影响，通过多元化数字媒介对传统文学文本的创造性变异，传播效应大幅提升，极受大众欢迎，这就是数字时代传播变异的新形态。

　　第三，从静态式到动态式。传统媒介，无论是译本、书信还是评论等，往往是静态的，是某个特定历史条件下的话语承载。而现代数字媒介是动态式的，数字媒介除了文字媒介之外，还增加了声音、画面等各种先进技术，从接受美学的角度来看，数字媒介引导源文本意义持续变异、无限衍义，引向的是一个敞开的审美空间。例如 1990 年，美国小说家迈克尔·乔伊斯（M. Joyce）创作出超文本小说《下午，一个故事》（*Afternoon，A Story*），这部小说总共设计了 951 个技术链接，使作品组成了 539 个文本版块，这些链接和版块可让读者有更多的选择权、互动权。因此，数字技术使之不再是一个单一的、静态的、供阐释的文本，而是一个多元的、动态的、对话的文本。读者可以选择不同的链接方式，生成迥然相异的阅读路径，继而指向不同的情节和结局。例如，小说中的第一句话是："我想说，我可能已经见到我儿子在今天早上死去。"（I want to say I have seen my son die this morning.）读者点击这个句子中的任何一词，都会弹射出一个超链接次文本，都可能导致故事走向不同的结局。可见，数字媒介下的文本叙述不再是线性的直陈式推进，而是不断跳转、翻越、腾挪，在形式上具有《追忆似水年华》那种意识流特征。数字媒介时代的文本采用了交互性技术和动态技术，它能从一个媒介跳转到另一个媒介，还能在媒介中实现时空穿越，给人以非常丰富的审美阅读体验，这是传统媒介无法实现的传播效果。当然，在动态切换之中，数字媒介还在组织一种隐蔽的传播场域，这就是 1996 年法国学者布尔迪厄在电视研究中提出的"媒介场"（Media Field），他进一步发展麦克卢汉的传播理论，认为现代传播媒介能够将权力意识形态转化成符号表象体系，形成多元化的符号暴力（Symbolic Violence），这就导致我们不能将媒介符号理解为静态的思想表述序列，而必须置身于一个动态的媒介场中来分析文学传播的多种可能。

二、超文本：数字时代的文本变异形态

上文已经分析，数字时代的传播媒介发生了变异，随之而来的，则是媒介变异导致的文本形态变异，那么，数字媒介时代的文学文本发生了怎样的变异？我们应当怎样面对数字时代的文学文本及其传播变异？

有媒介就有传播，有传播就有变异，有变异就有创新和发展。比较文学变异学中的传播变异，主要研究源文本在经由某种媒介向新文本传播的过程中受到媒介的影响而发生意义变异的现象。概言之，传播变异主要是发生在媒介层面的变异。首先，我们要理清什么是传播，从文化人类学的角度来看："一个社会的新文化要素的源泉也可能是另一个社会。一个群体向另一个社会借取文化要素并把它们溶合进自己的文化之中的过程就叫做传播。"[①] 可见，传播变异主要是指在传播媒介发生的中间体变异。严绍璗教授认为："文化传递的基本形态就是这样的——原话语经过中间媒体的解构和合成，成为文化的变异体，文化的变异体已经不再是文化的原话语。之所以有新文化（或新文学）文本的产生，不是为了重复原话语，完全是为了本土文化的需要。所有的比较文学发生学、阐释学、形象学都是和这个文化传递的模式有关系的。"[②] 在严绍璗教授看来，文化变异体就是一种传播变异形态，不同的传播媒介会发生不同的变异模式。实际上，对传播变异现象的描述古已有之，《战国策》所载"三人成虎"的成语就是一个例子：第一个人说街上有虎，魏王不信；第二个说有，则将信将疑；第三个也说有虎，则信之。这就说明，传播媒介不仅能传递信息，还能改变和生产信息，这就是传播过程中发生的意义变异。

传播变异主要发生在媒介领域，这和法国学派影响研究中的媒介学有何关联呢？尽管两者都发生在中间体环节，但仍有区别：传统媒介学更强调"传播"，而数字媒介更强调"变异"。梵·第根在《比较文学论》中对媒介学

---

① C·恩伯、M·恩伯：《文化的变异——现代文化人类学通论》，杜杉杉译，辽宁人民出版社，1988年，第535页。

② 严绍璗：《比较文学与文化"变异体"研究》，复旦大学出版社，2011年，第67页。

如此描述："在两国文学交换之形态间，我们应该让一个地位——而且是一个重要的地位——给促进一种外国文学所有的著作、思想和形式在一个国家中的传播，以及它们被一国文学采纳的那些'媒介者'。我们可以称这类研究为'仲介学'。"① 可见他主要还是强调媒介的传播功能，学界一般认为："媒介学，指不同国家之间所发生文学关系的中介过程的研究。"② 但是，随着数字时代的到来，媒介的变异功能逐渐替换传播功能，那么，这种传播变异如何体现在不同的媒介形态之中呢？

一是口传媒介。这主要体现在民间故事和神话传说的流传中，当一个族群向另一个族群讲述一些信息时，一个故事的基本事实往往会在口传过程中发生变异，"三人成虎"所描述的现象就属于这种情况。二是文字媒介。它主要指书信、报刊、译本及其评论等媒介，例如严复《天演论·译例言》，就是在译作中加以评论，这也是一种媒介过渡形式，在数字技术出现以前，这是最主要的媒介。三是数字媒介。数字媒介经历了三个发展阶段，首先是电子媒介，例如视频、电视、电话、留声机等现代电子技术媒介，它能够提供一个比文字媒介更加直观的虚拟空间和情景再现；其次是计算机及数字电影、电视媒介；再次是网络媒介。在有的教材中，网络媒介被单独列出，笔者认为，网络与计算机技术是不可分离的，都是基于"比特"符号的数字化信息技术的应用，网络传播告别了纸质文本、电影、电视等物理媒介形式，转而通过数字技术传递信息。在这种媒介形式下，主体并非处于面对视像媒介时那种被动接受的地位，而是将主观能动性扩张到一个至高领域，信息接收者可以自由地选择、分享和发布信息，以及充分自由地反馈信息。四是环境媒介，例如当今"一带一路"倡议，为新形势下中华文化"走出去"搭建了一个传播平台，中华文化在"走出去"中的本土化过程，也是值得研究的传播变异现象。

通过这样一个纵向梳理，我们就能发现，这四种媒介形态不仅有历时性特征，而且具有共时性特征。在当今，我们仍然可以看到这四种文学传播媒介并存的现象。在全球化、信息化浪潮中，第三种媒介即数字媒介显然是大势所趋。那么，数字媒介背景下的文学文本又发生了怎样的变异呢？

具体来说，数字媒介时代的文学文本有四种变异类型。一是纸质文本的数字化。传统文学文本往往是纸质印刷文本，在数字媒介时代，各大图书馆或相关网站都采用数字技术对之进行大数据处理，一方面是为了更好地保存

---

① 梵·第根：《比较文学论》，戴望舒译，商务印书馆，1937年，第182页。
② 曹顺庆：《比较文学概论》，高等教育出版社，2015年，第97页。

文献；另一方面，在形式上还增加了搜索、检索、编辑、整合等功能，通过这些数字技术，源文本都能共享阅读。例如我们知道某一段文献内容，要找到引文出处，可以通过读秀网等网站高效查找，获取各种类型学术文献资料。这种数字文本，内容还是源文本的，只是增加了信息处置功能，所以主要是形式变异而非意义变异。二是原创文学的数字化。可以理解为一般网络文学创作，它不再是以纸质文本形式呈现，作者直接在数字媒介上进行创作，它没有采用很多的现代媒介技术，只是借助这种数字化平台或软件，比如"简书"。作者通过这种形式进行网络创作，阅读者可以通过打赏、回复、评论等形式参与互动。三是文本技术的数字化。这种类型的文本与上一种不同的是，上一种是一般的文字文档格式，只是借用了数字媒介工具和形式，在内容上还是电子文档文本，而这一种则在文本格式和内容上都结合了数字技术，用数字媒介形式创作的文本，学界描述为超文本（Hypertext）。超文本是比赛博文本（Cybertext）更狭窄的文本形态。[1] 1963 年，美国学者泰德·纳尔逊（Ted Nelson）创造了术语"Hypertext"，这种文本的主要特征就是用超链接将不同空间的文字信息组织成网状文本，读者可以通过不同的用户界面，从一个文本锚点通向另一个锚点，这是一种跳转式、非线性的意义生成方式和话语叙述结构。读者不再是一行一行阅读，取而代之的文本将无限展开、四通八达，读者可以在某个关节点上暂停，切换至下一个阅读模式，这就是重文本或立体文本。例如前面提到的《下午，一个故事》，具有 951 个技术链接、539 个文本版块，这是当前国内外比较前沿的文学创作形态，也是数字文学的主要形态之一。四是网络文学。它是指以互联网为传播媒介，借助计算机技术和多媒体技术等多种手段来表现的文学文本。只有在网络环境下，这种文学形式才能显示其主要特征。

　　总体上看，前两种类型是基础形态，后两种类型是今后的主要发展趋势，也是数字时代的比较文学研究的重要前沿领域，正如曹顺庆教授所说：

　　　　进入图像时代以后，影像才成为人类各成员交流的重要媒介，特别是电影与电视等媒体出现之后；更有网络媒体的兴起，让电影与电视艺术作品成为社会公众生活的重要内容与消费方式。在这种情况下，人类历史上所有的文学艺术作品成为共有精神财富而被所有人共享，文学传播媒介以及文学作品本身发生质的变动，媒介学研究也因为面对新的现

---

　　[1]　莱恩·考斯基马：《数字文学：从文本到超文本及其超越》，单小曦等译，广西师范大学出版社，2011 年，第 47 页。

象与新的传播方式而进入一个全新的阶段。①

这一段表述明确指出了数字媒介时代的传播变异对媒介学的创新发展。同样，谢天振教授也意识到数字媒介对当今比较文学发展所具有的重要影响，他分析道：

> 我认为当代比较文学在实现了文化转向以后有三个新的发展趋势值得注意。在某种意义上，这三个发展趋势也可以说是与传统比较文学研究相比出现的三个新的研究领域：第一个领域是运用形形色色的当代文化理论对文学、文化现象进行研究，第二个领域是把研究对象从纸质的、文字的材料扩大到非纸质的、非文字的材料，譬如对影视、卡通、动漫等作品展开的研究，最后一个领域即是对翻译进行研究。②

数字时代的传播变异，正是他所预测的第二个研究领域。值得注意的是，在传统比较文学研究中，媒介往往被视为一种通道、载体，从梵·第根所刻画的"经过路线"就可见一斑。陈惇、刘象愚教授也认为："这里的所谓'媒介'，是指那些在文学交流过程中，起着传递作用的人和事物，它把一个民族的文学（包括作家、作品、文论、文学思潮乃至文学运动）介绍和传播到另一国民族，使文学的流传和影响得以实现。"③ 可见，这是基于影响研究模式的媒介学，而比较文学变异学意义上的媒介变异研究，其主要特征体现在两个方面。第一，媒介作为中间体的多样性。随着信息技术的发展，媒介更加多元化，正如美国比较文学学者道格拉斯所说："这几乎是个梦幻般的世界：我们可以对比分析高端艺术与电影、电影与漫画、漫画与文本语言。它们就像是美妙的万花筒，给予比较文学学者以多层视角透视我们的知识世界。"④ 所以，对传播媒介而言，它不仅体现在纸质文本上，还体现在跨学科的复合式媒介中，以他者角度审视自身的知识系统，尤其关注传播视域切换中的变异形态。第二，更加注重媒介对意义建构的能动作用。媒介不仅具有传递功能，还具有意义建构功能，它不仅仅是严绍璗教授所说的"传递走廊"，更是一个充满不确定性的"变异渠道"。在现代传播学奠基者麦克卢汉看来，媒介即是信息。"所谓媒介即是讯息只不过是说：任何媒介（即人的任何延伸）对个人和社会的任何影响，都是由于新的尺度产生的；我们的任何一种延伸

---

① 曹顺庆：《比较文学概论》，高等教育出版社，2015 年，第 100 页。

② 谢天振：《比较文学与翻译研究》，复旦大学出版社，2011 年，第 106 页。

③ 陈惇、刘象愚：《比较文学概论》，北京师范大学出版社，1988 年，第 202 页。

④ 道格拉斯：《开拓比较文学新前沿》，苏源熙主编，《全球化时代的比较文学》，任一鸣、陈琛等译，北京大学出版社，2015 年，第 226 页。

（或曰任何一种新的技术）都要在我们的事务中引进一种新的尺度。"① 这个论点的创新之处在于将媒介视作人的延伸，而且这种延伸是一种价值尺度，它能对人的事务关系进行变异。"任何媒介或技术的'讯息'，是由它引入的人间事物的尺度变化、速度变化和模式变化。铁路的作用，并不是把运动、运输、轮子或道路引入人类社会，而是加速并扩大人们过去的功能，创造新型的城市、新型的工作、新型的闲暇。"② 媒介即是信息，因为它会引起各种变异，信息即是中间体的意义变异。

那么，数字时代的文本传播变异体现在哪些方面呢？一是传播媒介对源文本的形式变异。媒介不是工具，而是信息。因此，不同的媒介符号传达不同的文本信息，尤其是在当前信息化社会，电影、电视、图片、微信等，每一种媒介都能传达不同的符号意蕴。20世纪末，道格拉斯就认为："新的世纪即将来临，比较文学学者展开了自我反省，在这一背景下，我觉得以下两种超越尤为重要：一是从文本语言走向视觉世界的超越；二是超越我们通常意义上的文学文本，在最大可能范围内理解文本概念，从而将批评理论应用于更广泛的文本——包括法学、医学和科学文本。"③ 他所强调的，就是媒介形式的多元化对比较文学研究产生的影响，比如一个文学文本变成了电影中的图像文本，一个民间故事的口头文本变成了书面文本、视频文本等，文本不仅仅通过翻译在异域传播，还可能通过改编、压缩、扩张等多种形式，实现源文本的他国化、本土化转换。站在比较文学的角度来看，"从本质上说，改编是由一种语言的文学作品改编为另一种语言甚至是另一种文体的文学作品，更是一种跨文化的转换活动"④。例如伏尔泰将中国元杂剧《赵氏孤儿》改编成五幕伦理剧《中国孤儿》，他不是在译介中国文学，而是按照西方"三一律"戏剧规则来改编中国杂剧，这就是传播形式变异。二是传播媒介对源文本的意义改变。随着信息化、全球化时代的到来，一些非文字媒介导致比较文学研究的深刻转型。在传播过程中，意义并非沿着一条直线在流淌，而是存在着各种交叉、错位、变形、脱离和过滤。严绍璗教授就认为："文学的'变异'是一个十分复杂的文化运行过程，根据我们对东亚文学文本的解析，可以说，几乎一切'变异'都具有'中间媒体'。这是一个还尚未被研究者注

---

① 马歇尔·麦克卢汉：《理解媒介——论人的延伸》，何道宽译，商务印书馆，2000年，第33页。

② 马歇尔·麦克卢汉：《理解媒介——论人的延伸》，何道宽译，商务印书馆，2000年，第34页。

③ 道格拉斯：《开拓比较文学新前沿》，苏源熙主编，《全球化时代的比较文学》，任一鸣、陈琛等译，北京大学出版社，2015年，第218-219页。

④ 曹顺庆：《比较文学概论》，高等教育出版社，2015年，第102页。

意到的文化运转的过程。"① 可见，变异不是简单地在文本对接中实现，而是需要依靠一个丰富的中间体媒介和传递走廊，他充分意识到"中间媒体"在变异过程中的重要作用。同样，王向远教授也意识到媒介传播的适应性特征，他认为我们将法国学派的研究方式总结为"影响研究"是不准确的，应当用"传播研究"更为恰当，因为"'影响'研究是一种探讨作家创造的内在奥秘、揭示作家的创作心理、分析作品的成因的一种研究。……而'传播'研究与'影响'研究不同。它是建立在外在事实和历史事实基础上的文学关系研究，像'法国学派'所做的那样，本质上是文学交流史的研究"②。交流和传播在本质上有区别，莫言能够获得诺贝尔文学奖，同他的作品在英语世界的有效传播密不可分，这些译本准确把握了莫言作品的异质性要素，并通过传播媒介对其进行意义的充实与重构，继而在新的语境中实现理想的传播成效。在这个问题上，谢天振教授认为："迄今为止比较多的还是集中在影视作品的研究上，对政治卡通片、动漫片的研究似未见到。而在影视作品的研究方面，如何区别于影视批评而显现比较文学研究的学科特征，这恐怕是一个有待专家们进一步探讨的问题。"③ 例如，中央民族大学石嵩博士就从比较文学变异学的视域出发，着力研究中国电影在海外的传播变异，其著作《中国电影在西方的想象性接受与变异性研究》④ 重点关注英语世界学者的中国电影研究与我们自身研究的差异性。他以电影为基本媒介，研究海外电影中的中国形象变异问题，这就是传播变异的一种具体研究形态。从这个角度上，我们可以看出数字时代的比较文学变异学研究，已经对传统的影响研究提出挑战，这种挑战的核心价值在于，"变异学视域下的影响研究打破了文化独语的局面，走向了文本间的互动对话研究，逐步消解了文化中心主义的倾向"⑤。

三、遍历性：数字时代的阐释变异形态

以上分析说明，数字时代的媒介形态和文本形态都发生了变异，随之而来的是传播变异过程的另一个阶段——阐释变异。因为数字时代的文学文本具有"超文本"特征，所以我们不能用传统的文本阐释方式进行理解，而应

① 严绍璗：《比较文学与文化"变异体"研究》，复旦大学出版社，2011年，第55页。
② 王向远：《比较文学学科新论》，江西教育出版社，2002年，第27页。
③ 谢天振：《比较文学与翻译研究》，复旦大学出版社，2011年，第106页。
④ 参见石嵩：《中国电影在西方的想象性接受与变异性研究》，江西人民出版社，2013年。
⑤ 李艳、曹顺庆：《从变异学的角度重新审视比较文学的影响研究》，《中国比较文学》，2006年第4期。

当用"遍历阐释"的形式展开。所谓"遍历"（Traversal），是计算机技术中的一个专业术语，主要指沿着某条搜索路线，依次对二叉树中每个结点均做一次且仅做一次访问。在比较文学研究领域，皮尔·帕罗·弗拉西内利（Pier Paolo Frassinelli）、朗尼特·弗伦克尔（Ronit Frenkel）等学者编撰的比较文学丛书《遍历跨国主义文学与文化研究的视野》（*Traversing Transnationalism the Horizons of Literary and Cultural Studies*）专门阐述了数字文本阐释的遍历性问题。大体而言，遍历性主要是指交互性叙事模式下的文本渗透机制，这种机制导致数字文学的文本阐释呈现以下三方面特征。

一是从线性结构到播散结构。传统的文本书写与阅读往往是一行一行地书写，一排一排地阅读，这是一种线性叙述和解读结构，前文本成为当下文本的铺垫，当下文本又为后续文本提供指引，这种序列化、逻辑化的文本阐释模式构成阐释的循环。进入数字时代之后，数字技术打破了这种序列化的线性结构，在媒介符号的横组合模式上又增加了纵聚合模式，通过不同的界面、超链接、跳转等，让作者想要阐述而语言无法表达的意义，以及读者想要领会而线性文本无法提供的东西逐次迸发出来，它呈现出计算机所独有的遍历性特征，不断地在文本的二叉树节点上访问，因此，这种遍历文学已经不再是序列化书写了，它呈现为交叉网状的诗学结构。例如《微暗的火》①，这是美国俄裔作家纳博科夫 1962 年创作的长篇小说，其不同之处在于：它由前言、正文、评注、索引等四个部分组成。评注这个部分是由一个叫金波特的博士所写，每一个评注都是一个独立的记忆片段，部分叙述片段显示出意识流、幻觉化特征，只有在全文语境下才能得到有效阐释。这部作品依托现代计算机数字技术，采用模仿、拼凑、游戏等话语狂欢形式，让文本具有明显的后现代主义"碎片化""非理性""反逻辑"特征，这种文学样态旨在挑战逻各斯中心的权威性和确定性，用碎片化模式来打破线性书写和序列化呈现。因此，小说中没有读者所期待的柳暗花明、推窗见月，反而处处是陷阱，处处是惊诧，处处是审美阻滞感和延迟性。

二是从可读文本到可写文本。罗兰·巴特曾将文本区分为可读文本与可写文本。所谓可读文本，就是一种"及物"书写，既有能指，又有所指，将读者引向一个虚构世界，通过对及物文本的解读，读者可以获得比较可靠的信息。而可写文本，是一种"不及物"书写，它只有差异化的能指符号链，读者在阐释过程中，将能指符号具体呈现。接受美学、读者反映批评所谓的"期待视野""召唤结构""空白域"都可以理解为可写文本的书写策略。或者

---

① 纳博科夫：《微暗的火》，梅绍武译，上海译文出版社，2013年。

说，在可读文本这种媒介形态中，比如传统的报纸、广播、电视、电影之类，受众不能参与意义的生产，只能接受、消费和感知，它是一种单向的信息流传结构，作者在这个流传结构中占据着中心地位。然而可写文本中心不再是作者，它很大程度上则是以受众为中心，受众可以参与文本生产，它是开放性、未完成的文本结构。我们可以将可写文本分为两种类型。一种是虚拟的可写。可写文本不仅体现在数字时代，在传统的文本中，尤其是中国诗学话语中，也有很多可写文本，例如"所谓伊人，在水一方""沧海月明珠有泪，蓝田日暖玉生烟"，这些句子不仅仅是实指，也有很多虚指，而这些虚指，就是读者可以自行阐发、领会的层面，这就是中国文论话语"言外之意""象外之象""味外之旨"的可写性特征。另一种是实体的可写。这就是数字媒介时代文学文本的特征。这种可写性不仅靠心领神会，还可具体操作。巴特虽然提出了可写文本的理论概念，但他并没有在实践操作上提供一套有效的方法论体系，而数字媒介从技术层面将巴特所说的可写文本变成了现实，因为"在虚拟和模拟中，母本与摹本、现实与表征等二元结构已被打破，在数字技术作用之下，包括物质世界、精神生活中的一切材料都可以被转化为用于生产的比特符码，不仅可以架构起立体交叉和流动性的语言文本，还可以制造满足视、听、嗅、味、触等所有感官需要的三维虚拟空间，读者或用户需要以解释、选择、重组、改写等方式参与其中，从而再创造出交互式仿真审美环境"①。

　　三是从元叙事到共叙事。数字媒介从技术层面实现了从可读文本到可写文本的转向，满足了读者参与意义建构的现实可能。与之相应，读者不再仅仅作为阐释者，而是成为与作者功能对等的共同叙事者。传统文本是元叙事，在数字媒介时代转换为共同叙事。元叙事（Meta Narration），也叫大叙事，是一种连贯的、协调的文本，它构建一个完整的虚构世界，作者具有话语优先权、阐释决定权。考斯基马在《数字文学：从文本到超文本及其超越》中将数字时代的文本阐释者称为"共同叙事者"（Co-Narrator）。这种思想与解构主义密切相连；德里达在《人文科学话语中的结构、符号与游戏》中，强调用符号游戏来超越和消解结构体系、终极视域、深度模式等元话语范畴，通过能指符号的延伸、播散，来构建意义编织物。在共同叙事中，阐释者既是读者又是作者，读者必须付出"非常规的努力"，在话语共建中展开交互性叙事。例如卡尔维诺的《命运交织之城》通过视觉导航装置而具有超文本小说叙事结构，与其说它是一本书，不如说是一个数字软件系统。前面提到的

---

① 单小曦：《从网络文学研究到数字文学研究的范式转换》，《学习与探索》，2012 年第 12 期。

《下午，一个故事》，以及《胜利花园》《拼缀女郎》等其他超文本数字文学，已经超出了严格意义上的文学范畴，这种超文本结构跨越文学边界，从比较文学角度对音乐艺术、视觉艺术、电影艺术及其他艺术样式进行跨学科整合。这些文本与单纯的网络文学不同，因为它往往设计一个工具栏，工具栏又包含诸种键入区，读者在阅读过程中可以做出"返回""打开链接列表""是否回答文本提出来的问题"等选择。键入区是共同叙事的一种技术途径，读者在键入区可以打开各种链接，回答各种问题，让阅读活动充满参与性、互动性和不确定性。概言之，作为20世纪中后期以来的先锋实验文学形式，数字文学充分运用计算机技术，消解中心、权威与元话语，通过差异化、主体化、变异性的符号运作，与后现代主义思潮形成共时态对应，并且在知识谱系的消解与重构中，涌现出数字媒介时代的交互性理论、超文本叙事理论、本体互渗理论等创新思想，成为当今比较文学变异学之传播变异研究的最新趋向。

作者简介：

王超，文学博士，海南师范大学文学院副教授，研究方向为比较文学变异学。

英语世界数字人文莎士比亚研究

杨　清

　　摘　要：数字人文发展至今，日益在传统文学研究领域生发新的研究范式。在数字人文这一概念进入中国之前，英语世界早在 20 世纪就已然开始将诸如莎士比亚研究等经典文学研究范式置于数字人文视域中进行探讨，其方法与观点颇为新颖，为世界莎学研究开辟了一条新的跨学科路径。相较之下，国内学界在此方面的研究几乎还是空白。本文通过梳理近年英语世界数字人文莎士比亚研究现状，主要探讨两个问题：第一，英语世界数字人文莎士比亚研究的历程与特点；第二，英语世界数字人文莎士比亚研究为世界莎学及人文研究带来了何种意义。文章指出，数字人文参与莎士比亚研究已逾 30 年，日益在早期实验性项目基础之上形成了学术性专题研究，在解构传统莎士比亚研究之后，逐步建构起了数字人文莎士比亚跨学科研究新范式，形成了以基于计量文体学的作者身份探究为主的数字人文莎士比亚研究，其对文学研究而言，不仅带来研究视野、领域、方法上的创新实践，更引发了一场有关传统文学研究范式的变革。

　　关键词：数字人文　莎士比亚　跨学科　变革　英语世界

　　当前，国内学界在将莎士比亚与数字人文相结合进行跨学科研究方面几乎还是一个学术空白，仅零星几篇论文运用数字人文研究方法进行了计量分析。诸如《数字人文视角下的莎士比亚学术传播研究》《数字人文视角下莎士比亚研究热点计量分析》《"重复建设"还是"多重建设"——文献计量学视野下的中国哈姆雷特研究 40 年》等文章，从数字人文视角出发，运用文献计量与信息可视化方法，对莎士比亚研究数据进行爬梳，客观分析了莎士比亚、《哈姆雷特》研究的特点与动态变化特征，有助于国内学者掌握世界莎士比亚研究的现状和发展趋势，为我国莎士比亚研究做出贡献。尽管国内学界开始尝试将数字人文方法应用到莎士比亚研究领域，具有一定的学术前瞻性，但数字人文为莎士比亚研究带来的文学研究新范式还未得以充分呈现与阐释，可以说当前国内学界还未真正将莎士比亚研究与数字人文结合起来而进行跨学科研究。实际上，在 2009 年"数字人文"这一概念真正进入中国学界之前[①]，英语世界早在 20 世纪末就已将莎士比亚研究置于数字人文视域中进行探讨，并逐渐形成专题性研究，其方法与观点颇为新颖，不仅丰富了世界莎士比亚研究范式，更为世界莎士比亚研究开辟了一条新的跨学科路径。

一、从实验性到学术性的转向：早期英语世界数字人文莎士比亚研究

西方将莎士比亚与数字人文相结合而进行的跨学科研究早在 30 多年前就已经出现。20 世纪末，随着计算机技术的不断更新，西方各国不约而同地在数字莎士比亚方面提出设想。1987 年，德国康斯坦茨大学学者海纳·司南利（Heiner Schnelling）就提出，光学存储和检索方法可能为莎士比亚研究提供新的视角[②]；1989 年，国际莎士比亚协会主席菲利浦·布洛客班克（Philip Brockbank）提出了原型电子版的莎士比亚新集注（Proto-Electronic New Variorum Shakespeare）的设想[③]。与此同时，西方各高校开始开展各类实践性研究项目：1992 年，麻省理工学院建立了"莎士比亚电子档案"（The Shakespeare Electronic Archive)[④]；1996 年，艾伦·加利（Alan Galey）和茱莉亚·弗兰德斯（Julia Flanders）开始推行"现代语言协会莎士比亚电子新集注"（the Modern Language Association's Electronic New Variorum Edition of Shakespeare)[⑤]。至此，英语世界形成了以实践性项目为主的数字莎士比亚研究。

---

① 陈静：《当下中国"数字人文"研究状况及意义》，《山东社会科学》，2018 年第 7 期。

② Heiner Schnelling, "Digitizing Shakespeare: Perspectives of Digital Optical Recording of Renaissance Editions in University Libraries", *Literary and Linguistic Computing*, 1987, Vol. 2, No. 1, p. 13.

③ Alan Galey and Ray Siemens, "Introduction: Reinventing Shakespeare in the Digital Humanities", *Shakespeare*, 2018, Vol. 4, No. 3, p. 204.

④ Peter S. Donaldson, "The Shakespeare Electronic Archive: Collections and Multimedia Tools for Teaching and Research, 1992—2008", *Shakespeare*, 2018, Vol. 4, No. 3, p. 234.

⑤ Paul Werstine, "Past is Prologue: Electronic New Variorum Shakespeares", *Shakespeare*, 2008, Vol. 4, No. 3, p. 208.

从实验性项目到学术性研究的转向离不开多伦多大学英语系教授伊恩·兰开夏（Ian Lancashire）的贡献。自 1992 年起，兰开夏陆续开展了一系列有关文体计算与作品文体风格研究方面的研究，正式拉开了数字人文文学研究的跨学科研究序幕①。21 世纪以来，兰开夏逐渐提出一套计算与文体研究的理论与方法。兰开夏在 2002 年发表的《莎士比亚的计算状态》（The State of Computing in Shakespeare）一文就着重介绍了文体风格学（stylometrics），即一种用于归因研究的文体模式的计算机辅助识别②。2004 年，兰开夏在《认知文体学与文学想象》（Cognitive Stylistics and the Literary Imagination）一文中，选取了乔叟《坎特伯雷故事集》（Canterbury Tales）、莎士比亚《哈姆雷特》（Hamlet）以及《特洛伊罗斯与克瑞西达》（Troilus and Cressida）中的片段，基于认知科学与数字计算，对比所选片段的重复词语组合（repeating word-combinations）以分析作品风格③，进一步推进了计算与文体研究。该论文探究了认知文体学以及数字计算在文体风格、作家身份探寻等领域中的效用，以及数字人文对于莎士比亚研究的意义，被西方学者高度评价。新西兰奥克兰大学学者汤姆·贝肖普（Tom Bishop）和乔治华盛顿大学学者亚历克莎·黄（Alexa Huang）评价道，兰开夏的研究"……通过计算工具和研究莎士比亚作品与数字艺术品之间的关系，打破了莎士比亚研究中的许多术语和参数"④。可以说，在推动数字人文与莎士比亚相结合的跨学科

---

① 1992 年，R. A. 泰勒（R. A. Taylor）、詹姆斯·F. 布尔克（James F. Burke）、兰开夏等主编的《中心及其指南针：纪念约翰·莱耶尔教授的中世纪文学研究》（The Centre and its Compass: Studies in Medieval Literature in Honor of Professor John Leyerle）一书，收录了兰开夏的《〈坎特伯雷故事集〉总序中乔叟的重复语句》（Chaucer's Repetends from The General Prologue of the Canterbury Tales）一文。同年，《ALLC/ACH 会议论文选集》收录了兰开夏发表在《人文计算研究》（Research in Humanities Computing）期刊上的《文学文体学中的短语代表：莎士比亚的〈哈姆雷特〉第三场第一幕》（Phrasal Repetends in Literary Stylistics: Shakespeare's Hamlet III. 1）一文。1999 年，兰开夏发表了《探索莎士比亚在〈特洛伊罗斯与克瑞西达〉1.3.1—29 中的个人风格》（Probing Shakespeare's Idiolect in Troilus and Cressida I. 3. 1—29）一文。

② Ian Lancashire, "The State of Computing in Shakespeare", W. R. Elton and John M. Mucciolo, eds., The Shakespearean International Yearbook. Vol. 2, Where Are We Now in Shakespearean Studies? Aldershot: Ashgate, 2002, pp. 89—110.

③ Ian Lancashire, "Cognitive Stylistics and the Literary Imagination", Susan Schreibman, Ray Siemens, John Unsworth, eds., A Companion to Digital Humanities. New York: Blackwell Publishing, 2004, pp. 408—409.

④ Tom Bishop, Alexa Huang, eds., The Shakespearean International Yearbook, 14: Special Section, Digital Shakespeares. Surrey: Ashgate Publishing Limited; Burlington: Ashgate Publishing Company, 2014, p. x.

术研究过程中，兰开夏做出了突出贡献①，尤其是其基于计算而进行的文体风格研究，在打破传统莎学研究范式的同时，开辟了新的研究领域。

近年来，将数字技术与莎士比亚研究相结合的研究成果不断呈现，"莎士比亚与数字技术和新媒体之间的关系是越来越多的研究文章、专著章节、期刊特刊以及最近学术专著的主题"②。这类成果从学术研究转化为数据库，而数据库的不断完善又反过来推动了莎士比亚研究，为世界莎学学者提供了更为丰富的资源和更为便利的资源获取路径。比如，2006年，"莎士比亚研究"（Shakespeare Survey）作为莎士比亚研究与创作年鉴的在线数据库正式上线。③ 这种将出版资源与数字技术相结合的数字人文产品被有关学者视为"在数字人文类知识服务中做出了成功尝试"④。

二、《莎士比亚》与《莎士比亚季刊》对数字人文莎士比亚研究的推动

数字人文莎士比亚研究在英语世界的快速发展离不开国际莎士比亚研究权威期刊《莎士比亚》（*Shakespeare*）与《莎士比亚季刊》（*Shakespeare Quarterly*）的大力推进。

---

① 兰开夏基于数据计算与文体学开展了一系列数字人文文学研究。1993年，兰开夏主编的《基于计算的乔叟研究》（*Computer-Based Chaucer Studies*）一书收录了兰开夏的《乔叟的短语重复与〈曼尼普尔的序幕与故事〉》（Chaucer's Phrasal Repetends and *The Manciple's Prologue and Tale*）一文；同年，乔治·兰道（George Landow）和保罗·德兰（Paul Delany）主编的《数字字》（*The Digital Word*）一书，收录了兰开夏的《计算机辅助批判性分析：以玛格丽特·阿特伍德的〈女仆故事〉为例》（Computer-assisted Critical Analysis：A Case Study of Margaret Atwood's *The Handmaid's Tale*）一文；随后，兰开夏在 *Texte*：*Revue de Critique et de The'orie Litte'raire* 上发表《话语与编辑：作者的计算文本分析与认知研究》（Uttering and Editing：Computational Text Analysis and Cognitive Studies in Authorship）一文；1996年，兰开夏与约翰·布兰德利（John Bradley）、威拉德·麦卡蒂（Willard McCarty）等人合著出版了《对电子文本使用 TACT：文本分析计算工具指南，MS-DOS 和 PC-DOS 版本 2.1》（*Using TACT with Electronic Texts：A Guide to Text-Analysis Computing Tools，Version 2.1 for MS-DOS and PC DOS*）一书。参见 Ian Lancashire, "Cognitive Stylistics and the Literary Imagination", Susan Schreibman, Ray Siemens, John Unsworth, eds. , *A Companion to Digital Humanities*. New York：Blackwell Publishing, 2004, p. 412.

② Brett D. Hirsch, "Shakespeare and the Digital World：Redefining Scholarship and Practice", reviewed by Christie Carson, Peter Kirwan, *Shakespeare Quarterly*, 2015, Vol. 66, No. 4, pp. 523-526.

③ "莎士比亚研究"：https://www. cambridge. org/core/what-we-publish/collections/shakespeare-survey#.

④ 肖超：《大学出版社数字人文实践及启示：以剑桥大学出版社为例》，《出版与印刷》，2018年第2期。

2008 年，《莎士比亚》以"在数字人文视域中重塑莎士比亚"（Reinventing Shakespeare in the Digital Humanities）为主题进行组稿，掀起了英语世界数字人文莎士比亚研究热潮。该期刊第 3 期刊登了 8 篇专题文章，主要围绕莎士比亚文本复杂性与其影响范围之间的关系展开，探讨了数字技术如何日益成为当前重塑莎士比亚的主要力量。① 该特刊从多个方面探讨了数字技术对重塑或阐释莎士比亚的意义，具体探讨了数字人文莎士比亚研究项目的情况，涉及莎士比亚作品在数字世界中有关教育学、文本、表演、莎士比亚作品的获取与分析等方面的思考。

然而，跨学科视域下的数字人文究竟为莎士比亚研究带来了什么，仅仅是方法上的简单叠加吗？对这一问题的回答直接关系到跨学科协同的可能性与现实意义，而这一问题早就引起了西方学者的兴趣与探讨。面对数字与莎士比亚两种文化显现的结合，该特刊主编艾伦·加利（Alan Galey）和雷·西蒙斯（Ray Siemens）问道：在莎士比亚和人文科学这样熟悉的术语之前加上宽泛的关键词"数字"（digital）（如十年前流行的"cyber-"和"hyper-"那样），意味着什么？② 在笔者看来，"数字"这一关键词的意义并非固定不变，而是处于一个动态变化过程中。那么，新增内涵对莎士比亚研究而言又意味着什么？毋庸置疑，无论是何载体，莎士比亚能够成为永恒取决于读者对其进行的不断阐释与重塑，而数字人文则在当代发挥了特殊作用，按加利与西蒙斯的说法，就是"通过构建进行思考"（thinking through making），即"通过构建数字再现和实现来理解一个人的研究，从而模拟我们参与材料的交互点"③。换言之，数字为莎士比亚研究及人文研究带来了两方面意义：其一，研究方法数字化，即通过构建数字模型来进行研究；其二，数字成为元方法，通过数字再现对我们开展的研究进行自我理解。

除《莎士比亚》关注数字人文莎士比亚研究外，莎士比亚研究领域的另一本国际权威期刊《莎士比亚季刊》近年来也开始关注这一新的研究动态。凯瑟琳·罗伊（Katherine Rowe）在《莎士比亚季刊》2010 年第 3 期上，以"莎士比亚与新媒体"（Shakespeare and New Media）为主题进行组稿。该专栏共刊登了 8 篇文章，研究对象涉及网络信息与数字、新媒体与新机构、戏

① Alan Galey and Ray Siemens, "Introduction: Reinventing Shakespeare in the Digital Humanities", *Shakespeare*, 2018, Vol. 4, No. 3, p. 202.

② Alan Galey and Ray Siemens, "Introduction: Reinventing Shakespeare in the Digital Humanities", *Shakespeare*, 2018, Vol. 4, No. 3, p. 203.

③ Alan Galey and Ray Siemens, "Introduction: Reinventing Shakespeare in the Digital Humanities", *Shakespeare*, 2018, Vol. 4, No. 3, p. 204.

剧演出等方面，主要围绕新媒体的发展对莎士比亚的影响展开探讨。罗伊认为，"自17世纪以来，莎士比亚的作品就为新媒体技术提供了启动内容。而在21世纪之交，我们正经历着学习、教学、阅读、表演、编辑、归档和改编莎士比亚的基本工具的快速转变"①。的确，新技术的突飞猛进为文学创作与研究带来挑战的同时，也带来了机遇，这种机遇就体现为传统方法与视野上的变革。

《莎士比亚》与《莎士比亚季刊》两本国际期刊站在世界莎学研究前沿，以开阔的视野与学术前瞻性，围绕数字人文莎士比亚研究进行组稿与探讨。这在一定程度上直观反映了当时英美学界的学术风潮与趋势，也推动了该研究领域的进一步发展。

三、热点问题：计量文体学与作者身份探究

当前英语世界数字人文莎士比亚研究领域中的一个热点问题便是将计算机技术与作者身份探究相结合的计量文体学研究。所谓计量文体学（computational stylistics），作为计算语言学与文体学的一个分支，简言之，就是使用定量方法，特别是算法方法，来研究文学或非文学文本的特征。② 计量文体学的一大特征在于避免对文本采用主观印象式（subjective impressions）的模糊论断，或者可感知特征（perceptible features），而是基于实证数据进行客观科学分析，其主要目的就是"寻找与写作和阅读过程相关的语言模式，从而在更广泛的意义上找到'风格'，而没有计算方法就无法证明"③。由于基于数据的风格研究依靠计算方法进行实证，因此，当前计量文体学在西方被广泛地应用于作家风格探究、鉴定作者归属问题领域。④

---

① Katherine Rowe, Special Issue: "Shakespeare and New Media", *Shakespeare Quarterly*, 2009, Vol. 60, Issue 2, p. 127.

② L. L. Stewart, "Computational Stylistics", *Encyclopedia of Language & Linguistics* (Second Edition), 2006, pp. 769—775.

③ Hugh Craig, "Stylistic Analysis and Authorship", Susan Schreibman, Ray Siemens, John Unsworth, eds., *A Companion to Digital Humanities*, New York: Blackwell Publishing, 2004, p. 273.

④ 这种结合计算机、统计学和文体学进行的作者归属问题研究，被 J. 拉德曼（J. Rudman）称之为"非传统作者归因"（Non-traditional Authorship Attribution）。相较于"传统作者归因"（Traditional Authorship Attribution），即通过外部方法，如出版商的付款记录、当代报纸上的广告、作者所写的其他书籍、配偶和从业者等，来识别匿名文本的作者，"非传统作者归因"基于每个作家都有一个独特而可验的风格的基本假设，通过数据进行实证研究。详见 J. Rudman, "Authorship Attribution: Statistical and Computational Methods", *Encyclopedia of Language & Linguistic* (Second Edition), 2006, pp. 611—617.

　　有关计量文体学与作者身份问题的探讨，澳大利亚纽卡斯尔大学英语教授休·克雷格（Hugh Craig）所开展的系列计量文体学研究值得关注与分析。克雷格与美国马萨诸塞大学教授亚瑟·肯尼（Arthur Kinney）合著的《莎士比亚、计算机和作者之谜》（*Shakespeare，Computers，and the Mystery of Authorship*，2009）一书，就将数字、计算机技术运用到莎士比亚研究之中。该专著基于计量文体学，通过大数据计算、作品文体特征分析，对比分析莎士比亚与其他作家的写作风格，试图解答困扰学界多年的作者身份之谜，不失为数字人文学科领域的研究典范。

　　有关莎士比亚戏剧作者身份归属问题，英美学界早已展开过大量研究，并各成一派，形成了以版权、作者身份、文本流传史为核心的莎士比亚研究范式。这类研究大多围绕手稿、戏剧授权记录、商业活动等展开，按克雷格与肯尼的话来说，就是"外部证据"（external evidence）。而克雷格与肯尼在该书中基于语言、风格等文体展开的计量文体学（computational stylistics）研究则从内部进行证明。在克雷格与肯尼看来，"计算机现在可以让我们建立一个可识别、可区分文艺复兴时期英国剧作家的语言使用，其中莎士比亚是最重要的"[1]。通过计算机数据处理技术，克雷格与肯尼在该书中分析了作家的一贯风格，并展示了语言的独特性如何将其作品与其他剧作家的作品区分开来。克雷格与肯尼认为，"数据的可视化显示在另一方面也很有帮助：它们显示了一些作者个人作品的某些部分是如何偏离主要特征的，通过具体的、特定的和可再发现的数据，对这种变化的性质提出了疑问"[2]。因此，"利用计算机收集批评家要分析的证据，并确定其效用和解释，计量文体学的基本过程给予了文学批评（及其相关问题，如作者身份、发展或影响）一种方法，我们可以通过这种方法大幅度提高我们对莎士比亚的认识，尤其是他的作品，甚至（尽管文化差异甚大）他的不同含义"[3]。比如，兰开夏就利用计算机对比分析莎士比亚与乔叟作品的文体。在克雷格与肯尼看来，这类研究与数据属于先进科学，为 21 世纪初人文学科研究提供了另一项遗产[4]。

　　那么，计量文体学具体如何展开？计量文体学的落脚点在于计算词汇的

---

① Hugh Craig and Arthur Kinney, *Shakespeare，Computers，and the Mystery of Authorship*. Cambridge：Cambridge University Press，2009, p. 5.

② Hugh Craig and Arthur Kinney, *Shakespeare，Computers，and the Mystery of Authorship*. Cambridge：Cambridge University Press，2009, p. 5.

③ Hugh Craig and Arthur Kinney, *Shakespeare，Computers，and the Mystery of Authorship*. Cambridge：Cambridge University Press，2009, p. 7.

④ Hugh Craig and Arthur Kinney, *Shakespeare，Computers，and the Mystery of Authorship*. Cambridge：Cambridge University Press，2009, p. 8.

特征，具体主要体现在常用词频率之上。当前，这一领域大多数现有研究都设计了一种特殊的测试方法，以证明这一方法可以将不同作家的作品区分开来，并对有争议的案例进行检验。而这种研究方法所使用的程序均利用了大量的数据：不仅是计算单个单词或搭配的频率，还包括缩写、缩略语、咒骂语、拼写、韵律特征和词性的计算[1]。克雷格与肯尼认为，主题与文本特征之间存在紧密联系，即便是最中性的虚词也能产生作用，虚词因其句法功能而成为计量文体学研究中最常见的标记。因此，在克雷格与肯尼看来，"从某种意义上说，正是计量文体学使我们研究功能词频率成为可能（它们的绝对丰富性使计算变得不可能，直到机器计算出现才成为可能），并向我们揭示了它们不是惰性的、无关紧要的结构材料，但事实上，它与人们可能想到的从作者风格到国家语言差异的文本差异几乎是一致的"[2]。换言之，计量文体学重新挖掘了功能词频率对于文本风格塑造与主题表达的重要性。反之，通过计量文体学计算、分析文本中的功能词频率可以直观呈现出文本的风格，以此确立作者的风格。

　　尽管作家可能使用同一语言进行表达，但作家在写作之时却对语言表达和词汇有着不同的选择，而这种差异性可通过计算机被快速地识别和呈现出来。以此来分析作家风格与作者身份问题，能够得出更为精准、客观的结论，为世界莎学研究中的重要问题，即作者身份，提供了一个行之有效的方法。然而，除这一领域之外，计量文体学是否还可以运用到其他领域？克雷格与肯尼在此书中也提出了诸多假设：作品出版的时间早晚问题，散文对话是否始终与诗体演说不同，来自不同阶层、接受不同教育、在不同地方长大的剧作家写作方式是否不同，检验基于直觉的归纳法探究哪位剧作家作品在风格上最具多样性、哪位作家显示了角色之间最广泛的差异等问题。[3]

四、解构与建构：数字场域中的莎士比亚与人文研究

　　数字技术以其日新月异不断更新的发展态势，在 21 世纪的政治、经济、文化等方面一路引吭高歌，带来了种种变革。然而，数字技术究竟为文学等

---

[1]　Hugh Craig and Arthur Kinney, *Shakespeare, Computers, and the Mystery of Authorship*. Cambridge: Cambridge University Press, 2009, p. 11.

[2]　Hugh Craig and Arthur Kinney, *Shakespeare, Computers, and the Mystery of Authorship*. Cambridge: Cambridge University Press, 2009, p. 12.

[3]　Hugh Craig and Arthur Kinney, *Shakespeare, Computers, and the Mystery of Authorship*. Cambridge: Cambridge University Press, 2009, p. 14.

人文研究带来了何种意义？这是当下数字时代人文研究领域中一个亟待回答的问题。英语世界在这一方面已开展了一系列研究，值得关注。

奥克兰大学学者汤姆·贝肖普（Tom Bishop）和乔治华盛顿大学学者亚历克莎·黄（Alexa Huang）在其主编出版的《莎士比亚国际年鉴：数字莎士比亚专区》（*The Shakespearean International Yearbook*，14：*Special Section*，*Digital Shakespeares*，2014）一书中，就提出了目前国内外学界均十分关注的问题，即数字时代与人文研究之间的关系。面对越来越多的大数据（big data）和"原生数字"（born-digital）作品的出现，以及对文化文本进行远读和细读的新方法的不断涌现，作者问道，人文学科将会走向何方？而具体到诸如莎士比亚这类传统文学研究，随着数据可视化、动态视听材料与以文本为中心的数字版本争夺突出地位，作者又问，莎士比亚研究和数字人文学科面临的挑战是什么？[①]

为解答以上问题，布雷特·赫尔希（Brett D. Hirsch）和休·克雷格（Hugh Craig）在这本年鉴中以数字莎士比亚为主题，探讨了数字场域中的人文研究。贝肖普与亚历克莎认为，"地方特色、技术和展示方式的快速转变以及数字莎士比亚在全球范围内的普及，既是一种福祉也是一种诅咒，促使数字人文工具和项目的从业者和使用者开展大胆的实验，将数字莎士比亚作为一种教育学和政治干预的形式，重新思考受众和文本之间的中介关系"[②]。日新月异的技术发展为人文研究究竟带来什么样的意义与价值？诸如研究的时效性与经典之间的关系值得审视，正如贝肖普与亚历克莎所承认的那样，"作为编辑，我们敏锐地意识到，理论和技术的进步可能会使这组数字莎士比亚研究在相对较短的时间内过时"[③]。值得注意的是，该年鉴可以说是围绕数字人文莎士比亚研究的大集合，涵盖了数字人文莎士比亚研究的方方面面，包括计算、戏剧设备、在线播放、数字档案、电子文本的注释问题、全球化的莎士比亚、应用程序中的莎士比亚作品研究，等等。

同年，剑桥大学出版社出版了伦敦大学皇家霍洛威学院学者克里斯蒂·

---

① Tom Bishop, Alexa Huang, eds., *The Shakespearean International Yearbook*，14：*Special Section*，*Digital Shakespeares*. Surrey：Ashgate Publishing Limited；Burlington：Ashgate Publishing Company，2014，p. x.

② Tom Bishop, Alexa Huang, eds., *The Shakespearean International Yearbook*，14：*Special Section*，*Digital Shakespeares*. Surrey：Ashgate Publishing Limited；Burlington：Ashgate Publishing Company，2014，p. x.

③ Tom Bishop, Alexa Huang, eds., *The Shakespearean International Yearbook*，14：*Special Section*，*Digital Shakespeares*. Surrey：Ashgate Publishing Limited；Burlington：Ashgate Publishing Company，2014，p. x.

卡森（Christie Carson）和英国诺丁汉大学学者彼特·基尔万（Peter Kirwan）主编的《莎士比亚与数字世界：重新定义学术与实践》（*Shakespeare and the Digital World：Redefining Scholarship and Practice*，2014）一书，被誉为西方学界第一部致力于数字与莎士比亚关系研究的论文集①。该论文集共收录了 17 篇文章，主要围绕 21 世纪莎士比亚研究所面临的机遇与挑战展开，探讨了数字革命为莎士比亚研究带来的影响，并试图厘清数字技术与莎士比亚研究之间的关系，以回答"莎士比亚研究是对技术产生作用还是对技术作出反应，学术与实践是引领技术创新还是跟随技术创新"②这一问题。从研究思路上来看，该书通过重新定义数字学术和实践、莎士比亚在线研究的边界和实践、出版和学术身份、莎士比亚传播与表演等，指出"数字作为一种影响莎士比亚研究的语境，具有相互的重要性；相反，莎士比亚作为一个案例研究，对于理解数字世界的发展本质，具有重要意义"③。

数字人文带给莎士比亚研究的不只是方法上的更新，更重要的是观念、视野与研究范式的转变。莎士比亚的存在本身就是一个不断被解构的对象，如赛义德所言："每一个时代都会重新阐释莎士比亚。"④因为有了解构，才会产生新的建构，从而产生新的莎士比亚研究范式与意义。正如卡森与基尔万所指出的那样，"在编辑这部作品集的过程中，我们对莎士比亚显形的方式产生了兴趣：冲突、合作、重新混合、挪用、教学和不断变换。我们的合作者认为莎士比亚是权威的象征，是解构的目标，是连贯性和分散性的象征"⑤。然而，数字人文莎士比亚研究领域仍存在诸多疑问，比如《莎士比亚与数字世界：重新定义学术与实践》提到的：数字莎士比亚是否标志着一种彻底的转变、一种新现象，或者它们是否是所有过去经历过的事情的自然进展？模拟莎士比亚和数字莎士比亚的分离是必要的、可取的，甚至是可能的吗？有关莎士比亚的所有内容现在都数字化了吗？⑥

毋庸置疑的是，数字场域为文学创作与研究带来了一次变革。数字人文

---

① Brett D. Hirsch, "Shakespeare and the Digital World：Redefining Scholarship and Practice", reviewed by Christie Carson, Peter Kirwan, *Shakespeare Quarterly*，2015，Vol. 66，No. 4，p. 523.

② Brett D. Hirsch, "Shakespeare and the Digital World：Redefining Scholarship and Practice", reviewed by Christie Carson, Peter Kirwan, *Shakespeare Quarterly*，2015，Vol. 66，No. 4，p. 1.

③ Brett D. Hirsch, "Shakespeare and the Digital World：Redefining Scholarship and Practice", reviewed by Christie Carson, Peter Kirwan, *Shakespeare Quarterly*，2015，Vol. 66，No. 4，p. 1.

④ Edward W. Said, "Orientalism Reconsidered", *Cultural Critique*，1985，No. 1，p. 92.

⑤ Brett D. Hirsch, "Shakespeare and the Digital World：Redefining Scholarship and Practice", reviewed by Christie Carson, Peter Kirwan, *Shakespeare Quarterly*，2015，Vol. 66，No. 4，p. 240.

⑥ Brett D. Hirsch, "Shakespeare and the Digital World：Redefining Scholarship and Practice", reviewed by Christie Carson, Peter Kirwan, *Shakespeare Quarterly*，2015，Vol. 66，No. 4，p. 240.

在解构传统莎士比亚研究之后，对莎士比亚进行了重新阐释与建构：

（1）数字场域直接为读者或观众提供了想象的空间与平台。有别于传统意义上的读者——要么被动接受作者创作的文本，要么在接受过程中进行再创造或间接参与创造，数字场域中的读者直接参与莎士比亚戏剧表演、文本再现与演绎，甚至多个读者参与原文本，共同完成戏剧的演出，打破了读者与作者、文本之间的界限，正如卡森与基尔万所言"网络世界确实'迫使观众的想象力超时工作'，而且'有把观众变成参与者的效果'"[1]。

（2）数字场域打破了现实与非现实之间的界限，甚至将两者并置于同一时空。比如，2013 年由皇家莎士比亚公司同谷歌创意实验室合作的第四十次《仲夏夜之梦》演出，该演出的特别之处就在于：一是利用"Google＋"，使在线观众参与虚拟角色扮演；二是将虚拟与现实相结合。再如虚拟歌姬洛天依。洛天依不仅登上各大卫视晚会舞台与当代歌手合唱，甚至还在上海开了一场演唱会。尽管洛天依只是 VOCALOID 中文声库和虚拟形象，但全息投影实现了虚拟形象与真人的同台演出。

（3）数字人文应用于文学研究领域所带来的不仅仅是在研究视野、领域、方法上的更新或变革，更促使传统文学概念、术语、定义发生变化。数字莎士比亚学者也无法袖手旁观，而是积极参与数字人文莎士比亚的建构。艾布拉姆斯曾将文学要素分为"宇宙、作者、读者、文本"，但在数字时代，将传统文学场域置换为数字场域之后，"宇宙"还是从前的"宇宙"吗？作者的主体是否还是人类？已出版诗集的微软"小冰"、拥有多首网络名曲并且多次登台的虚拟歌姬洛天依是否可以作为传统意义上作者研究的研究对象？如果是，弗洛伊德的精神分析如何运用至这些虚拟形象之上？参与在线创作的读者或观众还是传统意义上的读者吗？但可以肯定的是，传统意义上的文本内涵与外延早已发生变化。

五、结语

　　英语世界数字人文莎士比亚研究已经走过 30 多年的历程，日臻成熟。通过对英语世界数字人文莎士比亚研究成果的梳理与研究，笔者发现：第一，英语世界数字人文莎士比亚研究从早期实验性项目转向学术性研究的过程中，离不开伊恩·兰开夏等西方学者的突出贡献，以及国际莎士比亚研究权威期

---

[1]　Brett D. Hirsch，"Shakespeare and the Digital World: Redefining Scholarship and Practice"，reviewed by Christie Carson and Peter Kirwan，*Shakespeare Quarterly*，2015，Vol. 66，No. 4，p. 256.

刊《莎士比亚》和《莎士比亚季刊》的推动；第二，英语世界数字人文莎士比亚研究从一开始仅将数字技术作为一种实验性方法运用到莎士比亚研究和莎士比亚相关实践项目中，逐渐提升到以数字人文视野来重新建构莎士比亚及莎士比亚研究范式，形成数字人文莎士比亚研究以及数字场域中的文学研究范式；第三，当前，英语世界有关此方面的研究所呈现出来的一个热点为应用计算机、计量文体学来探究作者身份问题，并出现了以该专题为研究对象的专著类成果；第四，有关数字与人文研究之间关系的探讨自始至终贯穿其中，数字时代下的人文研究应当何去何从仍然是一个值得我们不断追寻的问题。这一问题不仅涉及人文研究的本质问题，更在一定程度上回答时代发展究竟为传统文学研究带来了怎样的新视野、赋予了怎样的新意义，而人文研究又为时代发展产生了怎样的反作用等现实问题。

剥开包裹在数字人文文学研究上的层层外衣，数字人文为文学研究带来的意义与价值与其说是方法与视野上的更新，毋宁说是掀起了一场对传统学术和话语的冲击与变革风暴。然而，技术的更新换代如此之快，数字人文研究似乎面临着随时过时、却在短时间内又无法穷尽的困境。至于这场风暴被下一场风暴替代之后能够为文学研究留下什么，有待学界进一步探讨。

作者简介：

杨清，四川大学文学与新闻学院专职博士后，主要研究方向为比较诗学。

数据主义时代下"智人"与人文主义的困境
——以《未来简史》为例

高小珺

摘　要：在现代生物技术和科学技能不断发达的今天，"数据至上"所代表的科技理性与人文主义之间的界限日益分明。数据主义以科技宗教置换传统宗教，以"后人文主义"、科学人文主义取代传统的人文主义，如何审视"智人"及人文主义的处境成为科技语境中不可回避的重要议题。在《未来简史》中，赫拉利通过描绘数据主义、科学话语的蓝图为我们提供了一个新的视角以审视生物技术话语下人类自身主体性及人文主义面临的困境、挑战与转机。

关键词：数据主义　《未来简史》　智人　人文主义　困境

一、"后人文主义"：一种数据至上的世界观

据"后人文主义"代表人物内尔·贝德明顿（Neil Badmington）考证，"后人类"一词最早源自 19 世纪末俄国神秘学家布拉瓦茨基（H. P. Blavatsky）的人类演化理论，从福柯（Michel Foucault）、哈桑（Ihab Hassan）以及后人文主义理论家凯瑞·沃尔夫（Cary Wolfe）等人关于人类历史性建构及其宿命的预言到近年来频繁出现在当代人文主义和社会科学批评话语体系中的"后人类"术语[①]，"后人类""后人文主义"被重新赋予了现代进化论视角和内涵。

在《未来简史》（*Homo Deus：A Brief History of Tomorrow*，2015）中，以色列历史学家尤瓦尔·赫拉利（Yuval Noah Harari）将"数据主义"（dataism）界定为当代语境下形成的一种以人类的福祉为由的"后人文主义"，它本着"数据至上"的世界观为人类谋求传统人文主义与宗教所承诺的奖励：快乐、和平、繁荣、永恒的生

---

① 陈世丹：《西方文论关键词：后人文主义》，《外国文学》，2019 年第 3 期。

命。20 世纪末基因工程、生物技术、AI、再生医学等科技力量迅速崛起，人类的生命时间轴被不断延长，计算机算法和基因功能的强大作用让自由人文主义理想中"长生不死、快乐和获得神性"的美好愿景似乎不再是遥不可及的幻想。数据主义的神话正在作为一种新的世界观和宗教取代传统人文主义的地位，指引"智人"朝"后人类"的阶段迈进。在"数据至上""科技理性"为主导的当代社会中，人类从认知革命到农业革命，再走向科学革命，从征服世界、赋予世界意义到智人失去控制权，数据主义以其新的世界观、认识论、方法论解构并重构了整个世界生态体系，因而赫拉利以"智人"（Homo）这一具有去人类中心主义的词汇取代了"人类"一词，旨在说明当前突破人类中心主义思维方式的迫切性和重要性。

正如有学者所言，赫拉利的后人文主义打破了当代理论家布洛克（Alan Bullock）所提出的西方思想看待人与宇宙的超自然、自然、人文主义三种模式，为人文主义唱起了一曲挽歌①。如今人类进入"第四期"②的自我演变历程，"后人类"不仅是一种符号性的描述，更呈现出由智能算法和生物科技导致的人类自身主体性变异，经由"智人"不断趋近于"后人类"或"智神"未来形态的内在叙事和人类中心主义视角、传统人文主义的危机。这也意味着伴随人文主义危机而来的后人文主义以及"后人类"不再是人文主义或人类的延伸，它将颠覆人本主义视角和传统人文主义的表述方式，建构新的认知体系。

二、数据主义对"智人"认知革命及主体性的挑战

在笔者看来，当代生物科技工程以数据和技术将升级"智人"成为许多生化和电子算法的混合体，其中最为直接的体现就是"数据至上"的世界观和实践对人类认知革命及主体性的改写与挑战，具体来看主要有：

第一，对人类认知革命的颠覆。德国美学家沃尔夫冈·伊瑟尔在《虚构与想象：文学人类学疆界》里从文学的视角揭示出了虚构与现实所反映的人类生命状态，并将虚构与想象视作"存在于人的证据性经验与活动"③的两种普遍的本性。"人类认为自己创造了历史，但历史其实是围绕着各种虚构故事展开的……各种虚构故事的力量在增强，它们推动了历史，让我们从石器时

---

① 蒋怡：《西方学界的"后人文主义"理论探析》，《外国文学》，2014 年第 6 期。
② 徐新建：《人类世：地球史中的人类学》，《青海社会科学》，2018 年第 6 期。
③ 沃尔冈夫·伊瑟尔：《虚构与想象：文学人类学疆界》，陈定家等译，吉林人民出版社，2003 年，第 4 页。

代走到了硅时代。"① 人类通过虚构故事的能力，创造出了基于想象之上的真实，并借助文字所象征的抽象符号不断创造、体验和确认"虚构的实体"，进而重塑现实。在赫拉利看来，第一次认知革命完成了对人类心智的改造，"智人"得以成为地球统治者，而第二次认知革命之后，身体机能和心理能力都更优于人类的"智神"将成为整个星系的主人。② 经历了科技革命之后，对于数据神话的崇尚打破了人类原有的社会规则和历史认知模式，尤其是数据主义将人类历史视作"数据处理过程"，从根本上否定了人类以往的认知革命，仿佛从认知革命的开端就推翻了以人类中心主义立场展开的宏大的历史叙述和人类关于神话及其完整性的最初预设，虚构的数据真实与现实经验世界的边界变得更为模糊。

　　第二，生物科技介入人体，从而导致人类身体和体质的异化。"如果说千百年来的技术进步史可以被视作是人类自我导演的体外进化史，那么当技术开始介入身体、机器侵入肉身时，由人类主导的自身体内演变史也随即拉开了帷幕。一旦人与机器、肉身与符码、遗传信息与计算机信息之间的界限得以僭越，那就意味着人类世代以来超越物理空间与肉身世界的梦想可以成为现实。"③ 自近代以来，西方生物医学体系就凭借其专业化、技能化的飞速发展逐步与人文主义脱节，过度倚重生物技术引发着人类身体变异的危机。例如美国卡内基梅隆大学研究员瓦德瓦教授在谈到个性化医疗时代时，就构想了未来依靠人工智能数据分析自行诊断和治疗疑难杂症的可能性④，当未来大量数据信息被存储进人脑时，更多高精尖的设备会与人体器官融合并创造出"电气化的人体"⑤，通过血管中植入的机器人自动探测并及时治疗疾病。新型医疗技术介入人类身体器官能够有效治愈疾病，延长生命，尽可能地扭转生—老—病—死的生命循环。基因遗传学更具有从人类胚胎的 DNA 源头改写甚至重写基因代码的超能力，按照数据模型编织出新的基因图谱尽可能实现智能算法和生物科技对人类身体和体质的彻底掌控，人类主体性在不断地被改写、被植入中发生变异，以至最终"后人类"阶段的"人"已经朝向异化为人类身体器官和机械部件具有共通性的人机结合体赛博格（cyborg）的电子生命形态，主体性和自身特质的不断缺失，使得"人类"不再是人类。

①　尤瓦尔·赫拉利：《未来简史》，林俊宏译，中信出版社，2017 年，第 137 页。
②　尤瓦尔·赫拉利：《未来简史》，林俊宏译，中信出版社，2017 年，第 318 页。
③　蒋怡：《西方学界的"后人文主义"理论探析》，《外国文学》，2014 年第 6 期。
④　维韦克·瓦德瓦、亚历克斯·萨尔克佛：《未来之路：科技、商业和人类的选择》，王晋译，中信出版社，2018 年，第 59 页。
⑤　维韦克·瓦德瓦、亚历克斯·萨尔克佛：《未来之路：科技、商业和人类的选择》，王晋译，中信出版社，2018 年，第 137 页。

第三，从"人类意识"到"数据意识"乃至"无意识"的置换。数据主义以无意识的智能发展机械地去处理包括意识、情感在内的一切主观体验，造成了"智能"与"意识"的脱节，也否定了人类的智力和创造性活动，并将人类关于自身、他人、社会、世界的传统网状认知关系简化为数据算法。人类的意识、想象能力都被视作数据流进行解读和处理，一切行为、自由意志沦为普遍性的生理生化机制，意识、精神、灵魂、心性这种人类独特的生命被抽象为符码、"该淘汰的算法"或是高度简化为无意识的生命信息流，数据算法以强大的自我学习功能呈指数级飞跃式的发展，爆发出超越人类预测和掌握范围的未知潜力，不断触及科技之外的一切领域。在数据时代的控制和解读下，"我思故我在"变成了"我连接，故我在"的数据认识关系，因而伴随着"智人"从科技的受益，更需要警惕科技对人类精神生命的吞噬和不可预知以至失控的风险。

第四，对人类生存方式和生命体验的挑战。数据算法试图用机械信息革新人类的生存方式，将人类生命交付于科技宗教和数据话语的控制，然后将其统一视作"信息"进行加工处理，使其在虚拟的宇宙数据流里失去自身特质。"一旦万物互联网开始运作，人类就有可能从设计者降级成芯片，再降成数据，最后在数据的洪流中溶解分散，如同滚滚洪流中的一块泥土。"① 按照数据主义的观念来看，未来人类的生命将直接由数据定义，在宇宙数据处理系统和互联网的指引下自发地转向多维模式的未知发展领域，并凭借自身强大的数据处理能力和学习能力不断编码。只要数据不停止运行，人类的生命将不会终止。正如有学者所言，赫拉利"逆转了未来学捧杀未来科技时代的浮夸之风，从人工智能的投资者、开发者到使用者，都因此清醒地意识到，从智人进化成智神的过程，或将意味着一场可怕的全球性灾难"②。虽然赫拉利对于未来数据主义时代对人类社会政治、经济、军事、文化等领域的描绘带有某种夸大的色彩，但无疑打破了人类对于未来科技的乌托邦式的憧憬。"后人类""智神"概念的出现，不仅是称谓的革新，更象征人类生存方式的困境和危机。当下流行的"赛博格""科幻小说""科幻电影"大受追捧也是当前人们思考科技与人类生存现状的重要表现之一，如今生物科技、科学与人类多个生活领域交融发展的特征日益明显，潜移默化地改变着我们自身的生存和生命体验。

第五，对人类传统生死观的改写。一直以来，生死是无法违背的自然规

---

① 尤瓦尔·赫拉利：《未来简史》，林俊宏译，中信出版社，2017年，第357页。

② 陈亦水：《一部教科书触发的21世纪全球性人类焦虑——评〈人类简史〉与〈未来简史〉》，《中国图书评论》，2017年第11期。

律和人文主义的重要命题，由于无法逃脱死亡的宿命，人们才会在有限度的生命时间中"向死而生"，努力探寻生命的内在价值。例如中国传统观念中"三不朽""杀身成仁""舍生取义"的生死信仰深刻地影响着整个文化传统的价值取向。对于死亡，儒家尊崇"贵生、乐生、轻死"，孔子也曾提出，"死生有命"（《论语·颜渊》），主张正视死亡的自然规律，本着豁达、安定的态度看待生命过程中的最后一环，即使对待已经走到生命尽头的逝者，也会通过特定的仪式进行祭奠，以"慎终，追远，民德归厚矣"（《论语·学而》）的人文关怀淡化对于死亡之不可规避的恐惧与迷茫。进入 21 世纪以后，数据主义以科技的权威力量承诺给人类新的生命体征为由，向衰老、死亡发起挑战，衰老、死亡如今已经被列入西方医学界对抗的终极目标，"永不言弃"的技术追求成为社会信奉的重要准则，对于数据、科学的迷信被置于相当的高度。

三、数据主义语境下人文主义的危机与转机

如果进一步追问下去，我们不难看到数据主义试图置换人文主义的内在逻辑。从表面上看，数据主义并不抵制人类意识的产生，但其悖谬之处在于"数据流"成为解读人们的生活、意识、认知关系网的一种方式。这种新的世界观认为："智人并非造物主的巅峰之作，也不是未来智神的前身。人类只是创造万物互联的工具，而万物互联可能从地球这个行星向外扩张，扩展到整个星系，甚至整个宇宙。这个宇宙数据处理系统如同上帝，无所不在、操控一切，而人类注定会并入系统之中。"[1]

可见数据主义在否认人类生命体验神圣性和意识独特性的同时，又本着"为人类提供更优质生活"的宗旨，重新建构"数据至上"的宗教信仰，让人们转而信奉数据主义，人类表面上"用数据改变了生活"，事实上反而"被数据控制了生活"。虽然《未来简史》中将"智人"生命形态视作数据流，并将数据处理的终止等同于人类生命的消亡，这种朝向机器生命进化的构想存在某种夸张的色彩，但作者实则以此警示人们如果将权力从人类手中交给算法，与人类密切相关的人文主义议题也会濒于淘汰，因而在当下重新将人文主义放置在数据时代语境中加以审视和考量具有至关重要的意义。显然，进入数据主义时代之后，传统人文主义对于人的尊严、价值、权利尤其是理性的强调，以及从人类自身经验为出发点审视自己、上帝与自然的关系，随着人类认知模式和自我主体性身份、地位的被置换而极大地丧失了有效性和适应性，

---

① 尤瓦尔·赫拉利：《未来简史》，林俊宏译，中信出版社，2017 年，第 345 页。

无法有效地回应数据主义时代人类面临的新议题。

对此，一些学者提出"科学人文主义"来弥合科技与人的终极价值之间的鸿沟，例如实用主义的集大成者、美国哲学家约翰·杜威（John Dewey）将科学世界视作一种人文世界，提倡科学的人文化，将科学的理论、方法纳入人类文化的哲学思辨中。正如马克思所言，"自然科学往后将包括关于人的科学，正像关于人的科学包括自然科学一样：这将是一门科学"①，而科学本身也是一种人文主义，两者是相辅相成的。胡塞尔在《欧洲科学危机和超验现象学》中也提出："科学观念被实证地简化为纯粹事实的科学。科学的'危机'表现为科学丧失生活意义。"②

事实上，"传统的科学哲学局限于从知识论和工具论的狭隘视野来理解科学，从而从根本上切断了科学的生活之根和文化之根"③。在笔者看来，客观性的认识还不足以完全解释智人乃至"后人类"自身，毕竟升级后的"新人类"主体依然留有智人的特质，因而许多抽象的概念并不是工具理性或是科学话语能够有效阐释的，比如"意识"的问题。法国哲学家柏格森曾将"意识"精辟地描述为"意识在人身上首先是一种智慧。意识可能是，应当是一种直觉"④，整个生命因为有意识的存在，才能够表现为"上升的波浪"，这股波浪"如同所有的意识，它包含相互渗透的无数潜在的可能性"，并且"只有生命之流携带的物质在它进入的缝隙中把它分为不同的个体性"⑤。每个个体生命中独特的意识可以同时包含着过去、现在、将来意识的所有形式和可能性，并且夹杂着生命力、创造力，以此丰富意识的内涵，赋予人独特的主观创造性，即使"数据意识"是"人类意识"的升级，但后者的复杂性、独特性是数据意识无法取代的。"人的本质不是数据与算法，而是自由意志。"⑥ 数据理性对于人类精神、灵魂、意识层面的生命形态无法给出确切的答案，抽象的生死概念不仅是人类生命历程中的客观事件，更根源于特定的历史文化土壤，并带有某些超验、感性的个人直观体悟和经验文化色彩。不仅如此，通过基因工程升级人类心智的科学人文主义抑或是以"信息、数据"置换人类主位意识，扼杀人类直接经验的数据主义，也不过是"将旧叙事中对人的

① 《马克思恩格斯文集》（第1卷），人民出版社，1995年，第194页。

② 埃德蒙德·胡塞尔：《欧洲科学危机和超验现象学》，张庆熊译，上海译文出版社，1988年，第71页。

③ 孟建伟、刘红萍：《科学人文主义：杜威哲学思想的另一个原点》，《山东社会科学》，2012年第12期。

④ 亨利·柏格森：《创造进化论》，姜志辉译，商务印书馆，2004年，第221页。

⑤ 亨利·柏格森：《创造进化论》，姜志辉译，商务印书馆，2004年，第223页。

⑥ 高兆明：《"数据主义"的人文批判》，《江苏社会科学》，2018年第4期。

崇拜置换为新故事里对算法的崇拜"①，归根到底还是以不同形象的"人"作为故事叙述的中心。"数据主义"虽然不同于以往的技术，但其本质仍无法摆脱技术本身的局限性，所以无论是科学人文主义还是数据主义，都存在无法脱离人类或数据中心主义的局限和危机。

然而，后人文主义由于重点考察人类主体性的机器性、动物性或与其他非人类实体的属性，恰恰触及了人文主义内在的不稳定性。卡里·沃尔夫（Cary Wolf）在其著作《什么是后人文主义？》（*What is Posthumanism？*，2010）中谈道，后人文主义可以被视作一种思维形式，并且能够直接参与人类中心主义和物种主义问题。② 如今数据主义通过生物科技、人工技能的强势话语证实未来人类的发明之物可能超越人类掌控的领域，在动摇人类根深蒂固的中心主义观念之余，也打破了人与自然、其他物种征服与被征服的二元对立关系，为人类重新思考人与其他物种、智能科技的可能性关系开辟了相当的空间，也凸显出了人类自我的不可替代性和"他者"的独特性存在。面对数据主义时代对传统人文主义发起的挑战，王宁教授就表示"数字人文"概念的提出完全可以"在科学与人文之间架起一座桥梁"，实现两者之间"新的互动、互补和共融"，③ 未来完全有可能建构有助于人类自身及其他生命形态的社会，达到后人类时代的平衡，比如"后人文主义"和谐共存的自然观的提出正是如此。

"智神"降临的人工智能时代只不过还原了人类在自然界最初的位置，而生存在同一个时空语境下更需要以一种更为多元、开放与包容的姿态重新审视人类乃至其他一切物种的相互关系，这或许是人文主义在数据主义时代的转机，也是人类处境的转机。如今无论主动或被动地接纳数据主义浪潮，人工智能和生物科技对人类政治、经济、文化、生活的全面渗透已是不争的事实。有关科学人文主义的构想为当下运用科技话语表述人文主义命题无疑提供了一种新的思维方式，不过其中更重要的是进一步思考科学人文主义如何真正承载科学实践的文化生产和实现哲学层面现实关怀的双重使命，毕竟即使是 21 世纪的今天，人文主义及相关的话题也并未真正终结，其与后人文主义、科学人文主义仍具有紧密的关联，毕竟人类的生命历程不只是科学话语的表述，工具理性和人的终极价值之间的差距并非科技能凭一己之力弥合，

① 赵超：《以梦为马之后——〈未来简史〉评介》，《科学与社会》，2017 年第 3 期。

② Cary Wolf，*What is Posthumanism？* Minneapolis：University of Minnesota Press，2010，Introduction，p. xix.

③ 王宁：《科学与人文的冲突与共融——兼论后人文主义语境下的数字人文》，《武汉大学学报（人文社科版）》，2017 年第 4 期。

其中更蕴含着人文精神的价值和本质。数据、科技话语所代表的工具理性难以真正有效地解读和感知人类抽象的意识情感范畴，科学对于人类个体生命乃至整个族群生命的认知需要人文层面的感性表述，才能由技术之思上升至哲理之思，实现对人类乃至"后人类"全面的关怀。

作者简介：

高小珺，四川大学文学与新闻学院比较文学与世界文学专业博士研究生。

数字时代的超文本文学研究
——以《十二蓝》为例

陈思宇

　　摘　要：超文本文学是数字时代产生的一种新兴的文学创作形式，具有非线性、多路径、开放性等特点。本文以"超文本小说之父"乔伊斯的代表作《十二蓝》为文本个案，从叙事结构、叙事情节、叙事主体和叙事手段四个方面解构超文本文学的叙事格局与时空关系。通过反思总结，本文建议应用大数据时代的新技术，发展情节更加稳定、交互体验更强的数字时代超文本文学。

　　关键词：数字时代　超文本文学　《十二蓝》　叙事

　　自 20 世纪 90 年代起，随着万维网的建立、网络技术的普及以及超文本技术的成熟，超文本文学在此语境下作为一种新的文学形式应运而生。与传统文学相比，其最突出的特点是通过超文本链接互联，集文字、图像、声音、动画于一体，最大限度地打破传统平面印刷对叙事结构的束缚，展开非线性、无中心的叙事，从而带来全新的交互式阅读体验。超文本文学作品以其互文性、非线性、去中心化、碎片化和随机性等系列特征[①]，引领了一场叙述文学的新变革。

　　在超文本文学近三十年的演进时间里，国内外涌现了许多作家及其优秀作品。例如，*The Cape*（J. R. Carpenter，2005）、*Circa 1967—1968*（Edward Falco，2003）、*Faith*（Robert Kendall，2002）、*Reach*（Michael Joyce，2000）、*Under Language*（Stuart Moulthrop，2008）、《围城》（李顺兴）、《春夜喜雨》（苏绍连）、《在子虚山前哭泣》（须文蔚）等。同时也出现了大量有关超文本文学的研究，如 *Hypertext and Hypermedia*（Jakob Nielson，1990）、*Of Two Minds：Hypertext*

---

① 聂庆璞：《网络叙事学》，中国文联出版社，2004 年，第 98—117 页。

Pedagogy and Poetics（Michael Joyce，1996）、*Hypertext：Theory into Practice*（Ray McAleese，1999）、*Hypertext 3.0：Critical Theory and New Media in an Era of Globalization*（George P. Landow，2006）、《超文本诗学》（黄鸣奋，2002）、《网络文学本体论》（欧阳友权，2004）、《超文本写作论》（何坦野，2006）、《超文本的蒙太奇读法与资料库形式》（李顺兴，2004）。这些专著和论文对于研究超文本小说产生的历史背景、理论与实践、超文本艺术形式和美学的探讨具有重要参考价值，但仍然缺乏翔实、有深度的文本分析。因此，本文以美国重要超文本小说家的具体作品为研究对象，深入、细致解构其叙事形式和美学特点，有助于理清数字时代的超文本文学发展方向，对于进一步应用超文本文学理论，开拓探索数字时代文学创作创新之路具有重要意义。

本文选取"超文本小说之父"乔伊斯的代表作《十二蓝》作为文本个案，应用叙述学分析方法，探讨该作品是如何应用"辞片"和"超链接"，将传统文学的线性叙述结构转化为非线性网状结构，进而构建多线性的叙事，达到交互式阅读体验。同时，通过对该作品的分析，进一步反思当前超文本文学技巧使用的利弊。

叙事结构：辞片、超链接架构的迷宫

根据乔伊斯对该小说的描述，《十二蓝》"讲述了一个关于记忆、欲望、真相和结果的复杂而又神秘的故事"。作者用了一段话进一步对小说进行解释：

> 一次溺水事件、一次谋杀、一段友谊、三个或四个爱情故事、一个男孩和一个女孩、两个女孩和她们的母亲、两个母亲和她们的爱人、一个女孩和她的父亲、一个父亲和他的爱人、七个女人、三个男人、十二个月、十二条线、八个小时、八条波浪、一条河、一个被子、一首歌、十二个相互交织的故事、一千个回忆，《十二蓝》探索了我们生活的方式——就像一个网，或者一年、一天、一个记忆，或者一条河——形成相互交织的、多线的、循环的表面的模式。①

如此庞大的故事结构，传统的按照时间序列展开的线性叙事结构已不能胜任，《十二蓝》所采用的是非线性的叙事结构，即多线索并存的、彼此交错

① Michael Joyce, *Twelve Blue*. Author Description, 2019-07-08, http://collection.eliterature.org/1/works/joyce＿＿twelve＿blue. html.

的、不固定顺序的、关系复杂的网状式叙事结构。此种结构的呈现是通过计算机屏幕上的一个个窗口实现。在技术层面上，超文本结构包含三要素：节点（node）、链接（link）、网络（network）。超文本由节点构成，每个节点都是一个独立的文本单元。超文本小说并不能一次性呈现出完整的文本，而是要多次从不同的窗口呈现，这些小文本块被称为辞片。《十二蓝》中共包含 96 个辞片。

　　实现超文本小说的非线性叙事结构的另一个关键是超链接，链接是由一个文本指向另一个文本，或者从其他文本返回该文本，"它本质上是两个或更多文本单位之间的联系，允许读者从这一文本单位跨越到另一文本单位"①。在《十二蓝》中，一共有 269 个超链接，链接的表现形式是多样的，可以是一个词、一句话或一幅图，可以在文本的开头、段落中间的某句话、文本的结尾处等不同的位置，甚至在文本结尾处以省略号的形式给出，用下划线来标记，点击锚点就能激活相应的链接。例如，在《十二蓝》的其中一个文本块中（Lexia：*Naiad*）②，共有五个段落，讲述的是"我"在马里布游泳时，一个男人跟我讲述发生在他的邻居科学家身上的故事。第三段讲述科学家看到他太太在远处潜水。第五段讲述有人看到他太太溺水，然后科学家和警方潜水员一起去寻找并发现他太太。第四段"They would often dive for supper, it was paradise." 整句话作为一个链接点，读者点击后，便进入下一个文本。再如，在小说中的另外一个文本块中（Lexia：*Riven wishes*），共有四个段落，讲述的是每一条河流都朝着两个方向流动，生命亦如是，"生命就是一条双向流动的河流，它不会被水编织的线缠住"。第三段由一个句子和三个单词组成，即 "The violet stain is like no color in nature." "Alkali" "Kali" "Queen"。它们分别是四个链接点，读者根据自己的选择，点击不同的链接点，将会引出不同的文本，从而出现不同的叙事走向。

　　辞片和超链接架构的文本迷宫，以空间化、视觉化的方式，向读者呈现出多种视角，向我们展示了"当下多元化的互联网时代，这样一个不稳定的、充满碎片的和偶然的世界"③。这样一种纵横交错、非固定化的、多线性的叙事结构，给读者以新奇的感觉、动态的变化、无限的想象力和可能性。

---

① 黄鸣奋：《超文本诗学》，厦门大学出版社，2002 年，第 118 页。
② 本文中所有出自《十二蓝》小说的引文，均使用其电子页面上的辞片标题。
③ 包兆会：《"超文本文学"：一种新的文学形式的研究》，《文艺理论研究》，2007 年第 5 期。

叙事情节：无头无尾的互文游戏

在叙事情节方面，传统的线性叙事作品中一定要有开头、发展、高潮、结尾这样完整的基本情节。[①] 然而，超文本小说不再是一种自然闭合的状态，不再是由固定的开头、高潮和结尾所组成的完整体。超文本小说具有开放性和动态性。一部超文本小说在开头往往有多个选择，将多个叙事片段并置在首页上，小说如何开始取决于读者在多个片段中做出的选择，结尾也并非完整固定的，网状的叙事结构为读者提供了个性化阅读的前提，也预示着读者对故事结局的选择权。

《十二蓝》的首页上有 8 个长方形入口，分别用数字 1 到 8 标识出来。读者可以点击任意数字，进入相应的区域，看到不同的文本，由此产生不同的开头。可见，该小说并没有设置一个固定的故事开头。而数字 1 到 8 之间没有时间上的先后顺序。笔者按照数字的顺序打开链接，把这 8 个数字链接的文本块通读一遍之后，发现人物、事件和行为并未很好地连贯起来。例如，点击 1 进入的第一个文本块（Lexia：*How she knew*），讲述的是在 8 月的一个下午，一位 15 岁的女孩手里拿着蓝莓棉花糖与一位巡回演艺团的男孩调情；点击 2 进入的第一个文本块（Lexia：*Riven wishes*），讲述的是每一条河流都朝着两个方向流动，生命亦如是，"生命就是一条双向流动的河流，它不会被水编织的线缠住"；点击 3 进入的第一个文本块（Lexia：*Sink*），以第三人称"她"的人物视角，讲述她所知道的对英美人的刻板印象以及她的一些个人感受。由此可见，这 8 个数字链接之间并没有连贯的时序的故事情节，但情节之间的空白却能最大限度地刺激读者，激发读者想要一直点击接着往下读，找出情节之间的联系，同时也充分调动了读者的主观联想和想象，以将这些情节串联在一起，使得情节生动而完整。

再将点击 1 进入的文本块及其全部链接的文本块通读一遍之后，笔者发现文本块之间的情节并非十分连贯和紧密。这些文本块采用了大量的第二人称或第三人称叙述视角，甚至有一个文本块中并没有人名出现，超链接前后的文本块之间的联系并没有清楚交代，导致不易理解"她"是指谁，"你"是指谁。不仅这样的叙述风格贯穿了整个作品，小说中人物的名字还时常令人感到困惑。很多人物有不止一个名字，抑或他们的名字有几个不同的意思，抑或几个人物用同一个名字。比如，有两个角色叫作 Javier，一个是医生，另

---

① 赵毅衡：《当说者被说的时候》，四川文艺出版社，2013 年，第 193—194 页。

一个是水手；医生 Javier 的新女朋友 Lisle，昵称是 Lee，这也是 Javier 的女同性恋前妻 Aurelie 的昵称；Beth 的名字实际上是 Tevet，意思是四月，但这个名字也可读作 Tebet 或 Tebeth。人物角色之间还经常记错彼此的名字，如 Lisle 的女儿 Samantha，常常把 Aurelie 与 Lorelei 混淆。小说这样刻意地重复使用名字，会引发读者不由自主地在相同名字的不同人物之间产生联想，在人物、名字以及事件之间产生关联。此外，有别于传统叙事作品常采用固定不变的叙述人称且主要以第三人称叙述为主，该小说采用了视角变换的叙述方式，弥补了单一叙述人称的缺陷：时而以全知全能的叙述视角让读者感到阅读轻松；时而以第二人称叙述拉近读者距离，使读者有一种身临其境的真实感；时而切换视角、刻意制造距离，给读者极大的想象空间。不同的叙述视角带给读者不同的感受，增强了作品的生动性，提升了作品的表现力。

由此可见，超文本文学是极度开放的和动态的，没有固定的开头和结尾，抑或没有固定的叙述情节，甚至在阅读过程中很难发现情节的起承转合，叙述风格上并不追求情节的完整和统一。

尽管《十二蓝》是一部无开头、无结尾的小说，但是作者似乎在玩微妙的文本游戏。每一页都至少重复一遍"blue"这个词，如"女孩儿穿着一双新的蓝色皮革鞋，在她看脚的时候，头脑中不停地回旋着无意义的音乐""茶碟的边缘和杯子的侧面有一种蓝色的花的图案""她仿佛失去了自己的孩子，一个蓝色的胎儿在黑暗的漩涡中无声地尖叫着，双臂挥舞着，像是在向她示爱"。另外，文本块中还多次出现与作者在首页所选用的 12 条以蓝色为主的线条相契合的情节叙述。如"她望着外面的小河，数着那些代表命运的线，那是十二条蓝色的丝线……""Lisle 在缝制一条 12 英尺乘 8 英尺的被子"，这与首页上 12 条蓝色线条和 8 个数字区域相呼应。"each of the twelve blue oceans"既扣题，同时也表明了这个故事充满了水的意象。一个科学家的妻子在一次潜水时被海藻缠住而溺水身亡，叙述者若有所思道："生命就是一条双向流动的河流，它不会被水编织的线缠住。"由此可见，小说中水象征着人物生命的短暂，而人物的关系总是在变化，他们的家庭迅速组成，然后瓦解，他们的角色也在不断变化，这隐喻着人的生活的流动性，人要不断适应变化。在情节并不连贯的文字中，作者通过互文不断地呼应主题，不断地构建起意义上的链接。这种开放性的、去中心的叙述情节，使得每个读者构建起各自的"意义链条"，形成各自的人物形象和故事情节。

小说《十二蓝》情节松散、随机，人物、主题等碎片化，体现了去中心化的叙事结构，而文本的动态性结构使得它的完成需借助于读者的主观联想和积极参与，需要读者不断地预设、推测，从而使文本真正的意义生成。因此，可以看出，在超文本文学中，重要的不再是故事和情节，而是叙述形式，"即文学的叙事形式由过去的重故事、小说到如今的重形象"①；在超文本文学的阅读中，重要的不再是阅读的结果或内容，而是阅读本身，或者说是读者参与的过程。

叙事主体：集作者与读者于一体的互动体验

在传统叙事作品，作者塑造了叙事，决定了叙事作品的素材、人物、情节、发展过程和结局，包括具体的遣词造句、语言风格等。因此，作者是叙事的主动者，是一切的创造者和决定者，居于绝对的主体地位和权威地位。

然而，超文本文学消弭了传统叙事中的传统主体的唯一性和权威性，它同时也强调读者的主体性作用，强调作者、读者、文本之间的交互。罗伯森格甚至将读者（reader）和作者（writer）两个词斩头去尾，合在一起造出一个新词"wreader"，以说明读者是集阅读与写作于一身的作者。巴特于1968年宣布"作者之死"，宣告主体在文学领域的退场。之后，巴特提出"读者再生"在超文本文学中得以真正实现。② 因此，考斯基马认为"读者与作者是共同的叙述者（co-narrator）"③。在超文本小说这种新的叙事空间中，读者在文学意义构成中发挥积极作用，故事叙述者和作者地位下降，而兼有作者功能的新型读者的重要性随之凸显。④ 读者因被赋予了更多选择权和参与作品意义生成的机会而拥有了作者权力范围内的主体身份，对文本产生影响。作者完成的只是叙事文本的潜在形式，它的真正实现依赖于读者的点击和阅读。因此，读者与作者形成了一种新型的关系，二者相互联合、彼此互动，共同构成了具有充分交互性的叙事主体。这种接受者又是叙述者的独特景观，使数字超文本文学中出现了一种新的叙事主体。

首先，在阅读《十二蓝》的过程中，读者可通过对269个超链接进行自由选择，决定小说的叙事结构和情节走向。不同的路径选择会带来不同的阅读体验，也是不同的作品的生成过程，这完全取决于读者的选择，因此可以说，不同的读者会创造出不同的小说。

另外，在《十二蓝》中，去中心化的叙述结构、多向的叙事情节、碎片化的人物和主题等，使得文本的意义生成除了需要读者对不同超链接做出选

---

① 包兆会：《"超文本文学"：一种新的文学形式的研究》，《文艺理论研究》，2007年第5期。
② 李玉平：《超文本文学：向传统文学叫板》，《文艺评论》，2002年第3期。
③ 单小曦：《莱恩·考斯基马的数字文学研究》，《文艺理论研究》，2011年第5期。
④ 包兆会：《"超文本文学"：一种新的文学形式的研究》，《文艺理论研究》，2007年第5期。

择，还需借助于读者的积极参与，需要读者不断地预设和推测。小说通过链接而关联起来的一个个独立的文本块之间的事件、人物、行为、场景等，需要靠读者的理解和联想去填补情节空白。例如，当读者读到 Eleanores 在为谋杀 Stanko 做准备时，由于链接所引到的下一个文本块并没有接着讲述这个情节的后续发展，因此自然而然会去推测她谋杀的原因、经过以及结果等。这些都是读者积极参与文本互动的方面。

小说的情节并不是跟随着固定的人物展开，而是贯穿于这些人物之中。读者选择的叙事线索可能会围绕一个人物展开，然后当读者点击一个链接时，则会转向另一个人物。这就把读者带向一种无法预见的方向，这些链接不断带给读者惊喜，从而使读者去猜测和想象叙事将如何展开。

另外，不断变化的叙述视角带给读者时远时进、似真似假的不同感受和阅读体验。人名的重复使用和不清晰的人称指代，激发读者的主动参与，调动主观联想，通过想象去填补情节空白和理清情节思路，从而生成自己的文本意义。

传统的文本观强调本体意义上的原作，然而，超文本文学所强调的真正意义在于将文本视为一个过程，而非一个产品。一切文本跟随读者的活动而转移。每位读者在超文本作品的多种路径中加以选择，于是他们所读到的是不同的文本①。正如道格拉斯认为超文本小说的结局发生在读者认为一个谜团被解开之时。乔伊斯也认为："一旦读者倦了，则结局自然而成。"② 由此可见，超文本叙事的特点在于允许读者透过多重选择建构自己的文本与意义。

叙事手段：文、图、声、影的精彩演绎

超文本小说除了具有上述非线性、去中心化、碎片化、随机性的叙事特征之外，还有超媒体（hypermedia）的叙事特征。超媒体将"超文本的文本概念进一步扩展到视觉、声音、动画等多种数据形式"③。其实，图文并茂的文学作品早在中国传统小说中便很常见，主要体现为大量插图的运用，如《三国志》《红楼梦》等。这种图像与文字的相互补充、相互生发，提供了理解、叙事和视觉等功能，丰富了文本的表现力和内涵。然而，在此基础上更

---

① 黄鸣奋：《超文本探秘》，《文艺理论研究》，2000 年第 6 期。

② Anthony Enns, "Don't Believe the Hype: Rereading Michael Joyce's *Afternoon* and *Twelve Blue*", *Currents in Electronic Literacy*, 2001, Vol. 5.

③ George P. Landow, *Hypertext: The Convergence of Contemporary Critical Theory and Technology*. Baltimore: The Johns Hopkins University Press, 1992, p. 4.

进一步的，则是随着数字时代电子媒介的出现，超媒体将图像、声音加入文本之中，从而扩充了超文本理念。① 这使得视听素材可被运用于文学领域，文学开始了声像化的转向，这一点是纸质文学所无法实现的。

超媒体型的超文本小说，通过图像、音频、影像、文字等之间的链接，以计算机窗口的形式呈现，可以运用视觉、听觉等表现手段来多方位地表达文本。在《十二蓝》中，图片以超链接方式与其他文本节点相连，常常用来衔接两段文本，而图片在这部小说中也发挥着不同的作用。

在小说的首页，一张蓝色的背景图上，12 条线或相交，或水平，或重叠，组成了复杂的图表。从颜色上看，这 12 条线大多以蓝色为主，部分略带黄色、紫色和红色。整体呈现出蓝色的主基调，既紧扣小说题目，又给人以神秘感，引起读者无比的好奇和兴趣，同时也旨在通过色彩和图形表达小说中人物被遗弃的孤独和忧郁，对爱的渴求和失去爱的绝望。从形状上看，似大海波浪的 12 根线条象征着水的意象，与小说中反复出现的游泳、潜水、溺水事件等情节息息相关，是小说的隐喻所在，以一种流动的意象将看似散乱的文本故事串联起来。因此，这里的图片起到了隐喻、延展和呼应的作用。

第二幅图（Lexia：*Seething*）上，主体内容是河流与杂乱的水草，但图片经过模糊处理，由许多噪点勾勒了形似野花、乱石等物体的轮廓，给人极大的想象空间。图片前一个文本块（Lexia：*Each ever after*）反复用 every 或 each 开头的短语，既描述了如光线、云朵、死水、石头、树枝、草、羽毛、影子、男人、女人等实物，也描述了如死亡、故事、快乐、不安、愿望等抽象概念。读者点击文末的超链接，可以进入图片，看到对应的实物，它们有的清晰可见，如死水、水草等，有的若隐若现，如云朵、影子、石头等。而那些抽象的概念，仿佛隐藏在用噪点勾勒的轮廓中，或是寓意于整个图片的意象里，耐人寻味。较为特别的是，此图超链接的前后文本块是同一个，点击链接进入图片，再点击图片又回到同一文本块。这种回返式的设计，让读者将图片和文本内容相联系，不断地去补充、去想象、去创造自己的体悟。由此来看，这张图片的作用主要是解释和补充文字。

第三幅图（Lexia：*We are all night swimmers*）出现在两个内容不同的文本块之间。前一个文本块（Lexia：*Minor characters*）讲述的是一个自嘲为无足轻重的女孩在太平洋海岸边凝望，寻找自己的母亲。点击该文本块中的句子超链接之后，出现一幅图，图片十分抽象，从轮廓上看像是两个女人相

---

① Carl Grafton, Anne Permaloff, "Hypertext and Hypermedia", *Political Science and Politics*, 1991，Vol. 24，No. 4.

拥的形象。点击图片超链接后，出现后一个文本块（Lexia：*Fates*），讲述的是"她"所领悟到的人生哲学，认识到自己和女儿并不是无足轻重的存在。单独看前后的文本，读者是很难理解图的意义的，但是将前后的内容联系起来，就能发现图片是在描绘女孩与母亲相聚的场景，或者是幻想与母亲相聚，聆听母亲教诲的场景，而后，才有了后文的领悟。因此，这里的图片还有补充情节的作用。

在《十二蓝》中，图像发挥出了隐喻、解释和补充等作用，易于让读者产生联想和想象，构建起阅读的画面，传递感官的愉悦，从而丰富读者认知，有助于读者理解。

反　思

上文通过对《十二蓝》的分析，总结出超文本文学的叙事特征主要有：非线性的、网状式的叙事结构，动态开放的、多线性的叙事情节，交互式的叙事主体，以及更视觉化、声像化的超媒体型。

但是，上述特征又给超文本文学带来了新的问题。一是文本内部结构松散，叙事过于随意，情节缺乏连贯性，小说断层感强烈，导致读者不易理解，甚至产生阅读焦虑。有学者也指出，"超文本在叙事生产过程中的主要问题是文本的零散化呈现以及文本块之间因呈现次序而引起的时间、因果、逻辑方面的不连贯。这对读者提出了很高的要求"[①]。然而，事实上，在当下信息爆炸的数字时代，读者有大量可选读物，若读物缺乏跌宕起伏、扣人心弦的情节张力，则无法拴住读者的心，很容易使读者中途放弃阅读。正如乔伊斯所说，"一旦读者倦了，则结局自然而成"[②]。超文本文学在传播和接受中面临的尴尬，或许正是读者更容易因阅读困惑而疲倦放弃。二是对超文本文学作品的意义的评估比以往更复杂化，更没有标准。[③] 这是因为超文本文学对叙事时间的解构难免会导致文本意义的多样性和不稳定，同时，文本块之间可能出现时间和逻辑关系上的矛盾，从而导致生成的故事缺乏意义连贯性。三是超媒体的运用有助于增添文本的丰富性和趣味性，但若运用得不够合理贴切，非但不能帮助读者理解文本，反而会产生间隔，妨碍读者理解。如上节所述，

---

① 张新军：《数字时代的叙事学——玛丽-劳尔·瑞安叙事理论研究》，四川大学出版社，2017年，第122页。

② Anthony Enns, "Don't Believe the Hype: Rereading Michael Joyce's *Afternoon* and *Twelve Blue*", *Currents in Electronic Literacy*, 2001, Vol. 5.

③ 包兆会：《"超文本文学"：一种新的文学形式的研究》，《文艺理论研究》，2007年第5期。

《十二蓝》中有两幅图像较为抽象，需要读者具有极强的联想能力，才能较好地领悟和理解。

针对以上问题，本文对数字时代下的超文本文学的写作实践提出以下四点建议：

第一，在结构方面，针对超文本文学具有非线性的、网状式的结构特征，可以在结构设置上进行尝试。一方面，使用解释性节点，既方便读者实时点击阅读，又帮助读者拓展知识。比如超文本版的《喧哗与骚动》[①]中，在页面右侧增加了与小说有关的辅助性阅读索引，包含了相关重要资源：互文文本、评论、视觉展示、外部链接。读者可直接点击"互文文本"（Intertexts），了解该小说涉及了哪些别的作品。另外，"评论"（Criticism）链接中包含了自纸质版小说发表以来所受到的来自各方面的文学批评，共11个次级节点，分别从心理、宗教、语言学、美学、象征、后结构、历史、文化等多方面进行分类评论。另一方面，增加情节延展节点，可放在人物的对话中或人物自己的思考中。这点尤其适用于推理小说和悬疑小说。读者也可返回这个节点来重新选择，进入另一个故事领域。比如《下午，一个故事》（乔伊斯）设置了"是"和"否"两种选择，《谎言》（皮尔）设置了"谎言"和"真话"两种情况，其决定权在读者。不同关键词将读者引入不同的故事情境，这种尝试既富有创新意义，也能激发读者的阅读兴趣，使读者产生强烈的参与感和阅读体验。

第二，在叙事情节方面，应克服通篇的情节散漫和叙事随意问题，可以在某些章节加入灵活的方式，增加多样性，但整体情节应一环扣一环，便于读者理解与想象，从而达到情节的随意与完整的和谐统一，即我们所说的"形散神不散"。有学者指出"超文本叙事以空间维度置换了时间维度，不可能期望跌宕冲突的戏剧情节。文本块数量庞大、呈网络型链接，并没有固定的呈现秩序，也不存在既定的故事"[②]，甚至认为"从某种意义上来讲，超文本没有故事，只有阅读"[③]。但是，这样散漫的情节并不一定使读者获得愉悦的阅读体验。例如，莫斯罗普的《胜利花园》（*Victory Garden*，1991）包含993个辞片和2804个超链接，就有学者评价其数量过于庞大，使读者在阅读

---

① *The Sound and the Fury: A Hypertext Edition*. 2019-07-08, http://drc.usask.ca/projects/faulkner/main/index.html.

② 张新军：《数字时代的叙事学——玛丽-劳尔·瑞安叙事理论研究》，四川大学出版社，2017年，第103页。

③ 张新军：《数字时代的叙事学——玛丽-劳尔·瑞安叙事理论研究》，四川大学出版社，2017年，第92页。

过程中找不到情节主干，"读者读到的只是许多无法聚合成主导叙事的故事碎片"①。评论家哈波德将此类文本阅读比作航行，读者极有可能迷失方向，永远无法到达预期目的地。② 库弗也对此提出反对，认为超文本小说因过于注重图像、声音等形式而抑制了文本的文学性，使文学阅读流于碎片化的表面，缺乏深度内涵，沦为娱乐。③ 然而，所谓叙事，其最初的定义是"一系列事件的一个线性组合序列，……不是随机的组合，而是有逻辑结构的"④。克劳福德将叙事的结构概括为"情节线"⑤。所谓线性，并非一定要遵循时间先后序列，而是强调完整性和连贯性，因为连贯性是人们理解的基础。超文本文学可以通过其独特的结构，包容各种各样的情节，体现其开放性，但应避免全篇开放、过度制约，导致可读性降低。从实际的传播现状来看，目前大多数的作品"仍然遵循线性叙事的传统模式，让人物和事件按照逻辑关系进行发展"⑥，这说明在市场和现实驱动力的作用下，经典的叙事理论仍更有生命力。

第三，在叙事主体方面，借助数字技术，可以实现作者、读者、文本更强的交互性。比如读者留言功能，可以实现读者和作者一对一、一对多或多对多等形式沟通。作者可以参考读者意见，来决定小说的后续叙事走向。在投票功能的支持下，也可以统计广大读者意见，来引导后续的创作。在协同写作技术的支持下，读者自行创作，改写作品中的某一个分支，丰富故事走向。这类接龙小说已经在新浪网上展开创作，如《网上跑过斑点狗》《守门》《城市的绿地》《青青校园，我唱我歌》，读者有极大的互动空间和参与创造的快感。数字时代的这种文学创作形式，真正实现了读者的主动化，让读者获得了前所未有的自由，读者能够"在作品中成为人物角色或故事叙述者的代理人，体验着完全沉浸于故事情境的感觉"⑦。

第四，在超媒体应用方面，还可以做三个方向的尝试：其一，添加更多解释性的超媒体，这类媒体着重于提供图像、声音、动画、影像等，以解释、补充文字，从而帮助读者理解和丰富内容。其二，合理使用发散性的超媒体，发散性的超媒体赋予情节更多的跳跃，更多的趣味性、探索性，但如果发散

---

① 蔡春露：《〈胜利花园〉：一座赛博迷宫》，《当代外国文学》，2010 年第 3 期。

② Terry Harpold, "The Contingencies of the Hypertext Link", Noah Wardrip-Fruin and Nick Montfort, eds., *The New Media Reader*. Cambridge, MA: MIT Press, 2003, pp. 126–138.

③ Robert Coover, "The End of Books", *New York Times Book Review*, 1993, No. 1, pp. 8–12.

④ Nick Lacey, *Narrative and Genre: Key Concepts in Media Studies*. London: Macmillan Press Ltd., 2000, p. 14.

⑤ Chris Crawford, *Chris Crawford on Interactive Storytelling*. CA: New Riders, 2005, p. 7.

⑥ 王贞子：《数字媒体叙事研究》，中国传媒大学出版社，2012 年，第 177 页。

⑦ 王贞子：《数字媒体叙事研究》，中国传媒大学出版社，2012 年，第 179–180 页。

性节点较多，则情节将难以收束，因此重点在于衍生情节、分支情节等的合理使用。其三，综合使用融媒体，集文字、声音、图像、动画、影像于一体，使文学由平面走向立体，由阅读走向观看、聆听甚至触摸。例如 Blackcoco 创作的《晃动的生活》和毛翰的超文本诗集《天籁如斯》所呈现出的电影般的视觉效果；使用人工智能（AI）有声读物，丰富阅读方式；综合使用增强现实（AR）、虚拟现实（VR）等多种形式，营造全面的阅读体验。各类超媒体的加入，实现了文学与非文学的互补，形成了诸多艺术门类的众生喧哗，促进了读者的全感官体验，将成为超文本文学的点睛之笔。

数字时代赋予了超文本文学更多强有力的技巧方法，在原有的网状叙事结构、多线叙事走向的基础上，适当控制情节的发散程度，发展交互式写作方式，增强超媒体技术的使用，能够有效地扬长避短，促进超文本文学的大众化、普及化和现代化发展。

结　语

本文对超文本文学的内涵和理论进行探讨，以超文本小说《十二蓝》为文本个案，总结其叙事特征，分析其叙事能力和叙事效果，进一步探讨了在超文本文学的写作实践中有待商榷的问题。虽然超文本文学最显著的特征是"非线性"，但是不能因此而舍弃传统叙事观念。数字时代的超文本文学创作不应走极端，仅重视叙事形式，而应考虑并注重线性序列叙事、逻辑关系和连贯性。

超文本文学带来的是技术和理论的全面创新，是作家创作技巧的发展，是读者体验的升级。但是，人们对于文本理论的理解、认识、感悟是有基本的规律的，只有遵循这些规律，汲取超文本技术之长，发展其在结构、情节、主体等各方面的灵活性，而规避其难以理解的弊端，超文本理论才能经得起实践检验，超文本文学作品才能焕发出更强大的生命力。

作者简介：

陈思宇，四川大学文学与新闻学院比较文学与世界文学专业博士研究生。

数字人文时代四川比较文学：学科动态及发展前景

赵渭绒　叶诗嘉

　　摘　要：本文论述了21世纪以来四川比较文学在数字人文领域的发展历程。从运用比较文学理论分析数字时代的文化现象，到相关学术概念的明确提出以及大型学术活动的展开，数字人文时代的四川比较文学经历了一个从摸索尝试到理论创新的成长过程。比较文学与数字人文具有相似性：前者能够为数字人文提供学科建构的经验，二者的交叉融合也为比较文学在数字时代的发展带来了转型与突破的可能性。数字人文是具有广阔发展空间的知识领域，对于比较文学来说仍是一块亟待开拓的新大陆。四川的比较文学研究者已开始重视本学科与数字人文的交叉对话，这将为四川省比较文学乃至中国比较文学的发展注入新的活力。

　　关键词：数字人文　四川比较文学　跨学科　数字化

　　数字人文是计算机技术交叉渗透人文学科而产生的新领域。自20世纪60年代以来，得益于电子信息技术的飞速发展和广泛应用，数字人文已经扩展到了图书馆学、文学、语言学、历史学等多个领域。近年来，西方学术界有关数字人文的研究成果不断被引介到中国，国内的学者也开始重视这门具有广阔前景的新兴学科。四川比较文学队伍始终站在国内人文学术实践探索的前沿，学者们怀着强烈的现实关怀对数字时代的文化现象进行了思考，同时在学术使命的推动下，对数字人文的学科理论建构提出了具有可行性的设想。四川比较文学学者在数字人文领域的学术探索，为中国比较文学在数字人文时代的转型与突破做出了贡献。

一、学术会议和学术活动

　　21世纪以来社会信息化进程的加速推进，遍及知识学科各个领域。随着"大数据视域下数字人文研究"被列入 2018 年度"中国十大学术热点"，国内学术界将目光转向了数字与人文深度融合的探索空间。近两年来，四川文学研究团队关于数字人文的讨论也进入了活跃期，不仅打破了以往由学者单独思考个别文化现象的封闭局面，规模较大、影响较广的学术会议和学术活动也陆续展开。

2018 年 4 月 18 日，四川师范大学成功举办了"开明论坛"第四期学术讨论会，会议以"数字时代，人文何为？"为话题。来自四川大学、西南交通大学、四川师范大学、西华大学等院校的诸多学者参与其中，就大数据时代对文学研究的冲击、人文学科如何在数字时代转型等问题进行了多维度的深入探讨。总结本次论坛的探讨内容可以发现，数字技术的迅猛发展不仅在学术实践层面上对传统的文学研究方法提出了挑战，并且也极大地改变了文学创作、传播与接受的机制。此外，人工智能在社会劳动上对人的体力和脑力的解放型替代，也加剧了部分学者对数字时代的人类生存境遇的忧虑。参与论坛的学者从利弊两方面切入，指出了人工智能对人类生存的潜在威胁，同时也看到了人工智能作为一种工具对社会发展的服务和助益。当前人文知识学科的数字化转向带来了挑战与机遇并存的多元局面，学者们对此也进行了相关应对策略的探讨。他们大多保持着乐观的态度，认为不能简单地将"数字化媒介高度发达带给人类认知方式和文化情感体验的负面冲击"①归咎于电子智能技术的进步，而是要正确权衡利害，以人为本位，最大限度地利用数字技术促进人类文明的全方面发展。

2019 年 4 月 19 日至 21 日，数字时代的文学与文化学术研讨会暨四川省比较文学学会第十二届年会在电子科技大学如期举行，来自国内各大高校及研究机构的学者出席了本次盛会。围绕数字人文时代的比较文学这一议题，曹顺庆、傅勇林、赵毅衡、宋炳辉、伍晓明等 15 位知名学者做了相关主题报告，此外，大会还进行了有关"数字时代的比较文学研究""数字时代的文学与幻想""数字时代的符号与传播研究""数字时代的文化与创意""数字时代的文学文化教学研究""文学中的身体、生态以及族裔文学""数字时代的文学与文化译介研究"等主题的分组讨论。本次年会在对传统的比较文学学科理论进行话语创新的同时，还对数字时代的文学创作、文学批评、文化传播、文化产业等内容进行了前瞻性的思考。诸多学者结合自身的学术实践和生存体验，对数字人文时代的比较文学提出了多角度、多层次的研究切入点，为

---

① 王辉、罗茜、陈圆、谭光辉：《数字时代人文学科的命运——"开明论坛"第四期讨论会综述》，《绵阳师范学院学报》，2019 年第 2 期。

数字时代比较文学的突破性发展指出了新的方向。

二、学科教学与研究基地

四川比较文学在发展中始终薪火相传，大致经历了三个发展阶段：20 世纪七八十年代受西方学派的影响而开始自我觉醒，致力于初期的理论构建和学科队伍建设；90 年代立足于国际交流日益频繁的时代背景，提出了"失语症""中国学派""总体文学"等打破西方中心主义的前沿性理论，推动了四川比较文学乃至中国比较文学学科的发展，同时也将世界的眼光吸引过来；进入 21 世纪以来，面对东西方愈渐深入和广泛的交流过程中出现的文明差异性问题，提出了"跨文明研究""变异学"等创新性理论，是比较文学中国学派提出的具有广泛影响力的代表性学术观点。

进入 21 世纪以来，人工智能的发展越来越深入地渗透人文科学领域，给学术资源数据建设和学科教学方式等方面都带来了转型的新机遇。对此，四川比较文学队伍也积极利用数字时代海量的信息存储系统和快捷的信息传播途径，对学术研究方式和学科教学建设进行了符合时代潮流的改进。

成立于 2014 年的四川比较文学研究基地是以四川大学为依托、辐射全省的理论研究与创新平台，对全省乃至全国的比较文学的发展都起到了良好的带头作用。四川比较文学研究基地充分利用信息时代的人工智能技术，在以下几个方面实现了数字与人文的渗透与融合。首先，基地内建有专业的图书资料数据库。目前在国内学术界产生持久影响力的刊物有：中文 CSSCI 集刊《中外文化与文论》、英文刊物 *Comparative Literature：East and West* 以及国内第一份比较文学方面的报纸《比较文学报》。这些刊物成为汇总学术研究动态的重要阵地之一，及时向国内外传递中国比较文学学科教学和学术研究的重要信息。其次，基地有效借助数据网络进行学术信息的交流与传播。四川省比较文学研究基地不仅积极进行官方网站的建设，并且充分利用互联网移动终端交互式传播的特点，在社交网络平台及时跟进学术研究的最新成果。"川大比较文学""文学人类学""艺城志"等高质量的学术期刊微信公众号定期推送四川及国内比较文学的学术发展动态。微信公众号是基于人际关系的共享式传播媒介，改变了以往纸质期刊封闭式阅读的模式，不仅密切了学术团体之间的关系，同时也扩大了优质学术论文的传播范围。最后，在学科教学和人才培养方面，四川大学比较文学始终坚持话语建构与学术实践相结合的教学模式，坚持传统课堂式教学与网络平台资源共享式教学相结合的模式，搭建了一流教学实践平台，将一流学科话语体系转化为教学内容。

此外,电子科技大学紧抓"数字人文"这一世界性学术前沿,承建了独立的科研实体机构"数字文化与传媒研究基地"。2018 年 12 月 28 日设立的四川省社会科学重点研究基地,以数字技术支撑下的文化实践活动为研究对象,围绕"数字人文"进行了跨学科交叉研究,对于四川学术界包含比较文学在内的各类人文学科的数字转向具有重要意义。

三、比较文学学科理论新进展

在四十余年的发展历程中,四川比较文学始终重视理论话语的建构与创新,提出了"失语症""变异学"等诸多具有广泛影响的比较文学新命题。进入新时期,学者们也从未故步自封,而是立足前沿,不断撰写文章对原有理论进行充实、修正和拓展。同时也面对大数据时代的信息社会,运用相关比较文学理论,对令人瞩目的文化现象进行了问题剖析。

(一)数字人文时代的文学变异与"失语症"

比较文学变异学是以异质性、变异性为理论支点的重要理论,由曹顺庆教授于 2006 年在《比较文学学科中的文学变异学研究》中正式提出。此后曹顺庆不断发表相关文章进行理论阐释和补充。在本次数字时代的文学与文化学术研讨会上,曹顺庆作为开场的主旨发言人,做了题为《"变异学":比较文学新话语》的报告。尽管该报告并未涉及数字人文的议题,但肯定了变异学具有跨学科的普适性,启发了学者根据此理论进行有关数字人文的思考。事实上,曹顺庆虽未在已著论文中明确对数字人文的议题进行集中深入的研究,但他在一些已发表的文章中,对数字时代的个别文化现象投去了关注的目光。

当前世界范围内的文化交往早已进入了依赖电子媒介的数字时代,快捷、实时的信息传播促进了东西方异质文明之间越来越频繁的交流与对话。文学文本在其他文明中的译介与接受,将会不可避免地出现变异现象。数字时代的文学传播与接受不再受地域时空的阻碍,东西异质文明多元展示的文化空间得到了不断的扩展,这也必将造成文学变异现象层出叠见的局面。变异学将文学文本流传中的变异作为比较文学可比性的基础,因而该理论对数字时代中的文化交流与接受现象同样具有理论指导意义。曹顺庆以变异学为主旨的开场发言具有承上启下的作用,其后,其他学者做了关于比较文学与数字人文结合的报告,体现了传统比较文学研究向数字人文时代比较文学研究的过渡。

　　"失语症"亦是由曹顺庆教授提出的理论话语范式。1996 年他在《文艺争鸣》上发表了《文论失语症与文化病态》一文，指出当代中国文论研究由于几乎完全袭用西方文艺理论的学术话语，出现了"失语"的严重问题。面对数字传媒的巨大渗透力造成的社会"泛艺术化"现象，以曹顺庆为代表的四川比较文学学者也从"失语症"的角度进行了相关思考。

　　在《失语症与现代性变异》一文中，曹顺庆、邱明丰将失语症推衍到了现代性的诗学范畴，不再局限于中国文论的范围。文章指出"失语症"是中国文化在现代化进程中的必然体现。东方文明越向全球化运动开放自身，便越彻底地向掌握话语权威的西方现代性靠拢。西方的思维模式和话语体系成了东方国家在解读本国文化时的某种建构性的内在规定。[①] 其后，在《失语症：从文学到艺术》一文中，曹顺庆、黄文虎对"失语"侵袭人文艺术其他领域的现象做出了进一步的思考。文章指出，"失语"是一场跨文明、跨文化语境下的话语危机。在分析这场无所不在的"文化失语"危机时，两位学者将数字传媒的普及列为重要的影响因素之一。微博、微信、文学网站等泛文学创作平台的兴起，造成了文字文本和图像文本在信息网络中的泛滥。无数话语碎片的拼凑和杂糅造成了符号内容意义的失落，使其沦为被不断复制和无限传播的消费符号。移动终端的普及使每个人都能成为网络艺术的内容生产者，进一步加剧的泛艺术化现象也会造成人文艺术领域的全面失语。对此，董首一、曹顺庆在《影视改编中的病态美学及矫正思路——以四大名著新旧版影视改编为例》一文中阐述了"失语症"在影视文化中的表现。数字特技在影视作品中的广泛应用极大增强了观赏效果，但一定程度上却造成了中国传统美学元素的失落。随着西方注重视听效果的影视美学在中国的广泛普及，中国的影视制作人也开始追求宏大、刺激的奇观场面。在四大名著新版影视改编作品中，中国注重神韵、留白、意境的美学传统得到了明显的削弱。全民数字化使大众话语在文化市场越来越不容忽视，一方面使开放性话语交流平台的形成成为可能，另一方面也不可避免地造成了大众文化的媚俗倾向。在文章结尾，两位学者提出了解决这一病态现象的构想："杂语共生"与"中体西用"，要在影视制作中调和中西美学元素，形成具有民族特色、受观众喜爱又能培养大众审美情趣的高质量影视作品。数字时代全球化和现代化进程的不断加剧，"失语症"已从文学文论领域拓展到了社会文化的各个领域，四川比较文学学者对此问题的思考目前虽然仅仅涉及众多文化现象的冰山一角，但为之后的深入探讨提供了研究思路和理论指导。

---

　　① 　参见曹顺庆、邱明丰：《失语症与现代性变异》，《社会科学战线》，2009 年第 4 期。

（二）数字思维时代的符号学

随着西方语言学理论在中国的不断译介和传播，富有符号学思维传统的中国在符号学理论建设方面取得了丰硕的理论成果。四川大学符号学－传媒学研究中心主任赵毅衡是享誉国内外的符号学研究专家，他在"数字时代的文学与文化学术研讨会"上进行了题为《"艺术与冗余"：从"艺术无噪音"到"艺术全噪音"》的主旨发言，借用信息技术的重要概念"冗余""噪音"，对符号文本传播过程中意义的多余成分做出了阐释。在此之前，赵毅衡教授已对数字时代的符号学发展进行了深入探讨，相关文章有：《第三次突变：符号学必须拥抱新传媒时代》（载《天津外国语大学学报》2016年第1期）、《"超接触性"时代到来：文本主导更替与文化变迁》（陆正兰、赵毅衡，载《文艺研究》2017年第5期）、《"泛艺术化"的五副面孔》（陆正兰、赵毅衡，载《云南社会科学》2018年第5期）；《从符号学看"泛艺术化"：当代文化的必由之路》（载《兰州学刊》2018年第11期）；《为"合目的的无目的性"一辩：从艺术哲学看当今艺术产业》（载《文化研究》2018年第4期）。

赵毅衡将电脑与互联网的产生视为第三次传媒突变。在飞速变革的电子传媒时代，"人类从'使用符号的动物'，变成'符号学动物'，现在正在变成'符号元语言动物'"[1]。符号学作为一门研究人的意义生存的学科，对思考现代人类数字化的生存境遇同样具有理论指导意义。数字化技术的飞速发展使人类文化进入了"超接触性"[2] 时代，传播媒介将成为"人的意识的延伸"[3]。碎片化的图像信息和文字信息移动终端的传播与泛滥，造成了语言艺术性地位的降低和符号文本的无意义化。

实时交互式的数字媒介一方面保证了受众群体的高强度参与体验，另一方面也造成了"泛审美化""泛文化"的现代性社会文化特征。电子传媒具有准确性高、辐射范围广、传输快、易于复制等特点，艺术作品载体的数字化和流通方式的网络化为文化产品的流传扫除了障碍，艺术创造已不再是少数精英的专属。"泛艺术化"促进了文化产业的繁荣发展，但也造成了社会精神文化良莠不齐的局面。对此，赵毅衡认为我们应当秉持开阔的文化视野，站在符号学的角度对"泛艺术化"现象做一个全面的分析，认同"泛艺术化"

---

① 赵毅衡：《第三次突变：符号学必须拥抱新传媒时代》，《天津外国语大学学报》，2016年第1期。

② 陆正兰、赵毅衡：《"超接触性"时代到来：文本主导更替与文化变迁》，《文艺研究》，2017年第5期。

③ 陆正兰、赵毅衡：《"超接触性"时代到来：文本主导更替与文化变迁》，《文艺研究》，2017年第5期。

就是艺术的本态，是人类文明一开始就注定的前程。①

　　现代社会数字媒介的发展，对研究文化表意的符号学和研究信息交流的传媒学皆提出了新要求。四川大学文学与新闻学院于 2008 年成立的符号学－传媒学研究所，除了出版高端学术刊物《符号与传媒》，还建有"符号学论坛"官方网站，并创办《符号与传媒》电子月刊，展示最新研究成果，在国内外都产生了广泛的学术影响力。

（三）对数字人文时代四川比较文学的学术反思与展望

　　面对社会数字化进程中纸媒传播基本被电子传播取代的局面，四川比较文学研究者已开始关注人文知识学科的数字化转向。学者们利用已臻成熟的比较文学理论分析社会文化现象，一定程度上促进了这些理论的丰富与拓展。但这些学者大多只是针对个别现象发表了自己的所思所悟，并未提出明确的学术概念和命题，因此未产生较大的学术影响力。近年来，随着数字人文逐渐成长为跨学科领域的一颗冉冉升起的新星，越来越多的文学研究者参与进来，对电子智能时代中人文学科的命运进行了多方面、多层次的探讨与交流。

　　目前四川学术界已有的关于数字人文的研究成果，主要是站在宏观的角度分析数字人文给人文学科带来的影响，相关文章有：李点《面对数字人文的幽灵》[载《燕山大学学报（哲学社会科学版）》2017 年第 1 期]；谭光辉《数字时代人文学科的机遇和挑战》（载《江海学刊》2018 年第 3 期）。此外，四川省比较文学学会执行会长徐新建跳出了学科建制的范围，将目光转向文学内部诸要素，从文学人类学的角度探讨了人工智能对文学创作的影响。他在《数智时代的文学幻想——从文学人类学出发的观察思考》一文中指出，数智时代的文学幻想已经进入了突破人类中心主义的"后人类场景"②，在人智与数智的竞争之下，文学幻想的前景不容乐观。

　　来自四川师范大学的李泉率先指出了数字人文与比较文学的学科相似性。在《比较文学学科发展问题对数字人文学科建设的启示》一文中，李泉指出，比较文学与数字人文"都属于建立在学科间性基础上的复合型学科，两个学科在学科生成、学科架构、学科理念和学科前景四个方面有着极大的学科相似性"③。当前数字人文在学科建构过程中出现的问题，与比较文学百年来所走的道路相似，因此李泉认为可将比较文学学科发展史作为建构数字人文学

---

　　① 赵毅衡：《从符号学看"泛艺术化"：当代文化的必由之路》，《兰州学刊》，2018 年第 11 期。

　　② 徐新建：《数智时代的文学幻想——从文学人类学出发的观察思考》，《文学人类学研究》，2019 年第 1 期。

　　③ 李泉：《比较文学学科发展问题对数字人文学科建设的启示》，《江海学刊》，2018 年第 3 期。

科理论的参照，他在文中也做出了具有实践可行性的对策构想。第一，在学科领域方面，世界范围内的比较文学在不同的发展阶段，总是由来自不同学派的学者们不断拓展可比性范围，来解决所面临的学科危机。近年来比较文学不断向泛全球化和泛文化两个方向迈进，学科边界的无限扩张，会造成模糊学科个性的后果，甚至会使其丧失专属的学术领域。数字人文同样具有无所不包、涵盖面广的特征，因此也需要警惕学科边界问题。第二，在学科建制方面，两门学科都具有跨学科性。20世纪五六十年代，在美国学派的努力下，比较文学克服了局限于文学内部研究的弊病，进入了跨学科的宏观视野中。与其他学科的相互渗透给比较文学带来了新的发展活力，但同时也造成了研究成果无法归属于某一具体领域的尴尬境遇。数字人文因其交叉性特征也同样容易引起学科归属的争议。第三，在学科方法论上，比较文学的"比较"和数字人文的"数字"都是指明学科特质的核心词，也是这两门学科主要采取的方法论。比较文学关于方法论的探究历史对于数字人文的学科建构具有借鉴意义。第四，在学科使命上，比较文学与数字人文都致力于在多个学科、多个领域的交叉与融合中，实现整体大于部分相加之和的学术理念。

之后，李泉又发表了《数字人文的发展源流与数字文学的理论建构》一文，对数字人文做出了明确的定义："数字人文是以数字技术为主的计算科学与人文学科交叉衍生出来的新兴学科。"[①] 文章对国际范围内数字人文研究的发展源流、国内数字人文研究现状进行了梳理与总结，对数字人文的学科理论建构提出了构想，并指出了数字人文在电子传媒时代的功能意义。囊括了众多技术、众多媒介、众多学科的数字人文将有望搭建起跨学科的研究平台，为各类人文学科提供智力支持和科技支撑。

纵览国内比较文学学界，已出现将本学科的理论内容、研究方法与数字人文结合起来的交叉研究，有分析数字时代新兴电子媒介对比较文学学科结构的冲击，如郝岚《比较文学发展与传播媒介变化的三个阶段》（载《黑龙江社会科学》2012年第4期）；有将人工智能技术和比较文学媒介学结合起来，揭示与反思互联网文学翻译对译介学的影响，如张英洁《论互联网文学翻译对译介学的影响》（华中师范大学硕士学位论文，2013年）；有对数字人文理论如何影响外国文学研究范式的探讨，如董洪川、潘琳琳《数字人文与外国文学研究范式转换》［载《西南民族大学学报（人文社科版）》2018年第9期］。在数字人文成为学术热点的今天，这些研究成果为比较文学与数字人文

---

① 李泉：《数字人文的发展源流与数字文学的理论建构》，《西南民族大学学报（人文社科版）》，2018年第9期。

进行深入的跨学科对话起到了良好的开头作用。四川省比较文学学会第十二届年会将数字时代的文学与文化作为主要议题，在会上，学界众多专家学者就自己关于数字人文的最新研究成果进行了分组讨论。这些尚未发表的论文从比较文学的多个维度切入，为数字化语境中比较文学研究的转型与发展做出了具有实践意义的示范。

比较文学始终以追求跨越性为学科特色，具有极强的包容性和开放性，因此在不断扩张自身领域的同时，也吸引了众多其他学科的渗透与融合。面对数字化这一席卷各行各业的热潮和数字人文这一具有广阔前景的新兴学科，比较文学若对此置之不问，忽视社会总体文化意识形态的变化，必然又会再次陷入学科危机。因此，始终站在国内学术前沿的四川比较文学学者开始思考本学科在数字时代的价值重构问题。学者们首先从一些具体的文学现象入手，去探讨比较文学在大数据形态下要如何保证并强化自身的学术影响力。然而，学科边界的模糊性始终是比较文学存在的问题，面对跨越性更广、包容性更强、规模更为宏大的数字人文学科，比较文学研究者更要警惕二者在交叉对话中出现无边蔓延的现象，避免比较文学在包罗万象的数字人文洪流中丧失了自身的学科特性和立足点。

当下，数字信息技术已不再仅仅被当作技术性辅助工具，数字人文也已经发展成了一门复合型学科，在电子智能技术蓬勃发展的大数据时代有着广阔的发展空间。面对这一亟待建立完整学术体系的新兴学科，四川比较文学队伍已经开始重视比较文学与数字人文的协同对话。专家和学者们与时俱进，力求革新，结合本学科专业的理论资源，进行比较文学与数字人文的跨学科研究，为四川比较文学注入新活力，将数字化带来的冲击转化成学科转型和突破的机遇。

作者简介：

赵渭绒，四川大学文学与新闻学院副教授，硕士生导师。

叶诗嘉，四川大学文学与新闻学院比较文学与世界文学专业硕士研究生。

论人工智能翻译的可能性

——从翻译的三个层次看非文学与文学翻译

熊　璨

摘　要：人工智能经历多年发展后已开始具备深度学习的能力，并能够在特定场景进行一定意义上的创作。因此，人工智能是否能够替代人类工作成为热议话题。在翻译领域，人工智能技术的进步使得机器翻译水平得到大幅提升。从翻译的三个层次看，人工智能目前主要只能在语言层面的翻译中发挥较大作用，而在文化、话语规则层面则难以发力。从翻译的两种类型看，人工智能已经基本可以完成主要在语言层面的非文学翻译活动，但很难胜任包含大量文化与话语规则层面信息的文学翻译。文学作品的"文学性"决定了其译者也必须是创作者，这样的双重身份让译者在翻译时需要有意识地去进行审美与再创作，而"意识"正是现阶段人工智能并不具备的东西。

关键词：人工智能　翻译　文学性　变异学　创造性叛逆

一、引　言

　　1950 年，英国数学家艾伦·图灵（Alan Mathison Turing）提出了机器能否思考的问题，预言与人类大脑活动方式相似的机器是能够被造出来的，并提出了著名的"图灵测试"，即通过机器与人对话时能否被辨认出其机器身份，来判断该机器是否具有智能。① 1956年，在美国达特茅斯学院的学术讨论会上，美国数学家约翰·麦卡锡（John McCarthy）首次正式提出了"人工智能"（Artificial Intelligence）这一术语。

---

① Alan M. Turing, *Computing Machinery and Intelligence. Parsing the Turing Test.* Dordrecht: Springer, 2009, pp. 23—65.

　　经历近七十年发展，人工智能技术已取得很多重大突破。2016 年 3 月，人工智能程序 AlphaGo 在与世界围棋冠军、职业九段棋手李世石的围棋对弈中，以 4∶1 绝对优势获胜，引起世界震惊。AlphaGo 的出色表现让大众开始担心，人工智能是否会战胜人类智慧，人类职业是否会被取代？牛津大学研究人员卡尔·弗雷（Carl Frey）和麦克·奥斯本（Michael Osborne）列出702 种工作被人工智能取代的可能性，电话推销员、打字员、会计等被取代指数高达 0.99，翻译（Interpreters and Translators）的被取代指数也不低，为 0.38。①

　　结合如今大数据、云计算、语音识别、图像识别等技术，人工智能翻译效果已得到显著提升。于是在翻译领域，已有不少文章断言：人工智能将全面取代人工翻译。本文将从人工智能与机器翻译的关系入手，根据翻译的三个层次对非文学翻译与文学翻译进行分析，以此讨论人工智能翻译的可能性。

二、人工智能与机器翻译

　　关于人工智能，学者们从不同角度提出设想：图灵认为人工智能是指机器能够像人一样思考②；《人工智能：一种现代方式》则提出人工智能可以像人一样思考和行动。③ 人工智能研究主要有三大学派，即符号主义（Symbolicism）、联结主义（Connectionism）和行为主义（Actionism）。④ 这几大学派对人工智能运作模式的理解有不同之处。符号主义主要认为人工智能是将人类的认知过程符号化，并让计算机通过处理这些符号来模拟人类认知过程，早期的人工智能研究者大多属于此类。联结主义认为人工智能是仿生学，尤其是对人类大脑这一由脑神经元组成的信息处理系统的研究和模拟。在联结主义之后，以罗德尼·布鲁克斯（Rodney Brooks）为代表的行为主义持机器进化思想，提出机器可以通过直接接收外部环境刺激并给出动态变化的反馈来展现其智能。

　　1947 年，图灵提出机器翻译可以显示计算机的智能。目前，学界一般认

① Carl Benedikt Frey and Michael A. Osborne, "The Future of Employment: How Susceptible are Jobs to Computerisation?", *Technological Forecasting and Social Change*, 2017, Vol. 114, pp. 254−280.

② Alan M. Turing, *Computing Machinery and Intelligence. Parsing the Turing Test*. Dordrecht: Springer, 2009, pp. 23−65.

③ Stuart J. Russell and Peter Norvig, *Artificial Intelligence: A Modern Approach*. Malaysia: Pearson Education Limited, 2016.

④ 蔡自兴：《人工智能学派及其在理论、方法上的观点》，《高技术通讯》，1995 年第 5 期。

为，"机器翻译试图用计算机来模拟人的翻译能力，因此它也成了人工智能的一个重要分支"①，或者"机器翻译研究在非人工干预的情况下，利用计算机自动地实现不同语言之间的转换，是自然语言处理和人工智能的重要研究领域"②。

机器翻译与人工智能出现的时间几乎相同。1954 年，IBM-701 大型计算机在美国第一次成功完成翻译试验。早期机器翻译系统是以语言规则为基础的，因此被称为"基于规则的机器翻译系统"（Rule-Based Machine Translation），或者"基于短语的机器翻译系统"（Phrase-Based Machine Translation）。③ 但是，语言的灵活性和复杂性意味着规则很难被全方位总结，因此这一系统有着明显的局限。

于是，20 世纪 90 年代，机器翻译系统开始引入大规模真实文本语料库，并发展为"统计机器翻译"（Statistical Machine Translation），主要以数据为驱动，通过大量分析平行语料建立翻译模型。其工作依然以语言规则为基础，但大大减弱了对人工编写规则的依赖。

联结主义所主张的人工神经网络的进展促使机器翻译进一步发展为"神经机器翻译"（Neural Machine Translation），使得机器翻译像人工翻译一样可以总结、利用自身翻译经验并联系上下文翻译，而不是只以单词或短语为单位进行工作，大幅提升了流畅度和准确率，典型代表是谷歌公司的神经机器翻译系统。

行为主义所持的机器进化思想相关技术若能应用在机器翻译中，有望使机器在直接阅读文章后根据感觉进行翻译。这与人类翻译的模式已经很接近，但相关技术尚未在机器翻译中得到有效应用。

三、翻译的三个层次：语言、文化和话语规则

早在 5 世纪时，僧祐就提出过"译者，释也。交释两国，言谬则理乖矣"④。也就是说，译者的工作主要是传递信息，尽量在两种语言间寻求信息上的对等。但这种对等并非总能实现，其完成难度往往随原文信息的深入而

---

① 冯志伟：《自然语言计算机形式分析的理论与方法》，中国科学技术大学出版社，2017 年，第 19 页。

② 李亚超、熊德意、张民：《神经机器翻译综述》，《计算机学报》，2018 年第 12 期。

③ 冯志伟：《机器翻译与人工智能的平行发展》，《外国语（上海外国语大学学报）》，2018 年第 6 期。

④ 僧祐：《胡汉译经文字音义同异记》，朱志瑜、朱晓农编著，《中国佛籍译论选辑评注》，清华大学出版社，2006 年，第 62 页。

呈几何级增长。按照原文信息层次，或许我们可以将翻译由浅入深地分为语言层面、文化层面和话语规则层面的几种活动，层次越深则信息越多，翻译难度也越大。因此，人工智能的翻译能力并不能一概而论。

（一）语言翻译

有观点认为，翻译就是语言转换，比如唐代贾公彦在《周礼义疏》中指出"译即易，谓换易言语使相解也"。这类对翻译的要求较多集中在信息量较小的语言层面。在这一层面，两种语言通常因信息的浅表性而常有相同或相似的表达，因此翻译通常只需做到两种文字的对应，或传达出主要意思即可，也就是我们常说的字面翻译，例如中文的"一"等于英文的"one"。在这类情况下，符号相对简单，规则也较为清晰，因此较为初级的机器翻译，即基于规则的机器翻译系统和统计翻译系统，便可依托人类提供的语言规则和语料库解决很多问题。

现阶段的神经机器翻译系统已逐渐可以模拟人脑进行深度学习（Deep Learning），通过海量数据自行总结规则。结合如今高度发展的大数据和云计算等技术，在语言层面上，人工智能已经能够较好地独自完成翻译工作。比如便携式翻译机，已基本可以充当陪同口译的角色，满足人们在旅游、购物等日常场景下进行简单交流的需求。

（二）文化翻译

但是，翻译并非总是语言的浅层次转换。杨义指出："由于'译'字声'睪'，从而导致的引申和假借之义，一者为'释'，如《潜夫论·考绩》所云：'圣人为天口，贤者为圣译'；另者为'择'，如清人朱骏声《说文通训定声·豫部》所示：'译，假借为择'。这就为翻译在文化传播之外，引申出了文化阐释和文化选择的意义。"[1] 在西方，翻译研究从 20 世纪八九十年代开始从语言转向文化。美国翻译理论家安德烈·勒菲佛尔（Andre Lefevere）和英国比较文学家苏珊·巴斯奈特（Susan Bassnett）共同主编的《翻译、历史与文化》（*Translation，History and Culture*）一书提出了"翻译的文化转向"，认为翻译的基本单位是文化而非语言本身，不存在完全对等的"忠实"。[2]

在文化层面，原文信息比在语言层面更加立体而丰满，翻译很难同时在浅表与深层"求同"，于是我们常在翻译中发现一些文化意义的扭曲、变形或

---

① 杨义：《文学翻译与百年中国精神谱系》，《学术界》，2008 年第 1 期。

② Susan Bassnett and Andre Lefevere，*Translation，History and Culture*. London：Pinter Publishers，1990.

失落。例如，"说曹操，曹操就到"，通常英译为"Speak of the Devil"，句子的大意基本不变，即"说到某人，某人就到了"，但其中"曹操"用"devil"（魔鬼；撒旦）来对应，不仅丢失了典故，有时还可能造成英语读者对曹操人物形象的误解；但是，如果选择直接将"曹操"翻译成"Cao Cao"，也就是译为"Speak of Cao Cao"，又容易让不熟悉中国文化的英文读者一头雾水。因此，文化层面的翻译往往因原文信息较多而难以实现完整传递，需要译者根据场景做出取舍。

但这种取舍很难设定规则，而人工智能翻译却对规则相当依赖。尽管目前人工神经网络技术使计算机可以自行学习语料库，但在文化层面，语言的形式与意义因组合不同而千变万化，人工智能仍常因语料库不足而错漏百出，比如将中国的"the Belt and Road Initiatives"（"一带一路"倡议）会翻成"中国有一条公路和一条腰带"或是"道路和传送带"，将"三顾茅庐"翻译成"Three Gu Mao"，这类翻译甚至还停留在逐字翻译的阶段。不过，大数据技术的发展使得语料库在不断扩充，人工智能开展文化翻译的水平也在逐渐提高。

（三）话语规则翻译

涉及这一层面的翻译往往发生在异质文化或异质文明之间。2005 年，曹顺庆在比较文学学科理论中提出了"变异学"。①"变异学"明确指出，"不同文明文学的异质性与变异性大于共同性"②。这种"异大于同"的特性往往来自话语规则的差异，从而导致翻译需要传递的信息量剧增。话语"并非指一般意义上的语言或言谈，而是借用当代的话语分析理论，专指文化意义的构建法则，这些法则是指在一定文化传统、社会历史和文化背景下形成的思维、表达、沟通与解读等方面的基本规则，是意义的构建方式和交流与创立知识的方式"③。

话语规则有着根本差异的两种语言，从内涵到外延常常是截然不同的，而不同点越多，就越难找到完全对等的表达，也越难实现信息的完整传递。以汉语和英语为例，汉语属于汉藏语系，而英语属于印欧语系，两者思维方式和话语规则都有着本质区别。中国的话语规则是以老子的"道可道，非常道"，孔子的"依经立义"与"述而不作"，禅宗的"不立文字，以心传心"和"顿悟"等为代表，强调意义的不可言说，因此在表达时往往使用含蓄隐晦

---

① 曹顺庆：《比较文学学》，四川大学出版社，2005 年。
② 曹顺庆：《比较文学概论》（第 2 版），中国人民大学出版社，2015 年，第 147 页。
③ 曹顺庆：《中外比较文论史：上古时期》，山东教育出版社，1998 年，第 335 页。

的手法进行暗示，或是通过营造意境传递情感。在中国文学审美倾向上，刘勰曾提出"物有尽而情有余"，严羽在《沧浪诗话·诗辩》中"以禅喻诗"，提出"妙悟说"，认为"言有尽而意无穷"，后来汤显祖的"唯情说"、王世祯的"神韵说"，都体现了千百年来"言不尽意"的话语规则。比如仅仅是对刘勰《文心雕龙》中"风骨"的理解，香港地区学者陈耀南便罗列过多达 65种①，而如何翻译"风骨"，更是引发了学界很多论争。如果说中国文化的话语规则更加认可"无"，那么西方赫拉克利特的"逻各斯"的话语规则更加注重"有"，注重追问和探寻规律，强调文字从外到内的形式、内容和逻辑的严密性，倾向理性、直白的表达方式，比如康德就曾指出，艺术是以理性思考为基础的。

当翻译活动进入这一深层次阶段，译者就需要在"有"与"无"之间游走，这是对译者的极大考验，即使博览群书、经验丰富的翻译家也难以保证其翻译完美无瑕。现阶段人工智能翻译在较为简单的文化翻译层面尚且不能胜任，在话语规则的层面就更难发挥重要作用。

四、翻译的两种类型：非文学翻译和文学翻译

人工智能的能力因翻译层次不同而不同，在不同翻译层次所指向的翻译类型中也不一样，下文将把非文学翻译与文学翻译作为两种翻译类型进行讨论。非文学翻译与文学翻译的差别主要在于，文学翻译包含更多文学性内容。所谓文学性，"是使具体作品成为文艺作品的东西，也是一切具有审美效果的文艺作品所必须具有的一种性质"②，或是"依人类时间和空间变化的社会文化内涵"③。谢天振指出，非文学翻译属于非艺术范畴，重在传达原作的理论、观点等基础信息，而文学翻译则属于艺术范畴，在基础信息外还需传达审美信息。④ 结合上文语言、文化和话语规则这三个翻译层次，或许我们可以大致认为非文学翻译处理的信息量较小也较为浅表，较多涉及语言层面；而文学翻译则需处理较多深层信息，更多集中在文化层面和话语规则层面。

---

① 陈耀南：《〈文心〉"风骨"群说辩疑》，《求索》，1988 年第 3 期。

② 乐黛云、叶朗、倪培耕：《世界诗学大辞典》，春风文艺出版社，1993 年，第 580 页。

③ 汝信：《社会科学新辞典》，重庆出版社，1988 年，第 939 页。

④ 谢天振：《译介学：比较文学与翻译研究新视野》，《渤海大学学报（哲学社会科学版）》，2008年第 2 期。

（一）非文学翻译

在非文学语境下，翻译活动大多集中在语言层面，目的是准确传达出基本信息或事实，也就是严复所强调的"信、达、雅"中的"信"和"达"，或者说鲁迅提倡的"信"，对"雅"的要求则相对较低，不需译者过多发挥，很多时候也不允许译者发挥。比如在医学信息上，涉及疾病的治疗方式，翻译必须清晰、准确，而绝不能试图对原文进行艺术加工；在金融会议上，"准确"也是第一要务，弄错一个小数点都可能造成严重后果。因此，如果把翻译限定在非文学翻译领域，也就是主要集中在语言层面的话，信息往往较为平面化，对译者的自主性与灵活性要求不高，人工智能便能发挥很大作用。

（二）文学翻译

相比非文学翻译，文学翻译需要处理更多文学性信息，往往涉及文化和话语规则，信息量更大且更加立体。译者既需要尊重原作的基本信息，又要在另一种截然不同的语言中实现审美的共鸣，难免顾此失彼。

曹顺庆指出，在异质文化或文明间，文学在翻译后往往产生变异，并产生——在"变异学"理论中提出重要概念——文学的"他国化"，即"一国文学在传播到他国后，经过文化过滤、译介、接受之后，出现理论改变，从而产生新质，发生更为深层次变异的样态。这种变异主要体现在传播国文学本身的文化规则和文学话语已经在根本上为他国——接受国所化，从而成为他国文学和文化的一部分"①。"他国化"特点之一便是以接受国话语为主对传播国的话语规则进行改造并产生新质②，也就是说，翻译很难让原作在另一种文化和语言中得到完全重现，改变或创造往往伴随着文学翻译。

安德烈·勒菲佛尔认为，文学翻译就是对原作的"重写"（rewriting）③，苏珊·巴斯奈特也指出，翻译作为一种"重写"形式应被看作一种重要的文学手段。比如庞德在翻译时就发挥想象力，采用拆字的方法，把"学而时习（習）之，不亦说乎"中的"習"拆作"羽"和"白"，理解为"white wings"，整句则翻译为"To study with the white wings of time passing/ is not that our delight"。但是，这种"重写"在创造的同时，又不得不面临原文部分信息的改变或丢失。

法国文学社会学家埃斯卡皮（Robert Escarpit）在其专著《文学社会学》

---

① 曹顺庆：《比较文学概论》（第 2 版），中国人民大学出版社，2015 年，第 154 页。
② 曹顺庆：《比较文学概论》（第 2 版），中国人民大学出版社，2015 年，第 156 页。
③ Andre Lefevere, *Translation*, *Rewriting and the Manipulation of Literary Fame*. New York：Routledge, 2016.

中也指出翻译是一种"创造性叛逆"：把作品置于不同的参照体系，并赋予其崭新面貌。[①] 谢天振强调了这一概念，并指出"文学翻译家如果仅仅停留在对原作的一般信息的传递，而不调动自己的艺术再创造才能的话，那么这样翻译出来的作品是不可能有艺术魅力的，当然也不可能给人以艺术的享受"[②]。创造性叛逆是可以通过新的语言赋予文学作品新生命的，比如笛福的《鲁滨孙漂流记》本被视作对新型殖民主义的歌颂，在被翻译后便成了讲述历险故事的奇遇记，受到读者欢迎。

从这一角度出发，我们可以看出文学翻译中译者的角色绝不仅仅是传声筒或者语言转换器，而是创作者，是具有文化与审美特征的艺术家。有不少文章曾断言，当外语普及到一定程度时，翻译则会消失，这种观点实际上只把翻译人员当作了一个阅读中介，在我国百年来文学翻译的论争中，有一种观点便是把原作比作"处女"，把翻译比作"媒婆"，认为原作的地位和价值高于翻译。[③] 这实际上是忽略了文学翻译的再创作特点和翻译文学独立的审美价值，同时也没有认识到译者的创作者属性。

现阶段的人工智能已经可以进行一些创作活动了，比如 AARON 绘图程序创作的绘画已经自成风格，大卫·科普（David Cope）的 EMI 软件可以谱出不同风格的乐曲而让人联想到不同作曲家，微软"小冰"创作的诗集也几乎已经让人难以分辨是否是人的作品。但是，这并不意味着人工智能的创作总是具有审美价值的。玛格丽特·博登（Margaret A. Boden）提出，创造力是一种生产新颖的、有价值的观点或产品的能力，而使计算机产生创造力的最大障碍就是难以足够清晰地描述人类的创作价值并在程序中编码。[④] 价值的难以描述导致很难制定人工智能的创作标准，因此人工智能的"创作"是否具有价值或意义，是不确切的，具有一定的偶然性。

更为重要的是，相比一般意义的创作，文学翻译的创作过程对人类意识的参与有更高要求，因为文学翻译的创作自由程度是受限的，它始终是在两种语言、文化乃至文明之间戴着镣铐的舞蹈。也就是说，无论创作的程度多高，文学翻译都不能脱离原文的约束，否则就可能变成"破坏性叛逆"。"破坏性叛逆"是王向远针对"创造性叛逆"提出的相对概念，强调对原作的"叛

---

① 罗贝尔·埃斯卡皮：《文学社会学》，王美华、于沛译，安徽文艺出版社，1987 年，第 137 页。

② 谢天振：《译介学：比较文学与翻译研究新视野》，《渤海大学学报（哲学社会科学版）》，2008 年第 2 期。

③ 王向远：《一百年来我国文学翻译十大论争及其特点》，《苏州科技学院学报（社会科学版）》，2011 年第 6 期。

④ Margaret A. Boden，*The Creative Mind：Myths and Mechanisms*. New York：Routledge，2004.

逆"既有可能是创造性的，也有可能是破坏性的，在文学翻译中既应考虑语言学上的忠实，即译文与原文内容是否一致，也要充分考虑文学的审美价值，即译文是否具有美感。① "破坏性叛逆"往往不够尊重原作内容，已经不能被称为翻译，更难再谈审美价值。而创造在忠实与审美之间的发挥空间非常狭小，译者一不小心就可能从创造走向破坏。文学翻译的创作过程必须建立在译者对原文的理解之上，而从"作者已死"的观点来看，一千个读者就有一千个哈姆雷特，因此对原文的理解过程并非简单的符号解码，而是译者对其进行有意识地解读，这一过程无可避免地受到译者的文化背景和审美倾向的影响。同时，译者在翻译时进行"创造性叛逆"也是在对原文信息进行有意识地取舍和创新，并因人而异。许渊冲认为："中文是比较艺术的文字，往往说二是一，说东指西，比较模糊，译成英文的时候，很难做到高度统一，需要译者创新，而创新就难免标新立异，所以又可以说译者异也。"② 这种差异正是因译者的意识而形成。

　　然而，现阶段的人工智能翻译还很难说具有人类意识。存在主义哲学家休伯特·德雷福斯（Hubert Dreyfus）在 1963 年提出，符号无法再现意义和相关性。也就是说，人类意识中存在着无法通过符号传达的意义，而那部分无法转化为符号和算法的人类意识，是难以通过人工智能去体现的。马文·明斯基认为可以通过将人类世界尽可能地转换为符号并输入机器来解决问题，但又陷入机器难以通过情境选择相关性最强表达的困局。在这种情况下，人工智能这种"无意识"的创作与大自然的创作实际上并无多大分别。黑格尔将美分为艺术美和自然美，认为艺术美因心灵产生并再生，是高于自然美的。③ 因此，更接近"无意识"创作的自然美模式的人工智能翻译也暂时无法达到人类的高度，人机配合才是现阶段人工智能开展文学翻译的主要模式。

五、结论与展望

　　人工智能的翻译能力需要具体问题具体分析，因翻译层次和翻译类型而异。在语言层次，或是在非文学翻译中，因信息较为浅表或单一，人工智能已基本能够胜任工作；在文化和话语规则层次，或是在文学翻译中，信息通常更加复杂，因此人工智能还有很长的路要走。

---

　　① 王向远：《翻译学·译介学·译文学——三种研究模式与"译文学"研究的立场方法》，《安徽大学学报（哲学社会科学版）》，2014 年第 4 期。

　　② 许渊冲：《文学与翻译》，北京大学出版社，2003 年，第 138 页。

　　③ 黑格尔：《美学》（第 1 卷），朱光潜译，商务印书馆，2009 年，第 4—6 页。

　　在大量涉及内涵丰富的文化和话语规则层面的文学翻译中，信息的立体性和丰富性、源语与译入语的差异性，往往使得原作的基础信息与审美信息难以在译文中得到兼顾，因此翻译中常出现"创造性叛逆"。这意味着文学翻译的实质是文学审美和在原作基础上的再创作的活动，是人工智能难以通过信息解码和转换实现的。这一工作无法从根本上脱离人类的意识。

　　从这一意义上理解，目前并不具备意识并且更擅长按照固定规则工作的人工智能，尚未有机会取代译员。在实际使用中，在文学翻译等领域，机器翻译往往更多是在进行计算机辅助翻译（Computer Aided Translation），扮演着人类助手的角色，比如专业译员常用的 TRADOS 软件，可以通过不断更新的记忆库直接、快速地译出重复或相似的字句，让译员免去大量重复劳动，从而显著提升翻译效率。

　　但是，人工智能的发展并非止步于此。现阶段人工智能不具备人类意识，无法主动把握其在文学翻译中的审美和创作活动，但这并不代表它在将来绝不可能发展出意识。目前，基于行为主义学派观点，即机器通过与外界互动而动态调整自身反应，科学家们已经在进行人工生命（Artificial Life）研究。如果说人工智能翻译目前主要是依赖规则和大量语料库被动地执行系统命令，那么人工生命则是模拟生物——主动感知环境并给出反馈，这已与人类的思维活动模式相当接近。也就是说，如果人工生命研究获得重大突破，机器将可能拥有审美能力，并能有意识地进行创作。

　　人工智能的发展从符号转换到神经网络，再到进化行为，甚至到人工生命，其工作模式从被动逐渐向主动发展，在文学翻译中的重要性也在不断增加。也许有一天，人工智能真的具有了人类意识，甚至是一种不同于人类的新意识，那么那时我们的美学、文学和翻译理论都将被改写。但人类也不必为此而惶恐，因为人工智能与人类并非处于非此即彼或你死我活的关系，人工智能的任何一次发展，都是以人类为主体的技术革新，并将为人类带来前所未有的便利和跃进式发展。

作者简介：
熊璨，北京师范大学文学院比较文学与世界文学专业博士研究生。

数智时代的文学与幻想

徐新建　主持

　　文学及其相关研究丰富多样，源远流长。进入数智与网络交汇的时代后，与世界的诸多领域一样，文学的样貌也发生了显著变化。不但纸质的印刷文本日渐衰落、读者倍减，网络自媒体写作、电子游戏小说乃至人工智能诗歌等新兴文学的出现，更使传统文学的存在及其前景都经受着严峻考验。

　　文学人类学关注文学的发生、类型及功能、演变，面对由数智与网络引发的挑战，无疑要做出应有的回答。借助四川省比较文学学会和《中外文化与文论》搭建的平台，我们组织了本期文学人类学特约专栏，力图通过对"文学与幻想"的主题聚焦，展示作者们各具特色的阶段成果。其中，赵靓、完德加分别从神话、宗教出发，讨论科幻叙事蕴含的古今共生。梁昭、卢婷从游戏操演（play）和机器模拟出发，讨论小说与仪式的关联变异。李菲、黄书霞合写的文章用飞车与激光为标志，梳理新中国科幻文学的演变轨迹。陈海龙联系"整体人类学"理论对数字时代的文学人类学进行了宏观审视。王艳则从数字化角度对《格萨尔王传》的新走向作了评述。

　　总之，面对我们所处的时代关口，本专题论述都只是尝试。其中关涉的复杂现象和多维议题还期待更多有志者的深入推进。

从飞车到激光：新中国科幻文学的"科学"想象与意象重构

李　菲　黄书霞

摘　要：本文在文学人类学视野中，以晚清以来本土科幻文学的"科学"想象与意象为起点，试图探讨新中国科幻文学"十七年"（1949—1966）至"黄金时期"（1979—1983）的重要阶段中，有关科学的代表性意象、图像和符号所发生的转换和改造。在新的历史语境下，"科学"想象如何被建构和表述，折射出 20 世纪民族国家社会改造的曲折进程及其背后的政治文化动因与关联。

关键词：科幻　科学　想象　十七年　黄金时期

晚清以来，科幻小说（Science Fiction）这一身居边缘的"全球性文类"从西方世界传入中国，与中国的近现代民族国家建构过程相交织，并在科幻文学本土化的百年进程中，对中国的民族认同和未来想象发挥了深远的影响。正如鲁迅先生所指出的，"导中国人群以行进，必自科学小说始"①。科幻小说被赋予了改良中国社会与中国文学的历史重任。

有研究者认为，尽管迄今为止在国内外科幻文学的相关研究中，关于什么是"科幻文学"的定义多种多样，但通常它们应该是"在已知的科学事实基础上，运用科学的逻辑推理，想象未来的科学发展与科技成就"的一种文学形态。因此，科幻文学中必然包括科学元素和非科学元素两类元素，其中，科学元素至关重要，是"科幻作家创作的凝聚核"。② 若围绕科幻文学中的科学元素展开进一步讨论，则必须看到科学元素——包括科学观念、科学技术以及科技产品，从来不只是作家从科学研究领域转借并移植入文本之中的现成之物，

---

① 周树人：《〈月界旅行〉辨言》，原载《月界旅行》，日本东京进化社，1903 年。收入陈平原、夏晓虹：《二十世纪中国小说理论资料（第一卷）：1897—1916》，北京大学出版社，1997 年，第 68 页。

② 廖高会：《科幻小说中的非科学元素及民族风格的建设》，《昆明师范高等专科学校学报》，2005 年第 1 期。

而是深刻地与特定社会与时代想象科学的立场和方式相关。

本文在文学人类学视野中，以晚清以来本土科幻文学的"科学"想象与意象为讨论起点，追索新中国科幻文学"十七年"（1949—1966）至"黄金时期"（1979—1983）的重要阶段中，有关科学的代表性意象、图像和符号如何发生转换和改造。科幻文学如何建构科学这一核心意象，不仅关系到在特定历史情境中，创作者基于何种特定社会文化资源来想象和塑造科学，而且关系到社会公众如何通过科幻文学来理解和认知"科学"，也关系到不同的"科学"想象、图像与符号如何折射出民族国家的历史进程及其背后的社会、政治与文化关联。

一、气球、飞车与飞船：近现代中国科幻文学的"科学"想象

当前，学术界关于中国科幻文学的研究呈现出"两头热，中间冷"的基本特点：一方面集中于以刘慈欣、韩松为代表的中国当代科幻文学研究，另一方面也尤其重视对晚清时期中国科幻萌芽的讨论。前者与当代中国科幻热、中国文化软实力提振与全球传播有关，后者则更多地借鉴了西方学术界的现代社会技术转型和后殖民论说，将科幻小说的兴起与"Nation"（国族一体）的观念相关联，为百年中国科幻文学研究奠定了理论基调。相比较而言，新中国成立后"十七年"（1949—1966）至"黄金时期"（1979—1983）的科幻文学理论及创作则较少有学者进行深入讨论。

从文学想象和意象特征来看，晚清时期科幻文学在近现代文化转型和东西方文化冲击的背景下，以"飞车"为"科学"想象的核心意象，充满了本土神话传统与西方科技元素融合的奇幻瑰丽色彩；新时期以来当代科幻文学则大量出现关于"后人类""质子封锁""水滴""翻转城市"等全新意象，往往以宏大奇伟且充满技术细节致密感的想象和叙事制造出十足的科技感以及思维冲击力。相比而言，新中国"十七年"至"黄金时期"的科幻文学则往往被认为较多地受到了国家意识形态控制的影响，缺乏足够的想象力和吸引力。

在本文中，笔者无意比较不同时期"科学"想象之文学效果或评判其优劣，而是试图探讨与 20 世纪上半叶相比，新中国的"科学"想象在所调用与建构的意象、形象及图像符号等方面，发生了怎样的转型与改变，这些转型与改变又如何反映出新中国科幻文学的历史走向及其社会文化动因。

（一）从气球到飞艇：晚清民国的"飞翔"意象与"科学"想象

正如陈平原所指出的，回望晚清，在百年中国科幻文学进程的萌芽阶段，

"飞翔"往往成为"科学"的典范象征意象。

> 晚清带有幻想意味的小说，往往出现飞翔的意象，并将其作为"科学"力量的象征。在这一有关科学的"神话"中，气球与飞艇作为飞向天空、飞向未来、飞向新世界的重要手段，被赋予特殊的功用与荣誉。①

陈平原进一步指出，"飞翔"意象的典范意义与近代中国社会想象科学的复杂知识来源有关——包括出使官员的海外游记、传教士创办的时事和科学杂志、平民趣味的画报以及被重新激活和诠释的中国古代传说。② 从晚清到民国，"飞翔"的意象往往借用气球、飞车、飞艇、飞舟等具象化的物像来加以表征。与此同时，对蕴含着科学技术萌芽的气球、飞车、飞舟、飞艇等图像的描绘，总是与主人公探险奇遇的奇幻叙事结合为一体。

1904年，由荒江钓叟所著的《月球殖民地》在《绣像小说》连载刊行。该书被誉为本土原创科幻小说的开端，借鉴传统白话小说的章回结构和传奇叙事风格，穿插以奇妙幻想的情节，讲述了主人公龙孟华因杀人报仇获罪，流落南洋，后在日本友人的帮助下，乘气球找寻妻儿，历经劫难，最后登月的故事。这部小说关于"飞翔"的想象，明显受到法国科幻小说家凡尔纳的《气球上的五星期》的影响。小说中的气球便是帮助主人翁摆脱现实环境，不断去往他处乃至月球的奇幻工具。由书中插画（图1、图2）可见，有关气球与飞翔的意象建构与图像表述呈现出鲜明的时代特征，反映了彼时国人对科学的基本理解。

图1　《月球殖民地》第五回插图　　　图2　《月球殖民地》第八回插图

图1为《月球殖民地》第五回插图，描绘了日本友人玉太郎驾驶气球着

① 陈平原：《文学史的形成与建构》，广西教育出版社，1999年，第162页。
② 陈平原：《从科普读物到科学小说——以飞车为中心的考察》，《中国文化》，1996年第1期。

陆在一座翘檐亭旁，正走下气球去安慰因痛失亲人而喝闷酒的主人公龙孟华。图2为第八回插图，描绘了龙孟华在美国纽约被拘，玉太郎驾驶气球前去保释的情节。两幅插图中最令人称奇的均是"气球"这一超越时代的奇幻交通工具，整部小说也围绕着这个奇幻的气球展开情节。图2中漂浮于远处空中的气球凌驾于房屋、树木之上，与近处地面的日常交通工具马车形成鲜明对比。图1中气球驾驶者姿态从容，反衬出亭中人的惊讶侧目，气球的形态则描绘得比较清晰，它奇特的造型与周围景物形成鲜明对比。这个气球有着与亭子相当的巨大尺寸，上部为充气之球状物，下部似为竹藤编制的吊篮，还有连接两部分的数十条藤索。但吊篮中空空如也，仅以玉太郎手中所牵的一条细线表示他以此将气球拉向地面着陆，至于气球飞翔的动力来源、操作方式，则并无描绘。

　　陈平原还对晚清《点石齐画报》上描绘气球、飞艇的插画做过统计。这些插画约有16幅，如"飞舟穷北""御风行舟""妙制飞车"等，已经开始超越形制简陋的气球，对"飞翔"的技术细节加以补充和想象。[①] 如"妙制飞车"图（图3）中介绍法国巧匠"创设飞车一架"：

> 　　（飞车）能在半空中行走如飞。其车式形如扇，系用飞空手车制成者。顶有平板，旁有高板，皆藏以机括，后有一舵。如欲凌空而上，先将顶上之轮搅动，车便渐渐升高。再将座旁之机及后座之舵用力绞动，东西南北皆可任意指挥。[②]

图3　《点石齐画报》"妙制飞车"图

①　陈平原：《从科普读物到科学小说——以飞车为中心的考察》，《中国文化》，1996年第1期。
②　陈平原：《从科普读物到科学小说——以飞车为中心的考察》，《中国文化》，1996年第1期。

　　尽管上图及其文字描述介绍飞舟/飞车的结构、操作方法等原理和技术细节，但陈平原一语中的地指出，这段文字前有"西人性多机巧"的感慨，后引列子御风之传说，行文多为作者个人发挥。① 也就是说其用意仍多在于对"飞翔"的奇幻意象营造，而非技术知识的合理解释。

　　无独有偶，作家包笑天在《钏影楼回忆录》中也曾对当时科幻文学中的飞艇有过类似评述：

　　　　有一次，画报上说，外国已有了飞艇，可是画出来的是有帆、有桨、有舵，还装上了两翅膀。人家以为飞艇就是如此，而不知这是画师的意匠（飞机初时传至中国，译者译之为飞艇。画者未见过飞机，以为既名为艇，当然有帆有舵了）。②

　　要而言之，在早期本土科幻文学中，从气球到飞舟、飞车、飞艇，尽管飞翔所承载的科学技术想象在中西交流以及科幻作家、插画师、社会传媒与公众的互动过程中不断地得以具象化、复杂化、细节化，然而，早期科幻文学之"科学"想象本意并不在技术知识层面是否精准，而在于凸显科技进步之神速，从而将近现代中国社会转型、救国图强的梦想，注入贫瘠的现实土壤之中。正如王德威在《被压抑的现代性——晚清小说新论》中所指出的，这一时期的科幻小说不仅是"知识与真理的话语"，也是"梦想与传奇的话语"。③ 因此，早期科幻文学的"科学"想象，更关注奇幻意象，而非技术知识。

　　至民国时期，关于飞翔的想象在老舍《猫城记》中达至顶峰。《猫城记》全书以火星上的猫国奇遇为核心讽喻黑暗的社会现实。当然，其中难免要提到飞往火星的工具"飞机"。尽管其时"飞机"早已替代了晚清时期的气球、飞车、飞艇，但在文中开篇处也仅有寥寥数语提及这种新的"飞翔器"。因为，"飞机"的科学技术知识无关紧要，它只不过是抵达火星幻境的机器而已：

　　　　飞机是碎了。
　　　　……那只飞机，我连看它也不敢看。它也是我的好友，它将我们俩运到这里来，忠诚的机器！④

---

　　① 陈平原：《从科普读物到科学小说——以飞车为中心的考察》，《中国文化》，1996 年第 1 期。
　　② 包笑天：《钏影楼回忆录》，大华出版社，1971 年，第 113 页。
　　③ 王德威：《被压抑的现代性——晚清小说新论》，宋伟杰译，北京大学出版社，2005 年，第292 页。
　　④ 老舍：《猫城记》，百花文艺出版社，2013 年，第 1 页。

（二）飞船、星系、宇宙：新中国第一次太空科幻热与"科学"想象的新起点

从晚清到民国，中国的科幻文学创作总体上沿着两条道路进行探索：以梁启超为代表的"科学精神启蒙"道路，在科幻文学中重视科学精神的传递；以鲁迅为代表的"科学知识启蒙"道路，旨在发挥科学知识的传播功效。新中国成立后，梁启超式的科学精神启蒙道路逐渐式微，而以普及科学知识为主要目的的鲁迅式科幻书写逐渐占据主导地位。[①] 在此背景下，瑰丽奇幻的飞车、飞舟、飞艇无法再承载新时代语境下的"科学"想象，如何为科幻文学建构新的形象、图像、符号体系，成为理解科幻文学发展的新起点。

无独有偶，激发新中国第一波科幻热潮的仍然是有关"飞翔"的科学意象。1950 年，张然的《梦游太阳系》出版，这是新中国成立后的第一部科幻小说。1951 年，薛殿会发表《宇宙旅行》；1954 年，郑文光发表《从地球到火星》。新中国的第一波科幻热潮为古老的"飞翔"母题注入了全新的科学元素。《梦游太阳系》是一部典型的科普小说，以梦的形式普及了有关太阳、月亮、木星、火星、土星、水星、天王星等的天文学知识。《宇宙旅行》主要面向儿童，叙述简单生动，内容知识性较强，是同时期科幻作品中少有的能多次再版的代表。《从地球到火星》则进一步掀起探索火星的太空科幻热潮。上述代表性著作为新中国的"科学"想象提供了全新的内容和方式：

首先，经历了自晚清民国到新中国半个世纪的发展，在现代科学知识传播普及的社会背景下，"地球之外"不再是模糊、奇幻、瑰丽的未知空间，月球和火星也不再是人们梦想前往的仅有的太空目的地。依托科学与教育的发展，包括土星、木星、天王星在内的太阳系乃至其他星座和浩瀚宇宙的天文学知识，成为可向大众传授的基本常识，也为"飞翔"的科幻想象提供了更为坚实的基础。

其次，不同于晚清以来长期流行的"飞翔"奇幻故事，这一时期的太空科幻文学彻底切断了与"列子御风"、《山海经》"奇肱国"等早期神话传说和本土玄幻传统的联系，以客观的叙述风格和力求准确的科学概念和知识表述，走向了现代意义上的科学道路。

最后，在文学形象或意象的建构元素方面，人们也从晚清时期山水亭台、天降飞舟的奇幻写意和意境营造模式中走出来，开始更多地直接出现科学技术、设备仪器的名称及翔实描写，并诉诸科学图像、符号的直接视觉呈现。

---

① 詹玲：《启蒙视野下的中国科幻小说发展流变》，《学术月刊》，2019 年第 4 期。

以《宇宙旅行》（1951 年）第一版封面（图 4）为例，画面下方是一群少年儿童，他们背着书包，手握书本和卷起的天文图等，象征着新中国科学求知、积极探索的新生力量；画面上方则是远近明暗不同的星星、形态清晰的长尾彗星以及正在飞向太空的红色飞船。书本、星空、努力学习的少年儿童等共同组成了一幅完整图像，以象征在科学领域勇于探索的新生力量和蓬勃未来。在这一波太空科幻热中，还有上海科教电影制片厂于 20 世纪 50 年代中期拍摄的科幻影视作品《小太阳》，讲述了几位青少年在科学家的帮助下利用反物质造出小太阳，并且亲自驾驶他们设计的飞船将小太阳发射到太空中，使北国的春天提前到来的故事。在影片中，我们可以更加直观地看到，飞船不再是早期意匠式望文生义、奇想拼贴而成的气球、飞舟或飞艇，而是形制标准、设计先进的分体式火箭，表现出改造太阳系的超前想象力。

　　时隔二十多年，郑文光发表了著名的太空科幻小说《飞向人马座》（1978）。小说中除了飞翔必不可少的宇宙船，更处处可见"宇宙线""载运舱""紫移/红移""微缩晶片""中微子电讯机""亚光速飞行技术"等科学术语和高科技产物。在小说首版封面上，银白色的宇宙飞船相比二十多年前《宇宙旅行》中的飞船有了更为精准的外形和比例呈现，对于宇航员身着宇航服及其飘浮于外太空的失重状态更有充满细节感的逼真描绘（图 5）。在图像表述的细微转换之中可见出，晚清民国以来半个多世纪国人头脑中魂牵梦萦的华夏"飞翔梦"，依托于不断向前发展的科学进程，终于被成功改写为新中国富强振兴的"航天梦"。

图 4　《宇宙旅行》第一版封面　　　图 5　《飞向人马座》第一版封面

二、科学技术与社会改造：新中国"科学"想象的意象再造

从气球、飞舟、飞艇到宇宙飞船，晚清以来半个多世纪的"飞翔"科幻意象变迁揭示出传统格物学经由近代"赛先生"迈向现代科学观的重大历史转向。随着新中国的成立，新的时代背景下国人"科学"想象的整体模式也已经逐渐由玄幻意象营造朝着客观准确的科学技术形象描述发生了全面的改写，涉及以下两个重要方面：首先，在宏观世界之外发现微观世界；其次，从遥远的别处转向贴近现实的日常生活；最后，从抽象哲思转向具体应用，尤其强调科幻文学创作应当服务于新中国建设实践、社会改造等的科学之用。这就意味着，在"飞翔"这一近现代中国科幻文学的代表性意象之外，新的"科学"想象方式需要从遥想太空奇境重新拉回现实需求，在更大范围内重新选择和塑造新的形象、图像和符号体系，方能与社会主义国家的重大历史使命紧密结合。

（一）碳元素：科学物质的微观世界与社会主义建设的坚实基础

在科幻文学的世界中，与遨游太空的弘阔想象相对应的，是对微观世界的无限探寻。在西方科学传统中，自古希腊哲学家对"原子"的思考开始，经过中世纪炼金术和近现代数理化知识的不断深化发展，微观世界的内在图景包括元素周期表、原子－电子经典模型等科学知识开始得到广泛传播。新中国成立后，科幻文学和科普写作也开始尝试将微观尺度下有关现实世界构成的物质、元素的相关科学知识介绍给普通民众。这在一定程度上体现了社会主义文艺理论主导下文学现实主义风格的要求，同时也深受苏联科普文学的影响。如何从遥远的太空/宇宙落回地表——在人民日常生活和社会主义建设的实践领域这一坚实的土壤中萌生出新的"科学"想象，成为一个新的议题。这一新的尝试由著名科幻作家叶永烈率先开启。

1959年，年轻的叶永烈尚在北京大学求学，他在业余时间创作出了科学小品集《碳的一家》，并于1960年由少年儿童出版社正式出版。在书中，他从元素的微观尺度出发，以拟人手法生动有趣地向小读者们介绍了科学家怎样研究和制造碳的"亲属"——碳化合物，并利用它们来制造人造物质从而促进工业生产，提高人民生活水平，令人耳目一新。[①]

在1960年《碳的一家》初版封面上，正中央是一棵树的图像，树的脚下

---

① 叶永烈：《碳的一家》，少年儿童出版社，1960年，内容提要。

是一群手牵手围成圈的黑色碳元素小人在跳舞，树干延展出许多枝叶，不同枝叶上分别描绘着化学实验仪器、化工建设工厂、锅碗瓢盆、日化家具、衣食住行等日常生活用品的图像和符号，以表示万事万物均与碳物质有内在相关性（图6）。之后，1976年由上海人民出版社再版的《碳的一家》，则在封面上直接采用了碳元素的化学符号"C"作为主题符号图像，以突出它在生产生活各个领域的核心要素地位（图7）。

图6　《碳的一家》（1960）封面　　　图7　《碳的一家》（1976）封面

在书中，叶永烈写道：

> 　碳，在地壳中的总含量有45,842,000亿吨。碳的"亲属"——碳的化合物，遍布于世界的各个角落：空中，到处都弥漫着碳燃烧后生成的气体——二氧化碳；地上与海底，躺着庞大的含碳岩石——石灰石；在地下，埋藏着巨大的油海——石油，也是碳的化合物。这本书在介绍了碳的一家的"家长"后，就向你讲到这些东西：二氧化碳、石灰石与石油。

　碳元素，早在一百多年前就已经被发现。叶永烈在书中写道，如果在一百多年前写"碳"的一家，那么在写到"石油"之后就没有可写的内容了。而到了20世纪50年代，在这短短一百年间，"碳的一家"的成员激增了上百万个。碳的"亲属"包括塑料、人造丝、人造橡胶、人造香料、燃料、药剂等，已经渗透进人们日常生活的方方面面。碳元素的发现和利用，不仅是人类在与大自然的战斗中取得的一次大胜利，更成为新中国社会主义建设的重要力量。[①] 由此，有关物质的科学知识，也成为服务社会主义建设的重要手段

---

① 　叶永烈：《碳的一家》，少年儿童出版社，1960年，第2—3页。

和物质基础。

（二）《十万个为什么》：科普文学联系现实的社会动力与时代局限

以《碳的一家》为开端，叶永烈开始为少年儿童出版社著名科普系列读物《十万个为什么》撰写条目。1961 年推出的《十万个为什么》是新中国第一套科普文学读物。

从科幻文学史的角度看，新中国科普文学在 20 世纪 60 年代的兴起，深受苏联科普文艺理论和科普创作成就的巨大影响，其中最具代表性的创作者当属马·伊林。马·伊林的科学文艺创作成果丰硕，质量数量惊人，受到苏联著名作家和文艺理论家高尔基的高度评价。可以说，中国版的《十万个为什么》就是直接受其同名著作启发而诞生的。在马·伊林看来，文学和科学的道路必然彼此接近，因为科学需要人民，人民也需要科学。他进而指出，未来的文学，就是用科学全副武装起来的文学。如果艺术是为生活服务的，那艺术就不能与生活绝缘。[①] 作为向新中国传播的苏联科学文艺浪潮的重要组成部分，新生的中国科普文学同样也肩负着服务于生活、服务于社会现实的重要使命。

从 1961 年开始到 2012 年，《十万个为什么》跨越半个世纪，先后推出了六版，见证了新中国科幻文学一路走来的"十七年"（1949—1966）、"黄金时期"（1979—1983）、"沉寂期"（1984—1992）和"新时期"（1992 至今），影响了几代人的成长。叶永烈是唯一一个参加了《十万个为什么》前后六版编撰的作者。在 1961 年第一版《十万个为什么》的化学分册中，总共收录了175 条"为什么"，叶永烈一人就完成了其中的 163 条。随后，他又受邀为《十万个为什么》其他分册撰稿，包括天文气象分册、农业分册、生理卫生分册等。不论哪个领域，他都精心围绕日常生产、生活、学习中的种种具体现象、事物和对象来设计问题和词条。比如：

> 为什么刚用石灰石刷白的房子里，要烧堆火？
> 菜窖为什么会闷死人？
> 干煤和湿煤，哪一个好烧？
> 在焊接金属时，为什么要在金属上先涂点盐酸？
> 海水为什么不能灌溉庄稼？

---

① 马·伊林：《科学与文学》，余士雄、余俊雄译，科学普及出版社，1983 年，第 5、30、41页。

正如伊林所强调的，不能仅仅把科普文学写成一册"现成的发现和发明的总账"①。每一条"为什么"，都始终紧密围绕科普文学服务现实的宗旨，设身处地地为读者解答生活、学习、生产中遇到的实际问题，阐明科学原理。不过，从1964年第二版《十万个为什么》开始，由于受"左"的影响，科普文学如何联系实际的标准和要求开始发生了微妙的变化。从叶永烈对《十万个为什么》第二版的撰述回忆中，可以窥见"科普"所要求的内在科学性与当时社会现实的非理性需求之间产生了巨大的矛盾。

在特定时代语境下，科普写作必须联系现实，不论是"科学"想象还是"科学"认知，都必须以有用为前提。在服务社会主义四化建设和阶级改造的崇高目标下，"无用"的玄幻奇想无处容身，只能被打入资产阶级和反动阶级的腐朽文学泥淖。正如叶永烈指出的，越是朝着社会主义建设和改造的方向看齐，实际上也恰恰可能越发地使科普脱离社会生活实际，尤其是少年儿童的生活实际，走向了科学与理性的对立面，成为打下深刻时代烙印的荒谬现象。②

（三）激光/死光：科学发明与意识形态斗争的新武器

新中国成立之后相当一段时期，国家依然面临着来自国内反动势力与国际帝国主义势力所制造的威胁，需要时刻保持警惕。因此，科学之用，就不仅是为社会主义建设和改造提供物质基础和技术手段，同样要肩负起捍卫国家安全的历史重任。

1963年，童恩正创作了科幻小说《珊瑚岛上的死光》。作为一篇预示型科幻作品，该书想象了"死光"这一先进科学技术产物的诞生。可该书直到1978年才得以发表，一经发表便立刻引起轰动，获得第一届全国优秀短篇小说奖，随即在20世纪80年代初期被拍摄成了中国第一部科幻电影。

《珊瑚岛上的死光》以"死光"——激光器的高科技发明为主线，讲述了爱国科学家与国外反动势力进行斗争并最后取得胜利的曲折故事。在故事中，赵教授携带最新研究成果和资料回国，遭到反动势力暗杀，青年科学家陈天虹为了完成赵教授遗愿，继续携带科学样品能源电池回国，中途也遭到暗杀，流落到神秘的小岛，巧遇正在岛上研发"死光"的老科学家，即赵教授的好友马太博士。陈天虹所携带的高效原子电池正好帮助马太博士的激光器研发

---

① 陈伯吹：《天才作家伊林的黑白》，《新学生》，1946年第2期。转引自厚宇德、马国芳：《马·伊林的科学文艺世界》，《科普研究》，2013年第6期。

② 石剑峰：《叶永烈：参与〈十万个为什么〉第一版至第六版的唯一作者》，《东方早报》，2013年7月31日。

突破了瓶颈，获得成功。国外敌对势力的代表维也纳公司则妄图利用这一最新科技成果制造毁灭性武器。在最后的生死关头，陈天虹和马太博士使用激光器击沉了抢走研发资料的军舰，也令小岛爆炸毁灭。科学家们最终用生命捍卫了正义与和平。

这部小说人物刻画深刻，故事情节生动，文笔精彩晓畅。作者童恩正也因此被誉为中国科幻文学"重文学派"的代表人物。① 然而，全书中最令人震撼的焦点还是神秘强大的"死光"——激光。激光是原子受激而发出的辐射光能，故名激光。激光原本在自然界并不存在，是 20 世纪以来人类继核能、电脑、半导体之后的又一项重大发明。这部小说以文学手法极力渲染了激光的巨大威力，之后多次再版、改编的各种小说与连环画版的封面常常会以撕裂天空的闪电或是巨大的冲击、爆炸效果等极具视觉冲击力的图像画面，来直观呈现作者对"死光"的精彩想象（图 8）。

图 8　《珊瑚岛上的死光》不同版本的小说和连环画封面

作为一种科技发明的产物，激光本应是价值中立与意识形态中立的，但在小说中，先进科学力量的介入导致了意识形态斗争的空前激化。谁能掌控、

① 刘长河、牛晓辉：《中国科幻小说重文学流派的代表：童恩正》，《语文世界》，2009 年第 3 期。

为何运用、如何运用激光，也成为事关两个世界、两个阵营生死存亡的重大问题。通过将激光比喻为死光，或者更加直白地称之为"复仇的火焰"，作者将"科学"想象引入残酷而激烈的意识形态斗争，从而将先进的科学技术力量改造成要么毁灭世界、要么守护正义的社会政治力量。

三、看见"科学"：科学符号的正面出场与
科幻文学的内在分野

（一）科学观念与科学符号的现代变迁

综上所述，从飞车到激光，新中国科幻文学的发展道路揭示出国人在文学世界中想象、理解和运用科学的基本模式所发生的一系列重要改变。而这些改变需要从科学观念、科幻叙事风格与科学表征符号等多个方面来加以理解。

从科学观念来看，著名科幻作家、科幻学者吴岩以对《月球殖民地》的评述为例，指出了近代科幻小说中科学观的三个基本特征：其一，"科学"具有广泛的功能，大凡上天入地、开颅洗心、环球旅行探险与解放被压迫者，几乎无所不能；其二，对西方的"正统"科学和本土科学同样重视，往往混而用之；其三，论及科学时多表现为仅提及新事物的名字及其惊人功能，表现出明显的模糊性和臆想性。[①] 相比较而言，新中国科幻文学中的科学观则历经了古典科学观向现代科学观的转变，建立在更为成熟和体系化的科技发展现实基础之上。按照当代科学的定义，科学被视为一个建立在可检验的解释和对客观事物的形式、组织等进行预测的有序的知识系统，不仅包括科学（理论）与技术（应用）的不同层次，也包括细化分类的学科分支（如数学、物理、化学，自然科学、社会科学等）；在包容和鼓励科幻文学大胆进行想象、预见、假设和创新的基础上，对其中涉及科学的内容仍然有着科学性、合理性、逻辑性的内在基本要求。

从科幻叙事风格来看，在早期科幻文学中，萌芽阶段的科学往往被有关奇幻意象、新奇事物和惊奇事件的描绘包裹，混杂而模糊。科幻作品的魅力来自叙事的奇幻色彩和令人惊奇的阅读效果，而非科学性以及由之而激发出的求真探索精神。如果说晚清以来的飞车意象承载了早期科幻书写的感性想象，那么在新中国科幻文学中这种感性想象开始受到压制。社会实践的迫切

---

① 吴岩、方晓庆：《中国早期科幻小说的科学观》，《自然辩证法研究》，2008 年第 4 期。

应用导向取代了漫无目的的探险奇遇，揭开奥秘、激发思考的求索精神取代了神秘莫测的感官刺激，对科学原理、技术的如实描绘和科学想象内在的鲜明逻辑性取代了前现代本土传统的神话思维。新中国的科幻叙事风格走上了一条从浪漫的感性想象向理性的技术表述过渡的道路，也改变了科幻文学的整体基调。

从科学表征符号来看，尽管自晚清以来，科幻文学对新事物的敏感和关注始终是牵引人们"科学"想象的关键触发器，而选择何种新事物作为表征符号，则在不同时代有着极为不同的立场和取向。

晚清以来，从梁启超的《新中国未来记》（1902）到碧荷馆主人的《新纪元》（1908）和陆士谔的《新中国》（1910），这些以"新"为标记的想象揭示了中国科幻小说萌芽与新兴民族主义语境和国富民强意识形态话语的紧密相连。新奇事物总是作为科幻文学作品中最为关键的意象元素，旨在为中华民族注入新鲜的活力。[①] 在晚清到民国的科幻写作中，新奇事物往往是玄思妙想的产物——除了千奇百怪的气球、飞车、飞艇之外，还有如徐桌呆科幻小说《不老泉》（1920）中的"不老泉"，或者老舍《猫城记》（1932）中猫与人须臾不得离的"迷叶"，等等。新中国科幻文学中的新奇事物，则远远不再满足于玄思妙想和语焉不详的笼统描述。科幻文学从浩渺玄幻的太空被拉回到社会现实的坚实地表，在社会主义政治改造和四化建设的宏伟蓝图中，新事物——随着科技进步而层出不穷的科学原理、物质、技术、发明以及科技产品等，成为科幻文学用来表征科学的全新符号资源，并前所未有地深入到了元素、原子、分子的微观层面。

（二）科学符号的科学属性与科幻文学的内在分野

至此，"科学"以一种前所未有的清晰形象，被人们真正地重新"看见"，甚至开始拥有了专属的象征符号——原子-电子结构模型。以三个电子围绕一个原子核运转的经典锂元素原子结构图被选作"科学"的象征符号，广泛出现在各种科幻文学作品、科普文学作品、科幻期刊与连环画册、宣传画当中。如图9—图12所示，这个经典的符号出现在 1961 年第

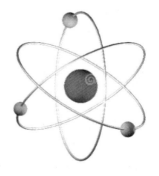

图9　科学的象征符号：原子经典模型

①   宋明炜、毕坤：《中国当代科幻小说的乌托邦变奏》，《中国比较文学》，2015 年第 3 期。

图 10　1961 年第一版《十万个为什么》
化学分册封面

图 11　1979 年《科学文艺》
创刊号封面

图 12　科普宣传画报上的科学符号

一版《十万个为什么》丛书的化学分册封面上。再如，中国现当代科幻文学期刊界的中流砥柱，后更名为《科幻世界》的《科学文艺》，在其 1979 年第 1 期创刊号上，也将这一符号以鲜明的红色置于封面中央位置。从科幻文学到日常生活的各个角落，"科学"的形象深入人心，"爱科学，学科学，用科学"亦成为"建设四化，振兴中华"的强有力的社会动员工具。

　　当然，科幻文学作品并不会直接描写这一科学符号。因而真正重要的问题还在于，当这一符号深入人心，表征了时代、社会与公众想象科学的基本方式的时候，新中国科幻文学内部的一些重大分野开始逐渐显现出来。

　　锂元素的经典原子−电子结构模型被征用为科学的表征符号，也就意味着"科学"从广义走向了狭义，更多地强调自然科学，而不是人文社会科学。新中国科幻文学发展的历史轨迹，与古典科学观向现代科学观的转变过程相重合，在此过程中，科学知识体系内部自然科学与人文社会科学之间的分野日益扩大，前者作为"硬科学"，相比于后者作为"软科学"，居于更具科学性的优势地位。其结果便是，科幻文学随之将硬科学与软科学的分野移植到自身体系之中，制造出了"硬科幻"和"软科幻"的二元分野。

与此同时，当科学观念、科学意象与科学符号在科幻文学中前所未有地得到清晰呈现时，如何处理科学与文学二者的关系，便成为新中国科幻文学必须面对和思考的又一个重要问题。

关于科学与文学的关系问题，以高尔基和伊林为代表的苏联马克思主义文艺理论家们对此已经做出了充分的论述。伊林不仅倡导未来的文学是用科学武装起来的文学，而且他自身就始终坚持以科学来充实文学，用文艺形式来宣传科学，出色地将文学与科学熔于一炉。① 新中国"十七年"的科幻文学在此问题上接纳了苏联科学文艺思想的影响，但在 20 世纪 70 年代末到 80 年代初的科幻文学"黄金时期"，科学与文学二者的平衡关系被打破。在这一时期，中国科幻文学界对科学思维与文学思维以及两种表达方式之间的张力产生了争论。科幻文学到底应该重文学还是重科学？参与论战的各方为此争执不休。以鲁兵为代表的"重科学派"认为科学文艺是文艺化的科学，是科普文学的分支之一，并将此争论上升到科学与反科学的意识形态高度。以童恩正为代表的"重文学派"则认为科幻小说应该属于文艺的范畴而不是科学的范畴。这场论战最终以提倡科幻小说的文学性和民族化道路探索的"重文学派"的胜出告终②，至今仍然对中国科幻文学的发展产生着深远影响。

结　语

近代以来，中国科幻小说从"经以科学，纬以人情"③ 为发端，到"重文学派"与"重科学派"的大论争，科学始终是主导科幻文学发展进程的核心议题之一。然而，科学从来不如其名一般，指向某种超然自洽、客观理性、毋庸置疑的现成之物。从飞车到激光的半个多世纪的变迁折射出，如何想象、认识和表述"科学"，是新中国科幻文学重新起步、参与世界科幻文学交流与对话的核心问题。在此意义上，在全新的社会历史语境下，"科学"如何被重新看见，不仅仅是发生在科幻文学内部的一场文学事件，也是科学技术、科学思想与科学家全面参与新中国社会主义建设的一场意味深远的社会事件。

---

① 余士雄：《用科学武装起来的文学》，《外国文学研究》，1981 年第 3 期。

② 文彬彬、王卫英等：《科普实证与"科幻罗曼司"——论童恩正科幻小说》，《科普创作通讯》，2016 年第 1 期。

③ 周树人：《〈月界旅行〉辨言》，原载《月界旅行》，日本东京进化社，1903 年。收入陈平原、夏晓虹：《二十世纪中国小说理论资料（第一卷）：1897—1916》，北京大学出版社，1997 年，第 68 页。

作者简介：

李菲，教育部人文社科重点研究基地四川大学中国俗文化研究所研究人员，四川大学文学与新闻学院副教授、博士生导师。

黄书霞，四川大学文学与新闻学院少数民族语言文学专业 2017 级硕士研究生。

科幻与佛学的未来展望

完德加

摘　要：未来是人类文明无限思考的领域，也是人类自身时空定位的关键，更是考虑人类何从何去的所有问题的核心坐标。以自然科学为依托的科幻文学和以六界众生关注对象的佛学对未来的展望不同，前者将未来推向未知的流浪世界，后者将未来推向无苦的涅槃境界。本文以科幻小说《流浪地球》为例，对比现代科幻与传统佛学对未来的展望，提出佛学可能为科幻小说创作提供一定的思想资源。

关键词：《流浪地球》　科幻　佛学　未来观

一、未来幻想：逃离

　　未来是自古以来困扰人类的未解话题之一，也是人类思维无限延伸的想象领域。未来是生命希望的方向，有关未来的不同叙述传达着人类不同的生命追求，同时也造就出人类丰富多样的文明财富。新兴科幻作品开创新的未来想象领地，叙述各种未来世界的幻想。科幻小说（Science Fiction）是以科学技术为基础的书写人类想象的文学创作，因此，在文学特征方面雨果等不少学者强调其"科学性"[①]。《海外奇谈》创刊号将科幻的"科学性"解释为一个交织着科学事实和预见性想象的富有魅力的传奇故事，认为科幻小说以今天的科学眼光为我们展现的那些新发明的图景在明天变成现实绝不是不可能的[②]。像约翰·坎伯尔等学者甚至认为科幻小说应该视为与科学本身同类的一种文学手段[③]。然而，詹姆逊在论及"科幻文学"的

---

　　① 周稼骏、于小丽：《从根司巴克到坎贝尔——英国科幻小说发展中值得借鉴的一段历史》，《国外文学》，1984 年第 1 期。
　　② 戴耘：《科幻小说的定义》，《文艺理论研究》，1984 年第 1 期。
　　③ 转引自戴耘：《科幻小说的定义》，《文艺理论研究》，1984 年第 1 期。

时候，提出"体裁性期待"①，强调科幻性的获取是对未来的可能性的巨大想象。科幻未来主义者更愿意把科幻看作一种不同类型和亚型相交叉的文体或领域，主张打开门来写科幻，将一切可以吸引读者的元素引入科幻，明确"兼容并蓄"的目的是"为我所用"。②

从鲁迅开启的"恶托邦"想象，到刘慈欣与我们"分享无宇宙/叙事无限扩张的可能"③，百余年的中国科幻文学经历过各种坎坷的发展道路，到现在已创作出能够与全球科幻进行对话的优秀作品。刘慈欣的不少科幻创作被视为中国现代科幻小说的代表性成果，其中《流浪地球》赢得不少科幻迷及其普通大众的追捧。该作品以科学知识为背景预测太阳灭亡，书写地球逃难的未来之路。不少科幻作品以人类逃离各种灾难为主题，因此，科幻创作中逃离灾难的未来观不是个别现象，而是一种书写类型。

徐新建教授从文学人类学视角研究数智时代的文化幻想，将文学力图通过镜像方式照见的存在分为三种，即不确定存在的第二现实、有可能消逝了的另类历史和将可能出现突变的未来，并将《流浪地球》归为第三种：逃离当下，眺望未来可能出现的突变。④ 刘慈欣也对科幻未来话题颇有研究。欧洲著名的科学传播杂志《新发现》于 2012 年推出"世界末日"的二十个版本的专题，刘慈欣将其按灾难规模分为局部灾难、文明灾难和末日灾难，认为末日灾难只能来自太空，主张它在科幻文学中得到了充分表现，并指出"正如爱情是主流文学的永恒的主题一样，灾难也是科幻小说永恒的主题"⑤。纵观中西科幻文学，逃离灾难的主题在科幻未来幻想中实占一定分量。⑥《流浪地球》也正以此书写人类未来逃离灾难的幻想。然而，这种想象不是现代文学独有的主题，而是贯穿人类文明的一种思维。比较人类文明的不同逃亡思维有助于督促古今中西文化不同未来观的对话。以佛学为例，在中国传统文化中，佛学是注重未来、强调来世的一种文化体系。本文以《流浪地球》为参照，将现代科幻文学与传统佛学在为何逃离、逃往何处、如何逃往的人类未

①　弗里德里希·詹姆逊：《未来考古学：乌托邦欲望和其他科幻小说》，吴静译，译林出版社，2014 年，第 339 页。

②　萧星寒：《关于科幻"未来主义"的思考》，《长江文艺评论》，2017 年第 2 期。

③　王德威：《乌托邦、恶托邦、异托邦：从鲁迅到刘慈欣》，《现当代文学新论》，生活·读书·新知三联书店，2014 年，附录二。

④　徐新建：《数智时代的文学幻想——从文学人类学出发的观察思考》，《文学人类学研究》，2019 年第 3 期。

⑤　刘慈欣：《珍贵的末日体验——〈逃出母宇宙〉预言》，王卫英主编，《中国科幻的思想者——王晋康科幻创作研究文集》，科学普及出版社，2016 年。

⑥　江晓原：《科幻：从悲观的未来想象中得到教益——2007 年国际科幻·奇观大会主题报告》，《新科学史：科幻研究》，上海交通大学出版社，2016 年，第 276 页。

来展望的不同方面进行对照分析，阐释佛学对未来逃难方面的独特理论，以期为科幻创作提供更多的思想资源。

二、为何逃离：生存之困与生命之苦

逃离是对现实困境不满、恐惧、失望而另寻他处的决定及行动。无论是依托于西方现代科学知识的科幻作品还是注重生命轮回观念的佛学典籍，都面临一种逃离的宿命。然而，二者对逃离的原因即人类生命即将或已在苦难中的存在方面的认识有一定差异，这种差异的比较是现代科幻文学与佛学典籍之未来观进行对话的根本。

科幻文学中有关人类逃离灾难的原因虽有各种想象，但大体上莫过于外力的侵扰。以《流浪地球》为例，人类选择逃离是因发现其赖以生存的地球随其恒星太阳的爆炸而面临灭亡之灾。这种灾难的来临于三个多世纪前被天体物理学家们发现。他们根据"太阳的内部氢转化为氦的速度突然加快"而发现这种可能，并发射了上万个探测器穿过太阳，最终建立了这颗恒星完整精确的数字模式，确定太阳的灾变将炸毁和吞没太阳系所适合居住的类地行星。

小说开始时联邦政府已用 42 年时间停止地球自转，告诉读者此时已到"我没见过黑夜，我没见过星星，我没见过春天、秋天和冬天"[①] 的未来情景。在此之前，当人类得知其生存家园地球将要灭亡时，为共同命运的抉择，全球从原有的国别政府时期进入联合政府时期。联合政府启动人工推进器使地球自转"刹车"，逃离其自然运动规律，由此，日夜更替的地球变成一半白天和一半黑夜的绝对分隔。伴随自然地球进入人为地球，人类社会也逃离原有自然环境中形成的社会关系，形成新的社会、家庭模式。在针对权力的叛乱中，"回家派"虽也逃离欺骗者的权力控制，却随太阳正式爆炸而无奈返回，被迫选择继续逃离。[②] 在《流浪地球》中，我们可以看到人类带着地球逃离太阳系，为的是人类生物种类的生存和延续，因为人类种族基因的代代相传被视为人类不灭的依据。诸多科幻小说中的人类抛弃地球实现太空移民同样如是。只是相比人类抛弃地球独自逃亡的其他科幻文学叙述，《流浪地球》中的带着地球逃离更充分体现了中国传统家庭情怀，但刘慈欣将地球作为一种特殊的飞船进行逃离的流浪方式，与其他借助宇宙飞船逃离的科幻作品的思路

---

① 刘慈欣：《流浪地球》，《科幻世界》，2000 年第 7 期。
② 刘慈欣：《流浪地球》，《科幻世界》，2000 年第 7 期。

极其相似。

换言之，在像《流浪地球》这类作品所体现的科学观中，地球是人类生存的唯一家园，而且人类也是地球所有生命中的最终抉择者，甚至成为宇宙中唯一值得关注的生命类型，因此，流浪的地球虽显出中国传统家庭情怀，但它终究只是作为人类的地球飞船罢了。

此类科幻想象有一定的科学思想基础。在科学界，不少科学家将地球视为即将灭亡的星球，太空探索技术公司（SpaceX）的创建者的埃隆·马斯克（Elon Musk）主张，"让生命分布于多个星系这种做法有着强有力的人道主义论据支持……假若发生大灾难，就能保证人类的继续存在"[①]。曾任美国宇航局局长的迈克尔·格里芬（Michael Griffin）表示，太空移民事关"种族生存"[②]。同样，著名天体物理学家史蒂芬·霍金也曾推测，假如人类没能在百年内移民太空，就可能面临灭绝。[③] 此类探索人类种族不断延续而提出的各种太空移民设想是科幻文学常见的逃离主题的思想背景。其逃离动力或原因的最大特点是人类世界外部生存环境之困，而且该环境对人类的意义才是科学所关心的主要话题。

逃离并不是科幻界独有的思想，也不是现代文明独有的特征，而是人类天生的一种思维方式。佛学所提倡的逃离思想，不源自太阳、地球或其他星球灾难等外来困境，而是对万物本身无常变化与生命自身无法避免的普遍痛苦的反思。根据佛学形成史，"四谛"中先讲"苦谛"，指出三界六道众生皆苦。以人生为例，伴随着生、老、病、死、爱别离、怨憎会、求不得、五盛蕴的八苦。因此，在佛学典籍中，通常用"苦海"形容一切生命轮回，而且在理论上以"无常相""苦相""空相""无我相"等进一步细微分析生命现实处境。"逃离苦海"思想是基于一切生命存在本质的反省结果。佛学中由此道出明了苦海的本质，探究苦因而提出集谛。集谛包括能使堕入轮回之业及能招聚一切后果之根本的"三毒"（贪、嗔、痴）烦恼。因此，藏传佛教传统很形象地将一切生命存在之苦及其逃离逻辑符号化为"生死流转图"。[④]"生死流转图"是佛学思考生命逻辑与逃离苦难的完美图像叙述，其主体结构主要呈现集谛与苦谛。图中最中心圈内有代表贪、嗔、痴三毒的鸟、蛇、猪的符号图案，由此向外第二圈是作为一切生命所经生死与中阴阶段图，第三圈为三

①　转引自思羽：《太空移民，三思而后行》，《世界科学》，2018 年第 10 期。

②　详见思羽编译：《太空移民，三思而后行》，《世界科学》，2018 年第 10 期。

③　《霍金：人类若不在百年内殖民另一星球，将会面临灭绝》，http://finance. sina. com. cn/stock/usstock/c/2017−05−05/us−ifyeychk7052149. shtml，2017 年 5 月 5 日。

④　东噶·洛桑赤列：《东噶藏学大辞典》（藏文），中国藏学出版社，2002 年，第 2067−2070 页。

界六道轮回图，第四圈为内情世间众生发生状况之十二因缘图像，最外圈为无常死主图。每一圈都从不同角度探究生命本质及其因果关系，其中主干部分叙述集谛为因、苦谛为果的逻辑。因此，佛学逃离思想源自对所有生命无处不在的普遍痛苦的认识。

科学幻想逃离人类生存困惑，而佛学提倡逃离一切生命苦难。二者虽有相似志向，但基于对生命乃至一切存在的理解不同，科幻关注人及其眼前生存环境迫使之困，而佛学则关注孜孜不休、不断转世的轮回链条上的所有生命根本之苦及其无知之根。换言之，科幻逃离之因是宇宙空间物理环境之灾，而佛学逃离之因是对生命个体和集体的无知即持我的反思。佛学是以印度古老文明为基础的佛祖释迦牟尼思想学说及其发展，在文明类型方面人们虽强调其宗教性，但作为几千年的文明传承，其主要特征是所有生命在宇宙时空中的整体未来观，超出了末日灾难的未来观。

三、逃往何处：太空与涅槃

人类的大部分主动行为选择皆有相应的原因和目的。《流浪地球》以太阳即将爆炸的科学预测而选择逃离太阳系，而佛学以生命在轮回中无限受苦而追求逃离轮回。然而，二者逃离太阳系或轮回的目的地究竟是什么呢？

不少科幻作品中的逃亡目的地是以其现代科学知识与西方传统宇宙观为基础的太空。《流浪地球》以两次流浪时代展示其逃离目的地。第一次流浪目的地是太阳系之外，具体哪里不明确，只是要离开现有恒星太阳；第二次流浪目的地是太空中距离太阳系最近（距离约为四光年）的恒星"比邻星"周围，进入该恒星附近成为"新太阳"的卫星，实现人类在地球上沐浴着新太阳光的生活和延续文明的发展。《流浪地球》的逃离目的地是一个通过人类自身努力重择的生存环境，其核心思想是人类对自然的主动改造和选择能赢得生存环境。当然，带着地球进入太空找到新恒星的人类既不是以体制特性为界限的某一种族，也不是以历史文化为分界的某个民族，而是具有同样命运的人类物种的延续。然而，此类现代科幻作品将一切存在视为物理时空的一部分，在此视角下，世界上除了物质，没有能与其平等的事物，因此，科幻作品逃离的也只是物理时空。

当然，物理时空也是佛学理论中最重要的部分，中国传统佛教《经律异相》《法苑珠林》《法界安立图》等典籍对此作了集中介绍和阐释，主要内容包括以印度古代传说为基础的四大洲说，三界观和大千世界说的宇宙空间理论和三界成环、劫量、四大千劫量之说的时间观。佛学时空理论的特征主要是其宇宙空间依赖于众生果报的主体性，强调纯粹精神世界和无任何痛苦的极乐世界的超越性、众多世界结构的宇宙无限性，以及时间与事物无可分割的思想、时间的永恒和无限观念及在劫难逃的思想。[①]

基于上述时空观，佛教分别对待不同类型个体所面临的痛苦及其所指望的解脱，将所有生命纳入需要观照的对象。在各种时空生命形态中，将人视为实现逃离轮回苦海的最佳条件。根据个体追求的差异，人也大体上分为只顾此生此世幸福安乐者和注重来世的追求者两类，后者进而细分为下、中、上三士不同成果追求者。其中，下士求个人脱离恶趣获得善趣的人天生命之果，中士求个人脱离轮回之果，上士求众生远离轮回苦海之果。追求脱离轮回的中士、上士之果被称为涅槃。"涅槃"一词是梵文"nirvana"的音译，有时也指死亡，然而，其本意是超出一般生命死亡意义而追求真理最高境界。四谛中将其称为灭谛，是为了消灭苦因，断绝苦果而消灭欲望，达到不生不灭的境界，"生死流转图"中用月亮图来表示。涅槃，在概念意义上，还分有情相续心性空无真实的自性涅槃[②]、无住生死轮回与涅槃寂静二边之无住涅槃[③]、惟余蕴身而般涅槃者的有余涅槃[④]、烦恼无余永断蕴身无余而般涅槃者的无余涅槃[⑤]等。

由于涅槃与个体修学有关，佛学典籍中根据不同个体发心将修学者分为大、小二乘，其中只为自身解脱的听闻、独觉二小乘阿罗汉叫小乘涅槃，即有余涅槃；为众生解脱的菩萨大乘阿罗汉叫大乘涅槃，即无余涅槃，表示破除一切烦恼障碍。

由此可知，《流浪地球》及大部分逃亡主题的科幻文学以人类中心思维追求人类物种的延续，探索宇宙物理世界空间；佛学以六道众生观的角度追求生命灵魂的彻底解脱，并关注人类思想与物理世界的内在联系。

四、路在何方：探索式流浪与次第修道

为逃脱未来地球末日灾难和轮回生命的普遍痛苦，以《流浪地球》为例的逃离主题科幻作品和佛学各有不同的实现路径。

《流浪地球》将地球的逃亡分为五步：第一步，用地球发动机使地球停止

---

① 方立天：《中国佛教的宇宙结构论》，《宗教学研究》，1997 年第 1 期。
② 《大毗婆沙论》，《大正藏》第 27 册，大正一切经刊行会，1983 年，第 177 页。
③ 《大毗婆沙论》，《大正藏》第 27 册，大正一切经刊行会，1983 年，第 161 页。
④ 《大毗婆沙论》，《大正藏》第 27 册，大正一切经刊行会，1983 年，第 758 页。
⑤ 《大毗婆沙论》，《大正藏》第 27 册，大正一切经刊行会，1983 年，第 142 页。

转动，将发动机喷口固定在地球运行的反方向；第二步，全功率开动地球发动机，使地球加速到逃逸速度，飞出太阳系；第三步，在外太空继续加速，飞向比邻星；第四步，在中途使地球重新自转，掉转发动机方向，开始减速；第五步，地球进入比邻星轨道，成为这颗恒星的卫星。人们把这五步分别称为刹车时代、逃逸时代、流浪时代Ⅰ（加速）、流浪时代Ⅱ（减速）、新太阳时代。上述五个步骤完成了逃离面临灾难的太阳系而到达新太阳周围的幻想之路。纵观所有步骤，地球逃亡的动力、目的地、路程都是以现代科学知识为依托的幻想，而且此次逃脱的最大特点是科幻探索式流浪。当地球"不再需要返回潜藏着死亡的太阳，向广漠的外太空飞去，漫长的流浪时代开始了"，从而使人类物种得以延续，"叫不到救援的"地球在宇宙流浪中居无定所，四处漂泊的路程，让人不得不考虑"在以后漫长的外太空流浪中还有多少苦难等着我们呢？"① 太空中的任何星球，其灭亡是客观的，新恒星也是一个将会灭亡的星球，由此而言，地球逃离灭亡的流浪是永恒不断的。

西方现代科学时空观以古人的地球平面时空观、亚里士多德和托勒密建立的"地球中心说"及其古代球体对称时空观②为基础，以牛顿提出的牛顿力学时空观③及爱因斯坦提出的时空相对观④等宇宙时空观为思想背景。尤其是在时空相对观为导向的当前时空知识背景下，科幻文学的宇宙时空旅行变得合理可行，因此，《流浪地球》借助人造推动器的动力停止地球自转，并让地球脱离太阳系而进入外太空，最终在其他恒星周边寻找到新的轨道。

佛学涅槃是通过修学逃离六道轮回的一种精神追求。四谛中获得涅槃之道称为道谛，"生死流转图"中用佛以手指月及偈文的图像勾勒，示意按照佛祖指引之道修行能够获得涅槃之果。佛学涅槃思想可归结为了知轮回苦海而产生的出离心。出离心是所有涅槃追求者的共同修行道，为此，宗喀巴在《三主要道》中指出"若无清净出离心，求有海乐无寂法；贪执世间束缚众，故当首寻出离心"⑤。然而，出离心只是所有佛学理论的根本，追求更高成就者强调利他的菩提心，菩提心是大乘佛教最注重的修道。二者皆为佛学常说的方便法门，由于不同根器所向涅槃的不同，佛学提出实现不同目标之各种方便法门。除此之外，了如无我空性之智慧是所有涅槃追求共同修行的智慧法门。根据佛教三乘涅槃及其修道，听闻主要依四谛发出离心，通达人无我

① 刘慈欣：《流浪地球》，《科幻世界》，2000 年第 7 期。

② 哥白尼：《天体运行论》，武汉出版社，1997 年，第 3、70 页。

③ 伊·牛顿：《自然哲学之数学原理宇宙体系》，武汉出版社，1996 年，第 6—39 页。

④ A. 爱因斯坦：《相对论的意义》，科学出版社，1979 年，第 16—70 页。

⑤ 宗喀巴：《三主要道》，《颂辞汇编》（藏文），青海民族出版社，2017 年，第 126 页。

智慧；独觉发出离心，通达人无我和法无我各半；菩萨主要发菩提心，通达两种无我。三乘修者之道都有各自的五道次第，即资粮道、加行道、见道、修道、无学道。

除此之外，大乘佛学理论为所有修者指出次第道，统称菩提道。宗喀巴在《菩提道次第广论》①中分别为下、中、上三士指出次第道。下士道人士念死无常，三恶趣苦，皈依三宝，深信业果；中士道思惟苦谛，集谛，十二有支，解脱生死正道；上士道发大菩提心，修菩萨行，而且止观兼修。三士道修学之路是从下至上的次第关系。由此而言，佛学的涅槃之路及修学途径主要特征为次第修道。

五、结语：佛式科幻

科幻文学，其本质属性为注重未来的文学。文学就是幻想，幻想才是文学的特质之所在。② 因此，科幻文学是未来学指导下的科学与技术的幻想。科幻在思想实验的基础上进行预言，自然会生产神话话语，科幻励精图治，建设世界，认识宗教信仰的意义证实对生成全面而有厚度的科幻作品至关重要。③ 因此，研究科幻也无须纠缠于传统的软科幻、硬科幻等问题。科幻未来主义者观察不同未来学流派，分析其观点，揣摩其思想，重演其推理，辨认其态度，学习其方法，然后根据自己的写作需要对此进行整合，形成自己的未来体系，妥帖地写进作品里，为读者提供一个丰富多彩的可供多元解读的文本。④ 然而，通过比较以逃离灾难为主题的科幻作品与重视逃离轮回苦海的佛学典籍，我们能够发现科幻的时空想象恪守西方现代科学单一思维，其关注对象也仅限于物理空间中的人类未来。因此，佛学整体生命世界观等传统文化思维对科幻创作而言可谓新的文化滋养。

对科幻未来想象的空间领域，佛教可以在关注对象、内容、方法等方面提供新的思考：

首先，科学所面对的知识是无穷的，科学的时空探索是无法穷尽的，科幻的时空观还会接纳多重文化的时空叙述。佛学提出的四大洲世界、三界生

---

① 宗喀巴：《菩提道次第广论》（藏文），青海民族出版社，2018 年。

② 徐新建：《数智时代的文学幻想——从文学人类学出发的观察思考》，《文学人类学研究》，2019 年第 3 期。

③ 转引自爱德华·詹姆斯、法拉·门德尔松主编：《剑桥科幻文学史》，穆从军译，百花文艺出版社，2018 年，第 470 页。

④ 萧星寒：《关于科幻"未来主义"的思考》，《长江文艺评论》，2017 年第 2 期。

命世界以及大千世界观，应为科幻未来的时空想象提供新的领域。

其次，佛学关注的包括人、神、阿修罗、畜生、地狱、饿鬼道六道在内的整体生命观，可以扩充科幻小说以物理科学知识为基础的生命幻想，超越人类中心主义的视角，探索众生的生命观。

最后，从科幻的人类关怀到佛学的众生关怀，不仅是客体生命观照的跨越，而且是主体思维追求与方法的跨越。因此，停留在物理空间的科幻未来观可以拓展到精神世界。佛学式的未来不但超越人类物种范畴，提倡众生世界轮回及其涅槃等各种可能性，而且为人类精神世界与物理时空之间的关系及穿越提供了可能。

在洞察现在、推测过去、寻求未来的人类文明探索史上，科幻不只是依托科学技术的人类幻想，它也是书写人类一切幻想的极具魅力的现代神话，其内容远远超出任何单一学科知识的界限。从多学科相融的科幻未来展望角度看，佛学的时空观、生命观等文化视角下的科幻创作有待出现。然而，如何将其思想资源用在当前科技至上的科幻创作时代，是一个值得探索的重要话题，同时也是对当代科幻作家的考验。遗憾的是，为学识所限，笔者也无法展开深入讨论，唯期待更多的专业研究者对其加以探讨，将其向前推进。

作者简介：

完德加，四川大学文学与新闻学院研究员，研究方向为文学人类学、多民族文学、藏学。

以文学思考"游戏":网络小说中的"游戏"想象[*]

梁　昭

　　摘　要:网络文学与网络游戏同为数字时代的新文化类型,后者的想象建构深入影响了前者的创造,形成一类专以游戏为题材的网络文学体裁,即"游戏小说"。游戏小说对当代网络游戏进行了论述与想象。其一,小说叙事构想了当下"游戏社会"的新现实;其二,小说以文学虚构的方式再度想象的"游戏世界",是一个可对自我与他人进行深度探测的装置,是个体与他人、世界进行连接的空间;其三,小说叙述的"玩",是故事人物在游戏空间里与万物及世界建立关联的行为与历程。游戏小说这套数字化实践不仅让游戏被重述、被思考,还参与了关于游戏性的建构。

　　关键词:网络小说　新媒体文化　游戏　象征　文学人类学

　　在中国当前极富特色的网络文学类型中,游戏类网络小说数量众多,受读者关注。^①游戏类网络小说(后文简称为"游戏小说")是在网络游戏和网络小说各自发展的基础上交互而成的文学类型,体现了数字时代跨媒介叙事的一种文化形态。超长篇网络小说的兴起,原本就使得日益被图像驱散的文字文本意外地回归中国的流行文化界,而游戏进入小说文本,造成文学叙述与视觉−身体叙述互渗的效果,更让"小说"这种兴起于工业资本主义时代的文体,在数字资本主义时代获得了新的确认。

　　游戏小说兴盛的原因,不仅在于它直接以年轻人热爱的网络游戏为书写对象,是市场上游戏、影视等娱乐消费的增殖,还在于

---

　　* 本文系国家社科基金一般项目"媒介融合视域下的中国少数民族文学转型研究"(19BZW170)的阶段性成果。

　　① 以国内两个著名的网络文学网站"起点中文网"和"晋江文学城"为例,其网络小说的类型都设有"游戏"一类,与"玄幻""都市""武侠""言情"等并列。截至 2019 年 7 月 1 日,"起点中文网"上"游戏"类小说有 108311 部(篇)。

"游戏时空是虚拟世界的完美表征"，以游戏为中介，人们得以更好地书写和阅读网络时代关于虚拟世界的经验。① 由此，在网络文学中，"游戏时空""游戏系统"越来越多地与其他类型的小说（言情、穿越、玄幻、重生）结合起来，成为诸多主题内容的叙事架构。总之，游戏在网络时代的位置，游戏带给人们关于"后人类"形态的体验和想象，是小说收编游戏的根本原因。

目前，已有学者注意到网络游戏和网络文学之间的关联。如黎杨全认为，游戏对网络文学不仅提供了"工具意义上的借鉴"，更重要的是进行了"本体意义上的植入"："经由游戏中介，网络文学表现了网络社会重构的部分'新现实'，由此形成了它与传统文学的重要区别"。为此，他从网络小说塑造的世界、人和小说的叙述方式三方面，阐述了游戏经验对于网络小说的影响。② 葛娟聚焦叙事形态，论述了游戏从内容和结构两方面对小说产生了影响，推动了网络小说的游戏化。③

若回到艺术史和文化史上，可以看到游戏与文学和艺术、游戏与人类文化之间有着更为古老而深刻的渊源。自古有之的艺术发源于游戏的文论话语，把游戏视为第一性的，然而非自足的文化要素。20 世纪的西方游戏学家、文化史学者约翰·赫伊津哈（Johan Huizinga）试图恢复游戏的自足完整性。他把"玩游戏"与人的"理性"和"会制造"两项特质等量齐观，认为游戏先于文化而存在。④ 显然，他讨论的不是某一类具体的游戏，也不是讨论游戏在社会区隔意义上的性质和功能，而是从精神的、整体的层面出发，讨论让人为之着迷、乐于去玩、使游戏成为游戏的一类文化行为，或曰"人的行为"（赫伊津哈甚至认为动物也有游戏行为）。对于当代人而言，网络游戏成为诸种类型游戏中的最突出者。网络游戏借助网络搭建了前所未有的广阔的虚拟时空，塑造了人多重的角色身份，这让游戏文化学家关注的游戏的乐趣得到无限的增长，"游戏的人"的特质也更为凸显出来。面对这种新现实，受商业利润驱动和网络阅读市场支配的创作者们几乎以狂欢的方式来书写，制作出数量巨大的"关于游戏的文本"。

本文在学界已有研究基础上，再度切入网络小说文本的游戏论述。通过

① 黎杨全：《中国网络文学与游戏经验》，《文艺研究》，2018 年第 4 期。

② 黎杨全：《中国网络文学与游戏经验》，《文艺研究》，2018 年第 4 期。

③ 葛娟：《网游、网游小说、网络文学：游戏视角下的文学叙事》，《浙江传媒学院学报》，2017年第 2 期。

④ 约翰·赫伊津哈：《游戏的人：文化的游戏要素研究》，傅存良译，北京大学出版社，2014年。

阅读数量众多、篇幅超长的网络小说，笔者意识到这些以"文学""小说"为名的网络文本，实际上与传统的文学相去甚远。正如国内外网络文化、流行文化研究者阐释的那样，这些文本依托于网络硬件和网络操作系统而生，更遑论生产它们的企业还有意识地把游戏、动漫、文学、影视等诸种形态杂糅在一起生产，以形成源源不断的消费兴奋点。因此，网络文学并非传统文学在网络媒介上的延伸，不是一个不言自明的前在范畴，而是当代技术和市场共同召唤出来的消费文化形态。本文暂不讨论这类概念的生成与解说，且仅指出该概念在当下社会文化脉络中的大致意涵。倘若认识到这个前提，或许便可理解，为何网络游戏的建构特征会深入影响到与它们共生共存的媒介文学的结构形态（正如上文提到的学者们研究的那样）。

与此同时，网络文学对游戏的塑造与想象也不可忽视。网络文学的创作把娱乐化的虚拟游戏，转换为可把握的文化结构、社会关系、体验结构等来进行编码，并赋予它们文学性的价值判断与审美感受。伴随着海量的、不乏模式化的网络流行文学的传播，伴随着部分流行文学作品被改编为影视剧的潮流，网络游戏进入更为广阔的社会文化空间，成为探讨时代精神状况的重要坐标。

一、游戏社会：小说中的数码现实

受商业资本的驱动，电子游戏在中国已然成为发展势头迅猛的新兴产业，其生产、销售、消费的诸环节催生了新型的社会身份和社会关系。《2018 年中国游戏产业报告》显示：2018 年中国游戏市场实际销售收入达 2144.4 亿元，占全球游戏市场比例约为 23.6%；在游戏产业工作的人员数量为 145 万人；中国游戏用户达到了 6.26 亿人。[①] 该报告还从宏观的产业结构的角度，展示了经由游戏产业而诞生的各种职业群体，除了直接从事游戏行业的传统的运营类、开发类、设计类、策划类职业以外，还有游戏与其他产业融合之后诞生的职业，如游戏主播、电子竞技选手，以及与影视、文学、体育等进行"泛娱乐联动"而新生的各类行业。由此，消费游戏及相关文化产品的人，也围绕各类游戏产品、各类"IP"产品，集结为不同圈层的"粉丝群体""二次元用户群体""衍生内容创作群体"等。

游戏小说书写了这一新兴产业带来的社会变迁，呈现了由游戏产业而再

---

① 中国音数协游戏工委（GPC）、CNG 中新游戏研究（伽马数据）、国际数据公司（IDC）：《2018 年中国游戏产业报告》，中国书籍出版社，2018 年，第 1、2、4、84 页。

度组建和连接起来的社会现实。例如，"起点中文网"将游戏网络小说分为
"游戏主播""电子竞技""虚拟网游""游戏异界"四类。后两类泛指小说将
电子游戏提供的虚拟世界作为直接的呈现对象，而前两类对应的就是由游戏
产业促成的新产业类型。① 从总体上看，以刻画虚拟时空为主要内容的游戏小
说，对已然嵌入整个社会生产和文化体系的游戏产业的内部情况着墨不多，
仅进行了粗略的、符号化的呈现。不过这些呈现已然提示着属于"数码现实"
的文学时代的到来。

如最初连载于"晋江文学城"的以电子竞技②为主题的小说《AWM 绝地
求生》的开头：

> 下午两点，魔都 HOG 俱乐部 PUBG 分部基地，一队队长披着队服，
> 端着水杯，踩着拖鞋，拖着步子，不紧不慢地下了楼，经过冠军墙——
> 直通三楼的一面墙，其上嵌着数不清的奖杯、奖牌，一多半上刻着一队
> 队长的 ID：Drunk。
>
> Drunk，祁醉，现役国内电竞选手明星排行榜首席，原 HOG 俱乐部
> CF 分部队长，曾连续三年带队出征 CF 世界联赛，稳拿了三年的世界联
> 赛冠军。在祁醉的恐怖统治时期，欧洲、北美、韩国赛区战队全部挣扎
> 在亚军席上，至今翻不了身。③

这个开头延续了传统现实主义小说创造的一套叙述惯例——当然是高度
简化地模仿——交代故事确凿发生的时间、地点，交代主要人物，以此建构
故事的环境和要素。该小说刻画了现时代一个典型的"电竞世界图景"。"魔
都"在现实中为上海的昵称，上海是国内发展电子竞技运动实力最雄厚的城
市，被称为"电竞之都"。当一个电竞游戏小说的主角漫步经过用电竞荣誉纪
念物精心布置的空间时，读者能恍然感知到文本在缔造一个反映了新现实的
世界。接下来作者夸耀性地赞美了主角代表国家取得的电竞赛事的胜利，更
表达了一种新型的民族自豪感，展示了中国在电竞文化的世界图景中获得的
重要位置。与茅盾在《子夜》描绘的刚刚迈入资本主义的上海、王安忆《长
恨歌》书写的社会主义时代的上海市民空间比较，这里的"魔都"书写撷取

---

① 中国游戏直播市场用户规模达 3.0 亿人，中国电子竞技用户规模达 4.28 亿人。参见中国音数
协游戏工委（GPC）、CNG 中新游戏研究（伽马数据）、国际数据公司（IDC）：《2018 年中国游戏产业
报告》，中国书籍出版社，2018 年。

② "电子竞技"是用户利用电子设备进行智力对抗的电子游戏，2003 年被国家体育总局列为正
式体育竞赛项目。

③ 漫漫何其多：《AWM 绝地求生》，北京时代华文书局（原连载于"晋江文学城"），2019 年，
第 2 页。

了现实中的部分表象，提供了关于数码科技、数码文化如何重构中国和世界的想象空间。

2019 年夏季热播的两部"IP"电视剧《全职高手》[①] 和《亲爱的 热爱的》[②]（原著小说题为《蜜汁炖鱿鱼》[③]）均改编自网络小说，两部小说都刻画了电竞游戏行业在当代社会的文化位置。《全职高手》把青年人的成长放在电子竞技游戏行业中去表现，其改编的电视剧被观众誉为"突出电竞精神，弘扬热血梦想"。小说开场富有画面感：文字模拟摄像镜头的运动，从主人公操纵键盘的双手开始聚焦，逐步拉伸到由键盘和鼠标控制的电脑屏幕，再到主人公的神情、姿态；紧接着，跟随他的行动，展示了类似上文提到的《AWM 绝地求生》开场描述的空间。

> 夜已经挺深了，嘉世俱乐部却依旧灯火通明。叶秋和苏沐橙走出房间，一路走到了楼道的尽头。这里是一间很宽大的会议室，刚入门便可看到一面几乎占满整面墙壁的电子显示屏，上面显示的是"荣耀职业联盟"的战绩排行和一些技术统计。[④]

在这些描写中，主人公和电子屏幕共同构成了空间里的焦点。对网络生活里的英雄而言，电子屏幕、键盘、鼠标是他的劳作工具，构成了环绕他日常工作和生活的环境。"宽大的会议室"、深夜仍"灯火通明"的俱乐部、显示数据的电子屏幕墙，加深了这种不乏现代意味的环境的单调性和封闭性。然而，作为这种封闭性的突围，电子屏幕上发亮的数据连通了外界，把看不见的世界通过电子竞技排位数据的方式呈现在读者眼前。此外，通过聚焦主人公的工作/游戏状态，读者可以想象，电子屏幕里还有一个深广、绚烂的虚拟世界，让主人公投以全副的意志和情感。小说表现了当代青年的一种数字化生存状态：肉身处于"宅"的封闭空间，而屏幕连接起了精神与数字化的世界。

如果说《全职高手》是从男性主人公的视角来表现电子竞技游戏，青春爱情故事《蜜汁炖鱿鱼》则是从女性主人公的角度来表现。从女性的角度看，值得爱慕的男性英雄已然是技能高超、高度自制且具有投资经营能力的电子

---

① 小说为蝴蝶蓝：《全职高手》，"起点中文网"，https://book.qidian.com/info/1887208，2011—2014 年；影视剧为十一月：《全职高手》，企鹅影视、柠萌影业等出品，2019 年。
② 李青蓉、项旭晶：《亲爱的 热爱的》，剧酷传播出品，2019 年。
③ 墨宝非宝：《蜜汁炖鱿鱼》，"晋江文学城"，http：//www.jjwxc.net/onebook.php? novelid=2307154，2014 年。
④ 蝴蝶蓝：《全职高手·第一章·被驱逐的高手》，"起点中文网"，https://book.qidian.com/info/1887208，2011—2014 年。

竞技游戏选手兼电子竞技俱乐部创始人。于是，浪漫爱情发生的空间，也转移到了网吧、俱乐部、赛场等地。爱情故事作为一种叙事类型，隐喻着个人从血缘连接的社会关系，走向非血缘的社会关系网络。这类叙事类型和电子竞技游戏叙事类型相结合，意味着游戏缔造了当代社会的某种新型空间，年轻人在此转变社会身份，实现其社会价值。

网络小说具有"数据库写作"和作为消费方式的"衍生文写作"的特征，因此，浩如烟海的网络小说文本具有高度一致的惯例和模式。从上述三个文本可见游戏小说关于网络游戏的"外部书写"的叙述特征。第一，狂欢式、欢呼型的书写。学界和大众关于电子游戏、网络游戏的看法经历了从负面认知到正面肯定的过程。21世纪之前，国内外对电子游戏的态度普遍是谴责型的，甚至还用"电子海洛因"来进行比喻。21世纪之后，随着网络游戏进入日常空间，游戏被视为具有艺术价值的严肃文化和大众文化。[①] 中国游戏产业成为国民经济的重要产业以来，尤其是"电子竞技"被列入正式的体育项目之后，游戏逐渐摆脱了笼罩在其上的阴影。如同多篇小说文本叙述的那样，尽管还有人物角色被投以疑虑的目光，但网络游戏现实世界里总体是新兴的、可以产生巨大利润的跨国产业。第二，对现实世界进行再编码。透过网络游戏，传统的社会空间和社会关系在小说文本世界中急剧退场。真实的自然乡野完全缺席，只以数字化的形态出现在游戏场景里。提供物质、精神和情感的"原生家庭"关系、学校空间、各类职业空间等完全消隐或半消隐。游戏空间提供了替代现实空间和社会关系的数字化载体，游戏行业使青年缔结了共享经验的同代情谊团体——人在生活中被屏幕、游戏所中介。第三，意识形态成规的再生产。被游戏重新组织、中介的社会空间，仍服膺于某些意识形态成规，如传统的性别权力分配。在现实中，游戏行业和游戏玩家是男性的传统领域，因而游戏小说少有反抗这一性别区分逻辑，较少探索新型的性别关系和性别空间。

总之，游戏小说塑造的网络游戏的"外部形象"，与中国的游戏发展、兴盛程度有极大的同构性，体现了中国"游戏社会"的现状。

二、游戏媒介：个体与世界的连接

游戏给游戏小说增添的魅力很大程度上不是来自它在现实世界中的外部

---

① 国外游戏研究理论的发展，参见孙绍谊：《被"看"的影像与被"玩"的影像：走向成熟的游戏研究》，《文艺研究》，2016年第12期。国内大众关于游戏的认识的变迁，参见施畅：《恐慌的消逝：从"电子海洛因"到电子竞技》，《文化研究》，2018年第1期。

形象或社会位置，而是它在小说文本内部构建的光怪陆离的虚拟空间。游戏的虚拟性不单有"与现实无涉"之意，如传统的理想之乡"桃花源"、天地的边缘"大荒"等都与现实相区隔，还指在叙事层面营造出的完整体系，更有以数字技术创建的可以让人沉浸的仿真感。以（物质联系层面的）"非真"追求（感知上的）"似真、仿真"，是"虚拟"包含的双重含义。当游戏小说以文学虚构的方式去安放游戏的虚拟世界时，一方面，游戏完整自足的虚拟世界天然地给小说文本助推了想象性、奇幻性的动力；另一方面，小说的叙事编排使得各类网络游戏在文本情境中获得特定的伦理价值，进一步地，虚拟世界被小说文本"再虚构"，游戏在小说论述里获得某种意味。

值得注意的是，在形形色色的游戏类型中，游戏小说最为青睐的是角色扮演类和格斗竞技类的网络游戏。它们的共同性之一是都有一个完备的虚拟世界，以便主人公脱离现实世界，在虚拟世界展开历险。共同性之二在于，这两类网络游戏都是强互动型的游戏，故事人物的化身在其中与他者进行不同程度的互动。这就意味着："游戏行为""屏生涯""宅生存"并非代表"某种个人主义绝境"，而是在想象界和象征界里确认自我、与他人和社会建立符号连接的努力。

（一）虚拟空间：个体的"深度隐喻"

顾漫于 2008 年在"晋江文学城"连载、2016 年改编为电视剧的小说《微微一笑很倾城》，讲述了大学生往返于现实和网络游戏之间的青春爱情故事。小说虚构的游戏是角色扮演类网络游戏的"梦游江湖"。小说第一章便介绍了这款游戏：

> 微微玩的这款《梦游江湖》游戏是目前市场上最热的武侠网游之一，其实这款游戏其他方面并没有什么突出之处，唯独美工非常强大，角色也特别多，男女角色各有 18 个可供选择。微微选择的红衣女侠是比较少有人选的，倒不是说女侠外表不漂亮，而是因为她的武器是一把巨大的刀。[①]

作者对网络游戏的说明点到即止，主要突出女主人公贝微微与自己在游戏中的"化身角色"形象气质的高度一致。"红衣女侠"是个药师，在游戏PK 榜上排名第六，个性豪迈、形象威风凛凛。而现实世界中的贝微微也是大

[①] 顾漫：《微微一笑很倾城》，"晋江文学城"，http://www.jjwxc.net/onebook.php?novelid=370832，2008 年。

学计算机系的"学霸""系花"性格低调、游戏技能高超。现实世界和游戏世界的界限在此固然以现实和虚拟的二元区分为前提，但后者却显得是前者的延伸：故事人物凭借游戏而拓展了社交空间，人物之间展开更深层次的交往。此外，游戏是内置于现实中的娱乐和社交媒介。

> 微微发了个微笑的表情，众人松了一口气，以为劝解有效，不料随即一行字跳出来，把他们震得无语。
>
> 帮派［芦苇微微］：小雨青青，事情究竟如何你我心知肚明，要么你现在给我道歉，要么以后别让我看见你杀 Boss，否则我就把你今天给我安的罪名坐实。
>
> 算了？战天下没提药品之前或许还有可能，她也不是穷追猛打的人，但是现在绝不可能。在现实中处理事情，或许还要考虑周详三思后行，但是游戏不必，游戏若不能快意恩仇，还玩什么游戏，她是来玩的，又不是来受气的。
>
> 几乎立即。
>
> 帮派［小雨绵绵］：芦苇微微！你欺人太甚！
>
> 本来因理亏而沉默的小雨 XX 们如雨后春笋纷纷冒出来，辩解的辩解，攻击的攻击，微微看着这满屏的纷纷杂杂，怒意反而渐渐冷却了，忽然就觉得好没意思。

这几段话交叉呈现了女主人公微微在游戏内外的心理活动和行为。"线上"与"线下"虽有切换，人物的二重身份之间却无分裂、背反。游戏遮蔽了现实社会的身份，赋予玩家的"化身角色"以无羁绊的"第二人生"，人物深层的动机、欲望、人格得以更真切地释放出来。这样一来，游戏与现实这个虚拟空间由此也成为小说人物检测真伪和美丑的机制，人物在其中深化了对自我和他人的认识，找到了在精神和价值观上更为契合的同类。

综上，该小说本文中的现实世界与游戏世界关系如图 1 所示。

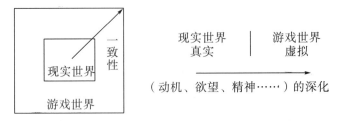

图 1　现实世界与游戏世界的关系（《微微一笑很倾城》）

从图 1 可见，小说文本里的游戏世界，是一个嵌入现实世界的虚拟精神空间。文本对游戏的叙事恰如文学作品惯常的梦叙事——依赖象征性符码（角色类型、"世界"图像、场景意象、文字对话），表达了人物在现实中被遮蔽或压抑的内心和欲望。在这一意义上，网络游戏类似人类学研究的"通过仪式"，以搁置惯常社会行动、社会区分的方式，让人通过象征世界走向更多的、更有序的社会行动。

（二）连接个体的"共同世界"

与从工具层面刻画游戏的小说同时诞生的，还有更多地进入游戏内部，以游戏世界、游戏角色来讲述故事的作品。作者仍建构了现实和游戏两个平行的世界，不过现实世界不再是将游戏工具化、娱乐化的外在框架；反而是游戏的规则、目标反过来带动、超越、拯救了现实中的堕落和无奈。

"起点中文网"上分类为"虚拟网游"或"游戏异界"的大量小说，其核心情节都有一个类同的模式：在现实世界中不得志的"废柴"，主动地或意外地进入虚拟的游戏世界或者由游戏系统操控的历史世界，凭借先于这个世界而获得的知识、逐步升级而获得的技能和装备以及理性隐忍的性格，在这个世界中获得成功。如 2005 年开始在"起点中文网"上连载的《网游之天地》，写了一个相貌不出众、工作不如意的"我"，辞职以后用全部存款购买"天地"游戏所需的设备，在游戏世界里从他自嘲为"无产阶级"的身份开始，一步步打怪、升级、学习技能，最终跃居角色等级的巅峰，打败敌人，进入更高级的游戏空间。这个情节模拟或直接搬运了现实中的电子游戏的设置：阶梯级地设置难度、促使角色逐级攀升的系统。其对玩家的潜在许诺就是：只要技能、装备、方法等符合系统设定，必定能取得胜利。

在这类故事里，无限放大的游戏世界占据了情节主体，现实世界中的人物与其在游戏里的化身角色高度重合。小说作者常常直接穿透故事人物，聚集在他们的游戏角色身上。下文为《全职高手》里层出不穷的网络游戏场景中的一段：

> 雷鸣电光的烈焰冲击和云归的暴风雪当然也是有冷却的，一个要 6 秒，一个要 8 秒，此时两人正在狂扔各自的单体攻击小法术，面对这么大堆的哥布林明显力不从心。
>
> "够了！"叶修一边说着一边让君莫笑冲了上去。有了修鲁鲁的效果，哥布林变得更加齐整。近战的都围到了修鲁鲁身边，远战的都已经开始攻击修鲁鲁。修鲁鲁出来也就那么一秒，就被打成了碎片。但君莫笑已经在此时又冲进了他们身遭，战矛不见，左右手各握了一支东方棍，抓

起一只哥布林拧身就是一个背摔。背摔冲地波散开，哥布林整整齐齐倒了一片。"剑客准备银光落刃！起身放。"叶修喊着。到现在还没发挥过的蓝河听到这个指令一怔，但随即反应过来，拎着光剑炎日急忙上前。①

这段情节描述的是游戏中的打斗场景：主人公叶修指挥自己的游戏角色"君莫笑"，与其他玩家的游戏角色——"雷鸣电光""云归""蓝河"等，组队在副本"冰霜森林"中打怪升级。小说在叙事时，大多以游戏角色来指代"现实世界"的人物，如"雷鸣电光"和"云归"两人"明显力不从心"，"蓝河"的"一怔"以及"随即反应过来"，这种行为或心理状况，既指游戏角色的反应，也指操纵角色的人物的情态。小说把二者合而为一地加以叙述时，现实人物均隐身于游戏角色之后，这凸显了一个由象征符码构建的人造游戏世界，所有人物均通过他们的化身与他人发生关联。包括主角叶修——他被俱乐部解聘之后在一家网吧打工，收入和社会地位一落千丈。而他真正的才能与人品，都是透过游戏角色"君莫笑"的表现而被众人所知。也正是通过在《荣耀》第十区的游戏竞赛，叶修才得以结交一大批志同道合的朋友，重新与世界发生关联。

与《微微一笑很倾城》这类小说相较，《全职高手》展现了更丰富、更奇幻的游戏世界情境。游戏故事的行进、游戏角色的遭遇，几乎替代了人物在现实世界发生的故事，成为小说的主干情节。游戏世界而非与之平行的现实世界，是人物共同奋战、缔结情谊的"共同世界"。这个世界虽由幻想形象构成，但作者把幻想形象与现实人物合而为一的表现方式，暗示着被编码和操弄的幻想形象所承载、表达出来的语音、行为、意义，都指向现实。以示意图表示如下：

图2　游戏世界与现实世界的关系（《全职高手》）

（三）连接无限可能的"数字宇宙"

进一步地，部分游戏小说不再满足于仅让人物在现成的游戏世界里冒险，

---

① 蝴蝶蓝：《全职高手·第三十一章·一波流（下）》，"起点中文网"，https://book.qidian.com/info/1887208，2011—2014年。

而是让他们充当全能制作者的角色，创造游戏世界。在小说文本里从零到有、生成于数字系统的人造游戏世界，拥有电子游戏的要素：规则体系、空间场景、非玩家角色、道具技能等。特别的是，这个游戏世界能够与现实世界发生交互与混融，体现了后人类时代的世界特征与生命特征。

目前在"起点中文网"连载的《创造游戏世界》①，讲述了一个男性穿越者在类似地球的世界里，创造出游戏世界的故事。这个名为"江桥"的穿越者，获得另一世界"造物主"、形体为半透明状的"幽灵"——"海蓝"的帮助，用意识创造了名为"圣零"的游戏世界，以训练玩家的格斗技能，为抵抗未来的入侵者做准备。"圣零"诞生之时，仅有"240平方公里，玩家上限2/1000"，形成一个"淡白色的光球"，"像是卫星一样"环绕着江桥所在的星球"蓝星"旋转。这个幻想中的游戏世界呈现的特征有：其一，本为人造的以VR游戏系统搭建的战斗技能训练基地；其二，建成之后成为一个有自主生命系统的星球；其三，该游戏世界与现实世界相互交融，让玩家可在游戏状态下对抗入侵者。

电子游戏成了人物与人物、人物与数字角色之间发生互动的装置，成为人改造自身身体、改造世界的中介。现实中数字技术的不断发展，导致网络游戏的体量不断增大，使玩家在沉浸式游戏中获得虚拟实境的经验，是这类游戏幻想故事的基础。由此，故事把游戏设定为人根据自己意愿、目的而建造的类实体的世界，这个世界在初级设定之后获得智能化的生命，成为承载人的真实行动的空间。

小说中的人物创造游戏世界的方式，类似于《圣经》中上帝创造世界的数字化版本。如《主神大道》里写道：

> 赵奇双眼微闭，心神瞬息间便进入了宝珠内部，……
>
> 赵奇望着眼前灰色雾气，伸手一指3点创造神力便化作一道七色神光飞出，随后碰的一声巨响，眼前的雾气顿时成了一片糊糊！雾气鼓荡不休，形成了数十个大大小小的七彩漩涡，小的如巴掌，大的却如星辰。一切一切都流转不息，漩涡之间相互摩擦滚荡，碰撞之声大作，这正是开天辟地之势！
>
> ……
>
> 赵奇看到雾气被自己用创造神光打破，而那些漩涡渐渐开始散乱融合，用手一点，一枚虚幻的种子便冲进了漩涡之中……

---

① 姐姐的新娘：《创造游戏世界》，"起点中文网"，https://read. qidian. com/chapter/paNMQuXkvb RrNWkNCb7tfg2/gQ9BDy1g—I3wrjbX3WA1AA2，2019年4月15日上架。

逐渐的一个分外模糊的世界在赵奇眼中编织出来，又不知过了多久，大地渐渐清晰，越来越厚，沉淀凝结，由虚幻转为实质，又演化出了山川河流。天空线流交汇，演化出了点点星辰日月，照射出光芒下来。一个小世界俨然已经成型！①

这几段描写杂糅了《圣经·创世记》、科学假说"宇宙大爆炸"和数字化建模的图景，是数字时代神话和科技的综合创造。而小说人物之所以能够拥有上帝一般的能力，则是来源于人脑中莫名载入的"智能光脑"的辅助。"智能光脑"把生物性的人改造成可以存储海量知识、可以扫描身体、能够连接互联网的人机结合体。在数字化时代，此种人类与人工智能的共生体，被塑造成"新上帝"。而由"新上帝"创造的游戏世界与现实世界有着复杂的关系。它把历史和幻想置于同一个空间，通过玩家的游戏角色与游戏系统角色的探索、互动，促使这个空间发生自体进化，最后借助"新上帝"与空间互动生成的"神力"，使虚拟空间演变为真实世界。

可见，在这类文学想象里，游戏世界书写为数字时代的乌托邦，其作用是改造人类、改造现实。游戏以自由想象的方式，把已存在的历史、现实重新组合编码，造成一个类人的世界，同时又把由科学世界观指引、科学无法抵达的未来拉进游戏系统中进行创造。经此种种，塑造了一个与过去、现在、未来的无限可能发生全链接的"数字宇宙"。

三、玩：在人造象征界里的行动与沉思

从小说中的游戏表述来看，游戏世界中的小说人物看似与现实隔离，却在幻想世界里，与一切存在都发生着深切的关联。这种深切的关联如何发生与达成？——玩。人物在游戏世界里的唯一行动是玩，玩是个体进入充满隐喻与象征符码的虚拟世界的生命历程。通过玩，虚拟个体与其他各种类型的虚拟主体建立联系，在数字宇宙里重构自己的人造世界。

与现实大众对游戏从污名化评价到去污名化评价的历程类似，"玩游戏"也历经了从遭遇社会恐慌到得以理性对待的过程。在被负面评价的时期，"玩游戏"先后被描述为类似吸毒危害青少年身心的犯罪行为，以及成瘾性的精神疾病。而从 21 世纪初游戏得到正名以来，玩游戏也趋向一种"很酷"、富

---

① 　古月居士：《主神大道·第三章·开天辟地 小神世界》，最初连载于"起点中文网"，2017—2018 年。可在"笔趣阁"阅读，https://www.bqg5200.com/book/5666，2019 年 8 月 21 日。

有个性的行为，最后成为正常的休闲娱乐。①

游戏小说里对玩的叙述，夹带着早期作为一种边缘行为的特点。例如，主人公最初只是一名小人物，一事无成，只精通玩游戏这种"不务正业"的技术。这种叙事伦理观与小说这一市民文学文体惯常重视的小人物视角有着相通之处。而随着故事的展开，擅长玩游戏的主人公也表现出类似西方现代小说头号主人公——鲁滨孙——那样的"理性经济人"的特点：在陌生的、荒芜的、充满不可知风险的人造象征世界里，一步步地筹谋，尽可能地利用手边之物，开创一个属人的世界。玩在此类似劳动、创造。

玩首先是一种理性的规划。有学者曾聚焦网络玄幻小说，认为这类看似"充分表现奇思妙想的小说"，其实是"以玄幻的方式讲述当下青年在残酷世界中的艰难成长与个人奋斗的故事"。②游戏小说亦以关卡化、等级式的游戏架构，为底层青年的"逆袭"搭建了一个可换算工作量和技能值的世界。作者们倾向于把游戏想象为不断运作的装置，以理性的计算法则导向固定的目的。玩的随意、消闲性被置换为劳作般的紧张、严肃，玩的成果被系统计算、判定，从而决定人物在游戏世界的位置。在反乌托邦的游戏小说《地球上线》③里，游戏史上的各类游戏机制和游戏形象相继出场，成为考验、淘汰和筛选人物的机制，只有擅玩的人，才能顺利通关，存活下来。游戏彻底地被建构为"反游戏"之物，玩也被想象为拯救末日世界的能力。

然而，玩不只是一种实用理性的行动，否则无以解释为何小人物在现实世界里郁郁不得志，却欢欣鼓舞地投入游戏世界并获得成功。在《玩的就是规则》一书里，伊恩·博格斯特（Ian Bogost）把玩"看作对物体和情境状态的理解"，而玩获得的结果——乐趣，则是"一种当我们用正确方法与事物互动时产生的感官享受。发现、选择、管理并与娱乐场内存在的事物共处就是乐趣所在，也是意义所在"④。姜宇辉进一步援引博格斯特提出的另一个思辨的概念，认为游戏所提供的世界"将每一个人类个体化入更大的物的体系和宇宙之中"，使人"在深深卷入物的秩序的同时又保持自身的独立性"，从而展现了游戏的基本精神自制。这里所说的"物的体系""物的秩序"，正是存在于游戏世界里的各种数字化造物构成：物品、植物、怪兽、神灵，以及各

---

① 施畅：《恐慌的消逝：从"电子海洛因"到电子竞技》，《文化研究》，2018 年第 1 期。
② 姜悦、周敏：《网络玄幻小说与当下青年"奋斗"伦理的重建》，《青年探索》，2017 年第 3 期。
③ 莫晨欢：《地球上线》，"晋江文学城"，http://www.jjwxc.net/onebook.php? novelid = 3377217，2017—2018。
④ 伊恩·博格斯特：《玩的就是规则》，周芳芳译，中信出版集团，2018 年，第 146－147 页。

种非玩家角色。它们拥有某种设定，在游戏中发挥一定的功用，却只能依赖于玩家的行动才得以实现。这个世界与现实世界的区别，不在于它放纵了人物的欲望，提供了感官的享乐，而是盛满可供探索的各类象征之物，让人物在一定规则的限制之下享受"与物共生"的乐趣。

小说里常常可以看到，人物在给定的限制中对物性的探索和再造。如《微微一笑很倾城》里的女主人公用珍稀材料制作的发簪，《全职高手》的男主人公利用装备编辑器制作的最高等级的武器"千机伞"。更大程度上的再造，则是前文所说的——人物在游戏空间里，利用游戏的规则，创造一个新的空间。越是技能高超的游戏高手，越能体悟游戏中万物的物性，运用可用之物来达成目标。

游戏中的万物，与其说是对真实之物的模拟，不如说是来自神话叙事的各类象征元素。无论是用以制作发簪的"天山白玉""九天淬火"，还是制作"千机伞"的材料"暗夜猫眼石""白狼毫"等，这些物质材料内含的神话性、象征性含义远远大于物理性征。游戏世界里的怪物系统、神鬼体系、世界设定，也无不承载着某些象征含义。人物与游戏之物打交道，实乃与该物的象征性征发生纠缠。

结　语

矛盾的是，游戏本是生成性的，由玩家和系统、别的玩家在互动中产生不确定的进展。而小说中的游戏却往往走向唯一的、确定的结局。这是游戏植入网络小说的结果。拥有人物和情节的小说，其叙述法则规定了游戏世界在这类文体中的展开方式。

从整体上看，游戏小说对电子游戏或网络游戏的改造，为其塑造了一种超越现实的伦理形象：游戏使人获得关于自我与世界的可控性——这种可控性来自游戏规则的允诺，也来自人经由象征之物而与世界产生的关联。与网络游戏在媒介形态上具有近似机制的网络文学，为电子/网络游戏提供了自觉的、另类的解释。这些文本可以视为由日渐常态化的游戏行为扩展开来的数字化实践。这套实践不仅让游戏被重述、被思考，还参与了对游戏之游戏性的建构。

作者简介：

梁昭，教育部人文社科重点基地四川大学中国俗文化研究所副教授，四川大学文学与新闻学院硕士生导师。

机器模拟与形神交融：再造身体的跨界比较

卢　婷

摘　要： 从 AlphaGo 在围棋比赛中战胜世界冠军，到人工智能绘画、微软"小冰"写诗，再到演奏中国传统乐器的机器人乐队"墨甲"，人工智能正一步步拓展至人文艺术领域。人工智能艺术在对人类发出挑战的同时也使人类审美实践活动的身体性得到一种新的印证。本文从身体的视角将人工智能时代机器模拟的审美活动与嘉绒传统社会的族群审美实践活动——达尔尕做比较，以此反观达尔尕的身体性特点。

关键词： 嘉绒藏族　人工智能　达尔尕　身体美学

引　言

2019 年 4 月 27 日，清华大学美术学院实验室，一支名为"墨甲"的机器人乐队精彩上演了一场独具特色的音乐舞台剧《墨甲幻音》。这场演出的主角是三名分别取名为"玉衡""瑶光"和"开阳"的机器人乐手，他们分别演奏竹笛、箜篌和排鼓三种具有代表性的中国传统乐器。据多家媒体报道，音乐舞台剧《墨甲幻音》首次将机器人演奏、中国民族器乐、多媒体舞台戏剧等技术与文化元素结合在一起，融合了智能与交互技术、雕塑艺术、音乐艺术、中国传统文化元素等，是世界首个演绎中国古风的机器人乐队。研发团队将技术、艺术与中国传统文化相结合，赋予"墨甲"形似于人的身体，并使他们模拟人演奏音乐，可见，人工智能已经在艺术模仿方面取得了显著的进步。

再来看现实世界里生活在大地上的人们。在青藏高原东缘，以墨尔多神山为轴心而展开的大渡河的两大主要源流大金川河、小金川河，以及岷江的主要支流梭磨河、杂古脑河流域的广大农区，世代居住着一支古老的族群，今天通常被称为"嘉绒藏族"。学界通常将嘉绒的早期族源与远古象雄琼氏部落以及汉文史籍中的"冉駹夷"和"嘉良夷"相联系，并认为唐代吐蕃东进统治了西山诸羌，并与当地嘉良夷逐渐融合成为后来的嘉绒藏族。在今天的嘉绒地区普遍存在一种以身体习得并代代相传的族群审美实践活动，当地语言称作"达尔尕"（tɐge）。达尔尕书面意思为"欢乐""喜悦"，当地人解释为"大家一起欢乐吧"。达尔尕即嘉绒藏族在特定时空语境中展开的，以歌唱、舞蹈、仪式相结合的一种群体性的身体实践。如今，年节、庙会、寿辰、婚礼等各种活动中，大家都会在"达尔尕如"（tɐgezu）①的带领下，伴随着相应的仪式，围成圆圈踏歌起舞，以此供奉天地神灵、敬献高僧大德、歌颂英雄土司，也以此祝福吉祥、交流情感、共享欢乐。这种以身体为本的实践活动在嘉绒人的社会生活中占有重要的地位。

本文将机器人乐队"墨甲"表演音乐舞台剧与嘉绒社会的达尔尕这两个事象并置，是因为在笔者看来，二者均是在特定时空下以身体为本而展开的实践活动，但二者的"身体"却存在本质的不同。本文拟从身体的视角将人工智能时代机器模拟的艺术实践与人类传统社会的族群审美实践活动——达尔尕做比较，以此反观达尔尕的身体性特点。

一、人造与自然：无心之器与有心之人

机器人乐手和嘉绒社会达尔尕的每一位参与者，他们都是审美活动的实践者，但二者作为实践者本身有何不同呢？在笔者看来，前者是研发者模拟人的形象制造出的"无心之器"，而后者是自然而成、形神交融的"有心之人"。

机器人乐队的主创团队从造型、服装、音乐、表演艺术等方面精心设计，打造出了这支颇具中国古典风格的乐队。从造型来看，箜篌机器人"瑶光"是位身姿绰约的女子，竹笛机器人"玉衡"则是一名儒雅的侠士，排鼓机器人"开阳"热情奔放（如图1和图2所示）。三名乐手分别采用拨奏、吹奏、击奏的方式模拟人演奏乐器，从演奏技巧来看，他们表现出色，甚至有超越人的方面。比如竹笛的演奏，有大量的、快速的跳音，对人类来讲需要换气，但机器人玉衡不用换气就可以实现连续的、跳跃的长音。又比如排鼓的演奏，中国传统排鼓一组五台，人类用两只手演奏，而开阳有四个机器手臂，同时在四个不同音高的鼓上演奏，突破了人类生理的限制，在技术上实现了超越人类的演奏水平。机器人主创团队负责人米海鹏谈道，为了让机器人展现出

---

① "达尔尕如"，有些地方也称为"尕本"（gɐpən），意为"能歌者、擅舞者"。

人类演奏乐器的韵味，克服演奏"没有人味"的问题，团队对乐师玉衡做了大量调试，调整每个音高需吹气的气量，并且每次换笛膜，都会重新校准，调整每个音准下需要把握的气流。墨甲机器人乐队的诞生，是技术和人性彼此靠近的一次积极尝试。在笔者看来，机器人乐手虽然从技术上、形式上实现了乐器的演奏，但不具备人的身体，无法感受，他们的演奏仍然只是模型的塑造与数据的整合。

图 1　机器人乐手"玉衡"和"瑶光"　　　图 2　机器人乐手"开阳"

正如理查德·舒斯特曼（Richard Shusterman）所认为的那样，"身体是我们身份认同的重要而根本的维度。身体形成了我们感知这个世界的最初视角，或者说，它形成了我们与这个世界融合的模式"①。一旦远离了身体以及身体与真实世界的联系，便失去了对自身身体的审美感受及一切创造性活动，在此意义上，将人与机器区别开来的便是"身体"。

达尔尕的承载者是世世代代生活在大地上的嘉绒族群，他们有血有肉、形神交融；他们有着生、老、病、死、喜、怒、哀、乐的自然之身；他们通过身体感受四季变换、自然万物，用身体生产劳作、建造房屋，用身体歌唱、舞蹈、与他人合作，与神灵沟通。身体是他们存在于世，感知世界、描述世界的媒介。达尔尕正是嘉绒族群以身体为本的实践活动，是他们自然之身的审美呈现、群体之身的文化体现以及世俗之身的神圣体现。

---

①　理查德·舒斯特曼：《身体意识与身体美学》，商务印书馆，2011 年，第 13 页。

二、审美再造：自然之身的审美呈现

达尔尕，本意即欢乐、喜悦，每逢重要节日、寺院法会、男婚女嫁，以及生命过程中的重大节点，人们便会相聚在一起以达尔尕的形式度过。达尔尕是嘉绒社会全民参与的群体性活动，从孩童到老人，无论男女，都可以参加。

达尔尕的曲目丰富，不同的庆典、仪式会有相应的曲目，曲目的选择通常与仪式的规模大小、性质、内容有关。比如在婚礼或一般的节日欢庆中，第一折通常是"冬不尔绒"（toŋpəzoŋ），以祝福吉祥；在苯教寺院的"良美度钦"法会中，信众会跳"嘉莫绒康"来纪念雍仲苯教第二祖师良美·西绕坚参尊师；在房屋落成仪式中，大石匠会牵头跳"甲色颇让"（tɕɐsepuraŋ）以表达对主人和新居的祝福；另外，在一些比较特殊的时刻，如寿辰的时候，通常会先跳"德巴颇拉"（tepapʰola）和"巴哇德拉"（pawatela），向土地神祈请之后，才开始之后的欢庆活动。在一些特定的节日或仪式中，会有固定的曲目。比如嘉绒代汝节时，有赞颂、纪念英雄阿米格尔东的"阿米格尔东尕"（ɐmikətoŋge）；在寺院"古朵"法会之后，男性以"扎乌拉尔尕"（zɐvuleɡe）祈福；金川万林苟尔光的村民在每年转山节期间，会以"楞琼格"（nəntɕoŋge）来祭祀山神；巴底、马奈一带，家里如有亲人去世，家里所有人从亲人去世当天开始，三年以内不参加任何娱乐、歌舞等聚会，直到满三周年，家中会准备宴席邀请亲戚、朋友、邻居到家里跳"嘛呢尕"（manəge），以告慰亡者在天之灵；等等。不同性质的场合对应不同的曲目，这是有严格规定的，也是约定俗成的。

达尔尕需严格按照程序进行，展演开始前专门有人用柏树枝煨桑，洁净场地，并在场地中央摆放好茶盘、哈达、砸酒坛等，砸酒坛上插数根麦管供大家休息时品酒用，四周放上木凳供大家休息。男女分开相对而站，分别围成两个半圆形，有时各自站成两个圆，男队在里圈，女队在外圈（如图3和图4所示）。待大家在各自的位置上站好以后，德高望重的长者来到圆的中心开坛、致颂辞。开坛时，长者先用插在砸酒坛中的两根麦管从酒坛中夹出数粒青稞五谷抛向天空、撒向地面，长者口念颂辞，第一敬天地神灵，第二敬山神、家神，第三敬亡灵，最后祝愿风调雨顺、五谷丰登、人畜兴旺。

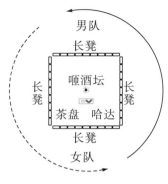

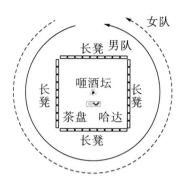

図3　场地与队形示意图1　　　　　　图4　场地与队形示意图2

展演按照"达尔尕底"（tɐgɐti）开场，"达尔尕惹"（tɐgɐzɐn）在后的顺序进行。达尔尕底通常在各类仪式、年节、庆典的开场部分展演。其唱词内容主要为供奉天地神灵，歌颂英雄人物，颂扬土司，敬献高僧大德，赞美宫殿、寺院、房屋、自然万物，等等，风格典雅、庄重。达尔尕惹是达尔尕底之后具有一定娱乐性质的歌舞，其唱词内容多为歌颂家乡美景，男女之间相互赞美、抒发情意，相互欢悦，等等，其风格热烈、欢快，因此更受年轻人的喜爱。

达尔尕底开始时，先由一名年轻男子向领队献上串铃，领队接过物品，互相行礼，然后各自回到队列中，接着由达尔尕如起音。每一折达尔尕开始都有一段起音，起音好比音乐术语"引子"，是为一首达尔尕定调，也是舞者展示嗓音的时候。对此，当地人有着自己的阐释，即：

> 起音就是展现自己的一个过程，起音对技巧要求很高，亮嗓音，同时展现自己的身材，有一点竞争的意思。[1]

对达尔尕的音色也有相应的评价标准，要求做到：

> 男子声音低沉、浑厚时犹如豹子咆哮一般，高亢时共鸣犹如铜锣一般。女子声音要清脆，犹如铃铛一般悦耳。[2]

达尔尕的起音段速度徐缓，唱腔悠长，音调由低到高，旋律装饰音较多。达尔尕如通常以"wo—"音开头，紧挨着男子进入，随后男队其余人纷纷加入，最后变成齐唱。男子唱完后，女子以相同的方式重复一遍，起音部分只

---

① 2018年10月2日，笔者在丹巴县巴底乡色脚村，与根邓老人的访谈笔录。

② 2019年2月16日，笔者在金川县河东乡，与达尔尕传承人萨凯（宋仁庆）老人的访谈笔录。

唱不舞，身体随着旋律微微摆动，男女如此循环反复唱三遍之后，在达尔尕如的带领下从右手方向踏歌起舞，缓慢进入正歌部分。达尔尕底的正歌部分相对起音段速度稍快，节奏感较鲜明，多为上下句乐段，旋律古朴庄重，舞蹈动作沉稳，曲调速度基本保持不变，多次反复后最后平稳结束。一场活动中，至少先完成三折固定的达尔尕底，接着才能进入到达尔尕惹。达尔尕惹的旋律通常为三、四乐句或多乐句乐段，在不断反复的歌唱中，速度逐渐加快，旋律装饰音递次减少，舞蹈动作粗犷豪放，最后在热烈的快板段落结束。才让太教授曾对青藏高原转圈的文化现象有过这样的论述："早在远古时期，藏民族的先民对圆的崇拜演变为用转圈的方式来表达对某种特定的神灵、物体，甚至人物的敬仰喜爱和愉悦之情，往往会围绕着这一特定的对象转圈。"①其中原因与民众信仰相关：

> 在藏族文化中，最早用转圈的形式表达敬仰之情的是产生于古象雄的苯教传统。根据苯教文献《黑夏巴密续》的记载，转圈礼曾经是青藏高原上一种重要的甚至可能是主要的表达敬仰的礼拜方式。在古老的象雄文明中，圆形代表圆满，转圈是对圆满的实践。②

嘉绒藏族以身体继承和延续着古象雄的圆崇拜文化，人们围成圆圈载歌载舞地表达对神灵、高僧、英雄、土司以及自然万物的崇尚和欢悦之情。从达尔尕底到达尔尕惹，舞蹈动作从舒缓变得豪放，曲调由深沉变得欢快，情绪从含蓄变得奔放，其功能也实现了从娱神到娱人的转换。达尔尕作为一种身体的实践与艺术表达，身体在时空的变化中言说、歌唱、舞蹈，人们通过身体表达对神灵的崇拜，祈求神灵的护佑，也在此过程中获得身心的修炼与种种欢悦。身体实现了神圣信仰与世俗生活的完美连接，生命也因此诗意地展开，每一个生命个体都在此过程中达到审美活动的自由境界，身体美学的意义也得以体现。

三、社会再造：群体之身的文化体现

皮埃尔·布迪厄（Pierre Bourdieu）曾根据知识与其载体的关系区分了两类知识：一种是可以与身体分开的知识，它通过其他媒介如文字而流传。另一种是身体全身心投入而习得的、融入身体的知识（incorporated

---

① 中共金川县委金川县人民政府编：《象雄·金川》，开明出版社，2018年，序言第3页。
② 中共金川县委金川县人民政府编：《象雄·金川》，开明出版社，2018年，序言第3页。

knowledge)。① 布迪厄认为，身体所习得的东西并非人们所有的东西，比如人们掌握的知识，而是人们之所是。知识绝不可能脱离负载它的身体，它要得到再现，就只有借助一种用来展示知识的体操，即实践模仿。② 作为一个没有书写传统的族群，嘉绒藏族用以传承族群观念与文化的主要媒介就是身体。"身体不仅是知识习得和知识时间展开的枢纽，也是知识存在的基本方式和知识传承的基本形态。"③ 达尔尕便是人们在年复一年的生活、节日与仪式中不断模仿、反复实践的一种身体操演，通过这样的身体行为，族群观念与文化得以存在并代代相承。

在嘉绒社会，老人具有很高的地位，尤其是男性长者在家庭之内和社会都具有很高的权威，老人在家中的地位从他的座位便可看出。"老人的座位卡布与家神神龛、祖先神的位置是一致的。在这个座位上的活动，体现了老人在世俗空间中的权威。只要家里有老人，无论什么时候，这个位置都只能老人坐。""在家庭之外，老人是社会礼仪的主持者，社区文化传统的维护者，社会纠纷的裁决者。"④ 尊敬老人是嘉绒社会最重要的社会伦常，这一点在达尔尕中也充分体现。

达尔尕的整个过程中，老人始终处于重要的位置，队列中的第一个位置，嘉绒话称为"达古"（tægu），意为头，在这个位置上的只能是村寨中德高望重的长者，达尔尕开始时，大家会将参与者中年纪最长的老人请到达古这个位置。队列中的第二个位置，嘉绒话称"德木格"（təmgə），意为脖子，这是整个队伍中起关键作用的位置，站在这个位置的人，嘉绒话称为"达尔尕如"，意为能歌者、擅舞者。达尔尕如要负责确定曲目、定调、领唱，还要引领整个队伍的舞步，队形变化，等等。达尔尕如是整场达尔尕的组织者和指挥者，也是真正的达尔尕的行家。他必须按照达尔尕底在前、达尔尕惹在后的顺序来选择相应的曲目，如果不按照程序做，技艺再好也会被人笑话没有规矩。德木格之后，其余人则按辈分、长幼次序依次站好，站队的过程大家会相互礼让，让年长者在前，年幼者自觉地靠后。第一折达尔尕结束后，大家按照辈分、长幼的顺序来到场地中央品砸酒。大家将头顶的帽子摘下，表示恭敬，并围着酒坛蹲下，相互谦让的将麦管伸入酒坛咂一口。在场的所有人依次上前去咂一口青稞酒之后，才接着进行第二折达尔尕。笔者在田野调查过程中经常听老人们讲起达尔尕中的各种"规矩"。

---

① 皮埃尔·布迪厄：《实践感》，蒋梓骅译，译林出版社，2003 年，第 113 页。
② 皮埃尔·布迪厄：《实践感》，蒋梓骅译，译林出版社，2003 年，第 113 页。
③ 李菲：《身体的隐匿：非物质文化遗产知识反思》，民族出版社，2017 年，第 173 页。
④ 李锦：《家屋与嘉绒藏族社会结构》，社会科学文献出版社，2017 年，第 162 页。

　　从前跳锅庄我们都有个规矩，牵铃铛的有个规矩，牵舞的人必须有一个，这个不论年龄，过了就哪个年龄大就朝前头推。还有牵手的方法，尊敬老人的就你要朝上带，小的就往下带。不管跳锅庄，喝坛坛酒也好，都有个规矩，按轮子来，先是老的，然后再是小的。坐也是，按照年龄，互相尊敬。我们的规矩是相当好的，不管你唱歌、跳舞各方面都要有规矩。①

　　无论过去还是现代社会，每一位达尔尕的参与者都自觉地遵守和维护着这一套基本的社会伦常秩序，每一个个体在这样的群体欢聚中都充分体认到自己在其中的位置。人们相互礼让、尊老敬贤，在一次次达尔尕的参与过程中，通过身体的践行达成文化的代代相传。

四、信仰再造：世俗之身的神圣体现

　　人生在世首先是因为人有一个物质的、肉身化的身体。嘉绒藏族认为，身体是父亲的"骨"和母亲的"肉"结合而来的。父亲的"骨"是最重要的遗传物质的来源，另外，凡是身体柔软的部分，特别是肌肉和血液，都是从母亲的"肉"遗传来的，是旺盛的生命力。② 除了父母给予的肉身以外，每个人身上都有属于自己的保护神，从头开始，守护左肩、右肩、胸膛等部位，因为有了这些守护身体的神灵，人们才能免于各种灾祸，平安度过此生。民间每年都要举行供奉这些神灵的祭祀活动，人们用丰盛的祭品、优美的颂词和歌舞供养、赞美他们，神灵得到了愉悦和满足便能一如既往地帮助人们禳除各种灾难和魔障，为此人们尽情欢庆、歌舞，希望得到神灵的护佑和加持。这样的观念和传统根源于嘉绒民间古老的苯教信仰传统。

　　苯教拥有名目繁多的神灵，有学者将苯教神灵分为原始苯教神灵、雍仲苯教神灵和源自佛教的苯教神灵三大类。③ 在众多的神灵群体中，五守舍神被认为是与人同处、如影随形、能确保人的福祉安康的神灵。五守舍神分别是阴神、命神、阳神、地方神和战神。④ 五守舍神中的战神，嘉绒方言读作"扎

---

　　① 2016年8月1日，笔者在马尔康市脚木足乡沙市村，与仁青老人的访谈笔录。

　　② 李锦：《父亲的"骨"和母亲的"肉"——嘉绒藏族的身体观与亲属关系的实践》，《广西民族大学学报（哲学社会科学版）》，2010年第5期。

　　③ 拉巴次仁：《苯教神学研究：苯教神祇体系及特征分析》，《西藏大学学报（社会科学版）》，2010年第3期。

　　④ 曲杰·南卡诺布：《苯教与西藏神话的起源——"仲"、"德乌"和"苯"》，向红笳、才让太译，中国藏学出版社，第126页。

乌拉"（zevulei），通常是指专门保护其崇拜者免受敌人伤害，并能帮助他们增加财富的一类神灵。战神也特指一种个人的保护神。除了居于人右肩之上的个人战神之外，据说还存在整组的战神，大部分叫作战神兄弟，如战神三兄弟、五战神、七战神、战神九兄弟、十三战神和二十一战神等。无论是个人战神，还是属于各种不同的战神群组中的战神，都被认为是保护崇拜者的生活，帮助他们克服各种障碍，击退他们的敌人。此外，据说战神还可以帮助崇拜者荣升高位，得到一定的社会地位。①

战神信仰在嘉绒民间有很深厚的传统，过去每当战争出兵之际，人们便会燃起桑烟，念诵咒语，祭奉战神，祈求神灵能帮助他们克敌制胜，保护出征的将士。如今，不再有战争，但是在生产、生活、生命中不免会有各种外在的威胁，因此，民间对战神的祭祀活动仍然盛行，不定期地举行各种祭祀扎乌拉的仪式。比如，当人们要出远门时，或者得了疾病时，又或是要开始经营一门生意时，都会煨桑、抛撒"隆达"并念诵祈祷文，举行祭奉战神的仪式，而最隆重的祭祀仪式是在寺院一年一度的"古朵"法会时。

藏地几乎所有的寺院每年都会定期举行"古朵"法会，"古朵"的"古"在藏语中的意思为"九"，"朵"是指在法会中要抛送和焚化的食子"朵玛"。"朵玛"译成汉语是食子，将它在特定宗教场合，布施给神鬼，因此亦为施食。朵玛经过寺院僧人、喇嘛们多天诵经念咒以后，拥有了护法神的强大威力，将它布施给一切邪魔鬼怪，便能驱邪除魔，给人们带来吉祥。切龙寺位于丹巴县巴底乡邛山村境内，是当地一座古老的苯教寺院，按照寺院传统，"古朵"法会是在每年的正月初九举行。僧人从初七开始就依照仪轨念诵各类经文，初九当天举行隆重的驱魔仪式，仪式的最后，村寨中所有的成年男子以"扎乌拉尕"（zevulege)）为降妖除魔助威，整个法会圆满完成，扎乌拉尕是"古朵"法会中重要的组成部分。

扎乌拉尕是达尔尕的一种，但不同于一般的达尔尕，它只能在特定的时间与场域里展演，而且只能由成年男子参加，参与者年龄从十几岁到七八十岁不等，人数不限，少则十几人，多则几十人。扎乌拉尕共四段，第一至三段由达尔尕如右手持系有彩带的战刀，带领所有人高歌而舞，歌词内容主要描述战神的形象，动作以模仿跟敌人对抗、降服妖魔为主，主要有"举刀""挥刀""屈膝""右脚为重心踮跳""抬右腿"等，风格简练、古拙。第四段

---

① 内贝斯基·沃杰科维茨：《西藏的神灵和鬼怪》，谢继胜译，西藏人民出版社，1993 年，第 381—382 页。

"扎西学"(tʂɕiɕo），意为吉祥、圆满，由达尔尕如右手持"达达"（teter)[①]带领大家围圈而舞。每一个参与者在整个过程中想象自己成为战神扎乌拉，此时此刻世俗之身因为神灵的加持而获得了神力，所有的魔障便被战胜、消除了。

结　语

人工智能艺术在对人类发出挑战的同时，也为我们理解自身、思考自身的意义何在提供了一个新的视角。研发者为机器人乐队"墨甲"制造出类似于人的身体，但其仍然是"无身"或"离身"的"无心之器"。而生活在青藏高原东缘河谷地带的嘉绒藏族，在一次次达尔尕的实践活动中使身体获得了艺术、美学、伦理乃至宗教的意义。人类因为拥有身体而存于世，人的身体也在一次次的实践活动中与世界相联，并因此获得再造的价值和意义。

作者简介：
卢婷，四川大学道教与宗教文化研究所 2016 级在读博士生，四川音乐学院教师，从事审美人类学与民族音乐学研究。

---

① "达达"是由红、黄、白、蓝、绿五色丝带系成的彩箭，箭杆由木料制成。作为一种手持器物，通常由执仪者的右手握住，多用于佛教和苯教的各种仪式中，具有招福纳财的象征意义。

科学与人文：数字时代的文学人类学研究

陈海龙

摘　要：本文对数字时代文学人类学视域下的科幻文学研究、多元文学与文化研究及文学人类学方法反思进行了初步总结。认为文学人类学对数字时代文学与文化的理论考察，不仅是对象域的多维掘进，更是"整体人类学"关怀下文学与文化研究理论方法的范式更新。数字科学的飞速发展与新的媒介情景催生出文学、文化实践的全新样态，需要从文学与人类学的跨学科视野出发进行把握，而新的科技实践及其引发的人的数字化生存状态，又要求文学人类学对自身理论方法进行突破，对数字时代科学与人文的分裂和弥合做出反思。而这些或许意味着一种面向数字时代、面向科学未来、面向人类自身的文学和人类学研究正在发生。

关键词：科幻文学　科学与人文　数字时代　文学人类学

面对业已到来的数字时代，如何有效应对科技迅猛发展所带来的社会文化变革及其对人文社会科学既有知识传统的严峻挑战，成为摆在人文社会科学诸领域面前的重大理论课题。近年来，四川大学文学人类学团队从跨学科研究视野出发，密切关注数字时代的文学书写与文化嬗变，积极对新的时代语境下科学与人文的分裂和弥合做出回应。这一理论视野的拓展既是"整体人类学"的内在逻辑推进[①]，也反映了文学人类学作为新兴交叉学科对"人类未来和未来人类"议题的学术关切。

从 2018 年开始，四川大学文学人类学学科点开设硕、博士研究生课程，并依托中央高校基金成立"神话与科幻主题工作坊"，系统讨论了数字时代的科学与人文议题。2019 年 4 月上旬，四川大学文学与人类学研究所联合电子科技大学数字文化与传媒研究基地、中

---

① 　徐新建：《回向"整体人类学"——以中国情景而论的简纲》，《思想战线》，2008 年第 2 期。

山大学移民与族群研究中心"腾讯－中大互联网人类学项目"、《科幻世界》杂志社，举办了"网络·科幻·传媒：数智时代的文学与人类学"跨学科工作坊（以下简称工作坊），邀请众多国内知名专家学者及科幻作家，深入推进了相关议题的讨论。4月下旬，在四川省比较文学学会第十二届年会（以下简称年会）上，四川大学文学人类学团队发起"数智时代的文学与幻想"分论坛，汇集来自北京大学、四川大学、电子科技大学等十五家单位的专家学者，继续将数字时代的文学与文化研究引向深入。

文学人类学对数字时代文学与文化研究的学术探索，问题聚焦、理论多元、层次立体，代表了当前学术界关注数字科技、反思科学与人文议题的一种理论进路。本文以四川大学文学人类学团队近期在相关领域的学术开拓为出发点，试图对数字时代的科幻文学研究、多元文学与文化研究及文学人类学方法反思等进行初步总结，期望对继续推进相关讨论有所助益。

一、科幻文学与数字时代的未来书写

人作为一种时间性存在总是面向未来筹划自身，过去、现在、未来是人的时间性存在不可或缺的三重维度，对此，无论是马克思还是以胡塞尔为代表的现象学谱系均已有过充分论述。[①] 但长期以来，包括人类学在内的以社会事实为研究对象的社会科学诸领域对客观性和科学性的诉求以及方法论上的实证传统，都使得人的未来面向被有选择地视而不见、避而不谈。当我们面对飞速发展的数字科技惊呼"未来已来"之时，或许正是人类无力筹划未来的开始。由此引发的问题是，人的未来面向由谁认领？人类学的未来面向如何补足？

近年来，以刘慈欣、王晋康等人为代表的中国科幻作家群凭借出色的创作实践在世界文坛崭露头角，科幻文学与影视传媒技术的媒介融合更催生出当下现象级的文化事件。科学技术的更新迭代和科幻文学的崛起，使"科幻感""未来感"成为当下中国人生存体验与文化想象的关键词。人文社会科学诸领域长期无心或者无力探讨的科学未来命题，在科幻文学界却呈现出热闹的讨论氛围。从这个角度来看，数字时代的文学人类学研究进入科幻研究领域，既是必要，也是必然。文学人类学发轫于文学和人类学两个学科的相互转向、相互走进，跨学科研究路径突破了单一学科的视野和方法局限，在多学科的交互融合中发现新问题，关注新领域，带来文学与文化研究理论突破

---

① 尚东涛：《人的时间性存在与技术》，《科学技术与辩证法》，2008 年第 3 期。

的关键契机。其中，文学的人类学转向，意指文学创作和批评实践更多引入人类学的视野和理论方法；人类学的文学转向，既指人类学民族志书写的文学化，同时也指人类学从"人的科学"向文化阐释学的范式转换。① 科幻文学作为一种面向未来、面向科技、面向人类自身的文学书写引起文学人类学的高度关注，正源于其中所蕴含的丰富人文价值，尤其是对于透视"后人类时代"数字人文命题的文本意义。

以徐新建教授为代表的四川大学文学人类学团队从 2017 年开始着重思考数字时代的文学与文化议题，2018 年下半年学科点开设研究生课程，对科幻文学及其所代表的科学未来书写予以了系统讨论。在徐新建教授的总体教学设计中，对科幻的关注发端于他长期以来所着力的多元人观和生死观问题，而科幻文学及数字时代的未来书写正是人类历史发展与人文嬗变的最新篇章。因此，区别于就科幻谈科幻的传统文学研究思路，文学人类学视域中的科幻研究被置于更具纵深的人类文化整体视野之中。在进入科幻之前，课程选取代表性文本，对包括人类起源、藏族彝族观念传统与仪式个案、当代医疗实践中的人观和生死观等问题进行了深入讨论，内容涉及体质生物人类学、哲学神学人类学和社会文化人类学的诸多方面。从历史与传统、地方与个案进入数字时代的未来想象，科幻文学在整体教学框架中的出场，为人类主体之思和生死表述增添了全新内涵。文学人类学视域下的科幻文学研究，也不拘囿于界说科幻作为文学作品的审美价值，相反，更多关注科幻书写中的族群问题、跨学科批评原则和方法，以及科幻文学作为数字时代未来书写的典型文类对理解科学、人文和"后人类"的理论意义。

课程实施中，师生们对科幻文学的研讨大致呈现两种路径：一种基于文本，着力分析文本表述中科学与人文、现实与未来、生态与文明、主体与总体等错综复杂的张力结构；另一种则跳出文本，试图将科学未来书写纳入数字时代人文转型的总体视野加以把握。前者如高小珺基于对刘慈欣《三体》"宇宙社会学"的考察，对文明的冲突与秩序所做的延伸思考，体现了跨文化比较研究的理论旨趣。针对同一问题，刘聪的反思更多出于哲学思辨，通过将"黑暗森林法则"与"霍布斯丛林法则"进行对照，重新审思了公共美德这一命题。另外，也有人关注科幻文学中的生态美学，或者科幻书写中的生死表述问题，都体现了从文本出发观照世界的方法进路。后者如杨轲轲从作家与作品两个维度出发，讨论科学和人文在文学表述与现实情境中的紧张和

---

① 　叶舒宪、孙梦迪：《人类学的文学转向：从肯尼思·伯克到格尔兹》，《中南民族大学学报（人文社会科学版）》，2016 年第 4 期。

弥合；笔者本人的研究，则将科幻文学作为现实、虚构、想象三元合一的文类，对其科学性、虚构性和真实性问题进行了辨明，认为科幻文学不仅具有文学的审美特性，同时应该从文学与人类学的跨学科视野进行把握，应该对科幻文学的人类学意义做出深入阐述。

课堂之内，师生围绕核心议题各抒己见，在平等、包容、开放的学术氛围中对文学人类学视野下科幻文学的文类特点、意义与价值进行了初步把握。课堂之外，四川大学文学人类学团队依托年会和工作坊，进一步推进了科幻研究的理论前沿。

从梁启超、鲁迅等人译介并创作科幻小说开始，中国科幻文学已经走过了百余年的发展历程。四川大学李菲副教授的研究立足于对"科幻百年"的整体反思，尤其关注中国科幻文学的民族化问题。她在年会上的报告认为，中国百年科幻文学的民族化道路，实际上是近现代西方国族建构观影响下科幻与启蒙相互建构的结果。在此过程中，学界不加反思地运用"民族化"这一概念，但却没有清晰定义在何种尺度下使用："民族"或被窄化为汉族，或被中华民族的总体叙事所遮蔽，或在后现代书写中消泯于人类的整体视框，多民族国家内部的多元声音和思想资源没有得到郑重对待和充分审理，少数民族科幻创作处于整体失语状态，这也正是当下"科幻中国"民族单一性危机的问题根源。少数民族能否想象未来？如何想象未来？李菲副教授认为，科幻文学创作和研究应该对"民族化"概念进行再概念化，重新思考中国科幻之路的多民族话语。

北京语言大学黄悦副教授的研究代表了文学人类学在科幻文学研究上力图打通古今，从更加宏阔的文化大传统中理解科幻书写的努力。年会上，她从神话与科幻的对照出发，重新审思了科幻文学的批评原则和批评立场，提示我们在科幻研究时重回人文主义立场，揭橥科幻书写的人文精神和人文价值。四川师范大学肖达娜副教授和四川大学图书馆赵靓老师对科幻文学的研究基于不同创作个案，而科学反思和主体性危机是两位学者共同关心的问题。肖达娜对厄休拉·勒古恩（Ursula K. Le Guin）科幻名作《黑暗的左手》的研究，通过文本分析挖掘勒古恩关于"后人类"主体形式建构的思考，对西方知识界"后人类主义"思潮和科学技术反思进行了详细辨明，对科幻文学之于当下社会的启示予以了深入讨论。赵靓的研究对比了刘慈欣的科幻小说《流浪地球》和人类学家韦德·戴维斯的民族志《生命的寻路人》，两个文本的互文并置，为当下热议的人类身份危机和科技反思主题提供了一个可能的文学和人类学的入思进路。

文学人类学对科幻文学的关注也激发了创作领域的积极回应。年会上，

《科幻世界》杂志社副主编拉兹（杨国梁）先生在题为《中国科幻文学的东方文化呈现》的报告中认为，从整体上看，中国科幻文学很大程度上仍然延续着西方科幻的叙事模式和经典题材，对本土东方文化的思想资源和文学传统开掘不足，缺少真正具有本土风格的科幻创作。如何在科幻文学中反映东方文化的审美趣味与价值理想，需要理论界和创作界的共同努力。科幻作家贾煜女士特别关注科幻文学中的性别议题。通过对科幻读者、科幻作家以及科幻文本中性别叙事的多角度分析，她认为科幻文学在性别分野上所展现出的特征是显在的、独有的、具有时代性的，对科幻文学中性别差异的原因及其体现的学理把握，对于更好地规划中国科幻的未来之路具有指导意义。

围绕科幻创作和研究，理论界和创作界体现出不同的问题意识和现实关怀，但也正是在充满差异的对话中，我们得以更加深入地理解数字时代的文学书写及其意义。正如王德威教授所言，科幻文学对"后人类"的种种想象是"对人之所以为人，人所创造的文明，人所能够形塑于生命情境的各种可能再一次做出反思"，在科幻世界，"一种新的'人'的观点逐渐浮现，让我们重新思考"。[①] 作为一种兼容科学性、虚构性和真实性的文类，科幻文学既是人类虚构与想象本质在数字时代的典型呈现，同时也是人类在科学理性话语之下一种自我探索、自我突破、自我超越的人文书写——一种数字时代的人类性书写，也是一种纯然文学性的书写。现代传媒的发展，加之文化观念的嬗变，正在使文学作为人类精神标识的特殊意义逐渐失落，文学本身形式与功能的泛化引人瞩目。但在此背景下，科幻文学以其卓越的虚构和想象以及对现实的深切关怀，在文学性和现实性的双重尺度上重新证明了文学的独特价值。沃尔夫冈·伊瑟尔将文学放在"人类起源与发展的学说"这样宏大的结构中进行思考，在笔者看来，科幻文学正是以文学独有的方式回应了对数字时代人类的总体关切，至少就这一文类而言，一种文学的人类学或者说人类学的文学正浮出水面。

二、多元文本与数字时代的文学与文化嬗变

2017 年，以色列历史学家尤瓦尔·赫拉利的《未来简史》在全球范围内引起热议，而其点燃舆论的关键在于它讨论了一个几乎关系到所有人的问题：数字时代，人类命运何去何从？赫拉利所预言的数据主义未来无疑相当悲观，

---

　　① 王德威：《史统散，小说兴——中国科幻小说的兴起、勃发于未来》，《探索与争鸣》，2018 年第 8 期。

但对于刚刚步入数字时代的人类而言，大数据、人工智能、万物互联等新科技的发展和应用，切实改变了人类的生存状态，也重新熔铸着社会文化面貌。数字时代闪烁的信号灯将把人类引向何方，不能不引起普遍忧虑。

数字时代的文学人类学研究，特别关注文学与文化的当代变迁。在新的文学与文化生产、传播、消费和阐释情景中，文学的内容形式、媒介样态、批评标准、功能意义等都在不断突破着传统的文学定义，挑战着任何简单化的文学史书写范式。更进一步，数字时代文学的边界日益模糊，文化的质态也变得更加多元散漫而充满隔膜。而在具体学术实践中，人们依然试图将多元而芜杂的人文表述塞进以往陈旧的知识分工框架，使得无论是文学还是文化研究都变得歧义丛生、难以把握。如何在人文嬗变的当下，超越知识视野画地为牢的局限，捕捉文学与文化变迁的新契机，更加深刻而超越地理解数字时代的文学与文化变迁，成为文学人类学研究的目标和方向。

笔者看来，面对数字时代错综复杂的人文景观，文学人类学最具穿透力的分析工具是文化文本。正如叶舒宪教授在《文学人类学的理论与方法》一文中所总结的，在知识全球化和本土文化自觉的大背景下，中国文学人类学一派突破自身理论和方法困境的关键在于文化文本范畴的提出和阐明。"文学人类学的批评实践侧重于以人类学、历史学和符号研究的方式研究各种文化书写的形态，在研究动态文化的过程中提炼出'文化文本'这一新概念……它最大的特点在于其非实体特征，在内涵上囊括各种类型的活态文化与物质文化……除此之外，生成这一符号综合体的特定社会历史情境也是文化文本的组成部分。"[①] 在文化文本范畴的理论导引下，文学人类学有力地切近数字时代文学嬗变、文化转型、媒介融合的复杂景观，展开了多方面有益的探索。

对数字时代文学嬗变的考察，首先引起关注的是文学写作方式和媒介变迁，理论上表现为文学研究焦点从文学作品向文学生成和媒介形式的过渡。西南民族大学罗庆春教授的研究聚焦数字时代的微博写作与族裔文学。他认为，互联网技术作为后工业文明的重要技术成果，正改变着世界各地不同族裔的文学整体生态，给少数民族文化精英的人文知识生产带来严峻挑战，同时也带来空前机遇。罗庆春教授结合自身多年网络写作经验，对互联网时代族裔文学书写的形式互鉴、主题互文、读者互动、思想互照进行了阐释，提出在不同文化的差异与隔膜被数码迅速抹平的当下文化混血时代，互文性和互译性必然成为重要的文艺美学特征。中国当代族裔文学的网络书写既是中

---

① 叶舒宪：《文学人类学的理论与方法》，《上海交通大学学报（哲学社会科学版）》，2019年第1期。

国多民族文学的重要构成，也是世界族裔文学创作的一种存在形态。在网络化、数字化、现代化背景下，族裔文学发展既要抓住契机，加强交流和对话，同时更要发掘那些具有特殊地域价值、族性价值、母语价值和人性价值的文化基因，在多元共生的数字时代探索一条不同而和的世界文学发展道路。和罗庆春教授对微博写作的关注相类似，四川大学博士生刘婷婷将关注视野投向以微信为代表的网络社交软件及其引发的新型文学实践。她认为受技术媒介自身存在形式的影响，社交软件中的文学实践呈现出有别于传统文学书写的独特面貌，和近现代西学背景中生长出的精英的、书写的、现代性的文学观念迥然有别。微信文学写作是一种与数字时代"后人类"议题相关联的新型文学观念和新型文学实践。

　　文学书写媒介和传播形式的改变是数字时代文学嬗变的形式动因，更重要的是随着数字科学的发展以及媒介融合的加深，文学与文化的观念及实践形式也发生着全新变化。四川大学梁昭副教授和西南交通大学王苑媛博士将研究视野从文学文本转向文化文本，考察了媒介融合视域下的文学和美学问题。梁昭副教授的研究题为《"玩"成故事：电子游戏传承少数民族文化——以〈尼山萨满〉为例》，聚焦传统民族文化资源在数字时代的全新重组和再现。源自东北少数民族的尼山萨满故事，经过从口头传说、书面记录到电子游戏改编的形式转换，其受众也从听众、读者变成了网络终端的游戏玩家。民族文化符号的变形重组、文化场域的转移、传承方式的变化，这些问题都成为新的数字时代少数民族文化传承中亟须关注的新情况，值得深入讨论。王苑媛博士的论题是《算法感知力和数字美学：从数字影像的争论谈起》。她从"美学"一词的现代开端即感知能力（sensibility）这一角度重新界说数字美学，对区别于摄影影像的数字影像的美学特点和伦理问题进行了学理阐述。

　　数字时代的到来，引发新的数字化生存状态及其讨论。正如四川大学张意教授在工作坊中提及的，新的数字化生存是一种区别于传统生存模式的块茎型生存，在造成大面积集体共在的同时也带来个体的跨时空共在，这种生存感受的变化或将整个撬动起我们生存的形而上学和各种理念。在文学人类学视野中，数字化生存问题关涉着更为基础的人观命题。四川大学博士生刘芷言的研究聚焦健身App中的数字表述与身体镜像，将健身App视为一种兼具数字人文特征的文化文本，关注健身App作为人机互动的新形式如何通过对生物身体的数据化、概念化，通过强化一种"增肌减脂"的健康理念，潜移默化地重塑当代人的身体观和人观。"数字身体"的出现，是数字时代人类自身进入数字化生存状态的典型案例，对于理解作为基本文化分类概念的人观的未来变迁颇具启发。

数字时代的文学人类学研究，将异常丰富而错杂的种种文化事相视为可以深入解读的文本，并力图透过多元的文化文本理解数字时代文学与文化的多元变迁及其内在逻辑。从上述研究中不难看出，无论是罗庆春教授的网络文学研究还是梁昭、王苑媛两位学者对媒介融合视域下文化实践的关注，抑或是刘芷言对数字人观的考察，数字时代的文学人类学研究始终以研究主体与客体交织融合的身体实践为基础，关心文学与文化的多样性及其变迁，同时也强调穿透文本的表层结构把握更加本质的科学人文命题。这种入乎其内、出乎其外的研究品质，是对人类学比较视野、整体关怀以及强调身体力行的民族志方法旨趣的继承，对于在多样化的媒介形式和艺术形式的交互中重新理解文学与文化，更加开放而具体地把握数字时代人文表述与科学话语之间的张力与调和，具有一定意义。

三、数字时代的文学人类学方法反思

作为新兴交叉学科，文学人类学的发展动力源自对既往知识传统和自身方法路径的反思性继承。对传统文学和人类学研究范型的反思，导引出多元平等的文学观和文化观，体现了文学人类学知识再启蒙的学科价值；[①] 对自身理论方法的反思性突破，是文学人类学超越自身学科化陷阱，保持学术创新能力的关键动能。当文学人类学认识视野从传统、乡村、异邦，进入数字时代的后人类生存及其文化表述，对自身知识谱系与方法路径的总结和反思成为数字时代的文学人类学研究必需的理论准备。

数字科学与人工智能的发展，改变了人类的生活情态、生存状态和生命质态。文学人类学如何有效回应生活世界的剧变，如何更好地服务于人类历史的未来变迁？前数字时代的研究方法能否胜任新的历史使命？围绕这些问题，文学人类学从学科整合的角度进行了深入讨论。北京大学蔡华教授长期关注文学人类学的发展，近年先后在多个学术场域和文学人类学界专家学者进行理论对谈。年会上，蔡华教授的发言题为《数字时代的社会科学——自然与人文的跨学科研究何以可能？》，重新回到社会科学发生的历史脉络，认为启蒙运动以来，虽然宗教的权威被推翻，却重新塑造了自然科学的绝对统治，在此背景下，社会科学的科学性不断受到挑战和质疑，包括福柯、格尔茨等学者都对社会科学的科学性问题感到忧虑。蔡华教授认为，社会科学概

---

① 梁昭：《文学人类学研究范式再思考》，《淮北师范大学学报（哲学社会科学版）》，2011 年第 4 期。

念化和理论化徘徊不前的根本原因在于社会科学的各个学科尚未捕捉到其研究对象的"实体"（entity）。而面对数字时代的全新挑战，蔡华教授表示，重申社会科学的科学立场，坚持建立有别于自然科学范式的独立而统一的社会科学研究范式，仍然是进入新的数字时代时必须充分关注的基础性命题。

四川大学徐新建教授的报告题为《数智时代的文学幻想》，他对数智时代的诗性与算法、人智与数智的思考体现了其一直以来倡导的"整体人类学"的学术关怀，而其兼容文学和人类学的跨学科研究视野与方法也使其报告与蔡华教授的发言之间呈现出一种对话的张力和弹性。徐新建教授认为，在人类学的学科发展进程中，虽然人及其文化始终是学科关注的中心，但在方法论上却形成了两种不同的路径：文学的和科学的。科学的人类学以理性实证的方式致力于发现人类社会文化的普遍规律，而文学的人类学则以诗性灵悟的方式探索并理解人类的精神世界。他强调，人类学在方法论上的两种路径不是相互拒斥，而是相互分工配合，不可偏废。回到数字时代的文学书写，徐新建教授号召在"后人类时代"关注文学与科技的共在、杂糅和相互影响，认为对这一问题的探讨可能将引发我们对国族文学、比较文学、世界文学等关键范畴的重新理解。

中山大学人类学系周大鸣教授同样关注数字时代人类学跨学科研究的方法问题。在工作坊上，周大鸣教授对当前中国网络人类学的发展情况做了介绍，并与西方网络人类学的研究作对比考察。他认为，当人类学进入数字时代，无论是研究主体还是客体都发生着全新变化，研究者和研究对象都不能脱离网络空间维持一种前现代的纯粹主体性，而是以多重形式在网络空间共在。人类学的传统作业方式和领域因为研究者和研究对象的变化呈现出诸多新的特点，虚拟空间的田野作业如何进行，这不仅是田野方法的问题，也关系到我们如何定义田野和民族志，涉及人类学整体思路的范式更新。

和上述学者对人类学作为社会科学重要门类的总体思索不同，四川师范大学佘振华副教授聚焦数字时代的微观民族志研究，着重分析了西方人类学界近年关注较多的存在人类学及其研究方法，并就其目前从事的以现代化观察记录工具和细节分析为特色的实验性民族志方法做了展示，代表了文学人类学界尝试方法更新的具体探索。

一直以来，方法论问题始终是人文社会科学诸领域不得不反复检视的理论课题，这与社会科学产生之初的知识情景和学科特性密切相关，同时对象世界的愈益繁复也不断加剧着方法的危机。数字时代的文学人类学研究同样面临着"科学主义与人文主义、价值与事实、科技理性与人类生存方式之间的矛盾与冲突，面临着对自我存在的价值确证"①。作为新兴跨学科领域，文学人类学在中国的发展既有学科化的内在要求，同时也保持了超越学科拘囿的学术自觉，坚持学科导向和问题导向的双重研究思路，不断拓展新的学术生长点，带来自身理论方法的持续更新。正如叶舒宪、徐新建、彭兆荣三位学者在《〈文学人类学研究〉发刊词》中所指出的，"在文学人类学逐渐走向学科建制的方向时，我们依然认为，不宜胶柱鼓瑟地裁定什么样的研究属于或不属于文学人类学，因为这不是十分重要的。重要的是：你能提出什么样的问题，又能解决什么样的问题。问题意识、学术史意识、理论素养，这才是学术研究中需要不断叩问和不断自我培育的东西"②。

四、结语

20 世纪 90 年代初，以华勒斯坦为代表的一批理论家总结社会科学发展历程，郑重提出开放社会科学的理想。也差不多是从 90 年代开始，数字科技迅速迫近大众生活，带来人类文明向数字时代的总体转型。创新社会理论，更新人文知识，是开放社会科学的一致目标，但近三十年过去了，虽然人工智能、数据科学以及万物互联所代表的未来图景只是初露峥嵘，但知识更新和社会变迁速度之快，科技已然成为最强大的历史动能，在此情境下人们何以积累有效的历史经验，何以完整地解释当下，何以更好地筹划未来，这些问题似乎仍然严峻地摆在人文社会科学面前。

文学人类学在 20 世纪后半期跨学科研究潮流中走向成熟，其研究之路从神话原型批评、中华经典的文化重释开始，在文学与仪式研究、多民族文学与文化研究、文化大传统视野下的神话历史研究等方向不断推进，如今又将数字时代的文学与文化研究纳入理论视野，其学科发展不仅是对象领域的多维掘进，更是"整体人类学"关怀下文学与文化研究理论方法的范式更新。本文对数字时代文学人类学视域下的科幻文学研究、多元文学与文化研究及文学人类学方法反思进行了初步总结，认为从文学与人类学的跨学科视角出发，把握数字时代文学与文化的复杂嬗变，重新思考人文社会科学的理论和方法问题，对于更新既有知识体系，更加深入地理解数字时代的人文变革及人类自身意义重大。文学人类学对数字时代的把握只是刚刚起步，无论是理

---

① 劳凯声：《人文社会科学研究的问题意识、学理意识和方法意识》，《北京师范大学学报（社会科学版）》，2009 年第 1 期。参见顾海良：《"斯诺命题"与人文社会科学的跨学科研究》，《中国社会科学》，2010 年第 6 期。

② 叶舒宪、徐新建、彭兆荣：《〈文学人类学研究〉发刊词》，《百色学院学报》，2018 年第 2 期。

论准备还是实证研究都有待继续推进，但我们已经看到，一种面向数字时代、面向科学未来、面向人类自身的文学和人类学研究正在发生，而随着数字科学在日常生活和实践经验上影响的加深，数字时代的文学人类学研究也必将激发更多可能性。

作者简介：

陈海龙，四川大学文学人类学专业博士研究生，西南民族大学文学与新闻传播学院讲师，研究方向为文学人类学。

跨媒介叙事
——数字时代的《格萨尔》史诗*

王　艳

摘　要：未来已来，随着媒介技术的迭代升级，"万物互联、万物皆媒"。新媒体正在通过改变文学生产、传播、消费的路径和方式而间接地改变文学，文学从观念层面回归实践，回归了它本身的价值和意义。《格萨尔》史诗是传统民间艺术创作的文化之根，已经衍生出藏戏、唐卡、雕塑、石刻、民间弹唱等内容丰富、形式多样的民间传统艺术，同时也是舞蹈、歌剧、电影电视、动漫游戏等现代艺术的灵感之源。作为人类非物质文化遗产口传文化的代表，《格萨尔》史诗的传播史就是藏族社会的演进史、文明史。藏族英雄史诗《格萨尔》在口耳相传、文本、小说、漫画、广播、电视剧、舞台剧、网络游戏、电影等多种媒介之间形成跨媒介叙事的互文，共同建构了多元共生的故事世界。

关键词：跨媒介叙事　格萨尔　史诗　口头传统　媒介革命

一、引言

2006 年，美国著名传播学者、媒介理论家亨利·詹金斯（Henry Jenkins）在《融合文化：新旧媒介的冲撞》（*Convergence Culture：Where Old and New Media Collide*）一书中首次提出跨媒介叙事（transmedia storytelling）的概念，即"为创造完整的叙事体验，通过多种传播渠道进行故事创作的过程；在理想情况下，每

---

　* 本文系国家民委中青年英才计划资助（〔2018〕98 号）、国家社科基金西部项目"《格萨尔》史诗在多民族文化中的传播和影响研究"（17XZW041）和西北民族大学的西北民族问题研究中心 2019 年项目"文化记忆与身份认同——基于白马人的历史建构考察"（2019XBMZWT-9）的阶段性研究成果。

一种媒体都可以运用独特的优势为故事叙述做出贡献"①。故事经过不同媒介的讲述或展示，会呈现为不同的文本，故事情节或放大或浓缩，或省略或变异，在这个过程当中，"讲故事的人使用数字平台以及一系列其他的传播渠道传播故事，这样每一种媒体都为故事世界的整体体验增添了一些重要的元素，而读者则必须积极地追踪和重组这些分散的内容以获得完整的体验和意义"②。由此，故事在多种媒介交互传播的过程中融入了听阅者的内心情感和生命体验，形成了故事的延展。事实上，早在 20 世纪 60 年代叙事学诞生之初，法国期刊《交流》（*Communications*）邀约罗兰·巴特（Roland Barthes）为其撰稿，他在刊载于 1966 年第 8 期的《叙事结构分析》一文中就表达了建立跨越媒介叙事的愿景：

> 世上的叙事有无数……其载体可以是口头或书面的语言表述，静止或移动的图像、姿态，以及所有这些材质的恰当结合；叙事存在于神话、传说、寓言、童话、小说、史诗、历史、悲剧、戏剧、喜剧、哑剧、绘画（想想卡巴乔的《圣厄秀拉》）、教堂花窗玻璃、电影、漫画、新闻、会话中。此外，叙事还以几乎无限多样的形式，存在于任何地方、任何时代、任何社会……姑且不论文学优劣之分，叙事是国际性的、跨文化的：它就在那里，就像生活本身。③

"《格萨尔王传》是关于藏族古代英雄格萨尔（Gesar）神圣业绩的宏大叙事。史诗以韵散兼行的方式讲述了英雄格萨尔一生的神圣功业，以独特的串珠结构，将许多古老的神话、传说、故事、歌谣、谚语和谜语等口头文学，融汇为气势恢宏、内涵丰富的'超级故事'，经过一代代说唱艺人的不断创编和广泛传唱，形成了规模浩大的史诗演述传统。"④ 藏族英雄史诗《格萨尔》诞生于公元前二三百年至公元 6 世纪之间，古代藏族氏族社会瓦解、奴隶制国家政权形成的历史时期，至今已有两千多年的历史。从最初说唱艺人在民间的游吟传唱到寺院僧人手抄本、木刻本、铅印本的印制流传，再到近几十年来科研机构编纂的印刷本的出版发行、大众媒体的传播与新媒体的介入，

---

① Henry Jenkins, *Convergence Culture: Where Old and New Media Collide*. New York: New York University Press, 2006, p. 2.

② 常江、徐帅：《亨利·詹金斯：社会的发展最终落脚于人民的选择——数字时代的叙事、文化与社会变革》，《新闻界》，2018 年第 12 期。

③ Roland Barthes, "An Introduction to the Structural Analysis of Narrative", *New Literary History*, 1975, p. 237.

④ 朝戈金、尹虎彬、巴莫曲布嫫：《中国史诗传统：文化多样性与民族精神的"博物馆"（代序）》，《国际博物馆》，2010 年第 1 期。

作为人类非物质文化遗产口传文化的代表，《格萨尔》史诗的传播史比用藏文书写的历史还要漫长，传播的媒介几乎涵盖了人类历史上所出现的所有形式，可以说，《格萨尔》史诗的传播史就是藏族社会的演进史、文明史。在媒介融合时代，藏族英雄史诗《格萨尔》在口耳相传、文本、小说、漫画、广播、电视剧、舞台剧、网络游戏、电影等多种媒介之间形成跨媒介叙事的互文，共同建构了多元共生的故事世界。

二、媒介革命：从"现实部落"到"虚拟部落"

加拿大传播学媒介环境学派奠基人哈罗德·伊尼斯（Harold Innis）认为，媒介对社会有着深刻的影响，"一种新媒介的长处，将导致一种新文明的产生"[①]。新的技术推动着媒介的革新进化，媒介的迭代升级推动着文明的进步，人类社会的发展史、文明史与媒介的进化史如出一辙。马歇尔·麦克卢汉（Marshall McLuhan）提出"媒介即讯息""媒介是人的延伸"[②]，他根据媒介的演进将传播史分为四期，分别是：口耳传播、拼音文字传播、机器印刷传播和电子媒介传播。由此，可以将《格萨尔》史诗传承媒介嬗变分为三个阶段：从听觉主导的口头媒介，经由视觉中心的印刷媒介，再到综合延伸的电子媒介。[③]

（一）时空平衡：口耳传播

《格萨尔》史诗从无文字时代到有文字书写乃至当下社会，主要以口耳相传的形式流传在青藏高原上，史诗的演述是一场现场的、实时的、即兴的、互动的表演，说唱艺人以语言为媒介，配以动作、表情、声调、情感，以及服装道具等元素进行舞台化演示。在这个过程当中，叙述者与聆听者位于同一时空，叙述者尝试与聆听者互动、交换情感，聆听者试图把自己的生命体验涉入故事中，他们共同建构了格萨尔王的神话世界。"口语词使人的一切感官卷入的程度富有戏剧性，在文字发明之前，史前的部落人，生存于感官平衡的理想境界中，通过听觉、嗅觉、触觉、视觉和味觉来感知世界。"[④] 在部

---

① 哈罗德·伊尼斯：《传播的偏向》，何道宽译，中国传媒大学出版社，2015 年，第 19 页。
② 马歇尔·麦克卢汉：《理解媒介——论人的延伸》，何道宽译，译林出版社，2019 年，第 18、25 页。
③ 王治国：《〈格萨尔〉传承语境与媒介嬗变重释》，《文化遗产》，2018 年第 1 期。
④ 马歇尔·麦克卢汉：《理解媒介——论人的延伸》，何道宽译，译林出版社，2019 年，第 111 页。

落社会里，语言具有至高无上的权威和魔力，人们生产生活、传递信息只能面对面交流，主要以语言为媒介，麦克卢汉将感官平衡的口语传播时代称为部落化时期。[①] 而掌握地方性知识、记忆力超群的巫觋、祭司或者说唱艺人因为深谙神话和历史，拥有念经祈祷、诅咒、实施巫术等能力而享有至高无上、无可取代的地位。在藏族的传统中，说唱已与巫术结合在一起，在狩猎前或者战争前必须要请一位说唱艺人演述《格萨尔》，这种习俗也延伸到了藏族人民的日常生活当中，从婴儿出生、满月、成年礼、婚礼等人生仪礼到藏历年、雪顿节、望果节、香浪节等祭祀节庆都要演述《格萨尔》。

伊尼斯在《传播的偏向》（*The Bias of Communication*）中提出传播偏向论，即"传播和传播媒介都有偏向，或倚重时间或倚重空间，大体上分为：口头传播的偏向与书面传播的偏向、时间的偏向与空间的偏向"[②]。伊尼斯非常推崇口耳相传，尤其是古希腊式的口耳相传，它既倚重时间媒介又倚重空间媒介。希腊人积累了丰富的口耳相传的经验，使希腊免受文字崇拜的困扰，如《荷马史诗》的传授体现出的灵活性使希腊人在城邦体制下求得了空间观念和时间观念的平衡，该传统达到了时间偏向和空间偏向相互平衡的理想境界。[③]《格萨尔》史诗被誉为东方的荷马史诗，在无文字文化时代，讲故事是人们最主要的文学生活，也是人们对过去的历史记忆方式，[④] 故事承载着情感、记忆、文化与信仰。

（二）穿越时空：文字传播

人类历史上第一次媒介革命是拼音文字的发明，人类从口耳相传的时代迈入了拼音文字时代，从听觉空间向视觉空间的延伸使人类摆脱了时间的束缚。文字是语言的延伸，在记录、保存、传播信息方面，语言在同一时空面对面地交流，出口即逝，而文字却可以穿越时空，恒久不变，如篆刻在石头上的象形文字、黏土刻写的楔形文字、龟甲上的甲骨文以及用软笔书写在莎草纸上的文字，经过几千年的历史仍然清晰可见。麦克卢汉认为："在所有产生剧烈变革和能量喷发的大规模的杂交结合中，没有任何一种能够超越书写文化和口传文化的交汇。就社会和政治的角度而言，书写文化以看取代了语

[①] 麦克卢汉根据传播史观提出：人类社会经历部落化、非部落化和重新部落化三个时期。参见何道宽：《媒介即文化——麦克卢汉媒介理论批评》，《现代传播》，2000 年第 6 期。

[②] 哈罗德·伊尼斯：《传播的偏向》，何道宽译，中国传媒大学出版社，2015 年，第 17、70 页。

[③] 哈罗德·伊尼斯：《传播的偏向》，何道宽译，中国传媒大学出版社，2015 年，第 17 页。

[④] 王艳：《史诗的田野——白马人〈阿尼·格萨〉田野调查报告》，《兰州大学学报（社会科学版）》，2016 年第 5 期。

音文化所要求的听，这也许是任何社会结构中可能出现的最根本的爆炸。"①拼音文字的发明使部落人感官上的平衡被打破了，使人的耳朵和眼睛分裂开来，从听觉空间向视觉空间延伸。

11 至 14 世纪，《格萨尔》史诗受到宁玛派、噶举派、萨迦派等藏传佛教高僧大德的推崇喜爱，出现了手抄本、木刻本，开启了史诗文本化的过程。《格萨尔》在藏区脍炙人口，广为流传，任乃强曾赴西康考察时描述格萨尔史诗为："无论何种抄本，是何卷轶，皆有绝大魔力引人入胜，使读者津津有味，听者眉飞色舞，直有废寝忘食欲罢不能之势。"② 在青海玉树，至今存在的"玉树抄本世家"足以证明《格萨尔》史诗语言之优美、说唱之动人、传播之广泛。《格萨尔》史诗的演述实质上可以视为一种表演艺术，说唱艺人可以视为表演艺术家，对于听众而言实质上是在享受一场诗与歌的视听盛宴。"在文字发明之前，人生活在受听觉生活支配，由听觉生活建构的口头文化社会里，首要的交流手段是言语；由于要依靠口语获取信息，人们被拉进一张相互依存、天衣无缝的部落网络，看不出谁比别人知道多一些或少一些，因而人与人和谐相处，几乎没有个人主义和专业分工。"③ 文字诞生之后，出现了"大传统"（great tradition）和"小传统"（little tradition）的分野，人类历史上曾出现过职业的抄写员。遗憾的是，在藏族传统社会，即使在藏文字发明之后，文字也是贵族阶层和宗教人士独享的工具，普通的人民群众很难享用文字，更不可能使用和传播文字，所以，作为记录和传承史诗的媒介，文字一直被禁锢在手抄本上。

（三）书写神话：印刷传播

第二次媒介革命是"古登堡革命"④，印刷术的发明和普及极大地提高了信息运动的速度，降低了知识传播的成本。麦克卢汉认为："印刷术是民族主义的建筑师，印刷品是新型记忆器，印刷术在心灵和社会、空间和时间上结

---

① 埃里克·麦克卢汉、弗兰克·秦格龙：《麦克卢汉精粹》，何道宽译，南京大学出版社，2001年，第 267 页。

② 任乃强：《"藏三国"的初步介绍》，《边政公论》，1944 年第 4—6 合期。

③ 埃里克·麦克卢汉、弗兰克·秦格龙：《麦克卢汉精粹》，何道宽译，南京大学出版社，2001年，第 38 页。

④ "古登堡革命"是指 15 世纪中期德国金匠古登堡发明了包括油墨、金属活字、印刷机在内的活字印刷术而导致的媒介革命。印刷术的普及使印刷的成本降低，知识的传播范围扩大，迅速推动了西方科学和社会的发展。

束了地方观念和部落观念，部落这一血亲家族形式因为印刷术的出现而爆裂。"① 所以，印刷传播时代被也称为非部落化时期。中国社会科学院民族文学研究所、西藏社会科学院、青海省文联、西北民族大学格萨尔研究院、四川省格办等科研机构开始采录中国少数民族口头传统的文本、图像、录音和录像资料。从 1957 年开始，"格学泰斗"王沂暖根据艺人华甲提供的手抄本翻译成了《格萨尔》第一个本子《格萨尔王传·贵德分章本》，还有一些藏学家如王歌行、降边嘉措、王兴先、杨恩洪、角巴东主等专家学者都投身格萨尔史诗的搜集、整理、翻译、研究工作，汉译本（包括科学本和文学本）、口述本成果累累、举不胜举。② 除此以外，以《格萨尔》史诗为故事背景的《格萨尔王》连环画一经出版就成为畅销书，后来相继出版了《格萨尔》《格萨尔传奇之神子降临》《格萨尔传奇之赛马称王》等一系列儿童连环画。2012 年，权迎升的叙事漫画《格萨尔王》（英文版）出版，突破性地将东方史诗漫画化，且中国式风格鲜明，让人眼前一亮。

瓦尔特·本雅明（Walter Benjamin）很敏锐地意识到大众媒介对文学的挑战，他说："不论新闻报道的源头是多么久远，在此之前，它从来不曾对史诗的形式产生过决定性的影响；但现在它却真的产生了这样的影响。事实表明，它和小说一样，都是讲故事艺术面对的陌生力量，但它更具威胁；而且它也给小说带来了危机。"③ 当史诗以文本的形式固定下来，叙述者与受众便处于不同的时空，受众以文字为中介在想象和虚构中"再现神话"。《格萨尔》史诗被誉为"西藏第一部文学著作"，阿来以《格萨尔》史诗为蓝本创作的小说《格萨尔王》，一经出版便引起轰动，后来被翻译成二十多种文字出版发行，这也让阿来继《尘埃落定》之后再次登上了文学的高峰。但是，国内批评的话语也不绝于耳，阿来的重述"恰恰表明了文字书写英雄史诗的困境，口头传承和文字书写无法再营造出神圣史诗让人心神动荡的效果"④。这也恰

---

① 马歇尔·麦克卢汉：《理解媒介——论人的延伸》，何道宽译，译林出版社，2019 年，第 211 —219 页。

② 王沂暖、华甲：《格萨尔王传：贵德分章本》，甘肃人民出版社，1981 年；王兴先：《格萨尔文库》，甘肃民族出版社，1996 年；降边嘉措、吴伟：《格萨尔王全传（上、中、下）》，宝文堂书店，1987 年；角巴东主：《格萨尔王传》，高等教育出版社，2011 年；格萨尔艺人桑珠说唱本课题组：《格萨尔艺人桑珠说唱本》，西藏藏文古籍出版社，2012 年。国内关于《格萨尔》史诗的文本不胜枚举，中国社会科学院出版的精选本、西藏社科院出版的说唱本、青海文联出版的精选本以及 2018 年 10 月西北民族大学格萨尔研究院在上海古籍出版社出版的 30 册《格萨尔文库》，都是近年来重要的研究成果。

③ 瓦尔特·本雅明：《本雅明文选》，陈永国、马海良编，中国社会科学出版社，1999 年，第 37 页。

④ 刘大先：《新媒体时代的多民族文学：从格萨尔王谈起》，《南方文坛》，2013 年第 3 期。

恰说明,《格萨尔》史诗在千年的流传中已经融入了千千万万民众的情感与阐释,格萨尔王对于每一个藏族人而言,都是心中无可替代的心象。

(四)电子媒介传播

第三次媒介革命是数字革命,电子技术是从肢体延伸走向大脑延伸,使印刷时代的文化与文学迅速走向衰落。麦克卢汉将电子媒介传播时代称为重新部落化时期。埃里克·哈弗洛克(Eric A. Havelock)在《柏拉图导论》中说:"只要口头文化还没有被字母表的视觉力量的延伸压垮,口头传统和书面传统的相互作用便常常会产生丰富的文化成果。口头文化在我们的电子时代复活了,它和尚存的书面传统和视觉形态建立了一种非常多产的关系。希腊人从口头走向书面,我们从书面走向口头。他们的'结局'是分类数据的荒漠,我们的'结局'是新型的听觉咒语的百科全书。"① 事实上,传唱千年的《格萨尔》史诗是传统民间艺术创作的文化之根,已经衍生出藏戏、唐卡、雕塑、石刻、民间弹唱等内容丰富、形式多样的民间传统艺术,同时也是舞蹈、歌剧、电影电视、动漫游戏等现代艺术的灵感之源。1987 年,由张中一、王方针导演的 18 集电视连续剧《格萨尔王》开启了史诗影视改编的首次尝试,该剧在青海电视台播出后,风靡一时,而后在全国电视台循环播放,在当时引起很大的反响,至今都有很多人津津乐道,有人时隔多年仍能清晰地复述其中的故事情节,称其为童年最美好的回忆。2012 年,成都军区战旗文工团创排的大型民族舞剧《英雄格萨尔》在国家大剧院演出,第一次把英雄史诗搬上了舞剧舞台,攀登上藏族题材艺术新高峰。② 后来,又陆续出现了以格萨尔王的神话传说为背景创作的史诗动画片、网络游戏等相关作品。值得一提的是,由于牧区逐水草而居的生活方式以及青藏高原高寒的自然环境,电视并没有广播的覆盖率高,在笔者的田野调研中,很多牧民都是通过广播收听《格萨尔》史诗的。广播是听觉的,营造了一种说唱艺人与听众之间不凭借视觉而交流的氛围,饱含着部落号角和悠远鼓声那种响亮的回声,而且对听众没有识字的要求,被称之为"部落鼓"。③

无论是电视剧、动画片、舞台剧还是网络游戏,在绝大多数的藏族人看来都是失败的,因为没有一种媒介能塑造出格萨尔王这个英雄人物,没有一

---

① 哈罗德·伊尼斯:《传播的偏向》,何道宽译,中国传媒大学出版社,2015 年,第 26—27 页。
② 郑荣健:《舞剧〈英雄格萨尔〉:攀登藏族题材艺术新高峰》,《中国艺术报》,2012 年 2 月 27 日第 001 版。
③ 马歇尔·麦克卢汉:《理解媒介——论人的延伸》,何道宽译,译林出版社,2019 年,第 362 —366 页。

种媒介能表现格萨尔王在藏族人心目中的形象，也没有一种媒介能满足格萨尔王在藏族人心里的想象。传统媒介承载了难以用语言文字表现的事物，能够完整地再现说唱艺人演述时的场景，从某种程度上补充了文字记录史诗缺失的真实性和动态性，从而不失为一种可行的传播方式和手段。但是，口耳相传的方式是在表演中创作，说唱艺人和听众同时在场，是活形态史诗演述最具魅力的地方，尽管大众媒介挽救了即将文本化、固态化的史诗，仍旧不可避免地加入了不自然的因素，口头传统在这一传播过程中发生着裂变。《格萨尔》史诗在经历过搜集、整理、翻译、出版形成固定的文本之后，又返璞归真，在虚拟的网络空间寻找到自由生长的空间，这种史诗演述何尝不是新媒体时代口头文学的机遇与重生？①

三、媒介融合：从心象到视像

文学是有距离的审美，电影是零距离的接触。当人们听艺人说唱、阅读小说的时候就会产生心象，如同到了另外一个空间，闭上眼睛，仍然有来自想象的心理图像。"口头传统兼具了讲述和展示两种不同的特质，而小说的叙事以'讲述'为主，戏剧、电影和电子游戏等媒介叙事则更多地侧重于'展示'，或'讲述'与'展示'并重。"② 影像就像一个介质，把心象投射到视像之中，是现实和想象之间的中介。2018 年 12 月 11 日，正在筹拍的《英雄格萨尔》电影主创团队在首届海南岛国际电影节首次亮相。2019 年 4 月 20 日，在北京国际电影节闭幕式上，该电影出品人德央女士宣布将由知名编剧芦苇与《英雄格萨尔》原著作者降边嘉措研究员带领编剧团队共同完成电影剧本，电影剧本创作将立足于原著中的传统文化，结合商业电影叙事模式，开启真正意义上的中国史诗大片时代。2019 年 4 月 28 日，在第二十六届北京大学生电影节闭幕式上，《英雄格萨尔》主创团队集体亮相，与大学生观众见面。据德央女士介绍：

> 《英雄格萨尔》IP 的孵化已持续多年，目的就是要让这部杰出的东方史诗与世界文化遗产能够在世界舞台焕发出新的生机。目前《英雄格萨尔》IP 正逐步建立全产业布局，除东方史诗神话传奇电影《英雄格萨尔》外，动画片《英雄格萨尔》也已取得国家广电总局拍摄许可，相关题材与内容的季播剧、纪录片、大型实景舞台剧也正着手进行开发。希望通

---

① 王艳：《口头诗学理论的范式转换及理论推进》，《青海社会科学》，2019 年第 1 期。
② 黄灿：《讲述与展示的诗学——跨媒介叙事的两条路径》，《文化与诗学》，2017 年第 1 期。

过构建格萨尔全文化产业链，使以《格萨尔》为代表的东方史诗和世界文化遗产传遍全球，放射出智慧和光芒。①

电影《英雄格萨尔》的频频亮相引发了媒介事件，尤其是在藏语电视台、藏语广播、藏语微信公众号、朋友圈等藏文化圈广泛传播，一时间成为热议的话题。这当然与格萨尔王在藏族人心目中的形象和地位有关，西方人说，"一千个读者心中有一千个哈姆雷特"，而当哈姆雷特以有血有肉的具体形象最终呈现在观众面前的时候，影像的重构使读者心中的哈姆雷特也就此解构了，文本中的哈姆雷特也失去了层次感和多义性。不同时代、不同读者对同一部作品有着不同的审美和感知，对于藏族人而言"每个藏人心中都有一个格萨尔王"，当心象走出文本变成视像的时候，是否也会出现哈姆雷特式的改编困境？任乃强在描述《格萨尔》史诗的演述场景时写道："环听者如山，喜笑悦乐，或愠或噱，万态必呈……恍如灵魂为书声所夺。"②《格萨尔》史诗深入人心、影响广泛，涉及时代背景、风俗习惯、宗教信仰、部落战争等诸多方面的因素，改编难度可想而知。相对于文学（包括文本的和口传的），以多媒体技术所提供的审美体验和想象空间是有限的，它把属于每个人心中的心象转化成为视像，在从无形到有形的过程中，格萨尔王的英雄形象由想象变得真实，由抽象变得具像。

在媒介融合时代，跨媒介叙事的核心在于："每一种媒介对于阐明整个故事都有其特殊的贡献，它反映了媒介的联合经济。"③《英雄格萨尔》IP正在逐步建立全产业布局，将故事从语言中解放出来，以格萨尔王的神话故事为基础，使文本扩展至多个媒介平台，在电影、电视剧、舞台剧、游戏、动漫、图书出版等多种媒介之间互借互鉴，重新演绎。2004年好莱坞大片《特洛伊》（*Troy*）就是根据古希腊的荷马史诗《伊利亚特》改编拍摄的，然而，东方的史诗能否复制《特洛伊》的成功传奇？经典文学作品影视呈现能否打破改编的魔咒？

结　语

未来已来，随着媒介技术的迭代升级，媒介融合实现了人与人、人与信

①　《〈英雄格萨尔〉主创团队亮相第26届大学生电影节》，新浪网，https：//ent. sina. cn/film/chinese/2019－04－29/detail－ihvhiqax5733174. d. html? pos=12&vt=4，2019－04－29。

②　任乃强：《"藏三国"的初步介绍》，《边政公论》，1944年第4－6合期。

③　Henry Jenkins, *Convergence Culture：Where Old and New Media Collide*. New York：New York University Press，2006，p. 2.

息的链接。在即将到来的 5G、4K 以及人工智能时代，"万物互联、万物皆媒，全时空传播、全现实传播、全连接传播、全媒体传播"①。这将突破时间和空间的制约，甚至消除现实世界和虚拟世界的界限，人类社会所有资源都可以数字化，人们可以通过 AR、VR 技术"穿越"到任何时间、任何场景，与过去的声音对话，对未来的读者致辞。美国未来学家尼古拉·尼葛洛庞蒂在《数字化生存》一书中早已预言："从原子到比特的飞跃已是势不可当、无法逆转。一个产业在数字化世界中的前途，百分之百要看它们的产品或服务能不能转化为数字形式。'数字化生存'也由概念变成了一种生活方式。我们无法否认数字化时代的存在，也无法阻止数字化时代的前进，就像我们无法对抗大自然的力量一样。"② 数字时代的文学生产、传播、消费的路径和方式都发生了颠覆性的改变，文学的生产不再是作家的专利，它的作者可能是普通民众、乡野农夫，甚至是机器人，比如网络文学、打工诗歌的流行，会作诗的机器人"小冰"；文学的传播不再依靠印刷的文本，更多的是以互联网技术为核心的数字传播；文学的受众不仅仅是能识文断字的文化人，还包括生活在数字时代的每一个人。新媒介通过改变文学所赖以存在的外部条件而间接地改变文学③，随着媒介的演进，文学的形式发生了转换，文学的权利发生了转移。无可否认的是，新媒体的发展挤压了读者的阅读时间，"视听文明"时代将取代"印刷文明"时代，读图时代和碎片化的阅读将使纯文学面临着被边缘化的危险。总之，文学从观念层面回归实践，回归了它本身的价值和意义。

作者简介：

王艳，文学博士，西北民族大学新闻传播学院副教授，中国社会科学院民族文学研究所在站博士后，研究方向为民俗学、文学人类学。

---

① 胡正荣：《从 5G 等技术到来看社会重构与价值重塑》，《人民论坛》，2019 年 4 月中，第 30 页。

② 尼古拉·尼葛洛庞蒂：《数字化生存》，胡泳、范海燕译，电子工业出版社，2017 年，第 10—13 页。

③ 金惠敏：《媒介的后果：文学终结点上的批判理论》，人民文学出版社，2005 年，第 32 页。

"流浪家园"与"移动宇宙"：文学幻想的时空表述

赵　靓

摘　要：科幻与神话是基于幻想生成的文本。在对未知世界的想象描绘当中，幻想文本以神话讲述过去的、传统的、前人类的故事，以科幻展开未来的、可能的、后人类的表述。从共时角度看，基于线性进化时空观的"地球号"科幻叙事以静为动，依托非线性原始思维的"独木舟"神话表述以动为静，二者对照互文，共同生成了与现实世界平行并置的时空图景，为人类应对未知世界提供着可供借鉴的思考。

关键词：《流浪地球》　双身独木舟　科幻　神话　文学人类学

引　言

2019 年春秋两季，四川省比较文学学会第十二届年会和中国比较文学学会文学人类学研究会第八届年会分别在成都和南宁召开。会议主题皆涉及"神话与幻想""萨满与科幻"。前者突出数智时代的文学比较①，后者强调"科幻是现在的神话，神话是科幻的原型"②。本文将两类以幻想为特征的叙事文本——神话与科幻，共时并置，对照互文，旨在以文学人类学理论和方法激活幻想研究的新路径、新领域及新可能。

在诸多幻想写作文本类型当中，神话与科幻是颇具代表性的两类叙事。神话源自原始思维和灵性显现，讲述过去的、传统的、前人类的故事；科幻基于科学思维和理性逻辑，呈现未来的、可能的、后人类的表述。从共时角度看，神话与科幻共同生成和提供着与现实世界平行并置的多种可能世界的时空图景。而神话与科幻两种叙事如何对

①　徐新建：《数智时代的文学幻想》，《文学人类学研究》，2019 年第 1 期。
②　参见中国比较文学学会文学人类学研究会第八届年会会议手册。

话，如何比较？将二者并置讨论的共性与差异如何体现？文学人类学如何通过对幻想写作的整体性关注回应后人类时代人类的整体性焦虑？这些问题是本文探讨的重点。

通过对科幻叙事"地球号"故事与神话叙事"独木舟"传说两个文本个案的分析阐释，本文试图回应文学人类学前沿问题，思考人类作为幻想动物的意义，探寻幻想之于当代社会的价值。

一、流浪家园："地球号"的形成和隐喻

在所有文学类型中，科幻作品是与科学紧密结合的一个分支。《流浪地球》作者刘慈欣在谈创作论时提出，"科学是科幻小说力量的源泉"，他认为科幻文学创作的目的是"将科学被禁锢在冷酷方程式中的美感以文学的方式释放出来，为大众搭建一座通往科学之美的桥梁"[①]。以《流浪地球》为科学叙事个案，分析文本呈现的时间线索、空间观念，以及人类面对宇宙灾难时的时空心态，将为后文讨论科幻叙事与神话叙事的异同奠定基础。

（一）"地球号"的进化时间线

《流浪地球》是刘慈欣于 2000 年发表于《科幻世界》的科幻小说，2019年同名电影上映，收获 41 亿票房。由《流浪地球》开启的 2019 年也被中国官方、学界、民间广泛认定为"中国科幻元年"。小说将故事设定于未来 400年，地球遭遇太阳氦闪危机，人类不得不启动"流浪地球"计划，用发动机推动地球冲出太阳系，寻找新家园。地球如同诺亚方舟一般，载着人类对太阳系的科学认知和对地球的故土情结启航，此移动载体可称作"地球号"。

按照时间线索梳理，"地球号"的流浪包含微观、中观、宏观三重维度，体现出科学思维的线性逻辑。首先，当科学家预测到 400 年后太阳系会爆发的灾难性危机时，人类采取五个步骤逃离——"地球停止自转""地球加速逃逸""地球外太空加速""地球外太空减速""地球泊入比邻星"[②]，环环相扣，连续向前。其次，伴随"地球号"的移动，人类历史将从更长时间段上被分为三个阶段，分别是地球停转前的"太阳时代"、地球移动中的"流浪时代"，以及地球移至目标恒星系的"新太阳时代"。再次，从更宏观的叙事时间反思，科学性、直线性、进化性的时间观在《流浪地球》叙事中无处不在。

---

① 刘慈欣：《重返伊甸园——科幻创作十年回顾》，《南方文坛》，2010 年第 6 期。
② 刘慈欣：《流浪地球·刘慈欣短篇小说精选》，四川科学技术出版社，2019 年，第 85 页。

在达尔文的进化论思想影响下,以《流浪地球》为代表的科幻叙事在很大程度上相信人类历史可以135亿年前的"宇宙大爆炸"为起点,随后45亿年前地球形成。人类作为"一种也没有什么特别的生物"①,开始创造历史。伴随自然进化,智人(homo sapiens)在认知革命中获得语言和思考能力,从而与其他猿人分化;在农业革命中与动物、植物区分;在科学革命中人与神灵分化,人类只崇拜人类自己。② 从动物变为智人,从智人变为智神,未来时代的主人可能是心智升级后的人"智神",或是机器人,甚至数据本身,而未来世界的灾难可能是技术黑洞和宇宙毁灭。

在此意义上,刘慈欣的《流浪地球》与达尔文的《物种起源》和赫拉利的《未来简史》在时间观上是同构的,从前太阳到后太阳,从老恒星到新恒星,从旧家园到新家园,基于进化论思维的科幻叙事潜藏着令人焦虑的价值判断。

(二)"地球号"的太阳中心观

历史上,人们曾经坚信地球位于宇宙中心,亚里士多德和托勒密提出地球静止不动,日月围绕其运行的"地心说",这是世界上第一个行星体系模型。直到1543年哥白尼在《天体运行论》中提出"日心说",1609年伽利略用自制天文望远镜加以证明,今天的科学认知中以太阳为中心的宇宙观才成立。

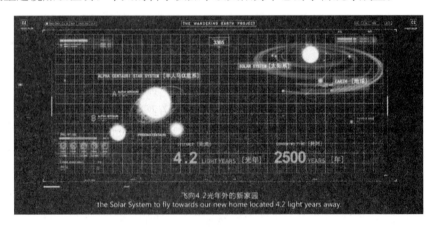

图1 "流浪地球"计划图③

---

① 尤瓦尔·赫拉利:《人类简史》,中信出版社,2014年,第3页。

② 尤瓦尔·赫拉利:《未来简史》,中信出版社,2017年,第87页。

③ 起点是太阳系,终点是"新太阳系",空间上具有线性进化观。图片来源:电影《流浪地球》03:42画面截图。

"流浪地球"计划正是被设置在既定的地球—太阳—太阳系—银河系这一太空模型当中，将整个地球推离太阳系的计划以 4.2 光年外的新家园为目的地。"地球号"停止自转后，人类将彗星月球推离轨道，再利用木星引力加速前进，穿越土星、天王星、海王星等轨道，向更远处的半人马星系探寻。

如此由小到大、由近及远、由起点到终点、由此岸到彼岸的移动方式，贴合现代科学的空间逻辑，体现出与进化时间相似的直线性思维。"地球号"故事带有强烈的太阳中心感，人类相信流浪的地球仍然有希望沿着"前太阳时代"的科学认知抵达一个新的恒星系，而新太阳时代的人类有希望回归到前太阳时代的生活吗——日月星辰，爱与生命，真的能够抵达吗？

（三）"地球号"的流浪家园感

家园感是《流浪地球》电影主打的一张感情牌。电影选择在 2019 年农历春节大年初一上映，借现实世界的阖家团圆氛围反衬幻想世界中宇宙流浪的悲凉。影片中不乏"团圆""回家""回归""故乡"等情节：如核心家庭的分离、家庭的重组、国家之间的合作、人类成为命运共同体等。影片结尾处最危急的时刻，女主角朵朵通过全球广播呼吁"大家一起救回共同的家园"，让整部影片的拯救地球、拯救人类共同家园的终极价值再次凸显。

然而，在以进化论为基础的时空框架中，"地球号"预设的目的地"新家园"实在难以抵达。当科学家们假设的、稳定的、被称作"家园"的定量"地球"变为不再根据自转和公转规律运动的变量时，曾经被科学话语所确定的时空关系变得模糊和不确定：地球流浪期间将不断遭遇巨型潮汐、岩浆洪水、气化型酷热、固化型严寒、大气层脱落、小行星撞击、木星引力等灾难……更不用说宇宙社会的"黑暗森林法则"，或是来自强大外来文明的"降维打击"。

同所有科幻文学一样，《流浪地球》提供了一种基于理性的、将来时的、充满想象力的时空表述，其中包含自达尔文时代以来人类对自身、对环境、对时空，甚至对未来的科学式的确定，同时也呈现出后人类对流浪未来的无限不确定。"家园"与"流浪"之间构成张力，《流浪地球》所强调的"如同黄金和钻石一样可贵的希望"[1]，可能引导人类走向一个无家可归的未来。

二、移动宇宙："独木舟"的实存和象征

面对"地球号"故事的焦虑与困境，文学人类学能否提供可供借鉴的学

---

① 刘慈欣：《流浪地球·刘慈欣短篇小说精选》，四川科学技术出版社，2019 年，第 90 页。

科知识和思考路径呢？在加拿大人类学家、民族植物学家韦德·戴维斯（Wade Davis）的《生命寻路人：古老智慧对现代生命困境的回应》中，来自波利尼西亚的"双身独木舟"（Hokule'a）神话展现出有别于科学时空的另一种世界观念。

（一）"独木舟"的宇宙之轴观

波利尼西亚位于太平洋东部，海域浩瀚广阔，岛屿星罗棋布，北至夏威夷，南连新西兰，西自汤加萨摩亚，东至复活节岛，是很多早期殖民探险和异文化研究的理想之地。英国航海家库克（James Cook）船长、法国探险家杜蒙（Dumont d'Urville）、人类学家马林诺夫斯基（Malinowski）、玛格丽特·米德（Margaret Mead）等都曾关注此区域内的神话、传说、风俗及文化。

根据考古研究发现，波利尼西亚的祖先大约在公元前 1200 年左右航海抵达波利尼西亚地区①，在此后的 1000 年间，波利尼西亚人驾驶着双身独木舟在太平洋上航行。双身独木舟如同移动的家屋，随着波利尼西亚人的航海探险从一个岛屿到又一个岛屿。② 直到现在，波利尼西亚人仍然享有"世界航海大师"的美誉，他们以独木舟的移居生活创造了独特的航海文化。

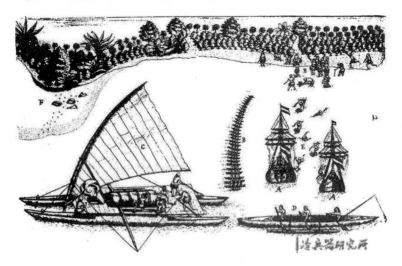

图 2　荷兰东印度公司档案中的双身独木舟③

① 焦天龙：《波利尼西亚考古学中的石锛研究》，《考古》，2003 年第 1 期。

② Patrick V. Kirch, *The Evolution of the Polynesia Chiefdoms*. Cambridge：Cambridge University Press，1984.

③ 图片来源："《老牛聊南太》新西兰毛利人的迁徙"，http：//mobile. chinagoabroad. com/zh/knowledge/show/id/29002.

关于波利尼西亚的世界观念，韦德·戴维斯记录道：

> 波利尼西亚将独木舟视为"宇宙之轴"。
>
> 独木舟船尾为方形，可观察日出与日落的方向；桅杆上有八道标记，可对应观星罗盘上的三十二个星宿……①

将独木舟作为观察世界的参照系，是完全有别于"地球号"科学视角的一种观察世界的方式。在波利尼西亚的航海文化中，航海者被称为"寻路人"，他们无须借助现代航海技术中常见的地图、海图、经纬线、指南针、海拔、海浪级别、灯塔坐标等参照物，就能了解大海的秘密，能够观察日月、星辰、海浪、鱼群，甚至水本身。波利尼西亚人以"独木舟"作为时空的轴心，由内而外的观察世界和构建宇宙。

（二）"独木舟"的时空神圣性

独木舟既是物理实在物，又是沟通世俗与神圣时空的媒介，是心灵世界的坐标轴。波利尼西亚人以独木舟为载体的神圣体验呈现在两个方面：一是将独木舟这一具体实物作为神圣中心建构世界；二是将独木舟周围的世界称为已认知的宇宙，而宇宙之外全为无神性的混沌世界。正如"独木舟"故事记载的：

> 据说，马坞光是在脑海中想象岛的画面，就能把岛屿从海中召唤出来……② 作为心灵导航图的坐标轴，独木舟永远不动，每天只需等待岛屿从海上冉冉升起。③

罗马尼亚宗教史学家米尔恰·伊利亚德（Mircea Eliade）认识到"宇宙之轴"（universalis columna）的世界象征图式是在传统人类社会广泛存在的，许多不同族群的神话、仪式和信仰都源自这种以具体物为中心的世界观念。④ 例如，印度教将须弥山作为世界中心，山高八万旬，周围环绕八山和八海；希伯来人将巴勒斯坦作为地球上最高的一块土地，认为它永远不会被洪水淹没；美索不达米亚人将金字形神塔作为宇宙的象征，神塔分为七层，分属于

---

① Wade Davis, *The Way Finders：Why Ancient Wisdom Matters in the Modern World*. Toronto：Anansi Press，2008，p. 57.

② Wade Davis, *The Way Finders：Why Ancient Wisdom Matters in the Modern World*. Toronto：Anansi Press，2008，p. 53.

③ Wade Davis, *The Way Finders：Why Ancient Wisdom Matters in the Modern World*. Toronto：Anansi Press，2008，p. 57.

④ 米尔恰·伊利亚德：《神圣与世俗》，王建光译，华夏出版社，2002年，第16—19页。

七个不同星际的天国，祭祀金字塔可以抵达宇宙顶端；澳大利亚原住民阿奇帕人（the Archilpa）认为神祇纳巴库拉（Numbakula）用橡胶树做成的考瓦奥瓦（Kauwa-auwa）是神圣的木杆，代表着宇宙中心，他们随着木杆迁徙游牧，只要是木杆确定的地方就是他们能够居住的土地。^① 在此意义上，波利尼西亚人的"独木舟"与世界其他地方和人群信仰的神山、圣地、神殿、奇石、神树是同构的。航海者驾驶独木舟在物理空间中移动，同时也是在以独木舟为轴心的"心灵的世界"中漫游。

（三）"独木舟"的动态归属感

用"独木舟"神话来激活"地球号"故事，我们发现，当地球成为未来人类的独木舟时，宇宙就是有待"前太阳时代"的原住民去熟悉和了解的新海洋。相较于均质性、持续性、绵延无期、转瞬即逝的科学性时间而言，神话性的"独木舟"时间具有可逆性、重获性，不可耗尽，永恒新生。波利尼西亚人认为：

> 只要双身独木舟继续航向，航海者的文化就会生生不息。双生独木舟不仅是航海坐标，更是神圣之舟，也是祖先宇宙飞船。^②

在神话思维中，"宇宙"不再是物质、星球和能量的总和，而成为以独木舟为中心向外被认知和圣化的时空。人类驾驶"独木舟"在渺茫的宇宙海洋中遨游，不再像"地球号"追寻流浪的终点，不再为告别"旧太阳"而感伤，也不再为寻找"新太阳"而焦虑。以"独木舟"作为宇宙中心，移动成为常态，人类成为宇宙间的寻路人和游牧者，静心等待未知星系和文明在时空当中冉冉升起。

这是波利尼西亚的世界观给"流浪地球"焦虑中的我们的启示。韦德·戴维斯写作《生命寻路人》，呼吁人类关注和保护多元文化。徐新建教授也倡导从多元文化中找寻应对未来危机的智慧。^③ 这便是将"地球号"与"独木舟"双重叙事并置的意义。

---

① 米尔恰·伊利亚德：《神圣与世俗》，王建光译，华夏出版社，2002年，第9页。
② Wade Davis，*The Way Finders：Why Ancient Wisdom Matters in the Modern World*. Toronto：Anansi Press，2008，p. 63.
③ 徐新建：《人类世：地球史中的人类学》，《青海社会科学》，2018年第11期。

三、幻想成人：科幻与神话的并置互文

从《流浪地球》出发，笔者试图用文学人类学视野和方法来解读和阐释"地球号"所呈现的危机与场景，将"地球号"的科幻叙事与"独木舟"的神话叙事对照互文，两种基于幻想的叙事呈现出对比鲜明的时空心态：

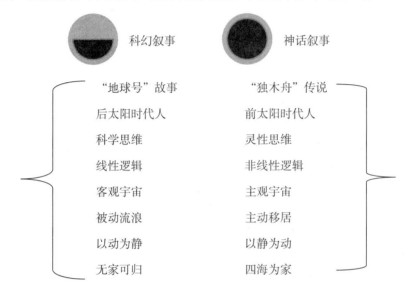

图3　科幻叙事与神话叙事的对比

具体而言，以"地球号"故事为代表的科幻文学基于科学思维和线性逻辑，以"独木舟"传说为案例的神话叙事依托灵性思维和非线性逻辑。当面对同样未知和不确定的渺茫时空时，人类相同的肉身心性却感受和认知到各不相同的世界观念。在"地球号"上的"后太阳时代人"以被动的心态在宇宙流浪，只为寻找可望而不可即的新恒星系目的地，看似不断进取的动态移动反而造成静止不前、无家可归的失落结局。与之相对，"独木舟"上的"前太阳时代人"世代以主动的移居为生活常态，他们在均质的物理空间中守护着不均质的神圣轴心，他们相信独木舟的移动是沟通过去与未来、世俗与神圣、个体与祖先的路径，这种以静为动的心态促成了一种四海为家的安定心境。

一直以来，幻想、虚构及想象是文学和人类学共同关注的主题。沃尔夫冈·伊瑟尔（Wolfgang Iser）的《虚构与想象：文学人类学疆界》着力突破狭隘的文学观念，指出人之为人的根本是人具有虚构和想象的能力；认为虚构中包含现实，现实也不断被幻想重塑，主张从"现实－虚构的二元对立"

迈向"现实、虚构、想象的三元合一"①。伊万·布莱迪（Ivan Brady）在《人类学诗学》中指出虚构是人类的本质力量，认为人不仅是生物存在和经济与社会的动物，就其本质属性而言也是"故事讲述者"（story tellers）②，故事让人成为人。贺晓武指出"伊瑟尔深刻地指出了虚构和想象具有的人类学本质属性"，"文学虚构之所以具有人类学的根据，是因为它与人类的本质属性紧密相关，它不但能够满足人类的审美交流，还能够满足我们理解现实、超越现实的需要"，"在文学虚构中，人们能够发现人类的内在隐秘的自我，也在文本游戏和文本表演中，实现扩展自我的需要"。③ 简言之，幻想、虚构、想象作为人之为人的根本能力，为我们构建了与现实世界平行并置的"可能世界"④。不论神话还是科幻，基于幻想写作形成的可能世界充当着人类思考和应对现实危机的实验室，人类利用幻想的实践力量，得以感受多重的时空体验，在故事的幻想、写作及阅读过程中不断成全人之为人的多种可能。

回到《流浪地球》的出发点，当科幻作家笔下人类依赖的自然科学所看到的世界体系或宇宙未来即将崩溃的时候，来自"前太阳时代"的原住民知识能否为"后太阳时代"的人类提供一种可供借鉴的思考呢？答案是肯定的。米尔恰·伊利亚德认为宗教性或者说神圣性是个体的人的一种潜在的能力，每一个自然人（homo sapiens）同时也是宗教的人（homo religious）⑤，即便在高度去圣化的现代社会，个人仍然可以通过不同的途径获得神圣性体验。当面对未来诸多不确定的危机时，"神圣潜能"可能通过幻想叙事，引导我们跟随科幻作家指引的科学道路奔向未来，同时激发我们从神话、传说、歌谣、仪式等灵性思维中获得启示。因此，文学人类学将科幻叙事历时性的单线时空表述置入共时性的多类型文本当中进行透视和比较，将有助于人们从更多元的角度来应对《流浪地球》所提出的"后太阳时代"的危机问题。

作者简介：
赵靓，四川大学文学与新闻学院文学人类学专业 2019 级博士研究生。

---

① 沃尔夫冈·伊瑟尔：《虚构与想象：文学人类学疆界》，陈定家、汪正龙等译，吉林人民出版社，2003 年。

② 伊万·布莱迪：《人类学诗学》，中国人民大学出版社，2010 年。

③ 贺晓武：《文学虚构的人类学根据》，《广西师范大学学报》，2007 年第 1 期。

④ 在当代文学虚构与叙事学研究中，"可能世界"理论是一个重要的发展方向。作为一个哲学概念，"可能世界"最早由莱布尼茨提出，"世界是可能的事物组合，现实世界就是由所有存在的可能事物所形成的组合""我们的整个世界可以成为不同的样子，时间、空间与物质可以具有完全不同的运动和形状。上帝在无穷的可能中选取了他认为最合适的可能"。参见周礼全：《模态逻辑导论》，上海人民出版社，1986 年，第 397 页。

⑤ 米尔恰·伊利亚德：《神圣与世俗》，华夏出版社，2002 年，第 3 页。

数字时代的文化与创意

谢　梅　主持

　　数据时代与以往大不相同，随着技术加速创新且日益浸入社会生活，信息技术对文学、艺术乃至文化产生了越来越大的影响。本专栏的文章以此为主题展开了深入的论述。谢梅和凡秦林从技术创新和适度伦理建立的关系出发，指出应该从科学性、生态性和主体性三个基本原则出发构建技术创新发展的适度伦理框架。聂韬深入分析了数字文化的解构逻辑，认为技术的加入使得艺术的解构变得更容易发生。在他看来，单一静态的文本传播被动态图像创造性地剪辑与拼接，传统文化事件的时间、空间、人物、事件等叙事要素被轻易地改写，原有信息的逻辑性、连续性可以随时被打破，无目的性、不确定性的特征凸显。刘志超将书法置于数字语境以及人工智能视域下进行探讨，认为书法机器人的创作并不是传统意义上的书法作品，而是自然科学研究的载体。王苑媛指出，数字影像中技术与感性的接合，既改变了人们的感知方式与存在体验，又开启了借助技术中介探寻"超感官"世界的艺术表达，而这意味着一种新的伦理诉求产生。何敏、王玉莹以刘慈欣作品的译介效果为例，讨论数字时代的译者如何掌握和使用异域话语规则来定位目标读者，从而推进中国文学作品的海外传播等问题。董静姝从消费社会理论视域出发对我国互联网时代文化产业的发展与现状进行了宏观审视与理论反思。

　　显而易见，当技术携带着其巨大能量深刻改变着世界的时候，知识生产已经开启了以技术叙事为特质的话语时代。数字技术用它的算法建构出了一个又一个独具特色的数字符号系统，让传统的科学本体拥有了新的妆容和内涵。值得重视的是，当代数字文化所发生改变的不仅仅是形式载体，更是真实与幻象、瞬间与恒久所建构出的实践和空间意义。历史的经验告诉我们，人类社会每一次的技术创新和进步，都是一次前所未有的重塑，物质世界如此，精神世界也是如此。社会历史文化的精神性、持存性与深刻性，它与技术世界的物质性、碎片化和浅表性之间存在的张力，以及这种张力所带来的机遇与危险等，所有这些围绕着数字技术而展开的种种维度与问题都在本栏目的文章呈现了出来。

技术创新与适度伦理框架的构建*

谢　梅　凡秦林

摘　要：技术伦理是一个具有交叉性质的学科范畴，它既属于科技哲学，也属于伦理学。要摆脱技术创新所导致的种种价值危机，实现技术创新与社会伦理的协调与整合，建立一套合理的伦理思维框架以满足任何时期的伦理需求十分必要。本文从技术创新与适度伦理建立的关系出发，认为技术本身具有合理性，但技术的应用应该受到伦理道德的监督，应该从科学性、生态性、主体性三个基本原则出发，构建技术创新发展的适度伦理框架。

关键词：技术创新　适度伦理　自洽

基因编辑幼儿事件沸沸扬扬，而在此之前，医疗技术就可以建构虚拟环境和虚拟人体模型，借助跟踪球、HMD、感觉手套，探视人体内部各器官的结构等。当科学技术广泛地渗透进人类生活的所有领域，并从根本上改变了人类的生活方式和生存环境以及人类的思维和思想的时候，一种超越物质的、技术的、理性的力量就产生了。它虽然能救治人，但也能改变人性，甚至威胁人类的生存。显而易见，科学技术在推动社会高速发展的同时也内含深刻的人性危机和人类命运危机。

技术伦理是一个具有交叉性质的学科范畴，它既属于科技哲学，也属于伦理学。笔者查阅相关的研究发现，对于技术伦理的研究较多集中在新技术、计算机、生物和工程伦理的性质意义、研究对象和方法，以及技术伦理的责任伦理和职业伦理等方面。基因编辑事件发生后，学界更多从伦理角度探讨技术应用"应不应该"和"对人类产生巨大伤害"等问题。人们对新技术革命伦理的应对，总是

* 本文系四川省社会科学研究规划重大项目"重大疫情背景下的舆情特点及应对研究"（SC20YJ005）的阶段性成果。

没有取得实质性的突破，即技术创新常常是以冲破原有的道德伦理规范为特质的。今天，我们再次遭遇技术创新冲击，是时候正确认识技术创新与道德伦理的关系这一重大问题了。历史的经验告诉我们，人类社会每一次的技术创新和进步，都会遭到当时社会伦理和道德的强烈抵抗，但最终技术的创新会强烈地改变旧有的伦理和道德内涵，因为技术创新的发生往往有其不可抗拒的必然规律。那么伦理道德是否需要以及如何适应技术的发展？伦理道德的稳定性与技术创新的多变性如何对应？技术创新的影响如何被限定在符合人性发展的需求层面以确保社会的安全发展？一系列重大问题都迫切需要思考和解决。本文从技术创新的正当性、合理性角度出发，结合技术创新与伦理道德的现实冲突，研究适度伦理框架构建与技术创新平衡关系的建立这一重要问题，并试图提出在科学理性层面的建构原则。

一、技术创新及其悖论：工具价值、人道价值与限度

截至目前，人们对于创新（innovation）的理解仍源于著名经济学家约瑟夫·熊彼特（Joseph A. Schumpeter）的观点。他在《经济发展理论》中提出创新是一种生产要素的重新组合，是一种革命，是毁旧得新的社会变革。熊彼特是从技术应用对经济的推动层面来论证社会发展的状况的。他认为资本主义社会之所以能创造繁盛的社会经济，本质原因在于其创新的能力，创新不仅要首创和新颖，更应具有社会性和价值性，也就是说社会性和价值性是技术创新的基本特质。社会性指创新是在实现社会的增长和发展两个维度变化时对社会均衡的打破，它包括技术创新、企业创新、金融创新以及所有的社会领域创新。

技术创新就是技术要素的不断组合，清华大学傅家骥等学者认为技术创新能够建立更高效、更完善的生产经营系统；能够创造新的工艺手法和产品，建立新的组织关系和新的市场，从而影响社会运转。[①] 从技术发展史和现实的技术过程来看，无论是钻木取火、青铜器制造，还是蒸汽机、互联网、人工智能，在出现之前都是不可预测的，无论是其形式还是内容，都存在着不可逆转的必然性。[②] 拉兹洛认为"技术变化一般是不可逆的，无论是什么性质，变化的方向总是从锄头到犁具，而不是相反，且这种变化是不可逆的"[③]。实际上，只有那些在有效性和效率方面代表进步的技术创新，才能被采纳并流

---

① 傅家骥：《技术创新学》，清华大学出版社，1998年，第20—37页。

② 王树松：《技术合理性探究》，《科学管理研究》，2006年第1期。

③ E. 拉兹洛：《决定命运的选择》，生活·读书·新知三联书店，1997年，第106页。

传下来。可见，技术的创新存在历史的合理性和必然性。

笔者认为，技术创新不仅仅是技术自身在物理形态的发展，还是技术价值实现的过程。技术创新活动及其产物改变人与社会的关系，从微观角度来看，技术创新通过改变个人习惯和自我概念塑造新的活动模式；从宏观层面来看，技术创新重构了社会秩序，比如互联网技术的出现改变了个体和社会的时空概念和交往模式，人们足不出户而知天下事。同样的情况是，社会关系、道德、政治与文化等都被强有力地不断重构着。[①] 有学者认为技术创新不仅产生了工具意义上的技术革命，同时也引发了人、自然、社会三者之间结构关系的巨大变化，而这种变革是沿着"适应自然、群居合作——征服自然、劳动分工——尊重自然、倡导责任——融入自然、天人和谐"这样一种路径来演进和发展的。[②] 这就是说，技术的发展是一个螺旋式上升的过程且不断地向科学靠近。

在《技术垄断》一书中，尼尔·波斯曼提出新技术改变了我们的兴趣结构、文化符号、社群性质以及社会生态，在新的"躲躲猫的世界"中，信息技术对社会整体生态环境带来了一些负面影响。[③] 人们利用技术是为了实现人与自然在认知和实践上的统一，使其更好地为人类服务，从而实现更好的生存与发展。但是正如我们所见，20世纪以来所出现的全球气候变暖、生物炸弹、克隆人、基因编辑幼儿等事件表明，技术创新和发展背离了本心，违背了"服务人、完善人"的初衷，创造出了与人类的对立，创新陷入了技术悖论之中。[④] 技术在实现创新发展、提高人获得各种服务便捷性的同时，增强了人类的依赖心理，并激发了人类在技术使用中的功利性，这对人类自身的生存带来了巨大的危害。人在不断适应某一技术的过程中逐渐变得被动而麻木，甚至无意识地顺从和接受，每一个身处新环境中的人都在不断被同化。技术的发展改变了人类对社会的认识，技术在造福人类的同时也成了一部分人征服自然和社会的工具，对技术的盲目崇拜使得人类片面追求技术带来的胜利，枉顾科学精神和社会伦理道德，对社会的发展造成危害。

人类发展的历史告诉我们，科技是推动社会发展的第一生产力，也是完善和提升人类社会观点的重要手段，是社会向前发展的思想和精神动力源，承担着社会责任和道德责任。换句话说，在科技创新中遵守伦理规范是人类生存的需要。技术伦理所涉及的内容是多方面的，比如生命伦理、基因伦理、

---

① 朱葆伟：《关于技术伦理学的几个问题》，《东北大学学报（社会科学版）》，2008年第4期。
② 夏冰：《技术创新与伦理秩序更替》，《中国科技论坛》，2013年第3期。
③ 尼尔·波斯曼：《技术垄断：文化向技术投降》，何道宽译，中信出版集团，2015年，第28页。
④ 郭晓磊：《技术悖论的哲学思考》，《唯实》，2009年第2期。

生态伦理、新材料伦理以及信息伦理等，当这些领域发生技术创新的时候，我们应该关注技术革命本身还是由技术变革带来的伦理道德革命？随着科学技术的不断发展，未来的道德世界、伦理世界将呈现出"自然人＋技术人"的混合共生的复杂形态，恐怕应该在道德哲学层面进行思考并获取解决方案。为此，围绕技术创新的伦理道德思考框架创新就是一种积极的理论准备。

二、技术创新与伦理的冲突：技术创新的特质与意识形态属性

阿西莫夫在《设计导论》中指出，技术设计的原则是由两种类型的命题组成的，一类是有事实内容的命题，另一类是有价值内容的命题，它反映了当代文明的价值和道德风貌。言下之意，技术创新活动与伦理直接相关。这种伦理能够对技术主体的行为进行伦理导向，以使技术创新主体在技术活动过程中不仅考虑技术的可能性，而且还考虑其活动的目的、手段的正当性。由此可见，强调科技伦理既是技术创新建制化的必然结果，也是社会分工与专业化发展的内在要求。传统伦理学重在平衡人与人、人与社会的关系。在其中，道德本身包含着规范的因素，包含着人们对人本身和人类社会所应有的形态的评价和规定。[①] 学者夏冰认为技术创新对社会伦理的影响主要作用于道德观念、行为规范和伦理秩序三个方面，且两者之间的关系不是单向度的。道德伦理制约科技创新，同时，科技创新也促使道德伦理发生重要的变化。[②] 在伦理学产生以前，道德规范是社会行为主要的约束力量，如原始社会的"君臣父子""三从四德"等传统习俗或生活习惯，便发挥着行为规范的作用。

伦理道德观念的形成、发展与转变与人类社会历史的发展进程同步。在传统的社会语境下，科技伦理问题没有成为人类社会或者说世界公民普遍关注的对象，但军事技术在第二次世界大战中的决定性作用，其所引起的军事科技伦理研究使得现代技术伦理学逐渐成为一种学术体系。[③] 早期经典的技术哲学将现代技术视为洪水猛兽，对现代技术给人类社会带来的影响采取批判式的态度。其中最典型的是法兰克福学派，他们最早将技术视为一种破坏性的力量，认为在技术的支撑下，文化产品粗制滥造，而真正的艺术品却消失了。在法兰克福学派看来，技术最大的伤害力来自技术的意识形态属性，如马尔库塞就认为当代技术构成了"一整套有秩序、永恒（变化）的社会关系

---

① 陈娟：《"现代科技伦理问题"的哲学反思》，大连理工大学硕士学位论文，2007年。

② 夏冰：《技术创新与伦理秩序更替》，《中国科技论坛》，2013年第3期。

③ 许晶：《从中西方科技伦理思想的演变探讨科学技术的价值向度》，武汉理工大学硕士学位论文，2003年。

模式，体现着主要的思想和行为模式以及控制和主宰的工具"①，而且在特定的意义上，发达的工业文化较封建时期的工业文化更具意识形态性，因为今天的意识形态就包含在生产过程本身之中②。霍克海默则认为"科学是意识形态的东西，因为它保留着一种阻碍它发现社会危机真正原因的形式"③。作为第二代法兰克福学派代表人物的哈贝马斯在《作为意识形态的科学与技术》中表示，科学技术作为一种统治技术和合法性来源具有了意识形态属性。与早期学者不一样的是，哈贝马斯在肯定技术的合理性的同时也表示担忧，他认为技术并不是天生就带有意识形态属性，而是在经济合法性的前提下，科学技术在广大公民的自觉承认和接受之中成为新的意识形态，成为人民构建进阶美好生活的愿景。④ 换言之，科学技术在当前时代有双重职能，它们不但是社会发展的生产力，是物质体，还是一种意识形态。作为生产力，技术本身作为内容影响和改变了社会的生产生活方式以及人类的认知，实现了人对自然的统治。而作为意识形态，技术作为"话语"塑造了新的社会思维和结构，实现了对人的统治。⑤

值得深思的是，随着科技创新的逐步加速以及对人类美好生活的赋能提高，技术的合理性被现代社会无限放大，它增加了人对自然、特权阶级以及对人统治的信心，人的主体精神在科技的背景下被发扬到极致，甚至可以应用科技手段消除差异、达到同一，科学技术受到何种价值观念的渗透都是人自主选择的结果。⑥ 在伦理观念的更新与技术创新的发展并不同步的情况下，创新技术的应用是否应该有一个伦理审查的机制，理性思考技术创新本身的正当性与创新技术使用的合理性和有限性，以避免当技术创新发生的时候出现简单粗暴的道德审判和对创新技术的消灭。合理的道德反思与保持技术创新的正当性是推动新发展不可或缺的两个方面，它可以在未来不断的技术创新中保持住人类社会的科学发展。今天当人类再次面临技术创新带来的社会

---

①　H. Marcuse, "Some Social Implications of Modern Technology", in *Technology, War and Fascism: Collected papers of Herbert Marcuse*. New York: Routledge, 1998.

②　马尔库塞：《单向度的人：发达工业社会意识形态研究》，刘继译，上海译文出版社，2014年，第134—135页。

③　崔永杰：《"科学技术即意识形态"——从霍克海默到马尔库塞再到哈贝马斯》，《山东师范大学学报（人文社会科学版）》，2007年第6期。

④　谢静：《西方马克思主义意识形态批判的传统与超越——科学技术作为意识形态之争》，《哈尔滨学院学报》，2018年第4期。

⑤　管锦绣：《哈贝马斯的科学技术意识形态论的时代意蕴》，《武汉理工大学学报（社会科学版）》，2013年第6期。

⑥　谢静：《西方马克思主义意识形态批判的传统与超越——科学技术作为意识形态之争》，《哈尔滨学院学报》，2018年第4期。

伦理挑战时，至少应该有一个基本的理性原则，那就是首先肯定技术本身的合理性、正当性与必然性，从此出发，分析研究技术创新的正当性与当时社会发展各因素之间的必然联系，做出合乎理性的决定。唯其如此，才能窥见科学伦理与社会伦理的耦合本质。需要强调的是，构建合理的伦理理性思考框架的本质在于如何正确看待技术发展的合理性、合法性以及辩证地把握创新技术的使用度。

三、技术创新与适度伦理建构原则

科技伦理是科技创新活动中人与社会、人与自然和人与人关系的思想与行为准则，它规定了科技工作者及其共同体应恪守的价值观念、社会责任和行为规范。科学伦理的出现是科学建制化的必然结果，是社会分工与专业化发展的内在要求。其目标是通过有效的规范，保证研究的所有环节都处于伦理的规训空间内，使研究的整个链条都指向"善"。可以说，科技伦理的水平直接标度了科技发展的成熟度。[①] 从孔子的"君子不器"、朱熹的"格物致知"、洋务派的"师夷长技以自强"，到近代科学技术创新，每一个对技术的认识阶段都形成了不同的、细分了的科学伦理观，无论是科学技术与社会伦理道德之间的关系，还是科学从业人员的职业素养和道德，都是随着技术本身的进步在逐步发展。总的来说，科学伦理的发展，尤其是中国科学伦理的发展是符合科学发展规律的（尽管西方近代历史上存在过严重的对立冲突），但是与科技创新发展相适应的理性的科技伦理思维发展较慢，时至今日，我们的科学伦理思维体系以及机制尚未形成。

现代科技带来生产方式和人的实践行为的改变，挑战了传统伦理观，在整体的社会网络结构中，现代科学、人类活动以及伦理道德三者既相互矛盾又相互作用。在这样的博弈中，有多种可能性和结果，这就需要我们重新来思考并重建新的伦理道德思维框架。但罗马非一日建成，要摆脱现代技术创新所导致的种种价值危机，实现技术创新与社会伦理价值的协调与整合，十分有必要建立一套合理的伦理思维框架以满足未来任何技术创新带来的社会变革的伦理需求。我们既不能乐观地幻想技术创新携带的先进性、优越性会在人类理性的控制下全面绽放其美丽的光彩而几乎无负面后果，也不能因创新技术的大规模运用对人类生存造成的苦难和迫害而将技术的乐观图景置于重重压力之下。理性伦理思维框架的建立是一个系统工程，它涉及价值评估、

---

① 朱葆伟：《关于技术伦理学的几个问题》，《东北大学学报（社会科学版）》，2008年第4期。

对应审核、环境分析、科学素养等多方面，本文仅做宏观的探寻，即提出适度伦理思维框架构建的基本原则。

（一）科学性框架/原则

回望科学发展的每个历史阶段，都可以看到科学创新与道德伦理的冲突博弈，尤其是克隆技术出现以后，生命伦理的变革揭示了这样一个真理：随着技术的不断创新，技术的工具理性与道德的价值理性之间的矛盾愈加深沉。技术崇拜与道德坚守的博弈，既需要适应道德伦理，与时俱进地紧跟技术发展的步伐，更需要技术发展守住道德的底线。

人类科学发展历史也显示，技术创新与道德伦理水平长期处于不平衡的状态，技术创新带来的一系列诸如环境破坏、基因变异等问题迫使我们在面对技术时需要重新审视，技术创新是否能为我们所用？我们应该如何用以及在何种程度上使用？因此，适度伦理思维框架的第一步就是建立一个对技术创新的科学评估体系，该评估体系中既有技术的标准，又有伦理的要求，最重要的是能够符合技术与道德自洽的标准。伦理价值的本体论认为行为应该如何优良规范绝非可以随意制定，它只能通过主体的需要、欲望、目的，从人的行为事实的客观本性中推导出来。[①] 这就要求人们在创新技术时考虑人的需要和在利用技术时明确其目的是最广泛的善。只有主体的需要、欲望和目的三者和谐，其行为才能向善。

（二）生态性框架/原则

早在 21 世纪初，技术创新的生态化就被提出，这是一种从人与自然、社会的关系视角看待技术创新的新观点。学者何小英等人把它定义为用生态学的原理与方法，协调人与自然、社会之间的关系，既要实现技术创新促进经济增长，也能达到自然生态平衡和社会生态和谐有序的目的。[②] 在面对技术创新所带来的伦理问题时，应从整体上把握技术创新对整个人类生存生态的影响，树立和谐与发展等量齐观、效率与公平兼顾统一的生态原则。

中国社会科学院教授朱葆伟认为，技术伦理问题在技术发展的一定阶段才会被提出，其提出的方式与那一时期技术与社会的关系的具体情况密切相关。[③] 技术发展与社会、政治、经济、自然等的关系是相辅相成的，面临人工

---

① 王海明：《伦理学是什么？》，《玉溪师范学院学报》，2002 年第 3 期。

② 何小英、彭福扬、杨慧春：《技术创新生态化与可持续发展》，《南华大学学报（社会科学版）》，2003 年第 1 期。

③ 朱葆伟：《关于技术伦理学的几个问题》，《东北大学学报（社会科学版）》，2008 年第 4 期。

智能、基因编辑等新技术时，重要的不仅仅是我们需要不断理解、学习、改进它们，更在于要进行管理制度、体制机制层面上的设计与思考，将技术发展放到社会系统的大框架下进行观照，系统地看待技术创新带来的各种可能性，尤其是破坏性，然后由点及面、系统地制定出技术创新应用的可能路径。

（三）主体性框架/原则

技术哲学的奠基人之一汉斯·尤纳斯提出了技术时代的责任命令："你的行为影响必须和地球上的真正的人的生命的持续存在相符合。"[①] 这就是说，技术的发展不能对人类后代人的生存造成影响和威胁。在技术创新应用时，首先应该考虑和尊重人的主体性。基因编辑技术应用于医疗早已存在，但是通过基因编辑制造新人类，却存在太多的未知危险，首先是基因改变可能会带来人类生命变异的风险，这是对人类的极不尊重和不公平。基因改良造就了"完美人类"，基因的优劣则会成为判定人类优劣的标准，没有得到改造的人类在弱肉强食的时代将面临绝迹。其次，受众的认识和理解以及接受是关键。在使用技术之前，相关人员和社会组织对科技成果的转化有充分审慎的研究，且经过充分宣传和讨论展示出创新科技的双面性，最大限度地得到公众的认同。如果对技术的劣性抱有侥幸，可能会使技术带来的痛苦和灾难高于幸福和期望。最后，在技术持续创新和使用过程中应做到平等相待，既要尊重技术发展的合理性，也要保障技术主体之间的平等。

伦理道德建设的主体性是一种对伦理道德积极的评价、选择、批判和扬弃的行为。只有在合乎伦理道德主体认知的框架下，其内在的价值才会与外在的社会伦理道德原则和规范相融合。尤其在当代，伦理道德的继承与发展既要满足人的需求，又要有践行良好道德的制度保障。换句话说，人既是道德的主体，道德的制定者与践行者，道德的摧毁者和创建者，又是道德的客体，时时刻刻受到道德的约束和控制。在人的身上兼有主体与客体的特性，这样的矛盾特质将始终推动和制约着技术创新与社会伦理的博弈和互动，而道德的最终指向是人的全面自由的发展以及幸福感的获得。

四、结语

综上所述，技术伦理拥有技术研究本身的合法性和技术应用的合法性两个维度，两者共同改变着人类的社会发展进程与结构。现代技术进步带来的

[①] C. 胡比希、王国豫：《技术伦理需要机制化》，《世界哲学》，2005 年第 4 期。

社会变革和人的忧虑以及更广泛而彻底的环境再造，要求人类对自身的思考应当优先于对技术的思考。技术合理性本质是合目的与合规律的统一、合主体需要与合客体效应的统一，价值理性与工具理性兼备。[①] 理解技术的合理性，需要结合具体的环境，应该把技术伦理和技术应用的伦理区别开来。因为一个时代有一个时代的意识形态和伦理道德，一种新技术的出现也塑造甚至决定了一个时代的意识形态和伦理道德。技术本身具有合理性，但技术应用的合理性应该受到不同时代道德的监督。与此同时，一个时代的道德伦理也应该保持调试和更新的灵活性，即在现实道德实践时对旧道德进行扬弃，道德的稳定性要与技术的发展性密切关联，相互砥砺，方可适应发展。

作者简介：

谢梅，电子科技大学公共管理学院新闻传播学系教授、数字文化与传媒研究中心主任，主要研究方向为数字技术与文化创新。

凡秦林，电子科技大学公共管理学院新闻与传播专业研究生，主要研究方向为数字技术与文化创新。

---

① 王树松：《技术合理性探究》，《科学管理研究》，2006年第1期。

表现还是再现？

——《王者荣耀》对游戏角色塑造的解构与反思[*]

聂　韬

　　摘　要：身为国产网游的执牛耳者，《王者荣耀》在获得了大量的玩家技术和利润收益后，设计者在塑造游戏角色时的后现代解构倾向愈发明显，艺术表现的张力在无关联的要素拼贴下疯狂地刺激着玩家的审美。而主流文化和媒体批判"荆轲"性别变更，并冠以"毁容历史、冒犯古人"的罪名，让其设计者在反思后改变艺术创作策略，即忠实既定历史和价值判断，强调艺术再现，走一条弘扬、传承中国传统文化的文创之路。

　　关键词：《王者荣耀》　解构主义　荆轲事件　艺术再现
　　　　　　文化传承

　　所谓解构，源于法国哲学家德里达对于结构主义和欧洲理性中心主义传统的批判。从艺术创作来说，解构主义从逻辑上否定传统的设计原则，通过打碎、叠加、拼贴、重组等方式，造成艺术的支离破碎与不确定感。[①] 而在虚拟文化空间中，随着技术的加入，艺术的解构变得更易发生。因为传统的单一且静态的文本传播形态已经被多感官且具有交互性质的综合信息传播替代，较之前者，它更具有多样性和复合性，而这也意味着对动态或者静态图像的创造性、叛逆性的剪辑和拼接，传统文化事件的时间、空间、人物、事件等叙事要素都能被轻易地改写，原有信息的逻辑性、连续性可以随时被打破，"无目的性""不确定性"的特征凸显。这既满足了民众在虚拟文化空间中对多视角解读信息、多样化艺术审美的需求，也同

---

　　[*] 本文系 2019 年度国家哲学社会科学基金青年项目"先秦名学典籍在英语世界的翻译、传播与影响研究"（19CZW013）的阶段性成果。

　　[①] 具体可参见陆扬：《论德里达对欧洲理性中心主义传统的解构》，《暨南大学学报（哲学社会科学版）》，1992 年第 2 期。

时存在着在碎片化信息爆炸、虚拟世界中信息输出者（开发者）原意被误解的风险。而在此时，虚拟文化空间的开发者和经营者往往会面临在后现代的"类像"中表现与再现的矛盾。①

　　作为虚拟文化空间的重要组成部分，网络游戏以其不断开拓的世界观，沉浸交互性的文本叙事，多感官意义上的鲜活的角色形象、语言、技能、操作触感以及服饰设计，充分体现数字时代下技术与文化的双重属性，同时刺激着虚拟文化空间下的文化生产与文化消费。可以说，网络游戏的开发与运营是一场在虚拟文化空间中持续的艺术创作过程，因此，对于原有文化资源的处理，如何在传统和创新的碰撞之间寻求平衡，成了开发者和运营者要思考的重中之重。本文以《王者荣耀》为例，试图展现在数字时代中，网络游戏对中国传统文化意象的后现代解构艺术的表现从狂欢走向消寂，转而力求艺术的再现，并寻求新文创的产业拓展的反思过程。

一、艺术表现的主体精神——设计者对角色原型的解构

　　《王者荣耀》是由腾讯公司开发，于 2015 年发行并开始运营的"MOBA"（Mutiplayer Online Battle Arena）类的移动端英雄对战游戏。除了将原有的 MOBA 模式在移动端上进行了较大的还原呈现以外，其游戏操作简单易上手、游戏节奏符合移动端碎片化的使用习惯，而且为不同分辨率的移动端提供画质选择，再加之游戏消费与角色审美而非游戏输赢挂钩等的设计与考虑，让其在 4 年运营中拥有了 3 亿用户基数，以及 5000 万的月活跃用户，且 2018 年全年的全球盈利突破了 220 亿元。

　　《王者荣耀》开发者对于虚拟文化空间的"地域超越性""文化自生产性"和"主体精神的沉浸性"等特征的领悟以及落实到娱乐化甚至竞技化的应用②，让其在短时间内收获了大量的用户群体和丰厚的盈利。而其游戏背景和角色建构建立在对传统文化意象的解构之上，这也将其推上了文化传播和文化传承的风口浪尖。

---

　　① 所谓艺术的表现，更为强调艺术的创作者对自己主体精神和审美价值的重视，而艺术的再现则更为尊重原型，尊重客观事实和主客观关系。关于后现代理论中的艺术表现，支宇在《类像》一文中对鲍德里亚用"类像""仿真""超美学"等术语所建构的后现代艺术话语系统进行了系统的分析。在依赖现代科技技术的游戏角色塑造中，传统艺术的表现强调的主体精神，成了更夸张的"类像"。"类像"在"真实"与"超真实"及"符号指涉"与"无根据、非意义"之间通常选择后者，然而，笔者认为在实际的艺术创作与艺术产品化的过程中，"类像"的出现往往并不解决与文化传承的矛盾。详情参见支宇：《类像》，《外国文学》，2005 年第 5 期。

　　② 朱永明：《新时代视觉文本形态与传播》，《艺术科技》，2017 年第 10 期。

《王者荣耀》上线并运营的初期，其背景大多借鉴以中国古代文化为核心的世界观，塑造的角色多以神话、历史人物命名，且大胆地强调艺术的表现，即采取夸张、变形以致抽象等艺术语言，对神话、历史人物的原型进行解构。尽管其游戏说明中明确表示"游戏设定纯属虚构，与历史真实的人物与事件无关"，但设计者刻意使用"长安""云梦""长城""稷下""都护府""京都""扶桑"等历史地理称谓，游戏角色也大多保留了神话传说、历史人物的原名，如"妲己""吕布""墨子""大乔""孙膑""刘备"等，以降低游戏设定的陌生化程度和学习成本。然而同时，在英雄人物的形象和背景塑造上，游戏更多凸显了艺术设计团队的主观情感体验与审美倾向，这直接导致大多数的英雄角色背景和形象的塑造与其历史原型相差甚远。

运营者和开发者在早期显然没有意识到这种肆意解构传统文化而带来的争议与弊病，他们享受着后现代语境下对"经典"的叛逆性诠释，在英雄故事、技能、关系，以及英雄皮肤的绘制和设计上任意拼贴，在"仿真"和"超现实"的逻辑包装中创造王者世界的时尚潮流和商业模具，以尽可能带来叙事上的新奇和视觉上的审美刺激。

英雄皮肤是网络对战游戏中多感官艺术表达的最重要元素。从美学价值来看，它涵盖了游戏体验中的玩家对使用游戏角色的视觉和声学的审美以及交互意义上的操作手感，而从商业价值来看，皮肤一直是《王者荣耀》盈利的核心。早期《王者荣耀》英雄皮肤的绘制者和宣传运营者都尝到了解构的甜头，于是他们决定继续这场后现代的狂欢。

貂蝉与妲己的游戏角色塑造有着非常显著的共性，这也是设计者在解构中体现的主观精神和设计理念能够成立并被大众接受的客观条件。妲己是一位在史书中鲜有记载的帝辛的宠妃，设计者在塑造其角色时除了参照明代小说《封神演义》中的"九尾狐"以外，还将其设定为另一角色姜子牙所制造的人偶，为了毁灭纣王，终日彷徨在真假灵魂的矛盾中；貂蝉的原型同样无史可依，这也赋予了设计者更大的艺术表现空间，除了保留了原有《三国演义》《三国志平话》等演义小说中与吕布的关系以外，还加入了与赵云和曹操的故事线，值得一提的是，貂蝉皮肤的制作中拼贴了"异域舞娘""仲夏夜之梦"等他者文化要素，这也是设计者在初期一直贯彻的皮肤绘制理念，即不同时间、空间（地域）的文化要素拼贴。相类似的拼贴范例还有小乔的"缤纷独角兽"，虞姬的"加勒比小姐"，王昭君的"精灵公主"，李白的"范海辛"和"千年之狐"等。这种将毫无关联的艺术要素相拼贴的解构与艺术表现的确能满足游戏玩家的多样化审美需求，从而刺激玩家消费，获得盈利。从"文化自生性"来看，玩家与游戏角色的互动在游戏世界观中的任意交互，也最终会诞生新的现实亚文化，如服饰文化、同人游戏小说、动画文化等。

新的亚文化的诞生，标志着对于已有经典的权威性和典范性的挑战。在数字时代的技术加持下，"类像"的超真实性属性让游戏角色形象远远超越了原有的文本叙事，人们往往不会去深究虚拟的游戏角色与现实原型的差异性，甚至还会被视觉与操作体验迷惑，信以为真，在"真实"与"虚拟"的模糊界限处得到超真实的享受。

然而，貂蝉也好，妲己也罢，甚至中期出现的云中君、东皇太一等游戏角色，也是在历史的"层累"① 过程中不断丰满的，因而数字时代下网络游戏对其解构，可以被视作其文本和艺术表现的延续，就如同影视剧的改编一般。

但面对既定史实，附加了文化精神甚至民族精神的知名人物遭到解构时，主流文化甚至国家意识形态往往会从"类像"的超真实性中回过神来，反感甚至反抗其设计者和运营者的后现代解构形式。

二、表现的败北——"荆轲事件"的舆论争议

在《王者荣耀》运营的前两年里，主流媒体和社会舆论对于其英雄角色的构建和其原型的背离一直都颇有微词，最终爆发"荆轲事件"。② 表面上看，作为游戏角色的荆轲，其设定逻辑与其他历史人物并没有太大的不同，甚至对于其英雄职业的规划——刺客身份、背部偷袭技能，也基本借鉴了《战国策》中《荆轲刺秦王》的历史典故。主流媒体和舆论的批判源于对其性别的变更。游戏中，荆轲摇身一变，成了一名女性角色，并在动态的游戏进程中散发出极为鲜明的女性魅力。

在数字时代，在原型人物影视或者游戏改编里性别变更的手法并非罕事。日本著名的网游《FATE》就直接将不列颠的亚瑟王变更为女性角色，美剧《基本演绎法》(*Elementary*) 也将柯南·道尔小说里福尔摩斯助手华生的性

---

① 历史的"层累说"是民国时期以顾颉刚为代表的史学界在《古史辨》系列丛书中所提出的重要理论，即古代的历史是在转述的过程中一层一层的累积的。当代史学界对于"历史层累说"理论褒贬不一，而笔者认为，这一理论的重大贡献在于将中国古史中神话、传说与历史的混杂性区分开来，重新审视被神化和偶像化的历史人物。详情可参见顾颉刚：《古史辨自序》，河北教育出版社，2003年。

② 舆论对于《王者荣耀》中角色塑造的批评的另一个焦点为李白。李白在游戏中被设定为一名刺客，这与李白在中国古代的文人形象确实不太符合。在面对争议时，开发者致敬诗仙，并上线了"国家宝藏－上阳台帖"的定制皮肤，在服饰和武器的设计上更贴近原有的李白符号表征，由此，诗仙过渡到豪侠，从而变"争议"为弘扬传统。

别变为女性，以便更好地展开福尔摩斯和华生的情感叙事。

2017年年初，《光明日报》刊发了名为《荆轲是女的？小学生玩〈王者荣耀〉还能学好历史吗?》的时政评论文章，直接批判《王者荣耀》"历史背景和人物经历并无挂钩，内容和精神被架空，有名无实"，《人民日报》立刻在微博上转载该文章并发表评论："如此开涮古代名人，只见轻佻，不见经纬。当历史被毁容，乃至被肢解，不仅古人遭冒犯，今人受惊扰，更误人子弟，苍白了青少年的灵魂。……如果利字当头，连小学生也不放过，恐怕只有耻辱，不见荣耀。"一石激起千层浪，"荆轲"事件的爆发，甚至引发了社交平台上对于移动端口游戏法律条款的规范化，以及对未成年人造成的影响弊大于利的多维度讨论。

这是一场主流意识形态对后现代主义将传统经典和历史叙述进行"去中心化、去权威化"的恣意解构方式的批评与回应，是对设计者以个体审美为主导的艺术表现方式的否定。"荆轲"事件的爆发，体现了当现有的经典范畴和既定历史事实在面对自身被恣意表现的状况时，主流文化所具有的自我保护意识和反抗意识。

从另一角度观之，虚拟文化空间日臻成熟，网络短视频、影视、自媒体直播、微博、微信公众号等不仅成为个体主观精神传递、分享与交互的骨架，同时也是宣扬集体意志、社会主义核心价值观的主要呈现阵地，而主流文化在判断个人或者企业主体精神在虚拟空间进行价值观传递是否具有合理性时，多感官的综合类信息相比单一的文本而言，更具备说服力。主流文化甚至会要求虚拟文化空间中的活跃要素在一定程度上担负起文化传播与文化传承的义务和责任。它们提醒着当下游戏、影视等多感官的娱乐形式要注意娱乐性与教化性的关联，甚至适当提出寓教于乐的期望。

然而，这并非一件易事，因为后现代的技术与文化的融合本身就是一把双刃剑，其所产生的"类像"艺术产品的自主性看似没有任何的根据和意义所指，也不需要为颠覆原有的主客体负责。[①] 但同时，主流文化与国家意志的价值导向又告诉这些后现代的"类像"们需要为现有的主客体负责，即在自身个性艺术逻辑的运行下，解决与集体文化传承的矛盾。

此时，《王者荣耀》共上线了65名英雄角色，其中直接以神话、历史人物命名的角色占据了百分之八十以上，若全面做出整改和调整势必会造成极大的经济损失。2017年4月14日，腾讯互娱用户运营中心总监张皓在新闻发布会上针对英雄角色荆轲的性别质疑做出了冷静的回应，他承认应当在游戏

---

① 赵一凡：《欧美新学赏析》，中央编译出版社，1996年。

的娱乐性和对历史的尊重上做到平衡，但同时也提到，"在游戏内我们是有说明的"。

若仔细阅读游戏内关于荆轲的文本设定，我们会读到，"荆轲"是整个刺客家族共享的称谓，"荆轲刺秦王"中的刺客"兄长"刺杀失败后，其妹便继承了"荆轲"这一称谓，并伺机为兄长复仇，也就是说，"荆轲"从历史中的人名变为了家族称谓。在游戏的文本叙事中，"荆轲为女性"的设定自然成立。

然而，在虚拟文化空间里，单一的、传统的文本叙事的解释力通常会逊色于视觉性的甚至多感官性的艺术呈现①，这也是为何大部分的游戏玩家会沉浸在英雄的技能的华丽程度、皮肤的美观、游戏画面的宏大和交互意义下游戏胜利的快感中，而主流媒体则关注英雄荆轲极具冲击力的女性特征。此时，就算再怎么强调传统文本叙事在场，在解释，都是苍白无力的。哪怕是《王者荣耀》的设计者在游戏中的任何一个界面都标有"纯属虚构"等字样，也不会合理化其对原型造成的实际颠覆结果。

这是数字时代中网络游戏甚至任何一种新的媒介在传统和创新的碰撞之间所需要承担的风险，这也是一场传统文本与视觉甚至多感官艺术呈现方式的对抗。与此同时，《王者荣耀》庞大的未成年玩家也要求运营者和开发者在游戏的后续开发和维护过程中更为积极地承担起企业的社会教化责任。这种责任，要求克制对传统文化意象进行艺术表现。面对因荆轲产生的巨大社会舆论压力时，《王者荣耀》设计团队毅然选择了将"荆轲"的名称更换为"阿珂"，并重新制作了该英雄。该英雄正式宣告从原型改编走向纯粹的原创角色。

三、再现的忠实——《王者荣耀》与文化传承

"荆轲事件"后，《王者荣耀》团队明显意识到，在强调视觉、触感以及玩家交互的文化产业中，游戏内文本叙事的在场并非意味着其具备了充分的解释力，而恣意地使用艺术的表现制造"类像"是无法解决与主流文化之间的矛盾的。因此在后续王者世界观的拓展、新英雄角色的设定与绘制时，运营者与开发者的思考模式呈现出较大的转变。

---

① 该观点可参见李佳蔚：《新媒体广告视觉的说服与策略》，《现代传播（中国传媒大学学报）》，2019 年第 9 期。该文对于感官性的信息在新媒体的生态中，通过图像、符号和体验机制的整合以达到"视觉说服"进行分析，视觉说服的显现也说明传统"文本说服"的弱化。

（一）新英雄角色的推出从"原型"转向"原创"

不断推出新的游戏角色是维持玩家新鲜感的重要手段。前文已论及，抛开主流文化和核心价值观的影响不谈，游戏玩家往往优先考虑游戏角色及其皮肤的审美价值和游戏内部的操作交互体验，而并不在意是否能分清虚拟与真实的界限等宏大的价值叙事。甚至对于玩家而言，在虚拟文化空间的娱乐行为本就是其现实社会的一部分，这也提醒着游戏的设计者，由支离破碎的、原本无意义的零散信息拼接而来的原创角色同样能够达到此种审美效果，这既能刺激玩家的审美和消费欲望，也不需要制作者花费成本去解释与原型的关系，更能避免对原型实施解构后所造成的主流文化的反感。由此，设计者在艺术的表现上更为自由，更有发挥的空间，且不需要过多思考原有主客体的关系。

然而，这并不意味着《王者荣耀》的团队放弃了对原型人物的改写。截至 2019 年 11 月，《王者荣耀》共上线 31 名新的英雄角色，其中直接以历史人物命名的英雄 6 名，原有的神话和传说虚拟人物 6 名，其余均为原创角色。面对这些拥有原型人物的英雄时，设计者不再强调主体精神与审美的恣意解构，而是力求艺术的再现，即整体上遵照原型，再现原型，无论背景设定还是角色绘制都趋于保守，尽量贴近客观事实和既有的主观判定，强调文化传承。

鬼谷子、上官婉儿、司马懿、马超、西施等原型的文本叙事，在原有文献记载的基础上得到了一定程度的改写，但也只是为了符合"王者大陆"的世界观的整体设定，远远没有触及先前所谓的"历史被毁容、被肢解"的程度。

鬼谷子是"荆轲事件"后上线的第一名具有历史原型的英雄角色。鬼谷子的英雄职业定义为"辅助"，来自"云梦"，其造型头戴面具，手握法杖，口中念着"名为世外高人，实乃异类""万物皆有灵"，这与历史文献中鬼谷子神秘的身世不谋而合。在英雄技能的设计上，"纵横兵法"和"万物有灵"等命名颇有兵家、纵横家和道家之风；"万物有灵"技能释放后可将敌人拉扯到其身旁并使敌人眩晕一秒，为同伴制造进攻的机会，这种技能设定也似乎隐约回应着纵横家"纵横捭阖"的游说策略。

相比本来形象模糊的鬼谷子，孙策的英雄塑造则更贴近客观历史和社会既有的主观判定。其游戏角色继承了"江东小霸王"的称谓，手拿铁戈作武器，并以船队、大海作为技能设计核心理念，设计者极大地参照了相关的史书记载以及小说中的演义叙事，先固本浚源，再发挥艺术的创造力。在背景故事的设定中，孙策与其他英雄角色——大乔、孙尚香、周瑜的关系得以显现，版本更新时还推出了与大乔的"情侣皮肤"，当两位角色同时出现在局内游戏中时，还会出现相应的语音互动和行为互动。

新英雄角色开发理念的变更仅仅是个开始，《王者荣耀》团队真正的着力点，是英雄皮肤的绘制。

（二）以英雄皮肤绘制为基，开辟以中国传统文化IP为核心的新文创

《王者荣耀》团队逐渐意识到，要想获得"后荆轲事件"时代的社会"救赎"，文化产业的价值或许应在对传统优秀文化的传承、文化资源的保护中得到主流文化和国家意识形态的认可。而要完成这一点，设计者在绘制皮肤时，需要注重对中国传统意象的忠实再现，而运营者则利用新媒体加大宣传，并与文化团体、机构展开合作，积极拓展以传统文化为核心的新文创。①

在拥有庞大的玩家基数的条件下，《王者荣耀》开辟文创产业具有得天独厚的优势。2018年10月28日，《王者荣耀》在三周年盛典时隆重推出了杨玉环的限定皮肤"遇见飞天"。在上线之前，官方在微博与微信公众号等网络平台上，针对其皮肤的绘制过程进行宣传，这款皮肤由敦煌研究院、专家顾问团和王者设计团队共30余人参与设计，且在敦煌专家的认可之下，耗时半年，最终定稿。在皮肤特性的叙述中，官方再次强调，该皮肤是为"致敬敦煌，再现云彩霓裳"而生。历史上的杨玉环善歌舞，精通音律，而通过"云纹飘带""反弹琵琶""丝绸古乐""流沙细响"等人物妆容、角色姿势、技能声音等美学和声学的效果，由丝绸之路而来的胡文化得以重现。同时，该皮肤并不需要玩家花钱购买，只需要登录游戏、开局游戏和微信分享等即可兑换。

"遇见飞天"的上线仅仅是文创的开始。《王者荣耀》团队在宣传期间发布音乐作品《遇见飞天》，并和演唱者开展宣传敦煌的义务演出活动，同时推出"王者荣耀数字供养人计划"，呼吁民众可以根据个人意愿进行公益捐赠，筹得的所有善款由国家文物保护基金会直接接收，用于敦煌莫高窟第55窟的数字化保护。

---

① 将中国传统文化作为文创IP是当下中国特色文创产业发展的趋势。从国际意义上来说，利用本土文化进行文创开发的国家如美国、英国、日本、韩国早已开始了全球范围的文化输出。详情可参见夏亦舒《新媒体环境下"文创+综艺"的创新性表达——以〈上新了·故宫〉为例》（载《新媒体研究》2019年第8期）、张飞燕《"互联网+"背景下的博物馆文创产品发展》（载《遗产与保护研究》2016年第2期）等相关论文。

这是《王者荣耀》团队做出的一次不遗余力地"去商业化"公关营销，《王者荣耀》似乎从中探寻到了用艺术的再现获得主流文化认可的重要性，而传统与流行并行的文化产业经营模式也成为可能。2019 年 2 月，腾讯公司与法国博物馆达成合作，将"遇见飞天"的原稿——《舞乐飞天》岩彩画送往吉美国立亚洲艺术博物馆进行展出；2019 年 5 月，CCTV-2《经济信息联播》节目对"遇见飞天"皮肤进行专题报道，并说明了在数字时代，网络游戏在弘扬传统文化方面的重要性。

"遇见飞天"后，《王者荣耀》团队决心从物质文化走向非物质文化，2019 年相继推出了鲁班七号的"狮舞东方"和虞姬的"云霓雀翎"两款皮肤。前者与国家级非遗文化项目"彩扎"（佛山狮头）和"灯彩"（佛山彩灯）传承人展开密切合作，通过宣传扎胚、扑纸、写色、装饰等工艺绘彩步骤，以及舞狮的技能特效和炮仗飞舞的贺胜音效吸引玩家的兴趣；后者的设计灵感源自蜀绣双面绣《千里江山图》，设计者专门前往北京故宫博物院欣赏与临摹北宋王希孟的原画，并通过对英雄服饰上白羽和雀翎的绘制，以及月下荷塘的回城背景特效设置、"孔雀开屏"特效设置等，在再现蜀绣的精致的同时，也使得中国传统的水墨山水风格获得了动态的、多感官性的诠释与解读。

2019 年 10 月，《王者荣耀》在四周年盛典时隆重推出了上官婉儿的周年限定皮肤"梁祝"，这也是《王者荣耀》在非物质文化遗产领域进行的文创尝试。这并非其推出的第一款戏曲皮肤，此前已有融入京剧元素的虞姬皮肤"霸王别姬"、融入川剧元素的梦奇皮肤"胖达荣荣"、融入昆曲元素的甄姬皮肤"游园惊梦"，但这是第一次将其作为文创产业的核心卖点。

在 2018 年英雄角色上官婉儿上线时，其设计者便已经为其赋予了浓厚的"中国传统文化"意味。中国古艺琴棋书画，除书以外，其他三艺都已有英雄角色作为代表，因而上官婉儿的英雄形象手握墨笔，并参考东汉时期书法家蔡邕的《书法九势》而有"笔墨碰撞"的技能效果，如"藏锋""泼墨""内向书写"等，连地挥墨，提按顿挫，旋舞空中。在原有的皮肤中，与其匹配的诸多角色台词都改编自晋代书法家卫夫人所著的《笔阵图》，当她直呼"笔落兴亡定三端之妙，墨写清白尽六艺之奥""无筋无骨，写来何用"之时，这位唐时"腹有诗书气自华"、隐忍又进取的官宦女子形象便栩栩如生。

上官婉儿的横空出世，似乎也暗含着后现代的艺术表达方式在面对社会固有观念时所做出的妥协，即面对性别刻板印象时的处理方式。当原有的性别刻板印象在现实社会或者艺术呈现中遭到挑战时，我们发现，社会对于女性"汉子化"的接受程度会远远大于男性的"娘化"。在网络词条中，"娘炮"一词被解释为"某些方面女性化的男性，带有贬义色彩"，而"女汉子"则被定义为"个性豪爽、不畏吃苦"的褒义词。

李银河在自己的演讲和著作中多次说道，"性别刻板印象是对男女的双重压迫"①。性别刻板印象自古而来，在当下的社会生活中依旧普遍存在。当其映射于虚拟文化空间时，网络游戏中艺术创作的张力也要受限于传统性别刻板印象对角色塑造的束缚，更何况"荆轲事件"后，《王者荣耀》明显不想卷入具有社会争议性的话题之中。

我们发现，在目前游戏中上线的 96 个英雄中，男性角色多以魁梧、雄姿、阳刚、潇洒、凶狠、阴沉等男性特征为绘制方向，偶尔出现可爱、小巧、活泼等特征时，设计者往往会将其定位为小男孩，如孙膑、沈梦溪等；而女性角色除了曼妙、端庄、美艳、乖巧等女性特征以外，设计者也会选择如武则天、花木兰、钟无艳等在古代男权社会"巾帼不让须眉"的女子形象，这是女子对于男性特征的向往，也是花木兰、上官婉儿等英雄广受舆论好评的深层次原因，其实质是面对性别刻板印象时所做出的妥协②。

出于性别刻板印象的考虑，再加之开发以传统文化 IP 资源为核心的新文创的决心，《王者荣耀》团队最终选择以越剧的《梁祝》为蓝本，并在专业画师和越剧艺术家的通力合作下，绘制了上官婉儿的"梁祝"皮肤。1928 年后，上海越剧女班的崛起让其逐渐拥有了"女子科班"的戏曲称谓，基于这样的历史背景，设计者专门挑选越剧中女小生的妆容、越剧唱段、做打姿态与上官婉儿干练、坚韧的角色性格相拼接，并即时开发了新的文创项目，通过舞台艺术和数字科技的融合，将英雄"上官婉儿"这一虚拟形象搬上了实体舞台，打造了世界上第一个虚拟越剧演员。2019 年 11 月 8 日，"上官婉儿"在杭州西湖"小百花越剧场"首度亮相，并将驻场半年与其他知名的越剧演员同台演出。

根据百度平台的搜索数据，"梁祝"发布之后，关键词"越剧"的百度搜索量激增两倍有余，《王者荣耀》通过现代数字技术的加持，赋予了传统文化新的表现形式，生动展现国粹之美，游戏中的"顶流"或许也能够成为新时代的"文化索引器"。

---

①　李银河：《两性关系》，华东师范大学出版社，2005 年。也可参见安托瓦内特·福克：《两性》，黄荭译，华东师范大学出版社，2019 年。

②　笔者所谓的"妥协"，并非完全屈从，而是从中性特质来塑造该类英雄。花木兰和上官婉儿在身体特征的绘制上往往既保留了女性固有的婉约特征，同时也具备英气、当机立断等气质，但被塑造得过于男性化的钟无艳却被玩家赋予"男人婆"的绰号。

（三）世界观拓展与开发以历史原型英雄角色为核心，并制作与主线故事相关的动画、漫画等辐射周边、扩大影响力

《王者荣耀》在每个赛季会进行一次大版本的更新，除了对游戏中的物品道具、游戏地图、特色系统、游戏模式等方面进行优化与调整以外，还会推出原创英雄。截至 2019 年 10 月，官方相继以盛世长安、长城守卫军以及稷下星之队为核心，不断拓展王者世界观。

世界观的设定和开拓是艺术再现的宏大展现。"长安""长城""稷下"，这些与中国历史、文化命运紧密相连的意象成为《王者荣耀》世界观的灵魂，而最为贴近现实文本叙述的原型英雄角色自然成为王者事记的主线人物。如盛世长安版本中的狄仁杰与武则天，长城守卫军版本中的花木兰，以及稷下星之队版本中的庄周、鲁班大师和孙膑。

"北冥有鱼，其名为鲲。"《王者荣耀》中的英雄角色庄周身骑"鲲鱼"，其身体在移动过程中在透明与实体之间转换，而其四大技能"自然意志""化蝶""蝴蝶效应"和"天人合一"的命名让人联想到《齐物论》中"庄周梦蝶""天地与我并生，万物与我为一"的论述。在释放技能时，庄周能为自己及队友解除技能控制，颇有《庄子》中"吾丧我"、《天籁》和《大宗师》中"知言皆妄，通道唯一，达到物化"等不受世俗束缚的境界。此外，庄周数个皮肤的名称如"逍遥幻梦""蜃楼王""云端筑梦师"等也耐人寻味，尤其是云端筑梦师的设计理念，强调星云与海豚相随，并配有"美妙的长眠，值得高歌一曲""千年梦境合二为一"的语音，那个纪念亡妻而"击缶而歌"，借王倪之口说出"若然者，乘云气，骑日月，而游乎四海之外。死生无变于己，而况利害之端乎"的先秦庄子，在数字技术的艺术表达中变得生动且鲜活。[1]

历史和文学意义上的庄子形象在《王者荣耀》中的艺术再现，也让庄周这一游戏角色在王者世界中拥有了举足轻重的地位。三贤者——庄周、墨子、老夫子，一同在稷下传道授业解惑，齐国稷下学宫的学术与政治地位让其成为战国时期百家争鸣与思想滥觞之地。王者世界同样沿袭其文化传承的特征，稷下的弟子遍布王者大陆的各个角落，并效力于各方势力，相互合作，也发生争斗。

在盛世长安版本中，李白、李元芳、武则天、钟馗、马可·波罗等英雄角色在主线叙事中粉墨登场，核心游戏角色狄仁杰穿梭在诸多势力之间，成了维护长安稳定的治安官。在该版本运营时，《王者荣耀》团队也在腾讯视频

---

[1]　本段多处引用先秦文献《庄子》，详情可参见《庄子》，上海古籍出版社，2001 年。

和《王者荣耀》官网上线了《狄仁杰探案》动画片。在长城守卫军版本中，唯一具有原型的花木兰更是率一众王者世界的原创角色，挥舞大剑，守御长城，抵挡外族魔物的入侵。

无论是庄周、花木兰，还是狄仁杰，设计者都赋予这些具有历史原型的英雄角色以核心地位，让《王者荣耀》的世界观规划更为明确，即重视传统意象，做虚拟文化空间中的文化传承者。

四、结语

早早拥有了 3 亿玩家的《王者荣耀》，在设计者们的一场后现代"类像"的艺术狂欢硝烟散尽后重新审视自身，再起航时已是另一种艺术呈现模式。他们意识到，主流文化不容置辩的权威性促使《王者荣耀》中不确定的、碎片化的、超真实化的艺术表现要部分地回归带有文化传承责任的艺术再现。而这种艺术的再现，并非停止创作，而是从根本上对既有的主客观关系的忠实，是对既定历史、既定价值判断的忠实。

对于《王者荣耀》的商业运营者而言，这并非一件坏事，这表示他们获得国家意识形态的认可。在弘扬传统文化、开辟文创产业的经营理念下，运营团队举办线下 KPL 电子竞技赛事更为得心应手，且能以竞技性的对外文化输出活动为原则辐射国际。这是"后荆轲时代"《王者荣耀》所选择的运营之路，或许这也是在中国当下文化发展规划下最适合网络游戏生存与发展的兴盛之路。

作者简介：

聂韬，文学博士，电子科技大学外国语学院、数字文化与传媒研究中心副教授，研究方向为海外先秦汉学研究、墨家思想研究、网络游戏研究。

书法机器人：数字时代中国书法研究的现状与未来[*]

刘志超

摘　要： 数字时代语境下的中国书法机器人研究与传统人文学科视域下的中国书法研究截然不同。尽管将中国书法与数字、人工智能相结合的书法研究在中国传统文艺研究与审美语境中尚未被接受，但在今天倡导多元文化交流与融合、多学科交叉与跨界发展的时代语境下，这一研究视域在一定程度上为传统中国书法研究提供了新的视野，同时也可引发学界对传统中国书法学科建设与中国书法文化产业发展的深思。

关键词： 数字时代　书法机器人　自然科学　文化产业

一、引言

作为最能代表中国文化精神之一的中国书法，在今天科技飞速发展的大潮之中，同其他传统文化一样迎来了新的境遇：人工智能的飞速发展为中国书法的学习与研究提供了一种新的载体和工具。关于人工智能与中国书法学习与研究之间的关系，我们不能轻易做出是非对错的判断。在高度弘扬中国文化自信与文化自觉的今天，机器人研究介入中国书法的学习与研究，看似脱离了中国书法本体的书写与审美，但在一定程度上为中国书法的学习与研究提供了一种全新的范式。

笔者梳理人工智能时代机器人与中国书法研究的现状，旨在阐明中国书法的学习与研究不能囿于中国传统文学、史学、哲学、美学等传统人文学科的语境。一直以来，中国书法的学习、研究、继承乃至今天的文化传播，在国人的视野中，始终是与传统人文学科

---

　* 本文系 2012 年度中央高校基本科研业务资助项目"明清以来篆刻边款的发展及其史学价值"（SKQ201274）的阶段性成果。

血脉相连。长此以往的规律往往在不经意间形成人们的思维惯性，这是事物发展的客观规律。然而，跳出惯性圈子往往能收获新意。

　　人工智能的飞速发展影响着中国书法研究，以致在中国书法领域呈现出高科技不断渗入中国书法研究的发展趋势。由于中国书法长期植根于中国深厚的文化土壤，将机器人这种智能技术与中国书法的学习与研究相结合的方式，暂时还未成为一种主要趋势，未来亦不可预测。但是，将中国书法与人工智能相结合进行研究，不能肯定地说与我们今天弘扬大国自信以及文化传播毫无冲突，但在笔者看来，该研究范式无疑打破了我们对中国书法结合传统美学研究的惯性思维，为中国书法研究提供了一种全新的视角。这一方面说明中国书法的发展与传承始终与时代发展同频，另一方面也揭示了中国书法在智能信息化时代的新境遇。

二、中国书法机器人的书写技术与中国书法的弘扬

（一）数据的设置与中国书法机器人的书写

　　2003 年，姚丰慧、邵桂峰、衣建强共同发表的《用于机器人手臂毛笔笔迹的生成对块式汉字书法技巧的继承》一文，分析机器人手臂毛笔的笔迹生成，开发一项称作"CCC"的汉字书法数字技术，旨在保存著名书法家的笔迹以及不同书法家所书写的不同书体汉字。[①] 通过这个数据库，读者可以搜索到篆、隶、楷、行、草不同字体的书法作品。但这个数据库不是静态的，而是动态的，这是因为该数据库涉及书写者用笔的力量、速度以及笔画书写的起始状态等因素，这个过程必须是机器人能够适应的。

　　文章作者表明，该项研究的主要任务是探索机器人如何继承块式汉字书法的书写技巧，实际上就是将机器人手臂毛笔的笔迹生成与"CCC"技术的继承联系起来。在该项研究建立的"CCC"数据库中，不同书法家、不同风格的书法作品都进行了注册。根据研究者的统计，这个数据库已经包含了中国书法史上著名书法家所书写的 29456 个不同字符。[②] 在这个数据库中，我们

---

① Fenghui Yao, Guifeng Shao, Jianqiang Yi, "Trajectory Generation of the Writing-Brush for a Robot Arm to Inherit Block-Style Chinese Character Calligraphy Techniques", *Advanced Robotics*, 2003, Vol. 18, No. 3, p. 331.

② Fenghui Yao, Guifeng Shao, Jianqiang Yi, "Trajectory Generation of the Writing-Brush for a Robot Arm to Inherit Block-Style Chinese Character Calligraphy Techniques", *Advanced Robotics*, 2003, Vol. 18, No. 3, p. 353.

不仅能够搜索到著名书法家所写的特定字体，还能够储存和继续增添新的书法字体。然而，当前机器人只能继承"CCC"技术进行方块汉字的书写或是编写。但书法有篆书、隶书、楷书、行书、草书之分，这项技术在书写方块汉字以外，会遇到很大的挑战，比如要想书写连绵起伏的大草书，就十分困难。研究者表明，这是该项研究未来的目标。

2011年7月7日至9日，第二届认知信息通信国际会议在匈牙利召开。香港中文大学机械与自动化工程系的 Josh H. M. Lam 和 Yeung Yam 提交的会议论文《毛笔笔触几何模型在中国机器人书法实现中的应用》[①]，通过参数模型和数值算法摄取中国书法技能，并将以前所产生书法笔触的几何形态用于中国机器人书法。文章作者认为，这种现有的几何形笔触有助于中国书法机器人在运用毛笔书写的过程中感知和识别书写笔触的能力。[②] 该项研究不仅涉及参数的计算、数学领域的函数，还聚焦书法笔触的产生与不同，可以说是典型的跨学科研究。

笔触是中国书法的一个技法术语，是毛笔于书写运动时在纸上产生的形状。而毛笔的运动方向以及各种书写方法形成书写笔触形状各不相同，这是中国书法的美学内涵。根据该项研究，笔者认为，在现有的书写笔触基础上，运用几何以及数学的方法设定和计算出一定参数值有助于中国书法机器人识别这些笔画的形态，并能够书写出一定的笔画，这无疑为中国书法经典作品的临摹以及复制提供了强有力的技术支撑。

2013年11月3日至7日，IEEE/RSJ 智能机器人和系统国际会议（IROS）在日本东京召开。其中，来自瑞士苏黎世联邦理工学院动力系统与控制研究所的 Samuel Mueller、Nico Huebel、Markus Waibel 和 Raffaello D'Andrea 提交的论文《机器人书法——学习如何编写中文和日文字符的单笔画》[③] 涉及书法学习与机器人之间的关系问题。文章作者介绍了一种能够书写中国和日本书法字符的机器人试验台，其实就是一种机器人书法系统。作者

① Josh H. M. Lam and Yeung Yam, "Application of Brush Footprint Geometric Model for Realization of Robotic Chinese Calligraphy", 2nd International Conference on Cognitive Infocommunications (CogInfoCom), published by IEEE, 2011.

② Josh H. M. Lam and Yeung Yam, "Application of Brush Footprint Geometric Model for Realization of Robotic Chinese Calligraphy", 2nd International Conference on Cognitive Infocommunications (CogInfoCom), published by IEEE, 2011.

③ Samuel Mueller, Nico Huebel, Markus Waibel, Raffaello D'Andrea, "Robotic Calligraphy—Learning How to Write Single Strokes of Chinese and Japanese Characters", 2013 IEEE/RSJ International Conference on Intelligent Robots and Systems (IROS), November 3–7, Tokyo, 2013, p. 1734.

基于机器人书法系统学习过程,通过数据推算与设置来描述笔画的书写轨迹,能够保证毛笔的平滑性以及自由选择数据和局部控制。[①] 这种研究方法的切入点在于人为的数据设置为机器人固定了一种模式,使机器人的制动模式与书写笔画相对应。但是,机器人只能书写单个笔画,这说明该研究项目尚未成熟,而该文作者也表明下一目标就是由单个笔画的书写上升到完整的一个字的书写操作。

2017 年,晁飞、黄宇轩、张欣、尚长静、杨隆志、周长乐、胡霍生、林敏芝共同发表了《机器人书法系统:从简单到复杂的人文写作手势》[②] 一文。该研究认为,机器人书写是一项极具挑战性的任务,涉及复杂的运动控制计算方法以及图像处理工作。[③] 该研究所设计的这套机器人书法系统,主要是通过人的手臂运动姿势来建立汉字笔画、英文字母的数据库,然后利用数据库和人体手势来编写汉字以及英文单词。可以说,在这个研究中,手势是至关重要的,每一种手势就代表一种汉字笔画的基本类型以及一个英文字母。换句话说,每一种手势就可以对应 26 个英文字母中的其中一个字母,以及对应汉字五个基本笔画的其中一个笔画。字体数据库的建立亦尤为重要,因为字体数据库使机器人书法系统有能力书写简单的笔画以及英文字母。研究者经过试验发现,机器人的一种末端执行器可以根据人的右手臂的运动姿势写出与手臂运动姿势相对应的汉字以及英文字母。该研究的后续实验也反映了其所面临的挑战,即字体数据库只包含一种书写风格。如果我们要书写更复杂且风格多样的字体,就要建立更多的数据库。

(二) 中国书法机器人与中国书法经典的继承与传播

2013 年 12 月,机器人与仿生学国际会议(ROBIO)在深圳举行。孙远东和徐阳生发表了会议论文《书法机器人:设计、分析与应用》,旨在模仿中国书法复杂而极具美学特征的书写范式,开发一款名为 Callibot 的书法机器

[①]　Samuel Mueller, Nico Huebel, Markus Waibel, Raffaello D'Andrea, "Robotic Calligraphy—Learning How to Write Single Strokes of Chinese and Japanese Characters", 2013 IEEE/RSJ International Conference on Intelligent Robots and Systems (IROS), November 3－7, Tokyo, 2013, p. 1738.

[②]　Fei Chao, Yuxuan Huang, Xin Zhang, Changjing Shang, Longzhi Yang, Changle Zhou, Huosheng Hu, Chih-Min Lin, "A Robot Calligraphy System: From Simple to Complex Writing by Human Gestures", *Engineering Applications of Artificial Intelligence*, 2017, Vol. 59.

[③]　Fei Chao, Yuxuan Huang, Xin Zhang, Changjing Shang, Longzhi Yang, Changle Zhou, Huosheng Hu, Chih-Min Lin, "A Robot Calligraphy System: From Simple to Complex Writing by Human Gestures", *Engineering Applications of Artificial Intelligence*, 2017, Vol. 59, p. 1.

人——由一个（6-DOF）机器人手臂以及一个直线导轨和纸张输送机组成。[①]
机器人手臂的自由度很高，大大提高了书法机器人的可操作性；再者，因为
演示方法的反复映射和回放，书法机器人可以模仿人们真实的书写动作；另
外，因为线性导轨和纸张输送机的作用，机器人手臂的工作空间大大扩充，
可以书写出大量的书法作品。

根据该项研究，书法机器人因为手臂自由度的提高，能够写出数量较大
的书法作品，这是之前书法机器人所不能达到的。该项研究者还在文中说明，
这个具备（6-DOF）自由度的机器人手臂，在书写时可以让毛笔表现出八面
出锋的状态，即能够像人的手臂一样，在书写时自由驾驭毛笔，充分调动笔
锋在纸上多维运动。研究者在文中以北宋书法家米芾作品为例表述了书法机
器人可以塑造所谓各种"刷"的书写艺术形态。[②]

2014 年 3 月，晁飞、陈福海、陈云航、何文利、孙艳、王正帅、周长乐、
江明共同发表文章《人机交互的汉字机器人自由写作》[③]。研究表明，机器人
执行书写是一项非常困难的任务，主要是因为涉及图像处理以及机器人的控
制算法。研究者在这篇文章中向我们推广了一种人机交互的机器人书写方法，
主要体现在运用运动感测输入装置迅速录入摄取人的手臂的运动轨迹，使用
手势确定算法，并从演示者的运动手臂轨迹中来提取汉字笔画；而笔画的优
化修饰则采用噪声滤波以及曲线拟合方法，这种方法也向我们展示了这种轨
迹的实时录入与摄取。[④] 其实，该方法表明，在人机交互的机器人书写语境
下，要想实现一种理想化的书写，关键因素就是参与人机交互过程中的演示
者的手臂姿势。手臂姿势是书写轨迹录入的重要因素，其调整决定书写轨迹
的录入以及优美笔画的提取。正如研究者所指出的那样："该方法显示实时捕
捉到的人体演示轨迹；因此，人体演示者可以调整自己的手势，以达到更好

①　Yuandong Sun and Yangsheng Xu, "A Calligraphy Robot: Design Analysis Application",
International Conference on Robotics and Biomimetics (ROBIO), Shenzhen, December 2013, p. 185.

②　Yuandong Sun and Yangsheng Xu, "A Calligraphy Robot: Design Analysis Application",
International Conference on Robotics and Biomimetics (ROBIO), Shenzhen, December 2013, p. 190.

③　Fei Chao, Fuhai Chen, Yunhang Chen, Wenli He, Yan Sun, Zhengshuai Wang, Changle Zhou,
Ming Jiang, "Robotic Free Writing of Chinese Characters via Human-Robot Interactions", *International
Journal of Humanoid Robotics*, 2014, Vol. 11, No. 1.

④　Fei Chao, Fuhai Chen, Yunhang Chen, Wenli He, Yan Sun, Zhengshuai Wang, Changle Zhou,
Ming Jiang, "Robotic Free Writing of Chinese Characters via Human-Robot Interactions", *International
Journal of Humanoid Robotics*, 2014, Vol. 11, No. 1.

的文字书写效果。"①

通过这项研究实践可见，人们可以控制机器人书写更多的汉字，可以从高质量地书写简单汉字，发展到逐渐能够实现复杂汉字的书写，并且在书写质量上有所提高。人类手臂在这项研究中充当了重要角色，是获取书写信息的直接载体。以此类推，不仅人的手臂姿势是我们获取重要书写信息的媒介，也可进一步尝试通过人的手腕以及手指相关部位的运动姿势来获取信息。这是笔者针对这一研究现状的思考，同时也是该项研究者对下一步研究的展望。

中国书法是极具中国特色的传统艺术，是人类非物质文化遗产的代表，保护和传承好这门传统艺术是我们共同的责任。而书法机器人的产生与运用不失为一个行之有效的实践媒介。2014 年 8 月 18 日至 22 日，在自动化科学与工程国际会议上，李俊、孙威、周梦楚、代现忠共同发表了《通过触摸屏教学书法机器人》②，主要探讨中国书法传统艺术的保护措施。研究者提出了新的方法来教授机器人临摹和复制中国书法艺术，其中一个有效又便捷的途径就是使用电子触摸屏。在研究者提出的方法中，电容式触摸屏通过输入装置可以获得字符的特征，比如笔画的长短、宽窄、位置等。在经过这一系列的程序之后，书法字符的各个要素最终被转换为机器人的程序语言，并且可以无限执行重复书写。该项研究表明，在触摸屏上书写与书法机器人用毛笔书写的特征是一样的，通过教授，书法机器人的毛笔书写与我们普通书写的特征也是一样的。

此外，本研究还涉及中国书法传播问题。研究者试图开发出一款触摸屏来教授书法机器人，希望将汉字的各个笔画通过数字技术触摸屏录入，并生成笔画图像。研究者阐明："这就是利用视觉技术获取字帖中的字符图像并将其分解为各种笔画，可以通过组合数字笔画来生成期望的书法字符，从本质上讲，是汉字书法的数字生成。"③ 生成的这些现成书法笔画图像有助于人们便捷、高效、准确地复制书法作品，有利于书法传播。不得不说，这一技术的开发是中国书法传播数字化的一项重要举措。

---

① Fei Chao, Fuhai Chen, Yunhang Chen, Wenli He, Yan Sun, Zhengshuai Wang, Changle Zhou, Ming Jiang, "Robotic Free Writing of Chinese Characters via Human-Robot Interactions", *International Journal of Humanoid Robotics*, 2014, Vol. 11, No. 1.

② Jun Li, Wei Sun, Mengchu Zhou, Xianzhong Dai, "Teaching a Calligraphy Robot via a Touch Screen", 2014 IEEE International Conference on Automation Science and Engineering (CASE), 2014, p. 221.

③ Jun Li, Wei Sun, Mengchu Zhou, Xianzhong Dai, "Teaching a Calligraphy Robot via a Touch Screen", 2014 IEEE International Conference on Automation Science and Engineering (CASE), 2014, p. 221.

　　研究者还表示，一个重要问题就是如何能够搜集更多的书法家书写数据，以实现生动的书法作品复制。笔者认为，这对中国书法的继承与传播至关重要。这种数据搜集能使中国书法借助先进的数字技术进行有效的传播与交流。而且，通过触摸屏技术教授的书法机器人采集和录入了笔画数据，在传播书法的同时也让大众体会到中国书法的艺术魅力。无疑，该研究提出了一项获取书法家汉字书写准确数据的新方法。研究者表明，这是第一次将电容式触摸屏用作输入设备，以获得笔画的位置、长短、宽窄以及整个笔画的形状等美学特征。[①]

（三）中国书法机器人如何执行人的书写美学标准

　　2014 年 9 月 14 日至 18 日，IEEE/RSJ 智能机器人与系统国际会议（IROS）在芝加哥召开。香港中文大学的孙元东、钱慧环、徐阳生共同发表了《机器人从示范中学习中国书法》[②]。在该文中，作者为机器人提供了一种书写示范，而且通过数据与参数的设置，使机器人能够在人的示范下学习书法。作者指出："我们提出了一个学习的示范方法，使我们的书法机器人Calibot 获得书法技能。我们首先提出了一种新的中风参数化方法，然后应用局部加权线性回归方法，将笔画参数映射到画笔的轨迹上。训练数据是从几个演示中获得的。此后，如果给定了笔画的参数，Calibot 就可以编写新的笔画。由此产生的运动和人类的书写一样自然。实验结果证明了该方法的可行性。"[③] 在这个实验中，作者首先提出的是一种新的参数化方法，然后应用局部加权线性回归根据笔画参数映射到毛笔的轨迹。几次实验演示的数据证明，只要给出了笔画的参数，书法机器人就能够写出新的笔画来。

　　在《机器人从示范中学习中国书法》一文中，作者指出研究机器人从人的示范中学习书法的实践有两方面贡献：一是提出了一种新的参数化方法——参数被设置为笔画的对应信息，表达毛笔的运笔方法，书法机器人因此就可以进行多面运动；二是提出了一种名叫"LFD"的新方法，书法机器

① Jun Li, Wei Sun, Mengchu Zhou, Xianzhong Dai, "Teaching a Calligraphy Robot via a Touch Screen", 2014 IEEE International Conference on Automation Science and Engineering（CASE），2014, p. 225.

② Yuandong Sun, Huihuan Qian, Yangsheng Xu, "Robot Learns Chinese Calligraphy from Demonstrations", 2014 IEEE/RSJ International Conference on Intelligent Robots and Systems（IROS），September 14−18，Chicago，2014.

③ Yuandong Sun, Huihuan Qian, Yangsheng Xu, "Robot Learns Chinese Calligraphy from Demonstrations", 2014 IEEE/RSJ International Conference on Intelligent Robots and Systems（IROS），September 14−18，Chicago，2014. p. 4408.

人可以从人类的示范中学习书法技巧，该方法对于任何机器人都能够兼容和适用。① 该项研究表明，机器人是可以从人的示范中学习书法的。

然而我们知道，中国书法是一门技能技法性很强且要求较高的传统艺术。上千年以来，绵延不绝的中国书法史见证了中国书法笔法史的发展。笔法是中国书法艺术的核心，也是界定中国书法艺术成就高下的重要因素之一。中国书法具有中国语言文字及其文化的特殊性，是书写者通过对毛笔的熟练控制与驾驭所表现出的特殊书写形态，是独具中国文化精神的一门传统艺术。一个没有书写经验以及对书法艺术认识不深刻的人，是不可能看懂并理解书法经典、书法图像中毛笔的多样变换的。比如，我们通常所讲的毛笔的"八面出锋"，一个完全没有书写经验的人，是不能理解其内涵的。书法机器人即使能够从人的示范中学习书法，但机器人本身是没有任何思维和意识的，不能从书法的经典图像中识别并理解中国书法丰富多彩的笔法技法以及笔画书写形态所反映的笔法技巧。不过可以肯定的是，有了人的介入，再通过智能科技手段，为机器人设置了一种参数，通过参数设置与书写笔画相对应，机器人就能够书写笔画了。这反映了人的意识的转换与传达，体现了人工智能时代下科技的进步。

2017 年 3 月，马哲和苏建波发表了《基于美学评价的书法机器人》②，就中国书法机器人领域的相关研究而论，该研究较通常书法机器人研究有区别。一般而言，机器人书法研究的目的在于对书法字符和文字图像的简单复制。然而，该研究却是将机器人书法置于传统美学评价体系之中，也就是说，书法机器人可以根据人的美学标准来进行书法作品的书写。

中国书法艺术视域下的书写，无疑是一种艺术创作过程。无论是篆书、隶书、楷书，还是行书、草书，每一种书体的书写过程均有所不同，而且其艺术特征也具有差异，每一个人书写的每一种书体又表现出创作主体的审美特征，"书如其人"就是这个道理。中国书法作为一门独具特色的传统视觉艺术，其受众面是有所选择的。并且，中国书法美蕴含着丰富的美学内涵，要想真正欣赏中国书法，就必须对中国书法美的内涵有深刻的理解。换言之，不是人人都能欣赏中国书法的美，也不是人人都能领略到这门艺术的独特魅力。该研究的目的就是将中国书法的美学标准赋予书法机器人，书法机器人

---

① Yuandong Sun, Huihuan Qian, Yangsheng Xu, "Robot Learns Chinese Calligraphy from Demonstrations", 2014 IEEE/RSJ International Conference On Intelligent Robots and Systems (IROS), September 14—18, Chicago, 2014, p. 4408.

② Zhe Ma, Jianbo Su, "Aesthetics Evaluation For Robotic Chinese Calligraphy", *IEEE Transaction On Cognitive and Developmental Systems*, 2017, Vol. 9, No. 1, p. 80.

根据人们抽象出来的美学标准来创作出符合该标准的美学作品。①

　　显然，研究者是基于科学与艺术之间的跨学科关系，探究书法机器人如何按照人的美学标准来创作书法作品。传统的书法机器人在对中国书法图像进行简单复制时不具备在线反馈和调整功能，而新的机器人可以通过在线反馈和规划来完成符合人们审美的书法作品。正如研究者所说："在前一种方法中，当一个笔画没有完全从参考图像中复制时，不会收集反馈信息，而汉字中的其余笔画仍将被重新生成。相比之下，当汉字中的笔画在后一种方法中没有完全从参考图像中复制出来时，将计划以下笔画，并根据笔画调整参考图像，以达到最佳的整体美学效果。"②

（四）"视觉伺服""拓扑"与中国书法机器人的书写

　　2016 年 3 月，上海交通大学制动控制化系的马哲、向真真、苏建波共同发表了题为《基于人形机器人的中国书法的稳健视觉伺服》③ 的文章。文章基于人形机器人，研究了一个强大的视觉伺服系统，以用于控制中国书法主要工具毛笔。这个视觉伺服系统利用 Kalman-Bucy 滤波器的未校准视觉伺服控制器，借助物体检测器通过连续自适应 MeanShift（CAMShift）算法，来实现对毛笔的控制。该控制方案的设置旨在使人形机器人在没有系统建模的情况下能够像人一样自然地抓稳毛笔。在这项研究中，视觉伺服系统作为一种有助于人形机器人自然顺利地抓稳毛笔并进行中国书法实践的关键技术，是至关重要的。该系统也是机器人相关研究的一项重要技术。

　　2018 年，李薇、陈余敏、唐超、余绍勇共同发表文章《基于实例的中国书法合成》④。该项研究提出了一种以实际例子说明中国书法合成的计算方法。研究者指出：

　　　　首先，我们构造了一个向量表示的笔画库。其次，我们从数字输入板中获取字符笔画的轨迹，并从笔画库中匹配出最相似的字符笔画，并用其替换轨迹。再次，我们使用循环神经网络（RNN）来评估风格。并

　　① Zhe Ma, Jianbo Su, "Aesthetics Evaluation For Robotic Chinese Calligraphy", *IEEE Transaction On Cognitive and Developmental Systems*, 2017, Vol. 9, No. 1, p. 81.

　　② Zhe Ma, Jianbo Su, "Aesthetics Evaluation For Robotic Chinese Calligraphy", *IEEE Transaction On Cognitive and Developmental Systems*, 2017, Vol. 9, No. 1, p. 81.

　　③ Zhe Ma, Zhenzhen Xiang, Jianbo Su, "Robust Visual Servoing Based Chinese Calligraphy on a Humanoid Robot", *High Technology Letters*, 2016, Vol. 22, No. 1.

　　④ Wei Li, Yumin Chen, Chao Tang, Shaoyong Yu, "Exampled-based Chinese Calligraphy Synthesis", *Advances in Intelligent Systems Research*, *vol.*155. Amsterdam: Atlantis Press, 2018, p. 253.

根据经验，提出了一种新的基于 9 交叉点距离关系（9IRR）的汉字拓扑描述模型。最后，采用模拟退火策略对汉字拓扑结构进行优化，达到美观的要求。实验结果表明，所生成的字符形状具有良好的视觉效果。①

作者强调了一个至关重要的术语，就是"汉字拓扑"②。它是该研究的一个核心范畴。汉字拓扑学是基于汉字字形处理的一项技术，比如王羲之的《兰亭序》是名扬天下的"第一行书"，但是这件作品只有 324 字③，通过运用汉字拓扑技术就可以学习到更多《兰亭序》风格的汉字书写，在此技术支撑下，能够创造出更多的《兰亭序》风格的汉字形象。简言之，汉字拓扑技术就是在以一个基本书法范本或是一件作品为基准的前提下，创造出更多的审美意象，再造更多相类似的艺术形象以及审美风格，实现从小字库到大字库的一个创造过程。

（五）书法机器人研究与中国文化产业

书法机器人的研究，一方面体现了其与中国书法传统研究的差异性，另一方面对中国书法经典的传播以及中国书法这一传统文化技艺的不断强调与储存着有着现实意义。书法机器人的研究为我们呈现出了当今人文学科置于更宏大的文化视域下进行多学科交叉与融合的广袤图景，这也是中国书法研究在当今文化全球化视域下亟待不断思考、发掘与探索的新路径。

承上所述，书法不仅可以被置于传统人文学科视域下，在文化多元化的今天，中国书法在科技领域里也扮演了新的角色。当下，科技呈现迅猛发展之势，书法机器人的发展与研究是当今科技与人文交汇的结果。不言而喻，书法机器人在数字时代将逐渐成为一种文化产品。推广书法机器人，大力发展书法机器人，是中国书法传播的一项重要措施，也是书法产业发展的具体

---

① Wei Li, Yumin Chen, Chao Tang, Shaoyong Yu, "Exampled-based Chinese Calligraphy Synthesis", *Advances in Intelligent Systems Research*, vol. 155. Amsterdam：Atlantis Press, 2018, p. 253.

② 对于汉字拓扑用于汉字字形的设计及研究，国家语言文字工作委员会中文信息管理司司长刘连元说："目前，字形信息加工中大量采用计算机图形学的理论和方法，这是基于字形可以表示成二位几何图形这一事实，拓扑学（Topology）作为数学的一个分支，专门研究几何图形的不变性质，因而拓扑学开始用来研究字形的不变性质和结构。在有关汉字字形信息处理的文献中已经使用了汉字拓扑结构这一术语。"参见刘连元：《汉字拓扑结构分析》，《计算机中文环境专程》，1995 年第 6 期，第 2 页。

③ Wei Li, Yumin Chen, Chao Tang, Shaoyong Yu, "Exampled-based Chinese Calligraphy Synthesis", *Advances in Intelligent Systems Research*, vol. 155. Amsterdam：Atlantis Press, 2018, p. 253.

实践。比如，书法机器人具有书写与复制功能，能够根据古代书法经典书写出与原帖一样效果的作品。无论王羲之的《兰亭序》还是颜真卿的《祭侄文稿》，或是其他书法经典，书法机器人都能够将其书写与复制出来。在中华文化全球传播语境下，大量发展中国书法机器人，使中国书法机器人复制出更多的经典，让更多的人来领略和欣赏中国书法经典的美，感受中国书法的魅力，是中国书法传播措施的一个重要方面。书法机器人的书写与复制功能，决定了其在书法产业发展中的重要性。

三、结语

笔者通过梳理数字时代语境下中国书法机器人研究资料发现，以这个角度研究中国书法的群体主要是理工院校中研究自然科学的专家学者，而此类研究基本归属于高校自动化控制研究领域，没有一篇文章出自传统人文学科领域学者。这类研究主要将物理学、数学等理工领域的知识直接介入中国书法，比如拓扑学、视觉伺服等。理工技术领域的介入导致人文学科领域中的书法研究所涉及的知识体系截然不同，所谓书法的"韵""意""风骨""神采"等几乎不可能论及。当书法被置于数字语境以及人工智能视域时，成了自然科学研究的对象，书法在此已经不是一门传统艺术，而是自然科学研究的载体。

当下中国书法研究领域中，有关书法技法、书法理论、书法美学、书法史等研究已取得了空前成就。但是，就研究方法和视域而言，传统书法研究基本是局限在书法本体的某一个点或是某一个领域，还谈不上真正的跨学科研究。目前，虽有零星文章涉及书法与符号学、人类学等领域的交叉研究，但也只是昙花一现，尚未成为书法交叉学科研究的主要趋势。笔者所论及的书法机器人研究或许是一个启示：当代书法研究应大胆尝试书法与各学科的交叉研究，虽然书法和某些学科的交叉研究看似脱离了中国传统文化的根本要求以及美学内涵，但无疑为我们书法研究开拓了新的视野，提供了新的研究方法。

作者简介：

刘志超，四川大学艺术学院书法专业副教授，主要从事中国书法理论和中国文化对外传播研究。

算法感性与数字美学

——以数字影像为例*

王苑媛

　　摘　要：本文以数字影像为例探讨数字美学的特性及其存在的问题。文章首先从摄影影像和数字影像之辩的早期争论入手，指出"索引性与否"并非探讨数字影像的适切方式。继而主张通过像素层和模拟层之间的转化，来理解数字影像中技术与感性的接合，即马克·汉森提出的"算法感性"。算法的可操控性使数字影像具有一种"后知觉"的特点，这既改变了人们的感知方式与存在体验，又开启了借助技术中介探寻超感官世界的艺术表达。最后，本文提出这些美学特点是当下人类处境的写照，对个体而言则意味着一种新的伦理要求。

　　关键词：数字美学　算法感性　后知觉　前馈　索引性
　　　　　　　数字影像

　　当代学界关于数字美学的探讨大致可以分为两类：一类是来自英语学界的"新媒介"研究，如列夫·马诺维奇（Lev Manovich）、肖恩·科比特（Sean Cubitt）和斯蒂芬·普林斯（Stephen Prince）等学者的著作，他们或多或少吸收了电影理论中的要素与洞见，将之拓展到数字媒介的讨论中；另一类则是来自德国图像科学（Bildwissenschaft）与艺术史传统的方法，其中以奥利佛·格劳（Oliver Grau）与托马斯·魏格尔（Thomas Veigl）等学者为代表，他们试图将数字媒介与艺术置入长时间段的艺术史之中加以考察。① 然而，如何从"美学"一词的经典定义即感性学、感知能力这一角度界说数字美学，却似乎缺乏深入融贯的探讨。因此，本文从数字

---

　　* 本文受双一流建设专项"拔尖创新人才培养"项目（YX1300112601902）资助。

　　① 有趣的是，尽管发源自德国的媒介考古学对数字媒介研究贡献甚大，但由于其物质主义的立场，并没有对数字美学做出回应。

影像入手进行辨析，借鉴媒介理论学者马克·汉森（Mark B. N. Hansen）的观点，参照当下的数字影像艺术实践，试图提出一种数字美学的构想，并指出可能面临的问题与困境。

一、索引性的疑难

作为依托自动技术发展而出的艺术，电影无疑最先受到数字革命的冲击。数字技术深刻地改变了电影的制作、放映与发行模式，以及传统电影的特性，也给经典电影理论带来了危机。因此，关于数字美学的早期讨论要么来自电影理论内部，要么大多以电影这一"旧媒介"作为参照。为了梳理这些问题的源流，本文将从电影理论关于数字影像的争论开始。

众所周知，20 世纪 50 年代巴赞和克拉考尔分别将他们的电影论述建立在对摄影影像本体论的阐发之上。在他们看来，摄影影像具有如实记录和见证现实的透明性，即便电影制作可以采取某些主观手段，如添加滤镜、控制曝光和显影过程等，但拍摄的影像总是指向现实中的客观实存。例如要拍一个杯子的特写，那么镜头前必须有一个真实存在的杯子（哪怕它只是道具模型）；要拍摄一个长镜头，那么摄影机必须连续运转一气呵成，记录下完整的时空连续体。在实景拍摄过程中，电影人则需要不断发掘未知丰富的细节，面对偶发意外的瞬间状况。如此，电影不仅向我们展现真实的时空，还可以捕捉物质现实的不确定性、诗意的朦胧感以及连续的生活流。如克拉考尔在《电影的本性》一书中指出，这些观察、揭示物质世界的力量，正是电影独有的特性，也是现实主义倾向的电影所蕴含的重要伦理价值。[①]

电影中特效的使用尽管一直存在，但大都由模型充当，即便添加后期效果，也与实景拍摄相去甚远，并不对上述摄影影像的特质构成威胁。直到 20 世纪 90 年代，斯皮尔伯格在《侏罗纪公园》（1993）中实现了实景镜头与电脑合成影像（CGI）的无缝结合，经典电影理论的基本立场与观点才遭遇了真正的危机。马诺维奇在 1996 年的文章《什么是数字电影？》中率先提出，未来的电影可能会回归一种广义的动画。因为数字电影不同于胶片电影的实物拍摄，而是跟动画一样，依赖前期建模后期合成处理，拍摄过程只不过是一个尚待加工的中间环节。[②] 的确，按照今天电影工业的标准流程，商业类

---

① 齐格弗里德·克拉考尔：《电影的本性》，邵牧君译，江苏教育出版社，2006 年，第 56-103、400-421 页。

② Lev Manovich, "What is Digital Cinema?" Shane Denson and Julia Leyda, eds., *Post-Cinema: Theorizing 21st-Century Film*. Falmer: Reframe Books, 2016, pp. 20-50.

型片大多在摄影棚内搭建绿幕布景拍摄，再进行细致全面的特效制作。而像《阿凡达》(2009)、《阿丽塔》(2019)、《狮子王》(2019)这些作品，连角色都只需要动态捕捉加后期合成，演员和摄影已被 CG 和虚拟现实取代，根本无须在现实中找到物理关联。就此而言，马诺维奇的观点似乎不无道理。

　　不过，进入 21 世纪后更大的挑战还在于，数字制式成为电影的标准载体，很快建立起一整套制作、放映和传播模式，全面取代了胶片模式。此时，意识到学科危机的电影学者们纷纷加入了这场讨论。大卫·罗德维克 (David N. Rodowick) 的著作《电影的潜在生命》(*The Virtual Life of Film*)[①] 以及玛丽·安·多恩 (Mary Ann Doane) 的名篇《索引性与媒介特性的概念》(The Indexical and the Concept of Medium-Specificity)[②]成为这个时期的代表之作。需要强调的是，他们借用了"索引性"(indexical) 这个来自皮尔士符号学的概念，将它等同于摄影影像的特质，并认为电影的现实主义主张正是来源于此(尽管巴赞和克拉考尔未必会认可这一点)。同时，他们将索引性与数字化对立起来，据此认为传统电影与数字电影有着根本的不同，这种理论路径通常被称为"媒介特性本体论"(medium-specific ontology)。在这里我们以罗德维克为代表加以说明。

　　在罗德维克看来，摄影影像是建立在胶片物质基础之上的类比媒介 (analogical medium)，通过赛璐珞化学曝光、每秒 24 格连续自动记录，直接"复制"物质对象。而电影摄影所记录的时空连续体，实际上正是柏格森定义下"独一无二、不可重复的绵延"[③]。在这样一个完整、连续的时间跨度中，事物保持着与自身过去的因果关系，不可分割为孤立、个别的事实。按照皮尔士对真实索引性 (genuine index) 的定义 (即系列的因果关系)，可以说摄影影像以一种类比的方式保留了"索引性的痕迹"(因为它已然发生结束)。由此，罗德维克引申了斯坦利·卡维尔 (Stanley Cavell)"电影是一系列自动投射的世界"的看法，认为电影是一个通过自动类比因果关系展现的过去世界，"总是让我们回到过去的世界，一个物质和存在的世界"，从而保存了一种

---

　　① 该书中译本为《电影的虚拟生命》，但由于原书名中的"virtual"一词是直接援引自柏格森和德勒兹的概念，为了避免产生歧义，故此处译为《电影的潜在生命》。

　　② Mary Ann Doane, "The Indexical and the Concept of Medium-Specificity", *Differences: A Journal of Feminist Cultural Studies*, 2007, Vol. 18, No. 1, pp. 128－152.

　　③ D. N. Rodowick, *The Virtual Life of Film*. Cambridge, MA: Harvard University Press, 2007, p. 67; D. N. 罗德维克：《电影的虚拟生命》，华明、华伦译，南京大学出版社，2019 年，第 72 页。

"绵延中的时间经验以对抗有限性"①。概言之，胶片电影是一种具有自动性的类比媒介，电影的现实主义主张正在于它向我们保留了来自过去的事物以及它们在时间中的持存与变化。

对数字影像而言，情况显然不再如此。数字技术中的录入和输出是分离的两端，摄影机并不直接"复制"对象，而是经由转译代码、数字化压缩、解码模拟成像的系列转换过程。在这个意义上，所有的数字影像都是计算机生成影像，不仅数据可以被轻易移动，数值也可以根据需要做出调整更改，因而是一种仿真（simulation）的媒介。由于索引性功能在转换过程中被弱化，自动类比的因果链也随之被打断，因此，从媒介特性上看，数字电影并不表现真正的绵延，而是侧重于对"实时"的关注，试图"征服"时间："在一个数字合成的世界里，没有什么东西在运动，也没有任何东西持存。运动的印象仅仅是一种印象……而作为绵延的时间感也让位于简单时延，或'实时'的当前。"② 据此，罗德维克进一步断言，在数字模拟与信息饱和的时代，"电影作为一种现象学经验已荡然无存。在眼下和可见的未来，电影将继续存在、演变以及经历新的转型。这就是说，电影还将是我们对于动态影像的审美经验和基于时间的形象表达进行评价的基线。在变成真正的古董行业之前，电影研究或许还将享受一段时期的蓬勃发展……不过，我们必须寻找数字自动机制在其它创造活动中强有力的表达"③。

当然，也有不少学者就"索引性"问题做出了批评，例如汤姆·冈宁（Tom Gunning）就提出了几点有力的反驳。第一，在模拟成像的层面，数字摄影与胶片电影并没有本质的区别，即便胶片摄影也并非完全"透明"的记录、指涉实存物，它同样受到技术条件限制或带有人为变更的痕迹。正如胶片电影未必都展现绵延体验（罗德维克论述的对象主要是新现实主义以来的艺术电影导向，而忽视了默片和商业类型片），我们同样也可以在相当部分的数字电影（以及某些艺术画廊和博物馆作品）中感受到绵延的时间体验。第二，电影出现之前的视觉把戏比如"全景室、透视画和雷诺的漫画"就不具

① D. N. Rodowick, *The Virtual Life of Film*. Cambridge, MA: Harvard University Press, 2007, p. 121; D. N. 罗德维克：《电影的虚拟生命》，华明、华伦译，南京大学出版社，2019 年，第128-129 页。

② D. N. Rodowick, *The Virtual Life of Film*. Cambridge, MA: Harvard University Press, 2007, p. 171; D. N. 罗德维克：《电影的虚拟生命》，华明、华伦译，南京大学出版社，2019 年，第183 页。

③ D. N. Rodowick, *The Virtual Life of Film*. Cambridge, MA: Harvard University Press, 2007, p. 181; D. N. 罗德维克：《电影的虚拟生命》，华明、华伦译，南京大学出版社，2019 年，第193 页。

备索引性的特质，但这些手段"同样可通过感官刺激再现一个非真实场景"，因此非索引性并不足以说明数字媒介的特殊性。第三，尽管摄影影像可以被视作符号（即索引性）加以解读分析，但这显然简化了电影在巴特、巴赞和德勒兹这些理论家那里超越符号功能的魅力，因而冈宁呼吁，只有回到对实际视觉感受的考察，才能对具体的电影研究有所裨益。①

二、算法感性：像素层与模拟层的转化

马克·汉森则从另一个角度展开了批评，使围绕数字影像的争论远离了索引性。在《技术重复与数字艺术，或为何数字电影中的"数字"并非数字技术中的"数字"》② 一文中，他区分了数字一词的不同含义。"数字"作为技术，是指二进制计算模式和相应的数据系统。从物理本体上看，它们的确是抽象的数据和算法，不需要在真实时空中展开，我们也无法直接把握它们的运算过程。这便是罗德维克等人所指出的数字化机制的离散、断裂、非物质特性。"数字"作为媒介，则是我们操作、使用或观看的实践方式。从现象经验上看，它们与人的感官知觉和时空条件相关，数字艺术和美学正是在这个层面跟我们发生关系。汉森认为，在关于数字化与数字媒介的讨论中，人们往往在不同程度上混淆了以上两个层面，因而造成不少难题与困局，"数字影像与索引性的对立"这一立场也不例外。因此，要区分数字影像与胶片影像，首先要回到第二个层面加以追问，数字影像可以提供一种怎样不同于胶片影像的感性质料？它又是如何与我们的感知方式发生关系？

在《算法感性》（Algorithmic Sensibility）一文中，汉森首先重释了德勒兹电影哲学中对影像的论述（以及他对皮尔士的援引），进而指出事实上胶片电影中也不存在直接的索引性，而是以运动－影像作为感性质料，观众做出知觉判断（perceptive judgement）的结果。③ 较之胶片电影每秒 24 格的瞬间

① 汤姆·冈宁：《论摄影的本质》，马楚天、孙红云译，《世界电影》，2018 年第 5 期。Tom Gunning，"Moving away from the Index：Cinema and the Impression of Reality"，*Differences：A Journal of Feminist Cultural Studies*，2007，Vol. 18，No. 1，pp. 29—52.

② Mark B. N. Hansen，"Technical Repetition and Digital Art，or Why the 'Digital' in Digital Cinema Is Not the 'Digital' in Digital Technics"，Rania Gaafar and Martin Schulz，eds.，*Technology and Desire：The Transgressive Art of Moving Images*. London：Intellect，2014.

③ 德勒兹在《运动－影像》中指出，实际上知觉乃是感性存在（being sensible）朝向个体视点分化的结果，因为电影中并无固定的感知中心，所以得以还原出先于对象性知觉的不同状态。Gilles Deleuze，*Cinema 1：The Movement-Image*，Hugh Tomlinson and Robert Galeta，trans.，Minneapolis：University of Minnesota Press，1989，pp. 71—86.

匀速记录和连续播放，数字影像的感性特质源自两个轴向。其一，像素层（pixel）和模拟层（analog）的转化。如果我们将任何数字影像放到足够大，便会发现它自身由无数的微小微粒构成，只有模拟成像的图像层面，才与我们的感知发生关联。其二，关键帧（I-frame）和预测帧（P-frame）的计算。数字影像并非每一帧都记录着全部画面信息，只有关键帧记录了完整未被压缩的画面信息，后续的预测帧仅记录与前一帧的差值，即像素的变量；关键帧不断引入新的信息，预测帧在此基础上运作，产生所记录画面的模拟样态。综合这两个轴向可以发现，就我们的感官经验而言，数字影像的连续性来自像素层与模拟层不断分化的结果，也就是说，我们的感知能力是在这一分化过程中分辨判断出具体的可感对象的。在这个意义上，像素及其变化才是数字影像中第一性的存在[1]，是技术与感性的真正接合点，此所谓算法感性。

对于数字影像中像素与模拟两个层次之间的辩证关系，艺术家们进行了一种自反性的揭示，这便是当下颇为流行的"故障艺术"（glitch art）。如前所述，如果预测帧的变量运算出错，压缩过程中便会出现失真的情况，造成被压缩的图像或视频模糊扭曲，即通常所说的跳帧或马赛克。当网络延迟、信号不稳定时，智能电视或流媒体视频便会出现类似情况。受控制论思想的启发，"故障艺术"将这些失误和故障看成技术系统自身的一部分（它们不可避免也不能被全然排除），并有意探索它们带来的非常规表达效果。以村田武的录像作品《怪兽电影》（*Monster Movies*，2005）[2]为例，艺术家通过数据调节（datamoshing）这一技法，使画面中的色块不停跃动闪烁，如岩浆般迸射流淌。模糊扭曲的怪兽形象不时从中浮现，与色块之间相互挤压争斗，仿佛身处魔域烈焰之中。同样，戈达尔近作《影像之书》（*Le livre d'image*，2018）中也出现了类似的画面（见图1），绚烂夺目的色块如同画笔与颜料恣意挥洒，透过力量与强度感染观众。这一幕作为对之前画面的升华与释放，达到了类似现代主义绘画的视觉效果。可见，"故障艺术"的感性质料正来自模拟图像和像素调变两个层次之间的不断转换，在可辨识的形象与紊乱未定型的感性强度之间建立起共振与关联，从而完成意象与情感的表达。这类实验不断提示我们，像素与算法才是数字影像中的变量、模拟层之下的真正主导。这样一来，问题便转化为，像素层的可运算、可操控性究竟为数字影像带来了哪些不同的感性特质？

---

① Mark B. N. Hansen, "Algorithmic Sensibility: Reflections on the Post-Perceptual Image", Shane Denson and Julia Leyda, eds., *Post-Cinema: Theorizing 21st-Century Film*. Falmer: Reframe Books, 2016, p. 787.

② 该作品是纽约现代艺术馆最早收藏的数字艺术作品之一。

图1 戈达尔《影像之书》（2018）

三、后知觉影像与"超感官"世界

为了说明这一点，我们首先借用现象学术语加以澄清。埃尔文·斯特劳斯（Edwin Straus）在1935年出版的著作《感官的源初世界》中，对感觉与知觉这一对概念进行重新界说。在他看来，知觉是指经过语言调解的、理性的世界经验，其中时空是原子式、齐整划一的，主客体清楚地区分开来。而感觉则意味着一种前理性、前语言的世界经验，其中时空是视点化、动态的，主客体尚未明确区分开来。① 也就是说，知觉与我们的认知判断相关，而感觉却是一种始终伴随着我们的首要性存在，它意味着存在之感性面向的连续性。在斯特劳斯之后，梅洛－庞蒂的《眼与心》，亨利·马尔蒂尼的《凝视、话语、空间》（*Regard，Parole，Espace*），以及利奥塔的《话语、图形》（*Discours，Figure*）都承袭了这一思路，将对感觉概念的阐发用于对现代主义与先锋派艺术的讨论中，认为其价值在于对"感性之真"的探讨。在这里，我们将这一区分用于对算法感性的探讨，试图说明数字影像不仅使我们更加接近可视对象，同时也使我们全方位地面对一种基于技术中介（technical mediation）之上的感觉。具体而言，主要体现为以下三个方面。

第一，传统胶片摄影机受到机械特性的约束，其传感机制和运动轨迹都必须遵循物理基础的限制。随着科学技术的深入发展，数字摄影机和虚拟摄

---

① Erwin Sraus, *The Primary World of the Senses: A Vindication of Sensory Experience*, Jacob Needleman, trans., New York: Free Press, 1963, pp. 316－331.

影机逐渐摆脱了这些限制，上天遁地下海，既拓展了人眼所及的范围，也带来一种新的时空导向。例如美国国家航空航天局（NASA）发布的木星探测器"Juno 号"所拍摄的观测照片，可以清晰地呈现木星表面的云层及其曼妙的纹理，既作为星体大气结构研究的辅助工具，也带来一种对关于宇宙图景的新的可视性，远非胶片时代模糊遥远的感受可以比拟。又比如 GoPro 运动相机、无人机、空拍机，都使我们得以深入自然的细部，捕获传统摄影机所不能及的非人视点、运动速率与空间范围，可谓是维尔托夫"电影眼"理念的延伸与普及。此外，类似全景地图与 GPS 定位系统这样的工具，也极大改变了我们出行、旅游和交通的方式，以及对地理空间的认识、记忆与想象。

第二，高（低）分辨率、高帧率（HFR）、超高（低）速摄影等技术的出现，使数字影像在解析度和速率上超越了自然感知的阈值。我们可以看到超清特写下的微观世界，事物饱满震颤的细节，也可以看到超低速摄影下，凝滞与膨胀的世界瞬间。有趣的是，一方面无论是电影或动态影像作品，还是休闲娱乐环境中的高精度影像（例如智能电视的超清晰显像、LED 户外屏幕闪耀跳动的影像），都呈现出色彩过分鲜亮饱和的失真感，或者说带有某种超现实感。另一方面，类似实时监控和 XboxKinect 3D 体感摄影机等设备记录的影像，又因为分辨率过低而带有一种别样的怪怖（uncanny）气氛，比如《灵动：鬼影实录》（*Paranormal Activities*）系列剧集和当代艺术家徐冰的近作《蜻蜓之眼》（2018）都是有意利用这类影像进行的实验之作。在某种程度上，本雅明在《摄影小史》中提到的依赖于技术而显现的"光学无意识"（optical unconsciousness），在当代可谓向两个极端分裂变形，弥散在日常环境中。[①]

第三，无论是电影、视频、游戏还是电脑绘图中，合成影像与立体影像（3D/4D/VR）所营造的炫目特效、过载的视觉信息，都远远超出了我们感官机能的接收和反应速度。对电影世界而言，观众并非直接感知特效场面，而是大致推断出银幕上发生的事实，作为假定的认知和叙事要素，观影的乐趣很大程度上转变为"身临其境"的感官体验与震撼。对游戏世界来说，角色与场景是按照指令规则运作的具象化身，它们传达着相应的象征身份、力量分殊与秩序分配，给玩家带来情感上的振荡与征服的快感。例如新媒体艺术家肯特·希里（Kent Sheely）的作品《DoD：二战图像论文》（2009）和德国导演哈伦·法罗基（Harun Farocki）的装置作品《严肃游戏 I—IV》（2009），

---

① 瓦尔特·本雅明：《摄影小史》，载《迎向灵光消逝的时代：本雅明论艺术》，许绮玲、林志明译，广西师范大学出版社，2013 年，第 12—14 页。瓦尔特·本雅明：《机械复制时代的艺术品》，载《启迪》，张旭东译，生活·读书·新知三联书店，2012 年，第 256—257 页。

便探讨了游戏虚拟场景与战争中的实景之间的双向体验关系：一方面是游戏对真实战争的简化模仿，另一方面则是将虚拟场景用于战斗之前的训练以及遭受创伤的军队返回时的心理护理。较之作为视觉对象，这些影像中非实存物的在场，更像是展现着一种纯粹的体感触动。

显然，无论是用于知识传播和普及的科学图像、全景地图或智能设备这样的操作性图像，还是日常工作、社交与娱乐中的界面影像，它们在（自然感知下的）现实中都找不到对应的实存，而是借助技术中介显现的"虚体"（spime），因而始终保留着认识上的不确定和未知向度。尽管它们并不属于生活世界，但却作为一种溢出知觉（extra-perceptual）的感性冗余渗透融入其中，潜移默化地改变着人与人之间、人与物体、世界之间的关系与距离，调节着我们的认知方式、感官记忆与生活节奏。也就是说，在斯特劳斯对知觉和感觉这一对概念的区分中，算法感性所带来的并非清晰明确的对象性认知（与知觉判断），而总是包含一层模糊含混、不能被充分认知的"人工"感觉，我们潜知觉、无意识地受其触动、影响。因此，汉森将数字影像称为一种"后知觉（post-perceptual）影像"，将数字技术与媒介所带来的感知方式称为一种普遍的"后知觉"状态。

与之相应，"后知觉影像"也改变着当代数字电影和影像艺术作品的内在结构与表现形式。由于它们总是保持着感性的冗余，因此在认知要素之外增加了一层不确定、无法通约的感触（affect）。从被动的层面讲，可以作为多重感官冲击（例如最为普遍的特效大片）；从主动的层面讲，它也可以表现某些别具一格的情态（affection）和氛围。例如，美国实验纪录片电影导演詹姆斯·班宁（James Benning）以极简主义手法探索了各种工业和自然景观，及其与人类和文明的关系，固定机位、长时间拍摄，近似实时纪录的策略是他的风格标签。但在《鲁尔区》（2006）与《自然史》（2014）这样的数字作品中，班宁借助溶镜和颜色校正等数字微调手段，进一步强化了镜头中时间绵延的细微层次感及其变奏，由此释放出动物标本、工业建筑与自然环境自身的潜能样貌，使观众直面感受这些日常生活中未被察觉的周遭世界。[①] 又比如美国导演泰伦斯·马利克（Terrence Malick）的作品《生命树》（*Tree of Life*，2011）或《时间之旅》（*Voyage of Time*，2017）中，镜头不再按照身体知觉意向性的关系组接（即以人的感知为中心，视线行为一致匹配，平滑有机的时空构造），自由穿梭的数字摄影机与后期剪辑创造出流动的时空连续

---

① 金智勋：《数字微处理如何表现时间感：以詹姆斯·班宁、莎伦·洛克哈特和汤姆·安德森的数字实验性纪录片为例》，付筱茵、段晓蒙译，《世界电影》，2019年第4期。

体，从显微镜下的微生物、壮美威严的自然景象，到遥远神秘的星系，跨越了文明与自然、史前与未来，同时未知的画外音叙述如同超验性的言语，揭示着整个生命代谢与演进的奥秘：第一缕生命的信号、细菌出现、细胞起源、意识诞生、人类进化、生与死……呈现出一种从宇宙诞生到最终消亡的当代"后启示录"叙事。

从这一线索看，数字影像作品普遍表现出重感官体验、轻认知和叙事的特点，并不能简单将其理解为商业大片中叙事的退化导致仅剩下奇观式的感官刺激，更深刻的原因还在于，它是数字技术变革之下我们生存环境和美学特性双重演变的后果。此时，电影不仅是卡维尔所言的"一系列自动世界的投射"，而且是一个借由技术中介所显现、超出人的自然感官机能的世界（这或许正是罗德维克否认其中有经验性时间绵延的原因）。其中，人的在场与行动并不是首要的表现对象（甚至全然缺席），影片更着重刻画我们与其他物象的共生互融、世界中诸要素之间的流动，无论是自然环境、技术设备还是数据信息。这些不同要素所构成的生态系统悄然无声地影响我们，孕育着未来可能的演变，将成为我们经验的来源。由此便不难理解，当代媒介、电影与视觉研究往往将这些作品与生态政治、后人文主义以及"物本体"思潮联系在一起，强调不同存在者之间平等的存在以及"非人的能动性"（non-human agency），试图开启一种超越人类中心主义、更广阔的生态本体论。[①] 不过，我们仍需谨慎追问，在这样的世界状态之中，人处在什么位置？我们还能够做些什么？

四、"世界性的感性"

事实上，数字影像不仅涉及技术和美学问题，还关涉更为深刻的政治经济根源。随着技术的急速发展，智能设备和移动屏幕与日俱增，每时每刻都有海量影像在生产流通，充斥我们的生活世界。显然，这些设备不再是个别、孤立的机器（比如我们曾经只能打开电视机收看节目，通过收音机收听广播），而是依托通信和信息基础设施的无形网络，不断连接重组，弥散在我们周围。这意味着算法感性不仅带来新的美学表达，同时也被数字资本与新产业所征用，经由感性的技术分配完成治理、操控和统治。很大程度上，这种潜力仍未被充分开发，比如即将到来的 5G 技术会带来怎样的革命，又会如何

---

① 关于这些趋势的介绍及批评，参见王苑媛：《后电影作为一种感知结构——后电影理论述评与反思》，《电影艺术》，2018 年第 4 期。

深化支配，仍然不得而知。在这里，笔者仅以数字影像为例，指出其中的两点问题及其激发的艺术思索。

其一，种类繁多的数字影像带来无数异质、微观的感觉（micro-sensation），构成了一种拓扑形态的感性环境，在我们的知觉和意识阈值之下流动。这意味着，影像的社会政治意涵已经从机械复制时代对再现方式和意识形态的批评，变成了当下技术造就的感性增强与感性过剩。当代艺术对沉浸式体验和媒介生态的广泛探索，例如广为人知的 teamLab 实验，抑或希托·史特耶尔（Hito Steyerl）的名作《太阳工厂》（*Factory of the Sun*）（见图 2），都可视为对这一处境的回应与反思。在这些作品中，数字影像的重点并非表意，亦不需做严肃理解；观众的参与不在于观看，而是浸染在高强度、临界的身体体验与感官记忆之中，以极端的方式迫使我们反观自身的处境，探寻"自我的边界"，无论是个体意识还是身体感官。同时，这些作品也直观地反映了当代影像概念的历史特性：它们与其说是影像，不如说是依托于数字技术而产生的"世界性的感性"（worldly sensibility），我们不得不在其中安置自身。

图 2　希托·史特耶尔《太阳工厂》

其二，数字技术对时间的铭刻，不再是本雅明所言的机械复制时代对同质、空洞瞬间的切分①，而是一种对微观时间性（micro-temporal）的调控和管理。如前所述，数字影像依托通信和信息技术，无时无刻、无所不在地包围着我们，是一种先行给出的前馈模式（feed-forward）。借用斯蒂格勒的术语来说，它们作为"技术客体"，带有微观的时间性，不断侵入观者自洽的时间意识之中。② 由此便不难理解今日媒介生态之下，人们总是感到注意力涣

① 瓦尔特·本雅明：《历史哲学论纲》，载《启迪》，张旭东译，生活·读书·新知三联书店，2012 年，第 273 页。

② Mark B. N. Hansen, *Feed-Forward：On the Future of Twenty-First Century Media*. Chicago：University of Chicago Press, 2016, p. 25.

散，生活节奏日益加快，激情和活力近乎耗尽穷竭。当代艺术对各式开放观影状态的试验，某种程度上正体现着对这一处境的呼应与省思。在这些作品中，不同规格、大小、材质的屏幕被用作分配影像，使主题、意象与节奏彼此呼应共振，唤醒观者在影像的碎片和繁复的呈现中，进行调适、思索，做出判断与抉择，从而拒绝影像的诱惑与幻魅，重获自主的意识。按照汉森的看法，我们或许可以将今日人类的存在处境视为一场为夺回感性的剩余价值、创造新经验的抗争。[①] 在这个意义上，上述电影与艺术作品的出现，不仅提供了一种及时的预演和观照，也体现了当下数字美学的辩证关系——既来自技术与政治经济基础的演变，又试图超越它们。

作者简介：
王苑媛，西南交通大学人文学院教师，主要研究方向为电影哲学、影像理论与美学。

---

① Mark B. N. Hansen, *Feed-Forward：On the Future of Twenty-First Century Media.* Chicago：University of Chicago Press，2016，p. 70.

御东风而西行：从刘慈欣作品译介效果观中国文学对外传播

何　敏　王玉莹

摘　要： 刘慈欣系列作品在西方普通读者群中拥有较大的阅读量，较高的接受度和好评度，获得大众读者的接受和认可。翻译是一种跨文化传播，本文借鉴拉斯韦尔"5W"模式，从主体、内容、方法、途径、受众和效果方面，分析影响刘慈欣作品译介效果的因素，完善中国文学译介模式。在数字时代，怎样选择优秀的译者和文本，掌握、使用异域话语规则，定位目标读者，在媒介融合的大众文化语境下成功推进中国作品的海外接受，是学界需要深入思考的问题。从译介效果考察刘慈欣作品的英译与接受，可为世界文学版图中的中国文学对外传播提供借鉴。

关键词： 刘慈欣　译介效果　中国文学　对外传播　跨学科

2015 年 8 月 23 日，刘慈欣凭借小说《三体》在第 73 届世界科幻大会上成为第一个获得"雨果奖"最佳长篇小说奖的亚洲作家。从此，无论在国内还是在西方，刘慈欣开始走出科幻文学小圈子，引起大众读者群的广泛关注，成为海外颇受欢迎的中国当代作家。刘慈欣作品在英美世界取得的成功离不开其译介，文学译介是一种跨文化传播，在中国文学西传的历程中，怎样从成功的译介传播范例中总结规律，助力中国文学更好"走出去"，是当下学界要重视和共同探讨的问题。有鉴于此，笔者搜集、整理刘慈欣英译作品获奖纪录和互联网相关数据，分析影响刘慈欣英译作品译介效果的因素，考察其在域外读者中的真实接受状况，从传播学角度完善中国文学译介模式，以探索数字时代中国文学西传的有效途径。

一、刘慈欣作品的译介效果体现

"摘取国际文学奖项是作者获得海外声望、提高国际影响力的捷径。"①
2010 年以来，刘慈欣共获得 10 种各级别文学奖项，从中国科幻奖提名，到星
云奖、雨果奖、坎贝尔奖、克拉克奖等世界最高科幻奖的最终获奖。② 短短 7
年时间，刘慈欣作品已经登上了科幻文学的世界殿堂。

在数字人文技术不断发展的当下，通过研究国外联机目录、在线书店及网络
搜索热度等元数据，都能看出中国作品在域外的大众接受度。根据全球联机计算
机图书馆中心（Online Computer Library Center）OCLC 的数据库 WORLDCAT 的
书目数据检索结果，刘慈欣外文作品有 85 种，共 18 个语种③，是拥有较多种译
本的中国作家之一。同时，在亚马逊的在线图书④和谷歌网站搜索热度⑤中，
刘慈欣译本的读者评价、评分和搜索热度在中国作家中遥遥领先。整体而言，
西方读者对刘慈欣作品的关注度远超其他中国文学作品。刘慈欣单枪匹马地以
其作品中的想象世界成功地讲述了原汁原味的中国故事，吸引了异域读者的目
光，体现出其英译本良好的译介效果。

---

① 谢丹凌：《中国当代小说英译本在海外的出版与传播：2015—2017 年》，《贵州社会科学》，
2018 年第 11 期。

② 刘慈欣国际获奖/提名情况：2010 年获第一届全球华语科幻星云奖（最佳科幻作家奖）；2011
年获第二届全球华语科幻星云奖（最佳长篇科幻小说《三体Ⅲ·死神永生》获奖）；2011 年获第二
届全球华语科幻星云奖（最佳科幻作家奖）；2015 年获第六届全球华语科幻星云奖（《三体》获提名）；
2015 年获雨果奖（最佳长篇小说奖《三体》获奖）；2015 年获坎贝尔奖（《三体》获提名）；2015 年获
第六届全球华语科幻星云奖（最高成就奖）；2017 年获雨果奖（最佳长篇小说《三体Ⅲ·死神永生》
获提名）；2017 年获轨迹奖（最佳长篇科幻小说奖）；2018 年获克拉克奖（想象力服务社会奖）。

③ 包括英语 31 本，德语 14 本，西班牙语 7 本，法语 5 本，波兰语 4 本，捷克语 4 本，俄语 3
本，匈牙利语 2 本，意大利语 3 本，希腊语（现代）1 本，韩语 2 本，泰语 2 本，以及资料显示"尚未
决定"语种 5 本。

④ 参见笔者在 2019 年 8 月 6 日于亚马逊书店官网所得数据：《三体》（2014.9.11）评价个数为
2114，4 星及以上占比为 76%；《三体Ⅱ·黑暗森林》（2016.8.16）评价个数为 780，4 星及以上占比
为 90%；《三体Ⅲ·死神永生》（2017.9.5）评价个数为 660，4 星及以上占比为 89%；《球状闪电》
（2018.8.14）评价个数为 75，4 星及以上占比为 76%；《流浪地球》（2013.1.17）评价个数为 59，4
星及以上占比为 91%；《生死疲劳》（2012.7.1）评价个数为 122，4 星及以上占比为 76%；《红高粱》
（1994.4.1）评价个数为 80，4 星及以上评价为 66%；《师傅越来越幽默》（2012.9.6）评价个数为 46，
4 星及以上占比为 78%。

⑤ 参见笔者在 2018 年 8 月 6 日于谷歌搜索引擎所得数据：（1）关键词 "Cixin Liu" " Three body
problem" "Dark forest、Death's end" "Cixin Liu Hugo" 得到结果分别为 870000、1680000000、683000000、
11900000、380000 条；（2）关键词 "Yan Mo" "Life and Death Are Wearing Me Out" "Red Sorghum"
"Shifu，You'll Do Anything for a Laugh" "Yan Mo Nobel" 得到结果分别为 104000000、1910000000、
14700000、162000、2430000 条。

二、译介与传播——中国文学译介模式研究

中国文学西传是一种中国文学传播到他国的迁徙行为，其过程涉及翻译、传播及接受的各个层面。要得到域外读者的广泛接受，必须从文学传播的普遍规律来探寻中国文学对外交流的有效实现模式。北美学者拉斯韦尔（Harold Lasswell）提出传播研究中的重要命题：人类的传播活动呈现线性模式，包含五大要素，即"控制分析、内容分析、媒介分析、受众分析及效果分析"①。翻译界关注拉斯韦尔模式与译介学的相通性，花亮认为："拉斯韦尔传播模式之内涵与外延与中国文学译介的本质惊人相似。"② 鲍晓英也提出，可借助拉斯韦尔传播研究思路，构建文学作品译介模式：译介主体、译介内容、译介途径、译介受众和译介效果五大要素。③

鲍晓英的译介模式阐发是从跨学科视域对译介学研究的有益补充。但该译介模式中，尚缺少译介活动的具体实践环节——翻译方法与策略的选择。鲍晓英的译介模式五元素与拉斯韦尔传播五元素相对应。译介学虽与传播学有相似特征，但它们毕竟是两个不同的学科，有其学科本身的自发属性。借助传播学模式构建中国文学译介模式，应基于译介活动的具体特征，可不必拘囿于拉斯韦尔的分类方式。因此，笔者尝试进一步完善中国文学译介模式，将其分为六要素：译介主体、译介内容、译介方法、译介途径、译介受众和译介效果（见图1）。其中，效果研究是前五个要素的价值体现，与其互为因果。

在中国文学译介模式研究视域下，译介活动在译介主体、内容、方法、途径和受众方面符合传播要素的要求，会使译本更容易最终抵达目标读者，并为读者所认可与接受。良好的译介效果意味着五个要素选择的正确性。如前所述，刘慈欣作品在欧美读者中得到较广泛的认可与接受，亦受译介活动各因素的综合影响。

---

① 哈罗德·拉斯韦尔：《社会传播的结构与功能》，何道宽译，中国传媒大学出版社，2013年，第35—36页。

② 花亮：《传播学视阈下中国文学"走出去"译介模式研究》，《南通大学学报（社会科学版）》，2015年第6期。

③ 鲍晓英：《中国文学"走出去"译介模式研究——以莫言英译作品美国译介为例》，中国海洋大学出版社，2015年，第39页。

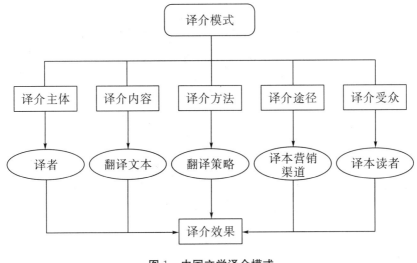

图 1　中国文学译介模式

三、影响刘慈欣作品译介效果的因素

文学作品的译介是个复杂的过程，包括主观和客观两方面的多种因素。刘慈欣小说在欧美地区取得的良好译介效果，离不开译者、文本、策略、营销渠道、目标读者这基本五要素。

（一）内因——译者、文本和策略

在翻译活动中，译介主体是"谁来译"。美国华裔科幻作家刘宇昆对《三体》的翻译可以称得上与刘慈欣的原作珠联璧合，交相辉映。作为一名华裔，刘宇昆对中华文化有本能的理解。过去 10 年，他一直穿行于中美之间，推广和促进中国文学与文化交流。他将自己在欧美科幻界的多年积累化为推广中国科幻的资源，他翻译的刘慈欣、陈楸帆、郝景芳小说被欧美科幻界广泛接受，成为中国文学外译的典范之作。

在译介内容上，《三体》是世界科幻殿堂里的优秀文本。它不仅具备现代科幻小说的叙事风格和技法，同时也体现出与欧美文学中关注个人主义的书写截然不同的异质性。以其中的英雄人物为例，刘氏英雄呈现出中国化特征，如章北海、罗辑、丁仪，都内敛、坚定、理性，继承了中国传统伦理中的仁爱与性善观，并根植于中国文学的英雄叙事传统，体现出中国气质。《三体》原作吸引译者刘宇昆和英语世界读者的核心正在于其作品的普适性和异质性。《三体》普遍受科幻迷喜爱，其硬科幻的写作方式和中国本土特色，激发了国外读者的好奇心和阅读兴趣。

而对于文本中与异域文本的"异"，译者该如何处理？曹顺庆提出：翻译中，不可避免会出现"变异现象"。[①] 翻译中的变异有其合理性与正当性，其目的是实现更好的文化传播。刘宇昆非常注重译本的可接受性，将异域文本中可能导致阅读障碍的要素降到最低。在译介方法的选择上，刘宇昆主要采取倾向目的语的归化法，使刘慈欣的作品"入乡随俗"。

刘慈欣本人屡屡在各种访谈、发言中表达对刘宇昆译本的赞赏。"他的译文非常好，几近完美。"[②] 刘宇昆的《三体》译本是一名优秀的科幻作家对刘慈欣文本的异域再现，正是刘宇昆本人的语言素养、文体素养，以及他基于对目的语读者的了解而采取的译介方法，让《三体》的"西行"之旅变得平坦通达。

（二）过程——译本营销渠道

有了内因，还必须有外部力量的因势利导。制约我国文化在海外传播力度的因素有很多，译介途径的不完善正是其中之一。译介途径主要包括出版社、新媒体和传统媒体、书店、书展等。谈到文化产品的对外译介，"海外营销渠道不畅是制约我国出版物走向世界的主要瓶颈"[③]。因此，分析刘慈欣作品的译介，必然要关注其不同寻常的传播渠道。在刘慈欣作品英译过程中，从出版社到数字时代的传播媒介、在线网络、书展，发行方有效打造出刘慈欣作品的"大 IP"，在媒介融合的大众文化语境下形成开放的文本空间，很好地进行了海外营销。

《三体》系列的英文版由中国教育图书进出口有限公司与美国权威出版公司托尔（Tor）出版社合作发行。中国教育图书进出口有限公司（以下简称中教图）是国内教育系统唯一的大型图书进出口企业。2012 年，公司启动《三体》英文版的翻译及海外出版项目。中教图敏锐地注意到数字时代图书推广已发生巨大变化，"文化创意和文化资源可以通过信息无边界地传播和共享"[④]。社交媒体成为人们了解世界、关注各种热门话题的重要场域。因此，公司充分利用各种网络渠道，在脸谱（Facebook）、推特（Twitter）等英美

---

① 曹顺庆、李泉：《比较文学变异学学科理论体系的新建构》，《思想战线》，2016 年第 4 期。

② 参见《〈三体〉译者刘宇昆：翻译是场美丽跨界》，《南方都市报》，http://news.163.com/15/0902/06/B2G4EIHJ00014AED.html，2019 年 9 月 2 日。

③ 王珺：《2012 年新闻出版走出去亮点解析》，《出版参考》，2013 年第 7 期。

④ 李凤亮、宗祖盼：《中国文化产生发展：趋势与对策》，《同济大学学报（社会科学版）》，2015 年第 1 期。

社交网站上进行广泛宣传，并自建刘慈欣小说英文网站，以数字动漫、视听形式将小说片段展示给读者，引发西方读者的阅读兴趣，同时邀请欧美知名科幻小说作家为《三体》撰写书评并在社交网站发表。中教图的一系列举措引起整个科幻界对《三体》的高度关注。功夫不负有心人，美国知名的托尔出版社伸出了橄榄枝，决定联合推出《三体》英文版。

托尔出版社总部位于美国纽约，曾出版凯文·安德森的《星球大战》系列及奥森·斯科特·卡德的《安德的游戏》，对推广畅销小说得心应手。托尔出版社的加入让《三体》的海外营销进入西方主流营销体制。2013 年 8 月 23 日，托尔出版社宣布"中国科幻作家刘慈欣的科幻扛鼎之作《三体》，即将登陆美国"，此消息在中美科幻界刮起了一阵旋风。这是中国大陆长篇科幻小说首次在海外主流出版社出版。托尔出版社使用多层次版权经营，在推出《三体》精装纸质图书的同时，同时推出平装书、听书，并联系各种线上线下图书俱乐部、阅读会、报纸杂志、书展，对《三体》进行版权经营和开放的全模态形式图书推广。

符合现代出版精神的《三体》推广方式让译本在海外得到了大众的支持。2014 年 11 月 11 日，《三体》首部英译本（*The Three-Body Problem*）在美国出版发行，并于 11 月中旬向全球读者进行发售。不少西方报刊对此进行报道，扎克伯格在脸谱上推荐，奥巴马在脸谱和采访中都反复提到《三体》，盛赞其"具有无可比拟的想象力，非常有趣"[①]。新媒体格局下的名人效应使刘慈欣小说迅速走红于异域。

（三）受众——译介目标读者

译介受众是译介传播活动的信息接收者，也是源语文本在传播的终点、在异质文化的语境下获得新的质体的承载者。译介受众与译本目标读者群有交叉之处，传播者对译本有心理预期的读者群体，译本在传播过程中，有可能偏离传播者的设定，其实际受众群体会大于或小于目标读者群。刘慈欣在欧美国家 6 次获得科幻界主要奖项，4 次得到提名，可以视为得到了专业学者、评论人的高度认可。从亚马逊网站的读者评价、谷歌搜索热度、世界各图书馆馆藏量，可以看出他的作品受到较广泛的欢迎和喜爱。

从以上可析可见，在线性的中国文学对外译介过程中，主体、内容、方

---

① 参见《手稿：书对于奥巴马总统而言意味着什么》，加纳头条网，http://m.ghheadlines.com/agency/new—yorke—times—africa/20170116/37674571/transcript—president—obama—on—what—books—mean—to—him/，2017 年 1 月 16 日。原文题为"Which was Just Wildly Imaginative, Really Interesting"。

法是决定译介活动的内因；途径是中国文学外译向外推进的过程；受众是传播的终点，是检验前四个元素选择是否正确的标杆，并最终与译介主体、内容、方法一起，决定译本的译介效果。刘慈欣作品在英译过程中有了好的译者、翻译策略、出版渠道，作品能较为顺利地抵达目标读者群，才使刘慈欣的作品得以广泛传播与接受。

四、刘慈欣作品译介效果对中国文学对外传播的启示

翻译活动跨越语际、文化，甚至文明，具有跨文化传播的属性。刘慈欣作品的"西行"已取得较好的译介效果。刘慈欣作品的英译与传播模式，可以为中国文学西传带来诸多有益的借鉴和启示。笔者基于对刘慈欣作品译介要素的分析，试对数字时代的中国文学对外传播提出一些建议。

（一）传播内容——兼具民族性和普适性

"内修是推进中国文学出版走出去的根本途径。"[1] 在选择推出什么样的文学作品时，首先要甄选能代表中华文化传统价值观、暗合目标读者审美品位的作品，即"挑选重于翻译"。

《三体》是一部优秀的作品，刘慈欣以其磅礴的想象力，令读者惊叹不止。小说中，作者提出很多新颖的创意，如"黑暗森林""二向箔""降维打击"等，各种让人叹为观止的设定层出不穷，惊艳读者。从故事的人物设定看，刘慈欣作品里的主要人物有心怀中国航天事业的乡村教师、有求知若渴的乡下孩子、有普通的工程技师，也有以南水北调解决大西北缺水状态的市长等，栩栩如生的来自中国各阶层的人物给西方读者展示了中国的整体群相。《三体》第一部故事的背景虽然在中国的"文化大革命"时期，但其不仅谈到了整个世界的共存亡，还涉及地球与宇宙关系密切的关系。这样的内容恰好迎合了读者心中"越是民族的，越是世界的"这一理念。最终也促成了把民族精神、民族特性与人性光辉、人类价值、世界品格等联系在一起的科幻作品《三体》的成功。

从《三体》的成功，我们看到作家从创作之初就用真挚的情感、诚恳的态度去追求人性的质朴和表达民族元素，同时将中国元素与国际视野相结合，用世界的叙事语言、叙事框架、叙事模式讲述我们的"中国故事"。这样的作品既保留中国文化特色，又呈现出世界性，以其对人类共同命运的本体思考

---

[1] 左攀峰：《内修与外塑：中国文学出版走出去的双重进路》，《中国出版》，2018 年第 12 期。

和表达，打动东西方读者的心灵。作家和传播主体如果没有文化自信，一味追求和迎合西方价值观，缺乏中国独特的美学价值和文化，丢弃自己的民族特色就难以写出能取得良好的传播效果的作品。唯有增强文化自信，创作和甄选出兼具民族性和世界性的文学作品，才能更好地激发对外传播的活力和创造力。

（二）传播介质——优秀的文学代理人

有了好的作品，还需要好的文学代理人。文学代理人是作者和读者之间的纽带，负责联络原作者、物色作品、推荐作品、代表作者和出版社谈判、制定传播策略、推进译本营销等。文学代理人可以是译介主体——译者，也可以是热爱中国文学作品并积极在海外推广中国文学的学者、媒体从业者等，他们活跃在传播活动的各个环节。

文学作品的译介中，首先面对两种不同文化的是译者。译介的工作如同搭建桥梁，一座稳当坚固的桥才可以保证异国文化之间交流的顺畅，刘宇昆正是《三体》从东向西、走向世界的重要推手。某种程度上，没有被刘宇昆英译的《三体》，刘慈欣小说的"西行"可能就会放慢脚步，难以取得今天的耀眼成就。学界关于译介主体有诸多探讨，在当今主要的译者分类中，中国译者、海外译者、海外华人译者，究竟哪一类译者能够更好地推动中国小说走进世界文学版图？"我们的逻辑起点，应指向助推中国文学图书走近西方读者并实际作用于西方读者的现实需要。"[①] 在中国小说走向世界的过程中，拥有多重身份的《三体》译者刘宇昆给我们带来了更具体的启示：在中外合作的基础上，可以选择拥有一定创作写作能力、跨文化交际能力，以及对所要输出文化的热爱的译者。这样的译者，正是中国文学"西传"所需要的文学代理人。

文学代理人还可以是学者、出版行业的从业者。作家毕飞宇曾说："我很幸运，很早就有了西方的代理人。所有的事情都是他们出面，我的工作就是写作。"谈及刘慈欣作品英译，出版人李赟功不可没。2012 年，中教图李赟面对中外图书贸易巨额逆差，考虑寻找新的课题，有效向外推介中国图书。在一个偶然的机会，他听到广播里介绍的《三体》。出于好奇和兴趣，他入手全套小说阅读。读完之后，他做了一个重要的决定：着手《三体》的海外版权代理。这是一个艰难的过程，李赟回忆道："最初，我们甚至没有译者资源，需要花很大力气找到愿意合作并且有能力翻译这部作品的译者。通过长时间

---

① 史凯、吕竞男：《文学出版走向世界：谁来译？》，《中国出版》，2013 年第 16 期。

的努力，逐一联系、评估、决策，最终很幸运地找到刘宇昆和周华两位一流译者。"① 好的出版人，具有强烈的主观意愿，熟悉出版流程，他们让文本译介、接受的过程变得更为流畅和自然。

"好酒不怕巷子深"的古典主义时代已经悄然远去，再优秀的作品也需要好的引荐者。中西文学之间的互通需要喜爱中国文学作品又深谙西方图书出版规则的"代理人"来将中国文学引入西方。

（三）传播途径——专业出版运作方式

出版中国文学英译作品的出版社可以分为三种，即本土出版社、海外出版社、中外合作出版社。过去，中国方面大力推动的中华作品外译丛书，如"大中华文库""熊猫丛书"等，因主要由中国出版社介入翻译出版过程，而成为一种用中国的话语方式主导的对外传播，偏向主观，导致境外接受效果不尽理想。学界有人提倡"海外建社出版"②，认为可以避免国内出版发行的障碍，取得良好的传播效果。这种方式实质上是将国人建立的出版社从中国移到国外，其本质仍是中国的出版叙事，并没有真正融入西方主流出版机制。同时，即使国外出版社主动选择翻译中国作品，因为语言、文化的差异，他们对我国优秀文本不够了解，又往往很难选择到能充分体现中华文化内涵的文本，导致域外中国文学优秀作品接受度不高。

刘慈欣小说的域外接受度展现出一种可操作的出版策略：中外合作出版。《三体》系列英文版由中美权威出版社合作出版发行，中国出版社有针对性地选择作品，并寻找合适的西方合作出版机构，主导出版流程，而海外出版社充分调动自身资源进行营销推广。这在中国文学作品"西传"中较为少见。托尔出版社对科幻文学推广很有经验，旗下作品多次获得科幻领域的重要奖项，是科幻文学出版社中的"领头羊"，在版权经营、营销策略方面都很有经验。在《三体》推广过程中，托尔出版社使用大数据的算法准确把关和筛选目标读者，对读者阅读兴趣和阅读模式做出分析，制定合适的编辑模式，并利用自己与海外各类网站的良好关系进行关联推广，最大限度地推进选题在读者中的接受度，促进边际效益最大化。这种中外出版机构合作方式为中国文学外译在出版理念、出版内容、出版机制、推广方式方面都提供了一个良好的范例，对出版经营，出版运作能力的提升具有积极意义。由此可见，加

---

① 刘红：《中国文学"走出去"现状和对策研究——以〈三体〉版权输出为例》，《科技与出版》，2018 年第 7 期。

② 胡兴文、巫阿苗：《中国文化走出去：面向受众的翻译出版路径》，《中国出版》，2014 年第 2 期。

强中外出版机构多渠道合作将是国际出版大势所趋。

（四）传播方法与受众——数字时代的多样化与融合化

21 世纪是数字化时代，互联网和新媒体带来全球文化传播方式的巨大变化，新媒体（以数字技术为支撑的传播形态）和传统媒体（以报刊、广播、电视为介质）同时存在，并立于同一个场域，成为数字时代传播的重要特征。在刘慈欣作品外传的渠道中，除了传统的实体书、报刊、广播电视推广等路径，虚拟传播成为重要方法。文本从实体书的单模态走向多模态：在线图书销售、听书、Kindle 电子书等，从纸媒走向全媒体，听书和电子书都比纸质书便宜，且有着不同的识读方式，声音文本和图像文本的开发和运作促进文本的深度传播。

网络销售是刘慈欣作品销售的重要方式之一，它改变了读者必须去实体书店在高高的书架前艰难地寻找某本书的购书体验，读者可足不出户，凭数据检索或书目找到自己喜爱的作品。喜爱科幻文学的读者在网上书店的"科幻"类目下，检索到刘慈欣的《三体》，因其内容介绍和读者评价而产生阅读兴趣，最终选择购买和阅读。线上书店真正做到将世界文学作品同时呈现在读者面前，消除了国籍、文化的界限，让读者真正因为内容而选择图书，这无疑对打破西方对中国的文化偏见和意识形态的壁垒，消除异域读者与中国文学作品因不了解而产生的距离感，具有积极作用。线上书店的代表——亚马逊网站，不仅提供实体书，而且提供部分书目的电子版。值得一提的是，刘慈欣部分译本没有纸质版，如 Holger Nahm 翻译的《流浪地球》只有 Kindle 电子版。目前，在亚马逊上几乎可以买到刘慈欣所有作品的英译本，它已经成为推广刘慈欣作品的重要途径。

如前所述，数字时代传播可通过信息技术的进步精确受众研究。英语世界的中国文学读者可分为如下三类：专业读者（汉学家、中国文学研究领域的研究生）、中国文学爱好者和大众读者。大众读者是普通欧美受众，对文学作品没有特别的偏好，不特别排斥或偏爱某个国别、作家的作品，只关注作品本身是否有符合自己期待视域的内容。过去，对受众的研究主要基于出版商的经验和直觉，判断哪一个群体可能会对哪些书稿感兴趣，继而采取相应的营销策略。但因为个体偏好和知识局限性，对受众群体的判断可能出错，传播效果变得不理想。而出版《三体》的托尔出版社对市场进行了基于算法的分析，用大数据根据读者前期行为分析评估其可能感兴趣的图书内容，定位可能的读者群体，进行精准营销。即使受众是匿名的，其具体信息难以被传播方掌握，这种方式也能最大限度地扩大作品的普通受众面。

(五) 传播的拓展——译本产业化

跨媒介译介传播模式带来的另一种可能是译本的产业化。影视作品拍摄、网络游戏开发、动漫产品制作都是小说形成产业链，促进推广和传播的有效途径。美国文化产业在此领域已有成熟的操作体系，如以漫威的原创漫画为题材，漫威英雄的 IP 产业链推出与漫画相关的游戏、动画、影视及其他作品，形成了漫威产业模式，同时在全世界掀起了"漫威英雄热"，吸引了美国之外的青少年的关注。刘慈欣作品本身就是一个有吸引力的 IP，在国内，已经有 3D 舞台剧、系列动画等衍生产品。较之于纯文学，类型文学受众更广，依托强大的移动互联网平台，可更好地进行大众传播。电影《流浪地球》就是一次成功的"西行"。笔者于电影上映的半个月后（2019 年 2 月 20 日）在 IMDb（互联网电影资料库公司）中得到数据：《流浪地球》获得评价数为 4949 个，并获得了 7.8 的高分，其中 9 分及以上的高达 58.6％。不少欧美读者因《流浪地球》而开始对中国科幻产生兴趣。而对于拥有更宏大完整世界观和宇宙体系的《三体》，美国网站 YouTube 即有爱好者自发剪辑了几百部电影，做成 76 分钟的英文小说解说，高度凝练地概括了小说的主要内容，播放量很高。参考美国著名奇幻小说《冰与火之歌》，其因被制成系列电视剧《权力的游戏》后而声名大噪，文本为大众所熟知。《三体》磅礴大气，故事线纷繁复杂，有广阔的改编成系列影视文本的前景。遗憾的是，小说版权早早被刘慈欣卖给游族影业公司，而该公司因实力有限，至今未能推出合格的影视版。如何让《三体》成为《指环王》《权力的游戏》这样从优秀图书而扩展成为广大众读者所了解的系列影视文本、动漫文本，以适应新时代的对外传播诉求，尚是一个有待深入的话题。

从刘慈欣作品的传播过程可以看到，数字时代的中国文学对外传播改变了单向的主观化、宣传化模式。目前，中国文学对外译介与传播的整体情况仍然不够理想。刘慈欣作品作为中国文学"走出去"的成功范例，向我们展示了怎样主动掌握、使用符合他国话语规则的传播方式，精确定位目标读者的阅读视域，寻找既能体现中国文化，又具备真、善、美普适性的文本，选择合适的译者和翻译手段，通过现代信息网络渠道、新旧媒体、影视文本发声，打造世界文学舞台上中国文学的典范之作，提高中国作家的海外影响力，并进一步对西方作家与文学产生影响。中国文学对外传播任重而道远，需要作家、译者、出版人、学界的共同努力。

五、结语

在刘慈欣作品被英译推介到域外之时，毕飞宇、贾平凹、余华等中国作家的作品也陆续被翻译成其他语言，出现在异域文化土壤上，引发域外读者对"中国故事"的兴趣，为世界文学版图中的中国文学拓展边界。虽然对大多数海外读者来说，中国文学作品尚属于小众，然而中国出版领域对外开放已初见成效，正积极运用国际话语规则，将中国文学推向大众阅读视野中。文学作品如镜面，为海外读者投射出遥远中国形貌的一部分。中国文学对外传播是个漫长的过程，御东风而西行，在东西交汇中，通过非意识形态的"中国故事"对他国人民产生影响，增强中国文化的吸引力。"在全球化的语境下，中国文学与文化传统应该成为全世界共同拥有的宝贵遗产。"① 无论是莫言获得诺贝尔文学奖，刘慈欣获得雨果奖，抑或是中国其他作家作品的译本获奖，都向世界展示了中华文化源远流长的独特价值，提高了中国文学的国际地位，助推中国文学真正走向世界。

作者简介：

何敏，文学博士，电子科技大学外国语学院、数字文化与传媒研究中心副教授，研究方向为海外汉学研究、科幻小说研究。

王玉莹，电子科技大学外国语学院硕士研究生，研究方向为海外汉学研究、科幻小说研究。

---

① 季进：《另一种声音——海外汉学访谈录》，复旦大学出版社，2011年，第14页。

消费社会和互联网时代下我国文化产业的文化反思

董静姝

摘 要：在当代中国，文化产业蒸蒸日上，但其未必如所期望的那样助力经典文化和传统文化的复兴与推广。文化的精神性、持存性、深刻性和产业的特性之间存在天然的紧张，并且这种紧张在消费社会和互联网时代中暴露得更为明显。如果失去严肃的文化反思，文化产业的壮大反而可能产生对文化的销蚀。只有文化产业内外联动，树立正确的文化认识和导向，培育深厚的文化关怀和兴趣，才能真正促进文化繁荣。

关键词：文化 文化产业 消费社会 互联网

党的十八大以来，"文化复兴""文化自信"成了高频词汇，文化产业也随之迎来阳春：非遗的传承和保护获得扶持；文化园区如雨后春笋；各种文化旅游路线渐次被打造且颇受青睐；从线下的博物馆、纪念馆和街头小店，到网上商城，文创产品让人眼花缭乱；网络、电视、广播传媒中的文化宣传与报道也俯拾皆是……

然而，在当前文化产业的歌舞升平下，涌动着让人不安的暗流。这些暗流中，经营管理或行业竞争之类的产业问题不断被讨论，关乎文化的反思却寥寥。须知，文化产业虽然同其他产业一样具备生产经营元素和逐利性，但有一个重要区别在于它所制造和销售的产品与文化紧密相关，并且常常宣称"助力文化振兴与推广"。然而事实上，文化产业的蒸蒸日上与文化的发展似乎并未齐头共进。文化产品占据广阔的市场，人们却仍然对文化知之甚浅或一无所知，甚至早有西方学者犀利地论断，文化产业恰恰构成对文化的威胁。[①] 本文正是旨在对这一问题做出分析，尤其是将该问题置入现代消费社

---

① 参见马克斯·霍克海默、西奥多·阿多诺《启蒙辩证法：哲学断片》，汉娜·阿伦特《文化的危机：社会的和政治的意义》，居伊·德波《景观社会》等论著。

会与互联网世界的视域下进行更为深广和清晰的讨论。不过，必须强调，本文绝无意否定文化产业，而是为探索我国文化产业与文化这二者可能的协调发展略尽绵薄之力。

一、文化与文化产业

"文化"一词，在西语中（英文 culture，拉丁文 cultura）最早意味着耕作和培育，后来逐渐发展出比喻意义，包括教育、学习和作为其产物的群体智力成果，标志着文明的理智层面。[①] 而在汉语中，"文化"最早见于《易经·贲卦》："刚柔交错，天文也；文明以止，人文也。观乎天文，以察时变，观乎人文，以化成天下。"即"人文化成"的缩略。现在，"文化"之概念仍无完全的定论，但大体上都涉及"历史积淀的人类精神活动及其产物"这一意涵。那么，文化——真正的或经典意义上的文化——至少具有下列属性：

（1）精神性。虽然文化也包括物质性的事物，比如礼器、书画等，但如果剥离精神内涵，这些事物也就沦为死物，至多不过是诱发单纯感官愉悦的死物。文化在根本上排斥、抗拒自身被彻底物化和对象化，而重在能动地进行超脱人类生命必然性限制的精神创造。（2）历史性与持存性。文化不是脱离时间维度的任意精神创造，而是经过人类精神生活长时期孕育、哺乳和培养而成的。随着时代变迁，文化也会发生流变，但这种流变不是高频或高速的。新旧文化之交替，虽然常常被冠以"革命"之类激烈的形容，但革命的准备工作却绝非一蹴而就，而是在相对漫长的时间段内逐渐——甚至让一般人不易感知——完成的。文化保有相对较高的稳定性，在被人们培育的同时，也浸润和塑造着生活于其中的人们的思维-行为定式。它也不像消费品那样"被消耗"，而是生生不息、不断自我再造的。（3）深刻性。正是因为文化由历史积淀而成，一方面，它具有厚重的意义内涵和精神气质，这也使得对它的自觉理解和把握需要用心投入；另一方面，如上所述，濡染于某种文化中的人，无论是否自觉，其思维-行为都在某种程度上被定型，从而区别于权宜的、偶然的或变动不居的思维-行为。

在上述属性之外，我们还可以发掘文化的其他属性，诸如文化的地域性（不同地域的文化有不同性格，比如中国人的含蓄与西方人的直率恰成对照）、文化所观照的人与自然的关系（观西文"nature"与"culture"二词的演变，不同于后来掠夺/征服自然的功利观，当自然被视作有灵性的、与人类休戚相

---

① 参见在线词源词典（Online Etymology Dictionary）的"culture"词条。

关的存在，文化也就是在人与自然的和谐共处中结出的精神果实，而中国的传统文化观更是一直讲求"天人合一""道法自然"），等等。

对文化的威胁可能来自多方面。犹太裔学者阿伦特曾在诊断文化危机时提到"文化市侩主义"。这种文化市侩主义中的两种倾向，或明或暗地威胁文化：明显的威胁是坦白表露对文化的鄙夷，将之贬斥为无用的存在；隐蔽的威胁则是通过对文化话语权的攫取乃至垄断（这种攫取，追根究底乃是为了获得更高社会地位或更大现实利益，只是以文化作为武器）来表现的。当然，对文化话语权的攫取并不必然导致对文化的威胁，也可能是新旧文化的更迭（不过，这也可以被解释为新文化对旧文化的威胁乃至彻底摧毁）。① 真正可怕的是，把文化本身重新定义为一种得与其他所有社会或个人价值互易、进行流通和兑现的社会商品，文化价值也就被剥去所有丰富的内涵而沦落为单纯的交换价值。② 但同时，"文化＝可变现商品"这种理解，往往被小心翼翼地掩盖起来，表露在外的是对文化（经典意义上的文化）虚情假意的尊重或追捧，由此吸引希望了解文化的人或仅仅为了消遣、对自我进行"文化装潢"的消费者的目光，而这些被吸引的人又自觉或不自觉地推动"文化＝可变现商品"的观念与实践愈演愈烈，最终导致文化的崩溃。

如果说对文化的明显威胁容易被发现和抵御，那么，隐蔽的威胁则可能让人防不胜防，甚至有朝一日当它销蚀了文化后，我们还沉醉在文化复兴的美好幻想中。谈到当下如火如荼的文化产业，值得警惕的问题正在于此：文化产业可能恰恰构成对文化的威胁。"文化产业"一词的最早使用，见于法兰克福学派阿多诺和霍克海默在其合著的批判性杰作《启蒙辩证法》（1947）中。（值得注意的是，两位学者对文化产业持严肃的批判态度——至少是怀疑，如果不是否定的话）现在，通常将文化产业定义为"按照工业标准生产、

---

① 著名的例子就是近现代欧洲新兴资产阶级以文化为武器对旧贵族的反抗，使得其追逐财富的行为正当化。阿伦特写道："……这和欧洲中产阶级的社会地位低下紧密相关，一旦他们获得了足够的财富和闲暇，他们就开始反击贵族，反击贵族对（中产阶级的）金钱至上的庸俗气的蔑视。在这种为了社会地位的斗争中，文化作为一种武器（如果不是最合适的武器的话）开始发挥很大的作用，以便提升自己的社会地位，'教育自己'摆脱较低下的、据说是现实所处的领地，达到更高的、非现实的、据说是审美和精神安顿的领地。"（汉娜·阿伦特：《文化的危机：社会的和政治的意义》，陶东风译，载《国外理论动态》2011 年第 10 期。）

② 阿伦特悲哀地认为："它们（指文化价值）像破旧的分币一样在从一双手到另一双手的传递过程中被损耗。它们失去了原初是所有文化物件所特有的那种能力，亦即吸引我们、感动我们的能力。"（汉娜·阿伦特：《文化的危机：社会的和政治的意义》，陶东风译，载《国外理论动态》2011 年第 10 期。）

再生产、储存和分配文化产品与服务的一系列活动"①。乍看上去似乎没有什么不对劲，但是这一词组的两个语词——"文化"与"产业"之间，存在天然的紧张甚至对立关系，由此诞生了一个怪异的产物。详言之，经典意义上的文化，如上所述，具有精神性、历史性、持存性和深刻性；产业，虽然本身也是一种历史产物，即社会生产力不断发展与社会分工的必然结晶，但其具有将其所染指的事物物化与对象化的本能冲动，且内部生产经营与外部消费所扣合的循环链具有鲜明的流动性，尤其是在一个资本于时间上愈来愈高速流动、空间上愈来愈无孔不入的世界，这种流动性和由此带来的浮浅性问题愈发凸显无遗。"文化"和"产业"两个彼此矛盾的语词结合在一起，使得"文化产业"无法回避内在的撕裂，从而如下忧虑也就并非毫无道理：从效果上看，文化产业究竟是如其宣称（或曰如其应然）的那样复兴和推广了文化，还是只是打造了一种看似光鲜亮丽的文化景观，实际上却在销蚀文化？而这种撕裂和忧虑在消费社会和互联网时代中暴露得尤其明显，下面笔者将对此做出分析。

二、消费社会的文化与文化产业

　　毫无疑问，我们生活在一个消费社会。英国社会学家齐格蒙特·鲍曼曾经不无辛辣地说道，在消费社会，只有垃圾处理者永远不会失业。这意思是，消费社会就其本质而言必然是个"喜新厌旧"的社会，并且这种好恶更迭愈快愈好。因为在消费社会，人类已不再像曾经那样为物质匮乏忧心忡忡，反而是面对极其丰富的物质产品眼花缭乱。这种丰富不只是数量上的庞大，也是品类上的繁杂，我们几乎每天都能耳闻目睹又一种或多种全新的物质产品诞生或即将诞生。相较被持久占有，这些物质产品更需要被不断消耗、淘汰和抛弃，否则生产经营者无利可图，遑论扩大生产经营规模以赚取更丰富的利润。因此，生产经营者不断向消费者灌输快餐式的消费观念。而对于消费者来说，当他们从过去为基本物质需求惶惶终日的苦难中解脱出来，又在面对作为现代性精神困境的终极价值坍塌时不知所措，并被卷入技术狂飙突进所带来的信息爆炸中时（这一点将在本文第三部分另做详述），就会通过不断

---

① 这是联合国教科文组织给出的定义。在我国，早在 1992 年，国务院办公厅综合司编著的《重大战略决策——加快发展第三产业》中，也确认了"文化产业"这一概念。

消费来耗掉过剩的时间①，释放茫然、焦虑等负面情绪。于是，在生产经营者和消费者的协同下，过去被奉作美德的"敝帚自珍"，现在备受鄙夷乃至被仇视，"喜新厌旧"②的合法性则获得证实并被大肆渲染：不知疲倦地或疲于奔命地追逐"新鲜"，而这些"新鲜"却稍纵即逝，乃至一切物质产品从它诞生和交易那一刻起，就开始变成垃圾。从而，流动性成为消费社会的烙印，仿佛没有什么是能够持存的。流动性导致了浮浅性：由于"代谢"速度太快，我们没有时间、没有余裕挖掘和理解事物的深层意义，而只停留在对表层意义的粗陋感知，甚至根本就不关心意义——在经过意义内在于事物本身、意义与事物二分并且由人赋予事物意义的智识实践之后，意义被消解了。

这种流动性和浮浅性是消费社会的属性，也是所有产业的属性。然而如前所述，经典意义上的文化却恰恰具有与这种属性相悖的持存性和深刻性，这使得文化产业——如果希望靠文化大发横财——就必须对自身做必要的矫饰，甚或修正文化的定义：以文创产品为例，许多古代有名的字画被复制在明信片、鼠标垫、书签、笔筒、扇面、背包、衣饰、画屏上，被成千上万地摆放在橱窗和展台中，和超市里的罐头并没有什么不同，区别或许仅仅在于这些文化产品的旁边还陈设着"把XX文化带回家"③之类极富蛊惑性（但毫无疑问也是欺骗性）的广告词。仿佛消费者一旦拥有了这些文化产品，就获得了文化本身。而事实上，消费者很可能对字画的创作背景、创作者的用心、其中的文化意蕴等一无所知，也压根不想去和不被鼓励去做如此了解与思考，因为他们一旦这样做，就将投入较长甚至很长的时间④。生产经营者绝不乐见这种事情发生，让消费者沉溺在获得文化的幻觉中只是为了更多消费而必须实施的催眠，更要紧的是购买新的"文化罐头"。（至于那些已经被购买的"文化罐头"，谁还会在乎呢！最好消费者在购买到的同时就心生厌倦，把它抛进垃圾堆，生产经营者也会毫不留恋地定期或不定期清除那些过时的或不受欢迎的文化产品）所以，千形万相的"文化罐头"源源不断地堆积在消费

---

① 确切地说，这种时间是"空洞时间"或"生物时间"。阿伦特对时间做出如下区分：闲暇时间是摆脱了生命过程必然性的要求和活动的时间，空洞时间是余下的时间（left-overtime），它本质上仍然是生物性的，是劳动和睡眠之后余下的时间。消费社会中消费者的时间就是后者，是受生物需要支配的劳动循环中的空隙。消费者不会在空洞时间中试图理解和创造真正的"意义"。从文化的标尺来说，文化产业应当使人度过闲暇时间，但事实却可能是使人排遣空洞时间。

② 笔者曾经在街头看见一则时装广告："昨天的衣服配不上今天的你。"这无疑是对消费社会"喜新厌旧"高度生动和贴切的表达。

③ 这里的"XX"可以是古典，可以是传统，可以是书画，可以是某个地域……可以是任何能够标定某种文化属性的词语。

④ 显然，此处的时间是区别于空洞时间的闲暇时间。

者眼前，持续争夺和刺激着他们的注意力（这也是在向消费者暗示，文化的获得非常容易；此前千金难求的字画，现在却可以被复制于各类文创产品上，被大多数人轻松购买。原作本身超越性的、独一无二的精神气韵，在批量产出的商品前，还能被珍惜多少呢）。乃至为了使"文化罐头"的卖相更加诱人，生产经营者关注的其实不是那些被标榜为文化名片的字画本身，而是如何"在细节上制胜"：字画印在明信片的什么位置？用什么样的材质制作书签，才更加吸引目光？甚至为了观感上的和谐与亲切，在印制字画时做出裁剪、拼凑和"谐趣化"处理。①

在这种大势下，文化的精神性内核也就备受冷落，人们关注或被引导关注的恰恰是物化和对象化的事物，是没有意义和灵魂的商品（而对某个具体事物或商品的关注也不被允许持久和深入）。但文化与商品的根本不同，正在于从前者中人们能发现自己之所是，能发现人类精神过程及其结果，也能发现自然的灵性与诗意；而在商品中，人们只能发现自己之所占有（而这占有又转瞬被抛弃）或消耗，除此之外，别无所得。尤其是当文化产业也与消费社会的其他产业一样，打出"消费者是上帝"的牌子时，作为文化之根本的精神独立性和反思批判性也就被消费者的购物癖好（它可能是"文化的"，但更可能是"非文化的"甚至"反文化的"）冲刷殆尽了。

在前述意义上，也可以说形成了一种新的文化——消费文化——追逐快消，满足浮浅，罔顾精神，向市场供需关系俯首称臣的"文化"。（或者说，消费文化的持存性恰恰在于快消，深刻性恰恰在于肤浅，而精神性则恰恰在于抛却精神）更确切地说，消费文化在消费社会萌芽的那一刻就开始孕育，并随着消费社会的成熟而蔚然成风，只不过现在它也在文化产业中兴风作浪，悄然或公然将经典意义上的文化进行"消费文化化"，使之沦为单纯的商品。它的势头如此强劲，甚至让我们怀疑，如今的文化复兴、文化多元是否将在它面前一败涂地，倒是消费文化成了最终的并且是唯一的赢家？

三、互联网时代的文化与文化产业

如果说消费社会的诞生是较早的事情，那么，人类进入互联网时代的历史却不过几十年。然而，这短短的几十年为人类社会带来的改变无论从广度

---

① 霍克海默和阿多诺犀利地指出，文化产业"使效果、修饰以及技术细节获得凌驾于作品本身的优势地位"，并且认为，文化产业使得文化已经"具有图示化、索引和分类的涵义"。（马克斯·霍克海默、西奥多·阿多诺：《启蒙辩证法：哲学断片》，渠敬东、曹卫东译，上海人民出版社，2006年，第112、118页。）

还是深度来说都是地覆天翻的。——数说这些改变不可能也不必要，但这些改变都可以放在互联网对时间－空间观念重塑的框架下获得理解和分析，从中，我们也能看到文化与文化产业面临的机遇和困境。

就时间观念的变革而言，互联网的即时对话实现了时间的高度压缩。过去，发声者和听声者假如不是面对面地共时在场，那么从输出信息到接收信息，其间必然发生依托于实体性中介的信息传递过程，从而在交往回应上具有不同程度的滞后性；然而，互联网的存在使得发声者和听声者之间的信息传递时间被压缩为"无时间的时间"。就空间观念的变革而言，过去，社会活动的物质环境在地理上的分布，人与人之间发生对话的空间维度，受到"在场"支配；然而，互联网的存在使社会关系得以摆脱现实的地域性束缚，跨越广阔的现实空间距离而被重新组织和塑造，也即现实"缺场"的人能够通过互联网（比如网络电视电话）"在场"，从而无视任何给定的面对面互动情势。① 可见，互联网的存在虚化了交往的时间和空间，或者说，它以过去无法想象的方式和规模扩展了交往的时空范围，由此，政治、经济、文化交往打破了樊篱——对所谓的全球化，互联网无疑起到推波助澜的重大作用。

互联网的上述革命性，使之成为（至少看上去）最能回应自由、平等这些作为现代世界标志性精神需求的乐园。而现实世界中仍然分明的精英－草根界限在互联网时空中得到最大程度的爆破：话语权不再像过去那样被特定群体垄断，而是被各种社会主体分散享有和行使，呈现去中心化的趋势，每个人都可以同时扮演多重角色（既可以是被动的信息接收者，也可以是主动的信息制造者和信息传播者），并且相互间能够实现开放交往和对话，突破了过去（相对）封闭的阶层边界也即交往边界。甚至有时互联网作为草根胜利的舞台，汹涌的舆论让那些现实生活中的精英狼狈不堪。②

这对文化和文化产业意味着什么呢？

好处自然是有的，如上所述，各种边界在互联网上都趋向模糊，文化的输入和输出更加便捷，此种文化与彼种文化的交往渠道更加畅通；文化产业

---

① 或者说，互联网的存在使得现实空间被"抛入"虚拟空间进行打散重组，原本处于 A 地点的甲和原本处于 B 地点的乙——A 与 B 之间地理距离遥远，所以在现实空间意义上，甲和乙不可能同时在场——却因为互联网，可以在虚拟空间相逢，就好像 A 地点和 B 地点彼此镶嵌或黏合了，而这种镶嵌或黏合在现实空间中是不可能的。

② 以网络监督为例，其好处在于有助于刺激相关部门有效查处和打击违法犯罪活动、公权力的乱作为或不作为，等等。但是，也应当看到其负面性：由于现实生活中社会阶层的分化，部分网民心态失衡，对特定群体的偏见逐渐定型化，线下的强势群体在线上往往沦为弱势群体，反之亦然。比如，政治精英和财富精英，一旦深陷舆情的汪洋，基本就是以反派姿态出镜，遭到来自各方不问青红皂白的口诛笔伐，这样就形成"多数草根的暴政"。

的繁殖兴盛也有了更肥沃的土壤，在更广袤的空间实现资本、人力和产品的更高速流动和更有效分配，不同生产经营者相互间的借鉴与合作也更加便利。

但是，负面影响——尤其是对经典意义上的文化以及本土传统文化的负面影响，也暴露无遗：

（1）"众声喧哗"下的文化迷茫。鲍曼将现代世界非常形象而凝练地概括为"液态世界"①，因为它像流体一样无法凝滞，总是奔涌不息。这不仅从前述消费社会中可见一斑，也在互联网上得到鲜明表现：正是因为互联网的前述特征，信息的酝酿、交换与更新相较过去更加迅猛，辐射范围和层次也更广更深：大洋彼岸发生的事情，大洋此岸的人马上就能做出反馈；刚接收的信息尚未消化，又一波信息浪潮迎头而来，并且对同一事物，总有无数版本的"真相解读"②"知识梳理"和"情感分析"。在这样的情状里，人们迷茫、焦灼、疲倦，注意力难以持续倾注在同一事物上，更遑论对同一事物进行沉淀性思考。

那么，当我们希望通过互联网了解一种文化，就可能陷入浏览越多信息，反而越不了解某种文化的困境（因为存在大量彼此冲突的文化解读），或是遭遇误读和曲解某种文化的尴尬（因为真伪难辨、良莠不齐的文化解读杂糅在一起，被吸收的也许恰恰是那些拙劣、片面、误导性的文化解读）③，又或是咽下迷恋浅表潮流性的"文化快餐"以维持毫无营养的机体（因为真正持续、严肃而深刻的文化理解与思考反而成为一种负担）。与此相关，文化产业在生产经营文化产品时，也可能存在无法正确认识和恰当树立产品的文化定位这种问题。而某些短视的生产经营者又压根没有足够的耐性去搁置或哪怕放缓生产经营，而去搞清楚问题，给凭借主观臆断拾掇和组织的信息碎片贴上文化的标签，"落实"到生产经营中，于是乱七八糟、莫名其妙、取糟粕而舍精华的"文化产品"被一批批投入市场，混淆了文化方面的视听，催化了人们的精神贫瘠与分裂，其后果可想而知。

（2）文化殖民的加剧。文化很少是在完全孤立的环境中生长发育的，而是在坚持自身根本的同时，通过与其他文化的交往不断充实和完善自身——中华文化的璀璨历史正是这样一部海纳百川、有容乃大的范本。不过，文化

---

①　参见齐格蒙特·鲍曼：《来自液态现代世界的44封信》，鲍磊译，杨渝东校，漓江出版社，2013年。

②　"在意见和建议冲突的众生喧哗中，我们似乎缺少一架脱粒机，能够帮助我们把真理的种子和有用的种子从谎言、幻想、垃圾和废物之中分离出来。"（齐格蒙特·鲍曼：《来自液态现代世界的44封信》，鲍磊译，杨渝东校，漓江出版社，2013年，第2—3页。）

③　为了在信息爆炸的时代争夺读者的视线，恰恰是某些糟粕式的文化解读更善于给自己镀上迷人的"金身"，这就更导致了对文化理解的障碍。

交往的基础是互敬互重、平等对话。如果一种文化自诩具有普适性而强行向他种文化灌输自己的价值理念和制度模式，企图将后者蚕食殆尽，那就是一种文化殖民。如前所述，文化具有历史性和地域性特征，即使某些抽象的价值被全人类共同信仰，其具体贯彻也因不同的历史脉络与地域元素而存在合理差异。因此，消弭这种理性区分的普适性乃是卑劣的谎言，其表面上是以"优越的"文化启蒙、教导和取代"低劣的"文化，但归根结底乃是为给消费社会中愈演愈烈的资本扩张披上冠冕堂皇的外衣①，是一种精心伪装的以强凌弱。用"软"的文化殖民来冲抵"硬"的资本扩张所（可能）遭受的抵抗，实在是节约成本的高明策略。

上述文化殖民如今已实实在在地渗透进某些第三世界国家，而对中国来说，这也着实需要警惕：电影中冲破黑暗的西方英雄形象、畅销书里五彩斑斓的西式生活、重金属音乐和洋快餐、性解放与对各种享乐的鼓吹……都在悄然地同时也是有力地冲刷、撞击着本土传统文化。这种情势随着互联网的普及而加剧：当从上到下的社会阶层都在互联网上对话，虽然看似各种文化都有了更加迅捷、开阔、通达的发声平台，但如上所述，面对大量文化信息的不断涌现，网民容易神经疲劳和焦点前移，而那些以雄厚资本为后盾的外来"强势文化"②，却能够及时充分调动各种资源对网民提供持续的新鲜刺激和诱惑，维持乃至提高网民对该"强势文化"（或其某个方面）的热情，同时分流、稀释和打压网民对本土传统文化的关注，以此抢夺文化麦克风和占领文化制高点。而由于互联网的时空辐射性如此之强，文化殖民的危险也就愈演愈烈。当发现为数不少的消费者已被外来强势文化"俘虏"，本土的文化产业中便有一部分生产经营者着力于打造相关文化产品，如城市繁华的商业街上，"哈韩""哈日""欧美范儿"的文化产品令人目不暇接，其喊出的口号恰恰是"打破传统"。对于文化产业中的这种现象，可以说当文化殖民从外部侵入时，内部的某些力量不仅没有做出抵抗，反倒是恭迎有加。不过，如前所述，这些更看重赚快钱的文化产业的生产经营者也并不必然真正明白其所仰仗的"洋文化"，有时或许还炒作"中西合璧"的噱头，导致不伦不类的文化产品问世。这对传统文化弘扬与自我文化认同来说，不能不说是一种威胁。

综上，在消费社会和互联网时代，文化产业的发展并不必然意味着文化的同步繁荣。甚至在一个具有高度"液态性"——生产、经营、消费、信息在时间和空间中永不止息地流动——的世界里，可能发生文化产业愈收入可

---

① 资本发展初期一般会和国家结盟，但资本固有的侵略性终究会突破民族国家的疆域。在今天，我们也确实看到民族国家难以再限定资本的扩张欲望，而这种扩张往往与文化殖民如影随形。

② 注意，如上所述，这种"强势文化"并不一定优越于"弱势文化"。

观，文化愈被耗损严重的情形。对此，我们不能不予以警惕，思考对策。

结　语

党的十九大报告提出了新时代我国社会主要矛盾发生变化的科学论断，具体在文化领域的主要表现，一是人民对美好文化生活的需要与文化发展不平衡不充分的矛盾，二是人民对美好文化生活的需要与文化－经济相互间发展不平衡不充分的矛盾。这两个具体矛盾推动着文化发展，也刺激着文化产业的发展。不过，同时应当看到，自改革开放以来，商业化、市场化、生产消费跃居价值排序的前列，资本的力量得到空前释放。虽然我们也认识到经济崛起绝不等同于"唯经济论"，尤其近年来也大力提倡包括文化建设在内的精神文明建设，而其方式也就包括发展文化产业，但此前单向度的经济思维惯性犹深，对产业的考虑重于对文化的关怀。这就往往导致主观与客观、应然与实然的断裂：主观上希望以文化产业的发达推动文化的繁荣，客观上却恰恰可能构成对文化的威胁；文化产业应当负起振兴文化的责任（虽然不是全部责任），实际上却恰恰可能有意无意地推卸这种担当，乃至发生谁拥有资本，谁就定义文化的悲剧——这种定义恰恰颠覆了文化本应具有的精神内涵。

有西方学者曾分别把现代世界中的企业界和学术界形象地称为世界的创造者和阐述者[①]，在文化产业上也是如此。但是，学者对文化产业的研究不应当止步于阐述，更应当批判性地分析问题和解决问题，即如何尽力缓解——如果无法彻底弥合的话——上述主观与客观、应然与实然的断裂。

对此，一方面，如果因为文化产业（尤其暴露在消费社会和互联网时代）的前述弊病就对其全盘否定，显然太过武断和偏激。无论如何，文化产业对于激发人们对文化的兴趣和关注起到了一定作用，即使现阶段这些兴趣和关注可能是碎片化的和短暂性的。并且，消费社会和互联网时代确已成为人们生活于其中的丰沃土壤和坚实背景，企图回避是不可能的。何况，文化若缺乏经济支撑和交流对话，也难以保全和充实自身。

但另一方面，绝不能任由文化产业被"唯经济论"戕害，受消费社会和互联网时代的弊病侵蚀。这就要求文化产业内外各个层面联动起来：

（1）政府主管部门应当进一步加强对文化产业的引导和监管，鼓励和扶持文化研究与文化教育，推动文化产、学、研的强强联合，推动树立全社会

[①]　参见齐格蒙特·鲍曼：《流动的现代性》，欧阳景根译，上海三联书店，2002年，第86页。

对文化，尤其是传统文化的尊重和重视。[①]（2）文化产业也应当具备复兴和推广（传统）文化的自觉，把握国家文化发展的大局和目标，以聘任文化学者作顾问、设立相关文化研究基金项目、组织和资助相关文化体验与培训等多种方式，真诚尊重与积极参与文化研究和文化教育。（3）文化研究与文化教育，包括文化的学校教育、家庭教育和社会教育，也应当有所行动。文化研究推动对文化全面而深入的认识，为普罗大众也为文化产业树立航标，不致使后两者陷入文化迷失；文化教育则同样任重道远，它旨在培养人们（尤其是培养下一代）对文化的正确认识、深切关怀和浓厚兴趣，这样，一个饱受文化教育的人，当他作为文化产业的"圈内人"，能够始终坚守文化产业的文化底线、促进文化产业的文化兴盛，而当他作为文化产业的"圈外人"，则具备足够的文化辨识力和判断力，满怀对文化的真正热爱，不致在消费社会与互联网世界的斑驳陆离中流于迷茫和空虚。

大国崛起，民族振奋，文化复兴是其中不可或缺的重要内容。摒弃急功近利的心态，真正严肃地进行文化反思，当代中国的文化产业将在文化复兴的征程上做出贡献。

作者简介：

董静姝，法学博士，中国政法大学法学院讲师。

---

① 即使在互联网领域，不可否认，国家仍然因其对各种经济、政治、文化资源的垄断性支配而具有强大的力量，这就使得政府有可能也有必要与外来强势文化相抗衡（在不妨碍正常健康的文化交流的情况下），助力本土传统文化抢占网络话语高地。

数字时代的文学与文化教学

邹　涛　主持

在这个数字化的时代，电子书不断取代纸版书，各类通过语音进行读书分享的手机应用不断取代线下的读书沙龙，各类网络课程视频资源正在成为课堂教学的有力支撑，有些在线课程因高质量的内容设计和作业互动，已经获得了直接修学分的实体课程地位。在全国奋起抗击新型冠状病毒的危急时刻，所有这些数字化资源和平台更是为莘莘学子提供了"停学不停课"的核心保障。所以，不管我们是新技术的恐惧者、抗拒者还是热情拥抱者，我们都已被拉扯着共同行走在信息化教育的大道上。先行者的经验分享也因此变得格外重要。

本栏目的六篇文章以案例研究和经验总结为主，针对慕课、电影、数字文学地图等数字化教学资源的利用展开了深入探讨。论文《互联网技术与文学教育：以"外国文学史"课程为例》基于慕课建设经验，总结出该慕课成功的几个要素，如教材文本的经典性与实用性、教学内容的专业性与学术性、教学设计的简约性与启发性等。这些要素非常适合专业主干课程的慕课设计，可以充分发挥资深教师和学者的育人功能。论文《基于慕课的梦想调查与伦理引导》展现的则是青年学者敏锐的时代意识和问题意识。该论文充分发挥慕课受众面广的优势，围绕学员对中国梦和国家梦的理解与定位展开线上调查，据此反思我国当前普遍存在的梦想问题，并提出具体的对策，切实发挥文学的伦理引导功能。《数字文学地图平台的教学应用研究》一文从文学地理学的视角出发，梳理目前主要的数字文学地图资源，并探索其应用方法，为文学教学提供了新的工具和便利条件。论文《数字影像化的流放叙事和伦理引导：以罗卓瑶的〈秋月〉和〈爱在异乡的季节〉的教学为例》借助电影媒介，探讨如何在教学中采用电影符号学视角，帮助学生由直观到抽象、由具体到深层结构，更好地理解流放叙事的影像表达形式，并实现相应的伦理引导。论文《数字时代的中国古典诗歌传播：国内外网络课程比较》对比国内外慕课平台开设的中国古典诗歌相关课程，从教学目标、教学方法、教学手段三方面彰显其异同，为建设和完善类似课程提供借鉴。论文《论数字化时代的外国文学教学》针对数字时代的机遇与挑战，指出外国文学教学应努力的方向。

数字时代的文学与文化教学还有太多亟待开发利用的新领域，期待更多同行关注、实践、总结、反思，共同推进教育改革，利用新技术实现精英教育与普惠教育的合力！

互联网技术与文学教育：以"外国文学史"课程为例

蒋承勇

摘　要：慕课是互联网技术催生的一种新型教学模式。慕课"外国文学史"的制作与播出，是互联网技术与文学教育融合的一次探索与尝试，其主要特点是：教材文本的权威性与经典性，教学内容的专业性与前沿性，教学设计的简约性与启发性。文学慕课虽然不可能完全取代传统的文学课堂教学模式，但它对传统教学模式的冲击及其实际具有的积极作用是不可忽视的，我们必须因势利导，推进互联网技术与文学课堂教学的深度融合，深化大学人文学科的教学改革。

关键词：慕课　互联网技术　文学教育　外国文学史

一

互联网技术的革命性影响逐步扩大到了人类生活的各个领域，移动网络对高等教育的教与学提出了严峻的挑战，也创造了难得的机遇。"慕课"（MOOC）是移动互联网技术催生的新型教学模式，笔者认为其突出特征是浓缩性、优质性、移动性、便捷性、开放性与普及性。它将为大学的课堂教学改革提供更广阔的平台，为大学生素质教育和科普工作插上飞翔的翅膀，也为专业教育模式的创新注入活力。因此，从事文学教育的大学教师如何顺势而为，有效地把移动网络技术作为推进专业建设与人才培养模式创新的重要途径与方法，是一个绕不过去的现实问题。"创新在线课程共享与应用模式，推动优质大规模在线开放课程共享、不同类型高校小规模定制在线课程应用、校内校际线上线下混合式教学，推进以学生为中心的教与学方式方法变革。高校要完善管理制度，将教师建设和应用在线课程合理计入教学工作量，将学生有组织学习在线课程纳入学分管理。"① 随着教育部对在线网络教育的不断重视以及在线网络课程实际效果的不断显现，信息技术与教育教学改革的不断融合成为一种趋势。为此，笔者和所在教学团队的同仁们顺应时代潮流，积极推进移动互联网与大学课堂教学的融合，以慕课"外国文学史"制作为契机，对移动互联网与文学教育做了初步的探索与实践。

二

慕课"外国文学史"的制作工作于 2015 年下半年开始酝酿，并于 2016 年年初由高等教育出版社立项后开始录制。经过半年多时间的集中攻关，"外国文学史"（一）和"外国文学史"（二）分别于 2016 年 9 月和 10 月先后在教育部爱课程网的"中国大学慕课"平台播放，成为该网络平台首门作为专业基础课播出的"外国文学史"课程（之前已有播出的是人文通识类文学鉴赏课）。如何展开文学类专业基础课的慕课制作？我们在积极的探索与实践中学到了知识、开阔了眼界、提高了认识。我们认为，慕课"外国文学史"有如下特点。

（一）教材文本的权威性与经典性

"外国文学史"是中文（汉语言文学）专业的基础课，它宏观上可以分为"欧美文学"与"亚非文学"，或为"西方文学"与"东方文学"。慕课"外国文学史"的制作以教育部组织编写的"马克思主义理论研究和建设工程（简称'马工程'）重点教材"《外国文学史》②、教育部组织编写的"面向 21 世纪系列教材"《外国文学史》③，以及中国外国文学教学研究会组织编写的《外国文学教程》④ 为蓝本。

"马工程"重点教材《外国文学史》，坚持把马克思主义的辩证唯物主义和历史唯物主义作为编写指导思想，对文学发展的过程及其规律进行总结，对不同文学思潮、文学流派的产生、发展和演化过程进行分析，对特定历史时期的各种文学内容、文学形式和艺术特点进行阐释，对不同时代的作家和作品进行研究；同时，坚持以马克思主义为指导，对文学的历史传承和沿革嬗变过程进行梳理，揭示文学在产生与发展过程中的各种时代因素、社会因

---

① 《教育部关于中央部门所属高校深化教育教学改革的指导意见》，教高〔2016〕2 号。
② 《外国文学史》，聂珍钊、郑克鲁、蒋承勇为首席专家，高等教育出版社，2015 年第 1 版。
③ 《外国文学史》，郑克鲁、蒋承勇主编，高等教育出版社，2015 年第 3 版。
④ 《外国文学教程》，蒋承勇主编，高等教育出版社，2016 年第 2 版。

素，如政治、经济、军事、哲学、宗教、道德、艺术等。为了全面反映外国文学的整体风貌，该教材努力坚持做到与历史进程保持同步，吸收现有外国文学史教材的优点和改革开放以来的研究成果，把最新的文学现象和新的学术发现写进教材，做到与时俱进。限于这部教材的篇幅和容量，该教材采用概述加重点作家介绍和重点作品分析的结构体系，力争把一切有重要价值的文学现象、作家和作品写进教材，以保障文学史知识的系统性、完整性，同时也能加深读者对代表性作家的认识和作品的理解。可以说，"马工程"版的《外国文学史》是文学史教材建设领域的一项特色工程、创新工程、精品工程、规范工程，是21世纪初期新一代学人完成的新一代教材，是中国特色哲学社会科学成果在教材建设中的体现，是学术创新在教材建设中的一次空前规模的展示，具有明显的科学性和权威性。

"面向21世纪系列教材"《外国文学史》，是世纪之交我国发行量最大的外国文学史教材。该教材的编写体现了科学性、规范性和实用性原则。科学性是指以辩证唯物主义和历史唯物主义为指导分析和评价外国文学；规范性是指知识谱系的全面性、系统性和准确性；实用性是指充分考虑教学的实际需要和可操作性，以示与学术性文学史的差别。特别要指出的是，该教材突破了传统外国文学史的框架，采用了"厚今薄古"的原则，把重点从古典移到了现代。"今"指的是19世纪和20世纪文学。欧美文学分为三编，"上编"包括从古希腊到18世纪的文学；"中编"是19世纪文学；"下编"是20世纪文学。每一编在篇幅上各占三分之一，从而使编写的重心移到了19世纪和20世纪。这样的安排，既兼顾了古典文学，又突出了现当代文学；既体现了时代发展的必然，又合乎目前我国文学界和青年学生对外国文学接受、期待与借鉴的实际需求。此外，在编写体例上，该教材以思潮流派和文化圈为线索铺开文学史的叙述，形成了自己的特色。一部外国文学史，由于时间跨度大，包容的国家、作家和作品十分庞杂，如何有条不紊地编排是十分棘手的问题。该教材在处理欧美文学史过程中，考虑其文化传统的统一性和文学思潮流变的规律性，便以文学思潮的递变为纵轴，以国家和地区为横轴进行编排，从而显得重点突出、线索明晰，有高度的概括性，特别适合教学操作和学生掌握，所以，它在近二十来年的使用过程中，备受教师与学生的欢迎，三次修订更新完善，是经典性和权威性兼备的教材，也特别适用于慕课"外国文学史"的教学之用。

由中国外国文学教学研究会组织编写的《外国文学教程》，也是世纪之交流行的外国文学史教材。它的特点是兼融了上述两种教材的优点，并压缩篇幅、简明扼要、提纲挈领地介绍东西方文学，便于学生领会与把握课程的基本框架和知识要点。该教材不仅适合课时量相对较少的地方高校本科教学的使用，而且也特别适用于慕课听众的使用。该教材还在每一章之后设置了讨论题，学习者通过扫描二维码即可找到问题答案，这一网络技术与慕课听众的课外学习与研讨相呼应，操作性和实用性强。

教材文本的权威性、科学性、经典性和实用性，是慕课"外国文学史"的教与学得以顺利展开的前提与保障。笔者同时是以上三种教材的主编或首席专家，便于使用过程中的有效统筹与把握。

（二）教学内容的专业性与前沿性

慕课的教学内容，与传统课堂教学以及已有的精品课程是迥然不同的。假如仅仅把过去已录制好的精品课程切割成每节 15 分钟左右的片段后作为慕课播放，其间既没有浓缩又没有提炼，就显然无法体现慕课传播之本质特征，因而也不成其为慕课。相比于传统的课堂教学与精品课程的教学，慕课在讲授内容的筛选是一种颇具匠心的技术活。

外国文学是中文专业的学生在文学知识体系构建中不可或缺的重要组成部分，因此，慕课"外国文学史"作为一门专业基础课，虽然讲授的时间很短，但基本的知识系统必须用特有的方法予以落实，达到专业课学习的基本要求。从学生文学知识体系构建的要求出发，慕课"外国文学史"的教学内容框架是：系统讲授从古希腊、罗马到 20 世纪的西方文学和从上古到 20 世纪的东方文学，使学生比较全面地认识外国文学的基本框架和发展历程，认识东西方文学的演变规律；深入讲授外国文学史上的重要文学思潮、流派，使同学们比较完整地把握文学思潮流派的基本思想特征和文体风格；重点讲授外国文学中的经典作家、作品，使同学们比较深刻地理解外国文学史上的重要作家、作品。学生通过学习后要达到的总体目标是：对外国文学从历史框架、思潮流派，到经典作家、作品形成既全面又有重点的认识、理解和把握；具备对外国文学经典作品基本的分析与鉴赏能力，拥有世界眼光与人类视野，学会"用中国的眼光看世界，以世界的眼光看中国"。我们特别强调学生在学习过程中重点从以下几个方面去把握本其知识点框架：（1）外国文学的基本发展历程；（2）外国文学思潮流派的代表人物、代表作品，创作思想和文学风格；（3）外国经典作家的基本定位和评价；（4）重点外国经典作品的阅读和理解。因此，从教学内容的精心选择与安排看，慕课"外国文学史"在教学中重视基础知识、基本理论的落实，使听众通过课程的学习——包括课外的学习讨论等——能达到基本的专业水准，体现了大学教学在专业性上的普遍要求。

当然，作为大学本科的专业基础课，尤其是人文类课程的"教"与"学"，仅仅在专业基础知识上抓落实是不够的，更重要的是培养学生的独立思考能力。因此，慕课"外国文学史"的教学在专业性要求的基础上还必须有学科的前沿性，体现一定的学术含量，也就是课堂教学的学术性追求，从而使所传授的内容不仅仅是一般的知识，更不是对教材的整理与介绍，而要有学术研究新成果和学科、专业的研究意识，以便在知识传授的基础上培养学生思考问题、分析问题的能力。为此，我们在确定教学内容时，不仅用学术的眼光对其进行过滤与筛选，而且有意识地引入学术界的某些新成果或者主讲人自己学术研究中比较成熟的新观点、新理念。比如，在人文主义文学的讲授中，主讲人除了讲授人文主义文学倡导"人性解放"的进步意义之外，还特别通过"莎士比亚：'人性解放'的限度"这一课，与众不同地指出文艺复兴人文主义文学中人性解放的局限性：

> 莎士比亚不是一个简单的"人性解放"的倡导者，他对人性和社会的观察与理解要比早期人文主义作家深刻得多。莎翁的创作告诉人们："人性解放"是有限度的，自然、原欲、感性意义上的"人"，需要人智、道德、理性的规范。这体现了莎士比亚对人性理解的全面性与深刻性，由此，他的创作也达到了特有的"人的发现"与人性描写的高度与深度；他的"人文主义"的内涵也具有高度的包容性：希伯来-基督教文化中的博爱仁慈、宽容忏悔精神，与古希腊-罗马的个体本位、放纵欲望的自然人性互相依存，世俗人本传统与宗教人本传统得到了更充分的融合。①

这样的分析，把学生的兴奋点和注意力引入学术探讨的情境，可以拓宽学生思考问题的视域，激发其深度阅读与思考的兴趣。

又比如，对古典主义喜剧家莫里哀的代表作《伪君子》的分析，主讲人在剖析了答尔丢夫"伪善"性格之后，话锋一转，深入到莫里哀的创作对古典主义文学的超越上：

> 莫里哀的喜剧关注人的自然理性而非政治理性，强调人智和个人潜能的发挥，这是他的喜剧对古典主义悲剧的人文超越与突破，由此也沟通了他的创作与18、19世纪张扬个性的启蒙主义、浪漫主义的人文血脉。②

---

① 教育部"中国大学慕课"平台，"外国文学史"（一）第4讲第3课，蒋承勇主讲。

② 教育部"中国大学慕课"平台，"外国文学史"（一）第5讲第2课，蒋承勇主讲。

这一分析从通常认为的古典主义与浪漫主义是决然对立的观点中跳了出来，引导学生去寻找两种对立的文学思潮的深层的文化传承关系，是十分发人深省的。

诸如此类的内容，都是慕课"外国文学史"对学术性与前沿性的致力追求，受到了听众和同行的好评。慕课虽然是具有大众化特点的教学模式，但决不能因此变得平庸化和低水平，而需要学术含量的内在支撑。

当然，慕课的学术性不是对整体教学内容的全面要求，而是在问题探讨和阐释的某些核心点上，由基础知识向学术前沿问题的提升或者深化。其实，在总体要求上，文学慕课的教学内容还应该更多地体现普及性，用简洁、通畅、自然且生动的口语化言语表达与阐发知识与理论，即便是学术性内容的表述亦复如此。

（三）教学设计的简约性与启发性

慕课不仅在课程的总体时长方面有严格限制，而且每一堂课都要求在15分钟左右，不超过20分钟，因此，全课程的教学设计必须反复推敲、高度凝练。尽管外国文学横跨东西、纵览古今、源远流长、内容丰富，但作为慕课的"外国文学史"，却只能在有限的时间内传授丰富的内容，因而课容量必须高度简约、凝练。我们把课程的全部内容压缩为28讲，包含85堂课的教学视频，每一堂课的视频时长在15分钟左右，简短精练、深入浅出又全面系统地讲授和分析了东西方文学基础知识、基本概念、基本理论、发展脉络和重点作家作品。

为了达到内容上的高度简约、凝练，我们在课程内容的宏观把握上坚持删繁就"精"的原则，清晰地梳理出东西方文学的骨骼与脉络。我们把重点放在西方文学的三条主线和东方文学的三大文化圈上。首先，在宏观上紧扣"两希"传统：古希腊文学是西方文学的源头之一，其文学素材、文学理念、叙事模式等对后世文学产生过深远影响；希伯来人以《圣经·旧约》为代表的宗教文化和文学，则是西方文学的另一个源头，它与古希腊文学共同构成西方文学的"两希"传统。文艺复兴时期，这两大源头在交汇中有冲突又有融合，凝结出了西方文学人文精神的核心，此后，欧美的一些主要国家先后出现了人文主义文学、古典主义文学、启蒙主义文学、浪漫主义文学、现实主义文学、现代主义文学等文学现象，形成了流派更迭、思潮相继的发展模式，其间，对人的自我生命之价值与意义的追问与探究，是西方文化的传统，也是西方文学演变的深层动因，西方文学思潮也就始终蕴含和贯穿着深沉而深邃的人学母题。就这样，慕课"外国文学史"把同根同源的文化传统，流派更迭、思潮相继的人学母题，浓缩为学习西方文学必须牢牢把握的三条主线。

东方文学以其悠久的历史、灿烂的成就、多样的艺术风格、丰富的创作手法，构成了人类文学的一个重要组成部分。在漫长的历史发展进程中，亚非地区形成了三大文化圈：一是以中国为中心的远东及次大陆文化圈；二是以印度为中心的南亚次大陆文化圈；三是以阿拉伯为中心的阿拉伯文化圈。以东方文化精神为土壤的东方文学，拥有迥然有别于西方文学的独特审美方式与艺术精神。慕课"外国文学史"把东方文学的宏观脉络提炼为三大文化圈，让学生由此去把握与领会其多源、多元的文化传统与艺术精神，理解东方文学与世俗政治及宗教意识形态的密切关联。

在课堂教学过程中，我们以经典作家作品的鉴赏、导读为主，兼顾文学史发展规律、文学现象阐述，内容简明扼要，力求引发思考。与此同时，要求学生在课外必须结合课堂教学细读教材，通过围绕课堂精讲的内容去阅读、理解和掌握文学史和作家作品的一般性知识。所以，慕课"外国文学史"的教学内容总体上是高度浓缩、凝练、简约的。

不过，内容的"简约"和"凝练"并不等于简单化和肤浅化，而是在浓缩、集约中能发人深省、耐人寻味，以培养学生的思辨能力、鉴赏能力和研究能力。

毫无疑问，慕课教学的高度浓缩性、简约性，绝不仅仅是把教材的知识点作梳理、归纳后平铺直叙的传递和灌输，而必须精准地抓住某个或几个核心问题，画龙点睛、举一反三地予以阐发，具有启发性与开放性效果，为此，我们坚持了"问题切入、核心聚焦"的原则。

我们在设计每一课的题目时，力图给出一个聚焦核心问题的话题，这个话题本身就是某一堂课的关键知识点或核心主题。比如，慕课"外国文学史"第 1 讲至第 5 讲每一课的标题：

第 1 讲

（1）希腊神话：人性阐释的稚拙与浪漫

（2）荷马史诗："英雄""荣誉"的人文隐喻与审美奥秘

（3）《俄狄浦斯王》：人与"命运"抗争的崇高

第 2 讲

（1）中世纪文学："漫漫长夜"与人文曙光

（2）骑士文学：典雅爱情与自然人性的温馨

（3）《神曲》：人如何走向至善至美？

第 3 讲

（1）人文主义文学：人性理解与表达的丰富性

（2）《十日谈》：人性的舒展与人的幸福

（3）《巨人传》：人智的开发与人的崇高

第 4 讲

（1）《堂吉诃德》：笑声里的崇高与人文意蕴

（2）《哈姆莱特》：忧郁、延宕与人的迷惘

（3）莎士比亚："人性解放"的限度

第 5 讲

（1）古典主义文学：王权崇拜、政治理性与自由的缺失

（2）莫里哀："风雅""伪善"与人性的扭曲

（3）《失乐园》与清教徒革命思想①

可以说，全部标题的内容不仅提炼出了西方文学的核心主题——人性与人的问题——具有高度的概括性，而且每一课的标题往往是一部作品或者一种文学现象要讨论的核心主题，因此，这个标题本身是一个引人注目、引发思考进而激发兴趣的话题。这种高度凝练、内涵丰富的标题设计可谓匠心独运、用心良苦。

在此基础上，讲课人顺着这些核心话题开门见山地切入主题，层层展开分析、论述，先声夺人、先入为主地吸引听众，让他们把有限的时间集约于核心问题上。比如，在讲授古希腊神话时，围绕着神话的起源与人的诞生切入核心问题，仅用 11 分钟左右的时间就把神话的特点及其在文学史上的意义都基本上讲明白了。特别是通过对普罗米修斯造人的故事的阐释，发掘了西方文学史上关于人性理解渊源：

> 普罗米修斯造人的故事以象征隐喻的方式告诉人们，人的生命是从动物而来的，因而具有动物的秉性，但是人又有高贵的灵魂和精神世界，因此人高于动物，却又与动物相关联，动物和人的某些秉性是互通的，这是古希腊人对人性的一种稚拙而浪漫的艺术化理解……"人的起源"的神话隐含了人性理解的原始形态，后来西方文学中反复出现的善与恶、灵魂与肉体、人性与兽性、上升与沉落的二元对立主题，都与之有渊源关系。比如，哈姆莱特内心人性善与恶的矛盾，浮士德内心"魔"与"上帝"的纠结，聂赫留朵夫身上"动物的人"与"理性的人"的冲突，

---

① 教育部"中国大学慕课"平台，"外国文学史"（一）"授课大纲"。

等等，都透出了远古时代人的自我追问之声。①

再比如，关于荷马的两大史诗，通常的课堂教学需要 4—5 课时，而我们仅用了 12 分钟左右，紧紧围绕英雄史诗关于"英雄""荣誉"及其背后蕴含的人文意蕴和审美价值，阐述了史诗的核心问题：

> 英雄们为荣誉而战的行为，固然有维护部落群体利益的一面，但这种行为的初始动因是个人荣誉，因为荣誉与尊严维系着个体生命的价值与意义。英雄们对个人荣誉的企求，既表现了古希腊人对个体生命价值的执着追求，对现世人生意义的充分肯定，同时也体现了对个人欲望的任性与放纵。正是在这种意义上，荷马史诗通过英雄与荣誉的描写，以象征隐喻的方式表现了希腊式人本意识，其核心内容是：肯定个体人的现世价值、个体本位、放纵原欲、张扬自我。荷马史诗是"英雄时代"的英雄主义的颂歌，也是人类童年时期文学关于"人"的颂歌。这种人文传统深深影响了后来的西方文学与文化。②

学生如果在理解了史诗关于"英雄""荣誉"及其人文内涵和审美意蕴这一核心问题后再阅读教材，关于荷马史诗的其他基本问题就迎刃而解了，这就起到了纲举目张、举一反三的作用。

此外，切入的问题有时候可以是能引起学生特别关注、带有悬念性的核心问题。比如，在讲到托尔斯泰的《安娜·卡列尼娜》时，我们选择了从女主人公安娜与渥伦斯基的一见钟情以及他们爱情之合理性切入：

> 在莫斯科车站，安娜邂逅了渥伦斯基，遭遇了一见钟情的恋爱冲动。几天后，当她回到彼得堡，面对前来接她的丈夫卡列宁时，安娜突然觉得这个与自己生活了 8 年的男人竟是那样陌生——她第一次发现：他的耳朵怎么长得那么大那么怪，那么丑陋？
>
> 于是，她很快便投进了渥伦斯基的怀抱。这里，我们遭遇到解读这部小说的第一个问题：安娜离开自己的丈夫，并最终与爱人私奔，是可以接受的吗？
>
> 答案很简单：如果爱情是应被肯定的，那安娜的行为就是可以接受的。③

---

① 教育部"中国大学慕课"平台，"外国文学史"（一）第 1 讲第 1 课，蒋承勇主讲。
② 教育部"中国大学慕课"平台，"外国文学史"（二）第 1 讲第 2 课，蒋承勇主讲。
③ 教育部"中国大学慕课"平台，"外国文学史"（二）第 2 讲第 3 课，曾繁亭主讲。

在接下来的讲授中，我们紧紧扣住男女主人公之爱的合理性去阐释小说的爱情观以及作者思想的矛盾性。整个讲述不仅有启发性，还有很强的悬念性，在引发思考的同时又紧紧拽住听众的注意力，达到思考、启发、吸引的教学效果。

此外，每一堂课的结尾，主讲人都要从深化学习与思考的目的出发，向听众提出一个有一定深度和广度的思考题。比如，在古希腊神话这一课的结尾提出：和古希腊神话相似，在中国的远古神话和希伯来神话中，人也是用泥土造成的，请大家从比较文学的视角谈谈不同民族关于人的起源的神话象征隐喻的差异。再如，在荷马史诗这一课的结尾提出：阿喀琉斯与中国"大禹治水"神话中的大禹有什么人文差异？还如，在霍桑的《红字》这一课的结尾要求：比较丁梅斯代尔与《巴黎圣母院》中副主教克洛德·弗罗诺这两个人物的异同，等等。这样的发问不仅使课堂教学得以延展与开放，显得言犹未尽，意味无穷，给听众留下了思考与研讨的广阔空间。这是另一种意义上的启发性教学设计。

三

移动互联网技术与大学课堂教学的日渐融合，是一个不可逆转、不可抗拒的趋势。虽然笔者并不认为慕课这种教学模式可以完全取代传统的文学课教学模式，但是慕课的浓缩性、优质性、移动性、便捷性、开放性与普及性等特征，使大学"围墙"的打开成为可能，它对传统文学课程教学模式的冲击及其实际具有的积极作用也是不可忽视的。我们必须正视它，并能因势利导，以积极的态度和有力的行动，紧密跟踪网络信息技术与教育教学深度融合的发展趋势，探索能够充分反映中文专业学科特色和教学规律的在线开放课程讲授方式和呈现方式，建构中文专业在线开放课程群的理论框架，深化大学文学课的教育教学改革。

同时必须强调：慕课的普及性永远不能离开大学教学的专业性、规范性和精英意识，不能以娱乐化来取悦听众进而扩大听众数量，否则它的优质性将不复存在，其高等教育的特性也将灰飞烟灭，而这并不是移动网络与文学教育深度融合所要追求的。

作者简介：

蒋承勇，文学博士，浙江工商大学西方文学与文化研究院教授、院长、博士生导师。

基于慕课的梦想调查与伦理引导

邹　涛　赵　敏

　　摘　要："全民阅读"和"数字化"的新时代赋予文学教师以新的使命，需要我们充分利用信息技术，推进全民阅读的深广度。正是在这样的背景下，"外国文学经典选读与现实观照"这门文学慕课应运而生。针对青年学生理想信念模糊等现实问题，该课程利用《了不起的盖茨比》这一讲进行相关问卷调查，探索问题症结所在，并提供相应对策和伦理引导，取得良好的效果。

　　关键词：梦想调查　中国梦　慕课　《了不起的盖茨比》

一、新时代文学教师的新使命

　　对于文科教师，尤其是文学类课程教师而言，我们需要深刻理解"全民阅读"和"数字化"这两个极具时代特色的关键词，并顺应时代需求，以更好地承担自己的使命。

　　"全民阅读"是党和国家为了提升我国国民素质和社会文明程度而提出的一项重要战略。该战略在党的十八大报告中正式提出，在十八届五中全会被列为"十三五"时期重要工作，并连续几年写入国务院政府工作报告。《全民阅读"十三五"时期发展规划》明确指出："鼓励和支持高等院校和科研单位进行阅读研究，鼓励从跨学科的角度研究阅读理论，创新研究方法，加强阅读学学科建设，促进全民阅读工作的开展。"① 作为文学类课程教师，要钻研阅读理论、总结阅读教学实践经验，在不断提升本校学生阅读水平的同时，努力参与"全民阅读"教育。

　　那么，如何有效参与"全民阅读"教育呢？数字化时代为我们提供了前所未有的新机遇，使我们传播知识和信息的渠道变得极为

---

① 《全民阅读"十三五"时期发展规划》，新广出发〔2016〕80号文件。

高效便捷。我们可以充分利用信息技术分享自己的教研成果，激发学习者的阅读兴趣，扩展阅读的广度，然后通过方法和理论引导加强学习者的阅读深度。

在各种数字化交流中，大规模免费在线开放课程，即我们通常所说的"慕课"（MOOC），为教师们搭起了无限延展的教学平台。首先，全国的教师同行们可以通过慕课课程相互借鉴教学设计理念，有利于优秀师资的高效培养。其次，慕课可以同时在电脑端和移动设备终端进行学习，有利于广大学习者随时随地根据自己的水平和需求进行个性化的学习。最后，慕课学习者和实体课堂学生的对话极大拓展了课堂的时空，有利于挖掘所阅读文本的多层意义，培养学生多角度看问题的能力。相较于实体课堂的学生，慕课学员年龄跨度大，地域分布广，人生经历差距更大，能针对同一问题提供更多不同的分析角度。无论是让实体课堂学生在网络平台回应慕课学员的帖子，还是将慕课学员的精彩观点引入实体课堂展开讨论，都使得线上和线下的学习者实现了跨越时空的交流和相互激发，更好地营造了全民阅读的氛围，实现了精英教育和普惠教育的有机融合。

为了在"全民阅读"中贡献自己的一分力量，从2016年9月至今，笔者负责的慕课课程"外国文学经典选读与现实观照"已在中国大学慕课平台上完成6轮授课，平均每轮选课人数16000余人。该课程已被评为首批国家精品在线课程，并被选入"学习强国"应用的视频学习资源中。该课程的设计理念是"基于问题式学习法"（problem-based learning），我们针对理想信念模糊、道德滑坡、自我迷失、真相难寻等重要现实问题，利用相关文学经典作品展开深层次的阅读引导。

《中共中央国务院关于进一步加强和改进大学生思想政治教育的意见》①《教育部关于进一步加强和改进研究生思想政治教育的若干意见》② 两个文件指出，高校学生存在理想信念模糊、社会责任感缺乏、集体观念淡薄等问题。北京大学心理健康教育与咨询中心总督导徐凯文指出，"北大四成新生认为活着人生没有意义"，认为我国年轻学子的"价值空心病"具有普遍性③，突显出我国大学生理想信念模糊、缺乏内驱力的普遍状况。有鉴于此，我们通过

① 《中共中央国务院关于进一步加强和改进大学生思想政治教育的意见》，中发〔2004〕16号文件。

② 《教育部关于进一步加强和改进研究生思想政治教育的若干意见》，教思政〔2010〕11号文件。

③ 徐凯文：《北大四成新生认为活着人生没有意义，甚至已经放弃自己！》，https://baijiahao.baidu.com/s?id=1598694457942500313&wfr=spider&for=pc，2018-04-25。

《了不起的盖茨比》这一关于美国梦的文学经典作品，和校内外学生一起寻找理想信念模糊、价值缺失的问题症结，结合小说文本做出针对性的引导。在此过程中，我们充分利用"外国文学经典选读与现实观照"在线课程平台，努力发挥外国文学教育的情感交流功能（affective）、认知功能（cognitive）以及塑造（formative）功能①。

二、梦想调查

在《了不起的盖茨比》这一讲中，我们在慕课平台上对校内外学生进行了梦想调查。调查的核心问题是学生的个人梦与国家梦之间的关联强弱程度，教学核心目标是引导这两者之间产生强关联。

个人梦与国家梦的关联性有广义和狭义之分。从广义上说，个体生活好了，家庭生活好了，国家也就强大起来。两者之间的关联是一种客观存在。从狭义上说，个人梦和国家梦的强关联是一种有意识地行为，意味着个人有意识地将实现个人梦与实现国家梦紧密结合起来。在我们看来，有意识地加强关联非常重要，能够促使学习者赋予自己的行为以更多的积极意义，是治疗徐凯文所说的"价值空心病"的有效方法。在本次问卷调查中，我们采用狭义的评判标准：学生在陈述个人梦时，如果将自己的梦想目标的社会意义相对明确地指出来，而不只是涉及个人或家庭需求，则视为与国家梦关联性"强"，否则视为"弱"，无法判断的则视为"其他"；学生在陈述国家梦时，如果明确提及与个体或普通百姓的关联，则视为与个人梦关联性"强"，否则视为"弱"，无法判断的则视为"其他"。

在前两轮授课中，我们请学生回答问卷一，包含以下三个问题：

（1）你的梦想是什么？

（2）你所理解的中国梦是什么？

（3）你所理解的美国梦是什么？

为了更好地分析学习前后可能产生的变化，在3—6轮授课中，我们对调查问题进行了适当调整，变为问卷二，包括以下两个问题：

（1）在上《了不起的盖茨比》这堂课之前，你的梦想、你所理解的中国梦以及美国梦分别是什么？

（2）修完《了不起的盖茨比》这堂课之后，请反思你自己的梦想和中国梦的联系。

---

① 邹涛：《认知研究与伦理批评合力下的外国文学教学》，《英语研究》，2017 年第 1 期。

在六轮慕课课程的网络问卷调查中，一共有 424 人提交了反馈，其中有效反馈为 375 份。因为问卷二的第二题是完全新增的问题，排除了第一、二轮的学生，该题的有效问卷数只有 211 份。问卷回收情况见表 1，调查结果统计见表 2。

表 1　梦想调查问卷回收情况

轮次	有效问卷数	个人梦			中国梦			美国梦			讲话选摘			自我反思		
		个人梦想与国家梦关联强弱			中国梦与个人梦关联强弱			美国梦与个人梦关联强弱			讲话摘选特征评价			自我反思个人梦与国家梦关联		
		强	弱	其他	强	弱	其他	强	弱	其他	偏中国梦	偏美国梦	其他	强	决心加强	其他
1	54	32	18	4	32	20	2	52	1	1	28	25	1			
2	110	50	54	6	74	32	4	102	5	3	51	55	4			
3	70	31	36	3	42	26	2	64	4	2	32	34	4	45	15	10
4	62	25	35	2	28	31	3	48	7	7	32	28	2	35	23	4
5	48	13	29	6	22	24	2	34	6	8	31	15	2	25	15	8
6	31	13	12	6	15	14	2	25	2	4	17	13	1	22	6	3
总	375	164	184	27	213	147	15	325	25	25	191	170	14	127	59	25
％		43.7	49.1	7.2	56.8	39.2	4.0	86.6	6.7	6.7	51.0	45.3	3.7	60.2	28.0	11.8
		375			375			375			375			211		

表 2　梦想调查问卷表结果统计

轮次	返回问卷数	有效问卷数	说明
1	63	54	9 个答题不完整，视为无效
2	116	110	6 个答题不完整，视为无效
3	76	70	4 个答题不完整，2 个抄袭，共 6 份视为无效
4	71	62	4 个答题不完整，2 个抄袭，3 个以不同账号登录而各被统计了 2 次，共 9 份视为无效
5	65	48	12 个答题不完整，5 个抄袭，共 17 份视为无效
6	33	31	1 个答题不完整，1 个抄袭，共 2 份视为无效
总计	424	375	49 份无效

三、调查结果分析

关于个人梦的特质，调查结果发现，在回答"你的梦想是什么"这一问题时，多数学生陈述的个人梦想局限于个人及其家庭的需求，3—6 轮的个人梦与国家梦的弱关联比例达到了 56.1％。典型高频词汇表述如：挣钱多，财务自由，周游世界，家庭幸福。根据教师的评判标准，在六轮调查的整体数据中，学生的个人梦表述和国家梦强关联的比例如表 3：

表 3　学生个人梦与国家梦的关联度

轮次	1—2	3—6	1—6
个人梦：与国家梦的强关联度	50％	38.9％	43.7％
个人梦：与国家梦的弱关联度	43.9％	56.1％	49.1％

表 3 数据表明教学效果的有效性，即实现了我们加强个人梦与国家梦关联性的教学目标。其理由如下：调查活动是在学生学习之后的学习周记环节进行的，但前两轮调查的问题是："你的梦想是什么？你所理解的中国梦是什么？你所理解的美国梦是什么？"此种问题设计没有强调学习前后的对比，调查结果反映的是学习后的状态；与此不同，后四轮在问题设计时突显时间变化："在上《了不起的盖茨比》这堂课之前，你的梦想、你所理解的中国梦以及美国梦分别是什么？"尽管问卷是在学习之后发放的，学生回答问题时的心理状态已经不同于学习之前，但是问题本身对时间节点的强调还是能更好地引导学生反思学习前后的变化。所以，如上表数据显示，我们可以将 1—2 轮得出的 50％看作学生学习后的个人梦与国家梦的强关联比例，将 3—6 轮得出的 38.9％看作学生学习前的个人梦与国家梦的强关联比例。当然，因为学习前后的变化并不是针对同样的学生，教学效果有待进一步验证。

后四轮的第二个问题反馈结果进一步验证教学有效加强了学生心中的个人梦和国家梦的关联性。针对第二个问题"修完《了不起的盖茨比》这堂课之后，请反思你自己的梦想和中国梦的联系"，调查结果显示，28％的学生意识到自己的个人梦想过于关注"小我"，并决心加强自己的梦想与他人、社会和国家需求的联系。譬如，第四轮中，昵称为"三寸 BuckBao"的学生反思道：

> 上课之前，我的梦想很简单，也很卑微，通过个人努力不断提升能力，同时抓住人生的机会，能够在公司升职加薪，让个人家庭过得更好一点，让孩子能有一个更高的起点；学完课后我感到脸红，人是社会性

动物，无论什么时候，个人精神和能力发展的同时也要考虑社会，考虑国家民族，我虽卑微，但个人每天都要提醒自己变得更好一点，让周围的社会，让我们的国家，都能变好一点点，哪怕是微末的一点点，带着善意眼光多看看世界，希望个人能点亮他人，对他人有所帮助，对社会有所改观。

第五轮中，昵称为"风里有你"的学生说：

> 修完《了不起的盖茨比》后，我有一种深深的自责感。因为我的梦想过于强调了个人，过于目的性，过于物质化。有的时候，总有人说如果你不物质化一点，那你拿什么生活，拿什么活下去。但修完这堂课之后，我发现其实有的时候你的目的性少一点并不会直接导致你饿死，如果将自己的梦想和他人、社会、国家紧密联系在一起，反而更容易从社会价值感中体会到梦想的持续动力，能够成为自己人生的光源，能够照亮身边的人。

这类反思反映出学生上完这堂课后人生境界的提升。

将学生的个人梦陈述、中国梦陈述以及个人梦自我反思放在一起比较，得出的关于个人与国家之间的关联数据如表4：

表4　个人梦、中国梦及自我反思比较

轮次	1—2轮	3—6轮
个人梦：与国家梦的强关联度	50％	38.9％
中国梦：与个人梦的强关联度	64.6％	50.7％
自我反思：个人梦与国家梦的联系	/	60.2％

从表4可看出，在判断个人梦与国家梦的关联强弱时，师生之间的阐释出现了显著差异。在后四轮中，根据老师的判断标准，学生个人梦与国家梦的强关联比例为38.9％，而学生自评中的强关联比例达到60.2％。这一显著差异的原因在于老师和学生采用了不同的判断标准，即老师采用前面所提到的狭义标准，而学生采用广义标准。学生一般倾向于强调自己的目标就是为国家梦的实现做贡献，同时承认国家梦的实现会有助于自己实现个人梦。部分学生一方面意识到自己的梦想局限于小家，但也往往不忘指明小家是大家的有机组成部分。譬如，第三轮中，昵称为"寞落苍梧"的学员指出："自己的中国梦更多的是从自身出发，考虑家人，其实并没有把自己放大到整个社会环境之中去，但是个人小梦的完成也算是中国大梦的一部分呀。"在统计

时，笔者因无法判断其与国家梦关联强弱而把这样的反思归为"其他"这一类，但此类反思依然暗示着学员正在朝着有意识地加强个人梦和国家梦关联性的方向迈进。如果说第一个问题中对个人梦的调查是为了探究学生下意识地回答所反映的心理状态，而第二个问题要求学生主动反思个人梦与国家梦的关联，则是为了督促学生有意识地将个体以及家庭的发展和更广大的外部世界联系起来。正是这种有意识的关联，让部分学生明确意识到自己过于以自我为中心。

学生在陈述他们对于中国梦和美国梦的理解时，整体倾向于认为美国梦主要强调个体利益，而中国梦更加注重集体利益。从调查结果可看出，在学生的表述中，美国梦与个人梦强关联的比例高达 86.6%，而中国梦与个人梦的强关联比例为 56.8%，两者相差 29.8 个百分点。此外，学生关于中国梦的表述中与个人的关联主要体现在"人民幸福"这类相对泛化的表达。而他们在表述美国梦时更多使用"个人""个体"这样的字眼，与他们心中认为美国梦更强调个体这一观点相呼应。

多数学生在回答自己的梦想时说得非常具体，但说中国梦时却显得抽象空洞，难以把这两者联系在一起。大学生未能充分意识到中国梦和个人发展的紧密联系，反映了中国梦的宣传效果欠佳，出现了理想与实践脱节的现象，值得我们反思。习主席曾说："中国梦不是镜中花、水中月，不是空洞的口号，其最深沉的根基在中国人民心中。"[①] 我们必须深刻意识到，如果一个国家的、民族的梦想只是从上至下的构想和理念，而没有充分调动从下至上的实践热情，让民众尤其是让年轻一代明白个人梦和国家梦之间的紧密联系，那这样的梦想在民众中会显得空洞无力，其凝聚力难以真正发挥。

四、反思及对策

助力中国梦的实现，需要我们充分调动个体的积极性。从调查结果和课程平台讨论情况来看，我们需要进一步帮助学生加强以下三种意识：其一，意识到中国梦和个体之间的紧密关联；其二，意识到美国梦的个人主义炫彩背后的陷阱；其三，进一步加强个人梦和国家梦的关联性。在《了不起的盖茨比》这一讲中，我们采取了相应对策，调查结果显示我们的对策取得了不错的效果。下面笔者做进一步阐述，以供参考。

---

① 《习近平接受〈华尔街日报〉采访》，新华网，http://www.xinhuanet.com/world/2015-09/22/c_1116642032.htm，2015-09-22。

（一）强化中国梦和个体之间的紧密联系

为了强化学生关于中国梦和个体之间强关联的意识，我们需要在中国梦话语中寻找和创造特别能彰显两者联系的话语。本课程组从习主席 2013 年在第十二届全国人大一次会议闭幕会上的讲话中摘录"共同享有人生出彩的机会，共同享有梦想成真的机会"① 这句话，请学生对其展开分析。

在学生们看来，这样的表达将个体和国家梦明确联系在一起，很接地气，与平时接触到的绝大多数中国梦的宣传话语颇为不同，近一半学生甚至感觉这样的表达更接近他们眼中的美国梦。当我们把习主席讲这句话的视频播放给学生时，他们深感诧异和尴尬。在反思这一现象时，学生进一步从美国和中国两个角度寻找原因。譬如，第一轮中，学生小张指出，他之所以认为这接近美国梦，"因为来自美国电影电视的宣传中，经常能听到马丁·路德金的演说中——'我有一个梦想'等等"。第二轮中，昵称为"心若向阳无惧悲伤"的学生则从国内情况寻找根源，认为"目前中国梦对这句'共同享有人生出彩的机会，共同享有梦想成真的机会'宣传不够到位，很多人没有进一步了解中国梦的含义"。

庆幸的是，听到"共同享有人生出彩的机会，共同享有梦想成真的机会"这句话时，还有将近50％的学生识别出其为中国梦的表述。第四轮中，昵称为"Yukistudy1"的学生的解释颇具代表性："这一个提法用了'共享'和'出彩'，比较有中国特色。但是真的不知道，原来中国有这个口号，而且是如此的接地气。"

我们的调查数据以及随处可见的中国梦的宣传反映出，兼顾集体与个人的中国梦表达相对较少。"共同享有人生出彩的机会，共同享有梦想成真的机会"，"中国梦归根到底是人民的梦，必须紧紧依靠人民来实现，必须不断为人民造福"②，"中国梦最根本的是实现中国人民的美好生活"③ 这类表述尚未有效传达给广大民众，导致中国梦尚未完全走进民众的内心深处以唤起其行动的激情。

本次课程有效宣传了习主席贴地气的中国梦表达方式，但需要广大教师和宣传工作者进一步挖掘、创造和宣传能将集体和个人紧密联系的紧贴民心

① 《习近平在十二届全国人大一次会议闭幕会上发表重要讲话》，新华网，http：// www. xinhuanet. com //2013lh/2013－03/17/c＿ 115052635. htm，2013－03－17。
② 《习近平在十二届全国人大一次会议闭幕会上发表重要讲话》，新华网，http：//www. xinhuanet. com //2013lh/2013－03/17/c＿ 115052635. htm，2013－03－17。
③ 《习近平接受〈华尔街日报〉采访》，新华网，http：//www. xinhuanet. com/world/2015－09/22/c＿ 1116642032. htm，2015－09－22。

的中国梦话语，多讲述能将个人梦和国家梦完美结合的各类群体的新时代中国故事，多树立个人与国家兼顾的英雄形象，以充分发挥中国梦的感召力。

（二）揭示美国梦的个人主义炫彩背后的陷阱

在《了不起的盖茨比》这一课中，教师努力引导学生反思盖茨比这一演绎美国梦的典型人物的个人主义炫彩及背后的陷阱。盖茨比之所以打动无数读者，重要原因是他作为追梦人而映射出的梦想的魔力。他出身社会底层家庭，但在青少年时代就积极上进。在当兵时，凭借英俊外表和一身可以遮盖贫富差距的军装，让上层社会女孩黛西以为他出身高贵，两人快速发展出一段恋情。在盖茨比眼里，迎娶美貌而出身高贵的黛西正是他实现美国梦的标志。为了获得追求黛西的足够资本，盖茨比开始拼命抓住各种非法挣钱的机会。等他终于成为巨富，黛西早已嫁作他人妇。但是，他无视自己对黛西形象的美化，无视黛西正为人妻母的现实，一心要通过完完全全占有她来实现自己的个人梦想，最后惨遭算计，成为黛西夫妇的"替罪羊"。

正因为美国梦过于强调个人的成功，追梦者容易以自我为中心，不惜通过损害他人的利益来达到自己的目的。在盖茨比眼中，黛西集美貌、地位和财富于一身，是美国梦的化身，所以他的人生梦想就是得到黛西。为此，他不择手段，不惜损害他人利益和破坏社会秩序。读者常将他不惜一切代价追求黛西的举动看作浪漫坚贞爱情的表现，而忘记他追梦过程中的错误方向以及违法手段。这样的阅读效果离不开小说叙述方式本身隐藏的问题。整个小说浓墨重彩地渲染盖茨比作为追梦人的个人英雄主义炫彩，叙述者尼克对盖茨比在追梦过程中可能带给他人的伤害则总是轻描淡写甚至避而不谈。这样的叙述方式本身正体现出美国梦的个人主义炫彩背后的陷阱。

学生容易忽略美国梦的另一层陷阱在于其个人主义光环只给予那些如盖茨比一样迅速崛起之人，而对那些恪守本分、长期贫困的人则嗤之以鼻，缺乏同情之心，暗示这是他们自身的无能造成的，由此遮蔽了弱势群体被体制压榨的黑暗现实。这一陷阱在小说中的底层民众代表威尔逊夫妇身上演绎得淋漓尽致。在小说叙述者尼克的眼中，"人尽管有种族的不同、智力的高下，可是一切别的差别都无所谓，主要的还是生病的人和健壮的人两者之间的不同。威尔逊身体那么坏、脸色那么难看——好像他自己干了不可饶恕的坏事，跟别的女人私通，把人搞成大肚子"[①]。这里面暗含了一种典型的社会进化论和霸权主义逻辑，即将所有的不平等归结为身体的强弱，认为身体弱小者必

① 弗·司各特·菲茨杰拉：《大亨小传》，乔志高译，上海三联书店，2013年，第164页。

将被社会迅速淘汰。面对身体健康、充满活力的威尔逊妻子梅朵，尼克则用男权主义的眼光赋予她的女性身体一种低俗和淫荡的意味，描述她衣服邋遢，"肥得颇有肉感"，"好像浑身神经都在不停地燃烧"①。显然，尼克将威尔逊夫妇的悲惨命运归咎为他们自身身体/智力上的无能或品行不端，清晰表明美国梦所承诺的白手起家神话暗含着对底层民众困境的漠视和轻蔑。

（三）加强个人梦和国家梦的关联性

从盖茨比的悲剧，我们引导学生进一步思考应该树立怎样的人生梦想。盖茨比式的追梦者往往将人生的动力维系于私人的需求上，而个人一旦目标实现或幻灭，则容易失去人生继续前行的动力。如果我们改写该小说的结局，让盖茨比完全得到黛西，情况会如何呢？得到黛西之后，盖茨比很快会发现黛西并没有想象中的那样美好，而黛西也会因发现盖茨比的底细而有上当受骗之感。维系盖茨比人生动力的源泉由此枯竭，他很快将陷于幻灭之中。正因如此，创作者宁可让盖茨比在梦想破灭之前带着自我安慰的幻想死去。

理解了盖茨比的个人梦的问题之后，我们请学生以盖茨比为镜反思自己的个人梦表述。前面提到，学生对"你的个人梦想是什么"这一问题的回答多局限于"小我"需求。由此，我们进一步引导学生将个人的梦想和他人、社会、国家甚至人类的整体命运紧密联系起来，使他们更容易从社会价值感中体会到梦想的持续动力，而不会患上"价值空心病"。根据前面的调查结果分析，这样的伦理引导是有效的，28％的学生充分意识到自己的梦想过于注重"小我"，并明确表示要进一步将个人梦与国家梦联系起来。

每个国家和民族都有自己的梦想，这些梦想之间往往既有共性也有自己的特色。习近平主席在接受《华尔街日报》专访时，清晰指出了中国梦与美国梦的关系："各国人民包括美国人民都对未来有着共同梦想：世界和平，社会安宁，生活富足。当然，由于历史文化、发展阶段的不同，中国梦、美国梦以及其他国家人民的梦想内涵不尽相同，实现的具体途径和方式也可能不完全一样。"② 所以，相互理解、文明互鉴才是发展人类命运共同体的有效途径。

作者简介：

邹涛，文学博士，电子科技大学外国语学院教授。

赵敏，电子科技大学外国语学院研究生。

---

① 弗·司各特·菲茨杰拉：《大亨小传》，乔志高译，上海三联书店，2013年，第32—33页。

② 《习近平接受〈华尔街日报〉采访》，新华网，http://www.xinhuanet.com/world/2015−09/22/c_1116642032.htm，2015−09−22。

数字文学地图平台的教学应用研究[*]

刘永志　唐春兰

摘　要：数字文学地图（digital literary map/atlas/cartography）指文学的数字地图。数字文学地图平台具有文学研究与制图学、人文地理、计算机科学和历史学等的跨学科研究特征，具有移动性、互动性、空时性、多媒体性，有的还具有众包性特征。国内外现有的近50个在线数字文学地图平台为文学教学提供了丰富的学习资源和研究性学习平台；将数字文学地图平台应用于文学教学可采用沉浸式和辅助式教学法；教师在正确认识数字文学地图教学价值的同时，坚持文本阅读的本位思想至关重要。

关键词：数字文学地图　文学教学　沉浸式教学法
　　　　　辅助式教学法

引　言

互联网通信、全球定位系统（GPS）、地理信息系统（GIS）和计算机技术的发展给文学的空间视觉化研究和文学教学提供了技术支持。中国文学地理学的兴起又恰遇西方数字人文研究热潮和人文研究的空间转向，数字文学地图因此成为文学研究的一个热点。[①] 全世界目前已经建成了近50个数字文学地图平台，这为文学教学提供了丰富的资源。近年来，我国的文学教学研究在探讨文学阅读教

　*　本文受到国家社科基金项目"英国文学在晚清中国的传播和影响"（13BZW106）的资助。

①　梅新林、郭永海：《文学地理学原理》（下卷），中国社会科学出版社，2018年，第893－898页。郭方云：《文学地图》，《外国文学》，2015年第1期。

学①、技术辅助文学教学②等方面取得了丰硕的成果，但对数字文学地图应用于教学的讨论还不够充分。本文在研究 30 个数字文学地图教学资源平台的基础上，分析如何将这些数字文学地图平台应用于文学教学并讨论其应用过程中的相关问题。

一、作为教学资源的数字文学地图平台

数字文学地图采用地理学研究中的数字地图方法研究文学，其成果是一种专题地图（thematic map），包含地理基础和专题要素两个层面，地理基础指与自然和人文地理具有模拟关系的数字地图，专题要素指文学要素的数据。因此，数字文学地图就是在数字地图数据库的基础上，利用数字软件，将文学的生产、传播、消费，以及文学文本的地理空间因素、地点叙事等用文本、符号、超链接或 VR、AR 等技术在地图空间中进行表征。这种表征通常具有"绘制深度地图"（deep mapping）的特征，即可视化的、基于多个时间层的，具有多媒体性、多层次性、对话协商性、开放性的地图。③

在 20 世纪七八十年代，由于 GIS 的成本和复杂性，地图技术并没有被广泛地应用于人文学科研究，但从 90 年代开始，地理信息系统首先被历史学家、考古学家、建筑师等人文学家采用，最早出现了"历史 GIS"。莫雷蒂 1998 年出版《欧洲小说地图》（*Atlas of the European Novel*，1800—1900），2005 年出版《图表，地图，树》（*Graphs，Maps，Trees：Abstract Models for a Literary History*），他将地理信息系统与文学研究相结合，开启了文学史研究的新领域。莫雷蒂的文学地图研究，加上他所倡导的"远读"（distant reading），为数字文学地图研究提供了试金石。但整体来讲，莫雷蒂的早期研究是一种静态文学地图研究。④ 交互式数字文学地图直到 21 世纪初才出现。2003 年"宾夕法尼亚文学地图"（Literary Map of Pennsylvania）上线，2005

① 邹涛：《从变异学视角谈外国文学阅读教学》，《中外文化与文论》，2018 年第 1 期；邹涛：《认知研究与伦理批评合力下的外国文学教学》，《英语研究》，2017 年第 5 期。林斌：《文学阅读的专业内涵及教学策略——也谈外国文学教学的人文思想渗透》，《外语教学理论与实践》，2019 年第 1 期。

② 郝岚：《大数据与世界文学教学》，《中国比较文学》，2016 年第 10 期。胡亚敏：《高校文学教学和信息技术的融合与提升》，《中国大学教学》，2017 年第 8 期。

③ David J. Bodenhamer, "The Potential of Spatial Humanities", David J. Bodenhamer, John Corrigan, Trevor M. Harris, eds., *The Spatial Humanities：GIS and the Future of Humanities Scholarship*. Bloomington：Indiana University Press, 2010, p. 27.

④ Barbara Piatti, Hans Rudolf Bär, Anne-Kathrin Reuschel, Lorenz Hurni and William Cartwright, "Mapping Literature：Towards a Geography of Fiction", William Cartwright, Georg Gartner, Antje Lehn, eds., *Cartography and Art*. Berlin：Springer, 2009, p. 181.

年众包式的"曼哈顿文学地图"（Literary Map of Manhattan）上线。这两个项目均采用 Flash 地图界面。2005 年以后，由于谷歌地图的上线，数字文学地图经过 5 年左右的技术探索，日趋成熟，并在近十年时间内建成了近 50 个在线平台，为文学教学提供了空间视觉化阅读和探索的资源。经逐一研究后，现将建成的可供文学教学使用的数字文学地图平台列表介绍如下（见表 1）。

表 1　国内外重要数字文学地图平台

序号	平台名称	网址	主要特征
1	唐宋文学编年地图（Chronological Atlas of Tang and Song Literature）	https：//souyun. cn/MPoetLifeMap. aspx	王兆鹏教授 2012—2019 年主持完成的国内功能最齐全的数字文学专题地图平台，平台从地理、作家、时间、作品四个维度，再现唐宋时期 150 多位作家的人生行迹、文学活动和作品生产，现已广泛应用于学术研究和课堂教学。
2	学术地图发布平台（Academic Map Publishing Platform）	http：//amap. zju. edu. cn/	2018 年徐永明教授主持完成并上线的"学术地图发布平台"，平台利用哈佛大学的 CHGIS、CBDB 和 WORLDMAP 作为基础数据资源。已发布至平台的人物群体性数据包括《全宋文》《全元文》《全元诗》《全金元词》等的诗文作者分布，以及明清戏曲家、明清妇女作家、宋代江西文学家、明清云南作家等。个体性数据包括多位作者的行迹图与社会关系图。
3	宋人与宋诗地理信息系统（Geographical Information System of Song People and Song Poetry）	http：//cls. lib. ntu. edu. tw/sung/sung/SMP_GIS. html	台湾元智大学罗凤珠教授 2013 年前后建立的我国最早的此类平台，平台在数字地图上加上宋人、宋诗、宋诗语言等三项人文讯息，浏览者输入地名即可在地图上显示其地理位置，并连接该地之宋人、宋诗、宋诗语言。该平台建立了宋人分布地图、宋诗分布地图、宋诗语言分布地图等。
4	唐代诗人行吟地图：李白、杜甫、韩愈（Atlas of Tang Dynasty Poets：Li Bai，Du Fu，Han Yu）	http：//cls. lib. ntu. edu. tw/TWSLDH/	罗凤珠教授以李白、杜甫、韩愈三位诗人的作品为主轴，标注作家生平游历地、作品创作地、作品中的地点、作品提及的建筑景点、作家的师友交游地点，并绘制了诗人的行吟路线，加上网站的全文检索与全文索引功能、开放的众包式朗读音视频上传功能，形成多种操作浏览模式。
5	Literary and Cultural Heritage Map of Pennsylvania（宾夕法尼亚文学和文化遗产地图）	http：//pabook2. libraries. psu. edu/palitmap/litmap. html	2003 年上线，持续更新。平台建立了小说、戏剧、报纸、照片和 Flash 地图的数据库，以县为单位展示其作家、作品等内容，网站还连接了丰富的数字图书资源。

续表 1

序号	平台名称	网址	主要特征
6	Literary Map of Manhattan（曼哈顿文学地图）	https://archive. nytimes. com/www. nytimes. com/packages/html/books/20050605＿BOOKMAP＿GRAPHIC/	地图上标注了华盛顿·欧文、托妮·莫里森、兰斯顿·休斯、理查德·怀特等 8 位作家关于 99 个曼哈顿地点的文本描述。
7	Mapping the Lakes（绘制湖区地图）	http：//www. lancaster. ac. uk/mappingthelakes	2009 年"文学 GIS"一词首次被该项目使用，平台绘制了描写湖区观景旅行的两个文本的地图——1769 年秋托马斯·格雷的湖区之旅和 1802 年 8 月塞缪尔·泰勒·柯勒律治的"环湖旅行"，并绘制了两者的比较地图。
8	Literary Atlas of Europe：Towards a Geography of Fiction（欧洲文学地图：走向小说地理学）	http：//www. literaturatlas. eu/？lang＝en	平台展现了欧洲小说作品中丰富的虚构景观和城市，呈现了真实和虚构地理环境的复杂叠加状况，建立了交互式的欧洲文学地图集。平台还建设了"以布拉格为背景的小说""小说中的瑞士中部""柏林小说与城市地形"等专题。
9	Digital Literary Atlas of Ireland，1922—1949（爱尔兰数字文学地图 1922—1949）	https：//www. tcd. ie/tceh/projects/DLAI/	选取 1922 至 1949 年间塞缪尔·贝克特等 14 位知名爱尔兰作家的作品，从爱尔兰文学、文化、历史和地理的交叉视角建立了视觉化的具有互动功能的文学地图。
10	Cultural Atlas of Australia（澳大利亚文化地图）	http：//australian－cultural－atlas. info/CAA/index. php	绘制了 200 多部电影、小说和戏剧的地点位置，可据此设计文学之旅的路线，参观电影景点，研究澳大利亚小说描写的风景和地点。
11	Litlong：Edinburgh（文学之城：爱丁堡）	http：//litlong. org	共收录了大约 550 本以爱丁堡为背景的图书文本，地图标注了文本中所提到的地名以及关于每个地名的相关文本。
12	Digital Literary Atlas of Wales（威尔士数字文学地图集）	http：//www. literaryatlas. wales/en/	呈现了不同时期 12 位威尔士作家以威尔士为背景的 12 本英语小说文本，还聘请了 12 位艺术家用绘画来解释这 12 部小说的主题和思想。

序号	平台名称	网址	主要特征
13	Orient North：Mapping Nordic Literary Culture（东北方：北欧文学文化地图）	http：//tango. bol. ucla. edu/orientnorth/intro. html	研究文学史和文学作品与具体地点和时间之间的关系，通过可视化空间表征这些关系如何随着时间而变化，设有"丹麦民间传说地图""易卜生创作地图""冰岛语手稿地图"等专题。
14	Authorial London（作家之伦敦）	https：//authorial. stanford. edu	城市数字文学地图的代表作，平台展现了从 14—20 世纪在伦敦生活和居住过的 47 位知名作家的小说、戏剧、诗歌文本，绘制了这些文本所反映的 823 个伦敦地点的文本地图。读者可从文学、地理和传记的角度来研究和分析这些章节的文体、表达形式、社区情况等，还绘制了作家间的对比地图。
15	Literary Map of NYC（纽约市文学地图）	https：//literarymap. nyc/	建立了 406 篇（部）与纽约相关的文学文本库，并将其中描述纽约市地点的文本放在交互式地图上，平台用文图结合的方式讲述纽约的故事，通过空间阅读体验作家对纽约的描写。
16	Mapping Shakespeare's London（莎士比亚时期的伦敦）	http：//map. shakespeare. kcl. ac. uk/	为教授莎士比亚戏剧而建立。莎士比亚的大部分伟大戏剧都是在伦敦创作的，平台通过帮助学生阅读莎士比亚时期的伦敦，理解莎士比亚创作这些戏剧的语境，从而加深他们对莎士比亚戏剧的理解。
17	Compostela Geoliteraria（孔波斯特拉市的文学地理）	https：//www. compostelageoliteraria. org/	面向大学生建立的西班牙孔波斯特拉市文学地图平台。
18	Mapping Petersburg（绘制圣彼得堡文学地图）	http：//www. mappingpetersburg. org/	建立了"陀思妥耶夫斯基的文学地图""果戈理的文学地图"等专题地图，展现了城市地点在不同时间被描述的情况。
19	Map of Kansas Literature（堪萨斯城文学地图）	https：//washburn. edu/reference/cks/mapping/	是美国华盛本大学（Washburn University）开设的"堪萨斯城文学课"（Kansas Literature course）的学生成果，由选课学生采用众包方式建设。现已建有 155 位作家的文学地图。
20	Mapping Dante（但丁地图）	http：//www. mappingdante. com/	绘制了但丁到访过的地点和《神曲》（*Divine Comedy*）描述过的地点地图，平台为文图结合的互动式文学地图。

续表 1

序号	平台名称	网址	主要特征
21	Joyce Ways（乔伊斯之路）	https：//www.kickstarter.com/projects/504430587/joycewalk－0	由波士顿学院（Boston College）的乔伊斯迷采用众包方式完成，在平台 iPhone App 的引导下，游客可在都柏林游历《尤利西斯》描写过的地点，浏览或听名人朗读乔伊斯的文本。
22	Mapping A Writer's World（绘制作家的世界）	http：//cather. unl. edu/geochron/	制作了美国 20 世纪初杰出女作家威拉·凯瑟（Willa Cather）的小说、诗歌、散文、信函、演讲、采访、新闻报道等的文图结合地图。
23	Mapping Dubliners（《都柏林人》地图）	http：//mappingdubliners.org/	采用 Google Earth 制作了乔伊斯《都柏林人》中的地点地图和人物活动地图，可帮助研究者和学生探索乔伊斯作品中的地理元素，同时有全文链接。
24	Walking Ulysses：Joyce's Dublin Today（漫步于《尤利西斯》：乔伊斯的都柏林）	http：//ulysses. bc. edu/index. html	运用地图叙述了斯蒂芬·德达洛斯和利奥波德·布鲁姆在一天之内的旅程，其目的是通过《尤利西斯》中主要人物的感官来增强读者的感受性旅行，展现 20 世纪初都柏林的生活。平台建立了文本地点地图，使用了图片、文本，语音朗读、视频等多种媒体。
25	Dislocating Ulysses（空间错位的《尤利西斯》）	http：//axchristie.github. io/z－axis/	维多利亚大学 2 位老师为 "English 507" 课程制作的兼顾文学分析、3D 地图建模和档案研究的平台。依据《尤利西斯》绘制的都柏林三维地图表明，《尤利西斯》这部被认为描写边缘人物的小说，却主要关注都柏林的富裕地区，忽略了贫困地区。这一发现让我们可以再次审视乔伊斯的文化和政治偏见。
26	Litmap（文学地图）	http：//barbarahui. net/the － litmap － project/	在 Google 地图上标出了德国著名作家 W. G. 西博尔德的小说《土星的光环》（The Rings of Saturn，1995）所提到的所有地点及其叙事文本，其目的是让读者能够从空间上阅读该文学作品。
27	Google Lit Trips（谷歌文学旅行）	http：//www.googlelittrips.org/	运用谷歌地图，标注著名文学作品中人物的旅程，为学生创造有趣的空间文学阅读体验。分初中、高中和大学的文学地图项目，现已建立 83 个文学作品地图。
28	Story Maps（故事地图）	http：//mappingliteraryhistory.org/	基于 ArcGIS 的众包式技术写作平台。平台通过组合文本、交互式地图和其他多媒体内容创建给人启迪的拟真式故事。

序号	平台名称	网址	主要特征
29	Myths on Maps（地图上的神话）	http：//myths. uvic. ca/	读者可以利用平台从空间上阅读希腊神话，通过地图和阅读器，探索希腊神话中地点、事件和人物之间的联系。平台包含全文本、文图结合的浏览阅读模式。
30	Sagnagrunnur（民间传说）	http：//sagnagrunnur. com/en/	冰岛民间传说出版物的地理数据库，文图浏览模式，超链接丰富。

上表中的数字文学地图平台有国别的、区域的，也有城市的；有作家的，也有作品的；有文学创作的，也有文学史的数字地图。这些文学地图的制作者主要来自大学教师，他们在进行学术研究的同时，又将学术研究成果应用于文学教学，通过开设课程指导学生参与项目制作，或直接将研究成果用于文学阅读和批评教学之中。

二、数字文学地图平台的教学应用方法

将数字文学地图平台应用于教学，是技术促进教学手段、方式和方法改革的必然结果。依托建成的文学地图教学资源，文学教学可以采用沉浸式和辅助式两种教学法。

（一）沉浸式教学法

所谓沉浸式教学法，是指学生在老师的指导下，通过合作或独立自主学习的方式，在建立文学文本等数据库的基础上，运用计算机软件和 GIS 技术创建基于网络或移动终端应用的网站和平台，展现文本对空间和地点的描写，探讨空间与文学的关系，从空时性（spatial-temporality）角度加深学生对文学文本的理解。这种教学法是"做中学"（learning by doing）的深度沉浸，鉴于文学地图制作的跨学科性和探究性特征，这种方法通常有两种模式：一种是教师指导，学生合作分工的协作学习（collaborative learning）模式，另一种是在教师指导下的独立自主学习（autonomous learning）模式。

笔者正带领学生研制成都市的文学地图。我们组织了 20 名汉语言文学专业的学生专门从事文学文本语料的收集、文本地点标注、地点经纬度的数据确定等工作；另外又组织了 1 名学生从事计算机软件编程，1 名学生从事网站设计和制作，1 名学生从事 GIS 技术的应用和开发。20 名学生分别收集一个时段或 1—2 位作家的文学文本以及作家的相关材料。他们通过文本阅读和语

料库建设，进一步从地理空间的视角加深了对该作家及作品的理解。王兆鹏老师在制作"唐宋文学编年地图"平台的过程中，就组织了100多人的大团队，团队参与者主要是他的研究生和一些本科生。[①] 学生参与平台建设的过程就是在进行研究性、探究性的文学学习。这种探究性的沉浸式学习有别于传统的文学文本细读及其对文本所进行的批判性思考，前者的学习通常是多媒体或跨媒体式的阅读和学习，即其学习和研究的内容不仅仅是文本，还包括作家和作品的相关照片、视频等的采集，以此来进行远读式（distant reading）学习，或通过实地考察进行现场学习等，且这种研究性的深度学习成果最终还要在平台上展示，从而进一步巩固了学生的学习效果。

协作学习模式也可以利用已经建成的具有众包性的学习平台，如上表中序号为2、27的平台，结合教学内容和教学任务的具体要求，组织学生进行独立自主学习。"学术地图发布平台"就是众包式的，在教学前期，只要通过对学生进行培训，学生在文学学习期间就可以独立自主地开发和建设平台。通过众包式的建设，该平台已发布400余幅数据地图、800余个图层，其中文学人物群体性数据包括《全宋文》《全元文》《全元诗》《全金元词》等的诗文作者分布，以及明清戏曲家、明清妇女作家、宋代江西文学家、明清云南作家分等；物群分布数据主要有《四库全书总目提要》、浙江集部著述总目、清代各省集部著述的地理分布、宋慈抱《两浙著述考》等。文学个体性数据包括行迹图与社会关系图，例如李白、杜甫、陆机、陈子昂、王勃、王维、杜牧、苏轼、陆游、汤显祖、龚自珍、曾国藩等。[②] 英语语言文学专业的学生在文学课学习过程中，可以利用"谷歌文学旅行"平台，选定一部自己喜欢的中外文学作品，并依据平台的技术要求，研制其文学地图并上传到系统中。

总之，当老师依据某一文学课程建设数字文学平台，或依托已建成的开放式、众包式数字文学平台时，就可以采用协作式教学法。目前，我国的数字文学地图平台的种类、数量和规模都还不够，其建设还有待进一步加快速度、加大力度。浙江大学徐永明教授举办的数字人文地图培训班，南京大学高研院数字人文创研中心创办的"'空间人文'与地理信息系统（GIS）"工作坊，复旦大学历史地理研究所举办的"文学地理研究的技术与视野"暑期学校培训等，为提高教师的平台研制能力提供了条件。

----

① 邵大为、陈逸云：《〈唐宋文学编年系地信息平台建设〉结项鉴定暨"唐宋文学编年地图"功能介绍》，"宋代文学研究"微信公众号，2019—05—14。

② 参见"学术地图发布平台"，网址：http://amap.zju.edu.cn/。

（二）辅助式教学法

所谓辅助式教学法，是指坚持传统文本阅读为主体，以数字文学地图平台为辅助进行文学教学。在运用这一教学法的过程中，教师要检查三原则：学生文本阅读为先导，教师课堂讲解重难点并答疑，学生课外拓展和探索。数字文学地图平台仅用于学生进行课外拓展性探索。"《唐宋文学编年地图》把所有的点都聚集了起来，把一个诗人的一生行藏，一个时代所有诗人的行踪，都汇总到一张地图里，构成一副完整的全景式的文学生态地图。"① 浏览者"可从地理、作家、时间、作品四个维度，交错叠加再现唐宋时期多位作家的人生行迹及文学活动"②。教授中国古代文学时，老师需引导学生充分利用这个平台，进行课程的拓展学习。学生还可利用"唐代诗人行吟地图：李白、杜甫、韩愈"平台，上传分享朗读音、视频，添加学习课件，进行图文数据交互检索，自主浏览探索。③

在外国文学知识的教授过程中，老师引导学生在课外充分利用上表中所列外国文学平台资源，进行文本的空间阅读、探索并思考文学的空间性。讲授希腊神话，可以让学生浏览阅读"地图上的神话"（Myths on Maps）；讲授《神曲》，可以让学生浏览阅读"但丁地图"（Mapping Dante）；讲授陀思妥耶夫斯基，可以让学生浏览阅读"绘制圣彼得堡文学地图"（Mapping Petersburg）；讲授莎士比亚戏剧，可以让学生浏览阅读"莎士比亚时期的伦敦"（Mapping Shakespeare's London）；讲授狄更斯、伍尔夫、艾略特等的作品，可以让学生浏览阅读"作家之伦敦"（Authorial London）；讲授斯科特的作品，可以让学生浏览阅读"文学之城：爱丁堡"（Litlong：Edinburgh）；讲授英国浪漫主义，可让学生浏览阅读"绘制湖区地图"（Mapping the Lakes）；讲授爱尔兰文学，可以让学生浏览阅读"爱尔兰数字文学地图（1922—1949）"（Digital Literary Atlas of Ireland，1922—1949）；讲授乔伊斯，可以让学生浏览"乔伊斯之路"（Joyce Ways）、"《都柏林人》地图"（Mapping *Dubliners*）、"漫步于《尤利西斯》：乔伊斯的都柏林"（Walking *Ulysses*：Joyce's Dublin Today）、"空间错位的《尤利西斯》"（Dislocating *Ulysses*）。这些地图可以加深学生对文学文本的理解。

---

① 朱人奉：《唐代人去过的地方，为什么比你还多？》，《新周刊》，2017 年第 496 期。

② 邵大为、陈逸云：《〈唐宋文学编年系地信息平台建设〉结项鉴定暨"唐宋文学编年地图"功能介绍》，"宋代文学研究"微信公众号，2019-05-14。

③ 罗凤珠、白璧玲、廖泫铭、范毅军、郑锦全：《唐代诗人行吟地图建构：李白、杜甫、韩愈》，《图书馆学与资讯科学》，2014 年第 1 期。

三、数字文学地图平台教学应用的两个问题

正确地应用数字文学地图，我们需在认识层面解决两个问题：一是要正确地评价数字文学地图的价值，二是要坚守文学文本的本体观。

第一，关于数字文学地图研究的价值问题。曾大兴教授一直主张将文学地理学建设成为与文学史双峰并峙的二级学科，这样就弥补了21世纪以前文学空间研究的不足，从而健全了文学这个一级学科。[①] 文学地理学借助地理学的理论和方法研究文地关系，以便更好地理解人地关系。[②] 地图是反映地理空间的最重要工具，科学地理学在19世纪中叶建立的三个标志之一就是世界大部分地区都已经有了各种测量完成的地图。[③] 数字文学地图制作是一种学术实践，拓宽了我们分析研究文学、欣赏文学、理解文学的知识框架和方式方法。以地图绘制的方式思考文学文本，本身就是一种自我反思的批评实践，虽不一定是最好的实践方式、方法，但却是与传统不同的，且具有补足功能。文学地图以地理空间为中心并兼顾时间维度，从而具有直观性、可视性和整体性。[④] 文学研究的空时性、直观可视化和整体性开创了文学研究的新方向，释放了与文学相关信息的关联价值，有助于发现新的学术问题和研究视角，有利于文学研究成果的大众化普及和传播，有利于我们从空间的视角思考人与自然环境的关系。

第二，关于坚守文学文本的本体观。虽然数字文学地图从时空维度为我们理解文学提供了新视角，但文学之所以为文学，其根本还在于文学文本。阅读文本所带来的审美体验和想象是其他视觉化艺术无法替代的。文学文本的这种本体性，在读屏、读图的数字化时代显得更为弥足珍贵。因此，在文学教学过程中，现代技术只是给我们提供了一种多元化的手段和路径，拒绝技术或全面技术化都是不可取的。坚守本位，利用现代技术之长，把它用作理解文学文本的一种辅助手段、方式和路径，才是正确的态度。据此，在讨论数字文学地图平台的教学应用时，我们要始终强调阅读文学文本的重要性。脱离了文学文本阅读，文学教学就丢掉了西瓜，迷失了方向，脱离了正轨。

---

① 曾大兴：《文学地理学概论》，商务印书馆，2017年。

② 邹建军：《江山之助》，中央编译出版社，2014年。

③ 王恩涌、徐学工：《地理学是什么?》，北京大学出版社，2008年，第18—19页。

④ Bertrand Westphal, *Geocriticism: Real and Fictional Spaces*, Robert T. Tally Jr. trans., 2011, pp. 9—14.

结　语

综观目前我国的文学教学，文学文本阅读仍然是充分的，其不足恰恰还在于现代教育技术的应用。在当代文学教学研究中，数字文学地图平台的研制和教学应用是一个值得继续探索的重要方向。王兆鹏教授在研制唐宋文学地图平台的基础上，明确提出了依托数字文学地图平台建设虚拟文学实验室的构想，这是值得期待的。[①] 我们也期待更多的文学教师参与文学地理学的研究和建设，创建更多区域的、城市的、作家的中国文学的专题数字地图，为文学教学提供更多的数字文学地图资源。

作者简介：

刘永志，博士，成都理工大学外国语学院教授，研究方向为文学地理学和中英文学比较及翻译。

唐春兰，成都理工大学传播科学与艺术学院副教授，研究方向为传播地理学。

---

① 王兆鹏：《今后古代文学研究的可视化趋势》，"古代文学前沿与评论"网址：https://mp. weixin. qq. com/s/BLkzy7p4M8Gk5Rg3FZj4NA，2018−11−10。

数字影像化的流放叙事和伦理引导：以罗卓瑶的《秋月》和《爱在异乡的季节》的教学为例

曾　虹

摘　要：本文以华裔导演罗卓瑶的两部电影——《秋月》和《爱在异乡的季节》的教学为例，探讨如何在教学中采用电影符号学的研究角度，以形象化和启发性的教学模式，使学生由直观到抽象思维、由具体个例到符号的结构主义深层化，由浅入深地理解这两部电影中数字影像化的乡愁和流放叙事，进一步实现教学的伦理引导目的，教育学生在跨文化交流中，特别是在强国的压制话语下，坚持民族自信自尊、民族独特身份和文化遗产，致力实现祖国统一、民族复兴。

关键词：数字时代的跨文化教学　电影符号学　罗卓瑶　　　　　　殖民话语

一、教学目的和方法

数字化时代给跨文化教学带来了重大的改革。电影符号学作为一种多媒体语言，是数字时代文学文化研究和教学的重要发展途径。"中国当代电影中的流放符号"是笔者在美国和中国都讲授过的课程，采用直观、启发式的教学，运用电影符号学的分析工具，强调跨文化的深层结构分析、文化沟通功能和伦理引导功能，该课程受到中美学生的普遍欢迎。课程设置的目的如下：

（1）介绍电影符号学理论。虽然电影符号学作为较为前沿的文学艺术研究领域在西方已发展得相当丰富，理论支派庞大，但在中国仍然鲜为人知，中国符号学专家赵毅衡的《广义符号学》也未将其纳入研究和介绍范围，因此，将其介绍给中国文学艺术理论界具有重要的学术意义。美国学生虽然大多沉浸于电影欣赏的兴趣爱好，但分析电影时仍然缺乏专业化的理论工具。

（2）增强学生的理论应用能力。让学生学习用电影符号学各个分支的理论，如电影句式、电影叙事学、深层情节等来研究电影的叙事、摄影、剪辑和深层情节。中国学生获取理论并不困难，但在理论应用上常不知所措，虽然电影符号学理论艰深，但电影媒介本身具有较强的通俗性和直观性，因此可以相对容易地训练学生独立应用抽象复杂的文学艺术理论分析作品。美国学生应用实践能力较强，但是对文艺理论的学习却时常不耐心，缺乏兴趣，不过由于电影艺术深受美国学生喜爱，因而可以顺势激发他们对电影符号学的理论兴趣。

（3）伦理引导作用。美国学生在看待跨文化交流时，往往有一种文化优越感，认为西方国家是民主、现代化的象征，即使看待殖民主义时，也认为西方列强给那些被殖民的地区或城市带来了现代文明、民主体系和经济繁荣，因此这门课可以让美国学生了解帝国主义/殖民主义的危害，让他们自觉地促进种族平等和世界和平。有的中国学生一味羡慕西方国家，缺乏民族自信心和民族身份感，而这些电影会教育他们：面对西方强国话语的压制，民族自信、民族文化和民族身份感对个人（尤其是流落国外的华裔）的心理健康和身份境遇至关重要，对实现中国在世界上的话语权更有不可磨灭的作用。

针对以上目的，课堂设置的学习途径和方法如下：

（1）启发引导式的教学。由具象到抽象、由浅入深、由单个影片到多部影片的共通符号的结构主义分析，采用学生独立观察、老师启发提问的教学方式。

（2）强调理论的实证应用性。上课讨论前，老师给予学生详细的问题，包括影像特征、作为象征符号的人物原型、电影叙事的特点、性别叙事与殖民话语的关系、多部电影叙事的共通深层情节和象征符号，等等。通过电影的直观呈现，学生可以把学到的知识用于他们观察到的影像、人物象征符号和叙事特征的分析中。

（3）教学的伦理引导作用。老师会在放映电影前和电影观看及课堂讨论后，分两次发放调查表，考查学生课堂学习的效果。两次调查表都包括同样的跨文化问题，但往往回答结果迥异，这些问题包括：对殖民国和被殖民化城市的认识、对主人公悲剧境遇的原因分析、殖民国和殖民地的话语竞争。对照前后调查表发现，无论中国学生还是美国学生，都通过学习有效地矫正了各自的文化偏见，美国学生学会了自觉地批判殖民主义、种族歧视；中国学生增强了民族自豪感，学会接受和热爱自己的种族身份。

以下笔者具体介绍课堂教学步骤，以及启发式教学中笔者给学生提供的循序渐进的问题。

二、电影符号学知识的引入

在讲授电影前，笔者先向学生介绍了电影符号学的一些基本知识，包括梅茨根据电影画面的剪辑方式所定义的八种句式（他称作 Syntagmas）。索绪尔认为语言仅是符号的一种，克里斯汀·梅茨认为电影是一种语言，但不是语言系统。因为它的语言符号不是随意的符号（arbitrary sign），而是有动机的符号（motivated sign）。它的语言单位不是一个词——一个摄影画面是一个句子。[①] 梅茨根据电影画面的剪辑方式定义了八种句式（Syntagmas）：自主镜头（autonomous shot）是单独成立的一个镜头；平行句式（parallel syntagma）是时间和空间都不连续的两个穿插镜头；括弧句式（bracket syntagma）是与周围镜头在时空上隔离、仅具有概念评论意义的镜头，像括号中表述概念的穿插部分，打断了连续叙事；描述化句式（descriptive syntagma）描述连续空间中存在的物体，强调它们共享空间的特性；穿插句式（alternating syntagma）穿插的是不同空间里同时发生的事件；场景（scene）描述的是时空上没有断裂的场景；间断性序列（episodic sequence）隐含时间的压缩，只包含了每一时段象征性的情节；普通时序（ordinary sequence）看似连续剪辑，实际上在不重要的情节上有所省略，包含时间的跳跃。[②] 在讲授罗卓瑶的《秋月》时，笔者引导学生观察本片不同摄影特质中隐含的双重叙事意识。在笔者介绍了梅茨的八种电影句式后，学生自己辨认出括弧句式在本片中的应用：在回忆的少年场景中穿插了全景式、远距离、鸟瞰俯视的回顾镜头和成年后的意识，标注了主人公漂泊国外的流落感。

此外，在电影讨论前笔者向学生介绍了电影符号学的另一分支——电影叙事学。电影叙事学研究叙事角度、叙事者、聚焦点、过滤、画外音、可靠度、叙事的性别、话语权及时态。布洛普模式（Proppian model）是情节的结构主义分析，用以发现不同电影中共同的深层情节结构。

然后，笔者向学生介绍了电影符号学的又一分支——用精神分析法研究电影理论，此派把电影比作一种特定的视像，表现了观看视像的个体特定的社会心理结构。研究观看和凝视行为（spectatorship and gaze）可以界定观众与主流文化的关系。比如，电影评论家劳拉·马尔维指出："社会约定俗成的阐

---

① Christian Metz, *Film Language: A Semiotics f the Cinema*. New York: Oxford University Press, 1971, p. 66.

② Christian Metz, *Film Language: A Semiotics of the Cinema*. New York: Oxford University Press, 1971, p. 128.

释性别差异的方式决定了组织电影意象的方式以及观看和视像的性别方式。"她认为，传统好莱坞电影是按性别来组织影像的：电影中男性是主动的观看者，而女性是被动的——被看的视像（the object of gaze，spectacle）。[①] 而逃避女性形象的男性焦虑造成虐待冲动或者偶像化。玛丽·安·多恩（Mary Ann Doane）界定经典好莱坞电影中的女性凝视，当凝视发生时，她们不只是被凝视，是受虐狂、歇斯底里和患被害症的。[②]

笔者让学生观看了曾被殖民化城市的导演制作的电影。教师的提问设计意在引导学生从电影影像、人物形象的表层观察深入电影的深层殖民意识分析。学生们都注意到这类电影中所呈现的女性双重人格或精神分裂的象征符号。笔者便问学生：这种象征符号和深层情节与被殖民化地区的流放意识有何关系？学生们被教师逐步启发而自觉认识到，殖民统治国和被统治地区的权利不平衡象征性地投射在男性和女性话语权的不平衡和凝视行为的主客不平衡中（active gazer or object of gaze）。布洛普分析也让学生们认识到这些电影共通的深层情节结构：殖民流放感投射在双重人格或精神分裂的女主角和作为摄影师的男性主人公的性别权利关系中。摄影师的主动凝视象征了殖民者的控制目光，双重人格的女主角们被动的/被凝视的、精神分裂的形象象征了被殖民化地区人民的弱势权利。

三、《秋月》的教学：摄影符号学与性别叙事

在放映罗卓瑶的电影《秋月》前，笔者让学生阅读了卡亚·西尔维曼的文章《画外音：经典电影中的女性叙述者》[③]。在对好莱坞经典电影的研究中，西尔维曼发现美国经典电影中较少出现无形的画外音或框架叙述者。虽然作为画面内附体的叙述者女性可能与男性一样普遍，但第三人称画外音叙述，每当出现时，似乎多被赋予男性声音。换言之，控制图像、叙述顺序和具有优越认知地位的框架叙述者的角色很少被分配给女性，这表明了美国好莱坞经典电影中性别权力的不对称性。

然后，笔者让学生分析《秋月》的电影叙事方式，学生们意识到，与西尔维曼观察到的好莱坞经典电影叙事惯例相反，《秋月》将两种相互竞争的性

---

① Laura Mulvey, "Visual Pleasure and Narrative Cinema", *Screen* 16，1975，No. 3，p. 1.

② Mary Ann Doane, *The Desire to Desire*. Bloomington：Indiana University Press，1992.

③ Kaja Silverman, "A Voice to Match：The Female Voice in Classical Cinema", quoted by Robert Stam, *New Vocabularies in Film Semiotics*，New York：Routledge，1992，p. 100.

别叙事并置。电影的主要叙述者是女主人公贝韦，采用第一人称叙述，她的画外音是一个远离故乡、侨居国外的女性的回溯性叙述。透过她移居加拿大后的茫茫岁月，她回忆起自己 15 岁时即将离开中国香港、前往加拿大的日子，传达了一种对少年时代和她成长其中的香港的强烈怀旧感。

贝韦回忆起她与一个日本青年摄影师托基欧的青春期友谊。那时她向托基欧倾诉了她即将背井离乡、移居国外的复杂感受，以及她与一个中国男孩的初恋之情。在这个框架叙述中是托基欧的嵌入式叙事，他讲述了自己寻花问柳、无聊而令人厌倦的生活。流放的符号是通过框架叙事和嵌入式叙事之间的反差来构建的。贝韦对少年时代爱情和友谊充满纯真憧憬的叙述，与托基欧讲述众多情人们的倦怠叙述相互交织。

教师在设计思考题时，力图使学生从表面的情节和人物性格的理解中逐步上升到电影叙事学和殖民主义批评。教师先从具体细节入手，提问学生：贝韦和托基欧关于麦当劳的争论反映了什么？当托基欧慵懒地评说世界上所有的麦当劳都是一样的时候，贝韦跟他争辩说她家附近的麦当劳与其他地方的麦当劳不一样，因为它充满了个人的记忆。学生们认识到，代表殖民话语的托基欧突出了香港地区在英国统治时期被同化，而贝韦的争辩象征了香港地区的抗争话语，坚持香港自身的差异和独特身份。教师进而问学生，贝韦和托基欧不同的爱情体验在殖民话语中有什么象征意义？学生们认识到，女主人公初恋的憧憬和关于故乡的记忆象征了香港无穷更新的希望和独特的故乡话语，而她的日本同事托基欧的精神颓废象征了殖民话语：香港不过是他们同化的城市之一，失去了地方独特性，并随着他们影响的消失呈现出颓败的情景。贝韦与来自中国大陆的奶奶的情感联系，暗示了香港与大陆的情感纽带和文化承袭。

从具体细节到抽象概括，从表层观察到深层结构主义分析，学生们在教师的逐步启发中认识到，被殖民化地区的话语往往是通过女性叙述声音来表达的，而殖民地区的话语常常通过具有权利优势的男性叙述声音来表达。因此，贝韦和托基欧的故事和叙事，在最深层次上，是关于香港身份的冲突话语的寓言。这个女孩的故事发生在她的生命过渡期——青春期，并且是在她离开故乡之前。历史上，香港本身就是逃离战争灾难的移民的过渡港。它的苦难和颓废与其可能性和奇迹并存。贝韦和托基欧关于香港竞争的话语和性别化的叙事可以被看作香港分裂身份的寓言，既有旧时代带来的颓废，也有新时代不断更新的可能性。

在讲授《秋月》之前，笔者还让学生们阅读了罗兰·巴特著名的摄影符号学作品，以了解电影符号学中摄影符号学的重要知识。在巴特的《论摄影》

（*Camera Lucida*）一书中，摄影永远与流放主题联系在一起：摄影是自我和影像在聚光灯下的疏离，是胶片保存下的永恒生命与在时间中消损的肉体生命之间日渐扩大的距离。摄影的景象和"幽灵"密不可分，它是死者的舞台。摄影由于坚持已逝物体的存在，它模糊了现实与假象、生与死的界限，[①] 因此体现了怀旧作品中情爱与哀悼的相结合。摄影符号学具有典型的特征：流放、悲悼、文化上的怀旧情绪以及失真感。笔者提问学生：摄影符号学的这些特征如何体现在《秋月》这部电影影像化的流放叙事中？学生们意识到，在女主人公贝韦第一人称的叙事中，沧桑成年后的贝韦与少年时代贝韦的双重叙事意识体现在摄影特质的强烈对比上，生动表现了回溯性叙事中的怀旧流放感。贝韦成年离乡后回溯性的框架叙述是以全景、远景摄影来表现的；而少女贝韦的叙述意识是以近距离、局部分裂的镜头来捕捉的。学生们观察到，在框架叙事中，摄影的流放符号体现在陡峭的摄像机角度所产生的陌生化效果中。从低角度到高角度摄影令人眩晕的陡峭变换，以及来自天空的大俯拍镜头和摩天大楼的倾斜镜头，融化和扭曲了高层建筑的外观，将香港时而呈现为一个冷漠的大都市，时而幻化成一个灯火交映、魂牵梦萦的避难港湾。这种全景表现的成年流亡后的回溯性叙事意识，与故乡少女叙事意识中即兴的、手机录像般的近景，以及碎裂局部、静止照片般的摄影效果形成了强烈的反差。这种全景镜头所代表的叙事意识与电影故事情节无关，但包含了回忆情绪和叙事性评论，在梅茨电影符号学理论中被定义为电影的"括弧句式"。隐含在摄影效果对比中的双重叙事意识将短暂的少女时光和变迁中的城市抒情永恒化。影片中频频出现建筑过程中的房屋骨架，其形如骷髅的空洞唤起死亡的暗示，但其未成形的状态也暗示了女孩的青春期憧憬。死亡与情爱的交织构成巴特摄影符号中的怀旧哀悼主题，既表现了香港地区在殖民化时期和全球化过程中地方性传统的失落、后现代商业繁华中的精神衰竭，又抒发了它历尽历史沧桑、回归祖国后自我更新的无限可能性。

在总结时，学生们评论道，《秋月》将香港地区刻画为跨文化碰撞的场所。麦当劳、欧洲流行歌曲的音乐声道、火柴盒般整齐划一的摩天大楼都暗示了这种殖民化和全球同一化给地方性文化带来的冲击。然而，罗卓瑶的女性摄影符号，作为被殖民化的人民抗争殖民式话语的象征，通过她不同寻常的摄像机角度，相机运动和光线效果，将同一化的现代都市建筑转变为梦幻怀旧的影像，同时它传达了香港在回归祖国后关于自身更新的希望话语。学生们认识到殖民式统治的历史带给香港的繁荣表象下的心理伤痕，以及坚持

---

① Roland Barthes, *Camera Lucida*. New York：Hill and Wang, 1981.

民族身份和祖国统一的必要性。

四、《爱在异乡的季节》的教学：双重女性人格/精神分裂作为 殖民/移民话语的象征符号以及主体性缺失的间接电影叙事

学完《秋月》后，笔者让学生们观看了罗卓瑶的另一部电影《爱在异乡的季节》。如果说罗卓瑶的《秋月》是一部悲喜交织的怀乡之作，那她的《爱在异乡的季节》就是对流亡国外的华裔的精神与身份分裂的灾难性描述。在这部电影中，一位名叫李红的年轻女子历尽磨难后获得了学生签证，前往美国留学。她在美国生活举步维艰，丈夫南生乘上一艘偷渡美国的船抵达纽约，开始了寻找李红的噩梦之旅。关于李红的各种线索似乎暗示了她为了生存而不得不选择的堕落生活，包括出卖肉体，遭受殴打，通过假婚欺骗老年人的钱。有一天，南生在街上遇到了他的妻子，被她带到她的公寓，两人终于在泪水和拥抱中团聚。然而令他沮丧的是，他们重聚后的第二天早上，李红竟然不能再认出他，轻蔑地谴责他为"中国鬼"（Chink）。南生明白他的妻子已经精神分裂了。他悄悄跟着妻子，发现她试图假装帮助一位华裔办理他儿子的探亲签证，借此来诈骗钱财。当南生愤怒地站出来阻止她时，她被南生的报警行为吓倒，并在恐慌中把他当作陌生人而刺死在自由女神像下。

笔者在讲授该部电影时，试图把学生对人物性格大众欣赏式的理解提升到更为专业化的叙事学分析，并结合电影叙事学的专业知识，让学生洞悉流放叙事学的特征。笔者让学生讨论：精神分裂症的女主人公李红是怎样呈现给观众的？学生们评论道，虽然《爱在异乡的季节》有一个中心故事，但是作为精神分裂症的主体，李红这个形象在很大程度上是通过其他人物/叙述者间接和零星的叙事呈现给观众的，而且电影叙事中的这种间接性随着电影的进程而加剧。一开始，简单朴实的李红一心想要获得签证的努力是直接呈现给观众的。随着时间的推移，叙事的间接性不断升级。我们了解到的关于她的信息是通过他人的谈话过滤的，包括其他人的叙述和她丈夫的猜测。李红在异国他乡的困境——她对自己命运的无法控制，她主体性的丧失，都是通过她主动凝视和话语权的丧失来传达的。她越来越不再是一个主动的凝视者和说话者，越来越成为一个他人构造的矛盾镜像。

在电影放映前，笔者让学生们阅读了女性主义电影符号学学者劳拉·马尔维关于好莱坞经典电影中主动男性凝视和被动女性形象的理论。在看了《爱在异乡的季节》这部电影后，笔者问学生：这种性别权利上的不平等有什么象征意义？学生们说道，这种女性在叙事上的间接性和凝视上的客体化象

征了移民在移民国家的权力劣势。学生们发现观众不能直接看到李红，只能通过南生在寻找中遇到的陌生人的报道，以及南生本人不稳定的精神状态，来拼凑李红不连贯的形象。从单纯朴素、身着工作制服、渴望获得美国签证的年轻母亲开始，李红的形象经历了不可思议的恶化：一个穿着华丽的社交蝴蝶，在美国上层社会派对中穿梭于多个男人之间；一个受到粗暴顾客伤害却由于非法身份不敢报警的街头妓女；一个驮着捡来的破床垫艰难地骑向城市贫民窟的可怜女人；一个与丈夫团聚的流泪妻子；一个冷酷无情、欺骗自己同胞辛苦存款的诈骗犯。

笔者问学生：这样呈现的李红的碎裂、矛盾形象，其间接叙述相比直接呈现，在主题表达上有什么优势？学生们回答，这种间接性叙事中女性话语权和主动凝视目光的丧失更有效地传达了华裔在异国他乡无法言说的羞耻和痛苦。学生们还在讨论中发现，电影只有一次强调了李红本人的凝视行为，而那种凝视是偏执狂和歇斯底里的——正如玛丽·多恩在研究经典好莱坞电影中女性凝视时所指出的特征，那是当李红在自由女神像下刺死了试图阻止自己诈骗犯罪的丈夫南生时。

笔者又进一步启发学生，问他们：李红的精神分裂症源自什么？学生们回答，源自李红无法维持她内心的文化分裂而导致的自我异化和自我仇视。正如李典所评，"李红的分裂症来自她无法协调她的中美文化，她对中国身份的失忆对她作为一个移民的心理健全是致命的"[1]。在李红与南生重逢的场景中，他们抱头痛哭，背景演奏的音乐是《我亲爱的祖国》。歌词中的怀乡和民族自豪感与李红作为异乡人的精神分裂、自我仇恨和内化了的种族歧视形成鲜明的对比。

笔者又问学生：这种双重女性人格或精神分裂在我们这学期看的一系列港台、上海和华裔导演的作品中，有什么符号学的原型意义？学生们对此展开了激烈的讨论，同时在笔者由浅入深的提问和启发中，他们认识到，双重女性人格包括精神分裂中的双重人格，其象征的殖民流放感在诸如罗卓瑶之类的导演中具有原型意味和符号学意义上的普遍表现，主要源自香港等城市的殖民历史：殖民历史既带给了它们丧失主权的屈辱，又带给它们现代化和经济繁荣，因此依赖和怨恨交织的矛盾感情被人格化为女性双重人格的分裂状态。双重人格意味着自我内部的分离，在殖民话语中，处于权利弱势的被殖民化地区往往象征性地被女性化，表现了被殖民化城市分裂矛盾的身份，因此传递了殖民时代的流放感，最有代表意义的是王颖（Wayne Wang）导演的

---

[1]　Dian Li, "Clara Law", http://archive.senseofcinema.com/contents/directors/03/law.html.

《中国盒子》（*Chinese Box*），其中女性双重人格的镜像效果表现到了令人眩晕的地步。侯孝贤的《好男好女》同样采用了早一代女性及其电影饰演者的双重女性人格关系。上一代女性的无私献身精神与饰演者一代青年放纵空虚的生命形成了强烈的反差，表现了上代人被日本侵略和国民党迫害导致的流放感、下代人失去先辈精神价值的空虚无根感，以及两代人之间的价值断差。在罗卓瑶的《爱在异乡的季节》中，女主人公的分裂人格表现了留美移民流落他乡所受的屈辱和自我内化的种族歧视。采用布洛普的深层情节分析，我们可以看到，所有这些电影都有一个摄影师男主角把女主角置于凝视的控制之下；女主角都呈现双重人格影像或者具有精神分裂的特征，他们都是供人娱乐的女性，其奢华生活是以出卖自己为代价的，她们的凝视和话语权要不根本没有，要不就表现得模棱两可、富于欺骗，或者被男性的凝视目光框定。学生们不难从这个深层的情节结构得出殖民话语的寓意。殖民国和被殖民化地区（城市）权力的不平衡被投射到男女性别权利的不平衡上。摄影师男主角代表了殖民国的控制目光；双重人格或自我分裂的女主角象征了被殖民化地区（城市）的权利劣势和女性化，这些女人供人娱乐的职业表现了她们不得不迎合殖民者而强作欢颜的痛苦，以及文化身份上的自我分裂。然而，在罗卓瑶的《秋月》中，虽然托基欧作为一名业余摄影师，仍把握一定程度的凝视目光，将女性置于其目光控制之下，并且被赋予嵌入叙述者的角色和话语权，因而象征了殖民者的控制欲，但女主人公贝韦作为统领全片的女性框架叙述者，却表现了曾经被殖民化的城市及其人民的抗争话语，以及在即将回归祖国之际自我更新的无限希望和可能性。正如张英进评论的，"印刻在一个消失的文化上的，是一个全新的身份"[1]。

五、结语

以华裔导演罗卓瑶的两部电影——《秋月》和《爱在异乡的季节》的教学为例，笔者介绍了如何在教学中采用电影符号学的研究角度，以形象化和启发性的教学模式，使学生由直观到抽象思维、由具体个例到符号的结构主义深层化、由浅入深地自己发现这两部电影中曾经被殖民化的城市中的人民，以及流落异国他乡的华裔在跨文化经历中的流放叙事，并进一步实现教学的

---

[1]　Yingjin Zhang, "The Glocal City of the Transnational Imagery: Plotting Disappearance and Reinscription in Chinese Urban Cinema", in *Screening China: Critical Intervention, Cinematic Reconfigurations, and the Transnational Imagery in Contemporary Chinese Cinema*. Ann Harbor: University of Michigan Press, 2002, pp. 253—313.

伦理引导目的。通过启发式的教学，学生掌握了电影符号学的基本知识，懂得了如何运用电影符号学分析电影的叙事类型、摄影特质以及多部电影的共通深层结构。而且，中国学生从《秋月》中坚定抗争的女主人公和《爱在异乡的季节》中精神分裂的女主人公的对比观照中，认识到在跨文化交流中，特别是在强国的压制话语下，坚持民族自信自尊、民族独特身份和文化遗产对于保持个人精神健全和提高生存处境的重要性，认识到香港回归、祖国统一和民族强盛对于中国在世界范围内获得有力话语权的必要性；而美国学生也矫正了自身的文化自大感和种族优越感，学会批判殖民主义、种族歧视，为多民族和谐与世界和平而努力，因此这门课达到了数字影像化跨文化教育的伦理引导目的。

作者简介：

曾虹，西南交通大学外国语学院教授、博士生导师，主要研究领域为英美文学与比较文学。

数字时代的中国古典诗歌传播：国内外网络课程比较

王凯凤

摘　要：数字时代下，网络课程的快速发展为中国古典诗歌开辟了新的传播途径。本文以在慕课平台开设的中国古典诗歌相关课程为研究对象，从教学目标、教学方法、教学手段三方面对国内外代表性课程进行比较分析，在比照差异和剖析原因的基础上，探究国内慕课建设可从中获取的启发和借鉴意义。

关键词：中国古典诗歌　网络课程　数字时代

一、引言

数字时代下，外语教育技术和课堂教学的深度融合掀起了课堂革命，而大规模开放式在线课程（Massive Open Online Course，简称"慕课"）则是这场革命中最为显著的革新。它利用数码传媒将传统课堂移植到互联网，实现了顶尖高校教育资源的全球共享。目前最具影响力的国际慕课平台为 edX、Coursera 和 Udacity。edX 是三者中唯一一个非营利且资源全公开的平台，它于 2012 年由麻省理工学院和哈佛大学共同创建。Coursera 和 Udacity 均由斯坦福大学在 2011 年创建，前者为综合性课程平台，后者主要提供科学、技术、工程和数学领域的课程。国际慕课平台的创建与运行是世界一流大学在数字时代下趁势而上掀起的课程革命，它在世界范围的迅速兴起也为我国高等教育改革带来新的发展思路，"中国大学 MOOC"也在短短几年内发展成为国内高等教育领域最具影响力的慕课平台，而"建设一批应用与服务相融通的优质在线开放课程"① 也就成为当前国内高校面临的机遇与挑战。

---

① 《教育部关于加强高等学校在线开放课程建设应用与管理的意见》，http://old. moe. gov. cn//publicfiles/business/htmlfiles/moe/s7056/201504/186490. html。

二、课程简介

数字时代下，慕课的快速发展加速推动了教育信息化和资源公平化进程，也为中国古典诗歌的传播带来机遇。国内高校依托中国大学 MOOC 平台开设了多门有关中国古典诗歌的课程，如入选国家精品在线开放课程的"中国诗歌艺术""唐诗艺术""中国古典诗文朗诵与吟诵"，此外还有"《诗经》导读""古典诗词鉴赏""宋词经典"等课程。在三大国际慕课平台上，已有两所中国高校开设了相关课程，分别是清华大学"学堂在线"（TsinghuaX）平台与 edX 平台合作开设的"唐宋词鉴赏"，台湾大学在 Coursera 平台开设的"唐诗新思路"。国外高校暂未开设以中国古典诗歌为课程主题的慕课，但在 edX 平台上，学习者可以学习哈佛大学开设的"中国人文"课程，其第二讲"揭示中国诗歌中的个性抒写"以独立的教学主题介绍了中国古典诗歌艺术。

在中国大学 MOOC 平台上线的相关慕课中，"中国诗歌艺术"选课人数最多、开课时间最长、影响力最大。它前期积淀丰富，依托四川大学同名文化素质公选课创建，校内开课时间已有 23 年。同名慕课迄今在中国大学 MOOC 平台成功运行 6 学期，已有超过 5 万名学习者学习了该课程。"中国诗歌艺术"课程质量高、应用效果好、示范性强，2017 年入选教育部认定的首批"国家精品在线开放课程"，是一门学习中国古典诗歌的代表性课程。

"中国人文"是哈佛大学在 HarvardX 项目支持下开设的 ChinaX（哈佛大学启动的中国系列慕课）[①] 系列课程之一，课程主持人为哈佛大学东亚语言与文化系的包弼德（Peter Bol）教授，主讲教师聚集了哈佛大学最优秀的师资力量，皆为研究中国文学文化的汉学权威。课程持续 8 个教学周，每周一个独立的教学主题，涵盖了中国先秦诸子百家思想、诗歌、小说、绘画等方面的内容。8 个主题相对独立却又彼此联系在"个性抒写"这一共同主题下。中国古典诗歌则集中在课程第二讲"揭示中国诗歌中的个性抒写"中，此讲以中国古典诗歌为例证，探讨了诗歌创作与个性抒写之间的关系。

虽然国外高校尚未开设以中国古典诗歌为课程主题的慕课，但"中国人文"课程由世界顶级高校哈佛大学开设，其第二讲的主讲教师正是在唐诗研究领域最负盛名的宇文所安教授，将此教学单元与国内相关慕课进行比较，可以一窥中西高校在中国古典诗歌课程上的教学异同，同时可以借鉴哈佛大

---

① Selen Türkay and T. Wong，What Engages MOOC Learners：An Interview Study with ChinaX Learners，https：//vpal. harvard. edu/files/vpl/files/turkay _ wong _ 2017 _ aera. pdf.

学的先进经验，对国内课程教学改革、提升教学质量有启发和借鉴意义。本文将重点比较"中国诗歌艺术"和"中国人文"第二讲。两门课程均为学习者提供了指导性资源（教学大纲、通知公告、课程进度等）、内容性资源（视频讲座、阅读材料等）、过程性资源（单元测试、网络问答等）、环境性资源（参考链接等），[①] 但在教学目标、教学方法、教学手段等方面体现出一些较大差异。

三、教学目标：精英教育转向全民教育？

教学目标是教学内容实施的预期结果，也是编排具体授课内容的指导总则。课程目标由具有逻辑联系的项目组成，"技能、知识、社会价值和规范以及思想体系便是课程目标的重要因素"[②]。传统课堂教学移植到互联网成为慕课后，仍是一门完整的课程，其教学目标也要指向以上要素。下表是"中国诗歌艺术"和"中国人文"第二讲课程教学目标和组成要素：

课程名称	教学目标	组成要素
"中国诗歌艺术"	1. 获取中国古典诗歌的基本常识及相关人文知识，提高诗歌阅读能力与审美能力；2. 涵养性情，滋润心灵；3. 领悟中国古典诗歌传递的人文精神	1. 知识的获取和技能的掌握；2. 情感和认知态度的形成；3. 社会价值和规范的确立
"中国人文"第二讲	如何分析与赏析中国文学杰作（How to analyze and appreciate masterpieces of Chinese literature）[③]	知识的获取和技能的掌握

"中国诗歌艺术"的教学目标描述准确，分层展开，表述了学习者通过课程学习应逐步达到的学习效果，如第一层目标中的"基本常识及相关人文知识"对应的是知识的获取，"提高诗歌阅读能力与审美能力"则体现技能的掌握；第二层目标"涵养性情，滋润心灵"对应情感和认知态度的形成；第三层目标"领悟中国古典诗歌传递的人文精神"则体现社会价值和规范的确立。"中国人文"第二讲的教学目标描述主要体现了知识与技能要素。

课程教学目标的描述寥寥几句，却差异较大，折射出课程创建的根本动

---

① 杨九民、郭晓梅等：《MOOC对我国高校精品开放课程建设的启示》，《电化教育研究》，2013年第12期。

② 王道俊、郭文安：《教育学》，人民教育出版社，2016年，第133页。

③ China Humanities：The Individual in Chinese Culture, https://courses. edx. org/courses/course-v1:HarvardX+CHN12x+3T2017/c7169293906c4914ac91e2e3692fe9e8/.

因。慕课的建设初衷是实现高等教育资源的免费共享。① 国内外高校将慕课平台作为优质资源共享途径，为全球教育资源不均的问题提供了最可行的解决方案，让高等教育从精英教育走向大众教育。但是结合我国高等教育现状，我国的慕课建设除了打破教育资源不均衡的壁垒，还需要在"更新教育观念、优化教学方式、提高教育质量、推动教育改革等方面发挥更积极的作用"②。在教育部这一思想的指导下，四川大学开展慕课建设的基本目的是"借鉴慕课'以学生为中心'的教学理念，改变传统教学模式，大面积提高课堂教学质量"③。因此，在中国大学 MOOC 平台开设的"中国诗歌艺术"课程以在校大学生为主要教学对象，首要任务是依托慕课平台促进校内教学改革和提升教学质量，在此基础上将优质的高等教育资源辐射至大众学习者。

相较之下，哈佛大学创建慕课的首要目的是"降低优质教育门槛，让更多的人有机会获得优质高等教育"，其次是"可以对学生学习以及交互进行研究，促进各学科理论的发展"，最后才是"促进哈佛大学校内的教学"④。据 HarvardX 网站的统计数据，哈佛大学在 edX 平台开设的课程覆盖来自全球 193 个国家的近 700 万注册用户，其中 67% 的用户是美国本土以外的学习者。课程学习者在教育背景上存在巨大差异，除去未知用户，本科层次的学习者占 31.8%，硕士层次和博士层次的学习者占比分别为 23.6% 和 4.1%，还有 3.3% 的用户学历为本科以下。⑤ 教学对象的激增和认知层次的不确定性势必会给教学目标的设定、课程内容的选择、教学方法的设计等带来挑战。"中国人文"第二讲依托整门课程，主要面对本科及以下层次的学习者，在内容和难度上必须有所取舍才能达到一定的教学效果。因此，edX 平台上的中国古典诗歌传播不可能走精深的研究路线，而是一种大众教育，侧重向学习者讲解一些最为基本的诗学概念以及诗歌赏析的基本技巧。因而"中国人文"第二讲教学目标的描述指向大众学习者和最基本的知识和技能，这对促进中国古典诗歌在海外大众学习者中的传播具有积极意义。

无论教学目标的描述有何异同，两个课程的推广都是基于慕课平台提供

① Selen Türkay, et al, Getting to Know English Language Learners in MOOCs: Their Motivations, Behaviors and Outcomes, https://vpal.harvard.edu/publications.

② 《教育部关于加强高等学校在线开放课程建设应用与管理的意见》，http://old.moe.gov.cn//publicfiles/business/htmlfiles/moe/s7056/201504/186490.html。

③ 《央视新闻播出川大慕课积极推动教育优质资源共享和教育公平》，http://lj.scu.edu.cn/info/1042/1818.htm。

④ 张麒、刘俊杰等：《哈佛"慕课"深度谈——访哈佛大学副教务长包弼德教授》，《开放教育研究》，2014 年第 5 期。

⑤ HarvardX, Insights, https://harvardx.harvard.edu/insights。

的机遇，让中国古典诗歌以全新的数字化课程的方式在大众学习者中传播。但是，推动课程建设的动因不同导致教学目标描述的差异，在中国大学MOOC平台开设的"中国诗歌艺术"直接面向高等教育层次的学习者，同时兼顾对相关领域感兴趣的普通学习者，同我国高等教育现状和改革相呼应。edX平台开设的"中国人文"课程则主要面向学历在本科及以下层次的大众学习者，同慕课创建初衷相吻合。

四、教学方法：讲授还是探究？

教学方法既要体现教师对教学内容的组织，又要引导学生富有成效的学习，是教与学两者的能动结合。"中国诗歌艺术"主要采取了讲授法，是一种"教师通过语言系统连贯地向学生传授科学文化知识、思想理念，并促进他们的智能与品德发展的方法"①。讲授法的使用在一定程度上依赖教学内容的系统编排。"中国诗歌艺术"突破了旧有文学史式的教学内容编排模式，从中国古典诗学基本概念入手，剖析诗歌表达现象，再深入探讨诗学理论，并结合实例归纳诗歌赏析基本原理和常用方法，是一种由"学科基本概念"到"科学的基本原理和方法"再到"运用科学理论的基本原理分析问题和解决问题的策略、技巧"的编排思路②，利于讲授法的开展。主讲教师王红教授知识渊博，诗学底蕴深厚，授课中循循善诱，在系统组织教学内容的同时，也特别注重引导和启发学习者。她以问题引入单元教学主题，然后诠释基本诗学概念或创作技艺，再结合典型例证深入分析，促进学习者加深理解中国古典诗歌艺术。

"中国人文"第二讲则主要采用了探究法。探究式教学是高等教育近年探索构建的教学模式，它"以问题为出发点，以学生为主体，在教师的引导下学生自主学习和合作探究"③。"中国人文"第二讲探究的总体问题是"个性抒写"如何体现在诗人的创作中，具体选取最具代表性的诗人诗作为例证，探讨中国古代诗人的文学创作如何体现了自我、自然与社会的联系。这种以单一主题串联授课内容的编排利于探究式教学的开展，也值得国内相关课程借鉴。课程采用的探究法设计了三个阶段：提出问题、探寻答案、形成观点。

首先是包弼德教授在课程导论中提出问题："所有的中国文学都是自传，它揭示或创建自我。至少在我看来是如此，在接下来的课程中，我们将和宇

---

① 王道俊、郭文安：《教育学》，人民教育出版社，2016年，第217页。
② 王道俊、郭文安：《教育学》，人民教育出版社，2016年，第138—139页。
③ 许健松：《高校探究式教学模式的创新与拓展》，《中国大学教学》，2018年第11期。

文所安教授一起探讨这个问题。""揭示""创建"和"自我"都紧扣课程"个性抒写"的教学主题,而"个性抒写"如何体现在中国古典诗歌中则是第二讲探究的问题。下设的单元模块又结合典型诗人诗作,将这个较为宏观抽象的话题具体化,并形成隶属于总话题的数个分话题,以此激励学习者从不同视角结合翔实例证对问题展开探究。例如此讲选取陶渊明的《饮酒》和杜甫的《独立》两首诗歌,引导学习者从诗人与自然的角度探寻问题,而选取王维的《送元二使安西》和李白的《将进酒》则鼓励学习者思考酬唱赠答诗如何表现诗人与社会的关系。

在探寻答案的第二阶段,教师引导学生主动思考,鼓励学生以创造性和批判性的视角找寻问题的解答。在这一讲中,学生的探究包含阅读文献、聆听授课、观看研讨、参与讨论等形式。如宇文所安教授将王维的《过香积寺》作为案例,引导学生探讨"个人"与"角色"的关联。学习者首先自主对比阅读原诗和译诗,初步了解诗歌主题和创作特色,随后再观看授课视频加深理解。授课视频并非教师个人讲授,而是师生研讨的情景再现。学习者跟随宇文所安教授以文本细读的方式揣摩原诗意旨,随后在师生一问一答中深思探究的问题,逐步形成自我对问题的解析。这些教学活动并不是以教师为中心,而是以学习者为主体与中心的探究过程。教师重视启发和引领学生,例如当学生提问:为什么诗人以《过香积寺》为诗名?宇文所安教授进一步反问:香积寺在哪里?在向学生解释"过"表示"经过"后,他继续提问:为什么诗人经过了香积寺,却又在诗中写下"不知香积寺"?他设计的数个问题激发学生从不同角度思考,并引领学生再次对重点诗句进行文本细读,随后从诗句中的"空"和"寺"切入,引导学生思考诗歌创作意境和艺术手法:古木参天,杳无人迹,诗人如何知道它的存在?它的存在由"声"来暗示,寺庙的钟声回荡在山林中,既说明山寺虚无缥缈般的存在,也烘托出"空"的概念;诗人以"钟"来反衬"不知",以"古木""泉声""青松"等周围景物来烘托映衬山寺之幽胜,以此呼应题目中的"过"。学习者通过观看师生研讨视频,对王维诗歌的创作手法和表达意旨有了初步了解,在学习赏析中国古典诗歌的同时,为"形成观点"打下基础。

在形成观点阶段,课程主要设计开放式问答激励学习者对探究的问题进行个性化阐述,并录制微课"问答时间"(office hours)进行反馈。例如在以王维诗歌《酬虞部苏员外过蓝田别业不见留之作》为探讨主题的开放式问答中,学习者需要回答以下问题:从结构上讲,王维的这首诗歌是什么体裁?何处体现对偶?对偶的使用对于每联诗句意义的创造起到什么作用?最后,如果你是苏先生,读了王维这首诗后有何感想,为什么?这一开放式问答除了考察近体诗对偶概念，还赋予学习者"苏先生"的角色，激发学习者情景带入，转换视角，对"个性抒写"进行阐述。学习者可以在每个单元下设的"问答时间"微课中查看问答反馈。"问答时间"微课由哈佛大学东亚语言与文化系教师和在读博士助教录制，探讨和解答在线讨论中集中反映的问题，同时对授课内容进行适当拓展。

两门课程采用了不同的教学方法，各具特色。"中国诗歌艺术"以讲授为主，利于较为全面地呈现中国古典诗歌面貌，帮助学生在碎片化的学习时间中快速、高效掌握相关知识。"中国人文"第二讲则主要采用探究式教学方法，利于充分调动学习者的积极性，启迪他们探寻解决问题的方法和手段，有益于创造性思维能力的培养。

五、教学手段：数字何以观照人文？

数字时代下，文学传播路径多维发展，而慕课作为 2012 年发展起来的新兴事物，在兼容了旧有传播形式的基础上，叠加数码文字、图像、影音等方式，呈现出多维传播形态。两门课程均利用数字化的传播介质丰富了教学手段，以场景化的形式呈现中国古典诗歌，使其传播形态更为丰富立体，更易于学习者接受。此外，两门课程依托互联网平台聚合学习者，以社区论坛的形式促进朋辈学习。

"中国诗歌艺术"课程主要以数字化教学课件配合教师讲解，突显解析的重点诗句。课程讨论区下设课堂交流区、老师答疑区和综合讨论区。课堂交流区探讨的话题相对固定，由教师针对教学内容组织线上讨论，话题随单元主题更新。老师答疑区和综合讨论区由学生发起提问，师生之间可进行线上互动。

"中国人文"课程利用视、听、数码文字等素材突破传统的印刷平面时空的桎梏，层叠营造诗歌意境，最大限度释放文本信息。例如在讲解《过香积寺》的微课中，学习者可以直观看到深山古寺的画面，并伴随拍摄视角自上而下窥得古寺全貌，并移步换景至古寺周边静谧的自然环境，将自我置身于诗歌意境中。学习者在观看师生探讨"香"的视频片段中，可以通过画面中寺庙烧香产生的烟雾，感知异于西方的中国文化现象。此外，数码多维传播形态下的超文本元素也极大丰富了诗歌的传播形态，例如重点词汇均会在原诗与译诗中以不同颜色的字体区分强调。学习者在学习近体诗平仄规则时，可以看到网页文本中声调为"平"的汉字标注为绿色，声调为"仄"的汉字则标注为红色。强烈的色彩对比突出显示近体诗的平仄规律，易于课程学习者了解中国古典诗歌体制。同样以颜色区分的还有体现对偶规则的词汇，如在"空外一鸷鸟，河间双白鸥"的译诗中，"A single bird of prey"和"A pair of white gulls"被绿色突出显示，这种构成对偶关系的词汇通过不同的色彩得到突出展示，同时也在一定程度上弥补译介中丧失的诗歌体裁、韵律特征，降低学习者的理解难度。此外，"中国人文"利用数字论坛为学习者营造了社交化的学习环境，优化了诗歌学习体验，具体体现在课程专设的讨论区和学习者社区。讨论区话题与单元主题相关，既是优秀习作的交流平台，也是重点难点的探讨阵地。学习者社区是课程讨论区的补充，由社交媒体提供实时交流平台。两个讨论区均激励学习者通过朋辈学习促进沟通互动，为创新性地解读和协作式探究诗歌创设条件。例如上文提及的开放式提问："如果你是苏先生，读了王维这首诗后有何感想？"学生可以通过点击问题下方小字"此链接将引导您访问与此讨论相关的论坛帖子"[1] 参与在线论坛讨论，既可以表达个人感想，查看优秀习作，还可以参与协作研讨，从不同的视角加深对这一问题的理解。同时，学习者颇有见地的探讨也会张贴在讨论区的专门版块，不少优秀回答在讨论区中被置顶。社交化的学习体验促进学习者相互交流和启发，在探究中激发学生的自主学习能力与创新能力。

六、启发和借鉴意义

我国慕课近年呈现爆发式增长，自 2013 年建设以来，已有 12500 门慕课上线，超过 2 亿人次在校大学生和社会学习者学习慕课[2]，慕课数量和学习者人数已位居世界第一。中国慕课快速发展，已成为高校优质资源的共享途径，并为教育资源不均的问题提供了最可行的解决方案。在慕课井喷式增长和形成中国经验的同时，教育部推出国家精品在线开放课程，明确指出 2020 年慕课发展愿景之一为"促进信息技术与教育教学深度融合，在提高质量和推进公平上取得重大进展"[3]。这一目标的提出也和我国教育面临的"质量与公平的难题"[4] 现状相符合。高质量慕课的建设和应用，对于促进教育公平和提高

---

① China Humanities: The Individual in Chinese Culture, 2.4b: Self-Assessment, https://courses. edx. org/courses/course-v1: HarvardX+CHN12x+3T2017/course/.

② 《中国慕课宣言》，http://www.moe.gov.cn/s78/A08/A08_ztzl/ztzl_zxkf/201904/t20190418_378663. html。

③ 《教育部推出首批 490 门国家精品在线开放课程》，http://www.gov.cn/xinwen/2018-01/15/content_5256869. htm。

④ 《中国慕课，大有可为》，http://www.moe.gov.cn/jyb_xwfb/s5147/201904/t20190411_377453. html。

校内教育质量有着同等的重大意义。

首先，"中国诗歌艺术"课程通过讲授法以翔实的课程内容向学习者系统呈现了中国古典诗歌艺术全貌。"中国人文"第二讲则让学习者在探究式和社区化的教学模式中获得个性化学习体验，但该课程在内容设计上更多侧重个体诗人的创作特色，既缺乏对中国古典诗歌的宏观叙述，亦没有深入探讨古诗的本质，即诗学特征。如果能将两门课程优势结合起来，以"中国诗歌艺术"课程内容为授课基本思路，将探究式教学方法融入其中，如以某一主题设计系列教学活动，教学方法也不拘泥于单个教师讲授，而是可以采取访谈、圆桌研讨、优秀学生作业展示等形式，或许能更好地激发学习者的创新性思维能力。此外，对于在校学生，可以考虑混合式教学模式，即将"中国诗歌艺术"作为线上学习内容，在课堂上以探究式教学为主。四川大学已开始此类尝试，将慕课视频作为校内同名课程线上内容，在线下课堂做拓展、深化，慕课讨论区发言情况纳入学生平时成绩等。这种混合式教学充分发挥了慕课优势，学习者既可以在线上卓有成效地学习古诗知识，又可以在线下互动课堂教学中开展探究活动。

其次，国内相关慕课建设可以通过数字化的教学手段营造社交化学习环境等，以优化学习者的学习体验。中国古典诗歌素有"如空中之音，相中之色，水中之月，镜中之象，言有尽而意无穷"[1]的创作特色，这既是课程的教学重点亦是难点。一方面，可以利用数码多维传播形态，集合数码文字、图像、声音等媒体资源，使其相互融合而呈现形象生动的中国古诗信息形态，如借鉴《中国人文》中对"香""对偶"等概念的数码展示形态，以"影音文的三位一体互动替代了单一文字的固守"[2]，利于普通学习者在多维媒介下探寻中国古诗诗学魅力。另一方面，将线上慕课和线下课堂讲授相互渗透，尤其可以开展课堂探究式教学，并录制实时视频，编辑后放到线上，作为教学内容的一部分向学习者展示，以此呈现出更易于普通学习者接受的课堂场景，可以在一定程度上弥补学习体验的缺失。课程在线讨论区的管理可以考虑朋辈学习结合"问答时间"的模式，对优秀的学生作业进行置顶，亦可拍摄教师点评视频上传至课程内容区，更大限度地释放论坛社交功能。

最后，正如宇文所安教授在课程中所做的比喻："诗歌中描述的景物不再

---

① 郭绍虞：《历代文论》（第二册），上海古籍出版社，2001年，第424页。

② 张邦卫：《媒介诗学：传媒视野下的文学与文学理论》，社会科学文献出版社，2006年，第162页。

是纯粹的视觉事物。它就像一个水平的横向卷轴，引领你穿越空间。"① 数字时代下，中国古典诗歌依托慕课平台传播，向学习者展示的也是一种动态而充满活力的学习过程。传播介质的改变也反映了中国古典文学海外流传的新趋势，从专业的汉学译介和研究逐步面向大众普及。"中国人文"课程面向更为广泛的大众学习者，其传播媒介的变革综合数码多维传播形态，在蕴含图像视频、课堂研讨情景的视听资料中，诗歌单一的文字符号模式得到扩充；探究式和社交化教学模式的融合，促进了学习者个性化的学习体验，丰富了他们的内在阅读经验，有助于创造性思维能力的提升。

就国际慕课平台开设的相关课程来看，中国古典诗歌慕课大有可为。随着清华大学、北京大学等国内一流高校加入国际慕课平台，中国学者可以把握数字时代下的中国古典诗歌传播机遇，开设更多高质量的慕课，以促进古典诗歌在海外的流传，尤其是向大众学习者引介其亘古的诗学魅力。同时，国内学者还应思考在数字时代如何促成古典诗歌的海外研究，在西方文论参照下，把握中国文论话语的基本特征②，将中国古典文论批评话语创新地融入中国古典诗歌慕课的研讨，以促进中国古诗及古典文论研究走向国际学术前沿。

作者简介：

王凯风，电子科技大学外国语学院副教授，主要研究方向为比较文学与比较诗学。

---

① China Humanities：The Individual in Chinese Culture，2.5：A Discussion On Wang Wei's Poem，https://courses. edx. org/courses/course−v1：HarvardX+CHN12x+3T2017/course/.

② 曹顺庆：《当代西方文论话语反思与中国文论话语建设》，《人民论坛·学术前沿》，2017 年 11 月（下），第 92−97 页。

论数字化时代的外国文学教学[*]

成　立

摘　要：针对数字化时代给外国文学教学带来的机遇与挑战，任课教师要强化责任和担当意识，奋发作为。通过全方位的教学改革，不断更新教学观念，强化教学手段和方法的更新，促进网上交流和教学资源共享，创新学习考核评价机制，创造出外国文学教学的新境界、新高度，从而不断优化教学效果，提高专业人才培养质量。

关键词：数字化时代　外国文学　教学攻略

数字化时代是人类社会发展历史上的一个全新阶段，这一时代的诸多变化和种种特征，从宏观到微观，不仅给社会组织的各个领域和社会生活的方方面面带来巨大影响，同时也对社会成员的思维方式和行为模式产生重要的作用。就外国文学这门课程的教学而言，它同样不可避免地受其影响，既迎来机遇，也面临挑战。那么，如何正确有效地应对，则是从事这门课程教学的教师必须深入思考并需着力解决的共同课题。本文拟从这一角度，试作探讨。

一、数字化时代及其特征

有人称数字时代是电子信息时代的代名词，因为电子信息的所有机器语言都是用数字代表的，故将其美称为数字时代。^① 而数字化时代就是广泛运用数字化技术的时代。所谓"数字化"，指"在某个领域的各个方面或某种产品的各个环节都采用数字信息处理技术，即通过计算机系统，把文字图像等不同形式的信息转换成数字编码

---

　*　本文系四川省教育厅教学改革重点项目"网络背景下的外国文学全方位教学模式研究与实践"（川教函〔2014〕450号）后续研究成果。

　①　陈芳烈：《数字时代》，科学普及出版社，2009年，第1页。

进行处理"①。数字化时代是一个伟大的时代，尤其在传播领域，通过计算机存储、处理和传播的信息得到了最快速的推广和传播，使人类以更快、更便捷的方式传递人类创造的涉及政治、经济、科技、文化、教育等各个领域的一切文明成果②。同时，数字化时代打破了原有世界较为封闭的格局，使世界变小，全球化程度日益加深，为人类提供了更为有效的交往手段，促进了全球各国人民之间的交流和对话，达到了相互理解、团结协作、互识共融，共建人类"地球村"。数字化时代，也是一个充满风云变幻的时代，信息载体多，信息数量大，信息分布广，信息传递快，信息变化频繁，颠覆了传统的思维模式，改变着人们的行为方式。因此，数字化时代从本质上讲，是一个"开放、兼容、共享"③的时代。这一时代特征，影响到人类社会生活的各个角落、各个方面，以至对整个人类文化包括教育教学都产生了不可估量的影响。

二、数字化时代对外国文学教学的影响

就总体而言，随着数字化时代的到来、信息技术的普及，"外国文学"这门课程的教学，既迎来了很多机遇，也面临着不少挑战，具体表现在以下六方面。

一是有助于推动外国文学的教学改革。数字化时代的开放性和随之而来的计算机和信息技术的广泛使用，对外国文学教学中封闭的教学观念、僵化的教学模式、落后的教学手段、陈旧的教学方法，以及固定的教学管理模式等都提出了严峻的挑战，必须深化改革，方能与之相适应。因此，数字化进程对推进和深化外国文学教学的全方位改革，势必起到有力的促进作用。

二是有利于优化教学环境。数字化时代的到来，对教学环境的优化十分明显。过去，传统的外国文学课堂教学与其他人文社会科学课程的教学一样，缺乏先进的教学设施和设备，主要采用教师讲授、学生接受的单向输入方式来完成教学的全过程。④ 而在当今时代，计算机和多媒体设施在教室和实验室得到了普遍使用，教师以信息技术制作的大量图文并茂的教学课件引入课堂，使教学环境面目一新，得到了优化。这不仅为教师的课堂教学注入了全新的

---

① 中国社会科学院语言研究所词典编辑室：《现代汉语词典》（第 7 版），商务印书馆，2016 年，第 1219 页。

② 丹·希勒：《数字资本主义》，杨立平译，江西人民出版社，2001 年，第 17 页。

③ 鲍宗豪：《数字化与人文精神》，上海三联书店，2003 年，第 20 页。

④ 郭晓霞：《数字化语境下外国文学教学模式创新研究》，《大理学院学报》，2014 年第 11 期。

活力，也有力激发了学生的学习兴趣和学习热情，从而收到了良好的教学效果。

三是有利于教学资源的获取与共享。计算机网络的开通，为获取和共享教学资源提供了有利的条件。在过去，教师的教学准备和学生的阅读主要依赖于纸质文献资料，而这些资料的获取又大多依靠学校的图书馆、资料室。但藏书量毕竟有限，因此，不少教师在备课中常因资料的缺乏感到头疼，很多学生也因文本有限感到无可奈何。计算机的使用及网络的开通，正好解决了师生获取教育教学资源的燃眉之急，还为这些资源的共享开辟了广阔的空间，既方便快捷，又灵活自由，还解决了数量上的供需矛盾。这不仅为师生的教和学创造了优越的条件，也使师生的身心获得了解放。

四是有利于加强师生的互动与交流。加强师生的互动与交流是现代化教学中必不可少的重要环节和内容。而在传统的教学中，师生的互动与交流主要限于课堂，但由于课时紧，教学任务重，加之上课人数多，教师与学生的互动尤其是"一对一"的互动十分有限，而学生之间的学习交流则更少。如此，在教学中，师生之间无论是交流的频率还是深度都不够。而数字化时代，多种媒体如计算机、手机等，为师生建立起了网上交流的广阔平台，使师生之间、学生之间的交流不受时间、地点及场合的限制，真正实现了师生之间、学生之间交流的常态化，从而在教学中建立起一种新型的师生关系和生生关系。这对于教师高效率地完成教学任务，多方面地培养学生的学习能力，以及深入了解和掌握学生的思想状态和学习状况都大有裨益。

五是有利于发挥学生的主体作用。在传统的教学过程中，一切都由教师主导。外国文学这门课程由于内容多，课时紧张，任课教师会担心时间不够，几乎都是"一讲到底"，而学生忙于记笔记，成了被动接受的"机器"。随着数字化时代的到来，现代信息技术所具有的交互性打破了任课教师"一统天下"的局面，为学生的自主学习打开了一片自由的天地。在这样的环境下，学生能够主动参与学习全过程，还可以根据自身实际，选择适合自己的学习内容和学习方法，把更多的课余时间用于网上学习，这不仅大大扩充了学生的知识面，也减轻了学生的课堂学习压力，从而充分激发出学生的学习兴趣和积极性，真正发挥学生的主体作用。

六是有利于促进教学手段和方法的更新。在数字化时代，由于计算机和多媒体技术大量进入课堂，一度沉闷的课堂教学焕发出勃勃生机，从而为教师教学手段、教学方法的改善创造了有利条件。信息技术的广泛运用，使教师彻底摆脱了过去陈旧落后的教学手段的束缚和单一的、呆板的教学方法的窠臼。教师在教学中可根据不同的教学内容创设教学情景，制作教学课件，并根据不同专业学生的学习实际，采用更加适于提高学生素质和能力的优质教学手段和灵活多样的教学方法，从而优化教学效果，提高教学质量。

数字化时代的到来，给外国文学的教学带来了不少有利因素，但同时也给任课教师及教学带来了一定的困扰和挑战。如任课教师如何克服传统教学观念、教学模式、教学方法带来的惯性和惰性，而尽快适应新时代的教学需要，不被时代的发展所淘汰；如何提高自身运用计算机辅助教学的能力；如何面对浩繁的外国文学，优化教学内容，做到形式和内容的完美结合，制作出高质量的教学课件；如何引导学生正确处理课堂学习和自主学习的关系，维护正常的教学秩序；如何避免学生在学习中通过网络"走捷径"，而懒于动手、动脑，丧失刻苦勤奋、严谨求实的治学精神；如何有效引导学生将网上信息与纸质文本相结合，以便更好地根据世界不同国家、不同民族文学的精神内涵和艺术风格，深刻体悟不同作家作品的艺术魅力；如何通过与学生的互动与交流，建立起一种有利于学生成长和教师发展的新型师生关系。诸如此类问题，都需要教师在教学中高度重视，认真面对，着实解决，以扬长避短，趋利避害，使教学工作永远沿着正确的轨道运行。

三、数字化时代的外国文学教学攻略

在数字化时代，外国文学教学既迎来机遇，也面临挑战，任重而道远。因此，任课教师必须强化责任意识和担当精神，强抓机遇，直面挑战，不断深化教学改革，努力创造教学的新境界、新高度，以适应新时代外国文学教学的需要。

（一）不断更新教学观念

观念是行为的先导。深化教学改革，首先是观念的更新。在外国文学教学中，首先要树立教学的开放意识。一方面是学科上的开放性，也就是要具有国际眼光，在世界文学的大背景下观照各民族的文学，用关联的思维方式，来探究世界各民族文学之间的相互联系和相互影响。① 外国文学涵盖了除中国以外的世界上所有国家和民族的文学，因此必须树立起文学的全球化意识，用开放的眼光、博大的胸怀和包容的态度正确对待不同时代、国家、地域的文学成就以及不同作家作品的思想内容和艺术风格，并用辩证唯物主义和历史唯物主义的观点对其进行科学评价，取其精华，去其糟粕。另一方面是教

---

① 成良臣：《信息化时代新语境下的外国文学教学》，《四川文理学院学报》，2015 年第 6 期。

学方式方法的开放性。要打破传统课堂教学的壁垒，把课堂教学延伸到课外，包括鼓励学生通过上网聆听校外名师的课堂教学和邀请校外同学科专家来校讲学。要摒弃教师"满堂灌"的教学方式，加强师生互动，注意倾听学生的意见和看法，做到共同学习，共同提高。

其次，要强化学生主体地位。外国文学的教学涉及面广，内容浩繁，而教学课时有限，单凭教师的课堂教学是远远不够的，因此，必须充分调动学生自主学习的积极性。在教学中，要加强学生自主学习能力的培养。学生自学，一是为课堂学习做好准备，二是弥补课堂教学之不足，同时也有利于提高学生的主动思考能力。

最后，要突出教师的主导作用。外国文学时贯古今，地连五洲，作家作品汗牛充栋，灿若群星。文学思潮、文学流派五花八门，纷繁复杂，令人眼花缭乱。面对这样一个浩如烟海的庞大的知识系统，学生究竟学什么，怎么学，哪些须重点掌握，哪些做一般了解，任课教师必须给予正确的引导和指导，否则学生就无从学起，甚至会陷入一头雾水的困境。同时，教师还要特别注意对学生网上学习的指导，避免学生步入"阅读误区"。此外，外国文学作品良莠杂陈，精华和糟粕同在，这也需要教师给予指点，帮助学生提高辨识能力，做出正确的判断与评价。

（二）创新教学手段和方法

在外国文学的教学改革中，教学方法和手段的改革是重要内容，也是提高教学质量的重要途径。就本门课程而言，教学方法和手段的改革就是要在网络环境下建构一种开放性、互动式、多方位的教学新模式。[①] 为此，学校要根据现代化教学的需要，加大教学投入，更新教学设施，完善教学设备，优化教学环境。教师要充分发挥主观能动性，不断创新教学方式。

一是利用多媒体技术创设"情景课堂"。教师要科学把握教学重难点，制作高质量的教学课件，把丰富多彩、魅力无限的外国文学呈现在学生面前，以增强课堂教学的生动性、丰富性和趣味性，从而激活学生的思维与情感，提高教学效率，优化教学效果。

二是根据外国文学作品量大的特点，充分利用网络条件，在学生中大力提倡个性化阅读。北京大学教授曹文轩曾谈道："个性是阅读的关键，是阅读能否获得最大利益的根本。以前，我们只谈阅读，不谈如何阅读——即使谈

---

① 成良臣：《信息化时代新语境下的外国文学教学》，《四川文理学院学报》，2015 年第 6 期。

如何阅读，也很少会有人注意到个性在阅读过程中的那份举足轻重的意义。"①
因此，教师要从个性化阅读的角度，积极引导学生多读、精读文本，在积极
主动的思维和情感活动中，加深对文学作品的独特感受、体验和理解，从而
获得情感的熏陶、思想的启迪和审美的乐趣。

三是大力开展互动式、讨论式教学。学生的网上自学和个性化阅读，为
开展互动式、讨论式教学奠定了基础。教师应因势利导，在课堂教学中合理
安排时间，精心设问，多让学生回答问题，加强师生互动，锻炼学生思考能
力，激发学生的学习热情。同时要紧密联系课程内容中的一些热点问题、学
术问题，组织专题讨论，以启发学生展开思想碰撞，表达个人见解，从而培
养学生的学术意识，提高学生提出问题、思考问题、分析问题、解决问题以
及口头语言表达的能力。此类课堂教学改革，可谓一举多得，既提升了课堂
教学境界，活跃了课堂气氛，又促进了师生间的和谐共处、平等交流和教学
相长，更有利于课堂教学质量的不断提升。

四是课内课外相结合，经常开展与课程内容密切相关的"第二课堂"活
动。如举办外国文学沙龙、外国诗歌朗诵、外国剧作表演、学科小论文竞赛
等。在不断巩固强化专业知识的同时，提高学生的专业综合能力。

（三）促进网上交流和教学资源共享

建立网络平台，促进师生网上交流，既是对课堂教学活动的延伸，也是
对时间有限的课堂交流的有益补充。学生可以将平时遇到的疑难问题和感兴
趣的问题，通过计算机、手机等媒体发给任课教师，教师可根据问题的大小、
内容的多少和难易的程度，给予相应的回复，使师生足不出户就能实现教学
上的互动和交流。同样，学生的平时作业也可实行网上提交和评阅。教师可
以根据学生提交作业的先后，灵活安排时间进行评阅和信息反馈，从而减轻
教师集中评阅作业的压力，学生也乐于及时得到教师的信息反馈。这种交流
方式还可用于学生毕业论文的指导和批改，以及某些以开卷方式进行的期末
考查与考试。

同时，网络平台的建立不仅为师生的互动与交流提供了方便，也为教学
资源的共享创造了有利的条件。任课教师可借助校园网络，在学院网站上开
辟"外国文学教学"专栏，分享该门课程的相关教学资料，包括教学大纲、
学习提要、参考书目、作业与练习以及教师的教学视频、课件讲义等，为学
生的课前预习和课后复习提供参考。同时，任课教师要花大力气着力建设外

---

① 曹文轩：《个性是阅读的关键》，《语文报刊》，2017 年 12 月 19 日。

国文学教学资源库，对校外优质教学资料，包括本专业高质量的研究论文、学术专著、优质教材、精品课程录像等，以及相关的背景资料如音乐资料、美术资料、历史文化资料等，进行收集、整理，上传到资源库中，为学生的自学、完成作业和毕业论文撰写提供参阅和借鉴。这样既扩充了教学内容，又完善了教学手段与方法；既加深了学生对文学作品的理解，又提高了学生的文化艺术素养。[①] 此外，还可以把学生有价值的学习心得、优秀习作编入其中，为学生之间相互观摩、学习借鉴提供更多的方便。

网上交流平台的开通，有利于拓宽师生互动与交流的渠道，有利于激发学生学习的主动性、积极性，有利于教学资源的利用与共享，更有利于优化和提高教学质量，可谓高校教学平台上一道十分亮丽的风景线。

（四）创新学习考核评价机制

数字化时代的开放性和信息技术的广泛运用，使外国文学的教学从封闭走向开放，从单一的课堂教学延伸到丰富的课外学习，学生自主学习的积极性和能力明显增强，师生通过网络交流的程度不断加深。在这种现代化教学程度不断提高的情况下，教师对学生学习状态的考核和学习成绩的评价，必须打破传统的固定模式，即以一张考卷分等级，而构建起一种新的集开放性与综合性于一体的学习考核评价体系。

一是在对学生学习效果的考核中，要特别重视学习过程的考核，即把学习过程中的一些主要环节包括辅助性的教学活动，如课堂听课（出勤情况）、课堂讨论、课后作业、网上交流、创新实践等全部纳入考核范畴，并通过科学汇总作为评定学生平时成绩的主要依据。二是在期末考试方面，也要打破常规，尤其在考试内容上，要尽可能突出学生的个性化理解和创新思维以及分析问题、解决问题的能力，适度减少"死记硬背"的考题内容。三是在学生最终成绩的评定中，要合理设定平时成绩和期末考试成绩的占比，以各占百分之五十为宜。

上述综合性的考核评价方式，较为符合学生的学习实际，也较为全面、准确、公平、公正。这种考核方式，易于端正学生的学习态度，调动学生的学习积极性；也有利于避免某些学生不重视平时学习而在期末考试时采用突击式的死记硬背和猜题等方式侥幸获取"泡沫式"高分的不良现象，以促进学校优良考风、学风的建设。

总之，数字化时代的到来，为深化外国文学的教学改革注入了强大的活

---

① 陈梦：《论信息技术在外国文学教学中的运用》，《教育与职业》，2006 年第 12 期。

力，提供了有利的条件。作为外国文学的任课教师，理应勇立潮头，敢于担当，顺势而上，全力投入，奋发作为，努力开创外国文学教学的新境界，以适应时代发展的必然要求，满足当前学生对外国文学教学的接受、期待与借鉴的需求。① 这是我们义不容辞的光荣职责和十分可贵的价值追求。

作者简介：

成立，四川文理学院文学与传播学院副教授，主要从事外国文学的教学和研究。

---

① 李鹏飞：《外国文学课程教学的文化渗透研究》，《内蒙古电大学刊》，2009 年第 4 期。

数字媒介时代的视觉文本与审美文化

支 宇 主持

数字媒介时代的到来加速了当代文化的"图像转向"与"视觉转向"。尼古拉斯·米尔佐夫（Nicholas Mirzoeff）在《视觉文化导论》绪论中写的第一句话就挑明了我们所处的时代境遇："现代生活发生在屏幕上。"关于视觉文化的基本属性，他写道："不同的视觉媒体一直是被分开来研究的，而如今则需要把视觉的后现代全球化当做日常生活来加以阐释。包括艺术史、电影、媒体研究和社会学在内的不同学科的批评家们已经开始把这个正在浮现的领域称为视觉文化。"作为当代视觉文化研究的重要学者，米尔佐夫大力呼吁使用跨学科或"后学科"的研究范式与方法来应对这样的文化转型与时代语境。与西方一样，汉语学界许多学科的学者也在从不同的角度研究视觉文化：美学、文艺学、传播学、美术学、现当代文学、电影史、艺术学理论、设计学、社会学、历史学等等，不一而足。数字技术与数字媒介在很大程度上改变了这样的知识格局与阐释结构。显然，其内在原因不仅是数字技术与媒介的快速、便捷与易于编辑等特征——本雅明所谓的机械复制时代艺术作品的"展示价值"、居伊·德波所谓的"景观社会"、鲍德里亚所揭示的"拟像的进程"现象等，无不是对数字时代审美文化技术维度的超越，而将数字时代的信息、意义与快感作为文化研究的分析对象。

本专题秉持上述理论进路，跨学科地邀请多位学者从不同视域与问题意识出发来研讨"数字媒介时代的视觉文本与审美文化"这一话题。支宇的论文《具身观者与自由知觉——数字时代视觉认知的"具身性转向"》基于现代性视觉认知模式与机制的变迁来讨论数字时代视觉主体的"具身性转向"。现代视觉文化基于"暗箱"机制和焦点透视技术抽离了视觉主体的身体在场，在获得二维平面的精确再现效果的同时，将认知主体带入"知觉固化"的陷阱之中。当代数字技术与媒体形态发展的最重要价值在于将运动的身体、流动的视点与个性化的主体重新置入视觉文化的生产过程。彭彤和阳代娟的《文本、事件与交互：数字媒介时代的叙事设计》，从经典叙事学转向后经典叙事学，讨论了数字媒介时代的叙事设计问题，认为数字技术有力地推进了视觉传达设计的叙事转向，设计不再遵循功能主义原则，而是将叙事学的相关概念引入设计，从而使设计活动与设计文本变得更加开放和多元，并且恢复了设计与现实之间的关系以及设计与公众之间的互动与交流。石磊和薛蕾的《数字时代的媒介仪式与粉丝文化——以周杰伦粉丝超话事件为例》，探讨数字时代媒介仪式与粉丝文化的关系。特别值得注意的是文章潜在的技术美学逻辑，它根据媒介的不同将粉丝分为古典时期粉丝、经典时期粉丝和新媒体时代粉丝，进而以周杰伦粉丝超话事件为个案深入分析了粉丝文化在新媒体语境下的新特征和文化生产的新模式。李天鹏和杨玉华的《屏幕中心主义：桌面电影的历史、困境与观看机制》，聚焦"桌面电影"这一数字媒介时代的全新电影类型，在梳理桌面电影的历程、困境与观看机制的同时，与第一篇文章"具身观看"的观点相呼应，将"具身性"作为桌面电影未来制作与生产的重要方向，认为桌面电影只有与当代数字化荧幕产生更为紧密的关系，才能增强观众的观影沉浸感。董树宝的《数字时代的拟像秩序与理论谱系：从柏拉图、福柯到鲍德里亚》，将拟像理论和话语谱系的梳理作为阐释目标，在将鲍德里亚置入诺曼·布列逊所谓"形象史"思想发展长河中进行回溯与辨析的同时，阐述了鲍德里亚"物体系""符号制造术""拟像"和"超真实"等术语对当代文化研究、媒介研究、艺术理论和社会理论的重要影响。相反，刘丽娟和郑轶的《数字媒体时代艺术作品文本存在方式的嬗变》，则运用大量的数字艺术作品与审美现场的生动案例来辨析数字媒体时代艺术作品文本存在方式的嬗变，指出艺术品文本随着数字技术的变动而产生出从静态向动态、从单一到交互、从空间固定到时空位移等的多重趋向。

　　总之，数字媒介时代从技术手段与文本存在方式的基础性层面，全方位地改写了当代视觉文本与审美文化在信息传达与意义生产等多元维度的根本面貌。将这几篇论文归为一个专栏，其目的与其说是要为大家呈现一些已经成为定论的规律与定理，不如说是为了启发读者思考，以期让"数字媒介时代的视觉文本与审美文化研究"这一理论问题在跨学科研究中得到进一步的深化，正如罗兰·巴特所说的那样，"从事交叉学科研究的关键在于创造一个新的对象，而这个对象不属于任何一个学科"。

具身观看与自由知觉

——数字时代视觉认知的"具身性转向"*

支　宇

摘　要：数字时代视觉文化发生"图像转向"以后，在视觉机器的助力之下，文化工业和图像产业从业者可以轻易、快速而高效地从事一切形象生产。作为人类个体心智和身体和谐运作最精妙的活动之一，视觉艺术如何重建视觉想象力，如何反抗以传统透视主义为核心的视觉中心主义观看机制与图像专制？从当代艺术理论与创作实践看，以具身观看与身体经验为导向来部署与重建自由知觉是视觉文化回应时代课题最为重要的理论进路。

关键词：视觉文化　具身观看　图像转向　自由知觉

1970 年 2 月 25 日，当奥利弗·斯坦克（Oliver Steindicher，美国抽象表现主义画家马克·罗斯科的助手）步入工作室的大门，旋即发现罗斯科（Mark Rothko）早已停止了呼吸。第二天，警方确定其为自杀，因为尸检报告显示罗斯科割腕以后还服用了大量的巴比妥类药物。令人唏嘘的是，仅仅三个月以后英国伦敦 Tate Modern 美术馆永久陈列的罗斯科空间正式拉开帷幕。一个将自己的名字深深刻写在当代艺术史上的优秀画家，就这样离开了他热爱的世界。

从 20 世纪绘画史的发展来看，罗斯科的自杀，不仅是他个人的人生悲剧，更像是视觉转型时代一个关于绘画艺术生存危机的隐喻。这位毕生挚爱架上绘画的艺术家事实上以自己的决绝行为向当代艺术理论提出了一个巨大而深刻的疑问。这个问题是，随着照相、摄影、信息传播等现代影像技术的迅猛发展以及现成图像的大规模增

* 本文系 2020 年度教育部人文社会科学研究一般项目"新中国美术七十年乡村叙事的区域分化、在地性与空间政治研究"（20YJA760114）、四川大学创新火花库重大项目"中国当代美术的区域分化与空间认知"（2019hhs−24）和四川省教育厅"视觉艺术与认知科学跨学科交叉课程建设"（SCGJ2018071）的前期成果。

殖与泛滥，作为人类最古老的个体性与手工性艺术门类，视觉艺术究竟还有着什么样的价值、意义与存在的必要性？进而，视觉如何在图像专制与视觉规训的时代境遇中重获作为"自由知觉"的位格与性属？显然，这不是罗斯科个人的疑问，也不是 20 世纪艺术家们才会追问的问题，它同样也是我们这个时代一个严重甚至更为迫切需要得到回答的问题。

一、图像转向与影像的剥夺：为视觉想象力而奋斗

只有回顾艺术史，我们才能理解罗斯科割腕离世的苦衷、追问与深意。罗斯科离世前后，正是以安迪·沃霍尔（Andy Warhol）为代表的波普艺术声誉鹊起的时代。众所周知，20 世纪 50 年代末，波普艺术诞生于英国。英国艺术家理查德·汉密尔顿（Richard Hamilton）创作的拼贴画作品《究竟是什么使今日家庭如此不同、如此吸引人呢?》（Just what is it that makes today's homes so different, so appealing?）在伦敦题为"此即明日"（This is Tomorrow）展览中的展出是波普艺术诞生的标志性事件。按汉密尔顿的说法，"波普"意味着流行、青春、廉价、易逝、量产、有趣、性感、有魅惑力等特征与因素。归结起来，波普艺术是绘画艺术主动适应现代消费社会背景的艺术征兆。从汉密尔顿到利希腾斯坦（Roy Lichtenstein），从罗森奎斯特（James Rosenquist）到大卫·霍克尼（David Hockney），从安迪·沃霍尔到杰夫·昆斯（Jeff Koons），1960 年以来著名的波普艺术家们不仅在艺术观念上有意识地运用现成商业活动和大众文化的流行图像，而且还在进行艺术创作和图像生产过程中大量运用摄影照相和丝网印刷等图像复制技术。显然，作为传统手绘艺术的最后一代传人，抽象表现主义艺术家罗斯科面对这样的社会境遇与文化景观，一直感到焦虑不安，甚至愤愤不平。

不能不说，罗斯科确实不愧为一个对艺术处境与生存状况极为敏感的艺术家。他在波普艺术产生的最初阶段，就已经预感到了一个大众图像时代的来临。他的决绝反衬的无疑是这个时代的强悍与嚣张。20 世纪视觉文化的这一基本特征与趋势在当代文化批评家 W. J. T. 米歇尔那里被提炼为一个极为简洁有力的命题："图像转向"（Pictorial Turn）。自从 1994 年米歇尔在《图像理论》一书中提出这个命题以来，视觉文化与当代传媒学界出现了各式各样的诠释路径。为了回应 20 余年以来批评界这些众说纷纭的观点，特别是那些望文生义的理解，米歇尔专门为 2018 年出版的中文版《图像何求？——形象的生命与爱》一书写了针对性很强的前言：《致中国读者：形象科学的四个基本概念》。在这个前言中，米歇尔指出，图像转向并非仅仅是一种现代性现

象，不能将它局限在当代视觉文化领域。"图像转向是从词到象的转向，并不是我们时代特有的。"也就是说，它涉及的其实是文字与图像之间的关系，是对理查德·罗蒂（Richard Rorty）所说的"语言学转向"的接续。"形象（不仅视觉形象，还有词语隐喻）已经成为我们时代的一个迫切问题，不仅在政治和大众文化中（在此领域它已经是一个尽人皆知的问题），而且在关于人类心理和社会行为的普遍反思中，以及在知识结构自身之中。"① 对于米歇尔所说的"图像转向"这个"迫切问题"，法国视觉文化批评家雷吉斯·德布雷（Régis Debray）则提出"视像时代"一词来描述当代文化的基本属性，并将其归结为"眼见即实"（What you see is what you get）的文明或时代。这个时代有着全新的视觉法则与秩序："视觉时代的方程式：可见＝现实＝真相。"② 德布雷在人类文明从"偶像时代"到"艺术时代"再到"视像时代"的演进中看到了"视频专制"时代的来临：当代人正将图像等同于现实，将"可见的"等同于"真正的""不可变更的"或"天然正当不容置疑的"，其结果必然是，"不可见的东西"彻底消失，变得完全没有任何意义。在这样的时代，什么是我们最为迫切需要解决的问题？德布雷认为，那就是要重建视觉想象力，就是要反抗图像，反抗"眼见即实"的图像－话语逻辑，而"为想象力而奋斗"就意味着与"一切皆图像"的社会现实进行反抗和斗争。

　　图像转向以后，视像时代的绘画艺术直接承受着当代影像技术的剧烈冲击，其强度根本不亚于以语言文字为主导媒介的文本文化所面临的境遇。法国思想家维利里奥（Paul Virilio）认为，继望远镜、显微镜、照相机、摄影机等形形色色影像设备与遥感卫星、电子网络远程传输装备出现以后，以暗箱机制为核心原理的视觉机器极大地增强了我们观察与掌控图像与世界的能力。这些"技术义肢"成为主体最有效的探测、接受与传递信息的工具，它们为主体所创造和运用，但是很快异化为主体极度依赖之物，甚至成为人须臾不可离开的东西，直至内化为主体身躯的一部分。③ 作为人类个体心智和身体和谐运作的精妙活动之一，架上绘画被视觉机器剥夺了逼真、肖似、形象、尺度和速度以及难度与偶然性等优势与特征。经过图像制作的大规模剥夺，这些"技术义肢"还留下一些什么给画家们呢？也就是说，在视觉机器的助力之下，文化工业和图像产业从业者可以轻易、快速而高效地从事一切形象

----

① W. J. T. 米歇尔：《图像何求？——形象的生命与爱》，陈永国、高焓译，北京大学出版社，2018年，第 XI 页。

② 雷吉斯·德布雷：《图像的生与死：西方观图史》，黄迅余、黄建华译，华东师范大学出版社，2014年，第325页。

③ 保罗·维利里奥：《视觉机器》，张新木、魏舒译，南京大学出版社，2014年，第27页。

生产，那么，缓慢、不准确、非标准化的个人架上绘画究竟如何证明自己的存在意义与价值？

二、作为 Painting Flatbed 的身体与知觉经验

无论有意还是无意，当代艺术事实上一直在试图回答这个问题。甚至可以说，活跃在印象派和后印象派以来现代艺术史长河中的艺术家们或明或暗地都在回应着这个视像时代的根本性问题。联想到罗斯科，远的不说，即使是抽象表现主义和纽约画派自己，在面对图像转向这一强劲的视觉机制扩张和演进的时候，也努力在观看方式与表征方式上进行着程度不同的调适和顺应，直至抵达反向对抗的境地。

与罗斯科相比，同为抽象表现主义艺术家的杰克逊·波洛克（Jackson Pollock）更多地以走向身体、走向知觉经验的全面激活与在场，来回应这个视像时代的图像专制。作为行动绘画的代表性艺术家，他以反写实的、巨幅的"颜料滴淌"画面来对抗光滑、平整而类同的客观化图像霸权。波洛克引入了"身体的在场"，他热衷于表现特定时刻的生命感受与知觉经验，画笔、棍子，抑或盛在罐子中的颜料成为他记录身体知觉并在二维平面上留下印迹的手段与方式。从图像表征过程看，行动绘画没有先行于艺术表达的先验在场：无论是再现对象还是理念意识。当代文化场域中，大众流行图像的生产与再生产已经远离了目光的观看：影像机、监控器、镜头代替了主体的眼睛在观看世界与感知事物，没有体温、没有个性的观看被大批量生产制作出来。然而，在波洛克这里，他的绘画不再依赖于艺术家静止的观看来阅读世界，不再通过画笔，而是通过剧烈的身体运动来创作。传统架上绘画指尖微妙的手感与心绪在波洛克的创作过程中被放大为手臂和腰肢的摇晃、抛甩与扭动，甚至整个身躯的奔跑、跳跃与翻滚。与其说波洛克的行动绘画是在反抗传统绘画的透视方式和错觉主义，不如说他是在以一个独特的方式来回应那个时代开启的图像专制。通过将身体知觉的彻底导入，美国当代艺术批评家哈罗德·罗森伯格（Harold Rosenberg）和列奥·施坦伯格（Leo Steinberg）都分别指出了波洛克行动绘画所具有的超出现代性绘画的重要艺术史意义，认为他呈现了抽象表现主义希望从格林伯格凝固的现代绘画"平面性"法典中出走的焦虑与决心。比如，施坦伯格就提出"平台式画面"（Flatbed Picture Plane）的概念来描述抽象表现主义之后当代艺术的新趋势。"平台式画面的东西，远不止是一种表面特征，如果它被理解为一种绘画中的变革，这种变革改变了艺术家与图像之间、图像与观众之间的关系……远远超出了绘画平

面，或绘画本身的问题的变革的征候。这是艺术震荡的一部分，它足以使所有纯粹范畴变得不纯粹。"① 按施坦伯格的说法，"平台式画面"可以将画家的艺术表现导向绘画活动本身，而不是那些绘画活动之已经存在的内容和观念，不仅传统架上绘画再现生活的理论与技术化为乌有，而且也与格林伯格式的"不可还原的纯粹平面性"现代绘画拉开了巨大的差距。作为一个全新的艺术史术语，"平台式画面"超越了抽象与具象、表现与再现、波普主义与现代主义，成为架上绘画走向包括装置、现成品和行为等非架上艺术的重要理论契机。也就是说，施坦伯格所言之"平台"概念当然不同于"有深度的"传统绘画，同时，它也与格林伯格的"平面"截然不同。"平台"（flatbed）之所以异于或者说优于"平面"（flatness），最根本的一点在于它引入了身体知觉这一决定性因素。其结果是，施坦伯格的艺术批评得以超越格林伯格而将诺兰德、史特拉、劳申伯格和安迪·沃霍尔一起拉入当代艺术叙事的论述领域与对象当中。

从遗忘身体到发现身体、从漠视媒介到突出物性、从限制视角到拓展视角……当代艺术所有创新性发展都是反抗图像专制这一根本目的的体现方式。视觉机器的诞生及其对主体观看器官的替换并非人类视觉史的常态。虽然西方逻各斯中心主义哲学家一贯推崇视觉与真理的内容关联，虽然视觉现代性本身必然源出于西方审美感知的视觉中心主义传统，然而，追溯思想发展史，我们仍然能够观察到一道隐秘的精神足迹——从哲学家亚里士多德、贝克莱到康德，从形式主义艺术理论家李格尔、沃尔夫林到福西永，在他们的思与言中，我们不断读到关于触知、听觉和视觉等对于心理认知与心智发展重要作用的关注，读到对视觉与其他身体感知联系的讨论。比如英国经验主义思想家贝克莱的视觉理论就曾经被现代视觉中心主义的认知理论所漠视与淡忘。事实上，贝克莱在知觉经验上坚持用联想主义的整体观察来解释人们对现实世界和周围事物的感觉与认知。在空间或深度知觉问题上，贝克莱在《视觉新论》一书中细腻分析出它与架上绘画的观看机制具有密切关系，因为二者都是以二维平面来再现三维空间的现象。只不过，架上绘画使用的是二维画面，而在日常生活的观看行为中，人们使用的是生长于眼睛底部的视网膜而已。与其他经验主义者不同，贝克莱认为，知觉空间的深度意识并不是纯粹的观看活动与视觉印象，它的产生事实上是包括视觉在内的整个身体多种知觉共同运作而产生的结果。"能提示距离的各种观念，共有数种：第一就是由

---

① 列奥·施坦伯格：《对批评状态的反思（另类准则）》，安静主编，《白立方内外：ARTFORUM当代艺术评论 50 年》，生活·读书·新知三联书店，2017 年，第 131 页。

眼的运动而来的感觉。"① 贝克莱特别指出，除了视觉，距离产生于身体知觉的综合。在他看来，人们的深度经验和空间纵深意识其实上依赖于视觉印象、触觉记忆，还有身体运动感觉的联动。贝克莱分析说，有关运动的感觉与记忆，当然与眼睛的观看与注视有关，但它不可能简单地产生于身体静止的生理经验。相反，人类的三维性的深度意识与运动感觉必然基于人们在不同时间点与距离对某些对象的觉知。每一次移动或角度的变化都会导致观察对象在主体知觉系统中留下不同的印迹，反复多次的运动经验与身体移动通过走向物体、触及物体的连续感觉经验与眼肌感觉最终形成一种统一的知觉关系。

既然身体知觉经验是整体性的，是包括视觉、触觉、运动感觉等多种知觉经验共同运作的结果，那么，现代绘画的视觉中心主义就必然会在审美感知综合性系统这一生理学基础层面崩塌。格林伯格苦心经营的现代主义绘画平面性这一壁垒也因现成品和行为艺术等超视觉因素的渗入而断裂和解构。从目光的观看到身体的触知，从静观的凝视到空间的移动，艺术的表现与欣赏发生了感知方式的根本挪移，身体的在场与知觉经验成了艺术作品创作与展示的重要维度。艺术家的直觉活动得到思想家梅洛－庞蒂等现象学家的理论支援，他在《知觉现象学》和《眼与心》等著作中对塞尚等艺术家的论述重写了审美活动的身体、知觉、主体、表达和世界等观念与看法。世界的展开不是感知主体与物理现象之间的单向度认识关系，而是身体居间和知觉经验在场的可逆性艺术关系。梅洛－庞蒂通过身体现象学理论来讨论身体与观念、知觉与意义的关系。我们的身体不是精神与意识的物质性存贮空间，它将人生在世的所有感觉、知觉、情绪、记忆、理解力与物理环境、社会氛围与历史文化有机地纽结为一体，是一切意义表达的原始发生场与艺术表达的动力源。在他看来，艺术家的第一次创造既是对身体知觉经验和原初蛮荒世界的直接呈现，也是对表达方式与手段的全新创造。"在巴尔扎克或塞尚看来，艺术家不满足于做一个文化动物，他在文化刚刚开始的时候就承担着文化，重建着文化。他说话，像世上的人第一次说话；他画画，像世上从来没有人画过。"② 梅洛－庞蒂将身体和知觉经验作为艺术创作的源头，在艺术批评家看来，这正为施坦伯格的"平台式画面"平整出和构筑起一个现象学哲学坚实的理论地基。这样，身体意向性和知觉经验必然成为当代艺术创作的奠基性因素，架上艺术也必然会基于这个根本性的绘画平台（painting flatbed）而获得进一步创新的动机与力量。

---

① 贝克莱：《视觉新论》，关文运译，商务印书馆，2017 年，第 30 页。
② 梅洛－庞蒂：《眼与心》，刘韵涵译，中国社会科学出版社，1992 年，第 53 页。

三、眼、手、心：从感觉的逻辑、笔触的痕迹到云的理论

如果将我们的思想视野从非架上艺术收回到架上绘画上来，图像转向之后的造型艺术如何在二维平面上持守眼、手、心之间古老的游戏、技艺与生命感觉？

受梅洛－庞蒂《眼与心》的影响，美学家德勒兹（Gilles Louis Rene Deleuze）在《弗兰西斯·培根》一书中专门列出《眼与手》一小节来讨论英国当代著名画家培根（Francis Bacon）在图像时代语境中的"感觉的逻辑"。德勒兹一开始就承认，艺术理论一直对绘画有着两条对立的思考路径：通过线条与通过色彩、通过观看/视知觉与通过手工/触知觉。然而，在进一步的分析中，为了更加贴近培根的绘画经验，德勒兹并没有受制于上述传统艺术理论的二元对立，而是更为细腻与深入地将绘画行为中身体的感知与运用或视觉与触知的关系列举为四种形态："数码的、触觉的、纯粹意义上的手的，以及触觉般的视觉的。"[①] 在上述四种形态当中，"数码的"是纯粹化的视觉方式，它最明确地体现了主体工具性操作活动过程中"手对眼睛的从属：视觉变得内在化了"。在纯粹数码化或计算性的活动中，作为人身体的一部分，手被简化到了"手指部分"，只作为有针对性的选择对象，并且仅作为与纯粹视觉形式相对应的部位才能显现与存在。这表明，德勒兹对当代视觉霸权的艺术知觉形式有着高度的警觉。最值得注意的是，德勒兹在这里提出了"触觉的视觉"这一独特概念，用以描述这样一种状态："视觉本身在自己身上发现一种它所具有的触摸功能，而且这一功能与它的视觉功能分开，只属于它自己。"从触觉的视觉功能这个视角出发，德勒兹创造性地挖掘出培根绘画艺术独特的审美特征与当代价值。德勒兹的意思是，培根在他的创作中找到了介于具象与抽象、再现与表现、身体与观看、手与眼之间的第三条道路，他用一种具有触摸能力的视觉来取代纯粹化的现代性观看，从而以一种"感觉的逻辑"重塑了西方当代架上绘画的新面貌。

培根绘画的线条与笔触突破了单纯的视觉感知，动荡欲望与身体冲动被他那富有触觉特征的视觉语汇书写在画面之上。与培根相似，另一位英国当代著名画家卢西安·弗洛伊德（Lucian Freud）也擅长用角度、笔触、光线与线条等造型手段来增强绘画不同于人物照片的独特魅力。弗洛伊德的素描作

---

① 吉尔·德勒兹：《弗兰西斯·培根：感觉的逻辑》，董强译，广西师范大学出版社，2007年，第182页。

品更能够体现他有意识地将个性化视点、手感与线条作为中介来激活知觉经验与描绘对象之间的原初存在论关系。与传统画家不同，弗洛伊德在进行创作的时候并不是先画素描再画油画。恰恰相反，他的做法是画完油画以后再画素描，素描不再被当作创作的准备阶段而存在。在弗洛伊德这里，素描具有独立于油画创作的独特的艺术价值。当代美学家吕克·南希认为，线描存在于"在手和痕迹之间，在铅笔、鹅毛笔、圆珠笔或炭笔的冲力里，在那个从手走向痕迹，又从痕迹流回，让手再次弯曲的运动中——在这一切当中，一种冲动被轻轻地敲打，一种能量从整个的文化和历史中积聚，关于世界的一整个思想或经验开始从线痕的振动中聚焦起来"①。弗洛伊德的素描创作正是他贴近身体、融入知觉经验的手段之一，对他来说，"素描就是性感的和感性的惊叹"。弗洛伊德的线描穿行在艺术家与世界的身体之间，它构成着富有体温的知觉世界，将观看者从单纯的视知觉那里激发出来，投入到更具冲动与欲望的身体动姿当中。

根据法国艺术史家于贝尔·达弥施（Hubert Damisch）的研究，在西方油画史上，受制于透视体系的理论原则，文艺复兴以来的艺术一直努力排除对云层的表现。对这一艺术史叙事的惯常句法，达弥施通过对埋没在文艺复兴绘画史研究中的科雷乔来重新进行思考。在达弥施看来，作为第一位"巴洛克画家"，科雷乔在巴洛克风格盛行一百多年前就已经自觉在湿壁画巨作中努力表现云，并能通过对透过云层那些"光线的魔力"的表现开创了一种不同于经典线性空间透视法则的艺术方式。在《云的理论》一书中，达弥施写道："云是科雷乔的绘画语言中几个关键的词汇之一……云的结构是非常吸引他的，既因为它们的可塑性，又因为借助于它们，他可以对身处其中的人或物进行任意的调配，分离或混合在云层里的人物就不再受万有引力的影响，也不受单一的透视原则束缚，同时又可以任意缩短、变位、变形、顿挫、拉近，把杂七杂八的事连到一起。"② 达弥施是一位视觉文化理论家，他的"云理论"在文艺复兴艺术史中发现西方艺术史早已经蕴含着对抗单一透视原则的根苗与源头。如果说他在视觉研究领域中成功地践行了福柯的"知识考古学"，那么，施坦伯格对毕加索的研究则更具有视觉艺术研究原本就有的朴实性。

从身体美学角度看，施坦伯格在《阿尔及利亚女人与一般意义上的毕加索》一文中揭示了现代艺术对西方传统透视法则的冲击与改写，其思想视野

---

① 让-吕克·南希：《素描的愉悦》，尉光吉译，河南大学出版社，2016 年，第 118 页。
② 于贝尔·达米施：《云的理论：为了建立一种新的绘画史》，董强译，江苏美术出版社，2014 年，第 17 页。

与其说是从沃尔夫林以降形式主义的反思，不如说是知觉现象学视角对原初审美感知的回归。《阿尔及利亚女人》是法国浪漫主义画家德拉克洛瓦的名作，对后世艺术家与批评家有着很强的吸引力。1954 年 12 月到 1955 年 3 月间，毕加索一共创作了 15 幅向这幅浪漫主义经典名作致敬的作品。施坦伯格的分析回避了生平与心理分析的阐释学原则，而是从视知觉与透视观的局限来进行讨论的。在人体题材作品中，毕加索立体主义绘画的艺术史贡献不是什么全新的问题，而是对透视主义传统的又一次挑战和反思。总结起来，施坦伯格认为 15 幅《阿尔及利亚女人》集中体现了毕加索一个"最为隐秘的追求"，不是他的性冲动，也不是他简单地将立体主义造型语言扩展至人体题材的意义，而是如何在传统透视主义造型语言体系里全方位地再现人物："同时将睡者的姿势安排成俯卧与仰卧的样子；换句话说，让她同时可以从正面与背部被看到……而不发生身体的肢解，不发生各个侧面的分享的情况，而是作为一个紧凑的、轮廓分明的身体……"① 为了全方位再现人物对象，毕加索对阿尔及利亚女人的立体主义与传统架上绘画的其他四种表现方式一一进行了研究与拓展："连续的正面与反面""从一面镜子里反射出的反面""呈现在舞台后部另一个敏感者眼里的同一个对象"和"像蛇一样扭转的人物"。但毕加索的立体主义绘画仍然受制于固定视点的经典透视法则，在这里，目光的观看获得了多个视角，但是身体本身的移动仍然没有得到表达。换句话说，身体，作为原初知觉载体的身体，以及与身体融为一体、一气贯通的世界和对象仍然没有得到全方位的呈现。它们呼唤着新一代艺术家以新的方式来进行创作与表现。

四、数码电子设备时代艺术的"视觉落差"与身体触知

英国当代艺术家大卫·霍克尼（David Hochney）就是时代呼唤出来的反抗单一透视观念的最有代表性的一位画家。与毕加索的立体主义语言方式不同，作为一位本雅明所谓"机械复制时代"的艺术家，霍克尼用一种更具有时代感觉的表现手法——拼贴，来营造多点透视和自由观看的视觉效果。"拼贴本身就是一种绘画形式。我一直觉得它是 20 世纪伟大深刻的发明。将一层时间叠于另一层时间之上，不是吗？"②

---

① 列奥·施坦伯格：《另类准则：直面 20 世纪艺术》，沈语冰、刘凡等译，江苏美术出版社，2013 年，第 167 页。

② 马丁·盖福特：《更大的信息：戴维·霍克尼谈艺录》，王燕飞译，上海人民美术出版社，2013 年，第 120 页。

1986 年，霍克尼展出了著名的《梨花盛开的公路》，这件作品由艺术家用几十张不同的照片拼贴而成。虽然没有身体的直接在场，但是，构成画面的每张照片都是霍克尼亲自拍摄完成的，它们留存着不同时间、不同距离、不同心绪中的身体情状。作为知觉经验的印迹，这些重重叠叠的拼贴照片让"一层时间叠于另一层时间之上"，仔细看去，表面统一的视点实际上重合着几十个不同的视点，传统单一视角的透视在霍克尼艺术作品中易容为与毕加索作品异曲同工的艺术效果。

对摄影和照相的巧妙运用是霍克尼以经典透视法则之矛攻经验透视法则之盾的惯常手法。在《落差：经受摄影的考验》一书对摄影与电影的讨论中，达弥施提出了"落差"这个非常新颖的概念来分析当代画家面临的处境。所谓"落差"，"首先指的是摄影以及作为它后代的电影在闯入艺术实践之后造成的层面的断裂。这一断裂体现在话语上：在谈论'艺术'以及艺术史的时候，已经不能不考虑到这一图像制造，乃至模仿或表现的制造的机械、化学和工业形式的闯入。……从此以后，我们再也不能假装认为，这些实践是处于同一层面上的"[①]。摄影当然不能代替绘画，但是，我们却不能无视摄影对绘画所产生的革命性影响，达弥施形象地指出，绘画与摄影之间有着文化空间和表征方式的"落差"和"坡度"。霍克尼正是一位敢于正视与直面当代视觉机器的艺术家，他在自己的创作中不断地寻找单一透视原则之外的其他可能性。在他的作品面前，传统透视法则显现出它的刻板、教条与公式化：它只能将我们丰富的知觉经验凝固为一个通向画面背后那个虚构的视线"没影点"，所有能够持续引发我们生命经验和情感感受的真正艺术性因素都消失在画面那些僵硬的空间与造型技巧之外了。

技术与艺术究竟是一种什么关系？当代绘画对身体知觉的回归是否一定意味着对电脑、网络、Photoshop、iPad 和虚拟现实等当代图像技术的对抗？霍克尼对此的回答是否定的。他一边反抗单一透视原则，不断向原初知觉经验回返，一边却又追踪着当代图像技术与手段，试图让当代电子产品与技术艺术化与肉身化。在晚期作品中，霍克尼出人意料地尝试使用 iPad 来进行创作，他试图在光滑、平整、模式化的电子屏幕中重新唤起身体全面的知觉系统。作为 iPad 暗箱视觉中心主义的技术义肢，iPad 绘画设备无疑继续延伸着传统暗箱式的观看机制及其对原初知觉经验丰富性的剥夺。霍克尼的努力显然是反向的，他尝试让手的触摸、移动与捧举等身体运动的轨迹能够像传统

① 于贝尔·达弥施：《落差：经受摄影的考验》，董强译，广西师范大学出版社，2007 年，第 vi—vii 页。

绘画媒介一样留存在内存、硬盘和电子显示屏上。他甚至还用 iPad 设计师提供的电子光笔，这显然是试图将工业化的电子产品通过身体知觉转化为身体知觉部署过程中的一个环节。从笔触的模式化风格看，iPad 画板无疑是电子性的类艺术介质，无论是巴洛克的动感色块，还是安格尔温润光洁的光线效果，或是凡·高热情奔放的线条，一切艺术语言实质上都在计算机二进制代码和算法的掌控当中。然而，霍克尼的创作证明，电子光笔和触摸屏与身体知觉并非水火不容，iPad 作品中的每一个笔触照样能够记录出电子设备与身体感知之间的交融性关系，虽然不如传统绘画媒介那么丰富与无限，但也能充分体现出艺术家的身体在与电子产品接触中的个体化知觉经验。他的探索表明，科技进步只要不发展为唯科技主义或工具理性至上主义，就并非身体感知系统必然的对立者与摧毁性力量。

从西方当代艺术发展看，我们曾着重从艺术创作与实践的角度简略梳理过 20 世纪西方当代艺术从视觉中心主义向身体知觉开放的审美动向："从身体的物感空间到身体触知的文化记忆，再到笔触的欲望机制，世界范围内的当代艺术所孜孜探索的其实是对现代视觉霸权中心机制的逃离以及艺术认知过程中身体触知回归的可能性。"[①] 西方如此，中国当代架上绘画又何尝不是如此？20 世纪 80 年代以来，中国当代艺术架上绘画实践多有变迁，从乡土写实到"85 新潮"，从古典主义到新生代，从超级写实主义到表现性绘画，从波普艺术、卡通趣味到重大历史题材创作，所有成功的艺术创造都有意无意地呼应着身体知觉经验的重现与回归。21 世纪以来，受数字媒介迅猛发展的影响，中国社会全面进入"后真相"时代，"'后真相'现象隐含的重大理论问题是，当今求'真'问题的主要对立范畴由'谬'向'伪'发生转向"[②]。要应对虚拟化数字传媒所引发的"后真相"，重建身体的在场与真实的空间经验无疑是最为有效的路径与手段。只不过，正如霍克尼在《隐秘的知识》中所言，时代的紧迫性尚未为中国当代艺术理论与批评照亮这个潜在而隐秘的知觉线索。

割腕离世前一年，罗斯科于 1969 年接受了耶鲁大学颁给他的荣誉博士学位。在颁赠仪式上，66 岁的罗斯科回顾了自己孤独奋斗的青春时代，他既而感慨道："这是一个冗词赘语、混杂和消费的时代。我们相信那些从事艺术的

① 彭彤、张莹：《当代艺术的身体知觉视角》，《文艺研究》，2018 年第 2 期。

② 胡易容：《"后真相"时代传播符号的"意义契约"重建》，《湘潭大学学报（哲学社会科学版）》，2019 年第 4 期。

人们，都渴望找到一种安详而宁静的状态。"[①] 消费社会时代必然混杂与充斥着形形色色的商业图像，痴迷身体知觉与绘画的罗斯科不见容于这样的文化景观与时代氛围。他极端的选择与他的个性有关，也与他的家庭变故和心理情绪有关，不过，其深层次原因则在于 20 世纪以来西方社会全方位扼杀身体知觉的视觉中心主义图像专制这一时代艺术氛围。我们当然不必赞美他的偏激，也不会简单认同他所渴望的安宁与宁静。面对自由知觉与视像专制时代之间的冲突，我们关心的是，人们从他的叩问中是否意识到绘画与摄影、"具身观看"与"视觉规训"之间的视觉"落差"与"坡度"，是否瞥见原初知觉世界的自由性、丰富性和不可见性？抑或，我们已经隐约听到了身体经验作为自由知觉本源的隐秘召唤？

作者简介：

支宇，四川大学艺术学院教授、博士生导师。

---

① 马克·罗斯科：《艺术何为：马克·罗斯科的艺术随笔（1934—1969）》，米格尔·莱米罗整理，艾睿尔译，北京大学出版社，2016 年，第 253 页。

文本、事件与交互：数字媒介时代的叙事设计*

彭　肜　阳代娟

摘　要： 20 世纪 80 年代，叙事学理论开始由经典叙事学转向后经典叙事学，这一转向不仅扩大了叙事学研究的范围，使得任何材料都适合叙事，同时也恢复了文本与现实之间的联系，并复活了读者。这为叙事设计的出现奠定了理论基础。在后经典叙事学理论的影响下，叙事设计不再遵循功能主义的设计原则，而是将叙事学的相关概念引入设计，探索设计的意义与形式，这让设计变得更加开放与多元，并恢复了设计与现实之间的关系以及设计与公众之间的交流。

关键词： 后经典叙事学　叙事设计　文本　事件　交互

什么是叙事？"叙事即故事，而故事讲述的是人、动物、宇宙空间的异类生命、昆虫等身上曾经发生或正在发生的事情。也就是说，故事中包括一系列按时间顺序发生的事件，即叙述在一段时间内，或更确切地说，在一段时期间发生的事件。"[①] 在这里，阿瑟·阿萨·伯格（Arthur Asa Berg）对叙事的定义属于经典叙事学的范畴，认为叙事是对事件的再现。然而随着叙事学理论研究从经典叙事学向后经典叙事学的转向，对叙事的定义有了跨学科的视角。里蒙－凯南（Rimmon-Kenan）从建构主义的角度来定义叙事，把叙事看成是对意义的建构，认为叙事的概念在许多跨学科的交叉上已不断地被扩大。戴维·赫尔曼（David Herman）则从认知的角度将叙事看作一种认知结构或理解经验的方式。从以上对叙事概念的讨论可以

---

　　* 本文系四川大学中央高校基本科研业务费研究专项创新火花库重大项目"新乡土：中国当代美术乡村叙事的生态转向"（2018hhs－63）和 2019 年度教育部人文社会科学研究规划基金项目"百年中国乡土美术的国家想象、乡村叙事与话语谱系研究"（19YJA760046）的前期成果。

　　① 伯格：《通俗文化、媒介和日常生活中的叙事》，姚媛译，南京大学出版社，2002 年，第 5 页。

看出，对叙事的界定至少应该包括三个基本的条件：序列、意义和媒介。在结构主义叙事学中，序列的中心主要是"事件"或者"故事"，而在后经典的语境下，序列可以是情感的序列，也可以是思想的序列。序列的目的在于产生某种意义，或表达什么样的思想。最后，序列的存在需要特定的媒介。随着社会的发展和科技的进步，叙事的媒介早已不再局限于文本，图画、电影、舞蹈、艺术、产品、建筑等都可以成为叙事的媒介。正如罗兰·巴特（Roland Barthes）指出的，在今天这个时代，任何材料都适合叙事。

一 、后经典叙事学理论思潮下设计的叙事选择

20 世纪 80 年代，叙事学理论经历了由经典叙事学向后经典叙事学的转向。在后经典叙事学理论中，对叙事作品的研究不再局限于文本内部，而是转向与作品密切相关的社会、历史、文化、创作主体以及读者等。杜威·佛克马（Douwe Fokkema）指出："文学必须和现实生活密切相关。""文学再也不是一个隐蔽的、'自律的'领地了，文学研究的对象也不能局限于文学文本。"[①] 美国的大卫·赫尔曼（David Herman）是最早提出"后经典叙事学"这一概念的人。赫尔曼认为，叙事学研究最本质的转变是从文本中心转移到文本与语境并重的模式。故事不是由文本的形式决定，而是由形式与文本所在的具体的社会语境之间复杂关系来决定的。正如罗斯·钱伯特（Ross Chambers）所说的："叙事是一种社会存在，一种影响人际关系并且由此获取意义的行为；叙事之所以成为叙事，依赖于一种隐含的社会契约关系。"[②] 就研究范围而言，后经典叙事学不再局限于文学文本，已延伸至一切文化意义上的叙事作品，如影视、音乐、图像、绘画、广告、产品等等，只要这些作品中包含有讲述故事的意义。"泛叙事性"（pan-narrativity）已成为后经典叙事学的典型特征。[③] 今天，叙事无处不在，已经渗入我们生活的方方面面，其概念已涵盖了一个很大的范畴，越来越关注日常生活会话以及其他领域的叙事。就研究方法而言，后经典叙事学不再局限于经典叙事学对文本内部结构的研究，不再将文本与语境分裂开来。在后经典叙事学理论家们看来，任何叙事文本都不可避免地存活在人类所生活的时间和空间中，它既是由人创作

①　谭君强：《叙事学导论——从经典叙事学到后经典叙事学》，高等教育出版社，2014 年，第 185 页。

②　Ross Chanbers, *Story and Situation*. Minneapolis: University of Minnesota Press, 1984, p. 4.

③　尚必武、胡全生：《经典、后经典、后经典之后——试论叙事学的范畴与走向》，《当代外国文学》，2007 年第 3 期。

的，也是为了人而创作、为了人而存在的，而人是历史的存在。因此叙事作品与特定的社会历史不可分离，是一定社会历史文化氛围下的产物。在这种认识中，叙事学跳出了长期以来将自身限定于叙事文本内在封闭式研究的窠臼，开始与诸多外在要素相关联，如与女权主义、解构主义、历史主义、电影理论等相沟通，极大地丰富了叙事学。

此外，叙事学理论研究的后经典转向也往往被看成是"读者转向"。经典叙事学中，读者虽然被作为研究的对象，但由于结构主义的背景，经典叙事学倾向于把读者看作一个整体，没有任何差异性。杰拉德·普林斯（Gerald Prince）研究了叙事文本中受述者的功能，称受述者是"零度受述者"。零度受述者是一个完全沉默、不发出任何声音的受述者，其承担的功能就是纯粹的接受。彼得·拉比诺维茨（Peter J. Rabinowitz）认为读者是叙述者在写作过程中想象的读者，他是叙述者将自己的观念投射在其身上，"叙事读者和我们自己一样，带着我们的信仰和偏见，我们的希望、恐惧和期待，以及我们的社会和文学知识……"[①] 而在后经典叙事学中，叙事作品不是某种客观存在的结构，而是读者在阅读语境中创造出来的，在不同的阅读语境下，读者创造着不同的叙事作品。后经典叙事学揭示出文本意义的复杂性与模糊性是要靠阅读来实现的，因此这里的读者阅读不再是简单的阅读行为，而是对文本的另一种书写，是读者在文本中自我身份的建构。

后经典叙事学不仅恢复了文本与现实之间的关系，同时也复活了读者，让叙事由简单的、封闭的现象走向多元、开放，叙事成为一个由社会、作者、文本、读者构成的交往结构，从而恢复了叙事与社会生活之间的关系，也扩展了叙事学的研究范畴。正是因为在后经典叙事学理论下叙事所具有的这一多元性和开放性，越来越多的设计师开始将叙事引入设计，以探索设计的相关问题，叙事也成为后现代社会中设计用来连接历史与现在，恢复与公众之间的交流，以及恢复使用者对设计的体验的重要方法。

在后经典叙事学理论的影响下，设计在经历了现代设计的反叙事之后，设计开始重新向叙事回归。与传统的设计叙事不同的是，其利用叙事学的方法，将文化、事件等植入其中，使得设计具有了叙事性的结构，并呈现出文本性、事件性和交互性的特征。

---

① 王先霈、王又平：《文学理论批评术语汇释》，高等教育出版社，2006年，第389页。

二、叙事设计的文本性

"文本"一词来自拉丁语"texere",是织物的意思,意味着未完成。巴特认为"文本即编织",在其《从作品到文本》一文中,巴特重新界定了文本,认为文本是一个动态的变化的过程,暗含了文本的无规律性、不确定性和多元化的特征,文本是"复数"的。实际上,巴特在重新界定文本的同时,也扩张了文本的概念,"文本不止于文学"意味着文学之外的绘画、电影、建筑、广告、产品等都可以是一种文本,并且具有叙事的功能。当设计成为一个叙事的文本时,其主要表现在两个方面,即设计的符号化和故事化。

设计的符号化,是把设计本身看成一个符号,强调符号的隐喻,认为设计意义的传达依靠于隐喻。查尔斯·詹克斯(Charles Jencks)是最早将建筑看成符号的后现代理论家。他在符号学的基础上重新定义了建筑,"建筑,就是利用形式能指(材料与围合),使用某些手段(结构的、经济的、技艺的和机械的),以便达到所指(生活、价值与功能的方式)"[①]。他认为隐喻是建筑意义传达的主要方式,而且隐喻越多,越能引起人们的兴趣。悉尼歌剧院的形象之所以能引起人们如此多的隐喻式反应,原因在于虽然大众对这一形式不熟悉,但这一形式却能引起他们对昔日经验的回忆。建筑师约翰·伍重(Jorn Utzon)解释说,悉尼歌剧院的壳体像鸟翼,也像海贝,它与这里常见的白帆形成了最普通的隐喻。然而这一建筑却产生了其他出乎意料的含义:那层层重叠的壳体像一朵逐渐盛开的花,也像是大鱼正在吃小鱼⋯⋯同样,勒·柯布西耶(Le Corbusier)非常有名的建筑朗香教堂也具有极为丰富的隐喻。从建筑的西南角可以看到建于"螃蟹壳"上翻转的黑色屋顶,用对位法把高大轻快的勺状物做成"声耳",对着建筑物的四个方位。人们又发现了其他的一些隐喻:牧师正在祷告的双手、船、鸭子、修女的头巾,以及面对着夕阳抱着孩子的母亲。彩釉门和漆画窗户充满了"自然宇宙"的象征图像。"凭借隐喻,柯布西耶建筑的各部分间如此精确的相互关联。其含义仿佛已被宗教仪式有关的线、面、体固定下来;它们被假设为某种事物,就像伊斯兰的精致程式那般丰富,就像日本神道教的偶像崇拜那么严格。"[②]

在产品设计中,以埃托·索特萨斯(Ettore Sottsass)为代表的孟菲斯设计强调对设计语言的语义构建,他们向国际市场注入了一个新的想法:产品

---

① 宫宝龙:《记号的迷思》,浙江大学博士学位论文,2011年,第20页。
② 查尔斯·詹克斯:《后现代建筑语言》,李大厦译,中国建筑工业出版社,1986年,第29页。

本身是一个信息载体，是文化的隐喻或符号，其语义是多元的。因此，设计师应该努力满足用户在象征方面的需求，从而树立起产品语义的新内涵。

索特萨斯是孟菲斯集团的核心人物，他的设计作品具有新颖、娱乐、戏谑的特征，顽皮地展现了产品的功能原理，使得观众不必仔细看它的细节就能掌握技术性原理。这在本质上是一种隐喻的联系，它将一系列操作转换成视觉上清晰明显的符号体系，让产品的工作过程变得更易于理解。如索特萨斯为孟菲斯设计的台灯"阿育王"，不仅直接显示了支撑灯泡的力的平衡，使得这种有趣的平衡成为设计理念的重要部分，而且还隐喻性地暗示了电流的流向。这种技术原理的炫耀性表现是许多后现代产品的显著特征。然而这些炫耀并不是简单的装饰，而是设计理念的一部分。观众被邀请在使用产品时考虑产品的机械方面的内容，被鼓励积极参与对产品的评论，认真思考机械原理与形式之间的联系，而不会忽视它或认为它们理所当然。再看看索特萨斯为孟菲斯设计的另外一件作品"基西萨纳吊灯"。同样使用隐喻暗示电流，作为力学炫耀的展示，它使观众加入更为广泛的评论，拓展了日常生活中功能的概念。在这里，孟菲斯的设计理念非常明确，没有确定性，只有可能性，设计不再只是一个结论，而是一种假设。

设计的故事化主要表现为通过造型来讲故事，向人们传递某种信息和意义。用造型讲故事，即运用材质及元素来表达一个鲜明的主题，并具有完整的故事情节。当然这里故事情节的展开依赖于使用者在使用过程中的行为及体验。如法国设计师法比奥·诺文布雷（Fabio Novembre）善于通过具有强烈雕塑感的设计形式来讲述故事。他曾设计了一系列以人体为蓝本的作品：*Divana* 躺椅（见图1）、*Him & Her Chair*（见图2）以及 *Nemo* 椅子（见图3）等。不同于一般的椅子，其在形式上总是与具象的人体结合在一起。*Divana* 躺椅利用一个微微侧躺的女人体充当靠背的作用，堪称史上最性感撩人的椅背；*Him & Her Chair* 看上去像跪在地上的男人体和女人体，其引人注目的色彩、温柔的曲线，从靠背至椅脚一体成形，让人联想到女性曼妙的身材；*Nemo* 椅子的外形是一张放大的人脸，没有任何表情，看上去冷冰冰的，靠背上眼睛的部分镂空，让人觉得疏离却又充满新鲜的趣味。在这里，诺文布雷通过具象的形式让使用者在视觉及心理上产生某种联想，从而实现故事情节的完整演绎。

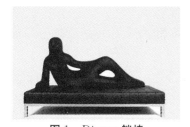
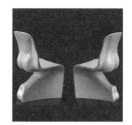

图 1　*Divana* 躺椅
（http://3g.163.com）

图 2　*Him & Her Chair*
（http://www.lueasygi.com）

图 3　*Nemo* 椅子
（http://3g.163.com）

与诺文布雷一样，意大利设计师斯蒂凡诺·乔凡诺尼（Giovannoni Stefano）同样擅于通过具象的形式来讲故事，他的设计色彩丰富，形象幽默，如魔法兔、小豆苗、小人国士兵、木偶面具、小金鱼等常常出现在其作品中，极其幽默和富于想象力。他为台北故宫博物院设计的"清皇家族"系列产品（见图4），以乾隆皇帝的画像为蓝本，有一男一女两个公仔形象，男公仔是清朝官员形象，女公仔则是清朝宫女形象。在色彩和装饰的选择上，设计师选择了最能代表清朝特色的蓝、白、青、黄、红，以及最富吉祥寓意的图案。整个系列产品的形象非常具有代表性，为人们勾勒出了一幅清代宫廷生活的图景，上演了一部清宫剧。除此以外，法国设计师艾奥娜·沃特林（Ionna Vautrin）的 BINIC 台灯设计，以及 FABBRICA DEL VAPORE 花瓶系列设计，瑞典设计组合 Front 的"动物"系列家居设计，等等，都以有趣、生动的形式讲述了一个个与生活相关的故事。

图 4　"清皇家族"系列产品设计（https://www.designboom.com）

叙事设计的文本特征表现了设计从作品到文本的转变，设计是一个符号的文本或故事的文本，不再只是一件作品。作品是封闭的、静止的，拒绝除设计师以外任何人的介入；而文本是开放的、无规律性以及不确定的，这让设计变得更加开放与多元，允许更多的人对其进行阐释，设计的意义也由此得以延伸。

三、叙事设计的事件性

在叙事学理论中，事件是构成故事的核心部分之一，它可以是一个行动，也可以是一种状态，无论是一个行为还是一种状态，它都强调变化和过程。海登·怀特（Hayden White）认为事件与事件不是孤立的、静止的，而是相互关联的、运动的。"整个宇宙是由各种事件、各种实际存在物相互连接、相互包涵而形成的有机系统。自然、社会和思维乃至整个宇宙都是活生生的、有生命的集体，处于永恒的创造和进化过程之中。"[1] 默勒斯（Ignasi de Solà-Morales）在怀特的基础上提出了事件的三种特性：第一，事件是不同逻辑线的交点，具有三维的厚度和力度；第二，事件本身具有一定的延展性，这种延展性表现在事件发生的过程本身具有一个时间维度；第三，不可避免，人是事件的主体。[2] 由此可见，事件的发生必定在一定的时间、空间与地点的范围内进行，同时往往离不开主体的作用。

设计中，伯纳德·屈米（Bernard Tschumi）是最早引入"事件"的概念探索建筑本质的设计师之一。在对现代建筑反思的基础上，屈米提出了"事件－空间"的概念，以此替代现代建筑强调的"功能－空间"。"事件－空间"的概念认为建筑不仅仅是造型和功能的问题，还必须包含事件、运动、活动、机能，成为都市文化的载体。在现代建筑中，建筑的本质是功能，形式是由功能决定的，这一理念具有强烈的确定性思维，暗示着等级因果关系。它假定了某种理想的生活方式，并以此作为设计的出发点。这一理性的思维方式忽略了现实生活的复杂性，同时也造成了现代城市的枯燥与乏味。屈米认为建筑应该具有某种"愉悦感"，而这只有依赖建筑中的事件和运动才能实现。事件的观念意味着将人的行为引入建筑，打破了传统僵化的思维方式以及建筑内在的逻辑关系，使建筑成了行为的容器。

1981 年，屈米受苏联导演爱森斯坦（Sergei M. Eisenstein）的蒙太奇理论影响而创作的《曼哈顿手稿》出版，这是他在文本建筑方面的又一次尝试，也是他对"事件－空间"理念的一次具体实践。在手稿中，屈米试图将"事件"向"空间"转译，探索了一种将人物行为转化为建筑空间的设计方法。拉维莱特公园（见图 5）是屈米建成的第一个作品，也是最能体现出他关于"事件－空间"理论的建筑。不同于一般公园的设计，在这里，你看不到那些

---

① 杨富斌：《怀特海过程思想评述》，《国外社会科学》，2003 年第 4 期。
② 胡滨：《场所与事件》，《建筑学报》，2007 年第 3 期。

功能明确、结构完整的建筑，看到的是一个个由红色框架结构组成的点阵，这些点再由一条条大道或小径连接起来。它们看上去不像是建筑，而更像是一个个触发事件的装置。整个公园便是由这些装置以及路径还有一些活动区域所构成的，形成了一个点、线、面的系统。这些点、线和面既各自独立又相互交织，它们与活动在其中的人一起定义着空间的功能，呈现出各种意想不到的效果。因此在这里，拉维莱特公园成为一个无法定义其功能的场所，并具有了传统公园所没有的多元性。

图 5　　《拉维莱特公园》（http://www.th7.cn）

雷姆·库哈斯（Rem Koolhaas）将建筑看成一个社会的压缩器，认为其表现出一种复杂的空间模式，充满着戏剧性事件。库哈斯努力地想要寻求一种可以促使行人流动和相遇的，且具有事件性、开放性和渗透性的空间。他希望能够将虚假的等级性排除在建筑之外，而代之以能够将内与外，将发育不全的空间与主体体验结合起来的事件性。在这样的认知上，库哈斯发展了一种重新分析和构筑现实的方法：功能堆砌与界面翻转。功能堆砌意味着把建筑体验扩大成一种都市体验，他设计的泽布勒赫海运总站便是这样的建筑。这座被设定为"运行中的巴别塔"的建筑，包含着非常复杂的交通功能，集港口、娱乐、旅馆、办公为一体。在这里，你无法对建筑的形式进行明确的归类，库哈斯拒绝使用传统的组织模式，而是采用叠置的手法将不同的功能组合在一起，形成了一个"微缩城市"。界面翻转是指一种可翻转的空间界面，楼板与墙体之间可以相互转换，这一空间观念模糊了建筑内与外的界线，空间可以根据人的活动自由地转换。在荷兰乌德勒支大学教育馆的设计中，库哈斯第一次实现了这一空间形式。他弱化了屋顶、墙面和地面的划分。因此，这个教育馆被戏称是"无立面的建筑"。在后来的加的夫歌剧院和广州歌剧院的设计方案中，库哈斯进一步发展了这一手法。库哈斯的建筑并没有通过硬性的划分方式去制造差异，而是通过人们的差异性体验而自然形成一种和谐的划分，体现了其关于建筑是无数事件相互交织碰撞的空间的理念。

在视觉传达设计中，越来越多的设计师已经认识到设计不再只关注外在特征，如色彩、图形、文字排版等，而是越来越关注设计形成的过程，以及在这个过程中创作者与消费者之间的关系。因此，一些设计师将"事件"的概念引入设计，用来探索设计形式与意义的生成，以及创作者与使用者之间的复杂关系。瑞士插画师、视觉设计师托拜厄斯·古特曼（Tobias Gutmann）在 2012 年开启了名为"FACE-O-MAT"（见图 6）的项目：模拟打印机"打印"出稀奇古怪、与众不同的肖像。"FACE-O-MAT"实际上是一个虚拟的自动海报贩卖机，古特曼用一些简易材料制作了一个形似照相室的框架，在框架上做了一个长方形的取景框，设置了选择键、投币口，还有作品的输出口等。设计师与参与者分别坐在贩卖机的两边。如果你想拥有一张独特的肖像海报，那么就可以坐在贩卖机前，投币，等待，短短的几分钟之后，设计师便绘制好你的肖像，再通过贩卖机的输出口传送给你，你就可以得到属于自己的肖像海报了。在这里，古特曼将"FACE-O-MAT"看作一种可以跟社会产生互动的工具，把设计变成了一个事件。荷兰平面设计公司 Lust 在为荷兰海牙举行的"今日艺术"设计视觉形象系统时，将设计设置成一个有生成能力的程序，它有色却没有形状，可大可小，可以自如地"侵入"（张贴）到城市、建筑、街道、家庭等社会生活的有机体中，从而让整个设计看上去像一个病毒一样，不断地在城市中扩展，"感染"每一个人。

图 6 "FACE-O-MAT"海报制作过程（http://www.maltm.com）

在叙事设计中，设计师往往通过对事件的引入，让设计呈现出一种开放的、动态的状态，让消费者参与整个设计的过程。这让使用者与创作者建立起一种新的交流模式，在彼此的关系中去寻找特定意义的表达。

四、叙事设计的交互性

实际上，在将"文本""事件"等概念引入设计，探索设计的意义及形式问题时，叙事设计已经表现出了与消费者之间的互动和交流。一方面，这种互动和交流体现了消费者在设计中所扮演的重要角色，消费者不再是被动的接受者，而是与设计师一样参与设计意义的建构。如在屈米拉维莱特公园的设计中，建筑空间的功能是由消费者的行为来定义的，不同消费者对空间的使用让拉维莱特公园变得更加多元。同样，库哈斯的建筑制造了各种差异性的体验，建筑的功能划分正是通过使用者之间不同的体验来实现的。另一方面，叙事设计的这一互动和交流体现出来的是对使用者经验的强调，这种经验是与消费者的身体知觉分不开的。

在设计史中，身体这一个重要的维度长期被忽略，这在现代设计中表现得尤为突出。现代设计对身体是排斥的，这主要表现在其所遵循的功能主义的设计原则上。功能主义的设计原则假设了一种理想的生活模式，从而忽视了生活中的真正需求，也忽视了身体的知觉体验。然而在叙事设计中，长期被遮蔽的身体终于苏醒了。建筑师彼得·卒姆托（Peter Zumthor）在设计中提倡一种以感觉原则为常识的建筑，他认为建筑是生活的容器，建筑是对日常生活最真实的表达。1998 年，卒姆托为瑞士的一个村庄设计了一座教堂，这座教堂有着水珠一样的形状，屋顶则像一片巨大的树叶。建筑外部的立面使用的是一种木瓦材料，看上去就如鱼鳞一般包裹着整个建筑。当光线照射到如鳞片一般的木瓦上时，从不同的角度看去，建筑会呈现不同的色彩效果，木瓦就像这座建筑的皮肤一样，记录着季节变化留下的痕迹，让人们感觉到它是有温度的。丹尼尔·李伯斯金（Daniel Libeskind）强调建筑中的情感体验，其设计的柏林犹太人博物馆被视为德国犹太人历史和命运的载体，整个建筑看上去犹如一具痛苦挣扎的躯体般扭曲，似乎这里的一切都浓缩着犹太人的血和泪。日本设计师吉冈德仁强调使用者在使用产品过程中的知觉体验。他所设计的蜂巢椅（见图 7），原材料是玻璃纸，将 120 层玻璃纸通过特定的方式重叠在一起，并加以精确地裁剪，形成一个具有延展性的网格结构，像蜂窝一样。当人们坐在上面的时候，椅子的形状会随着坐者的体重而变化，并发出玻璃纸特有的声音。另一把面包椅（见图 8），顾名思义，不仅在外形上像面包，其加工的方法也如烤面包一样。将一个海绵圆柱体分成一半，卷

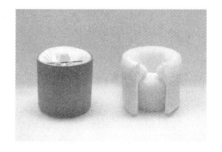

图 7　蜂巢椅（http://tu.arting365.com）　　图 8　面包椅（http://www.warting.com）

曲，裹上布，塞进一个圆纸筒，最后放入烤箱定形。坐在上面，松松软软，但身体却能保持着很好的平衡。当身体随着椅子下沉时，仿佛与"面包"融为一体，一种愉悦感蔓延至整个身体。

现代设计由于追求功能与形式的明确性而最终走向纯粹的形式主义，失去了与公众之间的对话，叙事设计在某种程度上恢复了设计与消费者之间的联系。在这里，消费者不再是被动的接收信息，而是参与对设计意义的建构，成为设计中不可或缺的重要部分。此外，叙事设计激活了大众对设计的知觉体验，唤醒了人们的嗅觉与触觉，并在多元的体验中找到归属感。

五、结语

叙事原本是人类文明中造型艺术最主要的表述形式，然而现代设计却抛弃了叙事的传统，发展出一套抽象的形式语言。虽然现代设计背后隐藏着一套"设计为人民服务"的宏大叙事，但其本身却不要求设计具备叙事功能，甚至竭力避免产品具有超出功能之外的含义，最后让设计陷入意义的危机。20 世纪 60 年代以后，现代设计的这种纯粹性遭到了各种质疑和批判。在后经典叙事学理论的影响下，被现代设计抛弃的叙事传统又开始重新出现在人们的视野。当然，设计的这种再叙事已不是传统意义上的叙事，它运用叙事学的方法，让设计具有一种叙事的结构，使得设计的叙事呈现出开放性和多元性，并强调消费者的参与以及对设计的体验。

作者简介：
彭肜，四川大学艺术学院教授、博士生导师。
阳代娟，四川大学艺术学院博士研究生，四川美术学院讲师。

数字时代的媒介仪式与粉丝文化
——以周杰伦粉丝超话事件为例[*]

石 磊 薛 蕾

摘 要：根据媒介的不同，流行文化中的"粉丝"可分为古典时期粉丝、经典时期粉丝和新媒体时代粉丝。当下，借由数字化新媒体的充分赋权，粉丝文化已成为引人注目的文化景观。2019年7月16日至21日的周杰伦与蔡徐坤粉丝微博超话事件，为全民狂欢的粉丝文化注入了新的元素。在此次超话事件中，经典时期的粉丝通过微博缔造的媒介仪式成功为自己正名，生产出新的社会意义，实现与新媒体时代粉丝文化生产的融合。他们在实现沟通怀旧、自我展现和游戏自足的同时，也陷入仪式制定者的"导演"之中，成为娱乐工业获得流量、资本和利润的工具。对这一事件的分析，有助于我们理解粉丝文化在新媒体语境下的新特征和生产的新模式。

关键词：媒介仪式 粉丝文化 周杰伦粉丝 超话

一、事件回顾与问题缘起

2019年7月16日，豆瓣网上出现"周杰伦的微博数据那么差，为什么演唱会门票还难买啊"的质疑之声，如同蝴蝶效应，该质疑引发了一场声势浩大的超话竞争事件，周杰伦的粉丝和蔡徐坤的粉丝展开超话竞争，周杰伦超话赢得微博超话明星榜2019年第29周周榜冠军。"超话"即超级话题的简称，是新浪微博推出的一项功能，基础是拥有共同兴趣的人集合在一起形成的圈子，"超话"最吸引人的功能是可以加强明星与粉丝之间的沟通。

周杰伦，1979年生，中国台湾男歌手、音乐人、导演，以融合中西风格音乐为特征，从2000年发行首张个人专辑开始至2010年

---

* 本文系国家社科基金项目"媒介新变迁与新消费主义"（18BXW085）的阶段性研究成果。

左右，创作演唱了诸多风靡中国、亚洲甚至世界的流行音乐，如《双节棍》《刀马旦》《蜗牛》《夜曲》《以父之名》《东风破》《七里香》《青花瓷》《千里之外》等，鲜明的音乐曲风、独特的个人表达让周杰伦成为"85 后""90 后"的青春记忆。蔡徐坤，1998 年生，职业标签是中国内地男歌手、演员，音乐作品有 *Hard To Get*，*Wait Wait Wait* 等十多首单曲，是"流量明星"的典型代表，其成名多源于年轻粉丝的强大力量，如在真人秀节目《偶像练习生》中因粉丝力量强大而获得超高人气，蔡徐坤及其粉丝还获得 2018 社会力量参与救灾先进单位，中国广播网评"蔡徐坤是一位阳光帅气的'小鲜肉'，同时也拥有漫画美少年般的正太形象"，他征服了千万少女粉丝的心，其在微博超话场域中连续多周稳居人气第一。

此次周杰伦与蔡徐坤微博超话事件的特别之处在于，以周杰伦粉丝为代表的经典时期粉丝在话题主体——周杰伦缺席的情况下自发组织起来，在以蔡徐坤粉丝为代表的新媒体时代粉丝的主战场——微博超话中赢得胜利，他们通过参与微博媒介缔造的媒介仪式——注册微博超话、搜索超话社区、每日签到、完成任务、打榜送积分，成功让周杰伦超话赢得微博超话明星榜 2019 年第 29 周周榜冠军，而此前蔡徐坤超话多周稳居微博超话明星榜第一。7 月 21 日晚 23 时左右，周杰伦超话影响力更是打破纪录，周杰伦成为首位微博超话影响力过亿的明星。

周杰伦粉丝超话事件引起了多家主流媒体的高度关注，《人民日报》官微连续两次发声，认为"虽是娱乐'游戏'，却映射了时代征候，这不是代际冲突，更无关价值观断裂，而是一场联合致敬，寻找内心深处的寄托"，"流量不等于流行，榜单在网上更在心上，音乐品格终究由时间检验。过去的经典会过去，未来的流行还会来"。

二、传播媒介与粉丝

学界公认的"粉丝"这一词汇进入国内大众视野，是从 2004 年电视选秀节目《超级女声》的火爆开始的，人们近乎疯狂地追看电视，给喜欢的明星短信投票拉票、自制广告牌等，让"粉丝"一跃成为媒介和社会关注的群体。当前国内的粉丝研究，多见于 2006 年以后，或从微观视角对单个粉丝群体进行个案研究，如朱丽丽、韩怡辰《拟态亲密关系：一项关于养成系偶像粉丝社群的新观察——以 TFboys 个案为例》，聚焦养成系偶像粉丝群体，指出养成系偶像与粉丝之间是一种拟态亲密关系；或从文化批判、传播学、社会学角度对粉丝文化、粉丝消费、粉丝经济进行分析，审视粉丝在新媒介赋权下权力地位的变化，洞察粉丝利用新媒介追星消费途径与方式的变化以及自身经历的转型等，如《漫谈粉丝现象及其文化解读》《网络与粉丝文化的发展》《电视传播与粉丝文化》《共享游戏：从传播"仪式观"看网络时代的电视迷群文化》等。

西方的粉丝文化研究早于国内十多年，代表学者和著作有亨利·詹金斯《文本盗猎者》、约翰·费斯克《理解大众文化》、马特·赫尔斯《迷文化》等，他们在粉丝研究方面取得不俗成就。国内部分学者专注于对西方粉丝文化理论的引进与传播，如2009年陶东风主编的《粉丝文化读本》一书第一次系统介绍了西方粉丝文化的研究成果，同时，《粉丝研究：阅读与接受理论的新拓展》《试析西方"迷研究"的三次浪潮和新的发展方向》《媒介、受众与权力：詹金斯的"融合文化"理论》等文章，为国内学者深入研究粉丝文化提供了学术前沿知识。

"传播媒介是社会交往仪式和文化的生存与再生的场所"[①]，根据粉丝形成的主要传播媒介和粉丝年龄，我们可以将粉丝划分为三类——古典时期粉丝、经典时期粉丝和新媒体时代粉丝（详见表1）。

表1　粉丝分期及其特征

	古典时期粉丝	经典时期粉丝	新媒体时代粉丝
对应媒介	口头及纸媒	以报纸、杂志、电视为代表的传播媒介	以微博、微信、直播为代表的新媒体
粉丝特征	社会上层，个人化	年轻化，边缘个体，被动	全龄化，分工明确、有等级性的庞大团体，掌握权力，主动积极
生产关系	明星自我生产	媒介打造明星	媒介、粉丝合作缔造明星
追星行为	个人行为，现场追星，金银财宝现场打赏	个人行为，线下行动的个人仰慕，购买唱片、海报、杂志，购买演唱会门票等	公共行为，线上线下行动密切配合，偶像的所有事件基本全参与
典型案例	《霸王别姬》里民国时期戏子，明星程蝶衣及其粉丝	周杰伦及其粉丝，四大天王及其粉丝	李宇春、蔡徐坤、朱一龙、TFboys、吴亦凡、鹿晗等及其粉丝

粉丝现象自古有之，古典时期粉丝因追星需要财力、物力投入，表现为

---

① 潘忠党：《传播媒介与文化：社会科学与人文科学研究的三个模式（下）》，《现代传播（北京广播学院学报）》，1996年第5期。

社会权贵阶层的消遣活动，是一种远离广大贫苦百姓的趣味。随着媒介的大众化发展、娱乐工业化发展，明星生产兴起，加之社会生产力和人民经济水平的普遍提高，大众有多余的金钱进行明星消费，购买唱片、海报、看演唱会等经典时期粉丝逐渐显现。而今天以微博、微信、直播为主要形式的等新媒体时代，粉丝追星行为主动积极，他们已成为明星养成的重要参与者，是明星的"衣食父母"。周杰伦的粉丝主体以"85 后""90 后"人群为主，对应的是经典时期粉丝，而蔡徐坤的粉丝主体以"95 后""00 后"为主，对应的是新媒体时代粉丝。

曾经的"粉丝"是娱乐圈的专有名词，而"从 2018 年开始，粉丝已经正式脱离娱乐产业范畴，被日渐崛起的互联网赋予了全新的意义"[①]。"互联网的出现让更多的人敢于以一名粉丝的身份积极地参与到粉丝文化中来，而由志趣相投的粉丝所组成的团体也因为网络而大胆地举起了追求民主与权力的大旗。"[②] 当前的粉丝文化已形成系统，具有群体的思维、群体的凝聚力和战斗力，当然其行为常常也表现为群体极端化。

作为国内代表性明星驻扎的社交媒体场域，微博是中国最大的粉丝集结地，是粉丝文化发生的重要场所，是粉丝完成个人社会化和实现自我认同的工具和资源。它帮助粉丝在追星过程中逐渐占据主导地位，达到自我正名以及获得自我价值实现的满足感，通过媒介仪式引领粉丝文化成功"出圈"走向全社会。

三、媒介仪式与粉丝正名

美国文化学派学者詹姆士·凯利认为媒介传播是人们交往的一种仪式，这一仪式的作用在于"通过符号的处理和创作，定义一个人们活动的空间和人们在这一空间扮演的角色，使得人们参与这一符号的活动，并在此活动中确认社会的关系和秩序，确认与其他人共享的观念和信念"[③]。英国学者库尔德里在《媒介仪式：一种批判的视角》一书中提出，媒介仪式指的是"围绕关键的、与媒介相关的类别和边界组织起来的形式化的行为，其表演表达了

---

① 参见《浪起花开，潮尽声存——2018 微博粉丝白皮书》，http://sina.aiman.cn/。
② 蔡骐：《网络与粉丝文化的发展》，《国际新闻界》，2009 年第 7 期。
③ 转引自潘忠党：《传播媒介与文化：社会科学与人文科学研究的三个模式（下）》，《现代传播（北京广播学院学报）》，1996 年第 5 期。

更广义的与媒介有关的价值，或暗示着与这种价值的联系"①，他认为"现代社会是被媒介系统所渗透和制约的'媒介化'社会……权力构建过程则通过媒介仪式变得隐蔽化和合法化"②。

借用上述理论分析微博，它通过符号的处理和规则的制定，定义粉丝和明星在这一空间中的活动和扮演的角色，设置一整套联结粉丝和明星的形式化的行为。在这些仪式和表演中，粉丝和明星确认新的关系和秩序，构建起媒介权力所暗示的价值。

周杰伦粉丝与蔡徐坤粉丝的超话之战无疑是一次全社会广泛关注的媒介仪式。以微博超话为场域，首先粉丝要注册微博账号并登录，在超话社区中搜寻并关注偶像的超话，进入超话，通过多种方式赚取积分，点击"签到"获取签到积分；接着点击"打榜"，完成"任务中心"各项任务获取相应积分，如新手任务包括"关注任意超话""连续访问第 N 天""超话签到""进超话转发、评论帖子""悬赏任务"，完成任务后领取积分；最后点击"打榜"，可以把获取的所有积分赠送给偶像超话。这些个体每日积分累积集合成明星超话影响力数据。

微博利用粉丝忠于偶像的集体性体验，为粉丝之间的较量提供平台，创制类似上述新媒介追星仪式的流程。经典时期粉丝为了抵抗质疑周杰伦及其粉丝身份的行为，借助微博凝聚在一起，通过系列模式化的行为表达对偶像的信仰、共享对偶像的情感、回味对偶像和自我的记忆、重塑偶像的社会认知度。

当下追星仪式等娱乐工业的缔造者，运用微博等媒介场域，创制了粉丝和明星的行为仪式，不断强化着"媒介是我们通往偶像的大门"这样一种价值观，并通过一整套规矩和过程的精心设计，使这种价值观合法化，隐蔽地实现平台的推广、流量的暴增和资本的聚集，达到社会控制及权力稳固，这些仪式规训着这一场域中每个个体的行为和心理，不断强化而成为粉丝"日常生活的政治"。周杰伦的经典时期粉丝，在偶像遭到质疑、自我受到挑衅时，情绪被瞬间点燃，他们吹响集结号，在一轮一轮的微博打榜战中，进入"线上粉丝"这一新的状态和身份。表面上看，这些人是出于对偶像周杰伦的爱、自愿为其登顶微博超话榜首贡献人力、财力、物力；深层次追究，媒介仪式这套制度性规则游戏的制定者巧妙利用了粉丝对偶像的爱慕及群体心理，

---

① 尼克·库尔德里：《媒介仪式：一种批判的视角》，崔玺译，中国人民大学出版社，2016 年，第 33 页。

② 尼克·库尔德里：《媒介仪式：一种批判的视角》，崔玺译，中国人民大学出版社，2016 年，第 2 页。

推波助澜，让他们在无意识中成为游戏的参与者和被规训者。

正如 21 年前的电影《楚门的世界》一样，该电影的主人公楚门是一档热门肥皂剧的主角，自他出生起，桃源岛这座他成长的小城（实际是一座巨大的摄影棚）里出现的人、发生的事都是奥姆尼康电视制作公司安排策划的。导演把控楚门，使他在设计好的超现实世界中生活了近 30 年，当一位群众女演员和楚门一见钟情时，她给了楚门暗示，最终楚门识破谎言。微博超话仪式的制定者如同奥姆尼康电视制作公司，导演、把控、注视着整个超话事件的发生，粉丝和明星则如同楚门及他周围的一切"演员"。毋庸置疑，无论是此次超话的仪式制定者还是奥姆尼康电视制作公司，都获得了经济和社会影响上的巨大成功。

虽然追星仪式背后的权力资本运作有着谋利目的，但粉丝在这一仪式中也并非完全处于受控的被动一方。通过媒介仪式，粉丝们可能逐渐从被动角色转为主导力量，偶像形象、粉丝形象从负面转向正面，如同楚门最终勇敢地走出那个虚假世界赢得电视机前观众的欢呼和掌声一样。詹金斯曾经洞察 20 世纪 90 年代美国的粉丝，提出"粉丝在粉丝圈来来往往，在可能的状况下找到这个'仅限周末的世界'，尽可能久地享受，然后再被迫回到工作日的世界中去"[①]，"如同旧时的盗猎者，粉丝行动时处于文化的边缘地位和社会的弱势地位"[②]，而我国经典时期粉丝，即"追星族"这一称呼盛行时期的粉丝也常常被塑造为极端、边缘的他者：他们是没有远大志向、不务学业的，没有受过良好教育的，迷失自我的年轻人，孤立、叛逆、边缘是他们的标签。如《漫谈"粉丝"现象及其文化解读》一文提道，"'追星族'这个 20 年前的新生名词往往是与'小青年'联系在一起的，暗喻一些没有远大志向、不学无术、对某一明星盲目崇拜、迷失了自我的年轻人"[③]；《共享游戏：从传播仪式观看网络时代的电视迷群文化》一文指出，追星族曾经被看作缺乏理性、盲目崇拜偶像的青少年。然而，20 年后，他们已成长为"游猎者"，灵活自如地穿梭于乌托邦虚拟世界与现实生活之间，将粉丝身份与社会人身份平衡，利用资源制造粉丝文化。

参与微博超话仪式便是经典时期粉丝形象反转的文化投资，如今的他们分散在社会各个岗位上，成为社会发展的中坚力量，游刃有余地穿梭在媒介

① 亨利·詹金斯：《文本盗猎者：电视粉丝与参与式文化》，郑熙青译，北京大学出版社，2016 年，第 17 页。

② 亨利·詹金斯：《文本盗猎者：电视粉丝与参与式文化》，郑熙青译，北京大学出版社，2016 年，第 25 页。

③ 孙慧应：《漫谈"粉丝"现象及其文化解读》，《现代传播》，2006 年第 6 期。

与现实生活之间。利用当前时代的媒介、平台等新资源，他们成功为自己正名：经典时期粉丝不是叛逆、不学无术、边缘孤独的个体，而是理性与热情、充满力量与实力的积极生活者。通过媒介仪式，他们建立与发展了经典时期的粉丝文化，在新媒体时代生发出新的社会意义，经典时期明星认知度、粉丝群体在社会结构中的形象得到更新，实现了与新媒体时代粉丝文化生产的融合。

　　新媒体时代，社会中不乏对"脑残粉"的批判声音，但粉丝通过实际行为的显现和表达，呈现给社会的更多是积极主动、智慧力量的化身。2018 年微博粉丝数据显示，近八成（76.8%）粉丝拥有大学本科以上学历[1]，他们的追星行为专业化、组织化、商业化、社会化，粉丝团队设有策划、财务、后勤、美工、数据等专业小组，精准计算偶像每次宣传活动，推算实际宣发效果，形成数据报告，与商业组织合作推动偶像的公共曝光，若不懂数字媒介技术，没有一技之长，便无法成为合格的粉丝。詹金斯断言，"粉丝洗劫大众文化，从中攫取可运用的资源，并在此基础上二次创作，作为自己的文化创作与社会交流的一部分"[2]，媒介仪式便是粉丝运用媒介资源构筑自我文化、进行社会交流的"武器"。

四、超越仪式与自我实现

　　通常情况下，仪式化的行为常常会产生超越具体行为细节的更广阔的象征意义。经典时期粉丝在参与媒介超话仪式，为偶像和自我正名的过程中，其实也已超越媒介仪式本身，实现了粉友间的沟通与怀旧、自我力量的展现和游戏娱乐的自足。

　　首先，粉丝利用媒介仪式实现了群体联结。社会学家瑞莱克认为，"特定年龄段的群体倾向于在分享他们共同的社会经历的过程中获得历史性的自我认同，他们会形成一种'我们之感'"[3]，换句话说，媒介仪式实现了粉丝的整合。经典时期粉丝群体曾经在大众视野之外，在个人渠道里独自活动，购买明星海报、唱片，收集有关偶像的杂志、报纸，而现在的他们有了一定的收入和地位，更愿意选择简单高效的方式支持偶像，对于需要花大时间去运营

---

　　① 参见《浪起花开，潮尽声存——2018 微博粉丝白皮书》，http：//sina. aiman. cn/。
　　② 亨利·詹金斯：《文本盗猎者：电视粉丝与参与式文化》，郑熙青译，北京大学出版社，2016年，第 17 页。
　　③ 转引自张宏邦：《"怀旧文化"的哲学反思与批判》，《中国社会科学院研究生院学报》，2014年第 4 期。

的微博数据并不热衷。但媒介超话仪式让他们发现居然有那么多人和他们一样，他们惊喜于自己不是"孤独一人"，线下沉默多年的共同社会经历实现了沟通和分享，曾经沉默的个人记忆转变为显现的集体记忆，他们找到"知音"和"战友"，确认相同的兴趣，进行集体怀旧，重温积极的体验。

其次，仪式为粉丝们提供了展现自我力量的契机，实现了文化表述。经典时期粉丝表达趋于个人化，默默地爱、孤独地爱，但豆瓣上"00后"或者"05后"用户质疑周杰伦"粉丝总不会什么也不干吧"，一语激起千层浪："你可以说周杰伦胖！说他爱喝奶茶！不出专辑！但你不能说他没有粉丝！"经典时期粉丝们意识到自己的力量被当前社会文化标准所贬低，他们发现有微博超话这种平台能够让他们重新体验疯狂追星的感觉，提供一个表达和转述情感的平台，便不遗余力地参与进来，其怀旧情怀被不断激活，由此，私人的行为在媒介仪式中产生了力量，成为公开交流，形成滚雪球式的集体反馈，从而生产出社会意义，粉丝文化成了社会意义与快感创造、流通的积极过程。2017年至2019年娱乐圈无效声量（即粉丝刷出的虚假数据）占比不断攀升，"2019年上半年无效声量创新高，达到71%，无效用户占比也高达49.4%"[1]，明星的一条微博转发量超过1亿，这些数据刷量现象表征着当下畸形病态的粉丝文化。经典时期粉丝被动参与当下粉丝文化的媒介超话仪式，以高度团结的"作战"把经典时期粉丝的文化和力量展演给自己、年轻粉丝以及社会大众观看，"他们所属社会或者群体的核心性的文化意义与价值观念被通过象征的形式公开地展演与评论，具有浓厚的反思性特征"[2]。通过展演，经典时期粉丝如同在树立榜样，似乎在教育新媒体时代粉丝应该持什么样的态度和采取何种实践，去实现偶像和自身的价值。经典时期粉丝利用媒介仪式、平台、群体等资源嘲讽了当前"流量为王"时代的明星制造体系，揭露出流量（包括阅读数、互动数、社会影响力和爱慕值四项数据）作为衡量明星影响力的量化标准的不合理之处。

最后，参与超话仪式对粉丝而言更多是娱乐性的。虽然这是一场娱乐工业策划下的媒介仪式，粉丝是其实现经济利益的资源，是媒介仪式下的被规训者，但多数粉丝参与这场游戏，更多是持一种娱乐的心态，他们配合商业逻辑，与媒介仪式设计者共谋完成一场游戏的嬉戏，"游戏的行为自始至终自

① 《2019年上半年无效声量达71% "粉丝虚假数据" 刷出新高》，http://www.sohu.com/a/328783048_411282，2019-07-23。

② 王杰文：《"表演"与"表演研究"的混杂谱系》，《世界民族》，2012年第4期。

足于自身，其结果不必对群体的生活进程作出贡献"①，粉丝们加入这场游戏的意义在于参与嬉戏本身，而不是他们的活动如何影响了现实。"你不急我不急，杰伦何时发专辑；……你不投我不投，杰伦何时能出头；你一票我一票，杰伦站在台上笑；你一榜我一榜，杰伦明天就登场""本老年人来参加一下，是这样子玩吗""卑微老杰迷，今日激情打榜，在线求评论"等等，这些经典时期粉丝参与媒介仪式的调侃显示出其重在参与的游戏心理。

作者简介：

石磊，西南交通大学人文学院院长、教授、博士生导师。

薛蕾，西南交通大学人文学院博士研究生，成都信息工程大学教师。

---

① 约翰·赫伊津哈：《游戏的人：文化中游戏成分的研究》，何道宽译，花城出版社，2007 年，第 53 页。

屏幕中心主义：桌面电影的历史、困境与观看机制

李天鹏　杨玉华

摘　要：桌面电影是数字屏幕时代产生的新的电影类型，它以数字屏幕为中心展开叙述。拥有 20 余年历史的桌面电影，在当下面临着本体语言单薄、主题单一、受众少的三大困境。桌面电影与当代数字荧幕的紧密关系，增强观众观影的沉浸感与日常生活的熟悉感，具身化事件的再现以及主观视角的叙事，使"具身观看"成为桌面电影主要的观看机制。桌面电影处于起步阶段，但对当代人多元屏幕"冲浪"生活的捕捉、反思抑或批判是精准的，成为数字荧屏时代审美文化的创造与表达的先驱。

关键词：桌面电影　屏幕中心主义　困境　观看机制

1988 年 9 月，中国改革开放和现代化建设总设计师邓小平，在全国科学大会上提出推动社会发展核心力量的经典论断："科学技术就是第一生产力。"就审美文化数字化趋势来看，我们可大胆做出如下判断：科学技术就是第一审美生产力。如今，不管是 3D 技术，还是 VR、AR、MR 等数字技术，都在悄悄地改变我们时下的审美文化，塑造科学技术时代新的审美意识和审美趣味。随着互联网的普及，电脑、平板、手机、摄像头等数字屏幕成为当代人与外界沟通的重要介质，而微信、微博、QQ、百度搜索、电子邮箱、抖音、Facebook、Google、Skype、YouTube、YouCast、Instagram 等则成为我们生活不可或缺的部分。我们的生活已离不开数字屏幕。一个人一天盯着屏幕看的时间远胜于他不看屏幕的时间。因此可以说，当今审美文化已经迎来了一个新的时代，即屏幕文化时代。审美文化的阅读逐渐进入屏读时代。我们可以通过电子书阅读传统古典文艺作品，也可通过数字博物馆观看油画。"世界互联网教父"凯文·凯利在其著名的《必然》一书中对未来几十年内改变我们生活方式的 12 种科技力量进行了预测，"屏读"（Screening）就是其中之一。

他指出："屏幕将会成为寻找答案、寻找朋友、寻找新闻、寻找意义、寻找我们自己是谁以及能够成为谁的首选目标。"① 桌面电影（Computer Screen Movies）以当下多元的数字屏幕为中心展开叙事。"桌面"即电脑桌面。桌面电影产生的直接原因源自互联网这一新媒介，它是数字技术引领的又一次电影革命的象征。这一革命，用品斯特的话来说，即"超现代银幕/屏幕时代以其所称的过量影像、多重影像和距离影像为特征"，"我们已经迈入电影狂文化时代，每个人都在拍电影，每个人又在电影里；摄影机和银幕/屏幕遍布各个角落"。② 鉴于此，笔者拟从桌面电影的历史、困境与观看机制三个方面入手，对桌面电影展开深入探析。

一、桌面电影的历史

科学技术的发展一直是电影语言与表达革新的动力。电影史上，新的技术的出现总会催生一批打破传统电影语言的革新性电影。电影诞生之初，梅里爱就热衷于电影器械技术，利用技术特性创造了众多如今电影界常用的视听语言，如停机再拍技术、分裂银幕工艺、慢动作、快动作、倒拍、多次曝光、叠化等。20 世纪 30 年代，美国科学家兹沃里金成功研制出可供电视摄像使用的摄像管和显像管，现代电视系统基本成型。同一时期磁性录音机和磁带技术逐渐成熟。到了 20 世纪 40 至 60 年代，电视机开始普及，加之同期录音、便携手持摄影机等技术在电影中的使用，使这一时期电影导演在创作手法上走上了纪实化之路，纪录片真实性的创作手法被引入电影表达中，其中代表性的电影流派有意大利新现实主义电影，英国"自由电影"运动，法国"真实电影"、新浪潮电影，美国"直接电影"等，产生了一大批优秀的先锋电影艺术家和导演，如意大利的罗西里尼、德·西卡，英国的林赛·安德森、卡洛·赖兹、拉萨里，法国的特吕弗、戈达尔、让·鲁什，美国的庞尼贝克、梅索斯、怀斯曼等。不难发现，在 20 世纪 40 至 60 年代左右，世界范围内的电影创作不约而同地出现纪实主义倾向，都主张采用真人表演、使用长镜头、走上街头拍摄等。这种共同的时代审美趋向与当时电影电视技术的发展具有直接的关系。法国电影史学家拉·巴桑指出："这一时期，电视的影响和轻型摄影器材和录音器材的出现，艺术家们试图以更加本能方式同被摄的个人和

---

① 凯文·凯利：《必然》，周峰、董理、金阳译，电子工业出版社，2016 年，第 34 页。

② Patricia Pisters, *The Neuro-Image：Deleuzian Film-Philosophy of Digital Screen Culture*. Stanford：Stanford University Press，2012.

社会团体进行交流。"① 1995 年，世界上第一部数码摄像机——SONY
VX1000E 在日本诞生。数码摄影机的出现是电影史上的一个重要事件，由此
开启了 DV 电影这一新的类型与创作手法。丹麦导演托马斯·温德堡用 DV
创作世界上第一部 DV 数码电影，随后丹麦导演拉斯·冯·特利冯耶，美国
导演梅尼克、桑切斯、斯帕克、克里斯廷·赖温、马特·勒维斯以及法国导
演博拉格尔、伯拉查等人接踵而至，不断充实壮大 DV 数码电影这一新型电
影类型。其中 1999 年梅尼克用 DV 创作的电影《女巫布莱尔》，仅投资 100
万，而票房收入竟高达 1000 万，使 DV 数码电影进入了大众视野。李启军指
出，"DV 电影的出现是电影史上的一次深刻革命"②，DV 电影扩展了电影的
概念，为电影艺术敞开了新的可能性。进入 21 世纪，互联网技术的发展与普
及再一次更新了电影的形态与表达。互联网 1969 年于美国诞生，它的出现极
大地改变了人类从家庭隐秘的性到公共空间的国际政治各方面的存在方式。
互联网这一新的媒介与电影的全面结合始于 2014 年，网络团购带动了整个电
影产业的互联网化，继而促使当今电影生态的重塑，如出现了视频网站、手
机应用等新的电影发行渠道。在电影接受方面，借助互联网，"观众看电影将
进入多屏时代，只要有屏幕、有信号的地方，就可以看电影，这意味着网上
电影院、移动电影院、虚拟电影院将与实体电影院并行存在"③。在电影制作
方面，出现了新的电影创作手法以及电影类型，产生了完全借助电脑、手机
等屏幕进行叙事的桌面电影。桌面电影是电影诞生以来最近的一次革新。整
个电影史上，技术进步与电影艺术理念的革新息息相关。以此观之，麦克卢
汉的著名论断"媒介即讯息"是非常正确的，它对电影发展史给出了一个精
准的判断：新的技术及媒介的诞生就电影艺术创作而言，其所载信息即是对
人类电影艺术未来发展方向与趋势的预言与蓝图的勾勒。把桌面电影放入科
学技术与电影革新创作的历史脉络中，可以断定，桌面电影是当今互联网技
术以及数字化屏幕充斥人类整个日常生活之后的一次电影创作实验，其将当
今普及化的屏幕这一媒介作为电影叙事的载体。

尽管是技术对电影创作最近一次影响下的艺术形式，桌面电影的历史也
并非仅仅只有短暂的一年。很多人因为 2018 年印度导演阿尼什·查甘蒂创作
的桌面电影《网络谜踪》火爆全球而熟知这一电影类型，加之这一年产生了
另外两部视听语言比较成熟的桌面电影，即《解除好友 2》《网诱惊魂》，致使

① 拉·巴桑、达·索维吉：《纪录电影的起源及演变》，单万里译，《世界电影》，1995 年第 1
期。

② 李启军：《DV 电影与人民美学》，《马克思主义美学研究》，2005 年第 1 期。

③ 李三强：《"互联网+"时代我国电影面临的冲击与挑战》，《当代电影》，2016 年第 4 期。

不了解桌面电影发展史的学者想当然地把 2018 年视为桌面电影诞生之年。国内也有少数学者把 2018 年定为桌面电影元年。① "元年"的表述具有迷惑性，因为"元"有本源、原初、最初的内涵，容易误导读者。桌面电影的历史应该要从互联网以及电脑桌面图形化的普及之初说起。在互联网和电脑普及之初，就出现借用电脑桌面进行创作的桌面电影雏形，据此，其历史大概有 20 年左右。

2002 年美国导演迈克尔·科斯坦扎拍摄了一部长达 80 分钟的电影《柯林斯伍德怪谈》（*The Collingswood Story*）。该电影讲述了一个年轻女孩通过网络与男友保持联系，并发现一个跟她刚搬进去的房子有关的恐怖事件。2002 年，电脑桌面才进入 GUI 图形化界面不久，这部电影最早把影像定格在电脑桌面，可以说开启了桌面电影影像风格的初步尝试，是桌面电影的萌芽。

2002 年之后，桌面电影进入长达十年的探索时期。2010 年，英国导演亚当·布切的《网络故事》（*Internet Story*）通过网络视频、动画、博客和新闻片段讲述了一个年轻人寻宝的惊险故事。该片只有 10 分钟，是一部通过电脑、手机界面进行桌面电影创作的尝试之作。同年，巴里·鲁宾用电脑桌面作为叙事媒介创作一部 7 分钟的短片喜剧（*0s & 1s*）。2011 年美国导演迈克尔·戈伊使用网络视频聊天和手机视频等界面拍摄了《梅根失踪》（*Megan Is Missing*）。该片中两个友谊深厚的青年女孩常常通过网络和手机视频进行聊天，她们在网上遭遇了一个青少年诈骗者。该片以纪录片客观的视角呈现影像，同时在影像与字幕之间频发插入字幕。当演员通过视频对话时，视频窗口并列，以传统影像呈现手法表现出来。总体而言，该影片插入了很多网络视频的影像，但影像呈现方式"非桌面本身模仿角色动作与心理的体验式观看模式"②，观众依然是以传统观影模式观看的。2012 年，马特·贝蒂内利·奥尔平、大卫·布鲁克纳等十人合作拍摄了惊悚电影《致命录像带》（*V/H/S*），长达 116 分钟；2013 年，他们拍摄了该电影的续集。这部电影同样以客观的纪录片视角影像为主。同年，安德鲁·尼尔用类似的手法拍摄了《凯利女王》（*King Kelly*），讲述了一个来自纽约长岛网名叫"凯利国王"的年轻女孩，她梦想通过自己的网络视频脱衣舞秀成名，为此她不择手段，折射出了互联网时代普通网民生态。上述影片对桌面电影本体语言的使用还处于探索阶段，因而上述影片既有桌面电影的部分形式，其影像呈现、观众观看视角又以传统电影为主。这些影片大多借用网络、手机视频聊天窗口进行电影

---

① 参见王霞：《〈网络谜踪〉：桌面电影对未来影像形态还在启示之中》，《中国电影报》，2019 年 1 月 3 日。

② 苏洋：《桌面电影的视听叙事与审美内核》，《当代电影》，2019 年第 6 期。

叙述，但其影像多以纪录片式的客观视角呈现，因此影片中出现了很多画面粗糙的电视、手机、DV 等残存影像。这一时期的桌面电影也被研究者称为"伪纪录片"或"残存影像电影"。真正的完全以电脑桌面本体语言进行叙事的电影尚未形成。

2013 年到 2018 年，桌面电影进入本体语言形成阶段，表现为叙事完全以电脑桌面为载体，观众观看电影的视角以主观视角为主。2013 年的桌面电影《巢穴》（*The Den*）由美国导演扎卡里·多诺霍创作，讲述了一个在自家研究网民用户习惯的女人在网上目睹了一场因谋杀而引起生活失控的惊悚故事。该电影大部分镜头都是在电脑屏幕上放映的。2014 年的《弹窗惊魂》在电影史上具有重要的转折性意义，因为该影片在播放过程中影像的呈现方式本身模仿了从传统影像到桌面影像的转换。电影完全以传统影像模式开头：电影开始播放了一部名叫《天黑》的电影预告片，随后进入该电影主创人员的现场互动（这一切影像播放方式与传统电影影像播放毫无差别）。随着摄影机慢慢后移拉伸，一个电脑桌面的影像画面呈现在观众面前。此时电影中现场互动的影像画面还在继续，但观众已经发现它仅是电脑桌面中一个视频播放器播放的视频。而此时电脑桌面上的鼠标指针也在随着主人公的操作在桌面右端其他视框上移动。此时观众恍然大悟，原来这一切影像仅仅是一个坐在电脑面前的人在上网时观看到的。观众也随之进入完全主观视角。《弹窗惊魂》中传统电影影像到桌面电影影像的转换可以说是对真正的桌面电影到来的宣言。这种电影影像内部的转换象征着电影史上两种电影影像风格的正式交接，因此其在电影史的意义是重大的，具有承前启后的功能。同年的《解除好友》以及 2016 年的《直面人生》《恶房间》使桌面电影本体语言越来越成熟完善，桌面电影作品数量也逐渐增加。至此，桌面电影在电影艺术语言层面正式诞生。

然而直到 2018 年，桌面电影才进入大众和学者的视野。自此，桌面电影也进入繁荣发展期，其标志是三部现象级桌面电影：《解除好友 2：暗河》（*Unfriended：Dark Web*）、《网诱惊魂》（*Profile*）、《网络谜踪》（*Searching*）。这三部电影获得"网生代"的一致好评，引发全球火爆，桌面电影进而进入公众视野，同时也得到学院派学者关注。很多学者开始撰文，严肃讨论桌面电影的历史意义、叙事策略、审美内核及其未来前景。此时期的桌面电影故事完全在电脑桌面中展开，从头到尾都没有离开过，可以说是严格意义上的桌面电影，其形式符合俄罗斯导演提莫·贝克曼贝托夫对桌面电影的定义。在电影艺术手法上，这三部桌面电影也表现得更加成熟，更加注重剪辑、场面调度等。如《网络谜踪》中，父亲与女儿通过 Facebook 进行聊天对话时，导演给父亲的聊天字幕"I'm proud of you"以特写镜头，表明此句在父亲心里的重要性，同时也强化了观众的认知，表现了父亲对女儿的关爱，为后面女儿失踪、父亲情感上的焦虑与沮丧埋下伏笔。

桌面电影萌芽于互联网与电脑普及之初，经过了十年的探索时期，成熟壮大于 2013 至 2018 年，并于 2018 年进入繁荣发展时期。桌面电影完全以电脑桌面作为叙事载体，形成了与传统电影不同的影像风格与观看体验。从电影史来看，媒介的转型始终主导着电影语言及其创作方式。电影史就是媒介史、技术史。作为互联网媒介下产生的只有短短 20 年历史的新电影类型，桌面电影还有很长的路要走。

二、桌面电影的困境

俄罗斯导演提莫·贝克曼贝托夫[①]是桌面电影的主要倡导者和定义者。在一次接受《泰晤士报》访谈时，他指出："传统的叙事方式已经让人感到无聊，我现在完全满足于就用电脑屏幕讲故事。这个社会已经习惯随时盯着屏幕看，所以在屏幕上讲故事是一种自然的进化。"[②] 贝克曼贝托夫对桌面电影的严格定义包含三个条件，"位置的统一（限于屏幕）、时间的统一（实时发生）以及声音的统一（来自电脑）"[③]。可以看出，贝克曼贝托夫对桌面电影抱有很大的信心。他试图打破传统电影叙事方式，把叙事媒介、内容完全局限在电脑桌面，甚至故事的推进都是在电脑屏幕上完成的。然而，其叙事媒介、视角的单一以及其影像的二维平面化都使得这一类型电影存在诸多困境。笔者细致梳理，总结了桌面电影当下遇到的三种主要困境：语言困境、主题困境与受众困境。

首先，桌面电影语言单薄，传统语言面临丧失。这里主要讨论视觉语言。传统电影艺术具有丰富的视觉语言，如摄影、视频剪辑、场面调度。摄影技术构成电影丰富的视觉语言。摄影与被摄对象的角度与距离的不同会呈现出不同的景别，从而使剧情的叙述、人物的思想感情以及人物关系的处理富有表现力，增强电影艺术的感染力。阿恩海姆在早期为电影作为艺术辩护时，

---

① 提莫·贝克曼贝托夫，1961 年生于苏联哈萨克斯坦阿特劳市，俄罗斯导演、制片人、编剧，主要作品有《白沙瓦华尔兹》《守夜人》《女角斗士》《守日人》《通缉令》《宾虚》等。2018 年导演了桌面电影《网诱惊魂》，同时担任桌面电影《网络谜踪》的制片人。

② 参见《〈网络迷踪〉：献给活在屏幕时代的我们》，https://new.qq.com/omn/20181205/20181205A1LJUL.html? pc，2018 年 12 月 5 日。

③ 韩晓强：《死于电脑屏幕和网络摄像头：桌面电影的技术观》，《电影艺术》，2019 年第 1 期。

就指出摄影机的运动与角度是电影艺术性的重要来源，摄影机的运动"构成了一种重要的艺术手法的基础"①，能够增强电影表达的艺术效果。桌面电影主要以电影桌面为叙事媒介，电影镜头一般只呈现为一个电脑桌面的镜头。故事的展开都在这一个桌面及其包含的各种网络用户界面进行，这使得桌面电影丧失了传统电影的摄影艺术基础，如景别、摄影角度等没有了用武之地。剪辑也是非常重要的电影艺术手段。波德维尔指出"剪辑对整部影片在风格统摄上，是全片结构及效果的关键"，"由剪辑提供的富有创造力的可能性几乎是无限的"。② 早期电影蒙太奇的发明与使用都是对剪辑艺术的完美诠释。格里菲斯的"最后一分钟营救"以及爱森斯坦的"敖德萨阶梯"，通过完美的剪辑，推进了电影的叙事，制造了影片的情感氛围，引导观众的审美体验。桌面电影几乎没有太多的剪辑。《解除好友》系列电影只有一个桌面镜头，摄影机始终没有离开电脑桌面，叙事都在电脑屏幕内发生，因此剪辑的艺术手段就在桌面电影中丧失了。《网络谜踪》作为桌面电影，对剪辑艺术进行了创新，它开创了桌面电影本体的剪辑，即桌面剪辑，这种剪辑技术的本质是日常网络用户对电脑桌面信息的操作行为。韩晓强指出，桌面电影的剪辑的主要实现手段是点击打开、框入框出、点击关闭等。桌面剪辑体现为对电脑桌面的界面信息进行取舍，以此引起观众判断哪些界面信息是重要信息，哪些是不重要信息，但它更深厚的艺术表现力还有待挖掘。另外，场面调度在桌面电影中也基本消失了。场面调度是一种综合艺术，它一般指导演对舞台、灯光、服装、演员、布景、摄影机等的安排，使其符合电影的剧情，甚至让电影形成某种特有的艺术风格，增强电影的艺术魅力。而在桌面电影中，网络视频对话构成了众多的电影影像内容，因此影像中的舞台、灯光、服装的场面调度大大降低，这些元素在桌面电影中大多保持日常生活的原貌，以增强桌面网络生活的真实度。以演员的表演来看，导演也需要控制各种人物以进行场面调度，赋予电影人物表达情感、思想的能力，更加完美地再现剧本内容。传统电影需要大量的针对电影人物的调度，这种调度不仅考验导演的艺术鉴赏力，而且考验着演员的表演艺术功底。而在桌面电影中，大多演员的表演都力求纪实地再现人们网络生活的本然状态，其表演形态绝大多数是一种镜面发射式表演。观众看到的演员表演都来自演员自拍、网络聊天视频、直播等。这种"镜面反射式表演是一种创作者自我在场、自我拍摄的影像创作"，因而大大降低了对演员表演及其场面调度的要求。

---

① 鲁道夫·爱因汉姆：《电影作为艺术》，邵牧君译，中国电影出版社，2003年，第15页。
② 大卫·波德维尔、克里斯汀·汤普森：《电影艺术：形式与风格》，曾伟祯译，北京联合出版公司，2015年，第269页。

其次，桌面电影类型与主题单一，无法全面表征人类丰富饱满复杂的生活。截至目前，几乎所有桌面电影都是悬疑惊悚片，其涉及主题主要围绕互联网生活中的欺骗、黑客、人肉搜索、网络暴力等。从早期作为萌芽的桌面电影《柯林斯伍德怪谈》，到探索阶段的《致命的录像带》《巢穴》，以及几部非常成熟的桌面电影《弹窗惊魂》《解除好友》《网络谜踪》《网诱惊魂》，都是利用互联网媒介的原生特性再现当代人类虚伪欺诈、光怪陆离的网络生态。桌面电影作为一种新的媒介语言与叙事形态，为何独独只与悬疑惊悚片这一类型发生关联呢？张净语指出，是因为"在互联网上，网络用户的主要行为即搜索、破译、寻找、连接与欺骗"[①]，这构成网络空间与生俱来的戏剧性张力。贝克曼贝托夫给予桌面电影另一种称谓，即"桌面生活电影"。这个称谓准确概括了桌面电影的主题，同时也限制了桌面电影的主题。"因为这些影片的界面是电脑桌面，但实际呈现的却是操作这些系统（或者是被这些系统操控）的人的生活，呈现了当代数字化生存经验。"[②] 既然桌面电影仅仅是桌面生活电影，网络生活成为唯一主题，又加上桌面电影语言的单一，那么桌面电影断然无法再现战争片的宏大场面，更无法完成战争对人性的摧残、锤炼等精微表达。同样，对沉郁厚重的历史主题也缺乏具体可行的表达路径。由此观之，桌面电影要开辟出一条更宽敞的电影之路，就不得不突破其主题单一的困境，"彻底摆脱'惊悚/恐怖'这一原生类型的束缚，进而吞噬并瓦解其他类型的边界"[③]。

最后，桌面电影还面临着观众数量少的困境。虽然 2018 年三部桌面电影参加了各种电影节，斩获不少奖项，受到了全球"网生代"的追捧，但总体而言，桌面电影依然小众。以引爆全球的《网络谜踪》为例，该电影在全球 52 个国家上映，2018 年 12 月 14 在中国内地上映，豆瓣评分为 8.6，然而内地票房只有 3021.55 万元[④]，美国本土票房 2500 万美元，全球票房 6600 万美元。中国电影市场作为全球最大的"票仓"，票房动辄十亿，多至二三十亿，桌面电影却仅斩获三千万元左右票房，可见其观众数量是极少的。笔者认为，桌面电影无法获得大量观众的原因很简单，主要有二：其一，电影主题与类型单一，每个观众都有自己特殊的审美趣味，而桌面电影局限于悬疑惊悚片，观众自然就大大减少了；其二，桌面电影的叙事媒介主要是电脑桌面、网页、视频窗口等网络界面，对于"网生代"来说，其观影体验是熟悉而愉悦的，

---

① 张净雨：《弹窗惊魂：桌面电影中的主体、他者于世界》，《电影艺术》，2019 年第 1 期。

② 韩晓强：《死于电脑屏幕与网络摄像头：桌面电影的技术观》，《电影艺术》，2019 年第 1 期。

③ 任晟姝、曾佳薇：《桌面电影的美学追问与文化反思》，《艺术评论》，2019 年第 5 期。

④ 参见《网络谜踪网票票房统计》，http://58921.com/film/8894/boxoffice/wangpiao。

而对于之前的观众来说则可能是痛苦的，因为他们没有太多丰富的网络生活，桌面电影中出现的大量的多界面信息可能造成他们的观影障碍，这批观众自然流失掉。

桌面电影作为一种互联网媒介下的新型电影，在对传统电影语言进行革新的同时，也对传统电影语言及其艺术性造成了消极冲击，上述三大困境阻碍着其发展。有学者将桌面电影与当年的数码 DV 电影进行比较，认为两者历史境遇相同。当然，笔者认为桌面电影只要能打破这三种困境，就将走得更远。

三、具身观看：桌面电影的观看机制

离身认知把人类的认知看作抽象的符号信息的加工处理，跟人的身体、环境没有关系。不同于离身认知，当代认知科学发生了一次具身认知转型，即认为人类的认知离不开身体与环境的相互作用。美国具身认知理论家莱考夫指出："理性并非像传统上主要认为的那样是离身的（disembodied），而是植根于我们大脑和身体的本性以及身体经验的。"① 扎克斯等人认为，"理解一部电影是一种让人惊叹的神经和认知处理的技艺"②。因此，电影的观看过程就是观众的认知过程。从具身认知来看，观影过程就是具身认知的过程。如果说传统电影类型还存在离身的心智想象或纯粹符号的逻辑加工的话（如"心智游戏电影"③《盗梦空间》《记忆碎片》等），那么桌面电影的具身观看意味则显得浓厚得多。观众在观看桌面电影时，随时提取自身网络生活的具身性经验。这种具身观看不仅增加观影中自我找寻的体验乐趣，同时增强了观影的沉浸感和参与感。因此，具身观看成为桌面电影主要的观看机制。

具身化事件的再现作为桌面电影的主要内容直接塑造了观众的具身观看。互联网技术在当代生活中普及，一种新的感知结构也伴随而来。桌面电影以其新颖的媒介形态塑造着全新的观众认知方式。桌面电影把屏幕作为叙事媒介以及再现的电影内容，使得熟悉的桌面生活场景成为最具特色的内容。这些桌面生活包括网络群聊、翻译检索、邮件浏览、添加好友、删除好友、发表网评、人肉搜索、关闭或缩小视窗、打开文件夹等。具身化桌面生活的再现，使桌面电影的观看迥异于传统观影模式，并"与成长于信息爆炸、多屏

---

① 乔治·莱考夫：《肉身哲学：亲身心智及其向西方思想的挑战》，李葆嘉等译，世界图书出版社，2018 年。

② 杰弗瑞·扎克斯：《电影、叙事和认知神经学》，张斌译，《电影艺术》，2016 年第 4 期。

③ 托马斯·爱尔塞泽尔：《心智游戏电影》，尹乐、陈剑青译，《当代电影》，2017 年第 1 期。

时代的'网生代'受众所熟悉的媒介认知经验不谋而合"①。扎克斯在《电影、叙事和认知神经学》中指出"我们的电影经验与我们的现实生活经验在许多层面是共有的"②。因此在观看桌面电影时,观众总是被桌面影像唤起对过去网络生活的感知记忆。从认知心理学的角度来看,电影中这些具身化事件的再现引起观众具身感知记忆的观看模式就是具身认知观看。观看桌面电影,就是观看自己的桌面生活。在《解除好友》系列、《网络谜踪》《网络惊魂》等桌面电影中,在线视频聊天构成了电影叙事的主要部分。观众在观看影片人物的聊天内容、表情等时,自身网络视频的知觉记忆被唤醒,成为影片信息加工与搜索的主要信息源,观众以此完成电影的观看。桌面电影往往会在一个桌面影像中并置多个媒介信息界面,这恰恰不会导致观众的认知障碍,反而会吸引观众网络冲浪的日常认知经验。正如苏洋所言:"在桌面电影中,角色的交流都是通过打字或视频聊天体现的,人物动作也都是以操作电脑、浏览网页、观看视频为主。影片通过这些网络行为动作来让观众体会角色的内心和情感。"③ 这也说明网络生活的感知记忆及其信息检索、加工、输出始终是观影过程中的主要认知机制,即具身认知机制。

桌面电影的主观镜头也直接促使观众具身观看。电影镜头是影像呈现在观众视线内的视线方式,一般分为主观镜头与客观镜头。主观镜头的影像呈现是第一人称视角,客观镜头则是第三人称视角。传统电影中,主观镜头与客观镜头之间可自由地转换,不会存在占绝对优势的镜头。桌面电影改变了电影中主客观镜头的比例分配。严格意义上的桌面电影甚至只由一个主观镜头构成。以《解除好友(2)》为例,该影片总共有三个镜头,其中两个主观镜头,一个客观镜头。第一个主观镜头从电影开始到主人公马迪亚斯离开房间,也就是他离开电脑桌面到室外拯救女友这一刻。之后镜头依然对着马迪亚斯,因此这时的镜头是客观镜头。稍后黑客攻入,控制了整个桌面,这时候的镜头再次转变成主观镜头,只不过此时的主观镜头是黑客的主观镜头。有意思的是,电影末尾,随着最后一个镜头的缓慢后移,映入观众眼帘的变成一个巨大的黑客主控室内的电视屏幕。此时观众才明白原来电影从头到尾是由一个更大的全知黑客视角在观摩一切。所以,我们可把整部电影看作只由一个黑客的全知主观视角构成。在这个观影过程中,观众的身份或视线也随着电影镜头的转换而发生着具身性变换,其变换过程如下:主人公马迪亚斯的视角→摄影机→单个黑客→全知黑客。不同性质的镜头代表不同的观看

---

① 张净雨:《从银幕到屏幕:桌面电影的观影之变》,《当代电影》,2019 年第 6 期。
② 杰弗瑞·扎克斯:《电影、叙事和认知神经学》,张斌译,《电影艺术》,2016 年第 4 期。
③ 苏洋:《桌面电影的视听叙事策略和审美内核》,《当代电影》,2019 年第 6 期。

影像的视觉主体。穆尔维认为，人们在观看电影时存在"观淫"和"自恋"两种现象，主观镜头即第一人称视线，就是"自恋"。桌面电影以主观镜头为主，使得电影观看成为一种自恋式的观看，观众总是以自身感知与心理体验面对人物，其认知同构性远胜于传统电影，使得观影过程成为一种自恋的沉浸式观看，具身移情成为观影身份的转化机制，有效地抵达观众与人物的具身化统一的审美境遇。

结　语

桌面电影是数字屏幕时代产生的新的电影类型，它以数字屏幕为中心展开叙述，是对当下屏幕文化特性最贴切的表征，也是对麦克卢汉"媒介即讯息"最好的诠释。只有二十余年历史的桌面电影当下面临本体语言单薄、主题单一、受众少的困境，然而桌面电影与当代数字屏幕的紧密关系可以增强观众观影的沉浸感与熟悉感，加之其主观视角叙事，使具身观看成为桌面电影主要的观看机制。目前，桌面电影未来的成就是耀眼还是暗淡，我们不可预知，但它对当今互联网时代人们多元屏幕"冲浪"生活的捕捉、反思及批判却是精准的，它因而成为数字屏幕时代审美文化的创造与表达的先驱。

作者简介：
李天鹏，文学博士，成都大学文学与传播学院讲师。
杨玉华，文学博士，成都大学副校长，成都大学文学与传播学院教授。

数字时代的拟像秩序与理论谱系：从柏拉图、福柯到鲍德里亚[*]

董树宝

摘　要：鲍德里亚不是一位严格意义上的哲学家，他在一种奇异的颠倒柏拉图主义的背景下探讨拟像运作的奥秘，用以揭示当代社会"拟真"与"超真实"的生存状况。他在福柯的知识考古学的启发下演绎了文艺复兴时期以来的拟像秩序，揭示了拟像的微观政治与社会关系组织的新功能，最终他完成了从"物体系"向"符号制造术"、从"真实"向"超真实"、从消费社会向符号社会、从现代性向后现代性的转变，构建了一种迄今为止最引人注目而又最极端的后现代性理论，深刻影响了当代文化研究、媒介研究、艺术理论和社会理论。

关键词：拟像　拟像秩序　拟真　超现实　柏拉图主义

在法国当代哲学谱系中，鲍德里亚不是一位严格意义上的哲学家，他早年试图融合符号学与政治经济学，希望从中洞察当代社会的拟像过程，由此把拟像与当代社会现实联系起来，在一种奇异的颠倒柏拉图主义的背景下探讨拟像运作的奥秘，用以揭示当代社会"拟真"与"超真实"的生存状况。"拟像"是鲍德里亚的理论体系中核心关键词之一，他在某种程度上成为拟像理论的化身。与德勒兹、福柯和德里达相比，鲍德里亚在拟像理论上的重要贡献就在于他把拟像置于政治、经济、社会、文化等各个领域，对当代理论产生了极其广泛的影响。

从 20 世纪 70 年代开始，鲍德里亚就尝试着从"功能性拟像"（simulacra fonctionnel）视角研究"物"在消费社会中的符号功能，探讨"物"在拟像背后所发挥的社会区分功能，"在更普遍的情况下，我们要与功能性拟像［伪装（make-believe）］打交道（这不仅发生在物的世界中），物在这种拟像背后继续发挥着它们社会区分的

---

　* 本文系国家社科基金重大项目"后现代主义哲学发展路径与新进展研究"（18ZDA017）的阶段性成果。

功能"①，由此，他确立了拟像在社会批判中的重要地位，突出了拟像在社会权力和社会关系中所发挥的重要功能，为我们认识和思考拟像提供了新维度和新视角。在当代媒介、计算机和通信技术高速发展的背景下，鲍德里亚见证了拟像在当代社会中的迅速增殖，从拟真、超真实的维度上描绘了拟像在现代社会的演进谱系，由此构建他的拟像秩序理论，最终他完成了从物体系向符号制造术、从真实向超真实、从消费社会向符号社会、从现代性向后现代性的转变，构建了一种迄今为止最引人注目而又最极端的后现代理论，深刻影响了当代文化研究、媒介研究、艺术理论和社会理论。②

一、拟像秩序的谱系

如果说鲍德里亚面向柏拉图主义进行的影像之思是为拟像寻求遥远的缘起，探寻拟像出场的"暗夜"，那么他则在现代性视角下演绎了一部文艺复兴以来在斑驳陆离的商品与符号下的拟像发展简史。他的叙述主要集中在《象征交换与死亡》(*L'Échange symbolique et la mort*，1976)第二部分《拟真的秩序》和《拟真与拟像》(*Simulacres et simulation*，1981)第一篇文章《拟像的进程》，两者合起来就是一部理论与史实、案例相结合的拟像发展简史，前者侧重梳理拟像发展的历史脉络，后者侧重理论与现实相结合的阐释方式。如果说福柯曾为文艺复兴以来的"物"撰写历史，旨在演绎西方思想和文化如何在词与物的交互运作下构建"事物的秩序"，"像"经历了文艺复兴的"相似"、古典时代的"表征"、现代的"人"，最终走向了后现代的"拟像"，那么鲍德里亚则在福柯的知识考古学的启发下开始在符号与商品的交互运作下构建"拟像的秩序"③（见表1），经历文艺复兴的"仿造"、工业革命的"生产"和现代的"拟真"，拟像最终走向了超真实的存在，走向了"分形的

---

①　Jean Baudrillard，*Pour une critique de l'économie politique de signe*. Paris：Gallimard，p. 12.

②　道格拉斯·凯尔纳、斯蒂文·贝斯特：《后现代理论——批判性的质疑》，张志斌译，中央编译出版社，1999年，第143页。

③　关于福柯的知识考古学对鲍德里亚的"拟像的秩序"的影响，最早见于道格拉斯·凯尔纳(Douglas Kellner)："在深受福柯在《事物的秩序》中所阐述的知识考古学影响的、关于拟像秩序的历史性梗概中，鲍德里亚主张现代性通过引入虚假的、民主化的符号世界而与稳定的、符号和社会地位的中世纪封建等级制度决裂。"(Douglas Kellner，Jean Baudrillard，*From Marxism to Postmodernism and Beyond*. Stanford：Stanford University Press，1989，p. 78.) Paul Hegarty 表达了类似的看法："鲍德里亚概述了一个与福柯的知识型观念相类似的谱系，正如福柯在《事物的秩序》中所陈述的那样。"(Paul Hegarty，Jean Baudrillard，*Live Theory*. London and New York：Continuum，2004，p. 49.)

拟像"。他在《象征交换与死亡》中概要地区分了拟像的秩序①：第一种秩序处于文艺复兴到工业革命的"古典时期"，基于价值的自然规律，以仿造（countrefaçon）为主导形式；第二种秩序贯穿工业时代，基于价值的商品规律，以生产（production）为主导形式；第三种秩序弥漫于当前的消费时代，基于价值的结构规律，以拟真（simulation）为主导形式；第四种秩序是他后来在《恶的透明性》（*La Transparence du mal*，1990）中增补的，以增殖（prolifération）为主导形式，它是分形的，或者是病毒性的、放射性的，在假设的系列中获得一席之地，价值规律失效，没有外在指涉。② 从整体上看，拟像秩序尽管比较简单，也常遭人诟病，但却是鲍德里亚最具原创性的内容，是他进行拟像理论探索的基本框架，由此他在拟真逻辑与资本逻辑的相互作用下构建了现代社会的世界图景。

表 1　拟像的秩序

规律/价值	主导形式	符号特征	符号形式
自然的	仿造	任意的、中性的	堕落的象征
市场的	生产	系列的	像似符
结构的	拟真	代码的领域	索绪尔式的符号
分形的	增殖	转喻的	指示符

在鲍德里亚的拟像秩序探索中，柏拉图主义时隐时现，犹如一个拟像的幽灵萦绕着他的思考，成为他的拟像理论不断回归的起点。如前所论，德勒兹循着尼采和克罗索夫斯基的道路，通过拟像进行了颠倒柏拉图主义的伟大事业，同样鲍德里亚也进行着类似福柯所说的"反柏拉图主义"的哲学思考，他也通过拟像来反对柏拉图主义，"完全拒绝了这种对拟像的'柏拉图主义的'理解"，"受弗里德里奇·尼采和皮埃尔·克罗索夫斯基的影响，他所理

---

① Jean Baudrillard, *L'Échange symbolique et la mort*. Paris：Gallimard, 1976, p. 77；中译本参见鲍德里亚：《象征交换与死亡》，车槿山译，译林出版社，2006 年，第 67 页，下文凡引用该书只随文夹注法文本与中译本的页码。在《恶的透明性》中，他以价值为中心进行了阐释："曾经出于某种晦涩的分类需要，我提出了价值的三重描述：自然阶段（使用价值）、商品阶段（交换价值）和结构阶段（符号价值）。当然这些区分是形式上的区分。"（Jean Baudrillard, *The Transparency of Evil*, *Essays on Extreme Phenomena*. London and New York：Verso, 1993, p. 5. ）而且在《拟真与拟像》中，鲍德里亚又重述了拟像的三种秩序包括"自然的拟像"（simulacres naturels）、"生产的拟像"（simulacres productifs）和"拟真的拟像"。（simulacres de simulation）（Jean Baudrillard, *Simulacres et simulation*. Paris：Galilée, 1981, p. 177. ）

② Jean Baudrillard, *The Transparency of Evil*：*Essays on Extreme Phenomena*. London and New York：Verso, 1993, p. 5.

解的拟像不是虚假的影像，也不是表面背后的模糊的真理，而是那'隐藏真理的非实存'的东西"，"在这种意义上，拟像是真的"。① 基于这一点，鲍德里亚被认为是一名"反常的柏拉图主义者"（perverse Platonist）②，或者是一名"新柏拉图主义者"（neo-Platonist）③，像德勒兹一样，他的拟真理论也被认为是一种"颠倒柏拉图主义"④ 的形式。很多研究者认为，鲍德里亚似乎有一种在真实问题上过于简单的柏拉图主义模式，他没有深入地阐释《理想国》"洞穴隐喻"和"床的隐喻"在真实层面上的柏拉图主义模式。⑤《黑客帝国》一度被广泛地认为是鲍德里亚拟真理论的最佳呈现，不过，在鲍德里亚看来，《黑客帝国》只不过是柏拉图主义的朴素观念，忽视了他苦苦探索的拟真与拟像问题，"电影最令人尴尬的部分是，拟真所提出的问题与影片的古典的、柏拉图主义的讨论混淆了"⑥。不管学界如何定位鲍德里亚与柏拉图的渊源关系，鲍德里亚依旧是通常意义上的柏拉图主义的"注脚"，他不得不在柏拉图主义的阴影下探寻着拟像的发展过程，从中演绎出拟像与拟真在当代社会的重要意义，为我们认识当代社会提供了理论范式。

　　在《理想国》和《智术师》中，柏拉图讨论了拟像在真实的、不变的、非物质的理念世界与虚假的、可变的、物质的可感世界的区分中的重要作用，尤其《理想国》以"床的隐喻"讨论了真实与理念的等级关系，这是我们探讨鲍德里亚与柏拉图关系的最佳切入点，为我们研究鲍德里亚的"拟像秩序"提供了理论起点。按照柏拉图的观点，超越性的理念是一切事物赖以存在的最终根据，一切事物真实与否取决于该事物模仿或分有理念的程度。"对于每一种有多个个体而我们予它们以同一个名称的东西，每一种我们都为它们举出一个单一的形式来"⑦，这个"单一的形式"就是柏拉图所说的"理念"，其

---

　　① William Pawlett，"simulacra+simulacrum"，Richard G. Smith，*The Baudrillard Dictionary*. Edinburgh：Edinburgh University Press，2010，p. 196.

　　② Charles Levin，Jean Baudrillard，*A Study in Cultural Metaphysics*. London：Prentice Hall，1996，p. 82.

　　③ Paul Hegarty，"Fate of the Animal"，in Jean Baudrillard，*Fatal Theories*. London and New York：Routledge，2009，p. 137.

　　④ Christopher Norris，*What's Wrong with Postmodernism：Critical Theory and the Ends of Philosophy*. Hemel Hempstead：Harvester Wheatsheaf，1990，p. 166.

　　⑤ Paul Hegarty，"Fate of the Animal"，in Jean Baudrillard，*Fatal Theories*. London and New York：Routledge，2009，p. 145.

　　⑥ Jean Baudrillard（2004a），The Matrix Decoded：Le Nouvel Observateur Interview with Jean Baudrillard，*International Journal of Baudrillard Studies*，http://www. ubishops. ca/baudrillards－tudies/vol1＿2/genosko. htm.

　　⑦ 柏拉图：《理想国》，顾寿观译，岳麓书社，2010年，第 455 页。

中"神"是原创的、完美的、超越性的理念的创造者，而他创造了"是其所是"的理念。在《理想国》第十卷中，柏拉图以"床的隐喻"为例构建了柏拉图主义的"事物的秩序"，其中预示了鲍德里亚在《拟真与拟像》的"拟像的过程"中所区分的"影像"（image）的前两个阶段。① "神圣的木匠"创造了"理念的床"，木匠模仿"理念的床"制造了"现实的床"，而画家模仿"现实的床"绘制了"艺术的床"，因而"神"是各种各样的床的祖先，是唯一的"真实的床"的创造者，木匠是制造者，而画家是再现者、模仿者。"就神那方面说，或是由于他自己的意志，或是由于某种必需，他只制造出一个本然的床，就是'床之所以为床'那个理式，也就是床的真实体。他只造了这一个床，没有造过，而且永远也不会造出，两个或两个以上这样的床。"② 木匠模仿了神创造的床，已然离开"真实的床"，而艺术家所模仿的只是木匠制造的床，"与真实隔了两层"，更加远离了真实，不仅如此，绘画和悲剧还滋养了人的非理性部分。"原先我说图画和一切摹仿的产品都和真理相隔甚远，和它们打交道的那种心理作用也和理智相隔甚远，而它们的目的也不是健康的或真实的。"③ 如果将鲍德里亚的"拟像秩序"与柏拉图的"秩序"进行对照，那么影像的第一阶段对应了"现实的床"，后者恰好"是某种深度现实的反映"；第二阶段对应了"艺术的床"，后者恰好"遮蔽了深度现实，并使之变质"④。柏拉图谴责第三等级的"床"，认为它是不真实的，是邪恶的模仿，鲍德里亚在这一点上回应了柏拉图对模仿的批评，他将影像的第二个阶段视为"邪恶的显像"，属于"巫术秩序"⑤。由此，鲍德里亚几乎是在一种柏拉图主义的认识论框架下构建拟像理论，似乎柏拉图对"床的隐喻"的阐释成为鲍德里亚构建拟像秩序的必要条件。

不过，面对由拟像、拟真、模式和超真实构成的第三秩序，鲍德里亚没有像柏拉图那样对以生产为主导形式的第二秩序与以拟真为主导形式的第三秩序进行区分，因为在他看来，第二秩序早已坍塌，应直接进入第三秩序。"而且柏拉图将整个伦理体系立基于强大象征秩序和再现等级的维持之上，立基于对危险而又模糊的权威的抑制之上（就像在书写的情况下和洞穴的寓言

---

① Joshua Commander，"The Omnipotence of Simulacra：Tracing the Evolution of the Simulacrum Throughout the History of Theory, Criticism, and Human Subjectivity"，http://portalsjournal. com/2014/omnipotence−simulacra−tracing−evolution−simulacrum−throughout−history−theory−criticism−human−subjectivity/.

② 柏拉图：《文艺对话集》，朱光潜译，人民文学出版社，1963 年，第 70 页。

③ 柏拉图：《文艺对话集》，朱光潜译，人民文学出版社，1963 年，第 81 页。

④ Jean Baudrillard，*Simulacres et simulation*. Paris：Galilée. 1981, p. 17.

⑤ Jean Baudrillard，*Simulacres et simulation*. Paris：Galilée. 1981, p. 17.

中一样），鲍德里亚也表达了他的伦理立场。不过这种立场似乎在伦理（或者审美）上具有一个与其说是柏拉图主义的倒不如说是尼采式的起源，这种起源借尼采之口说骗子的世界是真实的世界，而真实的世界是错觉的世界。"①的确，柏拉图将理念视为绝对真实的存在，鲍德里亚肯定不会同意这一点，他认为影像背后别无他物，"那么整个系统处于失重状态，它本身只不过是一个巨大的拟像——不是不真实，而是拟像"②。在鲍德里亚看来，除了拟像之外，柏拉图所追求的真实是不存在的，这无疑从本体论上颠覆柏拉图主义，但鉴于鲍德里亚在理论上与柏拉图主义的暧昧关系，他的理论可被称为"奇异的颠倒的柏拉图主义"③。

在柏拉图主义的阴影下，鲍德里亚尝试着对现代社会进行诊断，实现了从消费社会向符号社会的理论转变，最终走向了超真实的"拟真社会"。在琳琅满目的商品背后，马克思发现了资本的内在秘密，洞察到商品价值规律的运作机制，而鲍德里亚则将结构主义符号学与政治经济学结合起来，试图阐明符号与商品交错运行的内部机制。在他看来，一切都按照商品的逻辑运作，而且被景观化、符号化。"商品的逻辑之所以普及了，乃因为它如今不仅支配着劳动过程和物质产品，而且还支配着整个文化、性征、人际关系，乃至个体的幻想和冲动。一切都被这一逻辑接管了，不仅在全部功能、全部需要都按照利益被客观化和被操纵的意义上，而且还在一切都被景观化——也就是被唤起、被教唆和被编排成影像、符号和消费模型——的更深刻意义上。"④商品逻辑接管了一切，符号在商品的斑斓表面上像幽灵一般舞蹈，最终实现了政治经济学与符号学的相互融合。如同货币在资本市场上流动一样，产品、劳动、需求，乃至观念、价值和信仰也都作为符号流动，从日常世界到精神世界，符号、影像、幻象到处蔓延，最终导致了拟像社会的到来。"价值的结构形态只不过结束了生产和政治经济学的制度，同时也结束了再现和符号的制度。这一切都与代码一起跌入了拟真。"（法文本第 20 页；中译本第 6 页）

二、拟像：从仿造到生产

在鲍德里亚看来，拟像秩序始于文艺复兴，与封建秩序的解体为伴，这

---

① Julian Pefanis, *Heterology and the Postmodern*：*Bataille，Baudrillard，and Lyotard*. Durham：Duke University press，1991，pp. 60–61.

② Jean Baudrillard, *Simulacres et simulation*. Paris：Galilée，1981，p. 16.

③ Scott Durham, *Phantom Communities*，*The Simulacrum and the Limits of Postmodernism*. Stanford：Stanford University Press，1998，p. 86.

④ Jean Baudrillard, *La société de consommation*. Paris：Denoël，p. 308.

种定位意味着拟像是现代性的产物，只有到了现代，拟像才成为我们世界图景的一个问题域。在欧洲中世纪封建社会中，符号没有获得自由，拟像也没有成为问题。当时的社会秩序构建了一套符号使用的等级秩序，符号是固定的、清晰的，可以从一个人的衣着服饰判定他的社会阶层和社会地位，同时符号也是受限制的、残暴的，一旦使用不当，人就会遭到惩罚。"在种姓社会、封建社会、古代社会，即在残忍的社会，符号数量有限，传播范围也有限，每个符号都有自己的完整禁忌价值，每个符号都是种姓、氏族或者个人之间的相互义务：因此它们不是任意的。"（法文本第 78 页；中译本第 68 页）随之到来的文艺复兴冲破这种等级秩序，符号出现了任意性的趋势，能指与所指一一对应的强制性符号关系走向终结，开启了索绪尔意义上的"符号的任意性"，每个个体都从受限制的秩序走向了符号的按需生产，都可以无区别地玩弄符号，由之仿造成为这一时期的再现范式，开启了基于仿造的自然拟像。现代符号摆脱了一切束缚，可以被不加区别地使用，从此变成了竞争性的符号，然而现代符号仍植根于自然，以自然为参照，模仿和再现自然。鲍德里亚由此强调了"价值的自然规律"，拟像不仅用来再现自然，而且还体现了资产阶级的代议制民主和"自然权利"或"自然法则"。"因此，现代符号正是在'自然'的拟像中找到了自己的价值。这是'自然'的问题体系，是真实与表象的形而上学：这将是文艺复兴以来的整个资产阶级的形而上学，资产阶级的符号之镜，古典符号之镜。"（法文本第 79 页；中译本第 69 页）仿造品从文艺复兴开始就与自然一起出现，新兴资产阶级开始了对自然的模仿，他们具有普罗米修斯式的雄心壮志，梦想着通过仿造的模式创造一个新世界，假背心、假牙、仿大理石室内装饰、巨大的巴洛克式舞台布景装置都充分体现了这一点，"显示了仿造的形而上学和文艺复兴时期的人类的新抱负——这是世俗造物主的抱负，即把任何自然都转变为惟一的、戏剧性的实体，以此作为资产阶级价值符号下的统一社会性，超越了各种各样的血统、等级或种姓"（法文本第 80 页；中译本第 70 页）。鉴于自然的这种重要性，鲍德里亚将其定义为"自然的拟像"："自然的拟像，是自然主义的，立基于影像、模仿和仿造，是和谐的、乐观的，而且旨在按照上帝的影像来重建或理想地构建自然。"①

　　不止如此，鲍德里亚还洞察到了拟像在这一时期就开始出现的微观政治学问题，他认为拟像不仅仅是符号的游戏，而且还意味着社会权力和社会关系，这是鲍德里亚在拟像理论上的重要理论创见之一。拟像不仅在物体系中

---

　　① Jean Baudrillard, *Simulacres et simulation*. Paris：Galilée，1981，p. 177.

占据着主导性地位，而且还渗透到社会的各个层面，具有了福柯所探讨的全景敞视监狱的意味。① 仿大理石不仅在物的世界中满足了资产阶级创造世界的需要，创造了各种各样的仿造品，而且还表征着巴洛克风格，而巴洛克风格又关系着反宗教改革运动、耶稣会士的传教活动。为了建立政治和精神世界的霸权，重新寻回基督教大一统的世界，耶稣会士不得不使用仿大理石等新物质材料来创造一些有效的拟像，由此实现普遍控制和普遍霸权的共同设想，这意味着拟像秩序的内在目标就是要创造普遍可控的秩序和权力系统。"仿造影响的只是实体和形式，还没有影响关系和结构，但它在这一层面上已经瞄准了对社会的控制，这个社会在一种逃离死亡的合成实体中被平定、被塑造：一种不可摧毁的假象，后者将保证权力的永恒……这是一种政治和精神霸权的设想，一种封闭的精神实体的幻想。"（法文本第 81 页；中译本第 72 页）

伴随着工业革命轰隆隆的机器声，大量的、无差别的产品从机械化的工业流水线上源源不断地被生产出来，拟像的第二秩序来临了，从此生产取代了仿造，价值的商品规律取代了价值的自然规律，最终生产的拟像取代了自然的拟像。鲍德里亚以自动木偶与机器人为例描述了这种从仿造向生产的转变，自动木偶是对人的戏剧性、机械性、钟表性的仿造，技术屈从于类比和拟像的效果，而机器人则是机器占据主导优势，构建了一种相当于商品交换的等价关系。"自动木偶扮演宫廷里的人或有教养的人，它在大革命前参与戏剧和社会的游戏。机器人则如其名指示的，它在劳动：戏剧结束了，人的机体登场了。自动木偶是人的类比物，而且仍然是人的对话者（它可以和人下象棋）。机器人则是人的等价物，并且在操作过程的统一性中把人作为等价物据为己有。这是拟像的第一秩序与第二秩序之间的根本差异。"（法文本第 82 页；中译本第 73 页）如前所述，拟像的第一秩序总是牵扯到原型的问题，关系着对自然的模仿，自动木偶就是不断地与活人对比，要比活人更自然，始终难以消除拟像与真实之间的差异。"拟像的第二秩序则通过吸收表象或消除真实（怎么说都行）简化了这个问题——总之，它建立了一种没有影像、没有回声、没有镜子、没有再现的现实：这正是劳动，正是机器，正是与戏剧性幻觉原则根本对立的整个工业体系。不再有上帝或人类的相似性或相异性，但是有一种操作原则的内在逻辑。"（法文本第 83-84 页；中译本第 75 页）第二秩序不再追问再现问题，也不再追求相似性，机器和劳动是唯一的现实，机器不停地生产，持续地再生产，由此自然变成可操控的对象，再生产变成

---

① 关于拟像与权力的关系，鲍德里亚在《拟像的进程》一文中又专门以"全景敞视监狱的终结"为题进行探讨。参见 Jean Baudrillard, *La société de consommation*. Paris: Denoël, pp. 48-56.

了社会主导法则，以价值的商品规律为基础，不断地进行等价交换。拟像的第二秩序也导致机器人的霸权、机器的霸权、活劳动对死劳动的霸权，导致了从仿造转向生产或再生产，从价值的自然规律转向价值的商品规律。

不过，拟像的第二秩序与第一秩序之间，或者生产的拟像与自然的拟像之间，还有更深刻的差异。鲍德里亚还将生产的拟像称为工业性拟像①，突出了拟像基于工业生产的特性，工业时代出现了流水线上的大规模生产，同一产品不断地复制，不断地进行再生产，最终导致同一产品的系列，出现了一种无差异的等价关系。"它们之间的关系不再是原型与仿造的关系，既不再是类比，也不再是反映，而是等价关系，是无差异关系。在系列中，物体成为相互的无限拟像，而且生产物体的人也是如此。只有消除原型参照，才能带来普遍的等价原则，即生产的可能性本身。"（法文本第 85 页；中译本第 76 页）在工业性的拟像中，不再有可以作为模仿对象的原本，也不再有原本与摹本的关系，只有无限复制的拟像，甚至连人也是无限复制的拟像，一切差异都消失了，原本的独特性也消失了，只有等价关系发挥作用，使再生产得以持续，最终导致原本消失、摹本无限复制的境况。

"拟像"一词是法国人鲍德里亚首先使用的，其定义之一是：拟像是那些没有原本的东西的摹本。可以说"拟像"描写的正是大规模生产，例如说汽车，Ｔ型汽车自始至终的产品，假设有五百万辆，都是一模一样的，在工业生产中具有完全相同的价值。我们的世界是个充满了机械性复制的世界，这里原作原本已经不那么宝贵了。或者我们可以说拟像的特点在于其不表现出任何劳动的痕迹，没有生产的痕迹。原作和摹本都是由人来创作的，而拟像看起来不像任何人工的产品。②

杰姆逊以汽车为例清楚地阐述了鲍德里亚的"工业性拟像"的特点，由此来例释拟像的定义和特点。不过，杰姆逊难免以偏概全，因为"工业性拟像"在鲍德里亚那里也只是拟像的第二秩序而已。

在生产的拟像中，人们看到了现代性特有的经济神话，其中蕴含着巨大

---

① 鲍德里亚还将生产的拟像称之为"工业性的拟像"，甚至以"工业性的拟像"作为小标题来阐述生产的拟像与自然的拟像之间的区别。Jean Baudrillard, *L'Échange symbolique et la mort*. Paris: Gallimard, 1976, pp. 85−88. 中译本参见鲍德里亚：《象征交换与死亡》，车槿山译，译林出版社，2006 年，第 76—79 页。

② 杰姆逊：《后现代主义与文化理论》（精校本），唐小兵译，北京大学出版社，2005 年，第 196 页。原文"类象"皆统一为"拟像"，"博德里涯"统一为"鲍德里亚"。值得注意的是，通过本书对克罗索夫斯基、德勒兹、福柯和德里达的研究，杰姆逊关于"'拟像'一词是法国人鲍德里亚首先使用的"的结论是不确切的。

的力量和潜在的能量，而且将这股力量和能量投射到更广阔的世界。"生产的拟像，是生产主义的，立基于能量、力量、它通过机器并在整个生产体系中的物质化——普罗米修斯式的企图就是全球化和持续扩张、无限能量的解放（欲望是与拟像的这一秩序相关的乌托邦的一部分）。"① 这种能力、力量完美地体现在机器化大生产之中，企图通过持续的再生产征服世界，继续追逐着政治和精神霸权的梦想。然而，这美好的梦想难以掩盖工业生产所导致的无限复制特点，只有拟像的再生产而已，别无其他。鲍德里亚正是在这一点上援引了本雅明在《机械复制时代的艺术作品》中的再生产思想，肯定了再生产的价值和意义。本雅明开启了以再生产符号来研究艺术、电影和摄影的新天地，在鲍德里亚看来是"第一次点明了这种再生产的基本意义"（法文本第86 页；中译本第77 页）。本雅明察觉到艺术作品的"灵韵"消失在机械复制时代具有普遍的意义，不再局限于艺术领域，而是一个时代的症候。

> 在机械复制时代凋萎的东西正是艺术作品的灵韵。这是一个具有症候意义的进程，它的深远影响超出了艺术的范围。我们可以总结道：复制技术使复制品脱离了传统的领域。通过制造出许许多多的复制品，它以一种摹本的众多性取代了一个独一无二的存在。复制品能在持有者或听众的特殊环境中供人欣赏，在此，它复活了被复制出来的对象。这两种进程导致了一场传统的分崩离析，而这正与当代的危机和人类的更新相对应。这两种进程与当前的种种大众化运动密切相连。②

在本雅明看来，机械复制时代的艺术作品颠覆了原本与摹本的关系，大量的复制品以摹本的多样性取代了原本的独一性，也就是原本那种原创的、奇异性的"灵韵"消失了，柏拉图意义上大写的、摹本和拟像之意义来源的"理念的床"被机械复制时代的大量复制品消解了，反而是这些复制品通过受众获得了存在的价值和意义。最重要的是本雅明洞察到"这两种进程"逐渐蔓延到整个社会领域，可以有效地解释机械复制时代的症候。任何物品都可以简单地进行复制，这种系列重复取代了仿造，"再生产吸收生产过程，改变其目的性，使产品和生产者的地位变质"（法文本第86 页；中译本第77 页），技术也不再是马克思反复阐释的"生产力"，而是一种具有形式与规则的"中介"。鲍德里亚在这一点上充分肯定了本雅明以及麦克卢汉的革新意义，"本雅明和麦克卢汉看得比马克思更清楚：他们认为，真正的信息，真正的最后

---

① Jean Baudrillard, *Simulacres et simulation*. Paris：Galilée, 1981, p. 177.

② 本雅明：《启迪：本雅明文选》，张旭东、王斑译，生活·读书·新知三联书店，2008 年，第236 页。

通牒就是再生产本身，生产则没有意义：生产的社会目的性丧失在系列性中。拟像压倒了历史"（法文本第 86—87 页；中译本第 78 页）。在艺术领域中对这一点进行形象化再现的莫过于安迪·沃霍尔，他在如同工厂一般的工作室中以工业生产的模式对机械复制时代的产品图案进行复制，他利用机械再生产技术——胶片制版和丝网印刷技术对坎贝尔汤罐头图案进行了再复制。他的行为本身极具解构性——不是绘画，而是像机器一样生产，他曾说："我想成为机器，我不要成为一个人，我像机器一样作画。"而且他一方面拟仿了机械复制时代的产品生产，呈现了系列重复的特点，另一方面又以这种再生产的方式生产作品，使这种生产陷入无限重复的再生产，致使生产丧失意义。如果说本雅明从绘画、电影、摄影等艺术领域走向了对机械复制时代的批判，洞察到再生产的秘密，那么沃霍尔则逆向而行，以机械复制的技术戏弄着绘画，使艺术作品的"灵韵"彻底丧失，或许这就是沃霍尔的波普艺术的意义所在。

三、拟像：从拟真到分形

如果说拟像的第一秩序或自然的拟像基于前现代时期对原本的仿造、对自然的模仿，遵循着价值的自然规律，拟像的第二秩序或生产的拟像基于现代时期纯粹的系列、系列的生产，遵循着价值的商品规律，那么拟像的第三秩序或拟真的拟像则基于后现代主义的模式和代码，遵循着价值的结构规律，走向了超现实、控制论的游戏和社会的全面控制。"我们由此进入拟像的第三秩序，不再有第一秩序中对原本的仿造，也不再有第二秩序中的纯粹系列：这里只有一些模式，所有形式都经由差异性调制产生于这些模式。只有纳入模式才有意义，任何东西都不再按照自己的目的发展，而是出自模式，即出自'参照的能指'，它仿佛是一种前目的性，唯一的似真性。"（法文本第 87 页；中译本第 78 页）经历了漫长的历史演变过程，拟真的拟像逐渐从工业时代的生产的拟像发生裂变，逐渐以拟真的模式来构建世界，超越并最终摧毁再现，使再现的机制走向终结，取而代之的是拟真的逻辑，社会也从生产主义的资本主义社会转向以全面控制为目标的控制论秩序的新资本主义。"拟真的拟像，基于信息、模式、控制论的游戏——整体的可操作性、超现实、全面控制的企图。"[①] 模式和代码是人与物存在与呈现的"语法"，模式的生成替代系列的生产，价值的结构规律取代了价值的商品规律，模式操控着人与物，

①　Jean Baudrillard, *Simulacres et simulation*. Paris: Galilée, 1981, p. 177.

而代码的秘密不再隐藏于技术与经济之中，而是生产的可能性本身隐匿在代码和拟像的起源之中，而且拟像的起源从遗传的代码中找到最完美的形式。"这是再现性戏剧的终结、符号空间的终结，是符号冲突和符号沉默的空间的终结：只剩下代码的黑匣子。"（法文本第 90 页；中译本第 81 页）

在拟真的拟像的阐述中，鲍德里亚采用了一种在语言、基因和社会组织之间的暗示性类似，"正如语言包含着种种结构着我们交流的模式或代码，正如我们细胞包含着种种结构着我们体验和行为的基因代码（DNA），社会也包含着种种结构着环境与人类生活的社会组织的模式和代码"[①]。整个社会都按照拟真的逻辑操控着，模式或代码不仅结构着各种媒介产品、购物、家居、建筑、设计、时尚、性等日常生活，而且还操纵了民意调查、选举、国际关系等领域，最终走向了"代码的形而上学"："人类建构的各种巨大拟像从自然法则的世界，走到力量和张力的世界，今天又走向结构和二进制对立的世界。存在与再现的形而上学之后，然后是能量与确定性的形而上学之后，然后是非决定论与代码的形而上学。"（法文本第 89 页；中译本第 80 页）鲍德里亚进一步在形而上学的层面上对拟像的三种秩序进行区分，拟像的第一秩序处于自然世界，遵循着价值的自然规律，是"存在与再现的形而上学"，拟像的第二种秩序走向力量和张力的世界，遵循着价值的交换规律，是"能量与确定性的形而上学"，拟像的第三秩序则走向结构和二进制对立的世界，遵循着价值的结构规律，是"非决定论与代码的形而上学"。在拟像的第三秩序中，鲍德里亚强调了"结构"和"二进制对立"，带有结构主义的鲜明印记，但又有所不同，他强调的是二进制对立的结构而非二元对立统一的结构，是莱布尼茨所强调的 0 与 1 的二进制系统，一切都在记录和解码中消解了。"这就是拟像的第三秩序；这就是'只有 0 与 1 的二进制系统那神秘的优美'，所有生物都来源于此；这就是符号的地位，这种地位也是意指的终结：这就是 DNA 或操作性的拟真。"（法文本第 90 页；中译本第 81—82 页）

在鲍德里亚看来，自动控制、模式生成、差异性调制、反馈、问/答等都是拟真社会的操作形态，数字性是这种操作形态的形而上学原则，DNA 则是这种操作形态的先知。模式与代码构建了日常生活与社会组织，由此构建了一个差异性的二进制系统，操控着整个社会的运行。正如电视节目制作者调制电视代码来生产节目一样，时尚、商品、广告设计、城市规划、政治选举和民意测验等也都调制各自的代码或模式来生产各自的"节目"或"程序"，

① Douglas Kellner, Jean Baudrillard, *From Marxism to Postmodernism and Beyond*. Stanford: Stanford University Press, 1989, p. 80.

它们在肯定或否定的二进制系统中构建了测试、问/答、刺激/反应的具体形式。到处都是相同的剧本，提供选择答案的剧本，到处是提供预先答案的测试，一切都被预先写入代码，都处于同一性与被程序化的差异之中，严格讲根本就没有差异，只有通过程序代码进行控制的模式。这种突变"是整个历史的结果，在这一历史中，上帝、人类、进步以及历史本身都为了代码的利益相继死亡，超越性为了内在性的利益而死亡，而内在性对应的则是令人眩晕的社会关系操纵中远远更加先进的阶段"（法文本第 93 页；中译本第 85 页）。一切都在代码中相继死亡，鲍德里亚陷入了历史虚无主义，否定了启蒙以来的主体和进步神话。经济的发展与技术的进步没有带来人类的自由和解放，反而奴役和殖民了人类生活的各个层面。"计算机代替思想的操作，让大脑处于荒废之中，就像 19 世纪机械技术代替体力劳动那样。人们越来越像行尸走肉。"[①]

在拟真社会中，测试、问/答、刺激/反应都变成了最具体的、最基本的社会控制形式，控制着人的行为与选择。在貌似可供选择的二进制系统中，一种不确定的社会控制蔓延到社会的各个层面。在政治、经济、文化和日常生活中，个体不得不按照预先设定的、预先编码的程序进行选择，做出回应，测试与全民公决在媒介时代变成了拟真的完美形式，在预先设计好的答案中进行选择，制造了一种策略性幻觉，最终导致真与假、真实与想象的解体。政治选举、民意调查、时尚、购物、媒介等都是二进制调节系统的组成部分，通过非此即彼的两种选择、两党政治、两种敌对力量维持着亚稳态的或动态的平衡。永远是 0/1 在拟真社会中发挥作用，永远是二进制的格律划分操纵着整个世界，最终控制论的资本主义在假设的、主导性的两极之间获得胜利。"符号为了变得纯粹，必须重叠自身：正是通过重叠，符号才能真正地终止所指涉的东西。沃霍尔的全部作品秘密就在这一点：梦露面孔的大量复制既是原型的死亡，也是再现体制的终结。"[②] 真实在符号的自主性指涉中消解，化为乌有，最终为了真实而真实追逐着超真实，拟真原则最终也战胜现实原则和快乐原则，成为社会组织和社会控制的全新法则。

在拟像的三种秩序之后，是否还有其他的可能？这个问题始终萦绕着鲍德里亚。经过了长时间的思索，他在 20 世纪 80 年代末开始谈拟像的第四秩序，他最早在《鲍德里亚：主体与复影》（*Baudrillard：le sujet et son double*，1989）的访谈中将其界定为"一种价值的增值，一种价值的蔓延，但其中价值完全

---

① 鲍德里亚：《冷记忆 1》，张新木译，南京大学出版社，2009 年，第 287 页。

② Jean Baudrillard, *L'Échange symbolique et la mort*. Paris：Gallimard, 1976，p. 20.

被分形化，而且不再能被定位"①。他以分形思想来界定拟像的第四秩序，显然受到数学家曼德博（Benoît Mandelbrot）的著作《分形学》（*Les objets fractals*，1975）的影响。最初他用来"分形"描述美国文化，认为"整个美国文化是一种类似地震造成的形式：一种分形的、间隙的文化，诞生于一种与旧世界的裂缝之中，一种触得到的、易碎的、移动的表面文化"②。接着他在《恶的透明性》一书中进一步阐述拟像的第四秩序——分形的拟像。他首先总结了价值的演变过程：自然阶段，对应使用价值，呈现价值的自然层面；商品阶段，对应交换价值，呈现价值的商品层面；结构阶段，对应符号价值，呈现价值的结构层面。他还是采用他惯常使用的科学思维方式来谈论拟像的第四秩序，他认为拟像的前三种秩序之间存在着形式上的差别，类似于粒子上的差别，总会有新粒子加入它们的行列，尽管不会取代先前发现的粒子，但会在假设的系列中占据位置。他以此类推，将一种新粒子引入拟像的微观物理学，认为在价值的自然、商品和结构的阶段之后到来的是分形的阶段。如果说拟像的第一秩序具有自然的参照，价值立基于世界的自然使用而形成，拟像的第二秩序立基于一般等价物和价值参照的商品逻辑而形成，拟像的第三秩序受代码支配和价值参照的一系列模式而形成，那么：

> 拟像的第四秩序则是分形的，或病毒性的，或辐射的，不再有任何参照，而且价值在占据全部间隙时向各个方向辐射，没有参照任何东西，凭借纯粹的邻近性。在第四秩序中，不再有任何等价，无论是自然的还是一般的。严格来说，现在没有价值规律，只有一种价值的传染病，一种价值的转移，一种价值的随意增殖和弥散。的确，我们真不应该再谈"价值"，因为这种传播或反应链使任何估值不再可能。③

因而，拟像的第四秩序不再有任何参照，不再有任何等价，不再有任何价值规律，也就是说它不具有前三种秩序的任何内容，任何价值规律都不再起任何作用，就如同不可能同时计算量子的速度和位置一样，也不可能在美与丑、真与假、善与恶之间做出评估。价值任意蔓延、转移、增殖和弥散，如同病毒一样扩散和转移，毫无规律可循，难以进行定位和估算。在分形的拟像中，每种价值或每种价值的碎片在拟真的天空中闪烁片刻，然后就沿着

---

① Jean Baudrillard，"Baudrillard：le sujet et son double"，F. Ewald（interview），*Magazine littéraire* 264（1989，Avril），p. 22.

② Jean Baudrillard，*Amérique*. Paris：Grasset，1986，p. 27.

③ Jean Baudrillard，*The Transparency of Evil：Essays on Extreme Phenomena*. London and New York：Verso，1993，pp. 5—6.

彼此交错的弯曲路径消失在虚空之中。鲍德里亚认为这种分形的模式也是当前文化的模式，价值在拟真中蔓延、弥散，好像它们是真实的，好像存在着现实，也就是鲍德里亚所定义的"整合的现实"（réalité intégrale），这种极端的现实同时终结了现实与错觉，价值在这种分形的维度上变成任意的，真与假、善与恶、美与丑难以评估，难以确定，一切都变得"似是而非"。一切似乎是政治的、经济的，但准确地讲又不是如此。例如，进步的观念消失了，但进步仍然继续，生产曾经包含的财富观念消失了，但生产仍然继续。这种悖谬的二元性依然持续，到处蔓延，没有终止。概念、理论、个体观念、意识形态就像病毒一样不停地进行复制，但已经没有了任何终极价值和目的。

结　语

在拟像秩序的漫长思索中，鲍德里亚逐渐摆脱早期的政治经济学的樊篱，构建了一种基于拟像与拟真的原创性理论体系，体现了他对文艺复兴以来现代社会的思考，为我们认识和理解现代社会提供了理论资源和理论视角，但是他构建的这套理论体系也存在着诸多矛盾，例如他不断地寻找一个又一个例子来证明他在拟像的第三秩序中所阐述的二进制系统的作用，强调了控制论的资本主义的理论，难免忽略了众多例子的丰富性和差异性。不仅如此，整个理论体系构架过于粗糙，虽然他模仿了福柯为"事物的秩序"撰写的《词与物》，但是缺少严密的论证和详细的文献证据，很多问题没有展开深入论证，致使例证与理论之间缺少融贯性，反而影响了他的拟像理论的原创性，最终使他的拟像理论变成类似于《美国》那样的"理论的碎片"，消弭在拟真社会的幻想之中。

作者简介：
董树宝，北方工业大学文法学院中文系副教授，研究方向为当代法国哲学与艺术哲学、中西比较哲学、西方文论。

数字媒体时代艺术作品文本存在方式的嬗变

刘丽娟　郑　轶

摘　要：随着技术的发展与更替，在技术时代的催动下，艺术作品文本存在的方式已经发生了变化，这样的嬗变不仅仅是简单的艺术表现形式的变化重组，也不是简单的技术符号对艺术作品形式的再现还原，而是通过一种聚合的方式对艺术作品、技术符号进行编码。这样的嬗变是对未来艺术创作的思考基础，也是未来艺术创作发展的趋势。数字媒体时代艺术品文本的存在方式随着新时代、新手段、新媒介的来临将发生着不可阻挡的聚变。

关键词：数字媒体　艺术品文本　艺术科技

数字媒体时代下的艺术作品，其存在方式已不再是传统架上艺术品、雕塑等单一呈现形式的文本存在。介入了数字时代的技术符号的艺术作品，不仅打破了艺术作品原有的线性文本形式，并且从根本上使得艺术文本从传统静态形式走向了动态文本、交互文本和移动媒介文本。艺术文本在技术符号与艺术创作的过程中不断嬗变，艺术文本符号随之进行强编码。

一、数字媒体时代艺术作品从静态文本向动态文本的嬗变

从符号学的角度，静态文本与动态文本所反映出的往往都是"绝似符号"（absolute icon）[1]，艺术静态文本所携带的伴随性文本虽然能够反映出一部分艺术品所携带的意义，但并不能像动态文本那样更全面地阐释意义[2]。例如一幅油画作品本身是一个符号文本，油

---

① 赵毅衡：《符号学：原理与推演》，南京大学出版社，2016年，第62页。
② 尼古拉斯·米尔佐夫：《视觉文化导论》，倪伟译，江苏人民出版社，2006年，第81—88页。

画的物质存在是其载体，油画技法是其媒介，在这样的静态文本中，符号文本并没有得到强编码，其携带的意义很难在作品本身获得前文本之前得到感知，而绘画技法的单一表现则是被风格限制的，如此情况下的静态文本在当下数字时代已经不能满足其高速的信息传播与发展的需要，虽然艺术品静态文本是不可能被完全替代甚至消失的，但随着技术性文本的介入，艺术品中的静态文本走向动态文本是时代发展的必然，是当代艺术品创作的一个重要组成部分。要讨论数字化技术广泛应用与信息高速传播时代下的艺术作品，我们就必须结合时代背景的文本特征分析。

第一，数字媒体时代下的审美媒介具有特殊性。数字媒体媒介应用范围极为广泛，其最早被应用在艺术作品中可以追溯到 20 世纪，但此种艺术作品的文本存在形式却并未走向大众。随着时代的发展、"互联网＋"的普及，大众文化对新媒介信息的需求量出现了井喷式增长，促使艺术作品文本在数字时代下的存在意义更突出和重要。

第二，消费社会中的虚拟化存在方式具有普遍化趋势。当下数字媒体时代，虚拟化的视觉存在方式已经普遍存在，人与人的交流已经不止于语言，人与物的交流已经不止于动作，人与空间的互通已经不止于真实的实体的存在。媒介即信息，数字时代下的虚拟技术手段给我们提供了一个没有明确边界的世界。在这个世界中，空间、时间、交流方式都已发生改变，也为艺术作品文本存在的方式提供了不同的编码形式，使其元语言符号的集合更加直接地实现表意行为，其功能是在此范围内相互成为内容，成为消费社会总体的信息。①

第三，数字媒体时代下的技术符号具有表意功能。艺术作品与技术符号相结合而形成的编码，可以使受众更为直观地理解艺术作品。在数字时代下，技术符号不仅是一种传播手段，更是意义传播必须具有的技术与艺术符码集合。因此，数字艺术作品文本存在的条件就可以以另一种时代背景下的审美体系来解释。

根据数字媒体时代下的艺术作品文本特征，艺术活动作为审美的一种方式，是受众获得艺术作品文本信息的一个重要通道，也是指导艺术家进行艺术创作的重要参考，而以静态文本为核心的艺术品展示方式，在艺术作品解释过程中容易出现误解或让受众难以判断。因此，在当下艺术创作环境中，从静态文本走向动态文本是发展的重要方向，动态文本可以为艺术品的解释

---

① 让·鲍德里亚：《消费社会》，刘成富、全志钢译，南京大学出版社，2014 年，第 113－115页。

活动提供更多依据与条件。2019 年威尼斯双年展中国馆中有这样一部作品（见图 1），作品是一组雕塑作品与动态可视化影像的结合，将以金色为主题的作品与动态虚拟角色相结合，在这种动态文本的编码下，艺术品本身的意义体现得更加突出，不仅没有完全否定静态文本给受众带来的感官体验，而且使艺术作品走向动态文本编码。这样的嬗变使艺术品更具有生命力与感染力，在时间与空间中得到了升华，动态文本在这一刻已经不再作为一种技术手段，而是作为艺术作品的重要组成部分参与其中。在审美体验中，被感知的部分已经发生偏移，唤起了不同的审美感受，并且其意义阐释在时间与空间的移动中具有了更多的可能。

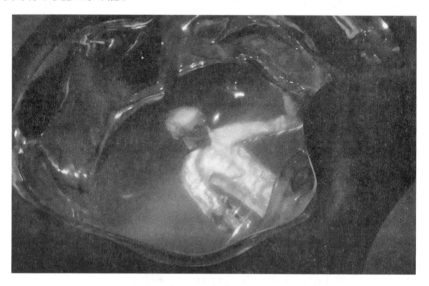

图 1   2019 年威尼斯双年展中国馆作品

数字媒体时代下，艺术家往往是通过新媒体，如数字影像、光电效果等呈现艺术作品，在形式上虽然部分摆脱了实物形式的直观表达，追求光、声、电等新形式的不断创新，但最后在整体上还是以一种装置艺术或新媒体塑造的新形式呈现。目前国内外很多新媒体艺术家的艺术作品将新媒介与传统形式相结合，给大众以耳目一新的艺术感受，充分表现新媒体艺术环境下的丰富内涵。数字技术所携带的信息远远大于传统媒介，并且再加上符号编码，其所携带的意义更为丰富。此外，除了借助新媒介的方式呈现以外，还让受众在特定环境下融入作品，通过部分装置设计让更多的信息通过融合处理表达出来，这样内容符号信息与空间装置的融合并不是简单的搭配，而是通过符号编码的形式，将元语言的符码集合强化，让信息内容编码更加复杂，使得艺术作品传递的信息更为丰富，让受众对艺术作品所传达意义的理解更加清晰。随着影像技术手段的丰富，动态艺术形式不仅作为单独的艺术形式存在，并且衍生了艺术作品中通过影像形式升华的更为丰富的意义传递①，现代数字影像技术介入艺术作品文本，为其提供了形象化的表现形式。数字影像不断地依赖高技术手段，将其作为强有力的技术符号与艺术作品文本相结合，深化艺术作品意义的表达。影像技术从最早的经胶片还原的动态表现，到近十年来的数字化摄影摄像技术的应用，再到三维摄像及成像技术，在这一历程中动态影像技术无时无刻不影响着艺术作品的存在形式。

二、数字媒体时代艺术作品在交互技术手段下的嬗变

随着个体审美视角的多维发展，大众对艺术品的理解也发生相应变化，传统的标准审美范式已经不能满足大众审美需求，但这种范式的生成又是基于审美主体实现审美超越的冲动。② 正是基于此种原因，互动技术符号在当下艺术创作中无疑是一种尝试与突破，交互手段的使用，使创作者在艺术品创作中打破了线性的传播与体验模式，将参与体验作为艺术品中重要的组成部分融入艺术品，这样的技术符号的聚合不再是简单的技术融合，而是将技术符号聚合到艺术品中。这样的方式是数字媒体技术与科技发展给艺术品创作带来的影响必然，也是艺术创作史的必然。数字媒体时代下，技术符号介入的可能性是伴随技术集合艺术的形式不断发展的，各种传统的媒介形式随着文本中符号集合的改变，带来艺术作品中文本存在方式的改变。在这样的文本存在的数字媒体时代，数字艺术品的文本复调已经在学科交叉与文本集合中不断地嬗变。

虚拟现实技术的使用，主要表现在两方面：一是数字化展现与还原，其技术手段往往是通过设计模拟类软件对传统绘画、静态摄影手段无法表现的动态影响进行模拟展示；二是通过交互技术手段将传统的线性视觉呈现方式，变为互动式技术文本形式。虚拟现实技术又可以延伸到增强现实技术、混合现实技术等。在数字媒体时代背景下，艺术作品已经是非线性形式的存在。

在 2019 年威尼斯双年展中国馆中，交互式作品已经开始出现（见图 2）。该作品通过屏幕与受众互动，受众可以控制大屏幕中的动态三维影像的偏移位置，将其调整到自己舒适或感兴趣的角度进行观赏。在整个过程中，艺术品本身存在的空间已经不再是一个独立固定的虚拟存在，而是真实空间与真

---

① 赵毅衡：《符号学：原理与推演》，南京大学出版社，2016 年，第 101 页。

② 黄宗贤、彭彤：《艺术批评学》，河北美术出版社，2008 年，第 31−32 页。

实空间的交汇。吸引受众参与艺术体验的过程，不再是线性的接受，而是参与式体验。

图 2   2019 年威尼斯双年展中国馆作品

数字技术的介入，使艺术作品可以传递出更多的信息，而且，其融合方式已经不再只是文本编码集合的简单融合，例如，郑轶在科苏斯的作品《一把椅子与三把椅子》基础之上创作的《第四把椅子》（见图 3），将数字技术介入艺术创作的方式不是简单的数字再现与还原，而是将一把虚拟的三维数字化椅子融入经典艺术品。这是在传统艺术媒介下无法实现的创作实践与创新，是数字技术在新媒体艺术基础上新的尝试。

王一川在《艺术学原理》中提到了艺术兴媒、艺术兴辞、艺术兴象、艺术兴格等概念，我们在艺术创作过程中，可以以这些艺术概念为思路引导，思考媒体媒介、修辞方式、艺术对象、风格表达等为艺术创作提供了哪些手段和方式。当代数字艺术作品的创作潮流逼迫艺术家们将技术符号融入艺术作品创作，而这就涉及艺术与技术相结合并且再创新的核心问题。不同的艺术家对技术符号的应用和其所要表达的价值是不同的，我们不应将其极端化，技术符号与艺术品携带的意义之间达成的相互认可与支持的协商关系，在艺术创作中应当占有主要的核心地位。

图 3　　《第四把椅子》（郑轶）

三、数字媒体时代艺术作品在移动媒介下的嬗变

在互联网高度发达的时代，随着 5G 时代的来临，艺术作品的文本将突破空间的阻隔，突破时间的界限。互联网技术手段应用分为三种形式：一是通过互联网媒介实现跨平台的呈现，如基于互联网的全景技术；二是互联网的 Html 5 技术，让互动手段在互联网跨平台的基础上得以呈现；三是基于互联网的大数据，以云技术完成艺术形式的文本呈现。

随着 5G 技术的成熟，人工智能的广泛应用和大数据时代的来临，艺术作品在移动媒介的革命下也发生变化，科技使艺术品的创作与审美已经不仅局限于视觉与听觉的感受[①]，艺术创作过程也不再仅仅局限于以人为主体的意识导向，科技的变迁带来的艺术创作的革命性变化已经不再以人的绝对经验与人的意识形态为转移，数据可视化与通信、智能、大数据的技术符号相结合，

---

① 　黄宗贤、彭肜：《艺术批评学》，河北美术出版社，2008 年，第 35—37 页。

呈现出不可定向的艺术创作。不得不说，虽然当前艺术创作还不够成熟，但已打破了艺术创作—鉴赏—评价的线性模式，走向了另一种视域，而当下传统的审美范式已经受到这种艺术创作狂欢的强烈影响。艺术家的创作思路可能会受到技术的强烈影响，这也是所有艺术创作需要思考的问题。2019 年威尼斯双年展中国馆中也出现了此类作品（见图 4），该作品从类似 GIS 地图开始作为叙事性漫游，从空间到智能识别物体以及同类溯源展示，新技术全覆盖整个作品，而艺术思想贯穿其中，占据主导地位。当我们再次将技术符号介入并打破线性模式时，受众所思考的不仅是艺术创作者和作品本身，而且是身边之物。回归到以自我为主体的艺术审美中，是否将所呈现之物的肉与体联系得更加紧密，成为艺术品表达的重点选择。

图 4 2019 年威尼斯双年展中国馆作品

四、数字艺术作品嬗变的未来

鲍德里亚在对拟像等级的阐述中将其分为三个等级①：一是对原物的仿造，二是新的生产秩序下的拟像，三是进入虚无仿真时代的拟像。现代艺术进程印证了鲍德里亚的理论，同样也映射出未来在第三阶段中源源不断的技

----

① 支宇：《"超美学"——论鲍德里亚后现代美学思想》，《西南民族大学学报（人文社科版）》，2005 年第 11 期。

术符号的输入，艺术品的视觉感知在艺术发展中不断建立新的方式，又被不断更替，从简单的还原仿造到非特定感官的虚拟内容，在未来的媒介技术与艺术品聚合中，已经不再仅仅关注其艺术作品的单一视觉体验经验，集合技术与艺术的艺术品将与传统艺术作品拥有同等重要的地位，而真实存在与虚拟之物的界限将变得越来越模糊，这也验证了鲍德里亚所论述的"仿真社会"的到来。

这些变化革新着新媒体数字艺术创作思路与途径。新媒体环境下的艺术创作形式首先是要结合新媒介本身的技术特点，合理地将媒介中的光、声、电等技术手段与所要表达的艺术内容相结合，通过一种合理的编码形式对艺术创作的意图表达清楚。技术符号一定要在特定的媒介下并且携带了特定的意义才能发挥其作用，才能在符号编码过程中形成元语言的强编码。因此，未来新媒体的艺术创作思路应该从以下几个方面来考虑。第一，新媒体艺术创作对数字技术符号的应用固然重要，但是不能仅仅局限于对技术符号的展现，技术符号应当是为所携带的意义服务的。第二，有效利用技术符号一定是要将特定的技术手段与媒介协调，并不是强加组合。第三，技术符号的应用在一定程度上要对文本有强编码的意义，只有这样才能使整个文本所要传递的意义得到更为明确的解释。

总体而言，数字技术为艺术创作带来了新的生机，提供了前所未有的强大的技术支持，让艺术与技术创作更容易被大众接受，让艺术感染力更加符合大众审美。当代数字艺术家所面临的问题是如何在未来方向不明确的情况下进行探索，正如摄影与摄像技术经历了百年的发展才真正得到大众的广泛认可，才成为相对成熟的艺术创作形式。

数字技术符号下的新媒体艺术是当下众多艺术家正在尝试探索的艺术创作新形式，虽然还不能成为独立的艺术门类，但是在艺术创作中技术符号的体现已经无处不在。随着文化的发展，技术场域下艺术作品的特殊规律一定将被挖掘出来，但由于艺术创作者的角度不同、技术应用不同，融合方式也纷繁复杂，各个文本相互区别又相互联系，因此，这样的创作空间才凸显出极大的张力，既给予创作者机遇，又在不断分化与综合中呈现出复杂多样性，既要吸收与应用技术符号的优势，又要将技术符号控制在文本所携带的意义能被合理解释的范围内，这给艺术创作带来了挑战。

从广义的角度来看，艺术创作是艺术家的思想情感与社会生活的集合，从狭义的角度讲艺术创作等同于生活再现。数字技术的迅猛发展加速了当代社会向"后真相"时代的转型，在这样的时代语境中，数字媒体新闻对真实、真相的寻求遇到了前所未有的困境："造成这种困境的根源在于我们过去建立在'理性主义'和'科学主义'基础上的新闻求真的路径在后真相时代已经不再适用。"① 新闻报道如此,艺术创作更是如此。艺术创作来源于生活,而大众的生活体验往往是与时俱进的,数字技术在当下的社会环境中无处不在,它以技术媒介为手段,以主观的方式呈现艺术内涵,在这样大的创作空间中寻找创作机遇,不仅极大促进了文化艺术互动,同时也带来了新的问题。未来艺术媒介所携带的文本意义不仅仅局限于情感表达,更应该具有一定的责任,让大众在生活体验中感受并融入这一新的创作语境中,这样,新媒体艺术才能获得延续的力量。

在未来的艺术讨论中,空间与时间的界限在数字技术与艺术的聚合下变得模糊,这样的经验秩序不断被建立,又被取消,再重新获取编码。空间的重叠可以是在虚拟与真实之间的纵向重叠,也可以是不同物理空间在虚拟世界中的横向重叠,空间作为艺术作品中的重要表现内容,给予了艺术创作更多可能性,同样也可能导致艺术的消失,但这种消失并不是艺术品实体的消失,而是在数字技术的聚合后非真实意义的消失,意义空间比真实空间更重要。在这种数字媒体时代文本存在的嬗变中,艺术家在形式上逐渐将数字技术与传统艺术形式融合,数字符号文本的介入赋予了艺术创作文本更多的信息。融合了数字化技术符号的艺术形式所携带的意义在强编码下不再局限于符号与视觉文本的表面信息,而是隐含了更丰富的意义。

作者简介:

刘丽娟,西南财经大学天府学院天府数字艺术研究中心主任、讲师。

郑轶,四川师范大学影视与传媒学院副教授。

---

① 张骋:《后真相时代新闻求真的困境与出路——基于符号现象学"真知"视角的思考》,《湘潭大学学报(哲学社会科学版)》,2019年第4期。

多元思想视野下的生态批评与文学

胡志红　主持

　　本专栏由七篇文章组成，既有前沿性的生态议题探讨，也有具体的文学现象分析，蕴含诸多可圈可点之处。胡志红教授的《印第安生态批评对托马斯·杰斐逊的多维拷问》立足环境公正的立场，透过少数族裔生态批评视野，重审了美国政治、文化经典人物托马斯·杰斐逊的言行，彻底颠覆了其主流形象，充分揭露出他不仅是个彻头彻尾的种族霸权主义者，而且还是个气势汹汹的生态霸权主义者。韦清琦教授的《交叠与整合：爱丽丝·沃克的左翼思想初探》通过以交叠性视角观照美国著名黑人女作家沃克的写作，清晰地揭示出，沃克通过对马丁·路德·金等美国黑人民权思想的批判性继承，提出将种族、性别、阶级、生态问题放在一个整体框架中进行观照，从而形成了自己的整体主义左翼写作政治立场，并由此提倡建构一种整体性的文学－文化乌托邦。秦苏珏教授的《历史书写与文化阐释的困境——以〈在世界的中心相遇〉中的仪式为例》通过分析美国历史学教授伊丽莎白·芬恩的《在世界的中心相遇——曼丹人史记》指出，尽管该著作复原北美曼丹人的过去，为欧洲人抵达前后的美洲生活的变化做了有益的探索并提出了自己的见解，但作者由于身处曼丹族群之外，因而对其认识依然存在诸多不足。王彤伟教授的《高丽李齐贤汉文词对唐宋诗词的接受》一文探讨了朝鲜古典文学史上的著名诗人李齐贤对我国唐宋诗词的接受。他通过缜密的分析发现，对李齐贤词影响最大者当属苏轼，次为李白，其具体借鉴方式可归纳为直接引用、修改字句、模拟化用三种。此外，本专栏还有刘可的《大数据时代与文学主体的质变》，李安斌、盛国诚的《从"不可译"到变异学》，刘念的《勋伯格在中国的影响与接受——青主与勋伯格音乐美学思想的跨时空交锋》三篇论文。

印第安生态批评对托马斯·杰斐逊的多维拷问*

胡志红

摘　要：站在环境公正的立场重审主流白人文学、文化生态中的经典作家、经典文化人物及其经典著作，是美国少数族裔生态批评的重要议题之一。托马斯·杰斐逊因倡导人与自然和谐共生的农耕主义理想和提出"人生而平等"的自由民主政治原则而闻名于世，并因此成为对后世产生广泛、深远影响的美国经典文化人物。然而，他也是美国在位总统中最为强势的扩张主义者之一，对印第安部落的土地及其文化造成了难以估量的破坏，这充分暴露他作为政治家的两面性。因此，重审杰斐逊自然成了印第安生态批评的重要内容。本文对西方殖民主义理论对杰斐逊的影响、杰斐逊针对美洲土地和印第安民族的政治行为和言行论给予严肃周详的检视，以揭示他不仅是个彻头彻尾的种族霸权主义者，而且还是个气势汹汹的生态霸权主义者，因而我们有必要对其行为和思想进行颠覆、矫正或重构。

关键词：杰斐逊　环境公正　种族霸权　生态霸权　重构

　　时至今日，托马斯·杰斐逊（Thomas Jefferson，1743—1826）留给后人的印象依然是一位心地善良、学识渊博、温文尔雅的读书人、科学家，思想深邃的启蒙思想家和开明远见的政治家，他对科学、政治、历史及文学等学科不只是抱有浓厚的兴趣，而且还颇有造诣。对于印第安人、部落政府及印第安土地权所持的观点似乎也开明、进步，对印第安文化也表现出极大的兴趣并做了不少有价值的研究。然而，他却是在位总统中最为强势的扩张主义者之一，尽管他深知美国的领土扩张必然以牺牲印第安民族的利益和土地为代价，但作为一个深谙、认同欧洲殖民者"发现论学说"（Doctrine of

---

　　* 本文系国家社科基金项目"美国少数族裔生态批评理论研究"（13BWW005）、教育部人文社会科学重点研究基地重大项目"生态批评的理论问题及其中国化研究"（19JJD750005）的阶段性成果。

Discovery）和"天定命运说"（Manifest Destiny）的总统来说，在美国奔向帝国的征程中，一旦印第安民族成了其前进路上的障碍，他定原形毕露，充分暴露了政治家马基雅维利式的虚伪狡诈与冷酷无情。从环境公正的立场上看，杰斐逊是生态殖民与种族殖民的典型，但在公众的眼中，他却是个主张人与自然和谐共生的农耕主义者和倡导"人生而平等"的自由民主政治的思想者，对后世产生了广泛、深远的影响。

有鉴于此，我们有必要站在环境公正的立场，透过印第安文化的视野对他给予重审，以还原他的本来面目。在此，笔者将对西方殖民主义理论对杰斐逊的影响、杰斐逊针对美洲土地和印第安民族的政治行为和言论给予综合分析，以揭示杰斐逊不仅是个彻头彻尾的种族霸权主义者，而且还是个气势汹汹的生态霸权主义者，因而我们有必要认真全面重审他的行为、他的思想，并进行颠覆、矫正或重构。

一、对印第安文化的浪漫想象与现实需求的矛盾统一

从个人层面来看，杰斐逊对印第安人及其政府持近乎理想化、浪漫主义的观点，他花去大量时间研究印第安人及其文化和生存方式，甚至打算退休后去研究印第安语言及印第安民族的来龙去脉。在他的眼中，印第安人与白人是平等的，他们的政府形式也是世界上最好的。他甚至还说，他要让这个种族融入美国社会和美国生活，让印第安血液与白人血液融合在一起。[①] 由此可见，杰斐逊的观点不仅在他那个时代算得上非常开明，甚至在今天的美国也算得上进步，即使在今天的美国，主流白人社会与有色人种之间的关系依旧紧张，种族冲突甚至暴力也屡见不鲜。

但如果考察杰斐逊的行动与其参与制定针对印第安人的国策，却能发现完全不同的一面，难怪美国文化学者鲁伯特·米勒（Robert J. Miller）分析指出，在政治层面，杰斐逊是一个不折不扣的扩张主义者，在其整个政治生涯中他的言行都充分暴露出其扩张美国边界的强烈欲望。其在推行扩张主义的过程中，充分暴露了对待北美原住民即印第安民族的虚伪、冷酷与暴力的一面。[②]

从另一角度来看，如果将杰斐逊还原到其所处的历史文化背景中进行检

① Robert J. Miller, *Native America, Discovered and Conquered : Thomas Jefferson, Lewis & and Clark, and Manifest and Destiny*. West Port, Connecticut: Praeger Publishers, 2006, p. 78.

② Robert J. Miller, *Native America, Discovered and Conquered : Thomas Jefferson, Lewis & and Clark, and Manifest and Destiny*. West Port, Connecticut: Praeger Publishers, 2006, p. 77.

视，我们自然会明白，作为西方政治名家的杰斐逊，他的所作所为是合乎历史逻辑的。他深受西方文化的浸染，其思想行为必然受到其文化核心观念的制约，自觉服从西方核心思想理念的主导，西方中心主义、种族中心主义、白人至上、上帝选民观念、使命感、救赎意识及人类中心主义等都会在其思想行为上打下深深的烙印。作为一位美国深具影响力的开国元勋和最伟大的总统之一，杰斐逊不仅深受"发现论学说"及其变体"天定命运说"的影响，而且还是这两个殖民主义理论学说强劲的践行者，这两个学说的思想根基是种族霸权和生态霸权，两种霸权不仅是今天环境危机的思想根源，也是种族问题日益恶化的现实根源，是当今环境种族主义、环境殖民主义、环境帝国主义肆虐的思想基础，因而受到了以少数族裔族群为主体的环境公正运动及其所倡导的环境公正理论的严峻挑战。

二、杰斐逊："发现论学说"的忠实继承者

"发现论学说"是 14 世纪由欧洲殖民强国的政治家们所提出的一种殖民理论，而后逐渐完善，并作为国际法原则得到应用。该学说的最初目的主要是论证殖民者征服、占领非西方尤其美洲，统治印第安土著民族的合理性以及协调殖民强国之间的关系，这种法律原则的产生及其合法性有着深厚的宗教和种族中心主义思想根基，也即欧洲白人及其基督教与文化优于其他种族、宗教和文化，欧洲对其他种族的殖民及其对其土地的开发利用是带给这些落后民族"文明之光"。

由此可见，成为国际法原则的"发现论学说"是欧洲殖民者的学说，也是他们制定国际法的准绳，显然是一种强盗逻辑，其根本目的涵盖两方面内容：其一是打着"国际法原则"的正义旗号，瓜分非西方，尤其美洲等所谓的弱势民族的土地和资源，并加强对这些民族的殖民统治；其二是制定殖民强国之间具有约束力的国际法规则，协调国际关系，避免摩擦，以更好地推进殖民化进程。"发现论学说"的变体"天定命运说"在 19 世纪美国西部领土扩张和殖民土著民族的过程中得到进一步细化与实际运用，更具针对性和操作性，成了美国政治家推行殖民霸权的理论基础与托词。深受该理论的影响，美国的开国元勋及后来的政治家，诸如乔治·华盛顿（George Washington，1732—1799）、杰斐逊、詹姆斯·麦迪逊（James Madison，1751—1836）及詹姆斯·门罗（James Monroe，1758—1831）等，均有意或无意从"发现论学说"中为美国的领土野心寻找理论支撑，为其美国版本——"天定命运说"寻找合理的逻辑和堂皇的说辞。具体而言，"发现论学说"涵盖 10 个方面，即：

（1）首次发现；（2）实际占领和拥有土地；（3）优先权和欧洲所有权；（4）印第安有限所有权；（5）有限土著主权和商贸权；（6）邻近土地权；（7）荒地；（8）基督教；（9）文明；（10）征服。[①] 以上内容充分反映了欧洲殖民者欧洲中心主义、种族主义观念，也更为集中地暴露了欧洲殖民者瓜分非西方世界、殖民其土地，掠夺其他民族资源的野心。简而言之，欧洲殖民化进程充分揭示了欧洲人类中心主义（生态霸权）和种族主义（种族霸权）的高度融合以及两种霸权在逻辑上的一致性。所有在新世界探索、发现、殖民的欧洲国家都广泛接受和运用了作为国际法的"发现论学说"，并将其作为法律权威以殖民、定居美洲、统治土著居民。尽管这些殖民者对学说的精确内涵偶有分歧，甚至对某些申索权也产生激烈的争辩，但他们对待土著民族和印第安民族的态度一以贯之、心照不宣。具而言之，"一旦他们被欧洲人'发现'，就自然失去主权、商贸权及土地权"[②]。通过占领、剥夺土著民族商贸权和治理权而后获得了土地权和主权外，欧洲殖民者也允诺兑现"发现论学说"的其他内容，诸如"开化、照管"土著人民，他们都同意"保护土著部落，改善他们道德和物质福祉"[③]。至于"改善"的方式，或许我们可从杰斐逊关于印第安人的相关论述和诸多行动策略中窥视其真实的用意，从而揭露西方"人道殖民"的虚伪谎言。

　　大约于19世纪中叶，在崛起的美国兴起了一种被称为"天定命运说"的理论，该理论被看成是"发现论学说"在美国的变体，其精神实质与后者完全一致，是旧有理论在美国领土扩张、帝国野心膨胀时期的具体运用与细化，将新兴美国对印第安民族土地的觊觎硬说成是神谕与天命，从而为欲壑难填的美国政治家的殖民行为罩上宗教的外衣、神圣的光环，这大概也是西方惯用的手法之一。

　　至于"天定命运说"的起源，可追溯到1845年，该术语由美国新闻记者奥沙利文（John L. O'Sullivan）首次提出[④]，并逐渐被美国政治家和公众广泛接受，用于证明信心十足的美国在美洲土地扩张的合理性。该年7月，他在一篇社论中谴责干扰美国扩张的欧洲国家，因为"它们妨碍美国完成天定命

①　Robert J. Miller, *Native America*, *Discovered and Conquered*：*Thomas Jefferson*, *Lewis & and Clark*, *and Manifest and Destiny*. West Port, Connecticut：Praeger Publishers, 2006, pp. 3–5.

②　Robert J. Miller, *Native America*, *Discovered and Conquered*：*Thomas Jefferson*, *Lewis & and Clark*, *and Manifest and Destiny*. West Port, Connecticut：Praeger Publishers, 2006, p. 23.

③　Robert J. Miller, *Native America*, *Discovered and Conquered*：*Thomas Jefferson*, *Lewis & and Clark*, *and Manifest and Destiny*. West Port, Connecticut：Praeger Publishers, 2006, p. 23

④　Robert J. Miller, *Native America*, *Discovered and Conquered*：*Thomas Jefferson*, *Lewis & and Clark*, *and Manifest and Destiny*. West Port, Connecticut：Praeger Publishers, 2006, p. 118.

运，干扰它占领美洲大陆，这可是天神的允诺，以满足每年几百万人口增长的自然需求"①。他运用"天定命运说"和"发现理论说"来证明美国对俄勒冈土地占领的正当性。在他看来，天定命运要求他们扩张、占领整个天神赐予他们的大陆，以"实现上帝赋予我们的自由，开启联邦自治政府的伟大实践"，这是人类文明的要求，上帝赋予的使命，我们将坚决捍卫这种"无可争辩的权利""无所畏惧地完成他交给我们的崇高使命"。② 由此可见，"天定命运说"和"发现理论说"二者在精神上是一致的，至于其具体内涵，一般来说包括以下三个方面：（1）美国人民及其体制的独特优势；（2）拯救世界和照美国形象重塑世界的美国使命；（3）照上帝指引完成超凡事业的神圣使命。③ 美国人心安理得地接受他们的优点、使命和神谕，大胆拓展美国边疆，因为这种思想有助于让痴迷领土扩张和构建帝国的美国良心得到宽慰。作为新兴大国总统的杰斐逊，其"天定命运说"之理想与其预言并为之奋斗的天佑帝国之间存在惊人的对应关系。在 1801 年的第一次就职演说中，他就直言宣称："美国是个新兴大国，注定要大踏步地向外拓展边疆，超越人之肉眼所及范围"；"美国是上帝选定的大国，给我们的千百代后人留有足够的生存空间"。在此，杰斐逊已经明白无误地将天神引导的西部扩张和发展成为一个"帝国竞争者"看成是美国的命运。

当然，"天定命运说"还有一个重要内容——种族，即按照美国人的形象重塑其他民族，这反映了美国在领土扩张过程中如何处理与被征服的人民之间的关系问题。其具体的内容在杰斐逊的政治生涯中得到充分的落实，堪称最为"完美"的展示。自我界定为盎格鲁－撒克逊人后裔的美国人自封为上帝的选民，他们有责任教育、开化、征服美洲大陆，统治印第安民族及其他有色人种。比如，在"天定命运"的年代，许多美国白人将在印第安人身上用了几个世纪的词语也用在墨西哥人身上——"低劣、野蛮、未开化、无可救药，没前途"，因而墨西哥人遭受印第安人同样的命运，要么融入痴迷于天定命运的"盎格鲁－撒克逊种族的滔滔洪流中，要么完全消亡"。④

————————

　　① Robert J. Miller, *Native America, Discovered and Conquered: Thomas Jefferson, Lewis & and Clark, and Manifest and Destiny*. West Port, Connecticut: Praeger Publishers, 2006, p. 118.

　　② Robert J. Miller, *Native America, Discovered and Conquered: Thomas Jefferson, Lewis & and Clark, and Manifest and Destiny*. West Port, Connecticut: Praeger Publishers, 2006, pp. 118－119.

　　③ Robert J. Miller, *Native America, Discovered and Conquered: Thomas Jefferson, Lewis & and Clark, and Manifest and Destiny*. West Port, Connecticut: Praeger Publishers, 2006, p. 120.

　　④ Robert J. Miller, *Native America, Discovered and Conquered: Thomas Jefferson, Lewis & and Clark, and Manifest and Destiny*. West Port, Connecticut: Praeger Publishers, 2006, p. 120.

三、杰斐逊：印第安民族土地与文化殖民的阴险策划者

杰斐逊不仅是"天定命运说"内涵最权威、最具影响力的诠释者，更是其实践上最强劲的推动者、咄咄逼人的执行者。他最关心的是构建大陆帝国，这也成了推动美国向太平洋方向扩展的动力。他是 1803 年路易斯安那土地交易的构想者，1803—1806 年刘易斯和克拉克探险（Meriwether Lewis and William Clark Expedition）的设计者及美国在路易斯安那与俄勒冈经济活动的推动者。杰斐逊给刘易斯和克拉克探险设定的主要目标是将美国的边界拓展到太平洋西北地区，至少也应该将美国的理想、文化散播到此地区。[①]

美国土地的扩张必然引发与印第安民族的接触、冲突甚至战争，因为印第安人"横挡"在美国扩张主义梦想的道路上。杰斐逊深知此事，对此他也毫不回避，坦然面对，其对付印第安人的手法也充分暴露了政治家的两面性。尽管因第七任美国总统安德鲁·杰克逊（Andrew Jackson，1767—1845）的强烈推动，国会通过《印第安人搬迁法令》（The Indians Removal Act，1830），其作为联邦法令得以实施而备受谴责。然而，早在 1802—1803 年，杰斐逊就在酝酿印第安人的迁移政策，让所有东部的印第安部落都搬迁到密西西比河以西，让印第安人"如野狼般消失"，以便为美国扩张和美国人民腾出空间，其结果是，恢宏的美国西进运动成了印第安民族的"血泪之路"（Trail of Tears），美国宏大的自由民主历史成了少数族裔背井离乡的伤痛史。

当然，作为博学多才的文人、启蒙思想家，杰斐逊对印第安人也怀有几分理想化，甚至浪漫主义的想法。他曾这样写道："我认为，印第安人在身体上和心智上与白人平等。"在《弗吉尼亚散记》（Notes on the State of Virginia）一书中，他撰文反驳欧洲作家认为新世界的动物和土著人天生就比欧洲人低劣的观点，并表现出对印第安人的赞美与羡慕。印第安民族的生存环境造就了他们自由自在的社会，他们"绝不屈从于任何法规、任何强制性的力量及任何政府的管理，他们遵从的唯一约束是礼仪道德和是非观念，就像味觉和触觉一样，这已经成为每个人本性的一部分们。违反这些就会遭人瞧不起，甚至被驱逐出社会，假如一个人犯了严重的杀人罪，他将被相关人驱逐"[②]。尽管这种"野人"构成的社会无法律，但犯罪率非常低，这种情况与文明欧

---

① Robert J. Miller, *Native America，Discovered and Conquered：Thomas Jefferson，Lewis & and Clark，and Manifest and Destiny*. West Port, Connecticut：Praeger Publishers，2006，p. 122.

② Jean M. Yarbrough, ed.，*The Essential Jefferson*. Cambridge：Hackett Publishing Company, Inc.，2006，p. 94.

洲大不一样，在文明社会里，没有政府的大社会不可能存在，而"野人"将社会化整为零，实际上二者没有高下之分。杰斐逊也曾宣称印第安人拥有最好的政府形式，透露出他对印第安部落社会的羡慕之情。

此外，他也期待印第安人融入美国社会，像白人公民一样，成为受教育的文明人。1803 年，他在写给在南方工作的美国代表本杰明·霍金斯(Benjamin Hawkins)的信中这样说道："最好的结果是我们的居住地与他们的居住地混杂在一起，相互交融，成为一个民族。与我们融合成为美国公民，当然，这是个自然演进的过程，我们最好促进这种过程而不要妨碍它。想必他们与我们心相通，依然留在他们的土地上，而不要作为一个独立的民族任凭各种天灾人祸的折磨，进而威胁他们生存。"① 在 1807 年的一封信件中，他提到美国政府真心帮助印第安人改善贫穷的生活。他说："他们是我们的兄弟，我们的邻居；他们可成为我们珍贵的朋友，也可成为制造麻烦的敌人，义务和利益就这样交织在一起，我们应该给予他们文明生活的福祉，开启他们心智以使他们成为美国大家庭的有用成员。"② 他希望印第安人成为他喜欢的勤劳的"自耕农"，耕种一小块地养活家庭。在给霍金斯的信中，他也谈到改善印第安人生存状况的事情。他这样说道："我认为，狩猎已不能让印第安人丰衣足食了，因此提倡农业和家庭对他们的生存至关重要，我愿意提供真诚的帮助和促成此事。"③ 将印第安人改造成为"自耕农"的想法不经意间透露了杰斐逊知识的欠缺，不管是其假装不知还是真的无知。北美东部及其他地区印第安人在欧洲殖民者踏上美洲大陆以前早已是"地道的自耕农"了，多数美洲印第安民族早已以务农为生，何需等杰斐逊传授他们欧洲或美国的所谓科学耕作方法？

杰斐逊期望同化印第安人，将他们纳入美国社会，使他们成为美国公民，最终使红人的血液与白人的血液融合在一起，他的这种想法听起来非常动听。然而，从实践层面，人们不禁要问，他的想法真是发自内心的吗？就他所制定的对付印第安的政策来看，明显言行不一，甚至伪善冷酷。当然，他希望印第安人能生存下来，但印第安人的"历史必须终结"④，也就是说，印第安

① Jean M. Yarbrough, ed., *The Essential Jefferson*. Cambridge：Hackett Publishing Company, Inc., 2006, pp. 201－202.

② Robert J. Miller, *Native America, Discovered and Conquered：Thomas Jefferson, Lewis & and Clark, and Manifest and Destiny*. West Port, Connecticut：Praeger Publishers, 2006, p. 86.

③ Jean M. Yarbrough, ed., *The Essential Jefferson*. Cambridge：Hackett Publishing Company, Inc., 2006, p. 200.

④ Jean M. Yarbrough, ed., *The Essential Jefferson*. Cambridge：Hackett Publishing Company, Inc., 2006, p. 202.

人要变成美国公民，必须放弃自己的部落文化、宗教、生产方式及生活方式，当然首要条件是向白人割让自己祖祖辈辈生存的家园。

四、杰斐逊："天定命运说"的强劲推动者

杰斐逊在与印第安人打交道的过程中，真正想要的是印第安人的土地，只不过有时他把话说得很艺术，讲得很中听而已。他认为，让印第安人当自耕农，精耕细作，可以腾出大量闲置土地，但他们也需要许多其他生活必需品。相反，不断增加的欧洲移民需要大量土地，同时拥有许多要出卖的必需品，由此可见，二者之间互有需求，利益整合对大家都有好处，因此都应该推动这种交往，尽管印第安人对割让土地给美国人的做法感到陌生，甚至惊讶，但这对他们有好处，这种两全其美的做法是"合乎道德的"①。西雅图酋长②就对白人的土地买卖、土地割让行为感到不可思议，因为在印第安文化中，自然万物生灵恰如兄弟姐妹，人与它们构成了一个有机的生命整体，编织着一个不可分割的生命之网。自然可敬可亲、神圣不可侵犯，土地买卖实则是一种大逆不道的不敬行为，迟早要遭到神的惩罚。他曾经这样说道：

> 您怎能买卖穹苍与大地？多奇怪的想法啊！假如我们没有了空气的清新与水波的激滟，您如何买到？对我的民族而言，每一寸土地都是神圣的。每一枝灿烂的松针，每一处沙滨，每一片密林中的薄雾，每一只跳跃、嗡嗡作响的虫儿，在我民族的记忆与经验中都是神圣的……
>
> ……我们深知，大地不属于人类，而人类却属于大地，一切事物都相互联系，就好像血缘将一家人紧紧连在一起。并不是人编织了生命之网，人只不过是网中的一条线罢了，他对生命之网所做的一切最终都会反馈到其身上。
>
> 我们也懂得，我们的上帝也是您的上帝，大地对他是珍贵的，所以伤害大地是对创世者的蔑视。③

---

① Jean M. Yarbrough, ed., *The Essential Jefferson*. Cambridge：Hackett Publishing Company, Inc., 2006，pp. 201−202.

② 西雅图酋长（Chief Seattle）是北美印第安人部落的一位著名酋长，于 1853 年获悉美国总统富兰克林·皮尔斯要购买其部落的领土时，他发表了著名的演说予以回应，阐明了印第安人与大地、万物密不可分的血肉联系，其言辞铿锵有力，极富感染力。该演说现今被公认是环境保护方面极重要的一份声明。

③ W. C. Vanderwerth, ed., *Indian Oratory：Famous Speeches by Noted Indian Chieftains*. Norman：University of Oklahoma Press：1971, pp. 120−125.

可在杰斐逊的眼中，土地无非就是一种可争夺、可利用的资源，一种可供买卖、可供消费的商品。关于他对印第安土地的贪婪，多数情况下，他在行动上和语言上一点也不含糊。他将获得土地看成"联邦印第安政策的要务"，他为此要尽各种花招使印第安人"心甘情愿"出卖部落土地。根据"发现论学说"和杰斐逊的理解，要获得印第安人的土地，就必须在征得部落的同意后购买印第安人的占有权和使用权，那么他要做的工作就是挖空心思获得"同意"。他软硬兼施，迫使部落领袖卖土地，他甚至主张贿赂印第安政治人物，为此，他唆使政府部门职员使印第安部落领袖负债，为了还债，他们不得不卖土地，只要有可能，他就从印第安人部落中攫取土地，什么手段都不在乎！为了通过"合法"手段获取土地，他主要施展了以下三种伎俩：

第一种常见的伎俩就是赠送给部落领导"精心准备的礼物"或贿赂，让他们高兴地卖土地。第二种是"以债务换土地策略"（debt-for-land strategy），这是一种很阴险毒辣的策略，具体来说，就是沿着印第安人的边疆地带开办工厂和商店，生产和销售他们所要的必需品或奢侈品，通过赊账让印第安领导人债台高筑，有了负债，他们往往愿意出卖部落土地。杰斐逊清楚地表明了这种政策的目的和获得部落"同意"出卖土地的邪恶策略。他曾这样写道："在部落中开办工厂，以提供他们生活必需品和他们想要的奢侈品，鼓励他们，尤其他们的领导人买这些商品，让他们因超过自己的支付能力而负债，无论何时，只要他们负债，他们总是愿意割让土地以偿还债务。"[1] 1803 年，他启动这种策略，并告知相关官员："我们将推动在印第安边疆的贸易，乐见有头有脸的印第安人负债，因为我们认为，当这些人资不抵债时，就愿意割让土地还债。"[2] 杰斐逊获得土地的第三个策略是动用"发现论学说"的"优先权"和"有限主权"条例抢先占领因疾病死亡而人数骤减的部落土地。他是一个十足的机会主义者和善搞交易的人，热衷于获得印第安土地。

尽管杰克逊总统是印第安人西迁的强势推动者和具体执行者，然而，联邦印第安人事务移居政策的始作俑者却是杰斐逊。印第安人的搬迁可腾出大量土地卖给美国政府，进而可满足不断增长的美国公民对土地和定居的欲望。对于那些拒不和平搬迁的印第安人或部落来说，杰斐逊谈了他的真实、终极想法：为了对付这些"落后的"部落，美国"将不得不驱赶他们，犹如将森

①　Robert J. Miller, *Native America*, *Discovered and Conquered*：*Thomas Jefferson*, *Lewis & and Clark*, *and Manifest and Destiny*. West Port, Connecticut：Praeger Publishers, 2006, p. 87.

②　Robert J. Miller, *Native America*, *Discovered and Conquered*：*Thomas Jefferson*, *Lewis & and Clark*, *and Manifest and Destiny*. West Port, Connecticut：Praeger Publishers, 2006, p. 87.

林野兽赶入乱石荒山之中一样"①。对此，他与乔治·华盛顿有同样的想法。对付印第安人，要实行"野狼政策"，也就是，由于美国的必然扩张和人口增长，印第安民族要么消失，要么被赶走。

无论担任州长还是美国总统期间，对于印第安部落，他一直奉行种族灭绝的政策。他曾经这样说道："如果我们曾经不得已举起短柄斧头砸向部落，我们将绝不放下，除非他们被消灭，或驱赶到密西西比河以西……我们将彻底摧毁他们。"他曾说，只要有部落反击，"他们的残暴证明消灭他们是对的"，美国必须"穷追不舍，直到他们消灭"。杰斐逊甚至欢迎印第安人武装抵抗，"这奠定了他们毁灭的基础"，给我们消灭或驱赶他们的正当理由，对于抗拒同化或失地的印第安人，"无论消灭或放逐，都罪有应得"。② 总之，杰斐逊针对印第安部落所制定的超侵略性政策——消灭或迁移，甚至那些似乎带有一点点温情的策略——"分而治之，帮助和平友善者，消灭愚顽不化者"，其实都是为了服务于他的总目标：得到印第安人的土地。

尽管杰斐逊曾经理想化印第安民族，也设想了对付印第安人的文化策略，诸如"同化""教化""开化"这些带有仁义内涵的词语，旨在将印第安人纳入美国社会。然而在现实中，他从来对此无所作为，其所说的与所做的可谓南辕北辙。在实践上，他挖空心思，制定了巧妙攫取印第安人土地和驱赶印第安人的各种策略，从而塑造了一个马基雅维利式的双面人形象，由此看来，他完全可被看成一个马基雅维利式的政治骗子或人格分裂者。他的同化、教化、开化实际上蜕变成了从精神层面，甚至物理层面消灭印第安人。他试图强加的"同化"本质上就是改变印第安人的生活方式，将他们改造为欧洲文化意义上的"自耕农""终结他们的历史"，让他们出卖土地，屈从于美国的土地欲望。在实践上，他从未真正要"同化"他们或让他们成为美国公民，而是巧用腐败、胁迫、武力将印第安人赶到密西西比河以西的地区，甚至从肉体上消灭那些"愚顽不化者"，而白人一旦获得土地，就可高枕无忧。这暴露出杰斐逊的伪善与冷酷。

对于杰斐逊的言不由衷、两面三刀，甚至阴险毒辣，著名杰斐逊传记作家彼得森（Merrill Peterson）从心理学角度进行了分析，认为杰斐逊有关印第安人的现实政策与他关于印第安人与美国白人融合及同化的种种声明之间的反差，让人感到他是虚伪狡诈之徒；另一位杰斐逊研究专家奥努夫（Peter

---

① Robert J. Miller, *Native America*, *Discovered and Conquered：Thomas Jefferson*, *Lewis & and Clark*, *and Manifest and Destiny*. West Port，Connecticut：Praeger Publishers，2006，p. 91.

② Robert J. Miller, *Native America*, *Discovered and Conquered：Thomas Jefferson*, *Lewis & and Clark*, *and Manifest and Destiny*. West Port，Connecticut：Praeger Publishers，2006，p. 93.

Onuf）认为他真是个十足的伪君子，因为他宣称，他似乎留给了印第安民族一个选择："或者接受文明的礼物，成为美国民族的成员，或者必须面临迁徙和灭绝"，然而，杰斐逊从未期望印第安人融入或幸存，他甚至期望他们在白人文明的推进过程中因抗拒而消亡，可他却假惺惺地说他一直在为印第安人的同化和公民身份而呐喊、操劳。杰斐逊在"对印第安人旷日持久的毁灭性打击过程中所扮演的角色……提出了令人痛心的有关'文明''进步'的尴尬问题"。在这位白人政治家的内心深处，"文明、进步"或许只是冠冕堂皇的话语，抚慰不安良心的托词。对印第安人而言，他的言行不一不仅仅意味着虚伪，而且意味着血泪、暴力、杀戮。还有学者认为，杰斐逊具有自欺欺人和自我否定的惊人能力，他能跨越巨大的矛盾，以至于相信自己的谎言，忽视他灵魂深处真实的野心，"最为精彩的展示这种杰斐逊综合征……就发生在他阴险对待美国土著人的过程中"①。也就是说，一方面，杰斐逊为了新兴美帝国建功立业，为了霸占印第安人的土地可谓挖空心思，无所不用其极，然而另一方面，面对印第安人甚至世人或后人，他又要绞尽脑汁掩饰他的贪得无厌和真实意图，以留仁慈明君的美名。

　　笔者认为，杰斐逊的所言所行前后不一，自相矛盾，但作为西方文化之子，杰斐逊的悖论也是美利坚民族的悖论，事实上，这种看似悖谬的言行也自有其逻辑。杰斐逊及其他美国开国元勋们，甚至与他同时代的多数美国人都清醒地知道，什么教化、开化、同化只不过是合理化强占印第安土地、财产的新兴国家战略目标的借口而已，对此他们心照不宣，竟然将责任推给虚幻的上帝，所谓的"天定命运说"就是如此。1956 年美国上诉法院恰适地总结了这种悖论："就从建国之初起，联邦印第安政策纠结的主要问题从来都不是如何同化被我们攫取了土地的印第安民族，而是如何最好地将印第安的土地和资源转变成非印第安人的……在国会法令、政府官员们的声明、法院的意见中存在的大量虚情假意的表述，无非都是些民族虚伪的集中展示罢了。"②简言之，杰斐逊是美国扩张主义和"天定命运说"的狂热倡导者，在他的美国愿景中，印第安人和印第安民族只有一个角色扮演——不要挡白人的道，绝不要成为美国天启命运的障碍，否则就是自取灭亡。

---

①　Robert J. Miller, *Native America*, *Discovered and Conquered*：*Thomas Jefferson*, *Lewis & and Clark*, *and Manifest and Destiny*. West Port, Connecticut：Praeger Publishers, 2006, pp. 94—95.

②　Robert J. Miller, *Native America*, *Discovered and Conquered*：*Thomas Jefferson*, *Lewis & and Clark*, *and Manifest and Destiny*. West Port, Connecticut：Praeger Publishers, 2006, p. 97.

五、遭遇环境公正的杰斐逊

少数族裔生态批评学者杰弗里·迈尔斯（Jeffrey Myers）在分析杰斐逊出版的唯一一部著作《弗吉尼亚纪事》（*Notes on the State of Virginia*，1784）时精辟地分析指出，该书集中体现了早期美国白人的生态霸权与种族霸权思想，并深刻地反映了杰斐逊的政治悖论和生态悖论，甚至杰斐逊在试图提出民主蓝图与托管环境伦理的时候也是如此。[①] 尽管杰斐逊的政治思想和生态思想具有重要的进步倾向，并对欧美的政治思想及自然书写产生了深刻的影响，但其民主思想、生态理念的不彻底性也是显而易见的，充分暴露了其思想的局限性。比如，他是人权与政治平等最著名的倡导者，但他将社会平等的理想限定在白人的范围之内，因而他蓄有奴隶，公开宣称白人的优越。他一方面宣称崇拜印第安人，对印第安民族历史、文化、生活习性等同样表现出浓厚的兴趣，但他的"爱"绝非开明公道的文化学者对印第安文化真诚的喜爱。在该书中，杰斐逊就没有将印第安人作为与白人一样平等的人来看待，他们被刻画为消极被动之人形存在，被看成是"自然的"，因而是"森林之子"，只能算是构成环境的一部分。杰斐逊有时候也将印第安人称为"高贵的野人"，表面上看，似乎表现出几分敬意，实际上也居心叵测，甚至别有用心。这顶"高贵的"帽子实际上否定了印第安农事活动，取消了他们"大地上劳动者"的合格身份，从而剥夺了他们拥有土地的权利，继而他们当然不能成为具有财产权的合格公民。[②] 在此，杰斐逊实际上将印第安民族与自然进行一体化建构，以便捷地进行歧视性处理，为其制定更有效、更有力的殖民征服、殖民统治政策或策略，将他们驱赶至落基山脉提供支撑。由此可见，他的"爱"的背后必然是"刀与剑，血与火，仇与恨"。

杰斐逊还是力主维护人与自然永续和谐的农耕理想的代言人，小农经济的支持者，一个自然风光的热衷者，但他也让美国成了毁灭自然的国际商业主义的参与者。他用了大量诗意和抒情的语言描写美国大地如画之美，表达他对这片土地的深深爱恋，还花去了大量的精力研究新大陆的自然存在物。但很难说他的研究是纯科学意义上的研究，他对自然美的追逐，同样也难以界定为纯自然美的欣赏。他的所作所为无非是为了更好地了解、掌握自然物

---

① Jeffrey Myers, *Converging Stories*：*Race*，*Ecology*，*and Environmental Justice in American Literature*. Athens：University of Georgia Press，2005，p. 19.

② Jeffrey Myers, *Converging Stories*：*Race*，*Ecology*，*and Environmental Justice in American Literature*. Athens：University of Georgia Press，2005，pp. 41—43.

种、自然存在物的特性，以便更好地利用、掌控自然。他对自然采取一种功利主义的态度，实质上，他是个自然歧视主义者、彻底的人类中心主义者。他对美洲的描写也遮蔽了他对美洲大陆的真实意图，往好处说，反映了他的功利主义观点；往坏处说，传达了他的帝国主义野心，这种观点将印第安人看成美国进步的障碍，将美洲看成可利用的资源、可构建美帝国的物理场域。① 他在美洲进行的巨大的、看似合法的土地交易都可在《弗吉尼亚纪事》中找到出处。后来对印第安人土地的攫取，尤其从部落甚至个人中"合法"购买土地的行为，也从中得到启发②。在分析该书有关自然描写的重要篇章后，迈尔斯指出，在杰斐逊的自然之恨世界观中可看出他试图让自我压制自然的欲望及同时他者化自然世界和有色族的企图。在他眼里，独特的自然景色、壮丽的自然奇观不仅具有重要的商业价值和殖民扩张之必要，而且还具有重要的文化价值。也就是说，美国的独特自然现象是一种独特的文化资本，堪与颓废欧洲的文化产品媲美。杰斐逊运用"崇高"和"秀美"作为粉饰，以美化"天定命运"的商业和帝国主义现实。然而，在他的理想化社会模式中，并没有有色人种应有的生存空间。

迈尔斯还进一步指出，在杰斐逊关于美国土著人的话语中存在着奇怪的双重性，进而预示了对待他们的两面性。一方面，他似乎敬佩北美印第安人的美德，譬如他们的勇敢、智慧和柔情。面对强敌，他们绝不示弱，视死如归；面对孩子，他们充满柔情；他们具有与欧美人一样敏捷的思维。另一方面，他又谴责他们野蛮甚至兽性，从而剥夺了他们作为完全成熟的人的地位。更为重要的是，他对印第安人生存方式的描写是不全面的，甚至是"选择性的盲视"，被他忽视的一面更能反映对待印第安人的真实态度，其旨在全面否定、抹去印第安文化及其价值。他将印第安人描写为狩猎者，他们靠采摘森林果实为生，这样就抹去印第安人土地使用实践的真实内涵，而正是这些实践使得他们成了合格的生产者而不是"自然的产品"。根据洛克理论，印第安人有足够的资格宣称拥有土地权，因为他们付出了劳动。对土地和奴隶的拥有将建构杰斐逊的白人男性主体、主人的身份，因此，他要剥夺印第安人的土地权和拥有自己的权利。③ 杰斐逊对印第安文化的否定既是对殖民历史的否

---

① Jeffrey Myers, *Converging Stories：Race，Ecology，and Environmental Justice in American Literature*. Athens：University of Georgia Press，2005，p. 29.

② Jeffrey Myers, *Converging Stories：Race，Ecology，and Environmental Justice in American Literature*. Athens：University of Georgia Press，2005，p. 27.

③ Jeffrey Myers, *Converging Stories：Race，Ecology，and Environmental Justice in American Literature*. Athens：University of Georgia Press，2005，pp. 36—37.

定，也是对其生态霸权的否定，因为印第安文化一方面生动记载了他们英勇抗拒欧美白人侵略的历史，另一方面也记载了白人在美洲进行的种族屠杀和生态屠杀罪行。

最后，迈尔斯一针见血地指出了两个悖论内在逻辑的一致性，即两个悖论可归结为一个，"杰斐逊将有色人种和土地一股脑儿地斥之为他者，白人主体以此建构自己的身份，最终进行统治，无论这种统治显得多么仁慈，但终究还是统治"①，这足以暴露白人对待有色人种和土地居高临下的姿态，彰显白人之优越感。基于此，迈尔斯称《弗吉尼亚纪事》是"一部天赋使命（Manifest Destiny）的指南"②，杰斐逊让生态仁慈的自耕农服务于他所构想的庞大、矛盾的社会工程，展示了生态霸权与种族霸权下的广袤美洲大陆视野，一切自然要素，包括山川河流、花鸟虫鱼、飞禽走兽，甚至土著人，都在一个不断扩张的、日益工业化的英裔美帝国的操纵之下。因此，在阅读《弗吉尼亚纪事》时，就不能盲目地接受杰斐逊的农耕理想，天真地接受其环境伦理，尽管其农耕社会理想具有两条关键信念——社会民主和托管原则，这两个原则似乎构建了可友善栖居美洲大陆的生态社会农耕模式。如果整体考量他的生态维度和社会维度，就会发现其农耕理想社会的内在悖论及其生态和社会破坏性，因而应该予以深刻剖析与重构。

难怪迈尔斯在对比分析生态文学家梭罗（Henry David Thoreau，1817—1862）与杰斐逊后指出，梭罗是一个彻底的生态中心主义者，既反种族霸权，也反物种霸权，因而梭罗可作为环境公正生态批评的典范，而托马斯·杰斐逊是个温和的种族霸权与自然歧视的代表，因此不能作为生态主义者效仿的榜样。③ 由于迈尔斯主要根据对《弗吉尼亚纪事》的分析而对杰斐逊的种族霸权思想做出评判，没有考虑作为政治家的杰斐逊针对印第安民族等有色人种的言行，尤其未考虑他参与或主导制定的针对印第安人的相关政策，所以他的评判也就显得较为温和。

简而言之，巧妙歪曲、选择性盲视甚至否定印第安文化，照西方文化来格式化非西方物理世界和精神世界，根本目的是找到"合理、正当的"借口，以抢占他族的土地，统治他族人民，他者化有色人种及其土地，在与他者的

---

① Jeffrey Myers, *Converging Stories：Race，Ecology，and Environmental Justice in American Literature*. Athens：University of Georgia Press，2005，p. 24.

② Jeffrey Myers, *Converging Stories：Race，Ecology，and Environmental Justice in American Literature*. Athens：University of Georgia Press，2005，p. 25.

③ Jeffrey Myers, *Converging Stories：Race，Ecology，and Environmental Justice in American Literature*. Athens：University of Georgia Press，2005，pp. 19—21.

对立中建构自己身份。他者化的策略既反映了殖民者的贪婪，也反映了他们内心深处的焦虑。

根据上文分析可知，若要破解杰斐逊生态困局，就必须重审杰斐逊式的农耕世界，尊重农耕作物多样性和可持续生存的人类文化，顺应生态过程，关怀动物福祉和保护土地。为此，我们需要一种具有环境公正维度的文化多样性，这种多样性尊重非人类世界价值，其中，种族、社会及经济平等是生态视野的有机内容。

结　语

根据以上分析可知，杰斐逊是个种族中心主义者、西方中心主义者，基督教至上者、人类中心主义者，等等。对于作为政治家、思想家的杰斐逊针对美国少数族裔的许多做法与言论，我们都应给予严厉的批判和坚决的拒斥，他政治思想中的负面遗产在美国政治文化中的影响至今还未完全清理。作为一位有思想深度的作家，他的著作《弗吉尼亚纪事》基本上是一个大杂烩，时而描绘一个排他性的生物区域主义式的民主社会理想，时而又为种族主义和商业财产权辩护，其环境伦理实际上重在抽象地构想人，尤其白人与非人类世界间的关系，而其他有色人种，像印第安人与非洲裔则被排除在他的社会理想之外，或者说被纳入非人类自然世界的领域，而自然却是他要超越的领域，因为他要在超越自然过程中构建白人男性的主体身份。因此，我们可以说，杰斐逊的环境伦理是基于种族霸权和生态霸权之上的，或者说，杰斐逊的环境主义本身就隐含着种族主义和自然歧视思想。

当然，作为产生广泛、深远影响的杰斐逊自由民主思想和农耕社会理想也不因此就简单地被抛弃，而应该在环境公正理论的基础上被重构，注入新的内容，从而被改造为既能立足人与非人类世界和谐共生，又能兼容普遍社会公正的新型环境主义。

作者简介：
胡志红，西南交通大学人文学院教授、博士生导师。

交叠与整合：爱丽丝·沃克的左翼思想初探[*]

韦清琦

摘　要：以《紫色》和妇女主义广为人知的美国非裔女作家爱丽丝·沃克的文字感情丰赡，充满了对南方人民与土地的热爱，尤其是对黑人女性群体的深情。可以说，沃克在这一特定群体上寄托了她的文学梦和社会理想。除最负盛名的小说创作之外，沃克的散文随笔更明确地体现了她的思想，特别是她独特的人权理念，这成为沃克左翼思想的基础。笔者认为，以交叠性视角观照沃克的写作，能够清晰地看到沃克通过对马丁·路德·金等美国黑人民权思想的批判与继承，主张将种族、性别、阶级、生态问题放在一个整体框架中，全面地、相互联系性地进行观照，从而形成了自己的整体主义左翼写作政治立场，并由此提倡建构一种整体性的文学－文化乌托邦。

关键词：交叠　左翼　整体主义

> 任何侮辱人类尊严之行径必会影响到作为这个星球上人类一分子的我，因为我明白，地球上的一切都联系在一起。
>
> ——爱丽丝·沃克[①]

源自社会学领域的交叠性（intersectionality）理论主要立足法学与社会学，研究交叉的社会身份及与之相关的压迫、统治或歧视制度。构成总体的身份的部分可以是性别、种族、阶级、族群、性取向、宗教、年龄、精神或身体残疾等。与之相应的是，权力对于某个人或某个群体的不公正对待，也基于一个多维度的基础，并且这些压迫维度相互关联，构建出一套具有交叠性的压迫系统。因此，

　　[*]　本文系国家社科基金"当代美国女性环境书写的左翼思想研究"（18BWW078）的阶段性成果。
　　[①]　Alice Walker，*In Search of Our Mothers' Gardens*. New York：Harcourt Brace & Company，1984，p. 353.

"简单说来，交叠性是这样一种概念框架，它的出现是用于识别和描述身份的不同方面发生'冲突'时的情形"①。交叠性理论虽然迟至 1989 年才提出，但自由主义左派运动其实一直关注多重问题的交叠。如 20 世纪六七十年代的反种族女性主义运动中就产生了"修正式女性主义理论"（revisionist feminist theory），开始注重问题的交叉性。伍德豪斯也认为：旧左派关注单一的阶级问题，而新左派则具有多重性（pluralist），因而从"与旧左派犀利的阶级关系论调的对比而言，新左派是个混杂性（motley）事件"②，不过伍德豪斯之所以没有给新左派一个明确的褒义词，是因为他认为新左派对一些问题采取了厚此薄彼、不平等对待的做法。但无论如何，交叠性的理论与方法论的提出，离不开自由主义左派走向多重关怀的总体语境。

在新书《娱乐研究中的女性主义》中，作者更将交叠性视作女性主义思潮第四次转向的标志之一。最重要的是，第四波中运用的交叠性，是以全球视角为基础的，聚焦世界各地的女性主义，分享各种性别平等议题。该书提出："从交叠性的立场出发，女性主义与社会正义在复杂而动态的相互作用之下紧密联系在了一起。"③ 这就意味着女性主义以及其他激进思潮的视角不能再像以往一样沉浸在单一范畴之中，而是要突破道德意义上的分割（compartmentalization）。如书中援引的科克伦（K. Cochrane）的论断：

> 没有人是自由的，直到我们所有人都得到自由。如果还有一个女黑人受着压迫，我就没有自由。如果女性还因为精神健康受到歧视，我就没有自由。在跨性别女性没有得到法律和社会认可，不用再在街上频仍遭受骚扰乃至残忍杀害之前，我就没有自由——因为得不到安全的不仅是她们，还有我，因为我们也是女人。④

交叠性是一种视角，也是分析工具，亦为一种方法论，它最大限度地提示我们要不断跨越认知的局限，并将尽可能多的范畴、群体加以联系、并置、交叉。因此，交叠性思考能更清晰地揭示出，一个具有敏锐观察力的作家，是如何再现性别、种族、阶级、生态是怎样交织在一起决定特定人群/物种群

---

① Diana C. Parry, ed., *Feminisms in Leisure Studies*：*Advancing a Fourth Wave*. New York：Routledge，2019，p. 59.

② Keith Makoto, Woodhouse, *The Ecocentrists*：*A History of Radical Environmentalism*. New York：Columbia University Press，2018，p. 56.

③ Diana C. Parry, ed., *Feminisms in Leisure Studies*：*Advancing a Fourth Wave*. New York：Routledge，2019，p. 59.

④ Alice Walker, *In Search of Our Mothers' Gardens*. New York：Harcourt Brace & Company，1984，p. 63.

的命运的，而其中对压迫行径的全方位揭露也能够体现出该作家的左翼思想情怀。本文解读的爱丽丝·沃克，正是这样一个范例。

一、南方与牵牛花：对自然、种族、性别的交叠式思考

沃克深爱着自然，即便她成长于宗教氛围浓重的南方乡村黑人社区，但自然对于她的陶冶远大于教堂，故而她坦言："我不相信自然以外有什么上帝。世界就是上帝。人类是上帝。一片叶子抑或一条蛇，都是上帝。"[1] 也就是说，她真正信奉的是真实自然世界，而寄托这一信仰的，便是她成长的美国南方。南方是沃克生长的根，也是她的写作赖以生存的沃土，不仅是抵消工业化北方侵入的阵地，也成了沃克对自然热爱的一种隐喻。她写道：

> 或许我的北方兄弟不相信我说的可以从那"贫瘠"的出身背景中汲取到大量有用的东西。可是他们从未像我那样，住在一条长长的路的尽头的房子里，一边如同天之涯，另一边则数英里不见人。他们从未体验过那种夏日的超凡静谧，赤日炎炎，口渴难耐，走过尘土飞扬的棉花地时，绝不会忘记水是一切生命的基本。在城市里，一个人并不能真切地体认到他是来自土地的生灵，能从脚趾间感受土壤，在大雨里嗅到扬尘的气息，能够如此深爱这片土地，恨不能亲口尝尝，有时候真会这样做的。[2]

沃克在对北方作家，尤其是白人男性作家的委婉批评中，将自己所处的地域（南方）、族群地位（非裔）、阶级（雇农）都交叠在一片南方棉花田的边缘地带。这片貌似贫瘠的土地，正是人类的原生环境，是最本真生存状态的还原，是对人所背离的自然的一种不顾一切的回归。沃克饱含深情地说："假如裹尸于此，才能真正拥有土地，那么我的出生地的确是属于我的，我已数十次地拥有了它。"[3] 南方黑人祖祖辈辈生死于斯，才能真正懂得人与自然本就是相融一体的。然而也正是在这片南方土地上，黑人的这种归属感一直遭到破坏："我家族的历史，和所有南方黑人一样，就是一部被夺占（dispossession）

---

[1]　Alice Walker, *In Search of Our Mothers' Gardens*. New York: Harcourt Brace & Company, 1984, p. 265.

[2]　Alice Walker, *In Search of Our Mothers' Gardens*. New York: Harcourt Brace & Company, 1984, pp. 20—21.

[3]　Alice Walker, *In Search of Our Mothers' Gardens*. New York: Harcourt Brace & Company, 1984, p. 143.

的历史。我们热爱并耕作着土地，可是我们从未拥有；即便像我的曾祖父在内战后买下来土地，也时刻处于被抢掠的危境，曾祖父的土地在重建时代便是如此。"于是黑人面临着一个悲哀的现实：如果还热爱着生养自己的土地，那只有离开，因为黑人早就明白，心甘情愿待在一个自己深爱同时却充满了暴虐的地方，就得冒着失去爱而只看到暴虐的风险。

可见，对美国南方黑人而言，对自然的热爱和对土地的书写，自始至终都是与族群和阶级解放交叠在一起的。女性主义批评家苏珊·曼因此才指出："交叠理论作为女性主义的理论框架，是对环境正义运动最好的补全。"[①] 而沃克正是以作家身份将这一思路具象化，她力图在对逐渐具有象征意义的"南方"——包括南方的亲人、土地、作家——的追忆中进行真正的身份重建。只有经过马丁·路德·金等领导的黑人民权运动洗礼的南方，才在她眼里有了新意，当她重返阔别已久的故乡时，终于能够挺直腰杆走在这片土地上。她笔下的"南方"与"土地"互为表里，且都上升为所有积极健康的人类情怀，沃克将之归结为南方黑人作家应当主动保存的遗产：

> 没有人能够指望再有什么更好的遗产赋予黑人南方作家了：对土地的怜悯、超脱恶念的对人性的信赖，以及对正义的持久热爱。我们同时也继承了一种伟大的责任感，因为我们必须要用自己的声音，不仅道出几个世纪以来沉默的苦难和仇恨，还要张扬邻里亲善与不断维系的爱意。[②]

沃克的散文《寻找母亲的花园》（*In Search of Our Mothers' Gardens*，以下简称《花园》）和名诗《革命的牵牛花》（*Revolutionary Petunias*）可以说是黑人、女性与自然的交叠式思考最为集中的意象式体现。

沃克在《花园》里，将怀着深情的笔墨投注给了黑人女性艺术家群体。她从自己的成长环境中感受到植根于本民族文化的黑人妇女其实具备了强烈的艺术灵性，尽管她们自己未必能一开始就意识到自己拥有着丰富的精神遗产，似乎总有暴力在破坏、阻挠她们去挖掘艺术潜力。她们长期处于被剥削、凌辱的底层状态，在几乎失去希望的情况下，沃克认为那无处发泄的禀赋已经讽刺性地使她们扭曲为"圣徒"，只因为她们失去了完整的人格，她们的肉体成为圣殿，她们的思索变成了供人们膜拜的神庙。这里的神性无疑是有讽

---

① Susan A. Mann, "Pioneers of U. S. Ecofeminism and Environmental Justice", *Feminist Formations*, 2011, Vol. 23, No. 2, p. 4.

② Alice Walker, *In Search of Our Mothers' Gardens*. New York: Harcourt Brace & Company, 1984, p. 21.

刺性的，并不是对她们的抬举，而是说她们健全的精神遭到了剥夺，而交叠在一起的种族压迫和男权统治是使她们成为"发疯的圣徒"的元凶，她们在精神上的失常是抵御这多重压迫的变态式表现：抛却精神是一种悲哀的尝试，她们想要减轻操劳过度又受到性虐待的肉体对灵魂的重压。① 黑人妇女所受到的种族与性别压迫，集中体现为被当作性工具和生育机器。当她们完全可以执起水彩画笔时，却被迫接二连三地生孩子。与此同时，当她们想要爱时，塞给她们的却是孩子。爱与艺术，这人间最美好的事物，就这样被挡在了她们的视线之外。

沃克多次用自然意象来比拟黑人女性的苦难："在他们的凝视下，她们默然如巨石。"她们奋争的精神就像旋风卷起的红粘土尘，风停则"散落于地面，无人哀悼"②。借用吉恩·图玛的比喻，"像困在邪恶的蜂蜜之中的精巧的蝴蝶"或"世间的骡子"。她们原本可以歌唱和吟诗，却"一辈子被戴上口套（muzzle）"③，其中"muzzle"既意味牲口的口套，又有"使……缄默不能发声"之意，点明了黑人女性与牲畜所同受的残酷对待。

这样的情形，在沃克看来至今也没有彻底改观，"即使在今日，做艺术家和黑人女性会在很多方面降低而非提升了我们的地位"，但她紧接着又誓言仍然要坚持艺术道路。沃克没有一味消极地诉苦，而是号召黑人女性起来抗争，因为艺术创作恰是天性的解放，与自然的亲近则成为实现艺术价值的途径，而她发觉，最真切的启示就在身边——母亲的花园。

沃克笔下的母亲无疑是伟大的：聪明能干，不但与父亲同做农活，更能将一家人的衣食打理妥帖；善良温柔，但对于不想让自己孩子上学的白人地主却毫不示弱地针锋相对。最重要的是，沃克深切地意识到，自己的文学产出正来自母亲耕耘的土壤："经年累月听妈妈讲述她的故事，我吸收的不仅是故事本身，更有她言说的方式，那种关于她的故事——如同她的一生必须被记录下来的急切性"，虽然"我们的母亲和祖母常常默默无闻地传递着创造的火种，她们自己无缘得见的花儿的种子"④，但正是她们把对自然与艺术的热爱通过种花保留了下来，到了沃克这一代才绽放出无比的瑰丽。

---

① Alice Walker, *In Search of Our Mothers' Gardens*. New York: Harcourt Brace & Company, 1984, p. 233.

② Alice Walker, *In Search of Our Mothers' Gardens*. New York: Harcourt Brace & Company, 1984, p. 232.

③ Alice Walker, *In Search of Our Mothers' Gardens*. New York: Harcourt Brace & Company, 1984, p. 234.

④ Alice Walker, *In Search of Our Mothers' Gardens*. New York: Harcourt Brace & Company, 1984, p. 240.

园艺、劳动、讲故事，这些行为对母亲而言自然得如同呼吸，而沃克选择了园艺来表现艺术、人（尤其是女人）、自然在母亲身上的和谐统一，母亲作为一个出色的园艺家，和花园及花的隐喻关系得到了最热烈的彰显。无论居住的房屋有多么简陋，她总能用花装点起来，以致沃克对童年贫困的回忆竟也繁花似锦。母亲的园艺有几个意味深长的特点：首先是多样性——超过五十个不同的种类；其次是充满了神秘的创造力——"如变魔术般"将石头地变成花园，设计新颖，因勃勃的生机和创造力而蔚为壮观；最后是艺术精神的映照——她在用灵魂劳动，在劳动中表达着"她对美的个人观念"①，并将艺术作为禀赋传给沃克及后代。

在母亲的大花园里，紫色的牵牛花被赋予了更为独特的寓意。说到此处，就不得不提到沃克的名诗《革命的牵牛花》。其中的女主人公萨米·路可谓沃克母亲及千万热爱自然与艺术及自己民族的黑人女性的诗化体现。一方面，萨米·路因杀死了谋害丈夫的凶手而被奉为果敢的革命者；另一方面，她又因种种"不正确"而遭到众人非议。她总是逾越黑人应有的本分：她因复仇而被判死刑，可当人们为她的义举歌功颂德时，她并不领情还感到好笑；她用总统的名字为孩子起名；最"不正确"的莫过于她爱花，甚至在受刑当日她还嘱咐孩子们记得浇花。沃克对自己诗中的这位特立独行的女性所受的遭遇如此评价道：

> 据我们一位有文化远见的人士说，每当你听到黑人在谈自然的美，那么这人就不是黑人，而是黑鬼。此话意味着一种贬低，也确实如此……实际上这贬低了每个人的母亲。②

这是沃克极为意味深长的评价，也表达了她与所谓"文化远见"人士的根本分歧。后者认为，萨米·路最大的"不正确"便是对"黑人"（black person）的背离，而滑向了"黑鬼"（Negro）。"黑人"与"黑鬼"的区别在于：前者在内战之后已获得法律意义上的自由，应尽快斩断与后者作为黑奴的身份的联系，包括与土地、自然的纽结，因为那将意味着对过去痛苦历史、对奴隶身份的认同和延续。于是对自然的背弃——例如不再养花弄草而向往城市中产阶级精英的生活——被视为"黑人"与"黑鬼"的重大区别。然而沃克借助离经叛道的萨米·路讽喻了黑人社会对"黑鬼"的嫌弃，认为萨

---

① Alice Walker, *In Search of Our Mothers' Gardens*. New York: Harcourt Brace & Company, 1984, p. 241.

② Alice Walker, *In Search of Our Mothers' Gardens*. New York: Harcourt Brace & Company, 1984, p. 267.

米·路的"不正确"并不"意味着对她黑人性（blackness）的规限"；养花及用白人总统的名字也并不必然与黑奴被迫耕作于土地的生活画等号，也就并不意味着像黑奴那样对白人宗主的顺从。相反，所谓具有文化远见的黑人精英分子反倒贬低了黑人因热爱自然而天生具有的高贵，况且他们不但贬低了萨米·路，而且贬低了千千万万的南方黑人，尤其是黑人的祖母们。在这里，热爱花草的黑人祖母/母亲的形象，集中映照出了沃克心中的一个自由民族所应具有的幸福和美好。

在这一点认识上，另一位黑人女作家贝尔·霍克斯（Bell Hooks）与沃克的洞见异曲同工。她在《触摸土地》（Touching the Earth）一文中指出黑人的传统文化一向是热爱土地的，因而呼吁从南方乡村迁徙到北方工业城市的黑人常常要回到南方去寻根，以寻求精神上的滋养。正因为如此，黑人为获得自我医治而进行的斗争和生态运动之间的关联便不应被忽视。她提出这样的批评："如今许多黑人同胞已忘却了我们和谐地生活在这片土地上的历史，他们看不出支持生态运动的价值，或者把生态学和结束种族主义的斗争看成是水火不容的。重新回忆起我们那些懂得如何看待土地、自然的祖先留给我们的遗产，将决定我们看待自身的水平，黑人必须要重新寻回这样的精神遗产——把我们的福泽与土地的福泽联系在一起。"① 霍克斯的呼唤应和了爱丽丝·沃克对黑人南方作家的要求：对土地的深切同情、超越邪恶认知的对人性的笃信，以及对正义的永远的热爱。

霍克斯和沃克实际上都在提醒那些有"文化远见"的人，在缺乏交叠化目光时，泼出洗澡水（黑奴/黑鬼身份）时，往往也无端抛弃了最可贵的赤子（自然的初心）。我们还可以在女性主义理论讨论语境中，再以波伏娃举一个类似反面的例证。波伏娃洞察到女性的人造第二属性与人与自然的关系之间的可比性，但对如何超越女人的第二性，如何超越自在而走向自为，她给出了一个摆脱自然、与男性一样获得完全自由的策略，于是最正确的答案是走出了"母性奴役"的不生育的女人，最"不正确"的便是继续与自然同伍而甘受父权/人类中心主义的压迫。这个观点的实质就是，女性要撇清与自然的关系而求得从边缘地带的归来，就必须以一种歧视交换另一种歧视。这样的解放策略，与上文提到的"文化远见"人士如出一辙，都是因缺乏交叠性视角而带有认识上的盲区。斯特西·阿莱默（Stacy Alaimo）在批评"女性主义躲离自然和生物学"时，可以说相当一针见血。

---

① Bell Hooks, "Touching the Earth", Lorraine Anderson, Scott Slovic and John P. O'Grady eds., *Literature and the Environment*. London: Greenwood Press, 1999, pp. 169-174.

西方传统观念将女性定义为深陷于"自然"，也就无法进入人类的超越、女性、主体性及能动性。因此女性主义理论大多致力于让女性摆脱自然。不少重要的女性主义主张和概念仍囿于各种处于支配地位的二元论内部而不是起而反之，更强化了自然与文化间的对立僵局。①

真正的革命在于从交叠性的立场出发对种种"僵局"的突破。沃克自述道，那首诗之所以名为《革命的牵牛花》，正是因为她相信萨米·路是真正的革命者，是"一场持续不断的革命的一分子"，而饱受多重苦难的黑人女性也如同自然环境里的牵牛花一样，有着强韧的生命力。②沃克强调了土生牵牛花和如今城市环境里的牵牛花的区别：母亲从野地里采摘的花种每年冬天都能熬过苦寒而在春季生机勃勃，而城里的牵牛花则活不过一季。根植于大地与否，可以衡量一个生命的可持续性，在花如此，对于人、民族，也一样。他们所要的便是：在最血腥的斗争或革命中也不要忘记这关于未来的憧憬。

总之，在寻找母亲的花园中，沃克实际上找到了自己的身份：热爱融为一体的自然、劳动、艺术，懂得"尊重一切可能性并甘愿去理解它们"③的黑人女性。"革命的牵牛花"让沃克相信，真正的"文化远见"在于构造这样一种未来：所有的人就如同所有的花儿一样都终将绽放。

二、对作为"当务之急"的民权运动的交叠式批判

对马丁·路德·金推崇之至的沃克探访其遗孀科雷塔时，后者回忆了与先夫达成过的共识："如果我们两人都有很大的工作压力不能回家，那么必须缩减工作的就是我。对此我也没什么太不乐意的。问题的关键是我们的当务之急是什么。"④科雷塔本身是积极的社会活动家、音乐人，但显然又是"识大体顾大局"的贤妻。不过在这里，笔者关注的是科雷塔所说的"当务之急"（priorities），或曰优先权利，指的是什么。毫无疑问，马丁·路德·金的当务之急自然是争取美国非裔权利运动，在如此宏大叙事面前，作为领袖家属

---

① Stacy Alaimo, *Bodily Nature: Science, Environment, and the Material Self*. Bloomington and Indianapolis: Indiana UP, 2010, p. 2.

② Alice Walker, *In Search of Our Mothers' Gardens*. New York: Harcourt Brace & Company, 1984, p. 268.

③ Alice Walker, *In Search of Our Mothers' Gardens*. New York: Harcourt Brace & Company, 1984, p. 242.

④ Alice Walker, *In Search of Our Mothers' Gardens*. New York: Harcourt Brace & Company, 1984, p. 150.

的科雷塔的工作安排是次要的，她的首要任务是照顾好领袖的家。一个女性的小小权利，怎能与反抗种族压迫这么紧要的大事争锋呢？因此，黑人妇女在这个问题上表现得相当自觉，她们不愿意在所有黑人未取得自由的时候，还去参加什么解放妇女的活动。但科雷塔对这样黑人妇女的自我牺牲是真的认同吗？她随后指出："恐怕很多人，包括很多妇女，实际上并不懂得什么才是真正的女性。"①

如果说科雷塔对民权运动优先于妇女运动的现实存疑的话，爱丽丝·沃克则更为犀利地指出了其中的弊病，可以归结为：一方面，以牺牲妇女权益为代价或暂时搁置妇女权益的民权运动，很难取得实质性进步。科雷塔坦陈，她和金曾多次讨论过把妇女组织起来，可是他始终没有抽出空来认真对待该议题。"我们从来没有使用过我们所拥有的妇女力量"②，这无疑是民权运动的重大缺憾。另一方面，女权运动与黑人民权运动同时并举，才能真正推动民权向前发展。沃克很赞同科雷塔之后说的一番话，认为女性领导力能够为民权运动提供内在动力，她们有能力展现广博的同情心、爱及宽恕，这种能力如运用得当，是可以创造一个更美好的世界的。尤其是女性的同情心不仅是为她们自己的，而且是为所有受压迫的人。

在另一个重量级的例子中，沃克的矛头直指杰出的黑人领袖、美国有色人种协会的创建者之一杜波伊斯（W. E. B. Du Bois），这位黑人解放运动的斗士在其名篇《自由曙光》中写道，20 世纪的问题即是"种族界限（color-line）的问题"，正是此类问题导致了美国内战。然而沃克对杜波伊斯从一个男性黑人知识分子视野中的"界限"提出来质疑："此言不假，但这是一个男人的观点。也就是说，其眼光高远得能够漂洋过海，却难以越过饭桌和街道。"③ 男性黑人领袖们能在全球范围内一呼百应，却在家事上无所作为，这对于民权运动是多么大的讽刺！这里的家事，当然主要指对性别问题的态度。同马丁·路德·金一样，杜波伊斯等男性黑人民权运动精英并未完全意识到，性别问题并非民族解放的绊脚石，相反，对前者的压制意味着对后者所怀有的自由精神的取消。我们很难指望一个在性别问题上充当压迫者的人，能够在种族问题上取得实质性的进步。

---

① Alice Walker, *In Search of Our Mothers' Gardens*. New York: Harcourt Brace & Company, 1984, p. 152.

② Alice Walker, *In Search of Our Mothers' Gardens*. New York: Harcourt Brace & Company, 1984, p. 155.

③ Alice Walker, *In Search of Our Mothers' Gardens*. New York: Harcourt Brace & Company, 1984, p. 310.

　　沃克的立场同样也得到了不少女性主义者的呼应和印证。例如生态女性主义批评家格雷塔·加德（Greta Gaard）援引过辛西娅·安罗（Cynthia Enloe）在研究国际政治与殖民主义遗产时的发现：民族主义源自男性化记忆、男性化的屈辱、男性化的期盼。极少有人以女性体验为出发点，去理解殖民化或是对民族与文化自治的重新伸张。相反，在民族主义运动中，女性被迫"要有耐心""别多嘴""等民族主义目标实现了再说"①。再如贝尔·霍克斯在指出黑人民权运动中的缺憾时批评道，男性领袖们把自由定义为作为拥有完整权利的公民参与美国文化，却并未对文化所建构的现存价值体系进行质问，例如并不对该体系中的性别歧视提出挑战。他们甚至要求黑人妇女处于从属的位置，来配合支持男性为争取种族平等而掀起的斗争。因而霍克斯在其名篇《难道我不是个女人？》（Ain't I a Woman?：Black Women and Feminism，1981）中说："原本这么一场为全体黑人反抗种族压迫、获取自由的斗争，却演变为旨在建立黑人父权制度的运动。"②

　　事实上，包括沃克、霍克斯在内的黑人女性主义者的批判不仅把矛头指向非裔美国人内部的男权倾向，也指向女性主义内部的种族歧视。这都在客观上支持了交叠理论的发展，"黑人女性主义对白人自由派女性主义的批判的确立及持续发展，无疑为交叠理论提供了佐证材料"③。

　　回到沃克的书写，她的批判更为透彻之处还在于揭露了一个很具有讽刺意味的事实：当非裔美国人未能看清复杂现实中交叠出现的压迫模式时，自身便会陷入另类的种族主义。她戏仿杜波伊斯的话说，21世纪的问题仍将是种族界限问题，但不仅存在于白人与有色人种之间，还指向同一种族肤色较深与较浅的人群之间的关系，以及每个种族内部不论肤色深浅的人与妇女的关系。

　　沃克的这一判断极为意味深长，她实际指出，并没有单一无牵连的种族问题或性别问题，只有这些问题交叠在一起综合解决，才有可能找到答案，否则歧视、压迫仍将层出不穷。现实状况已经非常令人担忧："浅肤色的女性，如果将自己与黝黑皮肤的黑人女性割裂开来，那就会丧失反抗美国白种人统治的唯一联络关系"；而若黝黑皮肤的黑人女性视浅肤色的女性为白人及

　　① Greta Gaard，"Tools for a Cross-Cultural Feminist Ethics：Exploring Ethical Contexts and Contents in the Makah Whale Hunt"，*Hypatia*，2001，Vol. 16，No. 1，p. 16.

　　② Bell Hooks，*Ain't I a Woman?：Black Women and Feminism*. London：Pluto，1981，p. 5.

　　③ Diana C. Parry，ed.，*Feminisms in Leisure Studies：Advancing a Fourth Wave*. New York：Routledge，2019，p. 61.

黑人男性的压迫的延伸，那么她们"也将失去其在美国历史中的完整意义"①。这就是滋生于种族内部而类同于种族主义的肤色主义（colorism）。沃克没有避讳自己的家庭，承认自己父亲正因为母亲的浅色皮肤才爱上了她，而不能做到贯通所有平等意识的黑人民权运动反倒让沃克更深刻地理解了父亲的肤色主义。沃克由此非常尖锐地指出：

> 这揭露出所谓的"民权"永远也无法充分表达黑人的革命目标，因为它永远也无法描述我们的热望和梦想，以及与我们并肩战斗的非黑人族群。另外还因为，作为一个术语，它根本就缺乏对肤色的理解。②

沃克因而建议，只有彻底细查（scrutinize）所有的关系，才能构建起一个完整的家庭。沃克本人对这一彻底细查也是身体力行的。当她随美国黑人作家团体访问社会主义古巴时，她用热情的口吻赞颂古巴新民主政治在摈除阶级、种族压迫上做出的巨大努力，但同时，她也看到了仍有同性恋群体并未被纳入关怀共同体，"我们有的人为此感到寒心，想到在本土的同性恋友人或许在自由古巴并不能像我们这样切身感受到自由"③。再者，沃克对古巴在性别平等上的缺憾也提出了委婉的批评，因为她发觉那里几乎没有女作家的身影，而东道主对此也拿不出任何让人满意的解释。

不过沃克并非对前景没有信心，她认为当前的努力都是进步，因为"一切派别的努力都在为我们对作为整体的社会的完全理解添砖加瓦"④。其中，"整体"（whole）是沃克一再使用的高频词。沃克的整体主义是她文学思想水到渠成的必然指向。

三、整体主义意识的生发

"黑人南方作家所继承的天然权力，便是一种共同体意识。"⑤ 沃克在此使

---

① Alice Walker, *In Search of Our Mothers' Gardens*. New York：Harcourt Brace & Company, 1984, p. 311.

② Alice Walker, *In Search of Our Mothers' Gardens*. New York：Harcourt Brace & Company, 1984, p. 336.

③ Alice Walker, *In Search of Our Mothers' Gardens*. New York：Harcourt Brace & Company, 1984, p. 209.

④ Alice Walker, *In Search of Our Mothers' Gardens*. New York：Harcourt Brace & Company, 1984, p. 330.

⑤ Alice Walker, *In Search of Our Mothers' Gardens*. New York：Harcourt Brace & Company, 1984, p. 17.

用了"共同体"(community)一词来表达一种凝聚的力量。沃克还记录过与母亲回南方游历时的一段有趣对话:"你究竟来找什么呢?""一种完整性。"我答道。"我觉着你瞧上去够完整了。"她说。"不,"我回答,"因为我周围的一切都分裂了,被刻意弄掰了。历史分裂了,文学分裂了,人也分裂了。这让人们尽干些无知的事情。"①(着重号为笔者所加)无论是共同体,还是"完整性"(wholeness),沃克都在强调她心目中的一种整体主义,这或许是她的写作与人生的终极理想,那么如何定义沃克提出的整体主义,就显得尤为关键了。根据沃克的自述,笔者认为她的整体主义有这样一些表现:

沃克相信,只有当故事的所有方面都拼合起来时,其主题方能显现真实性,每个方面的不同意义组合成一个全新的意义。因此她认为每个作家都在写其他作家的故事所缺失的部分。而她追求的,正是那样一个完整的故事(whole story)。在这里,沃克所谓的"故事",更像是一种作家集体追逐的一种叙事,对它的要求不同于一件单一的情节描述,或者换言之,单个作家写下的单个事件,都应该成为完整叙事的一部分,即使其余部分没有显现,也应该有所意识,否则就未必能凸显"真实性"。

沃克和其他不少女作家、学者一样,喜欢用"被子"来体现由拼接所形成的整体意象。对于挂在华盛顿史密森学院的那床有名的百衲被,沃克评论道,虽然由不值钱的破布头缝制,却显现了一个具有强大的想象力及深沉的精神感受的人的匠心,虽然展览说明上标记为"百年前一位不知名的阿拉巴马黑人妇女"所制,但她却可以是"我们祖母中的一个——一位用她所能买得起的材料、以自己的社会地位所能达到的媒质留下自己印记的艺术家"②。这样的被子折射的不仅是艺术创造力,还包含了黑人女性的性别、种族、阶级等社会身份地位所在她们身体里激活的凝聚力和抗争精神。正如生态女性主义学者凯伦·沃伦所言:"一床生态女性主义哲学的百衲被,是由不同的'布块'拼起来的,由处于特定社会的、历史的和物质语境中的缝制人做出来的",而"任何明知的、着意的或有意识的自然歧视、性别歧视、种族歧视、阶级歧视的想法——它们都强化或支撑着'统治的各种主义'(isms of domination)——都不能留在百衲被上"。③

---

① Alice Walker, *In Search of Our Mothers' Gardens*. New York: Harcourt Brace & Company, 1984, p. 48.

② Alice Walker, *In Search of Our Mothers' Gardens*. New York: Harcourt Brace & Company, 1984, p. 239.

③ Karen Waren, *Ecofeminist Philosophy: A Western Perspective on What It is and Why It Matters*. Lanham: Rowman & Littlefield Publishers, Inc. , 2000, p. 67.

被子的意象因而自然就联系到沃克在谈到黑人文化的价值时所看重的"连接性"（connectedness）。实际上笔者认为沃克所思考的"被子"已经超越了姐妹情谊，已经把黑人文化符号乃至更大的大同化为一种文化乌托邦了，因此我们在考察其内涵时，不必纠结其中是否有文化本质主义的因素，因为沃克实际也承认，黑人文化"不论有多少缺陷，都具有着客观的价值"。沃克把价值重心放在了"连接性"上，指出这是一种"与整个共同体乃至世界的连接性，而非分离，谁和谁在一起共事、同眠，都无所谓"①。沃克是在论述妇女主义的语境中说这番话的，可见如果说妇女主义在构建姐妹情谊、女同性恋的共同体同心圆结构的话，那么她理想中的整体主义甚至超越了这些局部共同体，通过连接性黏合其整体之下的各个部分。而我们反复验证的沃克的交叠性书写也以自己的逻辑最终迈向走向整体主义视角。她的写作也反过来验证了其他学者关于交叠性的价值及其整体主义性质的论述：

> 交叠性的核心思想在于，社会不平等、权力、关联性、社会语境、复杂性及社会公正等诸因素，都形成于应对所属时代的种种危机——主要包括殖民主义、种族主义、性别歧视、军国主义及资本主义剥削——的社会运动的总体语境之中。在这样的语境中，有色人种女性不单受到这些权利系统中的某一个而是受到其合流的困扰，因而她们形成的自治运动便一定要提出交叠性概念，尽管使用的语汇各有不同。②

沃克的创作与批评使笔者相信，越是具备交叠性身份-视角的作家，其创造力和视野就越具备潜在的空间。沃克自述过一段发人深省的文学教学经历：

> 我刚在韦尔斯利讲授黑人女作家（想来也是该校历史上的首次），我担心左拉·赫斯顿的 20 年代黑人英语会让学生受不了。结果并非如此。她们很喜欢，说就跟读哈达一样，还更胜一筹。在该课程中我还讲内勒·拉森、葆拉·马歇尔等人，也讲了凯特·肖邦和弗吉尼亚·伍尔芙——显然不是因为她们是黑人，而是因为她们是女性、善写作，就像黑人女性一样，从女性的视角出发写全人类的状况。一边看伍尔夫的《一间自己的屋子》，一边读菲利斯·惠特利的诗集会很有意思，把拉森

---

① Alice Walker, *In Search of Our Mothers' Gardens*. New York: Harcourt Brace & Company, 1984, p. 81.

② Diana C. Parry, ed., *Feminisms in Leisure Studies: Advancing a Fourth Wave*. New York: Routledge, 2019, p. 64.

的《流沙》和肖邦的《觉醒》放在一块儿赏析也是如此。①

可以说，爱丽丝·沃克的交叠性身份（来自乡村、非裔、女性、作家）决定了她对文学教学素材的选取，这其实也就是她对文学经典的评判标准。一个人所遭受的多重苦难，也铸就了他的艺术创造的条件，这是诸多男性作家反而无法具备的后天优势。一个作家自身的身份越是处于各种弱势群体的交叉点上，他越是能够意识到一种总体性的身份建构在文学形象塑造上的丰满性。换言之，譬如说，一个深黑皮肤的女性作家，几乎兼容了所有种类的压迫所带来的苦难的体验，她独到的视野具有最大的纵深度，她写出的作品就是最深刻的。交叠性批评，不但是一种阅读方式，也是一种评判标准。一个从未感受到压迫的痛苦的人，一个一直很快乐的人，是不可能有文学成就的，即使有作品，也很难有博大的胸襟，很难创作出深刻的作品。反之，有痛感者，才可能深刻，有多种痛感的人，是最为深刻的。上帝或许很公平，当让一个作家或一个民族饱受沧桑的时候，向他开启的真实之窗就更多，向他揭示的尖锐的真理也就更多。

对此，沃克还有一段很明确的表达："或许 21 世纪从事写作的黑人女性能够较为完满地描绘出压迫——及斗争——的多重性。种族主义、性别歧视、阶级压迫、肤色主义将成为其思想意识的重要部分。"② 这段话不仅反映了沃克的交叠性文学创作观，也是其整体主义思想的代表性陈述。笔者认为她所指的压迫的多重性，如果能够囊括进人对自然的压迫，就是更完整的整体主义表述了。类似的情况是，交叠性本身也主要是以阶级—种族—性别为轴得到应用的，作为来自社会学的研究方法，确实有所欠缺，好在交叠式思考本身有着很积极的开放姿态，该理论交叠性方法意识到了尚存在更多的"基质"（base）来达成最终的整体性考虑。因此，这一方法仍在持续进化，正如所有意义深远的女性主义分析所做的一样，而生态女性主义既是交叠性方法的体现，又以其新增的环境维度来对交叠性加以补全。实际上，沃克在创作实践中并没有忽视自然在她的叙事中所起的作用，她笔下的南方和牵牛花便是明证，而且她在其他地方已经考虑到这种整体主义的包容性，也是整体论生态女性主义观的一个很好的注解："所有肤色的女性都将能够致力于这颗星球的

---

① Alice Walker, *In Search of Our Mothers' Gardens*. New York：Harcourt Brace & Company, 1984, p. 260.

② Alice Walker, *In Search of Our Mothers' Gardens*. New York：Harcourt Brace & Company, 1984，pp. 311—312.

修复。"①

"任何侮辱人类尊严之行径必会影响到作为这个星球上人类一分子的我，因为我明白，地球上的一切都联系在一起。"② 沃克在这里和其他多处都提到星球（planet）以及地球（earth），显然把人赖以生存的土地乃至自然也纳入了期待视野之中。她说这番话时是在批评以色列政府原本作为值得同情的民族国家，现在却成为侵略与压迫的强权，而她"一切都联系在一起"的理念，是对人与人、文明与文明、文明与自然等二元范畴的彻底的解辖域化（deterritorialization）。沃克的思想始终展示着一位充分理解了多重人类疾苦的黑人女性作家所具有的独特的交叠性观察方式和创作理念，她作品的艺术价值因植根于南方的土地、执守黑人文化传统以及其代表着整体主义的左翼进步思想而熠熠生辉。

作者简介：
韦清琦，南京大学金陵女子学院教授。

---

① Alice Walker, *In Search of Our Mothers' Gardens*. New York: Harcourt Brace & Company, 1984, p. 312.

② Alice Walker, *In Search of Our Mothers' Gardens*. New York: Harcourt Brace & Company, 1984, p. 353.

历史书写与文化阐释的困境

——以《在世界的中心相遇》中的仪式为例

秦苏珏

摘　要：伊丽莎白·芬恩荣获普利策奖的著作《在世界的中心相遇》旨在复原北美曼丹人的过去，为欧洲人抵达前后的美洲生活的变化提供不同的见解。但是身处曼丹族群之外的她难以描述奥基帕仪式演进，难以阐释其仪式功能，这源于不同的文化模式所造就的知识系统的差异。作为文化的重要组成部分，仪式的展开必然引发参与者的情感反馈，并具有引发行动的象征性效力，而非仅仅是旁观者看到的行为展演。

关键词：《在世界的中心相遇》　仪式　历史书写　文化阐释

美国科罗拉多大学历史系教授伊丽莎白·芬恩（Elizabeth Fenn）所著的《在世界的中心相遇——曼丹人史记》（*Encounters at the Heart of the World—A History of the Mandan People*）于 2015 年荣获普利策历史类著作奖，这是作者历经十年细致的史料梳理，参阅大量"考古学、人类学、地质学、气候学、流行病学和营养学知识"完成的一部"旨在复原曼丹人的过去的……马赛克式"[①] 的历史专著。斯坦福大学美国历史教授理查德·怀特（Richard White）在评述这部作品时称芬恩用"格格不入"的方式讲述曼丹人的历史，是历史书写的复兴，因为芬恩从未声称对曼丹人的历史无所不知，而是一再强调证据的有限性，通过亲身体验史实所涉及的地理空间，通过碎片化史料的精湛整合，提出令人信服的结论。[②] 现在屹立在曼丹人生活领域的方尖碑标志着北美大陆的地理中心（the heart of the

---

① Elizabeth Fenn, *Encounters at the Heart of the World—A History of the Mandan People*. New York: Hill and Wang, 2014, p. XVII.

② 参见 Richard White, "Against the Grain: Elizabeth Fenn, the Mandans and a Renaissance in Historic Writing", https://www.thenation.com/article/against-grain/, 2018-02-10.

world），这片土地曾是北美早期贸易交换的枢纽，也是北美代表性农作物玉米、豆类和南瓜的丰产地，但是在美国历史中却很少被提及。美国人对曼丹人的了解仅源于托马斯·杰斐逊（Thomas Jefferson）总统派出美国陆军梅里韦瑟·刘易斯上尉（Meriwether Lewis）和威廉·克拉克少尉（William Clark）率领军团首次横越北美大陆、西抵太平洋沿岸的往返考察活动（Lewis and Clark Expedition，1804—1806）。他们第一次在广袤的西北部平原上遇到了曼丹人，接受了他们的热情款待，沿着曼丹人世代生活的密苏里河及其支流逆流而上，横穿大陆，找寻通达太平洋的水道，获取了美国西部地理的广泛知识以及主要河流和山脉的地图，为以后的贸易往来打开了通道。但是在这样的相遇之后曼丹人的社会生活发生了怎样的逆转却少为人知，而芬恩的历史书写则复原了这段几乎消失的岁月。

　　作为一位历史学家，当芬恩行走在这片一度极为繁荣的土地上时，她所掌握的关于北美印第安人因为天花而遭受灭绝性伤害的历史知识，[①]让她察觉到了深深的历史空洞，她坚信，"曼丹人的故事能为欧洲人抵达前后的美洲生活的变化提供不同的见解"[②]。这部专著的获奖说明了史学界对于她的研究成果的认同。芬恩同时在书中强调，"历史书写并不确定，也非无暇，还需要以后的学者找出我们误解甚至今天无法想象的内容"[③]。尽管史料来源混杂，缺乏连续性，但是有形的地理、遗址、产物以及人物来往等信息都可以通过考古学、地质学、人类学等发现得以验证，而最容易令人产生"误解"、最令后人"无法想象"的应该是无形的文化产物，其中仪式作为印第安文化代表性的象征是曼丹人的历史故事中必不可少的内容。

一、难以描述的仪式演进

　　在《在世界的中心相遇》一书中，芬恩分别在第二部分和后记部分介绍了传统的曼丹奥基帕仪式（okipa）和曼丹后人在 21 世纪对该仪式的再次展现，因为这是曼丹人最为信赖的宗教仪式。历时 4 天的仪式过程中，族人会在仪式棚屋中追随奥基帕执行人（okipa maker）重温创世传说，理解人与自

---

① 伊丽莎白·芬恩在 2002 年出版的另一部历史专著 *Pox Americana：The Great Smallpox Epidemic of* 1775－1782 中详细研究了美国独立战争前后各殖民地天花肆虐的史实。

② Elizabeth Fenn, *Encounters at the Heart of the World—A History of the Mandan People*. New York：Hill and Wang, 2014, p. XV.

③ Elizabeth Fenn, *Encounters at the Heart of the World—A History of the Mandan People*. New York：Hill and Wang, 2014, p. XIX.

然的紧密联系；年轻人会伴随神圣鼓点感受身体的苦痛，展现勇气和坚韧；酋长会在仪式中通过物质贡献体现无私以赢得族人的拥护和爱戴。奥基帕"无疑是北部平原上最精心、最复杂、最系统的仪式"①，芬恩由此推断，"奥基帕仪式令族人非常信服，肯定也决定了平原人民对于著名的太阳舞的演化"②。

作为一位研究曼丹历史的学者，芬恩的知识来源于早期探险者、贸易者留下的信函、日记，以及现代考古学者、人类学者的发现和官方资料，其中还包括她的曼丹好友锡德里克·雷德·费瑟（Cedric Red Feather）的第一手资料。她强调"忽视曼丹人的精神生活是一种不敬，甚至奸诈"③，并批评早期的法国探险家只发现曼丹人物质丰裕，对于"他们同样丰富的仪式生活却少有提及"④。但是，如果读者细读芬恩对于曼丹人奥基帕仪式的描述和阐释，会非常容易发现，她对曼丹人仪式生活的介绍也不是令人非常满意。例如，她的曼丹好友锡德里克一再向她解释曼丹人对于奥基帕仪式的执着，"奥基帕仪式包含了创世的所有部分，……女人和男人在伟大神灵的创造中是平等的"⑤。因为曼丹人的"真性是灵性的"⑥，对于曼丹人而言，"四天的仪式能够将美好的事物带到曼丹人的世界"⑦。但是，芬恩在书中对于奥基帕仪式的介绍却以淡化的方式草草带过。在题为《风俗：日常生活的灵魂》的第五章中，绝大部分内容是介绍曼丹人的社团组织及功能，以及一些实用性仪式及其用具的买卖转让等，如药束、玉米仪式、召唤野牛仪式、捕鱼套夹等，以及作者的个人感受，而对于奥基帕仪式和曼丹人的灵性生活并没有令人耳目一新的阐述。对此，芬恩也坦然承认，"不可能道明最初的仪式怎样进行，或

---

① Alfred W. Bowers, *Mandan Social and Ceremonial Organization*. Lincoln：University of Nebraska University，2004，p. 118.

② Elizabeth Fenn, *Encounters at the Heart of the World—A History of the Mandan People*. New York：Hill and Wang，2014，p. 99.

③ Elizabeth Fenn, *Encounters at the Heart of the World—A History of the Mandan People*. New York：Hill and Wang，2014，p. 100.

④ Elizabeth Fenn, *Encounters at the Heart of the World—A History of the Mandan People*. New York：Hill and Wang，2014，p. 99.

⑤ Elizabeth Fenn, *Encounters at the Heart of the World—A History of the Mandan People*. New York：Hill and Wang，2014，p. 96.

⑥ Elizabeth Fenn, *Encounters at the Heart of the World—A History of the Mandan People*. New York：Hill and Wang，2014，p. 100.

⑦ Elizabeth Fenn, *Encounters at the Heart of the World—A History of the Mandan People*. New York：Hill and Wang，2014，p. 100.

者在被强加干涉的年代里仪式如何演化"①。同时，她认为"曼丹人的精神生活并非一成不变，它不断接受出现的新的操作、神灵和礼仪，放弃那些无法持续和失去用处的过时之物，奥基帕应该（*supposed*）会随着人们的改变而改变"②。这样，她对于可能出现的质疑或者误解进行了充分的备注。

细心的读者还会发现，芬恩关于曼丹人风俗、仪式等内容的介绍大量参阅人类学教授阿尔弗雷德·鲍尔斯（Alfred W. Bowers）的专著《曼丹人的社会和仪式组织结构》（*Mandan Social and Ceremonial Organization*）。作为对密苏里河流域的印第安文化研究成果最为卓越的学者之一，鲍尔斯对于曼丹人以及相邻的希达察人（hidatsa）的人类社会学研究最为突显，为此，美国爱达荷大学设立了以他的名字命名的人类学实验室。溯源到鲍尔斯的著作，为他提供资料的 14 位本地人中，有 11 位曼丹人，3 位希达察人。他在该书的前言中指出，对于仪式的研究最为困难，因为"料想到他们拒绝透露神圣的传说"，只能"从其中的基督徒入手开展工作"。③ 随着研究的展开，鲍尔斯发现关于仪式的数据缺失或者不完整是由于"研究时间短促，同时，在研究即将完成或者已经离开当地进行数据分析时才发现，自己没有意识到阐释曼丹人的仪式化生活时某些典仪具有重要的意义，而能够提供信息的曼丹人已经去世"④。

从鲍尔斯在著作中对于仪式研究短缺的解释，再到芬恩关于曼丹人改变奥基帕仪式的假设，人类学家和历史学家对于北美印第安人仪式研究的困难已显而易见，与此相对照的则是仪式在印第安作家的文学书写中的突显和成功。"典仪所蕴含的印第安宇宙观得到越来越多的当代印第安作家和艺术家的认同，成为他们从事创作的依据和指南。"⑤例如莱斯利·马蒙·西尔科（Leslie Marmon Silko）的《仪式》（*Ceremony*，1977）"在评论界获得最多赞扬"⑥。处于文化夹缝中，陷于战后绝望、疏离的现实生活中的主人公塔尤正是在回归居留地重访帕瓦蒂村、泰勒峰、阿拉莫清泉和沙丘、台地的过程中

---

① Elizabeth Fenn, *Encounters at the Heart of the World—A History of the Mandan People*. New York：Hill and Wang，2014，p. 99.

② Elizabeth Fenn, *Encounters at the Heart of the World—A History of the Mandan People*. New York：Hill and Wang，2014，p. 100.

③ Alfred W. Bowers, *Mandan Social and Ceremonial Organization*. Lincoln：University of Nebraska University，2004，p. 4.

④ Alfred W. Bowers, *Mandan Social and Ceremonial Organization*. Lincoln：University of Nebraska University，2004，p. 6.

⑤ 邹惠玲：《典仪——印第安宇宙观的重要载体》，《徐州师范大学学报》，2004 年第 4 期。

⑥ Allan Chavkin, *Leslie Marmon Silko's Ceremony：A Casebook*. New York：Oxford University Press，2002，p. 3.

再次理解了人类与自然的亲缘关系，从而完成了复原的仪式。西尔科成长于拉古纳人文化群体，他们宇宙观中最核心的理念就是"除非万物幸存，否则无人能独存"（None can survive unless all survive）[①]。所以，塔尤的复原与幸存就不仅仅是他个人的仪式，而是他融入所处世界中的自然万物后一个精神和身体的双重洗礼。以人与自然的和谐、平衡的完美境界为标志的圣环成为他们战胜苦难、乐观面对生活、完成复原的精神支柱和标志。这成为当代美国印第安小说一再表达的主题，充分体现了印第安传统文化中古朴的生态整体观，警醒世人对于人类和自然的关系进行深入的再认识，从而达到万物共存的整体和谐。

奥基帕仪式同样是曼丹人幸存于世的精神力量，标志着他们的族群身份，除了种植玉米、狩猎野牛、擅长贸易之外，"他们也在每个小镇修建一个仪式广场，以一个神龛为标志，乞求孤独之神（Lone Man）的庇佑，提醒每个人记住神圣的奥基帕仪式"[②]。对于曼丹人来说，奥基帕具有重要的含义："它能恢复平衡，向神灵表达爱意，确定妇女的崇高地位，它还能将野牛引来，助庄稼生长，并将历史、能量和智慧代代相传，它是曼丹人的精髓。"[③] 除了这样归纳总结式的介绍之外，芬恩关于曼丹人仪式生活的长达 29 页的细节描述全部来自 19 世纪的游记作家、画家乔治·卡特林（George Catlin）的记录《北美印第安人的礼仪、习俗和状况》（*Manners, Customs and Conditions of the North American Indians*）和 20 世纪的阿尔弗雷德·鲍尔斯的人类学研究成果，有多达 90 条引注，而没有她的第一手研究资料。她甚至不是传统奥基帕仪式的观看者，所以读者能够读到的也就只能是总结性评价和转述。与此相反，当代美国印第安作家却极少在作品中对仪式的程序、结构等做细节性描述，而是重在以极具说服力的描写突出仪式的效力，将大自然的交替和交感的生命价值观移植到人物中，多以身心俱疲的主人公的复原为象征性的结局，表达对于生命力的尊崇。

在印第安作家的笔下，仪式成为源于族群文化可以言说的符号载体，在他们的社会生活中仍然发挥着巨大的作用。芬恩作为旁观者，对于奥基帕仪式没有真实的感受，只能进行重复性的介绍和拿来式的评价，而对于仪式最

---

① Leslie Marmon Silko, *Yellow Woman and a Beauty of the Spirit: Essays on Native American Life Today*. New York: Simon & Schuster Paperbacks, 1996, p. 130.

② Elizabeth Fenn, *Encounters at the Heart of the World—A History of the Mandan People*. New York: Hill and Wang, 2014, p. 24.

③ Elizabeth Fenn, *Encounters at the Heart of the World—A History of the Mandan People*. New York: Hill and Wang, 2014, p. 100.

为重要的功能性意义也没有实证性的研究，只是以"后记"的方式用一个自然段简短记录了她的曼丹朋友锡德里克·雷德·费瑟（也叫红羽者，Red Feather Man），一位现代奥基帕执行者的仪式过程：

> 像类似的仪式一样，红羽者的奥基帕以愿景开始。那里走来了一位圣人，他告知将会发生什么。锡德里克看到人们排队进入一个奥基帕小屋。他说："我看到了男人和女人们，我看到了印第安人和其他人，我看到了来自五个种族的人们——红种人、黄种人、白种人、黑种人和棕色人。"而圣人说，重要的并不是肤色，而是"每个人的内心"，"好心人"能够"进入奥基帕小屋，他们必须真正热爱人类，他们必须谦逊，他们必须真诚"①。

而除了介绍锡德里克的家族历史和参与这次奥基帕仪式的人员构成之外，对于"在已知的最后一次奥基帕仪式又过去了122年之后"② 再次进行的仪式本身却没有更多的信息。对于她的研究具有极大启发和参考价值的学者阿尔弗雷德·鲍尔斯已经在总结自己的研究时提到了对于仪式研究的疏忽，芬恩为什么没有在自己的研究中给予一定的重视和弥补呢？从仪式的功能、效力以及发挥效力的方式入手，这个谜团才能得以揭晓。

二、难以阐释的仪式功能

芬恩笔下的奥基帕仪式只是古老的标本式的历史记载，她在书的"后记"中描述道，"曼丹人的物质世界已被摧毁，但是他们的历史和身份认同依然保留，奥基帕就是其精髓"③。但是，就如鲍尔斯一样，作为研究印第安历史文化的学者，他们对于印第安仪式研究的短缺始终存在，究其原因，仪式这种人类历史中最为古老也最为普遍的社会文化现象在一个特定的族群所展现的模式以及对整个族群的幸存所具有的功能、效力，对于一个非族群成员所造成的研究困难绝不是"时间短促"或者"拒绝透露神圣的传说"即可说明的，描述其不同于生活常态行为的超常态模式所具有的表演性特征在研究中普遍

---

① Elizabeth Fenn, *Encounters at the Heart of the World—A History of the Mandan People*. New York：Hill and Wang，2014，p. 336.

② Elizabeth Fenn, *Encounters at the Heart of the World—A History of the Mandan People*. New York：Hill and Wang，2014，p. 334.

③ Elizabeth Fenn, *Encounters at the Heart of the World—A History of the Mandan People*. New York：Hill and Wang，2014，p. 329.

存在，造成的困扰不太明显，但阐释其具有激起情绪并引发行动的象征性效力却在仪式研究中成为短板，常常被研究者一笔带过。

加拿大仪式学家罗纳德·格兰姆斯（Ronald Grimes）认为，"当人类将自己的某种姿态赋予意义，使其成为交流的手段或者表演的形式，降低其实用价值的功能地位"时，即人类的某些行为规律性地不同于生活常态时，就变成了超常态行为，也即仪式化行为①。英国人类学家维克多·特纳（Victor Turner）则将人类社会关系描述为日常状态和仪式状态，聚焦仪式的结构过程，认为仪式过程就是对仪式前和仪式后两个稳定状态的转换过程，他称作阈限期（liminal phase），是处于两个稳定状态之间的"反结构"（anti-structure）现象。② 作为一种群体的非常态行为，一种稳定状态的暂时消除，或者一种虚拟的特定时空的展现，仪式通过一系列的行为组合表演来表达某种强烈的情感或者某种意义，发挥某种效力，并将参与的人、物、态等固化为特定的模式以达到象征性的效果，而不是日常生活中的种种实用行为。这种特殊的群体性超常态行为对于仪式的参与者和仪式的观看者来说，是两种迥然不同的感知，也必然有迥异的阐释和效力。

芬恩在研究中并没有对仪式所具有的引发行为的象征性效力进行任何阐释，可能并不是她研究的疏忽，对仪式旁观者而言，某种特定仪式功能阐释的准确性和可信性原本就是客观存在的难以逾越的鸿沟。以奥基帕仪式为例，仪式旁观者可以描述和介绍其形式、过程等外部特征，而其内部运动的意义指示"受到象征性的社会价值附属力量的控制"，族群只是"凭借仪式的形式以换取对附于其中的象征价值的社会认同和认可"，而仪式的展演过程"存在着绝对而专断的权力，它通常被视为公共利益，……从功能方面说，可被看做一个社会特定的公共空间的浓缩。这个公共空间既指称一个确认的时间、地点、器具、规章、程序等，还指称由一个特定的人群组成网络的人际关系。……必须与其社会性相呼应"③。所以，作为"一种族群的、社区的、具有地方价值的功能性表演"，仪式就是"一种地方知识系统"。④ 作为非族群成员的外来研究者芬恩，这个知识系统在更大程度上表现为可描述的"族群表演"，但是她对于其功能和效力则没有更多具有说服力的阐释。

---

① 参见 Ronald Grimes，*Beginnings in Ritual Studies*，Columbia：University of South. Carolina Press，1995，pp. 41—42.

② 参见 Victor Turner，*The Ritual Process：Structure and Anti-Structure*. Chicago：Aldine Pub. Co. 1969，pp. 103—106.

③ 彭兆荣：《人类学仪式研究评述》，《民族研究》，2002 年第 2 期。

④ 彭兆荣：《人类学仪式研究评述》，《民族研究》，2002 年第 2 期。

仪式的可阐释性和难以阐释性在于，它既是一个显见的具体行为，又是一个通过象征的特殊的知识系统释放符码的隐喻性陈述，即仪式作为一种显见的符号和象征，具有社会表述能力，这是它的展演功能，表述"展示了什么"（what is shown）。但它又是一种"特殊的社会内部结构形貌的符号化传达"，还具有行为功能和指示功能，表述"做了什么"和"说了什么"（what is done & what is said）①。维克多·特纳称之为"社会剧"（social drama），将来自族群文化的经验模型，如口传的、文字的叙事等纳入其中，作为社会记忆贮存下来，具有非凡的叙事能力和凝聚功能。② 因为仪式具有强烈的文化特异性质，所以美国文化人类学家克利福德·格尔茨（Clifford Geertz）把仪式称作一种"文化表演"（cultural performances），并研究文化群落中的仪式参与者如何理解这样的表演。例如，他观察和研究解读北美纳瓦霍人帮助病人复原的仪式，发现仪式有三个内容："净化病人和仪式的参与者；通过反复吟唱和一些仪式性的陈述行为让病人达到重获和谐的目的；让病人亲身感知圣灵从而被治愈。"③ 他从宗教的角度解释族人对仪式的信仰，认为他们接受其意义是因为他们"相信或者起码认识到人类世界中无知、病痛、不公等无法避免，并同时也否认整个世界的非理性"，从而象征性地"将个人的生存场域放到一个更为广大的场域中，将它设想为安歇之地，从而达成接受和拒绝"④。在仪式中，个体苦痛的生活场域与想象的安歇之地合而为一，并让参与者用身体去真切感知，从而达到接受和信服。同时，他强调仪式的旁观者与参与者有截然不同的反映。对于仪式旁观者来说，仪式"仅仅是展现信仰的某一个方面，可以进行美学的欣赏和科学的分析，而对于参与者而言，展现的还有行动、成为现实、达成愿望——这已经不仅仅是他们相信的某一种经验模型，也是为了信仰而展演的一套套模型"⑤。戏剧表演与仪式展演表面上看形式相同，但是实质完全不同。"在剧场内，形式是虚拟的，感受也是虚拟的；在仪式中，形式是虚拟的，而感受是真实的，尤其是在与信仰有关的仪式中，……当仪式的扮演者将仪式神话化的同时，他们将仪式也神圣化。仪式表演者不仅在表演神话，而且从表演的情境中感受神圣。他们在表演着

---

① 彭兆荣：《人类学仪式研究评述》，《民族研究》，2002 年第 2 期。

② 彭兆荣：《人类学仪式研究评述》，《民族研究》，2002 年第 2 期。

③ Clifford Geertz, *The Interpretation of Cultures：Selected Essays*. New York：Basic Books Inc. Publishers，1973，p. 105.

④ Clifford Geertz, *The Interpretation of Cultures：Selected Essays*. New York：Basic Books Inc. Publishers，1973，p. 108.

⑤ Clifford Geertz, *The Interpretation of Cultures：Selected Essays*. New York：Basic Books Inc. Publishers，1973，pp. 113−114.

理想世界的同时，也将自己融入这个理想世界的真实感受之中。"① 所以，旁观者看到的是显见的虚拟的行为展演，而参与者能够通过真切的感受，在象征性的符码中解读并实现隐喻。

仪式现象与社会现实紧密相关，其文化价值主要体现为它所具有的社会功能，许多仪式发挥的是宗教功能。法国社会学家爱弥儿·涂尔干（Emile Durkheim）从宗教就是一种"集体表象"（collective representations）的观点出发研究仪式的功能。"仪式的功能不仅是表面上所呈现的强化信徒与神之间的归附关系，而且是强化作为社会成员的个体对其社会的依附关系"②。社会成员通过参与仪式强化对于所属族群的归属感，在一个更为强大、广阔的场域中，微弱的个体力量得以提升。"仪式的功能就是凝聚社会团结、强化集体力量。"③ 20 世纪上半叶英国最有影响力的人类学家拉德克利夫－布朗（A. R. Radcliffe-Brown）基于对安达曼群岛的土著岛民的田野调查和研究，以结构功能论分析他们仪式的社会功能，强调情感系统（system of sentiments）在仪式效力中的重要作用，"一个社会的仪式风俗就是人们在合适的场合集体表达有问题的情感的一种方式，用仪式的（集体的）方式表达某种情感可以让每个人在头脑中将其保持在必要的状态，并代代传承。没有这样仪式化的表达，这些情感就难以存续"④。他用"社会功能"（social function）来指示仪式的效力是因为"仪式事关社会及其团结和内聚力"⑤。他在详细介绍了安达曼岛民的婚嫁、丧葬和调解仪式之后得出结论："1. 每一个仪式都是两个或者更多人的情绪状态的表达…… 2. 仪式不是情感的本能表达，而是带有责任感的习惯做法，人们有义务在特定的场合表现出来…… 3. 每一个仪式都基于人类的感情生活的调控…… 4. 最后我们看到，每一个仪式都能让参与者在头脑中更新或者改变某一种或者多种社会情感……"⑥ 所以，仪式的效力或者社会功能主要依靠调节、维持并传承社会构成所依赖的社会情感来发挥作用，它挑动参与者的情绪，对他们的心灵产生直接影响，引发行动，从而达成改变。

---

① 薛艺兵：《对仪式现象的人类学解释（上）》，《广西民族研究》，2003 年第 2 期。

② Emile Durkheim, *The Elementary Forms of Religious Life*, Karen E. Fields, trans. , New York：The Free Press，1995，p. 227.

③ 薛艺兵：《对仪式现象的人类学解释（下）》，《广西民族研究》，2003 年第 3 期。

④ A. R. Radcliffe-Brown, *The Andaman Islanders：A Study in Social Anthropology*. London：Cambridge University Press，1922，p. 234.

⑤ A. R. Radcliffe-Brown, *The Andaman Islanders：A Study in Social Anthropology*. London：Cambridge University Press，1922，p. 234.

⑥ A. R. Radcliffe-Brown, *The Andaman Islanders：A Study in Social Anthropology*. London：Cambridge University Press，1922，pp. 235－246.

特纳也认同这样的观点，他认为"仪式象征具有两极性，一端浓缩着该社会的意识形态，另一端则具有刺激着人们的感官、挑起人们的情绪的效力"①。仪式的传统化、严格性、重复性等特征既制约着人们的相互关系，又强化着它所传达的"宇宙观所具有的不变的、真确的特质，它对于宇宙起源的重复叙说能够把具体的现时投射到神秘的时刻，把神圣的领域带入眼前的世界，而达成一种净化并获得一种精神上的说服力"②。仪式的效力和可信度依赖的是参与者的情绪经验以及限定的社会关系，而情感共鸣由文化形塑，所以作为族群之外的旁观者，芬恩对于奥基帕仪式的理解必然有先天的不足。

与此相对照，来自印第安族群的仪式参与者对仪式的理解和描述则更为真实具体。红衫德尔菲娜（Delphine Red Shirt）是北美印第安苏族奥格拉拉部落的正式成员，是该部落在联合国的非政府代表，她在《蚁山之珠：美国土著的沉沦与拯救》一书中讲述了20世纪六七十年代一位拉科塔女孩在内布拉斯加州和松树山脊保留地的成长经历。她参加拉科塔人的成年仪式，见证着传统的湮灭和文化的坍塌，表述着生命共同体共同构筑的生命之环正在加速断裂的悲悯痛苦。在《太阳舞狂欢》一章中，她详细描述了童年时每年八月在故乡举办传统仪式"太阳舞节"的情形，"只有'太阳舞节'能把不同的部落集聚在一起"③。太阳舞是拉科塔人神圣信仰的象征，他们称太阳为父亲，"跳太阳舞是为了取悦我们的'父亲'。我们知道，如果我们以正确的方式生活，……如果我们守护我们的土地和我们所拥有的，'父亲'就会满意。如果我们让'父亲'知道我们自视谦卑、怀有感恩之心、从心里同情悲悯所有的生命，他就会感到欣慰"④。红衫德尔菲娜在回忆童年的经历时感悟道，"和所有的孩子一样，我看着周围的一切，认为我所看到的都是真实的，我还不知道有许多东西是我眼睛看不到的"⑤。而一个孩童的眼睛所看不到的就是神圣仪式对于族人的内在功能和效力，所以，她只能在成年后的回忆中去理解它的真正意义。

现在，我们似乎已经忘记了这些。自从这些仪式被取缔，我们就像

---

① 陈纬华：《仪式的效力：理论回顾》，《广西民族学院学报》，2003年第6期。

② 陈纬华：《仪式的效力：理论回顾》，《广西民族学院学报》，2003年第6期。

③ 红衫德尔菲娜：《蚁山之珠：美国土著的沉沦与拯救》，杜红译，人民文学出版社，2009年，第74页。

④ 红衫德尔菲娜：《蚁山之珠：美国土著的沉沦与拯救》，杜红译，人民文学出版社，2009年，第78页。

⑤ 红衫德尔菲娜：《蚁山之珠：美国土著的沉沦与拯救》，杜红译，人民文学出版社，2009年，第79页。

一个人被抽去了脊椎，我们陷入了时间和空间的泥潭。我们不能再通过这些仪式，和我们的"阿特"，我们的"父亲"交流。我们开始恐惧，周围的一切都变得陌生了。当我们所信赖的事物在我们身边轰然倒塌，假如我们能转向我们的内心，假如我们能记起我们内心的世界，记起那里鲜红的颜色，还有生息在那里的、在时空之外的宇宙，我们就不会迷失方向。[①]

正是因为他们真正理解仪式对于族人精神生活的重要性，所以"拉科塔人恢复了被取缔的古老仪式"，而成年后的红衫德尔菲娜终于能够跳太阳舞了。

这对我并非易事。我记得，第一次加入跳太阳舞的圆圈时，想哭的冲动攫住了我的心，眼泪从脸上流下，涌入了我的灵魂。在那个圆圈里，我意识到在宇宙之间我是多么的卑微……我领受他的恩赐却从不感谢他，对此我感到深深的愧疚。我曾经是多么的自大而无知啊![②]

两相对照，旁观者的难以阐释与参与者的心灵呼应之间的巨大差异正源于不同的文化模式所造就的知识系统能否引发精神感受这一直接结果，当富有力量的感官情绪被调动时就会引发行动，从而改变现实世界。

三、结语

法国著名人类学家克洛德·列维－斯特劳斯曾对印第安人进行过人口学和社会学的观察，他总结道，"这些繁复的礼仪和宗教信仰，在我们看来好像是些可笑的迷信活动，但是其效果却使得人们与环境保持平衡……植物被视为值得尊重的生物……人类、动物、植物拥有共同的天地"，他称之为"有智慧构想的人文主义"。[③] 长期存在的对于印第安人不同的生活方式、社会习俗和宗教信仰的伦理意义和客观价值的误解源于不同文化形式所形塑的不同的价值评判标准，他用不同轨道上行驶的火车形容不同的文化，"我们可以说诸种文化就像行驶得或快或慢的火车，每列火车在自己的轨道上，朝向不同的

---

① 红衫德尔菲娜：《蚁山之珠：美国土著的沉沦与拯救》，杜红译，人民文学出版社，2009 年，第 78－79 页。

② 红衫德尔菲娜：《蚁山之珠：美国土著的沉沦与拯救》，杜红译，人民文学出版社，2009 年，第 81 页。

③ 克洛德·列维－斯特劳斯：《种族与历史·种族与文化》，于秀英译，中国人民大学出版社，2006 年，第 83 页。

方向行驶"①。乘坐在不同火车上的人是不同文化群体的成员，坐在火车上可以自在而悠然地观察与自己行驶方向一致的火车，而当有一列火车朝着反方向行驶时，观察到的则是一个瞬间消失的模糊影子。后天的教育使人们成为各自文明的产物，与"火车"有不可分离的连带关系，完全生活在一个独特的参照系统之中，而相向而来的火车在自己的文化之外，"我们只能通过走了样的形式察觉到，我们的参照系统甚至使我们无法对它们有所认识"②。这一形象而直观的比喻清晰而生动地解释了芬恩对于曼丹人仪式生活的淡化描写和难以阐释其功能效力的重要原因，同时也例证了对于异质文明的完全包容与了解不是仅靠细致而严谨的研究方法就可以达到的，切身的体验性认知和情感性融入也是必要的研究路径。

作者简介：
秦苏珏，文学博士，四川师范大学教授。

---

① 克洛德·列维－斯特劳斯：《种族与历史·种族与文化》，于秀英译，中国人民大学出版社，2006 年，第 78 页。

② 克洛德·列维－斯特劳斯：《种族与历史·种族与文化》，于秀英译，中国人民大学出版社，2006 年，第 78-79 页。

高丽李齐贤汉文词对唐宋诗词的接受[*]

王彤伟

摘　要： 李齐贤曾在中国元朝生活过一段时间，结识了赵孟頫、张养浩、虞集等名士，也曾到过中国的西南和江南，所到之地皆有吟咏，是高丽文学史上与中国关系最为密切的词人。李齐贤与崔致远、李奎报并列为朝鲜古典文学史上的三大诗人，其诗工妙清俊，万象具备，成就极高。更为突出的是，李齐贤突破"东人不解音律"的囿见，有意识地创作了大量长短句，"成就突出，翘企苏轼，应推巨擘"（夏承焘《域外词选》），在朝鲜古典文学史上占有独特的地位。李齐贤传世词作53首中，有大量对中国唐宋作品的借鉴。在对这些材料爬梳钩沉、分类总结、探源溯流后，我们发现对李齐贤词影响最大者当属苏轼，次为李白，而前辈所言"遗山之风""受到元好问的影响更加明显"等实无所据，乃主观之辞。至于其借鉴方式，可归纳为直接引用、修改字句、模拟化用三种。

关键词： 高丽　汉文词　李齐贤　借鉴　接受研究

李齐贤（1287—1367），字仲思，号益斋，高丽京都开城人。出身于书香门第，自幼受到良好的教育。李齐贤15岁参加成均馆考试，成绩优异，同岁考中礼部丙科。17岁入仕，所居皆称职，不断得到擢拔。28岁时，受客居中国的高丽逊位国君忠宣王王璋之召到燕京，开始了他人生最重要的一段经历。在元朝期间，他结识了赵孟頫、张养浩、虞集等名士，也曾到过中国的西南和江南，所到之地皆有吟咏，被忠宣王誉为"此地不可无李生"。李齐贤回到高丽后又撰成《栎翁稗说》。1367年病逝，时年81岁，谥文忠公。

　＊本文得到了四川大学中央高校基本科研业务费杰出青年基金项目（SKQX201606）、四川大学创新火花项目库项目（2018hhf－59）的支持。

李齐贤与崔致远、李奎报并列为朝鲜古典文学史上的三大诗人，其诗工妙清俊，万象具备，成就极高。更为突出的是，李齐贤突破"东人不解音律"的囿见，有意识地创作了大量长短句，在朝鲜古典文学史上占有独特的地位。

夏承焘在《域外词选》中评价道："两宋之际，苏学北行，金人词多学苏。元好问（遗山）在金末，上承苏轼，其成就尤为突出。益斋翘企苏轼，其词虽动荡开阖，尚有不足，然《念奴娇》之《过华阴》，《水调歌头》之《过大散关》《望华山》，小令如《鹧鸪天》之《饮麦酒》，《蝶恋花》之《汉武帝茂陵》，《巫山一段云》之《北山烟雨》《长湍石壁》等，皆有遗山风格，在朝鲜词人中，应推巨擘矣。"①

这种说法得到了后代研究者的"放大"，如黄拔荆说："金元之间，苏词一脉北传，许多北国词人受其影响甚深，如金朝的蔡松年、赵秉文、元好问，元代的刘秉忠、白朴、萨都剌等，都是潜心学习苏轼，走豪放一派的路子，其中尤以元好问成就最高，影响最大，是苏辛派最重要的继承者。李齐贤生当元代中后期，与元好问相去不远，因此他的词受到元好问的影响更加明显。"②

根据我们的调查，李齐贤现存作品主要有《益斋乱稿》十卷和《栎翁稗说》两卷，其词作见于《益斋乱稿》卷十《长短句》，其中完整的词作 53 首，存目 1 首，共计 54 首。53 首李词中，有 33 首共 61 处较为明显地显示了作者对唐宋诗词的借鉴，涉及的唐宋诗词有 37 家 60 余首。从频率上看（具体可参文末附表），进入李词频率最高的依次为苏轼、李白、杜甫、杜牧、陆游、苏辙、白居易、梅尧臣，以及高适、卢纶、叶因、黄庭坚等 30 余人。可见李齐贤本人广泛地汲取了唐宋诸多名家的营养，若论其中影响最大者，非苏轼莫属，其次则为李白、杜甫、杜牧等。

一、李词对苏轼的借鉴

苏轼在高丽文士心目中具有崇高的地位。高丽文士权适曾作《赞东坡》诗曰："苏子文章海外闻，宋朝天子火其文。文章纵使为灰烬，落落雄名安可焚。"高丽文士崔滋在《补闲集》中也曾说："近世尚东坡，盖受其气韵豪迈，意深言富，用事恢博，庶几效得其体也。"比李齐贤早 130 多年的高丽诗人李仁老就曾直接模仿苏轼的《次韵子由浴罢》而作《早起梳头效东坡》："灯残

---

① 夏承焘等：《域外词选》，书目文献出版社，1981 年，第 4 页。
② 黄拔荆：《试论中国豪放派词风对朝鲜词人李齐贤的影响》，《国外文学》，1990 年第 2 期。

缀玉葩，海阔涵金鸦。默坐久闭息，丹田手自摩。衰鬓千丝乱，旧梳新月斜。逐手落霏霏，轻风扫雪华。如金炼益精，百炼未为多。岂唯身得快，亦使寿无涯。老鸡浴粪土，倦马骤风沙。此亦能自养，闻之自东坡。"即使仅从题目也可窥知高丽文士对苏轼的由衷喜爱。

作为高丽名士的李齐贤，其词作从谋篇到造句、从意象到用语用词都深受苏轼的影响，可谓苏轼的"铁杆粉丝"。先看其《大江东去·过华阴》词：

> 三峰奇绝，尽披露，一搬天悭风物。闻说翰林，曾过此，长啸苍松翠壁。八表游神，三杯通道，驴背须如雪。尘埃俗眼，岂知天上人杰。
>
> 犹想居士胸中，倚天千丈气，星虹间发。缥杳仙踪何处问，箭筈天光明灭。安得联翩，云裙霞佩，共散麒麟发。花间玉井，一樽轰醉秋月。
>
> （《大江东去·过华阴》）

这首词的词牌一般称《念奴娇》，因全词上下阕共 100 字，又名《百字令》，因苏轼所填以"大江东去"为首句者影响太大而得新名《大江东去》。苏轼《大江东去》原韵依次为"物、壁、雪、杰、发、灭、发、月"，李齐贤这首作品韵脚字与之全同。这里李齐贤未用一般的通称而径取《大江东去》之名，用韵上又完全步苏词原韵，苏轼对其影响之深于此可见一斑。再如：

> 旅枕生寒夜惨凄，半庭明月露凄迷。疲僮梦语马频嘶。
>
> 人世几时能少壮，宦游何处计东西。起来聊欲舞荒鸡。
>
> （《浣溪沙·早行》）

这首词下阕明显是对苏轼《浣溪沙·山下兰芽短浸溪》的模仿，苏词原作为："山下兰芽短浸溪，松间沙路净无泥。萧萧暮雨子规啼。谁道人生无再少？门前流水尚能西。休将白发唱黄鸡。"用韵上，李词下阕韵脚字与苏词完全相同，李词上阕的韵字"凄、迷、嘶"与苏词上阕的韵字"溪、泥、啼"为同韵字，都在"齐"韵。上阕用同韵字，下阕直接模仿，不能不说苏轼对李齐贤的影响非常深刻。

除了这种明显的仿作之外，李齐贤用多种方式对苏词进行剪裁熔铸。例如：

> 堪笑书生，谬算狂谋，所就几何？谓一朝遭遇，云龙风虎，五湖归去，月艇烟蓑。人事多乖，君恩难报，争奈光阴随逝波。缘何事，背乡关万里，又向岷峨。
>
> 幸今天下如家，顾去日无多来日多。好轻裘快马，穷探壮观。驰山走海，总入清哦。安用平生，突黔席暖，空使毛群欺卧驼。休肠断，听

阳关第四，倒卷金荷。

（《沁园春·将之成都》）

　　其中"毛群欺卧驼"，化用了苏轼的《百步洪》诗之二："奈何舍我入尘土，扰扰毛群欺卧驼。"其中的"阳关第四"，化用白居易的诗句"相逢且莫推辞醉，新唱阳关第四声"。阳关第四声指"劝君更尽一杯酒"，为送别之声。《苏轼文集》卷六七《题跋·书阳关第四声》："旧传阳关三迭，然今歌者，每句再迭而已，通一首言之，又是四迭。皆非是。或每句三唱，以应三迭之说，则丛然无复节奏。余在密州，有文勋长官，以事至密，自云得古本阳关，其声宛转凄断，不类向之所闻，每句皆再唱，而第一句不迭乃知唐本三迭盖如此。及在黄州，偶读乐天《对酒》诗云：'相逢且莫推辞醉，新唱阳关第四声。'注：'第四声：劝君更尽一杯酒。'以此验之，若第一句迭，则此句为第五声矣，今为第四声，则第一不迭审矣。"

　　　　五云绣岭明珠殿，飞燕倚新妆。小鬟中有，渔阳胡马，惊破霓裳。
　　　　海棠正好，东风无赖，狼藉春光。明眸皓齿，如今何在，空断人肠。

（《人月圆·马嵬效吴彦高》）

　　其中"小鬟中有，渔阳胡马，惊破霓裳"，义即"在皱眉撒娇中埋下了渔阳胡马、惊破霓裳的祸根。"这是化用了苏轼的《眉子石砚歌赠胡闿》："君不见成都画手开十眉，横云却月争新奇。游人指点小鬟处，中有渔阳胡马嘶。"同时，其中的"渔阳胡马，惊破霓裳"，化用了唐代白居易的《长恨歌》："渔阳鼙鼓动地来，惊破霓裳羽衣曲。"

　　上述两词中，对白居易和苏轼的化用多有重合。历史上苏轼视白居易为自己的精神领袖，高丽朝鲜人又极为推崇苏轼，如崔滋在《补闲集》中即说："近世尚东坡，盖受其气韵豪迈，意深言富，用事恢博，庶几效得其体也。"因此这里也有可能是苏轼学白居易，李齐贤学苏轼。再如：

　　　　一年唯一日，游人共惜，今宵明月。露洗霜磨，无限金波洋溢。幸有瑶琴玉笛，更是处，江楼清绝。邀俊逸，登临一醉，将酬佳节。
　　　　岂料数阵顽云，忽掩却天涯，广寒宫阙。失意初筵，唯听秋虫鸣咽。莫恨姮娥薄相，且吸尽杯中之物。圆又缺，空使早生华发。

（《玉漏迟·蜀中中秋值雨》）

　　其中"圆又缺，空使早生华发"，化用了苏轼的《水调歌头》"人有悲欢离合，月有阴晴圆缺"及《大江东去》"故国神游，多情应笑我，早生华发"。再如：

天地赋奇特，千古壮西州。三峰屹起相对，长剑凛清秋。铁镮高垂翠壁，玉井冷涵银汉，知在五云头。造物可无物，掌迹宛然留。

记重瞳，崇祀秩，答神休。真诚若契真境，青鸟引丹楼。我欲乘风归去，只恐烟霞深处，幽绝使人愁。一啸寒驴背，潘阆亦风流。

（《水调歌头·望华山》）

其中"我欲乘风归去，只恐烟霞深处，幽绝使人愁"的语气与转折都明显来自苏轼的《水调歌头·明月几时有》。

李齐贤曾在《苏东坡真赞》中说："金门非荣，瘴海何惧。野服黄冠，长啸千古"，这一句正表达了他对苏轼最为深刻的理解和崇拜。

二、李词对李白的借鉴

上引《大江东去·过华阴》中"八表游神，三杯通道，驴背须如雪"化用了李白的《月下独酌》诗之二："贤圣既已饮，何必求神仙。三杯通大道，一斗合自然。"这两句的意思是：在这脱离尘俗的地方，喝上三杯就走向了超脱之道。同一首词中的"共散麒麟发"，化用了李白的《宣州谢朓楼饯别校书叔云》诗："人生在世不称意，明朝散发弄扁舟。"可见李齐贤对李白的作品也非常熟悉。据我们调查，53 首李词对李白的借鉴有 8 次，仅次于苏轼。

再如，前引《人月圆·马嵬效吴彦高》词，起首两句"五云绣岭明珠殿，飞燕倚新妆"是说在马嵬事变之前，唐玄宗与杨贵妃在骊山行宫的恩爱。其中"飞燕倚新妆"化用了李白的《清平调》："一枝红艳露凝香，云雨巫山枉断肠。借问汉宫谁得似，可怜飞燕倚新妆。"

李齐贤喜用"鸟没长空"的意象和句子，化自李白的《春日独酌二首》其二："横琴倚高松，把酒望远山。长空去鸟没，落日孤云还。"李白之后的杜牧《登乐游原》中"长空澹澹孤鸟没，万古销沈向此中"，南宋赵崇嶓《过鄱阳湖》中"长空孤鸟没，四海一云连"，也都用过这个意象，但当以李白为源。李齐贤原词如下：

骚人多感慨，况古国，遇秋风。望千里金城，一区天府，气势清雄。繁华事，无处问，但山川景物古今同。鹤去苍云太白，雁嘶红树新丰。

夕阳西下水流东，兴废梦魂中。笑弱吐强吞，纵成横破，鸟没长空。争如似犀首饮，向蜗牛角上任穷通。看取麟台图画，唯余马鬣蒿蓬。

（《木兰花慢·长安怀古》）

万壑烟光动，千林雨气通。五冠西畔九龙东，水墨古屏风。
岩树浓凝翠，溪花乱泛红。断虹残照有无中，一鸟没长空。

（《巫山一段云·松都八景·北山烟雨》）

李白《月下独酌》最出名的"花间一壶酒，独酌无相亲。举杯邀明月，对影成三人"也被李齐贤化入自己的词中：

衡岳宽临北，君山小近南。中开七百里湖潭，吴楚入包含。
银汉秋相接，金波夜正涵。举杯长啸待鸾骖，且对影成三。

（《巫山一段云·松都八景·洞庭秋月》）

另外，李齐贤也化用了杜甫《哀江头》《登岳阳楼》中的名句。前述《人月圆·马嵬效吴彦高》词中的"明眸皓齿"句，化用了杜甫《哀江头》："明眸皓齿今何在？血污游魂归不得。"而前述《巫山一段云·松都八景·洞庭秋月》的"吴楚入包含"句，则化用了杜甫的《登岳阳楼》："吴楚东南坼，乾坤日夜浮。"前述《人月圆·马嵬效吴彦高》词中的"绣岭明珠殿"一句则直接来自杜牧的《华清宫三十韵》："绣岭明珠殿，层峦下缭墙。"除上述唐宋名家外，李词还广泛借鉴了陆游、苏辙、白居易、梅尧臣、叶因、高适、崔涂、曾协、赵希逢、方一夔、上官仪、施宜生、刘禹锡、严维、李质、邹浩、罗隐、杜荀鹤、喻良能、范成大、徐经孙、王维、释德洪、喻良能、章孝标、李至、黄庭坚、赵崇嶓、王谌、方岳、周孚、于良史、卢纶等33位名家的作品（具体请参文末附表，限于篇幅，兹不赘述），可见李齐贤本人广泛地汲取了唐宋诸多名家的营养。当然，若论其中影响最大者，非苏轼莫属，其次则为李白、杜甫等。

三、李词的借鉴方式

如前所述，李词广泛吸收唐宋诗词中的优美句子或意象为己所用，53首李词中有33首共61处较为明显地显示了作者对唐宋诗词的借鉴，涉及的唐宋诗词有37家60余首。根据我们的调查，李词对这些诗词的借鉴主要有三种方式：一是直接引用，二是修改字句，三模拟化用。分别说明如下：

（1）直接引用者，例如：

"怀抱向君倾"（《木兰花慢·书李将军家壁》），南宋曾协《送李秀叔吏部拜命赴阙二首》其一有类似诗句："穷巷萧条从我老，半生怀抱向君倾。"

"夕阳西下水流东"（《木兰花慢·长安怀古》），唐崔涂《巫山旅别》有相同的句子："五千里外三年客，十二峰前一望秋。无限别魂招不得，夕阳西下水东流。"

（2）修改字句者，例如：

"竹篱茅舍是渔家"（《巫山一段云·松都八景·渔村落照》）是宋人常用的诗句。南宋陆游《梅花》："移根上苑亦过计，竹篱茅舍真吾家。"与陆游同时期的诗人喻良能《人日道中口占》其二："竹篱茆舍水边家，窗牖虚明小径斜。草色未多春意好，疏梅映竹两三花。"

"坐久云归岫"（《巫山一段云·松都八景·紫洞寻僧》），北宋吕南公有类似诗句，见《亨父录示山斋即事五篇索和遂次其韵》其四："坐见云归岫，吟闻雨溅篷。"

"远水澄拖练"（《巫山一段云·潇湘八景·平沙落雁》），南宋赵希逢《秋》有类似的句子："远水兼天拖练白，晓风委地染丹红。"二者恐怕都受到了南北朝谢朓《晚登三山还望京邑》的影响："馀霞散成绮，澄江静如练。"

"奔腾阵马回"（《巫山一段云·潇湘八景·远浦归帆》），北宋苏辙《河冰》有句曰："奔腾阵马过，汹涌晴云驶。"而北宋梅尧臣《送滕监簿归宁岳阳》也有过类似的意象："风樯易阵马，犹使勇气增。"

"直到广寒宫"（《巫山一段云·潇湘八景·洞庭秋月》），唐宋诗词中多有类似的句子，如北宋邹浩《次韵和永守丁葆光大夫对雪》："须知身世尘埃尽，直到广寒宫里游。"

"一径入云松"（《巫山一段云·潇湘八景·烟寺暮钟》），唐杜荀鹤《秋日怀九华旧居》有句曰："何当遂归去，一径入松林。"

（3）模拟化用，例如：

上文提及的《浣溪沙·早行》不但整体上是对苏轼词的步韵和模拟，其中的"人世几时能少壮，宦游何处计东西"更是对古代经典的综合模拟和化用。我国古人表达类似意思的诗句很多，如汉武帝《秋风辞》："少壮几时兮，奈老何！"唐杜甫的《赠卫八处士》："人生不相见，动如参与商。今夕复何夕，共此灯烛光。少壮能几时，鬓发各已苍。"以及宋苏轼的《和子由渑池怀旧》："人生到处知何似，应似飞鸿踏雪泥。泥上偶然留指爪，鸿飞那复计东西。"

"长啸苍松翠壁"（《大江东去·过华阴》），糅合了李白《蜀道难》中"连峰去天不盈尺，枯松倒挂倚绝壁"等句而成。

"江楼红袖倚斜阳"（《巫山一段云·潇湘八景·远浦归帆》），唐杜牧《南陵道中》有相似的意象："正是客心孤回处，谁家红袖倚江楼。"

葛兆光在《想象异域》里提道，朝鲜文人"在使用汉文互相沟通、汉诗互相唱酬、汉典加以装饰的时候，无论是评价、赞誉还是质疑的标准，常常来自它是否符合传统中华的风格与样式"①。事实上向传统的唐宋诗词经典学习是半岛文士长期的传统，李齐贤的词作中综合使用直引、修改、模拟、化用等多种方式，剪裁熔铸，取他山之石为己所用，而终屹立于东国词林之巅，受到当时及后世之人的尊崇。

四、小结

李齐贤现存作品主要有《益斋乱稿》十卷和《栎翁稗说》两卷，其词作见于《益斋乱稿》卷十《长短句》，其中完整的词作 53 首，存目 1 首，共计 54 首。据笔者初步调查，53 首李词中有 33 首共 61 处较为明显地显示了作者对唐宋诗词的剪裁熔铸，涉及的唐宋诗词有 37 家 60 余首。从频率上看，进入李词频率最高的为苏轼共 11 次，其后依次为李白 8 次、杜甫 5 次、杜牧 4 次、陆游 4 次、苏辙 2 次、白居易 2 次、梅尧臣 2 次。其余叶因、高适、崔涂、曾协、赵希逢、方一夔、上官仪、施宜生、刘禹锡、严维、李质、邹浩、罗隐、杜荀鹤、喻良能、范成大、徐经孙、王维、释德洪、喻良能、章孝标、李至、黄庭坚、赵崇嶓、王谌、方岳、周孚、于良史、卢纶各 1 次。可以说，李齐贤广泛地汲取了唐宋诸多名家的文学营养，用直引、修改、模拟、化用等多种方式剪裁熔铸，为己所用，而终屹立于东国词林之巅，受到当时及后世之人的尊崇。

另外需要说明的一点是，夏承焘、黄拔荆等名家认为，李齐贤词深受苏轼和元遗山的影响而"有遗山之风""受到元好问的影响更加明显"。夏承焘曾作论词绝句《朝鲜李齐贤》再次强调了李齐贤深受元好问（遗山）的影响："北行苏学本堂堂，天外峨眉接太行。谁画遗山扶一老？同浮鸭绿看金刚。"然而，笔者在调查中并未发现李词有对元遗山的引用、化用或模拟。如果李齐贤的词作中充满他人的影子而并没有元遗山的影子，那么，仅仅以风格、气势等来断定李齐贤深受元遗山影响的说法是难以令人信服的。

---

① 葛兆光同时引述了申维翰《海游录》中的一个故事，1719 年朝鲜人申维翰与对马藩记室橘雨森、松浦仪的笔谈："（仪）问余曰：'公以为其诗如何？'余答曰：'婉朗有中华人风调。'仪举手加额谢曰：'昔木下先生门下，与白石为同门友，幸蒙君子嘉赏，何幸如之！'"（参见葛兆光：《想象异域》，中华书局，2014 年，第 19 页。）

附：李齐贤词作引用、化用、模拟一览表

李齐贤词	唐宋作品
谬算狂谋（《沁园春·将之成都》）	北宋苏轼《送安惇秀才失解西归》："狂谋谬算百不遂，惟有霜鬓来如期。"
毛群欺卧驼（《沁园春·将之成都》）	北宋苏轼《百步洪》诗之二："奈何舍我入尘土，扰扰毛群欺卧驼。"
阳关第四（《沁园春·将之成都》）	唐白居易《对酒》："相逢且莫推辞醉，新唱阳关第四声。"阳关第四声，即指"劝君更尽一杯酒"。《苏轼文集》卷六七《题跋·书阳关第四声》："旧传阳关三迭，然今歌者，每句再迭而已，通一首言之，又是四迭。皆非是。或每句三唱，以应三迭之说，则丛然无复节奏。余在密州，有文勋长官，以事至密，自云得古本阳关，其声宛转凄断，不类向之所闻，每句皆再唱，而第一句不迭乃知唐本三迭盖如此。及在黄州，偶读乐天《对酒》诗云：相逢且莫推辞醉，新唱阳关第四声。注：第四声：劝君更尽一杯酒。以此验之，若第一句迭，则此句为第五声矣，今为第四声，则第一不迭审矣。"
明日菊花（《鹧鸪天·九月八日寄松京故旧》）	北宋苏轼《九日次韵王巩》："相逢不用忙归去，明日黄花蝶也愁。"又《南乡子·重九涵辉楼呈徐君猷》词："万事到头都是梦，休休，明日黄花蝶也愁。"
壁上龙蛇（《鹧鸪天·扬州平山堂》）	唐李白《草书歌行》："吾师醉后倚绳床，须臾扫尽数千张。飘风骤雨惊飒飒，落花飞雪何茫茫。起来向壁不停手，一行数字大如斗。慌慌如闻神鬼惊，时时只见龙蛇走。"
人世几时能少壮，宦游何处计东西（《浣溪沙·早行》）	汉武帝《秋风辞》："少壮几时兮，奈老何！"唐杜甫《赠卫八处士》："人生不相见，动如参与商。今夕复何夕，共此灯烛光。少壮能几时，鬓发各已苍。"北宋苏轼《和子由渑池怀旧》："人生到处知何似，应似飞鸿踏雪泥。泥上偶然留指爪，鸿飞那复计东西。"
长啸苍松翠壁（《大江东去·过华阴》）	唐李白《蜀道难》等诗曾吟咏华山的苍松和翠壁，如"连峯去天不盈尺，枯松倒挂倚绝壁"。
三杯通道（《大江东去·过华阴》）	唐李白《月下独酌》诗之二："贤圣既已饮，何必求神仙。三杯通大道，一斗合自然。"
共散麒麟发（《大江东去·过华阴》）	唐李白《宣州谢朓楼饯别校书叔云》："人生在世不称意，明朝散发弄扁舟。"
绣岭明珠殿（《人月圆·马嵬效吴彦高》）	唐杜牧《华清宫三十韵》："绣岭明珠殿，层峦下缭墙。"
飞燕倚新妆（《人月圆·马嵬效吴彦高》）	唐李白《清平调》："一枝红艳露凝香，云雨巫山枉断肠。借问汉宫谁得似，可怜飞燕倚新妆。"
小鬟中有，渔阳胡马，惊破霓裳（《人月圆·马嵬效吴彦高》）	北宋苏轼《眉子石砚歌赠胡訚》："君不见成都画手开十眉，横云却月争新奇。游人指点小鬟处，中有渔阳胡马嘶。"

续表

李齐贤词	唐宋作品
渔阳胡马，惊破霓裳（《人月圆·马嵬效吴彦高》）	唐白居易《长恨歌》："渔阳鼙鼓动地来，惊破霓裳羽衣曲。"
明眸皓齿，如今何在（《人月圆·马嵬效吴彦高》）	唐杜甫《哀江头》："明眸皓齿今何在？血污游魂归不得。"
我欲乘风归去（《水调歌头·望华山》）	北宋苏轼《水调歌头》："我欲乘风归去，又恐琼楼玉宇，高处不胜寒。"
圆又缺，空使早生华发（《玉漏迟·蜀中中秋值雨》）	北宋苏轼《水调歌头》"人有悲欢离合，月有阴晴圆缺"及《大江东去》"故国神游，多情应笑我，早生华发"。
径到无何有（《菩萨蛮·舟中夜宿》）	北宋苏轼《谪居三适三首》其二《午窗坐睡》："此间道路熟，径到无何有。"
隔竹一灯明（《菩萨蛮·舟次青神》）	南宋叶茵《次吴菊潭八月十四夜韵二首》其二："连村三鼓急，隔水一灯明。"
令人暗伤怀抱（《洞仙歌·杜子美草堂》）	唐高适《登百丈峰二首》其一："唯见鸿雁飞，令人伤怀抱。"
夕阳西下水流东（《木兰花慢·长安怀古》）	唐崔涂《巫山旅别》："五千里外三年客，十二峰前一望秋。无限别魂招不得，夕阳西下水东流。"
弱吐强吞（《木兰花慢·长安怀古》）	唐杜牧《题武关》："山墙谷堑依然在，弱吐强吞尽已空。"
鸟没长空（《木兰花慢·长安怀古》）	唐李白《春日独酌二首》其二："横琴倚高松，把酒望远山。长空去鸟没，落日孤云还。"
稚子候渊明（《木兰花慢·书李将军家壁》）	北宋苏轼《次韵江晦叔二首》其一："人老家何在，龙眠雨未惊。酒船回太白，稚子候渊明。"
怀抱向君倾（《木兰花慢·书李将军家壁》）	南宋曾协《送李秀叔吏部拜命赴阙二首》其一："穷巷萧条从我老，半生怀抱向君倾。"
远水澄拖练（《巫山一段云·潇湘八景·平沙落雁》）	南宋赵希逢《秋》："远水兼天拖练白，晓风委地染丹红。"此前南北朝谢朓《晚登三山还望京邑》："馀霞散成绮，澄江静如练。"
平沙白耀霜（《巫山一段云·潇湘八景·平沙落雁》）	宋末元初方一夔《出塞行五首》其二："出塞二千里，平沙白如霜。"
玉塞多缯缴，金河欠稻粱（《巫山一段云·潇湘八景·平沙落雁》）	唐上官仪《王昭君》诗："玉关春色晚，金河路几千。"

续表

李齐贤词	唐宋作品
欲下更悠扬（《巫山一段云·潇湘八景·平沙落雁》）	北宋入金施宜生《题平沙落雁屏景》："欲下未下风悠扬，影落寒潭三两行。天涯是处有菰米，如何偏爱来潇湘。"
出没轻鸥舞（《巫山一段云·潇湘八景·远浦归帆》）	南宋陆游《道室杂题四首》其二："闻说湖中有钓舟，烟波出没杂轻鸥。"
奔腾阵马回（《巫山一段云·潇湘八景·远浦归帆》）	北宋梅尧臣《送滕监簿归宁岳阳》："风樯易阵马，犹使勇气增。"北宋苏辙《河冰》："奔腾阵马过，汹涌晴云驶。"
画鼓殷春雷（《巫山一段云·潇湘八景·远浦归帆》）	北宋苏辙《寒食宴提刑致语口号》："云间画鼓迭春雷，千骑寻芳戏马台。"南宋陆游《日出入行》："高楼锦绣中天开，乐作画鼓如春雷。"
潮落兼葭浦，烟沉橘柚洲。（《巫山一段云·潇湘八景·潇湘夜雨》）	唐刘禹锡《武陵书怀五十韵》："露变兼葭浦，星悬橘柚村。"
万里天浮水（《巫山一段云·潇湘八景·洞庭秋月》）	唐严维《赠王叔雅兄弟》："万里天连水，孤舟弟与兄。"
三秋露洗空（《巫山一段云·潇湘八景·洞庭秋月》）	宋李质《艮岳百咏·秋香谷》："月明露洗三秋叶，山迥风传七里香。"
直到广寒宫（《巫山一段云·潇湘八景·洞庭秋月》）	北宋邹浩《次韵和永守丁葆光大夫对雪》："须知身世尘埃尽，直到广寒宫里游。"
筛寒洒白弄纤纤（《巫山一段云·潇湘八景·江天暮雪》）	唐罗隐《甘露寺看雪上周相公》："筛寒洒白乱溟蒙，祷请功兼造化功。"
一径入云松（《巫山一段云·潇湘八景·烟寺暮钟》）	唐杜荀鹤《秋日怀九华旧居》："何当遂归去，一径入松林。"
竹篱茅舍是渔家（《巫山一段云·潇湘八景·渔村落照》）	南宋陆游《梅花》："移根上苑亦过计，竹篱茅舍真吾家。"诗人喻良能《人日道中口占》其二："竹篱茆舍水边家，窗牖虚明小径斜。草色未多春意好，疏梅映竹两三花。"
江楼红袖倚斜阳（《巫山一段云·潇湘八景·远浦归帆》）	唐杜牧《南陵道中》："正是客心孤迥处，谁家红袖倚江楼。"

李齐贤词	唐宋作品
敧枕古乡心（《巫山一段云·潇湘八景·潇湘夜雨》）	南宋范成大《次韵子永夜雨》："挑灯今夕意，敧枕故园心。"
沧海未为深（《巫山一段云·潇湘八景·潇湘夜雨》）	南宋徐经孙《和临湘奉议孙敷山归田十咏》其三："沐浴恩波无地报，始知沧海未为深。"
吴楚入包含（《巫山一段云·潇湘八景·洞庭秋月》）	杜甫《登岳阳楼》："吴楚东南坼，乾坤日夜浮。"
且对影成三（《巫山一段云·潇湘八景·洞庭秋月》）	唐李白《月下独酌》："花间一壶酒，独酌无相亲。举杯邀明月，对影成三人。"
空翠袭人清（《巫山一段云·潇湘八景·山市晴岚》）	唐王维《山中》："山路元无雨，空翠湿人衣。"南宋楼钥《行荆坑道中》："悬崖当步险，空翠逼人清。"
隔溪何处鹧鸪鸣（《巫山一段云·潇湘八景·山市晴岚》）	北宋释德洪《书白水寺壁》："寒岩花木斗迎春，古寺修篁战雨声。负日晴轩成坐睡，朦胧何处鹧鸪鸣。"
云归远岫青（《巫山一段云·潇湘八景·渔村落照》）	南宋喻良能《陈彦山寄示新诗次韵奉酬》："木落长天碧，云飞远岫青。"
草露沾芒屦（《巫山一段云·松都八景·紫洞寻僧》）	北宋苏轼《梵天寺见僧守诠小诗清婉可爱次韵》："但闻烟外钟，不见烟中寺。幽人行未已，草露湿芒屦。惟应山头月，夜夜照来去。"南宋陆游《夜出偏门还三山》："水风吹葛衣，草露湿芒履。"
松花点葛衣（《巫山一段云·松都八景·紫洞寻僧》）	唐章孝标《西山广福院》："竹影临经案，松花点衲衣。"
鬓丝禅榻坐忘机（《巫山一段云·松都八景·紫洞寻僧》）	北宋苏轼《和子由四首》其二《送春》："梦里青春可得追，欲将诗句绊余晖。酒阑病客惟思睡，蜜熟黄蜂亦懒飞。芍药樱桃俱扫地，鬓丝禅榻两忘机。凭君借取法界观，一洗人间万事非。"鬓丝禅榻，分别代指世俗的担忧和机巧之心的泯灭，最早见于唐杜牧《题禅院》："觥船一棹百分空，十岁青春不负公。今日鬓丝禅榻畔，茶烟轻扬落花风。"
水墨古屏风（《巫山一段云·松都八景·北山烟雨》）	宋人常有类似的句子，如北宋李至《蓬阁多余暇》组诗其九："图书闲案几，水墨故屏风。"北宋黄庭坚《息暑岩》："水墨古画山石屏，雷起龙蛇枯木藤。"

续表

李齐贤词	唐宋作品
一鸟没长空（《巫山一段云·松都八景·北山烟雨》）	李齐贤本人喜用此意象，其《木兰花慢·长安怀古》中亦曰："笑弱吐强吞，纵成横破，鸟没长空。"其前唐宋诗词中多见，如唐李白《春日独酌二首》其二："长空去鸟没，落日孤云还。"唐杜牧《登乐游原》："长空澹澹孤鸟没，万古销沈向此中。"南宋赵崇嶓《过鄱阳湖》："长空孤鸟没，四海一云连。"
愁杀孟襄阳（《巫山一段云·松都八景·西江风雪》）	南宋王谌《入邑》其二："捻须吟不就，穷杀孟襄阳。"
茅茨野水头（《巫山一段云·松都八景·白岳晴云》）	南宋方岳《寻诗》："蹇驴踏雪灞桥春，画出茅茨野水滨。才见梅花诗便好，梅花却是定诗人。"
日浸玻璨色（《巫山一段云·松都八景·长湍石壁》）	北宋梅尧臣《夏日晚晴登许昌西湖》："岚光开翡翠，湖色浸玻璨。"
但教沽酒引陶潜（《巫山一段云·松都八景·紫洞寻僧》）	南宋周孚《次韵鹤林伸书记》："不须沽酒引陶潜，修竹阴阴翠满帘。"
欲去惜芳菲（《巫山一段云·松都八景·青郊送客》）	唐于良史《春山夜月》："兴来无远近，欲去惜芳菲。"
功名梦也非（《巫山一段云·松都八景·青郊送客》）	南宋陆游《寄陶茂安监丞》："功名梦境元非实，歌舞山城且自宽。"
郊原雨足信风还（《巫山一段云·松都八景·白岳晴云》）	宋苏轼《过云龙山人张天骥》："郊原雨初足，风日清且好。"
一听一开颜（《巫山一段云·松都八景·白岳晴云》）	唐卢纶《酬苗员外仲夏归郊居遇雨见寄》："因兹屏埃雾，一咏一开颜。"
田畦乱水间（《巫山一段云·松都八景·白岳晴云》）	唐杜甫《奉陪郑驸马韦曲二首》其二："野寺垂杨里，春畦乱水间。"
到此欲装绵（《巫山一段云·松都八景·朴渊瀑布》）	唐杜甫《陪郑广文游何将军山林十首》其六："酒醒思卧簟，衣冷欲装绵。"

作者简介：

王彤伟，文学博士，四川大学中国俗文化研究所教授。

大数据时代与文学主体的质变

刘　可

　　摘　要：大数据时代，文学主体的存在本质和存在形式发生着重大变化。与传统文学主体相比，大数据时代文学主体的书写不再是单一的自然力劳作，而成了人机合一、以数据为基础的书写。文学的接受主体被资本意志操控，其文学身份被作为商品消费主体的身份淡化，他们对文学接受的期待已经被消费和欲望满足的快感填充。大数据时代文学接受主体经常侵入创作环节，以僭越的方式使自己成为不完全的文学创作主体。因此，大数据时代给文学主体带来的一个重大变化就是文学的创作主体和接受主体真实地发生了交融。而在人工智能时代，文学的消费主体更是用购买的方式把自己打造成一种新颖而特别的文学书写主体。这类主体以软件使用者的身份出任文学书写主体，实际上是把文学书写作为游戏来对待的游戏玩家。对于这些变化，我们必须直面思考，提出相应的理论范式，让理论跟上实践的变化，实现理论的更新和代谢。

　　关键词：大数据时代　文学主体　网络文学　人工智能诗学

　　大数据时代给人类文学和艺术生活带来种种新的重大变化，这些新的书写方式、新的传播介质和新的阅读路径等造成的一个极为重要的现象，就是文学主体的所指发生的变化让大数据时代的文学主体不再是传统时代人们所认可的那种主体。而文学主体的变化总是意味着文学本质和意义整体的异变，文学作为人的精神的家园，在大数据时代其边界和性质已经需要人们给予不同的理解，给予"后人类"性质的同情。本文主要对大数据时代文学主体的历史性异变略做讨论。

一

　　建基于 0 和 1 二进位制数学土壤的大数据时代，对于文艺学来说，刚刚到来就在改变着文学活动整体以及文学活动的诸多要件。大数据时代最初给文学带来的最大且立刻引起人们关注的变化应当是网络文学的出现。1980 年，泰德·尼尔森出版了《文学机器》（*Literary Machines*）一书，该书是"有关仙都项目的报告，考虑到了文字处理、电子出版、超文本、创新思维、未来的智力革命和知识、教育、自由等其他议题"。所谓"仙都项目"，指"一次朝向瞬时电子文学的行动；一项对知识、自由和即将在计算机王国中出现的更美好世界的最大胆和特别的计划"[①]。考斯基马在这里所说的"电子文学"是将网络文学包含在内的，像"超文本"这种生产文学互文本的电脑链接，只有在网络上才能实现。

　　网络、超文本、文字数据化以及数据的文字化等，都是大数据时代的技术特征和文本特征，网络文学正是建基于其上才得以登上历史舞台。

　　网络文学从本质上讲是人类信息时代的产物，其整体和细节都与传统文学有着极大不同，而且二者事实上也无法真正和谐共存。网络文学产生之后，传统文学生存的时空大量被它无情地挤压或占据。

　　从某种意义上讲，我们甚至可以说网络文学的产生乃是传统文学的终结。在这方面，我们特别关注的是新生的网络文学，它既为自己生产出了不同于传统文学的创作主体，也为自己生产出了新的文学接受主体。

　　在创作主体方面，网络文学终结了文学纸质书写的本质与方式。这一终结改变了创作主体同文学语言的传统关系，从而改变了作者在文学创作环节中对自身旧有的存在性状的感知，并最终让创作主体在网络文学中成为一种前所未有的新人。

　　网络文学书写方式的改变，更具体地讲是改变了作家对其所写出的文学语言的感知：屏幕上出现的文字，即使对于敲击者而言也是冰冷的、陌生的。它不再像传统文学的创作那样，作家看到自己在稿纸上写下的每一个字，都是带着他的体温的生命形式。

　　文学书写在最为直接的层面，是文学语言的创造性生产。对于一个作家而言，他的书写既直接地是对文学语言的生产，也是对人类诗意家园的筑造。

---

　　① 莱恩·考斯基马：《数字文学——从文本到超文本及其超越》，单小曦、陈后亮、聂春华译，广西师范大学出版社，2001 年，第 12 页。

对于人类的文学家园而言，它的诗的意味必得通过它的外部形状显现出来。而网络文学改变了作家书写的路径与方式，这一改变等同于建筑家园的工程师得到了新的建筑材料，找到了新的建筑工艺。熟悉建筑的人会知道，建材的革新和建筑工艺的变化，带来的最大改变就是建筑物从内容到形式的改变。就像玻璃这种建材及生产玻璃幕墙的工艺的出现，让玻璃建筑物成为人类步入现代的一种典型的标志，这类建筑物开始真正涵纳并显现人类社会的现代性。网络文学对文学语言书写方式和本质的改变，不仅在于改变了文学再现或表现现实生活的工具，更重要的是改变了人类文学家园的外在质感，以及家园所涵纳的居者之存在本质。

网络文学让作家的双手告别了与笔纸生死相依的亲密关系，告别了自己的手书痕迹。作家的双手现在转移到满是英文字母和符号的电脑键盘上，他的头脑、双眼和手直指键盘，以同某种电脑文字输入方法达成关联。也就是说，网络作家的写作是在电脑上的写作，这种写作同语言文字的关系要比传统文学主体写作时复杂得多，在网络作家手指的敲击下直接出现的实际上并不是语言文字本身，而是电脑键盘上对应文字输入法的英文字母，被敲击的英文字母在计算机的运算之下，瞬间变成与语言文字对应的计算机编码，计算机编码再在瞬间经由计算机的计算，生成电脑屏幕上出现的语言文字。在这一多种语言相互转换的过程中，当网络文学作家手指敲下之时，他至少处在英文字母、计算机编码和语言文字三重语言维度之中。

在此，网络作家在第一重意义上是在用英语进行写作。如果一个人不熟悉电脑键盘上的英文字母对应的文字输入法，除非有人代他把文字输入电脑，否则他是不能成为网络文学作家的。网络作家在第二重意义上是在用计算机的编程语言进行写作，但是，网络文学书写关涉的计算机编程语言对于作家而言，虽然在场，但实际上只是作为不经由作家之手的单纯工具而在场，而且是以潜在的他者方式在场，所以它与网络书写有关，但与网络文学作家无关。

对于网络作家而言，在书写中作为他存在的家园而在场的属于他个人的语言意识，决定了他的文学书写所要选择和使用的语言。他可能用汉语写作，也可能用英语写作，他通过对电脑文字输入法的选择和设定来决定创作所要使用的语言种类。他所选用的语言既可以是他文化上的母语，也可以是文化上的外语。只有这种由作家本人选择的语言才会在电脑屏幕上显现出来，成为他的文学语言。

不过，值得人们特别注意的是，在传统文学那里，作家首先看到的文本总是他的手稿。作家手稿的文学意义是什么呢？手稿首先是作家文学创作过程的物化形式，作家落在纸张上的文字会有涂改的痕迹，这些痕迹甚至明显是多次修改所留下的，每一处涂改、每一处重写、每一次笔迹的变化，都将作家在写作过程中的挣扎、吟诵体现出来。一部手稿，本质上乃是作家创作过程的摄影存照，是对作家创作类同于十月怀胎、一朝分娩的痛并快乐着的情形的生动直观的呈现。这方面，像颜真卿的《祭侄文稿》可为代表。正因为如此，在传统文学的世界里，手稿是作家之为作家的历史见证，是文学创作主体作为活生生的、血肉丰满之人介入文学的见证。手稿在的地方，作家就在，而且是一种个性化的、风格化的有血有肉的存在。

其次，传统文学创作主体的手稿充满作家的个人风格，这种风格同作家的个性息息相关，也同作家在创作中的创作个性深切关联，作家书写过程所有切己的痛苦与欢乐，都同时被这些文字的笔画姿态记载、显现出来。这样的传统文学手稿，可以看作一条通往作家之文学风格园林的路径。

在网络文学活动中，当作家用码字的方式进行文学创作时，是没有手稿的，作家打出的每一个字都先行被选定的字体框定。网络文学文本因此总是将个体之人完全排除在外，这些文字甚至不是被公众当下正在使用的公共符号，他们储存于电脑中，本质上乃是被从现实的人的生活中抽取出来的冰冷而抽象的字符。这些文字只在网络文学文本成句、成章，彼此处于上下文语境中时，才有了文学的活力。但这样的文学活力属于文学文本，不属于作家这个独特的存在者。也就是说，网络文学抹掉了文学手稿这一作家个性生命的物化形式，其带来的一个不算好的结果，就是改变了作家在文学活动中的在场方式，在网络文学中，作家之存在被计算机屏幕上的抽象字符抹去了。这一改变，是对作家这个主体对于文学活动而言理当具有的重要性的技术性淡化。

网络文学对传统文学创作主体的改变，还表现在其创作再也不像传统文学创作那样是作家一个人的劳作。今天，网络文学写作的一个特别之处，就在于它往往是作家同计算机程序员和读者一起进行的劳作。没有程序员的工作，就做不到语言文字的数据化，做不到数据与语言文字的双向转换，作家的网络文学创作就无从谈起。作者和读者的共同劳作则表现为网络文学文本的写作很多情况下是作家与读者共同参与的协同式写作。

如果说在纸质文学占据文学场域中心的时代，读者的阅读行为通常发生在文学文本的写作已经完成、文本已经出版之时，那么，网络文学的一个特征就是，一本书从其书写刚开始，就已经出现在读者面前，既成为读者的阅读对象，又成为读者介入文学写作的基础。读者的阅读行为一直陪伴作家的书写，直至全书写完。而在每天的创作中，一方面，作者会主动邀请他的读者对他当天写成的部分提意见，对第二天的写作提出建议；另一方面，网络文学的读者也不仅仅是传统文学时代那种被作家单向操控的沉默的读者，网络文学的读者总是会遵从网络文学世界的规则，主动对作家当天写成的章节发表评论，且对明天的写作进行猜测并提出建议。这让网络文学作家的创作不再是他一个人的独白，他的书写在很大程度上成了与读者共同完成的行为。

在同作者一起写作之际，读者可以从头至尾介入文学的创作过程，让作家不得不虚心听取他的意见；在作家完成的下一部分文字中，读者可以很高兴地看到作家的迎合与屈服。所以，在网络文学时代，过去年代里读者素常怀有的对作家的敬畏和仰慕之情注定会失去，他们不再把文学看作一般人得不到的神圣之物。

网络文学作品的写作由作者和读者共同完成，这对文学的主体产生了什么影响呢？最直接的影响应该是文学的创作主体不再是主宰文学文本的那个全知全能、类似于上帝的存在者，一个站在大众面前引领其前进的文学英雄。网络时代的文学创作主体普遍自觉选择了站在大众的身后，并用邀请读者参与写作的方式，把原本属于他独自专享的创作主体身份之一部分让给了读者。而读者在此刻也不再是单纯的文学接受主体，其因部分地参与到作家的写作过程中，而成了文学创作之次要主体。可以这样说，网络文学活动中的读者是文学之创作主体与接受主体的混合体，在大数据时代，文学已经变成作家与读者共同狂欢的众声喧哗，不再像传统文学那样往往是超越时代的灵魂的独白。

总之，大数据时代，作家在文学文本中的在场被抹去，作家对文学活动而言的重要性被计算机技术淡化。同时，创作和接受两个环节在作品刚刚书写之时就发生对接，导致不再有单纯的文学创作主体和文学接受主体。在这一新的格局中，读者真正得到了左右文学活动的话语权。由于读者总是无名的群体，当他们获得左右文学活动的权力，文学就必然不可能是精英的、贵族的、小众的。在大数据时代，文学不再是作家的信仰，不再是作家自证其伟大价值的神圣事业，而成了大众寻求快感的游乐场。

二

大数据时代所产生的新型文学活动，往往是文学的商业活动，就像今天的网络文学首先是资本逐利的战场，其次才是以文学之名在场的与快感和美感相关的活动。文学的商业化给文学带来的新主体，是文学商品的创意设计者和生产者。这个新主体往往同时是文学的创作主体和文学的接受主体。

网络文学几乎从开始登上历史舞台之时，就不是单纯的文学审美活动，它天生就是资本在文学领域追逐利润最大化的产物。资本按照自己的逻辑，把人类的审美、娱乐需求视为资本可以牟利的市场需求，强势介入到这类需求的满足、生产和再生产中。资本把网络文学文本的写作、文学文本、文学文本的接受环节都刻意作为商品来操控，并且刻意生产文学文本的衍生品。资本对网络文学从整体到细节进行全方位操控，在文学主体方面，网络文学作者既是文学创作主体，又是文学商品的设计者与生产者。网络文学作者通过同资本的携手，从写什么到怎么写，都以资本立场来引领文学创作，他们主动遵循以销定产的市场经济学原则。网络文学作者之所以会在每一天上传写完的部分之时主动与读者对话，邀请读者评论或对次日的写作提出建议，其目的并不是要在怎么写的问题上为文学创作寻找一种新的路径。作家这样做的直接动力是他的网上作品是按章收费的，他的作品最终的稿费、版权费以及作品之衍生产品的知识产权收入都取决于有多少读者点击阅读。为此，作者必须讨取读者的欢心。所以，大数据时代，改变文学创作主体之存在身位的根本力量是资本，资本以它独有的力量向作家证明，作家只有同它形成同盟，才有可能用自己的作品换来可观的经济收入。

资本通常通过契约的方式，让大数据时代的文学作者与之达成共谋。资本在它同作家签订的合同上，会清楚地写明它对作家写什么和怎么写都要进行实际操控，有的合同还会写明作家除了按合同要求写完文学文本之外，还得把该文本的影视改编权，衍生商品的生产、销售权出让给资本方。当文学创作从一开始就是应资本的要求而展开时，作家就再也不是过去那种为了文学这个伟大的事业可以甘于清贫的人。作家在资本的驱使下主动放弃了离世而居的孤芳自赏，放弃了作为人类精神守望者的身位与使命。为了准确地知道大众内心对文学文本的阅读期待，作家费尽心思地揣度文学市场里大众这个"上帝"的内心，其结果只能是，在大众肉身沉沦之处，作家一定要比大众更先沉沦，更深重地沉沦；在大众欲望燃烧之时，作家一定要先于大众点燃这种情感，一定要比大众更狂热，更偏执。此时，作家不再是群氓暴走之际的清醒剂，而成了大众狂欢的煽情物。作家煽大众之情而获得成功之际，也是作家获得丰厚利润之时。

总之，资本在大数据时代大举进入文学领域，让那些归顺资本力量的文学创作主体不再是单纯为了文学本身而活的人，文学作者以"资本－文学"这一复合结构作为自己新的存在之地基，而现身为一种复合型主体。文学自审美自觉以来所获得的独立性、神圣性均荡然无存，作家神圣的时代成为后现代社会中人们心中久远的历史记忆，文学没有回到政治和道德的怀抱，成为依附于政治、道德的工具存在，但文学在大数据时代又的确有了自己新的主人，这个新的主人就是"资本"。资本改变了作家对文学文本的传统看法。在大数据时代，作家不再把自己的创作成果视为无法用金钱衡量的精神产品，而看作首先应给予金钱计价的商品。资本通过自己的运作生产出了作家对资本的信任，作家相信在这个文学商品化的时代，只要按照资本的意志去写作，就可以获得传统文学从来不可能给他带来的巨额收入。所以，作家自觉依现代社会的契约民主精神，把自己过去的神圣座椅捣毁，将自己的文学写作自觉奉献给资本的意志。

三

大数据时代为文艺带来的最具革命性的主体还不是上述那些主体。大数据时代，人工智能技术大踏步前进，围棋软件 AlphaGo 与人类顶尖棋手对弈，取得碾压般的胜利，这在人类史上标志着人工智能机器的综合智力从此远胜人类。

人工智能技术在当前的另一个野心是试图超越人的审美创造能力，科学家为此已经生产出了可以登台演出的弹奏钢琴的机器人，可以唱歌和跳舞的机器，可以写诗的软件"小冰"。尽管软件工程师对他们在这方面取得的成果颇为自豪，如"小冰"的设计师沈向洋博士甚至直接将"小冰"这款软件定义为诗歌创作主体，强调只要有人给它一张图，它就会立刻进入创作的灵感状态中，但是，人工智能在写诗方面的进步显然还远远达不到围棋软件的高度。人类已经在 AlphaGo 面前低下了自己高贵的头颅，但在"小冰"这类试图成为文艺创作领域的软件面前，则如同成年人看小孩，眼光里既有对"小冰"未来成长的期许，又有成年人身位上的高傲。

对于大数据时代的文学而言，软件"小冰"的出现当然算得上是一个值得给予关注的事件。事实上，在"小冰"的软件工程师的言述里，甚至在某些媒体文章中，"小冰"已经是一个作品甚多的诗人。由于"小冰"跻身于诗人之列，大数据时代的诗人队伍就成了人类诗史从未有过的一道奇特的景观：在数不尽的人类诗人队列中，有一个身体用二极管和电子线路焊接而成的非人的诗人，它就是"小冰"。

"小冰"写诗，真实地改变了诗歌接受主体对诗歌作品的认知，也改变了诗歌主体存在的本质和方式。

从表象上看，"小冰"诗作的接受主体和诗歌作品的关系好像类似于传统的关系，同样是读者为了阅读而打开诗歌文本。然而，这种关系在"小冰"

事件里，其实已经完全与传统相脱离。因为，传统的诗歌接受中，主体打开的文本是一个用署名方式在场的诗人用生命写出的东西，接受主体与之对话的媒介是诗人个性化的言语，诗言所书写的内容与诗人的人生哀乐息息相关。尽管诗歌文本本身是自足的存在者，读者不能把诗作完全等同于诗人自身，但是，读者所阅读的李杜诗篇，里面确实有李白、杜甫的生命气息扑面而来。也就是说，在传统的诗歌阅读中，诗作表现的是一个活生生的人的生命，诗歌阅读所实现的是诗人和读者两种文学主体之间的情感、精神、灵魂的交往。

而软件"小冰"的诗作与活生生的诗人无关，"小冰"是诗作名义上的作者，但它不是活生生的人。作为一款软件，它的身体由电子管、线路和金属板块构成，这些东西与人的皮肤、骨骼全不相干。"小冰"作为一个电子机器，驱动它做事的动力是电力，它运作的主要原理是可供计算机高速运算的数学模型和各种有关的数据。这意味着如果没有人为它设定运作任务，向它下达运作指令，"小冰"就不会写诗。人类之诗人通常是因为人生之哀乐而有写诗的激情和冲动，其创作诗歌是主动选择的行为，而这一切是不可能发生在软件"小冰"身上的。所以，人们今天说"小冰"写诗，这一说法是不对的，因为软件"小冰"的行为本质上是一台人工智能机器在制作诗。机器的制作同人的创作的不同之处在于，机器的制作类似于动物的生产，一款软件一旦被人设计出来，它就只会一直按照人的设计去生产，其生产的本质和属性类似于马克思所说的动物的生产。按马克思的说法，动物只是按照自己所属的物种尺度进行生产，其生产的技能来自遗传，因此动物的生产是不自由的。与动物的生产不同，人除了可以按一切人类之外的物种的尺度进行生产，还自觉按照自身的内在尺度进行生产。当人把两方面的尺度综合运于生产中时，人的生产就是在按美的规律在建造。马克思因此特别指出，人的生产是自由的、审美的劳作。"小冰"的诗歌文本在本质上是人工智能机器用其不自由的生产方式生产出来的一件产品，其本质和工厂生产出的一颗螺丝钉没有什么不同。软件"小冰"的诗歌文本的这一"制作"本质，决定了其读者即使自觉阅读的是诗作，读者的阅读也不可能是人类之作者与读者之间情感、精神与灵魂的对话。由于写诗软件是把写诗所需要用到的诗歌主题、意境和词语从前人的诗歌文本中抽取出来用计算机语言编码之后建成数据库，其诗作的内容和形式即取材于这些数据库中的数据，因此，读者在软件"小冰"制作出的诗作，只有可能是在同一种非人的诗学打交道。这种诗学的特出之处在于，它只使用那些从人类实际诗歌生活中抽离出来的抽象的、普遍的诗歌形式、诗歌知识、诗歌范畴和诗歌语句。这种诗学所用到的一切都是从人类历史的、现实的社会语境中抽离出来的概念化之物，因此，其所书写出来的诗作既不是具体历史语境中的人类公共话语，也不是具体历史语境中个体之人咏叹一己人生哀乐的私语。

从另一个角度讲，软件"小冰"的诗作如果给读者的感觉是活生生的人咏叹生活的言语，他的感觉也不是由真实的事实产生出来的。毕竟软件能对人的智能作精巧模仿，在某些情况下，是可以用普遍意义上的能指符号构建出具有真实感的诗歌上下文语境的。然而，人工智能对人的拟态仿真无论给人的感觉多么真实，也只是一种仿真。"小冰"的诗作当然只能是对人类迄今为止所有诗学成果的仿真，至少在目前，人工智能软件尚无法做到对现实中人的情感、精神和灵魂的生活进行仿真。所以，"小冰"诗作的读者是一种语言仿真物的接受主体，他们在诗作中感受到的一切都出乎历史之外，这决定了他们与其说是居于审美的时空里，还不如是玩耍于空洞之能指和所指自由搭配而产生意义的语言游戏中。他们是人工智能软件生产出来的产品的游戏主体，而不是文艺审美主体。

现在，软件"小冰"可以被下载到手机上作为一款文学游戏，于是人们就出现了用"小冰"制作诗的冲动，"小冰"写什么主题，诗言营造什么意境等，都来自手机用户的意愿和决定，也就是说，诗歌文本制作活动在本质上是游戏活动，制作诗歌文本的主体无论是手机用户，还是软件"小冰"，都首先是制作诗文的游戏的主体，而不是像传统诗人那样是诗歌的审美创作主体。

综上所述，大数据时代带来了文学活动主体的一系列变化，这些变化是传统的文艺学理论未曾遭遇的，传统的文学理论在今天面对这些变化亦显得无能为力，这意味着文学在实践领域的变化已经走在了理论的前面，迫使文学理论自身必须在阐释大数据时代的新变化以及这些变化所带来的新问题之时，完成自己的历史蜕变。

作者简介：

刘可，四川大学文学与新闻学院博士研究生，四川师范大学影视与传媒学院教师。

从"不可译"到变异学

李安斌　盛国诚

摘　要：阿普特的《反世界文学：不可译原则》围绕认识到差异性及其衍生的"不可译"的重要性，展开了针对"共同性"宗旨的质疑与批判，特别是对亚洲现代性问题的思考引起了在当下如何对待以及进行差异研究的思考。随后，布尔迪厄构想的"翻译区"试图创造一个中立的空间来安置差异性，但他忽视了话语报道过程中的一些问题，"不可译"最终在阿普特身上走向低谷。这一切揭示了各界对文化多元主义的不信任来源正是差异研究的失范，无怪乎试图泯灭价值来断绝资本同质化扩张的阿普特感到力不从心。然而，历史叙事的文本性启发了对曹顺庆的变异学的引入，即认识到差异的恒存和变异的必然，以历史动态的眼光看待差异和研究变异，完成对"求同"的立场颠覆，这将为饱受攻击的文化多元主义带来新的希望。

关键词：不可译　差异　文化多元主义　变异学

一、从亚洲现代性谈起

2013年，纽约大学法语和比较文学教授艾米莉·阿普特（Emily Apter）在维索①出版了《反世界文学：不可译原则》②（以下简称《反世界文学》）。致力于建立一个"不可译"的世界体系的阿普特，在这本书中用整整一个章节梳理了基于"欧洲年代学"内核引发的外显的"亚洲现代性"问题，配合她在前面章节提及的企业家精神在"大帐篷"世界主义包拢下的妄为，阿普特用行动表明她拒绝认

---

① "维索"由原称"Verso"音译而来，是一家左派书籍出版社，在纽约和伦敦均设有分部。
② 译自英文原著名：*Against World Literature：On the Politics of Untranslatability*。

同每一句话都是普遍可及的假设，她借鉴翻译哲学和《词典》① 赋予"不可译"实质的方式，发展了一种新的世界文学方法，即"认识到不翻译、误译、不可比和不可译的重要性"②。

不得不承认，亚洲现代性中的多重帝国主义性已经留存下了难以濯洗干净的痕迹，也即是说在今天的亚洲，谈论现代性已经意味着两个大的基本共识，一是对"格林尼治标准时间"的不自觉校对，二是对亚洲内部"先驱"民族力量的自觉靠拢，这当然在很大程度上指向日本，只不过后继的韩国和中国也同样具备这些"消化"之后能够对外辐射的影响力，尤其是对于试图完成对马克思"世界文学"理论体系建构的比较文学中国学派而言，更渴望一种新的突破或曰解放。那么，对于亚洲内部，东与西的含混，新与旧的较量便共同构成了一种人人自危的相互警惕局面，亚洲内部的差异同欧亚之间的差异相混杂，这使学界很难尝试剥离政策来还原一个略显庸俗的平等、民主、巨细无漏的民族和文化地图，也因此唯有诉诸共同性来试图维系现状和尝试修缮，在这种普遍思维下，世界主义成为一种刚性需求，难怪招致了阿普特的大举批判。

而对于比较文学界而言，差异性衍生的民族文学竞争在 1958 年教堂山会议时似乎变了味道，韦勒克等人针对法国学派使"比较文学成为文化功劳簿这样一种奇怪现象"③ 的批评倒更类似于新旧两个权力中心的相互掣肘，而不是备受期盼的边际话语的解放，这就如查尔斯·泰勒（Charles Taylor）所谓："争取解放的时候，我们以为自己在逃避旧的权力模式，事实上我们生活在新的权力模式之下。"④ 值得欣慰的是，《朝鲜停战协议》签订后东北亚地缘格局的稳定为这种令亚洲现代性问题窒息的岁月撬开了一丝气孔，尤其是中国的改革崛起让阿普特感叹道："这种非正统的现代主义并没有像二战结束时欧美的现代主义那样衰落，而是在邓小平 1978 年改革后继续发展，成为一个总括性的术语，表明对民主、前卫概念主义、人文主义、结构主义、全球意

---

① 这里指 Barbara Cassin 的 *Vocabulaire européen des philosophies*：*Dictionnaire des intraduisibles* (2004)，笔者将其译作《欧洲哲学词汇：不可译词典》。

② Emily Apter, *Against World Literature*：*On the Politics of Untranslatability*，London/New York：Verso, 2013, p. 4.

③ 韦勒克：《比较文学的危机》，干永昌等编选，《比较文学研究译文集》，译文出版社，1985年，第 129 页。

④ Charles Taylor, "Foucault on Freedom and Power", Michel Foucault, *Critical Assessments*. London：Routledge, 1995, p. 334.

象主义等的渴望。"① 这段感言更像是一句讽刺，阿普特道出了亚洲以非"他者"形象进入现代性讨论圈子的诉求似乎更近于政治、经济、军事强大带来的底气馈赠，进入现代性圈子的"民主"需求反向成为异质文明类型的博弈点。那么，这是否暗示了在亚洲现代性问题上，尽管一些亚洲国家由于体量和实力的扩大获得了展现和传播自身异质性的一面，但本质上仍是试图靠拢和弥合一个以共同性为宗旨的世界主义，只需这项秩序对日渐强大的自身有利可图。这并非笔者的臆测，达姆罗什（David Damrosh）在接受《渐近线》②的一次深度采访中谈道："从某种程度上来说，对世界文学的关注是一种典型的关注，并且本质上是一种不平等的体系，在这种体系中，某些国家、某些文化和某些中心具有优势。"③ 尽管这很含蓄，但依然表明达姆罗什承认了现今正在进行的世界文学工作是不尽理想的不平等权力关系体系，只不过在他看来这种不平等关系是无可厚非的，因为"如果你只是想消除这种不平等，那只是痴心妄想"④。也即是说，差异性在中心与边缘的运动中必然会转移为扁平化列举的补偿行为，而这种列举究竟在何种程度上具有对多元文化的兜底性无疑有待商榷。达姆罗什显然把对边缘的拾捡视为个人品德的衍生行为，他认为从某些传播模式入手，把一些在国外很少流传的各种作品都纳入世界文学这个论述中便是功德圆满了，至少在笔者看来，这是敷衍的和难以接受的。

相较于达姆罗什和宣扬"一种同质的、资本化的世界文学的普遍形式"⑤理想的莫雷蒂，阿普特更清晰地意识到文学史问题与政治问题存在一种外显的平行关系，这是考虑到经济驱动的无差别性和全面性而持肯定态度的。在她对患有"贪食症"的企业家精神表达担忧时就已然极为坚定地陈诉了以共同性为旗帜的"大帐篷"世界主义的生命动力来源正是一套借助资本力量的运作计划。也因此说，文学史问题和政治问题的并发只是资本主义树状图里的两把临近的根须罢了，如果说它们之间存在什么实质性联系的话，那只能往上看，回溯到资本主义的主干上，那里有马克思、卢卡契、葛兰西等人留

① Emily Apter, *Against World Literature：On the Politics of Untranslatability*. London/New York：Verso，2013，p. 59.

② 这里指美国互联网文学杂志"*Asymptote*"，"渐近线"一称由笔者翻译得来。

③ Dylan Suher, An interview with David Damrosch, https://www.asymptotejournal.com/interview/an-interview-with-david-damrosch/#.

④ Dylan Suher, An interview with David Damrosch, https://www.asymptotejournal.com/interview/an-interview-with-david-damrosch/#.

⑤ Franco Moretti, *Graphs，Maps，Trees：Abstract Models for a Literary History*. London/New York：Verso，2005，p. 92.

下的醒言，于是问题终究回到了"主体性"的思考。但阿普特更进了一步，她不再谈论那些警告社会公众避免物化的陈调，而是从"不可译"出发，去强调差异性，从而扩大主体的选票数量和受益人群范围，甚至对于这项民主权利内部的权重划分提出质疑。于是很多时候，对阿普特了解得愈深入，一种"民粹"的形象感知就愈显浓重，正如一些基于维护马克思"世界文学"理想的中国学者所鄙夷的那样。但这样的学术矛盾是缺乏对抗基础的，犹如中国学派与美国学派的划分是基于各自对世界文学体系描绘建构的分歧，而并非，或者谨慎一点来说，并不完全是对中美两国文化话语权斗争状况的描述和反映。在旁观者的视角看来，这是界线划分得太过截断而导致的一种不得不去"讨厌"的行为，对异质性介入的忌惮促成了这些矛盾的滋生，也耦合了阿普特所描绘的不平等的世界主义大环境和它可能带来的种种麻烦。应当说，这样的不理想环境加剧了边缘与中心的对立，以及同层次竞争力量对彼此的提防心理（包括各学院阵地和学术派系的根据地心理），阿普特担忧的民族品牌的竞相树立热潮实则是出于避免沦为文化产品流水线的廉价品而挣扎，即便少有人会因此联想到《反世界文学》，但他们行迹的影子都反映出了共同的心理敏感点——多民族的文化创造被资本买断为同质的商品形式便意味着民族文化的差异性会被裹挟为简单粗暴的商品简介而窒息死亡，尽管他们又时刻希望得到资本的助力来提升自身文化属性的差异性和独特性并以此提高生存到最后的概率，来自中国的一个古老成语对这种情形有精彩的描绘：投鼠忌器。

二、"翻译区"的困境与"不可译"的低谷

阿普特对亚洲现代性问题的思考启迪我们发出一种疑问，在资本力量以外的区域是否能有一种极为接近哈贝马斯所畅想的"理想沟通情境"呢？致力于语言国际化的皮埃尔·布尔迪厄（Pierre Bourdieu）为阿普特的"不可译"工作刻蚀了同源印记，在他的工作中，差异性显然不是一个烫手的麻烦，而是作为一种对旧系统理论无法圆满其自足性而陷入危殆的除颤器来被接纳入话语系统的。作为一种新的尝试，阿普特在《反世界文学》中着力介绍了布尔迪厄的"翻译区"构想。首先需要明确的是，布尔迪厄承认他认识到了语言名称的力量正如一个无可争议的同源词一般，就像卡辛在《词典》中所小心翼翼处理的那样，于是他表示："我们希望耐心而持续地帮助他们走出国

家宇宙的局限，创造一种与文化有着太多相同之处的文化习惯用语。"① 布尔迪厄期望与他的支持者勠力而为，将语言转移至一个中立区域，使之能够在"国家宇宙之外"的空间中印刷知识和进行媒体的传播，而阿普特所谓"不可译"的文学、文化、思想无疑是构建这一公共区域的重要单元。

尽管布尔迪厄的"翻译区"顺应了阿普特"不可译"概念所牵绊的边界问题并纳入了去标签化和去周期性的成果相辅，但他所声称的那种公共媒体空间内部仍面临报道话语的难题而使之难以正常运转。根据沃罗辛诺夫和巴赫金的报道所使用的言语是一种"话语对话语的反应"，并且反映了积极接受其他说话者言语的持续和基本趋势，那么这些持续性的引起访问者关注的反应趋势无疑在对话的进行时最为明显，厘清这一点就会发现，布尔迪厄的"翻译区"里的对话终究只是一种基本言语互动的纯粹外显形式，这并不能解决在多元同时交流的语境中言语接受的架构里多民族语言或混语言描述的"不可译"问题，其必然导致的结果便是需要投入或者自行建立一种"元语言"（正如他语言国际化的愿景一般），因此沃罗辛诺夫的提醒就暴露了"翻译区"内部言语逻辑秩序自足性和合法性的欠缺，文明类型的差异性和话语蕴藉属性在不同元语言中表现出的异质性最终如何区义和传播接受都将是棘手的，这是由于"对对话压力的富有成效的研究提出了对报道言语中使用的形式的更深入的研究，因为这些形式反映了积极接受其他说话者的言语的基本和持续的趋势，而且这种接受毕竟也是对话的基础"②。这里，沃罗辛诺夫的思考为我们诠释了语言使用问题的分析在根源上是关于解释一个人的话语被接受及转义操纵的机制是怎样的，以及这种机制运作下的话语者究竟遭遇了怎样的具体对待。这样的话，是否可以说，在"翻译区"里即便我们剪除了民族和国家概念的铁丝网，福柯的"知识/权力"构型也依然奏效，布尔迪厄的去政治化努力终究还是破灭了，我们试图驯化差异的尝试也不过是一厢情愿罢了。

实际上，阿普特本人也从未给出一种行之有效的方法论指导来解决类似布尔迪厄遭遇的困境，她始终强调"不可译"是一种"认识"而非实践指导，或者称之为一种美好的愿景。而在《反世界文学》一书的最后一章，阿普特昂扬的斗志与清晰的逻辑陷入危机，她对世界的思考溺入了一种异于传统的

---

① Pierre Bourdieu, "Declaration of Intent", Liber, in Thierry Discepolo, ed., *Political Interventions: Social Science and Political Action*, David Fernbach, trans., London/New York: Verso, 2008, p. 233.

② V. N. Voloshinov, *Marxism and the Philosophy of Language*. Ladislav Matejka and I. R. Titunik, trans., New York: Seminar Press, 1973, pp. 116—117.

悲观渊域，她直言自己"通过从哲学、神学和政治上强调世界是什么，试图让世界文学远离它的舒适区——它随时促进对差异的认同，并奇怪地冷漠对待'世界'和贫血的星球政治"①。这种怀疑世界的神秘主义情绪的蔓延并非阿普特的个人坠落所致，在笔者看来，恰恰是阿普特广泛的哲学文献阅读与跨学科全域性思考使她渐渐滑向弗雷德里克·詹姆森（Fredric Jameson）的反乌托邦理论体系。阿普特大量枚举了包括彼得·斯劳特戴克（Peter Sloterdijk）"球体扩张的斗争"和他"心理宇宙学"（psycho-cosmologically）中的"恒星寒冷"（cosmic frost）、"太空无壳"（stellar coldness）、"穹顶粉碎"（shellessness in space）以及尼采的虚无主义和利奥塔的"太阳灾变说"（solar catastrophism）等一系列具有内在丧失感的理论和专有名词来表达她对世界和宇宙自闭性造就的压抑感的不适。这些心理伤痕能让我们觉得剥离了文学理论家身份特质的阿普特在内心深处将哲学意义上的思想灭绝和宗教神学中基督末世论相联系，这实际上是由"不可译"概念裹挟而至的一种必然的负面阴郁，也恰恰证明了完美主义或理想主义的兑现困难，最终在阿普特身上凝结为弗洛伊德所描述的"忧郁症"。

三、对多元文化主义的不信任：差异研究的失范

如果说"不可译"走向低谷是一种必然，布尔迪厄的理想难以兑现也是冷冰冰的现实，那么"差异"研究所出现问题的思想根源究竟来源于哪里呢？在笔者看来，由于我们缺少对"差异"这个名词动态的、历史的存在形式的全面认知，单一化、形式化地进行差异样本的捕获与研究是以往学术活动普遍默认的，为了使这些样本被重视、被丰富化、被内涵化，泛文化以及去亲昵政治也就成了重口味的香料而被加进去揣揉，这样的故事在结构主义大行其道之前已经上演过一次，但眼下却到了不得不解决的时候了。

几十年来，包括阿普特在内，不断有学者强调欧洲的"格林尼治标准时间"或者欧洲的思维模式为亚洲带来了难以自我反省和回归本源的难题（且不论回到近代之前对于亚洲是否现实）。必须承认，这些观点听上去极具吸引力，并且符合一个多极并立的世界政治格局趋势的形成需求，但却是缺乏责任意识的，这是因为类似这样的观点在出发点上便是质疑异质性介入和跨文化交流的合理性，理由则是过去几百年间的世界历史叙事告诉了我们一个显

---

① Emily Apter, *Against World Literature：On the Politics of Untranslatability*. London/New York：Verso，2013，p. 335.

而易见的事实，即文明发展模式抑或是发展阶段的区别会给相对弱势的文明类型带来倒灌之灾，并由此引发后殖民主义所批判的那种文化殖民主义的深远影响。那么，拒绝异质性、拒绝接受便一定是毫无问题的吗？

不难看出，"差异"研究在学术研究范式中被不自觉地改为强势与弱势的批判理论，受害者理论阴云下我们很难做出无利害相关考虑的判断，而一直被广泛怀疑和讽刺的多元文化主义更是面临着民族政治情绪的不配合，也无怪乎阿普特担忧道："我对世界文学中倾向于对文化对等和替代性的反身认可，或倾向于庆祝国家和民族品牌的'差异'持有严重的保留意见，这些'差异'已经被利基市场营销为商业化的'身份'。"① 阿普特寻求一种剥离经济强制性的，在民族、国家概念之外的差异性认知，而非仅仅满足于形式大过意义地"雇佣一名年轻的非洲裔美国人、一名年轻的亚洲裔美国人和一名拉丁美洲学者（同时哀叹没有足够的美洲印第安人四处走动），然后默默地看着这些教师在没有资深导师的情况下挣扎"②。

除了对某些多元文化主义者假意重视差异性而粉饰的讽刺，对"变异"的排斥也在阿普特论述欧洲的分类传统时有所暗示，例如她所提到的受到中国文化熏陶而被称为"法国的中国诗人"的维克多·谢阁兰拒绝研究中国佛教雕塑，因为他一口咬定他所眼见的"不是真正的中国人，而是从印度进口的'外国人'"③。谢阁兰对清末民初时期中国的考察已然昭显了他所定义的中国似乎必须是从几千年前开始就一潭死水的那个东方国度，即便历史的进程使它有了异质性的介入，如游牧民族的文化融合、外来宗教的本土化、西方海洋文明的冲击等，但在"中国"的标签下，这些传承中被改貌了的都需要被剔除和不予承认，这是欧洲外传和亚洲内构的中国标签，中国没有被获准拥有"主体"身份，而始终被视为一个没有生命活动也不该有活动变化的"他者"。这便是阿普特所引用的阿普杜拉伊的"欧洲年代学"问题的延伸，抱有实力主义幻想的民族依靠实力提升得到话语权比重并以此来进入"上流圈子"的做法实则与为虎作伥别无二致，这是否暗示着亚洲以及其他被现代性规则标识为边缘的地区需要寻求一种新的解放，并且还要从庸俗化的多元、平等语境的温水中勇敢脱离上岸。当然，这也意味着我们对文化多元主义的认知早已走向充满斗争与分裂的歧途。

---

① Emily Apter, *Against World Literature*: *on the Politics of Untranslatability*. London/New York: Verso, 2013, p. 2.

② Timothy B. Powell, "All Colors Flow into Rainbows and Nooses: The Struggle to Define Academic", *Cultural Critique*, 2003, No. 55, p. 174.

③ Victor Segalen, *Art in China*. New York: Oxford University Press, 1997, pp. 10—12.

继续顺着阿普特提供的思路来看，在文学和政治都焦头烂额之后被推出的"不可译"概念也并非拼合文学史问题与政治危机的同源思考方案，她在《反世界文学》中所做的努力意图告诉公众和她的同行们，庸俗化的"共同性"教旨下我们对差异性的处理显然是欠缺的，这既是指对差异性的认识极为欠缺，同时也倒映出差异性在涉及文明独立性和民族自尊心时总会被放大而招致批判从而矫枉过正。无论我们对"跨文化"作怎样清晰缜密的理论阐释，现实实践的繁难总会回敬我们"纸上谈兵"的帽子，过去几十年间"建构文学史"的字眼每每出现都会引起大争论的状况已然足够证明这一点。理论如果过于浮空而缺乏可实践性便无异于理想鼓吹，而利用在这种追寻理想的普遍心理去构建秩序，这就是阿普特所担忧的那个权力中心，尽管很多人拒绝承认它的存在。

如今，即便我们不再去争论权力中心的存在与否，我们都无法回避"哥白尼式革命"之后的时代，主体性与人被统一起来，对象性活动创造出了真正属于人的对象世界，但今天当我们惯性地去谈论与世界文学相羁绊的平等权与民主化，在面对浩繁的民族之林里文化智力的成果时，很难做到价值意义上的完全同一而视，这既是由于资本驱动力裹挟下的不容商榷，更暴露了我们在内心生存层面的考量上价值理性与工具理性相互指责的窘境。不完全正确地说，一种客观性的认识在今天的局面里显得既不现实亦无意义，这是由于考虑到我们身处一个认识对象被资本普遍塑型和注入价值的时代，民族品牌和政治正确结伴而行，于是很多情况下我们不得不为之让道，为之改变。正因为如此，比起一些新马克思主义者所关切的怎样消除"物化"去拯救人的主体性，阿普特或许是在寻求如何像黑格尔那样通过泯灭价值的认知过程彻底割断她所描述的"大帐篷"世界主义的输血管道。这并非要开历史的倒车，而是昏暗形势下一种貌似激进的"刹车"，或可称之为提醒与遏制的手段。笔者也一直坚信阿普特并非一个民粹化的价值理性狂热者，出于对世界主义的风险洞察，她接力卡辛的"不可译"工作，在世界文学研究如火如荼之际举起抗议的中止旗，这才引发各界对她政治站台的怀疑从而引起了不必要的立场分析批判。

四、来自变异学的希望

如同"齐泽克嘲笑多元文化主义是'后现代后政治'的一种形式，并指责其倡导者侵蚀了'普世主义'"①，无论阿普特还是她的反对者，在本质上都是在围绕差异性的首要程度和差异性究竟在多大程度上作为一种纯粹的存在形式而论争不休。那么，我们如果像海登·怀特那样意识到历史叙事的文学性本质，就可以来揭示殖民影响抑或是反殖民影响的叙事性本质（但这并不代表笔者完全赞同怀特的策略），这样，亚洲现代性问题和与之类似的作为帝国之后的多元文化主义实践的英联邦就会显露出它们都是作为一种对象性活动的价值判断而非纯粹差异性观察的无立场记录，于是围绕着差异性和异质性的文学与文化现象也就可以采用比较诗学的方式进行解读了，这很容易使我们联想到变异学的范畴。

经历了围绕文化多元主义长久论战的时代，比较文学中国学派代表学者曹顺庆教授在跨文明比较文学研究中提出了"变异学"概念，立足于跨越性和文学性两个支点，基本解决了比较文学的学科新危机（这里指可比性问题）。并且需要强调的是，"中国比较文学从诞生之日起就带着跨越东西方异质文化差异的胎记。中国比较文学学者所持的'比较'心态……是一种特别的、'求新声于异邦'的文化自救心态"②。这种心态显然不同于一些认为只有"挣脱了近代以来第三世界精英建立自己知识新传统的一些思维定势"③，才能完成对亚洲主体性的重新发掘臆想。因此说，曹顺庆极为清晰地表明了他对文明发展过程动态性和稳定性、接受性和影响性统一的基本观念，这无疑是传统亚洲思维的一次突破，毕竟"当前理论和实践中多元文化主义的概念化受到去殖民化的制约"④，变异学成功地使我们不再对殖民与反殖民念念不忘而贻误前行之机。

事实上，变异学还有助于启发我们理解"多元文化主义在理论和实践中所谓的'孤立'是有问题的"⑤这一观点，毕竟文明形态在发展过程中是不可能断绝异质性的介入与自身文明内核丰富化的，即便有，那也属于已经死亡的文明，这一认知有助于瓦解民族心态的铁丝网，对文化多元主义在今后工作中的推广将具有极大的鼓舞作用。曹顺庆很清楚，"本土文学的民族性并没有在文学变异过程中彻底流失，而是在与他国文学进行对话与交融的过程中

---

① Timothy B. Powell，"All Colors Flow into Rainbows and Nooses：The Struggle to Define Academic"，*Cultural Critique*，2003，No. 55，p. 154.

② 曹顺庆、李泉：《比较文学变异学学科理论体系的新建构》，《思想战线》，2016 年第 4 期。

③ 孙歌：《遭遇他者的意义》，参见《天涯》，天涯出版社，2019 年，第 108 页。

④ Katherine Smits，*Multiculturalism in the British Commonwealth*．Berkeley：University of California Press，2019，p. 229.

⑤ Katherine Smits，*Multiculturalism in the British Commonwealth*．Berkeley：University of California Press，2019，p. 230.

以变异的形式形成了新的文学话语血液，并因此取得了崭新的发展"①。正是这种主动承认和接受异质性介入对于文明发展的必然性和必要性，变异学才真正成为我们面对如今多元文化主义困境的一丝希望，因为"变异学消解了'求同'的一元化中心视野，将尊重多元化的'差异性'作为研究基点，以跨文明文学研究为研究目标，以理解差异和探寻变异为主要方法论"②。这是变异学对"不可译"的收拢与超越。

此外，"文化"一词的滥用不仅带给多元文化主义语境混杂的尴尬局面，同时也为比较文学研究的可比性带来了挑战，在这种局面下，变异学对从差异到变异的观照以外又取得了一些新的进展。曹顺庆修改了先前"跨文化"一词的使用，他解释称："尽管我一再倡导'跨异质文化'，特别突出'异质'二字，但仍有不少误解和混淆。许多人似乎也赞成和倡导'跨文化'比较文学研究，但是他们讲的'跨文化'与我倡导的'跨异质文化'，其含义是不一样的。因此，在这里我特地将'跨异质文化'改为'跨文明'，以便让学界同仁真正理解我的用意。"③的确，与其说异质性文化，倒不如说文明属性中的异质在历史质料的糅杂过程中必然会同与之异质的文明软接触和硬碰撞，既作为放送者试图抵消和反压来自竞争文明的异质摄入，又以接受者的身份进行国别或文明形象的描绘和传播，同时也不断受到渗透作用的量变累计，对这些时间跨度长远、过程复杂、形式多样的文明变异过程的观察是应当疏离价值理性考虑的，一个纯粹的叙事旁观者能够排除民族情绪的语境影响，匡正心态无疑更有益于我们爬梳和阐释"作为文学制品的历史文本"④。

作为一个转捩点，变异学不仅观照了文学学科内部在差异研究的失范并予以矫正，还为涉及多个视域、多个学科、多项领域的文化多元主义带来新生。回顾自由主义和殖民主义后遗症的相互交织，多重文化和政治背景的叠加与相互渗透已经清楚地昭示了试图还原一个以"独立性"为基本法则的世界是绝无可行性的，即便在纯意识领域，这也是无法做到的，犹如我们对"熵"的认识一般，即便在特定历史时期和特殊情境之中我们能够最大限度降低差异性的可见度和首要度以维持"同一性"的短暂统治，但在漫长的时间流域中，这一切便如浮萍一般毫无抵抗能力和留恋价值，因接触必然会发生，而接触的过程与结局则是难以预料的。承认了差异及变异的恒存与易变，历

---

① 曹顺庆、李泉：《比较文学变异学学科理论体系的新建构》，《思想战线》，2016 年第 4 期。

② 曹顺庆、李泉：《比较文学变异学学科理论体系的新建构》，《思想战线》，2016 年第 4 期。

③ 曹顺庆：《跨文明比较文学研究——比较文学学科理论的转折与建构》，《中国比较文学》，2003 年第 1 期。

④ 这里指海登·怀特的同名论文。

史的必然论便难以占据广阔话语市场，这也能够激励我们在进行历史的叙事分析时驱逐心中的幽灵，完成对历史的祛魅，从主题的编排洄游到母题的孕育之初，以此爬梳变异的过程。

如今我们终于可以重新回顾前文提及的亚洲现代性问题，以东、西方这两个大的文明形态的差异性和异质性作为研究起点，以一种差异的必然论完成对可比性的自证，不再深陷蒂莫西·鲍威尔所抱怨的那种泛文化多元主张面临的各界攻击的泥潭。尽管这绝不是三言两语便能圆满解决的，仍有浩繁的工作需要完善，但应当说在今天，面对自由民主政治里难缠的悖论，即尊重有色人种和尊重种族主义者的僵局，在变异学思维下的我们可以不再因为拥有共同性而去走向共和政治，而是因为我们存在差异，并且因彼此的差异而各自变异，所以才要走上共和政治的道路。

作者简介：

李安斌，海南大学人文传播学院副教授。

盛国诚，海南大学人文传播学院硕士研究生。

勋伯格在中国的影响与接受

——青主与勋伯格音乐美学思想的跨时空交锋

刘　念

摘　要：青主①被誉为"中国近现代音乐美学家第一人"，其主要的音乐思想体现在《乐话》和《音乐通论》两部杰出的音乐美学论著中。他关于"音乐是上界的语言""音乐无国界""音乐的独立价值""向西方乞灵"等思想，曾在中国音乐美学界引发轩然大波，正是支持者与批判者针锋相对的唇枪舌剑，为中国音乐界辩出了一条崭新的美学道路，为中国近代新音乐的发展做出了杰出贡献。青主在留学德国期间正是表现主义兴盛之时，他深受表现主义的影响，其音乐思想具有明显的表现主义特征。青主"亡命乐坛"的短暂履历，发生在中国政治动荡、思想闭塞的 20 世纪初，"表现主义"对于国内学者来讲还属于闻所未闻的"异类品"。所以，对青主音乐思想的抨击反映出国人对外来文化在接受心理上存在的陌生恐惧，以及传统思维惯性导致的自我束缚。国人对新事物、新观念、新思想的排斥，本质上反映出对异质文化的接受和认同问题。本文主要通过梳理表现主义音乐大师勋伯格②对青主的实证性影响，探讨青主音乐思想上的表现主义实质以及与勋伯格音乐思想的相似性和差异性，并进一步厘清在跨异质文化视域下，青主创作观念与实践的矛盾性以及接受中的变异现象。

关键词：实证性影响研究　音乐美学思想　接受中的变异

---

① 青主原名廖尚果（1893—1959），清惠州府城（今惠州城区桥西）人，曾使用黎青主、黎青、青主等笔名；小学毕业于广东黄埔陆军小学，1912 年赴德国留学，入柏林大学攻读法学，兼学钢琴和作曲理论，1920 年获柏林大学法学博士学位，1922 年回国任北京政府大理院推事，从此开启了他在国内的政治、艺术生涯。

② 阿诺尔德·勋伯格（Arnold Schoenberg，1874—1951），美籍奥地利作曲家、音乐教育家和音乐理论家，西方现代主义音乐的代表人物。1874 年 9 月 13 日生于维也纳，1951 年 7 月 13 日卒于美国洛杉矶。

　　青主被誉为"中国近现代音乐美学家第一人"，他的《乐话》和《音乐通论》是集中体现其美学思想的集大成之作，《乐话》更是堪称中国近代第一本音乐美学专著。在思想禁锢的年代，青主的音乐思想犹如一缕充满芥末味道的新风传入中国。有人觉得新奇，成为义无反顾的支持者；有人觉得"刺鼻"，成为不拔之志的批判者。这种"刺鼻"的味道来自青主音乐美学思想中的表现主义因子。关于青主音乐思想中的表现主义实质的论述，国内研究者已经不知凡几。陈旭光说："在我看来，青主的音乐批评有神秘主义气息，有唯美主义美学追求的倾向，也有明显的西方现代主义（德国表现主义、唯美主义、为艺术而艺术派等）音乐思想的影响痕迹。"[1] 冯长春在博士论文《20世纪上半叶中国音乐思潮》[2] 中认为，青主是第一个将表现主义美学思想介绍到中国的音乐家。关于青主美学思想的表现主义特征还可见徐冬的《略论青主的音乐思想》[3]、丛晓东的《青主音乐美学思想的独特性与矛盾性》[4]、周新叶的《青主音乐美学思想的表现主义实质》[5] 和赵小璐的《青主音乐美学思想的表现主义实质探讨》[6] 等。

　　大多数人认为，青主的音乐思想中所具有的表现主义特征，直接受到了德国艺术评论家赫尔曼·巴尔（Hermann Bahr）《表现主义》一书的影响。但事实上，我们不应忽视任何影响的发生必然是多元交融的结果，而勋伯格作为音乐流派上的表现主义大师，对青主审美体验和音乐思想的影响则更加深入直接。赵小璐在《青主音乐美学思想的表现主义实质探讨》一文中认为，勋伯格关于音乐的创作来自作曲家对内心世界的真实描摹的思想，构成了青主音乐理论的表现主义基础。事实上，青主主张的"音乐是上界的语言"和"音乐的独立价值"等重要思想与勋伯格主张的"表现自我内心""为艺术而艺术""音乐灵感说"以及"诗乐关系"等音乐思想具有高度的内核一致性。

一、勋伯格对青主产生影响的实证性梳理

　　青主学习和从事音乐艺术的经历相当短暂，在德留学期间，他利用主攻法律专业之余学习西洋乐器长笛、小提琴和作曲理论。出入音乐厅、歌剧院

　　① 陈旭光：《"启蒙论"与"本体论"的"双重变奏"——论中国现代音乐批评史述的一个视角》，《音乐创作》，2017 年第 9 期。

　　② 冯长春：《20 世纪上半叶中国音乐思潮》，中国艺术研究院博士学位论文，2005 年。

　　③ 徐冬：《略论青主的音乐思想》，《中央音乐学院学报》，1988 年第 3 期。

　　④ 丛晓东：《青主音乐美学思想的独特性与矛盾性》，《天津音乐学院学报》，2007 年第 3 期。

　　⑤ 周新叶：《青主音乐美学思想的表现主义实质》，《才智》，2013 年第 24 期。

　　⑥ 赵小璐：《青主音乐美学思想的表现主义实质探讨》，《中国民族博览》，2015 年第 7 期。

欣赏音乐成为青主留德期间主要的社会娱乐活动，当然这也为他日后步入音乐领域提供了条件。青主与勋伯格的链接主要是通过欣赏勋伯格的音乐，研习勋伯格的理论和传播勋伯格的思想实现的；研究青主接受勋伯格实证性的影响轨迹，最可靠的办法是正确解读青主有关勋伯格的论述，从青主对勋伯格的评价和态度中可以反观影响与接受的轨迹。

1934 年青主在《音乐杂志》上发表的《反动的音乐?》一文，是国内较早对勋伯格所代表的"新音乐"做简要介绍并为其"平反"的文章，也是勾勒勋伯格对青主产生影响的重要文献之一。

文章从艺术审美的角度出发，表现出对勋伯格积极的支持立场，讲述了青主在德国柏林欣赏勋伯格音乐会的一段经历，并侧面表达了对勋伯格的推崇。他说：

> 我记得有一次在柏林的一间音乐堂里面看见一位研究音乐的德国朋友，那时正奏完了 Arnold Schoenberg 的一部作品，如果我没有记错，那部作品是叫做 Fis Molxu Quartett 并附有歌唱。我自己虽然是觉得耳目一新，但是我不敢把我的意见明白说出来，免使旁人嘲笑我是一个唯异端是好的无知小子。所以当我那位朋友问我，你见得怎样，我并不敢发表我的意见，只请求他把他的意见说出来。他回答我的话有意想不到的多，内中最精辟的两句，就是：好像许多玻璃和磁器打碎在地，又时常听见猪叫和猫叫的声音。好了，这就是一般自命是具有美的音乐嗜好的人们对于现代的音乐的见解。①

我们从这段论述中可以清楚看到青主对勋伯格音乐积极的接受立场，以及对现代音乐的前瞻性视角。

从政治和艺术分离的角度为勋伯格"平反"，彰显出对表现主义思想的辩证评价。青主在文章中从政治和艺术两个层面对勋伯格所代表的新音乐提出了自己的意见：一是他认为对音乐的政治批判会随着政治气候的变化而随之改变，音乐是否"反动"需要用发展的眼光来正确评价。换言之，他认为政治上对音乐的批判是暂时的甚至是不可靠的。他说："究竟什么是反动的音乐? 这本来是很难说的。所以这一类从前曾被人叫做反动的音乐，到了现在，又卸除了它的反动的恶名，而且还要诅咒另一派的音乐是反动的音乐。"青主列举了人们对《普鲁士进行曲》前后不一的评价态度，有力地支持了上述观点。他说："从前曾被人们视为反动的普鲁士进行曲现在竟跟着浮来上海的德

---

① 青主：《反动的音乐?》,《音乐杂志》, 1934 年第 1 期。

意志国土在我的面前大奏特奏起来，这不是一个最好的证据么？"① 说到底，音乐这个"反动"的帽子，是政治霸权和政治运动的产物。希特勒上台之后，将新音乐和犹太人视为威胁德意志文化的假想敌，所以随着对犹太人的迫害和驱逐，十二音音乐也被冠以"反动音乐"的标签。二是他认为政治的评价不能等同于艺术本身的价值，二者应该分离对待。他说："音乐竟变了反动，反动竟反动到音乐，这虽然是很值得人们的放声嗟叹，但是，只要被人们视为反动的音乐，本身确实健全，它迟早总会有再度出头的一日。"② 青主对勋伯格所代表的新音乐在艺术的价值上给予了充分肯定，而且前瞻性地看到了它未来的面貌。当然，今天我们从勋伯格对世界的影响来看，青主在将近一个世纪以前的预判显然已经变成了现实，所以他的判断并非盲目崇拜、妄加揣测，而是从音乐自身发展的逻辑出发，预测了音乐未来发展的趋势。

从音乐发展的内在逻辑和历史观出发，文章诠释了勋伯格所代表的表现主义兴起的合理性与科学性。他说："音乐到了 Richard Wagner，总算有了一个总结，好像中国的国学到了逊清一代一样。不相同的地方，就是 Wagner 除了同他的先辈算了一笔总账之外，还同音的艺术开了一个新的世界。Wagner 昭示我们，音乐是进化的，它是很有革新的可能。"③ 他认为瓦格纳的音乐在晚期浪漫主义时期已经达到了艺术上的巅峰，如果继续以同样的方式在他的道路上继续前进，只能是"婢学夫人、丑态百出"，所以唯有天才和具有革新勇气的领袖人物才能跨越这个瓦格纳圈套，走向新音乐的体制。他说："所以在欧洲大战之后，在德国便有 Arnold Schoenberg 这一派艺人成立了一种新的音乐，我说是成立，就是因为他们所创作的音乐，已经得有相当的权威，各方有志于新的创作的音乐艺人莫不云集响应。"④ 笔者认为，青主是从音乐发展史观的角度论证了音乐是一个动态的发展过程，新音乐概念的出现具有历史必然性。同时，他有力地回击了人们将表现主义音乐斥为"形式主义、资产阶级颓废的产物"等政治言论，为勋伯格开辟的新路径、创作的新音乐找到了一个合法性立场。

青主 1931 年在《乐艺》上发表了另外一篇重要文章《介绍 Arnold Schoenberg 对于八度音和五度音的平行移动的意见》⑤，在文中青主明确表达

---

① 青主：《反动的音乐？》，《音乐杂志》，1934 年第 1 期。

② 青主：《反动的音乐？》，《音乐杂志》，1934 年第 1 期。

③ 青主：《反动的音乐？》，《音乐杂志》，1934 年第 1 期。

④ 青主：《反动的音乐？》，《音乐杂志》，1934 年第 1 期。

⑤ 青主：《介绍 Arnold Schoenberg 对于八度音和五度音的平行移动的意见》，《乐艺》，1931 年第 1 卷第 6 期。

了对勋伯格作曲技术理论相见恨晚的迫切心情，他的音乐观念似乎在勋伯格的理论中找到了久寻难觅的知音。在传统的和声理论中，平行八度和平行五度是被严令禁止的，其理由是声部的平行破坏了声部的独立性；同样平行五度由于产生了空洞的音响而在古典音乐中被避免使用。伊·杜波夫斯基等在《和声学教程》一书中说："平行八度（或一度）破坏了声部进行的独立性，所以在四部和声中是被禁止的。在任何两个声部之间都不允许出现平行八度（或一度）……平行五度由于其音响的空洞，从十七世纪开始，已逐渐从创作实践中消失了。"① 青主对这种观点嗤之以鼻，他认为这种规定是毫无道理的，同时他坦诚地表达了对勋伯格理论的高度认可。他说：

> 虽然旧日那一般音乐理论家对于他们的禁令亦曾说出许多理由，但是就我个人来说，他们所说的各种理由，向来是不能够令我心悦诚服的接受。及至我后来搜集德国旧日的音乐论文，竟在那部一千九百一十年的德国音乐杂志 *Die Musik* 上面看见 Arnold Schoenberg 的一篇论述八度音和五度音平行的论文，跟着又看见他和好几个音乐学者的辩论，我欣喜叹服之余，又买了 Arnold Schoenberg 那部和音法来看，于是我对于那种秘诡不过的八度音和五度音的平行移动的使用，才彻底明白了。②

文章通过对勋伯格关于"平行八度、五度"的观点述略，从"音响的好听与否"以及"八、五度的平行实际上是对好的音响强化"出发，有力抨击了关于破坏声部独立性的观点。青主的鲜明立场并不是凭空臆想的结果，而是基于对勋伯格充分的研究，同时提出了对广大音乐研究者的期望。他说："Arnold Schoenberg 的主张是如此你要彻底明白他的主张，最低限度，你也要把那部和音法，自头从尾，研究一遍，我就用略举梗概的办法，把他关于这个结论的论据逐条举出来，亦不能够在有限的篇幅里面把它说个明白。"③ 青主虽然对勋伯格的理论大加赞赏，但是他辩证地提出学习是一个演化的过程，不同的学习阶段应该对同一学术问题有着因时制宜的科学思考，切不可一概而论。因为在学习阶段还很难站在音响的宏观角度思考问题，只有当具备独立创作能力的时候方可破除这些陈规戒律。同时在文末，他再次呼吁作

---

① 伊·杜波夫斯基、斯·叶甫谢耶夫、伊·斯波索宾、符·索科洛夫：《和声学教程》，陈敏译，刘学严校，人民音乐出版社，2002 年，第 76—79 页。

② 青主：《介绍 Arnold Schoenberg 对于八度音和五度音的平行移动的意见》，《乐艺》，1931 年第 1 卷第 6 期。

③ 青主：《介绍 Arnold Schoenberg 对于八度音和五度音的平行移动的意见》，《乐艺》，1931 年第 1 卷第 6 期。

为一个真正的艺术工作者应该正确、客观地评价勋伯格，他认为勋伯格并不是人们误解的不堪取法的"出风头者"，他的创作是发自内心的精神诉求。他说：

> 一般落后的音乐朋友都说 Arnold Schoenberg 是一个不堪取法的音乐艺人。吁，说哪里话！Arnold Schoenberg 的作品，自然不是那一般初学完了一部和音法的人们所能够看懂的。但是懂与不懂是一回事。好与不好又是一回事。我深信 Arnold Schoenberg 并非有意求新，凡他的创作都是由他内界的，一种不能自已的需要产生出来的。至说到他的音乐理论，尤其是他那部和音法，则简直是最持平，最彻底，最能够说出一切所以然的缘故，只可惜东方人除了曾听过他的名字之外，竟绝不知道他的伟大，或则只说他是一个发了狂的新派作家。谁有了这样不可救药的成见，哪里还配说艺术音乐这四个字呢？①

除此之外，青主一直致力帮助国人深入了解西方新音乐概念，对勋伯格的介绍自然是不可回避的话题。1931 年他发表的文章《介绍几个新的音乐作家》② 开宗明义地指出国内对西方现代音乐的了解还不够，当我们自鸣得意地将国际最新的音乐标准确定在印象派的时候，实际上我们已经误将"过了气"的音乐当成宝贝。他将勋伯格视为真正具有革新精神的领袖。他说："他并不是一个好翻新样的作家，乃是一个感觉得有更新的必要的作家。许多人要把他当作是表现派的音乐的领袖，但是他是否表现派的音乐的领袖，这个我们可以不理，总之他是新派音乐的一个最有势力的领袖。"③ 青主对勋伯格的音乐风格并非道听途说而是具有很深的见解，他认为勋伯格追求十二个音平等的音乐，就像"数学一般正确"，是对以往以和声为主导的音乐形式的"最大革命"。在听觉方面，他认为这种线条式的艺术，会让眼睛"惊骇"，让耳朵不容易"与之往来"。其实青主是从国人审美习惯的接受层面，预言了勋伯格对于国人的听觉习惯和审美意趣是一个巨大的挑战，但是他仍然以积极的态度说："我这里只能够略说大概，欲知其详，只好留待后日。"④ 于是我们要追问的是，对于勋伯格，在 20 世纪二三十年代观念保守闭塞的中国，还有人愿闻其详吗？青主的这句话显然对此充满了希望。虽然青主直接谈论勋伯格的

---

① 青主：《介绍 Arnold Schoenberg 对于八度音和五度音的平行移动的意见》，《乐艺》，1931 年第 1 卷第 6 期。
② 青主：《介绍几个新的音乐作家》，《乐艺》，1931 年第 1 卷第 4 期。
③ 青主：《介绍几个新的音乐作家》，《乐艺》，1931 年第 1 卷第 4 期。
④ 青主：《介绍几个新的音乐作家》，《乐艺》，1931 年第 1 卷第 4 期。

文章不多，但是不难看出他对表现主义客观和包容的立场。如他在《音乐的派别》一文中所说："你知道什么是印象派，同时亦应该知道什么是表现派。所谓表现派是要把个人的内界生活直接表现出来。像 Schoenberg、Skrjabin 都属于这一派。"① 青主在这篇文章中力求语言简洁，提出若要彻底洞悉各类音乐派别之关系则需深入研究。他同时提出，研深覃精可能会让人陷入纷乱和怀疑之中，甚至完全否定某一学派，但是他欲言又止，回避了对这一问题的评价。

青主辗转乐坛是形势所迫，但是热爱音乐却是不争的事实。他在短暂的从事音乐创作和研究的时间中创造了卓越的贡献。廖辅叔在文章《纪念青主百岁冥诞》中说：

> 关于他北伐时期以及"亡命乐坛"的那一段历史，可以说已经彰彰在人耳目，这里不再复述。我只想从 1928 至 1931 年不到四年的时间记一笔用青主这个名字发表的作品。歌曲方面有《大江东去》、《我住长江头》、《红满枝》、《我劝你》及一本《清歌集》。音乐论著有《乐话》及《音乐通论》。文学方面有一本传记性质的《歌德》，翻译了海涅的《抒情插曲》及《豪福童话》，此外还有散见于各个音乐刊物的文章数十篇，已经开始介绍勋伯格和巴托克。这里还应补上一笔的是，他还介绍了毕加索和玛克·沙加尔的表现派绘画以及毕加索和赫尔曼·巴尔的论文。②

这再次印证了青主的表现主义思想的形成受到了哲学、文学、绘画、音乐思想的综合影响。影响与接受往往是一个硬币的两面，影响往往是从接受开始的，当然传播自然是接受的一种最直接的方式。青主从事音乐的时间并不长，主要的思想论著集中在《乐话》和《音乐通论》中，论文不过寥寥数十篇而已。虽然我们未能从青主自己的著述中或者旁人的著述中更多地看到关于青主与勋伯格之间的互动交流，但是仅基于对上述几篇文章的解读，便不可否认勋伯格对青主造成了实质性的影响，其影响在青主音乐思想的主张中已然表露无遗。

---

① 青主：《音乐的派别》，《国立音乐专科学校校刊（音）》，1930 年第 8 期。
② 廖辅叔：《纪念青主百岁冥诞》，《中央音乐学院学报》，1994 年第 2 期。

二、勋伯格与青主音乐美学思想的对比分析

(一)"音乐是上界的语言"与灵感论思想

青主影响最大的音乐思想是他在《乐话》和《音乐通论》中提出的"音乐是上界的语言"的观念。青主在《乐话》中开篇即做出论断:"谁懂得音乐,便是懂得上界的语言。"① 在《音乐通论》中,他专辟一节从上界、灵界和内界论述了音乐的本质,最终他总结道:"我们亦可以把音乐当作是上界的语言。"② 从 20 世纪 30 年代开始,国人针对青主这一观点已经形成了大半个世纪的论争,但是无论是倾情感动的追捧还是义愤填膺的批判,都不影响青主音乐美学思想对中国当代音乐做出的卓越贡献。正如蔡仲德先生对青主的评价:"一部当代音乐美学思想史就是对青主及其音乐美学思想的批判史。"③

理解青主所谓"上界"的含义,是了解青主表现主义音乐思想的必要前提。对此,回归青主的论著去寻找答案是最直接有效的途径。在《乐话》中,青主首先通过人对自然界的"立法",确定了人对于自然界的主导地位。其次,之所以我们可以征服自然界,是由于我们拥有一种与自然界势均力敌的力量——"内界"的力量。正因如此,我们才具备了摆脱自然界的压迫而独立于精神世界的能力。他说:"他在世界里面,另外创造出一个世界来,这个新的世界是属于他的,是服从他的指挥的。"④ 青主认为这个足以与现实世界抗衡的新的精神世界就是所谓的"上界",而通过这个精神世界臆造出来的固定思想和形象就是"艺术"。音乐,自然是人在精神层面创造出来足以反映内心世界的一种艺术形式,这就是青主认为"音乐是上界的语言"的根本原因。

在《音乐通论》中,青主从古希腊人关于音乐本质的观点,从上界衍生出灵界与内界的概念,最终得出"音乐是上界的语言"的表述。古希腊人将音乐视为神明创造的东西,法力无边,可以建设和摧毁城市甚至主宰人的生死、左右人的健康与疾病。这显然带有强烈的神秘主义色彩以及唯心主义的观点,青主认为这是一种"非科学"的论断。于是,青主将音乐的始源回溯到人类本身,认为人才是创造音乐的主体。他沿袭了中国古人的观点,认为音乐是言之不足之后的嗟叹或欢笑,人类这种发自内心的声音就是音乐的本

---

① 青主:《乐话》,商务印书馆,1930 年,第 1 页。
② 青主:《音乐通论》,商务印书馆,1933 年,第 11 页。
③ 蔡仲德:《青主音乐美学思想述评》,《中国音乐学》,1995 年第 3 期。
④ 青主:《乐话》,商务印书馆,1930 年,第 11 页。

源要素。所以音乐也是一种语言，是一种可以弥补语言表达缺陷的特殊语言、一种灵魂的语言。他说："我们亦可以把音乐当作描写灵魂状态的一种形象艺术。"①这里说的"灵魂"即我们所说的"精神"，青主最后将音乐从"灵界"的语言延伸到古希腊关于"上界"的说法。我们所指的"灵界"也就是古希腊所谓的"上界"，本质区别在于，前者将创造主体视为"神明"而后者则视为"人类"。无论是"上界"还是"灵界"，都是超越现实社会的一种精神层面；古希腊文化是一种以宗教信仰为根基的西方文化系统，而中国文化是以崇尚人类祖先的以人为本的入世文化，这导致了在语言阐述上的不同文化特征。所以青主提出了"音乐是上界的语言"的论断，实际上认为上界和灵界是同一种东西的不同表达方式。青主还认为，我们的灵界实际上就是我们的"内界"（内心、精神），人类与生俱来的音乐性促使我们可以跨语言、跨民族、跨文明沟通，所以音乐还可以作为人类共同的世界语言。关于"音乐是上界的语言"的说法，已经超脱了人类社会的真实世界，超越了人类的社会、民族、语言等界限，直接上升到人类灵魂或精神汇通的境界，所以青主认为精神和内心才是艺术的真正发源地，也只有从内心创造出的作品才能称为真正的"艺术"。他说："凡属艺术，都是由人们的内界唤出来的一种势力，用来抵抗那个压迫着我们的外界。凡属要把人们这一种的内界势力表现出来的音乐就是音乐的艺术。"②

青主关于上界、灵界和内界的说法，本质在于将音乐的创作归结于内心和精神对外部世界的感受，这种感受并非仅仅对真实世界的描摹，有时往往是超脱世界的束缚和压迫，走向了精神上的自由驰骋。青主认为人和艺术与自然及现实世界的对立，可以说是一种回避现实的无奈之举，抑或是具有了中国文人的"归隐式"人格。音乐作为一种特殊的工具，承载了青主对于美好世界幻想以及与现实世界的抗争。正因如此，艺术所表达的思想和形象可以超越真实世界而独立存在；艺术的创造并不需要与现实世界的矛盾达成和解。音乐创作中所具有的"虚伪性"构成了精神自由的一致性，作曲家的精神和内心即"上界"，所以音乐自然成了"上界的语言"，这与表现主义主张的表现作曲家内心的"灵感论"思想如出一辙。

勋伯格认为作曲家对待作曲这件事情的主观感受是创作的根本动力，而"快乐"则是这个主观感受的评判标准。他说："我坚信，一位真正作曲家的唯一作曲理由是作曲使他快乐。"③"快乐"是人的需求得到满足之后在生理或

---

① 青主：《音乐通论》，商务印书馆，1933 年，第 11 页。
② 青主：《音乐通论》，商务印书馆，1933 年，第 14 页。
③ 勋伯格：《风格与创意》，茅于润译，上海音乐出版社，2011 年，第 27 页。

心理上的一种反应，是挣脱外界因素干扰后自我精神愉悦的外化表现。勋伯格主张的需求是自给自足的，勋伯格式的快乐是一种自我满足的快乐，这一点说明勋伯格内心有强烈的自我表现意识。这种表现意识仅仅是对作曲行为的冲动，与作品所表现的喜怒哀乐、美丑善恶并不是一回事，当他排除一切听众的评价和自己对作品本身的好恶之后，才能实现真正的作曲目的。他说："真正的作曲家是那种无论是否有一个人听，甚至连他们自己都不喜欢听的时候都不能不写的人物。"①

自然的冲动和主动的创造之根源在于灵感，与大脑的理性和心灵的情感无关，而灵感会提高作曲的效率。他认为与由于内心的压力所迫必须去创造的行为不同的是，真正的作曲家"不费力气"地写出可以表现各种内容的音乐。据勋伯格自己介绍，他的《第二弦乐四重奏》的第二乐章与第四乐章仅仅用了两次一天半的时间就完成了四分之三的体量；他用 14 天完成了《期待》长达半小时的音乐；他在一天以内可以完成《月光下的彼埃罗》与声乐套曲《空中花园》中的两三首作品。当然，他也有为了《升华之夜》中的某一个小节要花足足一个小时去修改的经历，但是整部作品 415 小节他只用了三个星期完成。为了实现要表现的诗歌之含意，他不得不选择复杂的复调组合与之匹配，这自然是出于理性的思考。他说人们有一种偏见，认为用理性思考的作品创作效率要高于情感流露所创造的作品，他认为这两种方式都不能决定创作作品所需的时间长短，而关键因素则仍然在于有无灵感。他说："如无灵感，二者均无能为力。"② 总之，勋伯格并不赞同优秀的作品是用大脑或心创造出的或理性或感性的作品，他抨击了通过正确的逻辑与理性创作出的枯燥乏味、平淡无奇的音乐，也否定了通过真情流露、多愁善感唤起听众的怜悯的感性创造，他认为只有通过灵感创造出自己应该创造出的作品才是艺术的价值，情与理都将成为创作过程中的手段之一，而不能成为主导作品发展和形成评价机制的标准。

青主的"上界"与勋伯格主张的"灵感"实际上都是指作曲家的思想或精神。勋伯格主要的音乐思想在于"音乐作品是音乐思想的具体表现"，这是独立于现实世界的一种自我反思，内在思想是本质，而音乐仅仅是外在的表现形式而已。他说："艺术家的思想不是由匠人强加到材料上的外在的东西，而是使内在的东西表面化……艺术表现并不依赖于任何技术的小把戏，而是依赖于音乐

---

① 勋伯格：《风格与创意》，茅于润译，上海音乐出版社，2011 年，第 27 页。
② 勋伯格：《风格与创意》，茅于润译，上海音乐出版社，2011 年，第 39 页。

思想本身。"① 青主之所以说音乐是"灵魂的语言",同样也是极力反对技术和外部自然力量对音乐的矫揉造作,唯有尊重内心的想法方可创造真正独立的艺术。甚至青主还主张奏唱音乐作品的艺术家都必须达到"无我之我"的境界,不能倾注个人的情感对作品进行推演,而作为一种艺术表现的工具去保证音乐创作思想的本真。总之,"上界"也好,"灵感"也罢,青主和勋伯格让音乐创作根本动力摆脱了现实世界的束缚,走向了精神上的涅槃。

(二)音乐的功能:独立的艺术与为艺术而艺术

青主在《音乐通论》中专门以"音乐是什么"为题,谈论了音乐的本体论思想。他认为音乐当为"独立的艺术"而不能成为道的工具、礼的附庸,唯有如此才能被称为"正当的音乐"。中国素有"文以载道"的观念,将文学作为弘扬礼法、教化民众的工具,因此文学失去了独有的文学性和本体性;而"乐"则更是在"文"不足以明确表达"道"时的一种辅助手段。《毛诗序》中说:"诗者,志之所之也,在心为志,发言为诗,情动于中而形于言,言之不足,故嗟叹之,嗟叹之不足,故咏歌之,咏歌之不足,不知手之舞之,足之蹈之也。"中国文人认为天地万物的肇始称为"道",所以将诗、书、礼、乐都作为可以弘道的工具,从"文以载道"的思想自然衍生出"乐以载道"的思想。乐不但成了道的工具,还成了礼的附庸,是君王实现法治教化民众的手段。正如《乐记》中说:"先王之制礼乐,人为之节,将以教民平好恶而反人道正也。"所以青主认为音乐要获得发展,前提是必须摆脱作为道的工具和礼的附庸。除此之外,中国的诗最初是用来唱的,或者说我们可以给一个固定的曲牌填上完全和音乐性格不匹配的歌词,这种被声韵支配的曲调,自然也不能成为一种具有独立艺术生命的音乐,这也是青主极力反对的做法。

青主从艺术的功能出发将音乐分为"服务的音乐"和"艺术的音乐"。他认为两种音乐形式的区别在于是否依附于外界而存在,真正的艺术作品应该具有独立的生命力,艺术正是在塑造自我的过程中实现了创作的意义。他说:"如果是一首艺术乐歌,那么,除了创作艺术的意义外,它是不同音乐以外的任何一个主体服务的;因为它不肯受到外界任何一种的限制,所以亦叫做自由的艺术。在音乐艺术当中,不论是在技术上,抑或是精神上,这一种自由的艺术是最高的,所以我们亦可以把它叫做艺术的艺术。"② 青主还将这种不附庸于任何自然力量的纯艺术形式,作为一个国家艺术水准的象征,否则这

① 勋伯格:《音乐思想及其表现中的逻辑、技巧和艺术》,帕特丽夏·卡朋特、塞弗琳·奈芙编译,刘舒、金平翻译,中央音乐学院出版社,2015年,第4页。

② 青主:《音乐当作服务的艺术》,《音乐教育》,1934年第2卷第4期,第9页。

个国家无法立足于音乐世界之林。

勋伯格认为"新"是艺术的内涵所在，艺术应该创造未被创造而值得创造的东西，而不是迎合大众的低级趣味，这也正是他追求"为艺术而艺术"的原因。他说："没有艺术家、没有诗人、没有哲学家、没有音乐家——他们有最高深的思想境界——会退化到粗俗的地步，其符合'艺术为大众'的口号。因为如果它是艺术，它就不为大众；如果它为大众，它就不是艺术。"[①]所以，艺术的创造只有一个单纯的目的，就是艺术本身，这个本身显然是指的作曲家认为正确的创意。艺术不能跟随普通大众的原因是，艺术是"预言性"的信息表达，勋伯格说："我个人认为，音乐传达一种预言性的信息，显示出一种较高级的生活形态，人类的生活向着它演化。"[②]所以艺术对于观众而言是一个具有"先知"功能的预言家，艺术类似哲学，是在高度浓缩的客观规律下的精神外化载体，艺术的这种领袖气质和先知身份决定了它自己的价值走向，也决定了它独立于听众的"为艺术而艺术"的本质。其实，勋伯格这里所指的听众，主要是同时代的普通大众，之所以他的音乐不能被时下的听众所理解，是因为他坚信自己作为"音乐的先知"创造的是未来听众的未来音乐。他在论述十二音作曲法时说："如果我们忘记了现代人不是最后的审判者——一般来说，他们的意见都会被历史否决——我们会认为这种创作方法已经失败。"[③]

青主之所以提出"音乐是上界的语言"，正是希望让音乐的创作回归到精神和灵魂自由的层面，所以他倾注大量的笔墨来让音乐摆脱作为"礼法"工具，作为一门独立的艺术焕发其生命力。青主所谓的"礼法"自然是满足于现实世界和统治者政治诉求的客观存在，勋伯格主张的"为艺术而艺术"的观念实际上同样是与现实世界割裂的一种手段。普通大众的命运被现实社会中的险恶、压迫和戾气裹挟，他们的审美思想和意识自然受到现实世界的挟持，如果我们仅仅是为了服务于普通大众低级的审美诉求，自然不能创作出具有持久生命力的、真正的艺术作品。所以，无论青主主张的"独立的艺术"还是勋伯格主张的"为艺术而艺术"，都体现了真正的艺术应该超越现实而存在，足以反映作曲家内心或精神的艺术作品才是青主所谓的"正当的艺术"。

---

① 勋伯格：《风格与创意》，茅于润译，上海音乐出版社，2011年，第84页。
② 勋伯格：《风格与创意》，茅于润译，上海音乐出版社，2011年，第94页。
③ 勋伯格：《风格与创意》，茅于润译，上海音乐出版社，2011年，第129页。

三、青主观念与创作的矛盾性与接受中的变异现象

毫无疑问，青主主要的音乐思想来源于表现主义的浸润，但是他却因为身体中流淌的中国传统文化血液而无法根本上与中国文化割裂，形成了在接受外来文化中的变异现象。表现主义脱离现实、表现自我的反叛特质加上对国乐近乎"历史虚无主义"的否定，促使他在艺术的追求上提出了"向西方乞灵"的观点。他说："我所知道的，本来只有一种可以说得上艺术的音乐，这就是由西方流入东方来的那一种音乐。"① 青主虽出身于书香门第，但是接触音乐或对音乐的深入了解则是在留学德国时才开始启蒙的，青主对西乐技术的了解、对审美习惯的形成以及音乐思想的建立都被包裹在西方文化和西方音乐的氛围中，这也是他过于迷恋西方艺术音乐而从某种意义上忽略国乐，并在国乐和西乐之间毫不犹豫地做出了二元对立的选择的原因之所在。他说："应该于国乐西乐中，择定一个，要国乐便不要西乐，要西乐便不要国乐，不能二者均要。"② 从青主另一篇文章《十张留声机器片的运命》中，我们可以看出青主对国乐的厌恶和极度的文化不自信。当他把唱片拿给德国的女房东听的时候，他这样写道："现在那些弦声奏完了，忽然起了一种又高、又平、又尖锐、又粗糙的唱音，我见我的女房东站在那里，已经是惊恐到面无人色，我那时真觉得有些难为情。"③ 他给自己的朋友唐先生打电话还用"真糟糕"来形容这些京剧高亢的唱腔，最后不得不当着心爱的 Muskat 女士将唱片扔进了水里来宣示与国乐的彻底决裂。虽然青主强烈主张"全盘西化"，但是青主在后来的创作中却大量融入了五声音阶、民族和声等中国民族民间音乐元素。所以，青主看似彻底摈弃国乐而强硬的主张全盘西化，实际上其思想观念与创作实践存在着明显的差异和矛盾。

在跨异质文化的交流过程中，外来文化必然受到被影响国文化排斥、吸收、同化或改造，同时也会受到接受者自身的人文素养、审美习俗、个性特征等方面的制约，外来文化不可能存在原原本本的植入。青主虽然在口头上强烈主张全盘西化，其根本思想也表现出表现主义特征，但是其创作却大相径庭。正是由于他固有的中国文化习俗和潜意识中的民族审美心理，他在接受表现主义思想的同时，必然会不自觉地融入中国传统文化。青主用短短四年的时间（1928—1931）创作了 20 首艺术歌曲，其中在留德期间根据苏东坡

---

① 青主：《音乐当作服务的艺术》，《音乐教育》，1934 年第 2 卷第 4 期，第 15 页。
② 青主：《音乐当作服务的艺术》，《音乐教育》，1934 年第 2 卷第 4 期，第 15 页。
③ 青主：《十张留声机器片的运命》，《乐艺》，1930 年第 1 卷第 2 期，第 64 页。

的词《念奴娇赤壁怀古》创作的《大江东去》更是中国艺术歌曲的开篇之作。我们首先来看看这首作品的创作特征：作品的曲式结构为单二部曲式，根据歌词的内容分为上阕和下阕；在调性布局上运用西洋大小调 e 小调到 E 大调的上下阙同主音转调，第一句结束在降 B 大调上与主调 e 小调形成减五度关系，第二乐句结束在中音调 g 小调上；在旋律上出现的降七级还原 F 形成半音化进行，第一小节的 E-F-♯F 同样保持了半音化进行的旋律走向；和声上在第一小节使用了降 II 级和弦、第三小节使用了降低 5 音的属七和弦、第 29 小节使用的 bA-C-E 是在 E 大调基础上升高中音的变 III 级和弦。从这些创作特点我们可以看出，青主所使用的作曲技法肯定是西方的技法，虽然这部作品是调性作品，但是在局部的创作手法上已经有半音化的特点。勋伯格的无调性正是在高度半音化之后将调性解体并推向了崩溃的边缘，虽然青主并没有真正走向无调性创作，但是旋律的半音化与和声的不断模糊至少映射了其浪漫主义到无调性的路径方向。虽然青主一再坚持音乐应该具有独立价值，不应附庸于礼法和被诗歌韵律所束缚，但是在创作中他却恰恰回到了传统的创作手法。比如"大江东去"的韵律为"仄平平仄"，在旋律安排上是 B-E-D-C-D-B，B-E 上四度的跳进、D-C-D 的辅助以及 D-B 的下行三度基本与诗句的平仄关系保持了吻合。青主还借鉴了中国戏曲中"依字行腔"和我国传统音乐中"依义行腔"等做法，将西方技法与中国传统创作方法做了很好的融合。正如李岚清所说："青主运用西洋作曲技法，充分描绘出这首中国古诗词的意境，展示了作者深厚的文化底蕴和驾驭西方作曲技法的才能。"[①] 除此之外，我们还可以从青主《清歌集》中的《击壤歌》《赤日炎炎似火烧》《回乡偶书》和《越谣歌》等作品的旋律与和声上的五声化特征看出，其音乐创作手法既不属于纯西方的作曲技法，也不属于纯民族的技法，而是融汇了中西文化之后的变异结果。

结　语

　　勋伯格的音乐在中国的旅行已有将近一个世纪，而青主为勋伯格在中国的传播打开了一扇窗户，成为较早在国内传播勋伯格的音乐家。传播的前提是接受，传播同时也是对勋伯格接受的深化。通过梳理，我们发现青主的思想是在德国留学期间整个文艺思潮、社会环境、多元艺术的综合影响下形成

---

　　① 转引自黄承箱：《艺术歌曲〈大江东去〉创作手法分析》，《南京艺术学院学报（音乐与表演版）》，2009 年第 4 期。

的。与勋伯格的接触主要通过音乐会、音乐沙龙等形式以及研究勋伯格作品、对勋伯格的乐评和勋伯格理论的方式展开。青主的思想明显受到了西方表现主义的影响，提出"音乐是上界的语言""音乐的独立价值"等思想，导致在音乐思想上走向"向西方乞灵"的全盘西化路线。通过进一步研究发现，由于青主根深蒂固的中国文化传统，他在接受西方音乐思想的同时不可避免地产生了中西文化的碰撞、交融甚至同化现象，在创作中形成了中西融合的变异，这是青主在音乐思想和实际创作矛盾的根源。说到底，虽然西方思想的影响巨大，但是他身体里始终流淌的是中国传统文化的血液，在不自觉中他已经走向了融合和回归的道路。如诗人杨典所说："即便是像青主那样的西化论者，若到了人生之最不如意处，也还是会走上与徐元白一样的东方式归隐之路。"① 这条归隐之路便是西方文化穿越东方文化屏障，形成东西融合的变异之路。只有认识到任何跨异质文化在传播过程中必然形成的变异现象，我们才能在日益频繁的跨文化交流和沟通中寻找借鉴和指导意义。

作者简介：
刘念，四川大学文学与新闻学院博士研究生。

---

① 杨典：《〈乞灵与归隐〉——从青主的异端美学谈作为自由音乐的古琴》，《琴殉续编：弹琴、吟诗与种菜》，西泠印社出版社，2014 年。